● 本书获中国社会科学院出版基金资助

中国社会科学院文库·中国哲学社会科学 30 年丛书

总主编　王伟光

中国哲学 30 年

(1978–2008)

THIRTY YEARS OF STUDIES ON PHILOSOPHY IN CHINA

李景源　主编

中国社会科学出版社

图书在版编目（CIP）数据

中国哲学 30 年（1978~2008）／李景源主编．—北京：中国社会科学出版社，2008.9
ISBN 978－7－5004－7216－2

Ⅰ．中… Ⅱ．李… Ⅲ．哲学史—中国—1978~2008
Ⅳ．B26

中国版本图书馆 CIP 数据核字（2008）第 143812 号

丛书总策划　赵剑英
责任编辑　冯春凤
责任校对　王兰馨
封面设计　孙元明
版式设计　王炳图

出版发行　中国社会科学出版社
社　　址　北京鼓楼西大街甲 158 号　　邮　编　100720
电　　话　010—84029450（邮购）
网　　址　http://www.csspw.cn
经　　销　新华书店
印刷装订　北京一二零一印刷厂
版　　次　2008 年 9 月第 1 版　　　印　次　2008 年 9 月第 1 次印刷
开　　本　710×1000　1/16
印　　张　29.25　　　　　　　　　　插　页　2
字　　数　479 千字
定　　价　50.00 元

总　序

改革开放
是发展中国特色社会主义的强大动力

王伟光[*]

　　我国 30 年的改革开放既是我们党领导的一场新的伟大革命，又是社会主义制度的自我完善和发展。通过这场伟大革命，中华民族大踏步地赶上了时代潮流，社会主义中国走在了时代前列，我们党成为时代先锋。

　　党的十一届三中全会开启了我国社会主义改革开放的序幕。党的十二大、十三大、十四大、十五大、十六大都对改革开放作了重要阐述，指导和推动了改革开放。党的十七大集中论述了改革开放的历史进程和经验，提出了我国改革开放"十个结合"的宝贵经验，进一步推进了改革开放。总结 30 年改革开放的历史经验，对于我们在新的历史条件下继续推进改革开放，发展中国特色社会主义，有着重大现实意义和深远历史意义。

　　改革开放是发展中国特色社会主义的强大动力。改革开放 30 年的历史经验启示我们：发展中国特色社会主义，必须坚持解放思想，进一步改革开放。

**　　一、我国改革开放有着深厚的国际国内背景，面临世界社会主义运动和我国社会主义建设的严重困难，面对发达资本主义国家快速发展的严峻挑战，中国共产党人着力回答社会主义与马克思主义的历史命运时代课题**

　　一方面，从国际背景来看，西方发达资本主义国家实现快速发展，世界社会主义遇到严重困难和挑战。第二次世界大战结束后，形成了社会主义和资本主义两大阵营。建立在经济文化落后基础上的社会主义各国，在

---

　　* 中国社会科学院常务副院长，哲学教授，博士生导师。

发展初期取得了多方面的重大成就，但后来由于没有创造性地坚持和发展马克思主义，体制和机制逐步僵化，导致发展速度缓慢甚至停滞，至 20 世纪 70 年代初，世界社会主义面临严重的困难。而在此同时，世界范围内蓬勃兴起的新科技革命推动世界经济以更快的速度向前发展，发达资本主义国家抓住新技术革命兴起的机遇，大力发展社会生产力，不断调整自己的体制和政策，缓解社会矛盾，表现出稳定和快速发展的势头。

另一方面，从国内背景来看，我国社会主义建设事业也遭遇了极大的挫折。我们党在领导人民建立新中国和社会主义制度后，极大地发展了经济社会等项事业，但也走了弯路，甚至发生"文化大革命"这样全局性的失误，使我国社会主义建设一度停滞，经济实力、科技实力与国际先进水平的差距明显拉大，面临着巨大的国际性挑战和压力。

在这样的国际国内历史背景下，肩负着复兴中华民族和发展社会主义双重使命的中国共产党人，开始深刻思考为什么社会主义在发展的进程中面临如此巨大的挑战和困难，而资本主义为什么在发展进程中又起死回生，表现出新的发展势头，中国社会主义事业怎样才能克服困难和挫折，发展起来，并最终战胜资本主义。这一重大现实问题引出如何认识当代资本主义、如何认识当代社会主义的时代课题，引出了中国共产党人毅然决然走改革开放之路，发展中国特色社会主义的必然抉择。

对于我国社会主义改革开放的实践者们来说，推进改革开放，建设和发展社会主义，必须正确认识和把握当代社会主义的发展规律，这就必须首先回答在经济文化比较落后的中国，"什么是社会主义，怎样建设社会主义"这个首要的基本问题，又要依次回答"建设一个什么样的执政党，怎样建设执政党"，"实现什么样的发展，怎样发展"问题。而上述三个问题最终归于"什么是马克思主义，怎样坚持和发展马克思主义"这一根本性问题。这事关马克思主义政党的长期执政，中国特色社会主义的发展和社会主义事业的兴衰成败，归结起来，就是社会主义和马克思主义的历史命运问题。这些问题在改革开放过程中依次提出，而又依次得到回答，并随着中国特色社会主义新的实践，又不断地得到新的解决。历史实践已经证明，我们党在改革开放的历程中，已经创造性地并将进一步深入地回答这一系列重大历史性课题。

"什么是社会主义，怎样建设社会主义"，这是改革开放，发展中国特色社会主义的首要的基本问题。邓小平科学地破解了这个课题，邓小平理论是中国特色社会主义理论体系的开篇。第二个问题是"建设一个什么样的执政党，怎样建设执政党"。邓小平在80年代初就提出了"执政党应该是一个什么样的党，执政党的党员应该怎样才合格，党怎样才叫善于领导"的问题。以江泽民为代表的第三代党的领导集体在进一步回答"什么是社会主义，怎样建设社会主义"问题的同时，创造性地回答了这一问题，提出了"三个代表"重要思想，这是中国特色社会主义理论体系的第二篇答卷。在新世纪新阶段"实现什么样的发展，怎样发展"，这是要回答的第三个问题。以胡锦涛为总书记的党中央提出科学发展观，成为中国特色社会主义理论体系的第三篇答卷。对三大问题的依次回答，使我们党创造并不断丰富和发展了中国特色社会主义理论体系，推进了马克思主义中国化的不断创新，这就不间断地回答了"什么是马克思主义，怎样坚持和发展马克思主义"这一根本性问题。因此，中国特色社会主义理论体系既是中国社会主义改革开放的理论产物，又是中国社会主义改革开放的指导思想。

二、改革开放 30 年，深刻的思想解放运动带动了中国特色社会主义实践和理论的伟大飞跃

中国共产党人担负着通过改革开放，使社会主义从困境中走出来，开创社会主义现代化建设新局面的历史重任，而要完成这一历史重任，首要的是回答在经济文化比较落后的中国，"什么是社会主义，怎样建设社会主义"。邓小平说："我们之所以走了20年的弯路，根本原因就是在'什么是社会主义，怎样建设社会主义'这个问题上不清楚。"而要解决这个首要问题，就要抛弃禁锢头脑的思想束缚，抛弃沉重的历史包袱和思想包袱，彻底解放思想。改革开放30年来，围绕着"什么是社会主义，怎样建设社会主义"这一首要的基本问题，中国共产党人展开了深刻的、持续的思想解放运动。思想解放在我国改革开放历程中起到了思想动力的巨大作用，思想解放带动了改革开放新时期中国特色社会主义实践和理论的伟大飞跃。

关于实践是检验真理唯一标准的大讨论是率先发动的思想解放运动。

粉碎江青反革命集团之后，中国共产党人面临两个问题需要回答和解决。第一个问题就是回答"文化大革命"和社会主义建设道路是否一度走错了，错在哪里，也就是要实现拨乱反正的任务，确立正确的思想路线。第二个问题是回答社会主义建设正确的道路是什么，怎样走出一条新路，也就是实现改革开放的任务，确定符合中国国情的社会主义建设道路。

从 1978 年十一届三中全会到 80 年代末 90 年代初，是我国改革开放和中国特色社会主义事业发展的第一个阶段。这个阶段是以邓小平在十一届三中全会上的重要讲话《解放思想，实事求是，团结一致向前看》作为标志的，党的十五大把这篇重要讲话概括为我国社会主义改革开放和现代化建设进程中的第一篇政治宣言书。

中国共产党历史上曾经有过两次重大转折：一次是遵义会议，一次是党的十一届三中全会。十一届三中全会是我们党在社会主义正处于生死存亡的关键时刻召开的一次极其重要的会议。党的十一届三中全会以前的 20 多年间，尤其是十年动乱期间，正是"以阶级斗争为纲"的"左"的政治路线和作为这条政治路线的思想理论基础的主观唯心主义、教条主义、个人崇拜等错误思想路线的指导，导致了我党在社会主义建设的实际工作中的长期重大失误和"文化大革命"的空前浩劫。粉碎江青反革命集团以后，广大群众强烈要求纠正过去"左"的思想路线和政治路线，但是，当时主持中央工作的领导同志却提出了"两个凡是"（即"凡是毛主席的决策，都坚决拥护；凡是毛主席的指示，都始终不渝地遵循"）的错误主张，严重地束缚了人们的思想，压制了人民群众要求拨乱反正的积极性。1976 年粉碎江青反革命集团到 1978 年，我国社会主义建设正处于徘徊时期。因为当时是按照"两个凡是"的错误主张指导工作的。所谓"两个凡是"，实质上就是仍然坚持"文化大革命"所奉行的"左"的理论和路线不变。1976 年，我国已经被江青反革命集团破坏到近于崩溃的边缘，又经过两年的徘徊，我国经济社会发展更是雪上加霜，处于危机状态。而恰恰在这个时期，世界上发生了翻天覆地的变化，亚洲"四小龙"已经腾飞，资本主义世界已经进入现代资本主义发展的新阶段。在这样的历史背景下，究竟什么是检验真理的标准，是实践，还是"最高指示"？如此重大的问题必然要反映到理论上，反映到思想上，并集中通过作为世界观方法论的哲学问题而反映出来。当时，如果不彻底搞清这个问题，就无法实现思想上的大解放，就无法从思想理论上同"左"的思想政治路线相决裂。于是，一场不可避免的思想理论大决战就开始了。在这个重要的历史转折关头，邓小平提出了"解放思想、实事求是，团结一致向前看"的正确主张，发动了"实践是检验真理的唯一标准"的大讨论，解放了人们被束缚已久的思想，恢复了实事求是的思想路线，进行了理论上和路线上的拨乱反正，确定了以经济建设为中心，坚持改革开放，坚持四项基本原则的正确路线。邓小平的第一篇政治宣言书，起到了在历史转折关头力挽狂澜的巨大历史作用。实践标准的大讨论，为我们党重新确立一条实事求是的思想路线和正确的马克思主义政治路线、组织路线，为十一届三中全会以来全面拨乱反正，纠正"文化大革命"极"左"的错误，为冲破长期以来禁锢人们的思想枷锁，并为以后实行改革开放，开创社会主义现代化建设的崭新局面开辟了道路。正是在正确的思想路线和政治路线的指引下，在事实上形成了以邓小平为核心的党的第二代领导集体。党领导全国人民按照邓小平开创的改革开放新思路和新格局，把社会主义经济建设作为首要任务，同时加强社会主义民主法制建设和精神文明建设，开启改革开放新时期。农村改革成功启动，对外开放迈出坚实步伐，城市改革进入攻坚阶段，各项改革全面展开，中国特色社会主义现代化建设取得了重大成就。

我国改革开放和中国特色社会主义事业发展的第一个阶段，也正是中国特色社会主义理论体系的开篇之作——邓小平理论逐步系统化的阶段。党的十二大正式提出"走自己的道路，建设有中国特色社会主义"，标志着我们党确立了中国特色社会主义的主题。党的十三大全面阐述了社会主义初级阶段理论，确定了党在社会主义初级阶段的基本路线，制定了分"三步走"的经济发展战略，中国特色社会主义理论体系逐步形成轮廓，标志着我们党实现了马克思主义与中国实际相结合的第二次历史性的飞跃。

关于生产力标准的大讨论是深入展开的思想解放运动。

20世纪90年代初到20世纪末是改革开放和中国特色社会主义事业发展的第二个阶段，20世纪80年代末90年代初正是该阶段的历史转折关头。80年代末90年代初，国内发生严重的政治风波，国际发生了苏东剧变，列宁亲手创建的社会主义苏联崩溃了，东欧社会主义阵营不复存在了，社会主义在苏联和东欧暂时失败了，社会主义遭遇到前所未有的挑战。当时，我们党面临着国际国内复杂严峻的形势，面对着来自"左"和右两方面的干扰。"左"的干扰认为改革开放是错误的，以经济建设为中心也是错误的，应该回到"以阶级斗争为纲"路线的老路上去。右的干扰则鼓吹完全"西化"，完全私有化，完全资本主义化，要求走到资本主义的邪路上去。中国特色社会主义究竟向何处去？成为世界瞩目的焦点。在这个关键的历史时刻，邓小平明确指出，坚持党的基本路线一百年不动摇。不坚持社会主义，不改革开放，不改善人民生活，只有死路一条。谁要改变十一届三中全会以来的路线、方针、政策，老百姓不答应，谁就会被打倒。这就是说，十一届三中全会以来的路线是完全正确的，要坚定不移地沿着十一届三中全会确定的路线走下去。南方谈话正是在这样大的历史背景下，经过邓小平深思熟虑而形成的，它是我们党在改革开放至关重要的历史关头的第二篇"解放思想、实事求是"的政治宣言书。南方谈话进一步解放了思想，极大地推动了改革开放，大大加快了中国特色社会主义发展进程。

南方谈话是对十一届三中全会以来我们党领导的社会主义改革开放新鲜经验的高度总结，是对世界各国社会主义建设历史经验教训的高度总结，是对国际共产主义运动及其发展经验教训的高度总结。南方谈话抓住了我国社会主义建设实践中长期困扰人们的根本性问题，抓住了中国特色社会主义建设进程中一系列重大问题，从理论上全面地、系统地、科学地回答了"什么是社会主义，怎样建设社会主义"的问题，对发展中国特色社会主义具有战略性、前瞻性和全局性的指导意义。如果说邓小平的《解放思想，实事求是，团结一致向前看》的重要讲话起到了拨乱反正、开辟中国特色社会主义建设正确航道的重要历史作用，那么南方谈话则起到了全面肯定十一届三中全会以来的理论、路线和实践，坚定不移地沿着社会主义改革开放的正确道路走下去，开拓社会主义改革开放新局面，掀起中国特色社会主义现代化建设新高潮的伟大历史作用。党的十四大对南方谈话的深远历史意义和伟大现实意义作出了高度的评价："以邓小平同志的谈话和今年三月中央政治局全体会议为标志，我国改革开放和现代化建设事业进入了一个新的阶段。"南方谈话在改革开放和中国特色社会主义发展的历史上，具有划时代的历史意义和现实意义。南方谈话朴实无华，道理深刻，既对前十年我国改革开放事业作了肯定和总结，又对推进改革开放第二个十年起到了巨大的推动作用。改革开放的伟大实践，充分证明了南方谈话所具有的强大的理论生命力。南方谈话标志着邓小平理论达到了成熟的高峰，标志着我国改革开放进入一个新的发展阶段。

南方谈话提出了判断"姓'社'姓'资'"的"三个有利于"判断标准，说到底，就是生产力标准，掀起了进一步的思想解放运动。邓小平指出："改革开放迈不开步子，不敢闯，说来说去就是怕资本主义的东西多了，走了资本主义道路。要害是姓'资'还是姓'社'的问题，判断的标准，应该主要看是否有利于发展社会主义社会的生产力，是否有利于增强社会主义国家的综合国力，是否有利于提高人民的生活水平。"增强国力和提高人民生活水平，关键和基础是发展生产力，在三个"有利于"判断标准中，最根本的还是生产力的标准。生产力标准是实践标准的深化和具体化。实践标准主要是针对两个"凡是"的观点，恢复和重新确立了马克思主义的思想路线，划清了辩证唯物主义和主观唯心主义的界限，是伟大的思想解放运动。生产力标准主要是针对"生产关系决定论"、"僵化的社会主义模式论"，判断姓"社"姓"资"的僵化固定的思维模式，恢复和坚持历史唯物主义原理，划清社会主义和种种空想社会主义的界限，形成了深入的思想解放运动。从实践标准到生产力标准的大讨论是思想解放的进一步深入，是以邓小平为代表的中国共产党人对马克思主义在新的历史条件下的再阐发。从实践标准到生产力标准，是十一届三中全会以来，坚持实事求是的思想路线，对"什么是社会主义，怎样建设社会主义"不断深入认识的必然结果，是进一步解放思想、大胆改革开放的必然结果。

依据实践标准，在建设有中国特色社会主义问题上，就必须一切从实际出发，从中国具体国情，尤其是从中国的生产力现实状况出发，制定出正确的马克思主义政治路线。那么，基于什么样的理论来制定正确的政治路线呢？根据马克思主义的生产力理论和生产力标准，就必须把是否有利于社会主义社会生产力的发展，作为制定正确的政治路线的根本着眼点和落脚点。必须从生产力标准出发，才能科学地回答"什么是社会主义，怎样建设社会主义"的问题。正是从这个根本标准出发，邓小平全面提出了社会主义本质论、社会主义市场经济论等一系列关于"什么是社会主义，怎样建设社会主义"的基本观点。这样，对生产力标准的学习、研究、讨论和落实，就成为进一步解放思想、解放生产力的关键环节。生产力标准正是在改革开放不断深入的新的历史条件下，为了进一步端正思想路线，加快改革开放步伐，集中力量发展中国特色社会主义的需要而提出来的。在十几年的改革和建设实践中，我们党每一项改革措施的提出、试验和推广，都贯彻了实事求是的思想路线和以经济建设为中心的指导方针。然而，在改革开放的实践过程中，我们每走一步，都涉及到进一步检验十一届三中全会以来思想政治路线的正确性，都涉及到衡量改革举措的必要性的客观标准问题。坚持客观的判断标准，克服来自右和"左"两个方面，特别是"左"的方面的干扰，是改革开放能否取得胜利的关键。到底以什么标准来看待改革开放十多年的成绩，要不要始终不渝地坚持党的基本路线，这在政治路线方面，在改革开放的实际举措方面就提出了一个衡量的客观标准问题，这个客观标准就是生产力标准。

应该说，在改革开放的根本方向、根本道路、大政方针乃至具体举措上，问一下姓"社"还是姓"资"，是应该也是必要的。然而，这里的关键是以什么样的标准来判断姓"社"还是姓"资"。生产力标准的观点告诉我们，既然生产力是一切社会发展的最终决定性力量，是判断社会进步的根本标准，是判断社会主体的认识和实践是否正确的最终尺度，那么离开生产力的发展来判断什么是资本主义和社会主义，就是用空想的原则、抽象的教条来裁剪火热的现实生活，就会在思想上陷入唯心史观的泥潭，在政治上导致或右或"左"的路线，在实践上阻碍生产力的发展。在这里，关键在于科学地掌握判断姓"社"与姓"资"的标准，只要用生产力这个根本标准来分析，关于"什么是社会主义，怎样建设社会主义"的许多疑惑不解就会一扫而光。在改革开放中，生产力标准是根本性的判断标准，如果离开这个标准，也就离开了社会主义的根本方向，离开了"什么是社会主义，怎样建设社会主义"的正确认识，就没有什么是非曲直可言，就会陷入主观随意性，甚至可能会重犯历史性的错误。一旦我们解决了这个根本标准的认识问题，那么我们就可以抛掉沉重的思想包袱，冲破思想牢笼，就会在改革开放实践中大胆地想、大胆地闯、大胆地试、大胆地干。

邓小平南方谈话和党的十四大，标志着中国改革开放和中国特色社会主义发展进入新阶段。党的十四大确定了经济体制改革的目标是建立社会主义市场经济体制。十四大以来，我们党坚定不移地以中国特色社会主义理论为指导，坚持党在社会主义初级阶段的基本路线，紧紧围绕"抓住机遇、深化改革、扩大开放、促进发展、保持稳定"的大局，努力推进社会主义市场经济体制改革，积极实施党的建设新的伟大工程，改革开放全面深入，现代化建设步伐明显加快。

三、世纪之交和新世纪新阶段，中国共产党人在回答"什么是社会主义，怎样建设社会主义"的同时，创造性地回答了"建设什么样的执政党，怎样建设执政党"，"实现什么样的发展，怎样发展"，继续解放思想，坚持改革开放，极大地推进了中国特色社会主义伟大事业和党的建设新的伟大工程

世纪之交和进入新世纪以来，是改革开放和中国特色社会主义发展的

新阶段。世纪之交正是该阶段的历史关键时刻。回顾 20 世纪最后十年，对中国社会主义现代化进程发展影响最大的有两个重大政治事件。第一个重大政治事件是 80 年代末 90 年代初，在我国发生的"六四"政治风波和苏东剧变。

我国发生的"六四"政治风波和苏东剧变，是两件密切相连构成一个整体的带有世界性影响的历史事件。中国共产党在 1989 年"六四"政治风波中，在 1992 年苏东的剧变过程中，经受了巨大的政治考验。邓小平在《第三代领导集体的当务之急》这篇重要讲话中严肃地指出："常委会的同志要聚精会神地抓党的建设，这个党该抓了，不抓不行了。"这是邓小平对"六四"政治风波深刻思考的科学结论。"六四"政治风波也好，苏东剧变也好，这些问题集中到一点，其根本原因就在于党自身。国际国内的政治事件警醒我们：如果党的建设不抓好，最后会出大问题。江泽民精辟地指出，"中国的事情关键在党"，"要把中国的事情办好，关键取决于我们的党"。以江泽民为核心的第三代党中央领导集体按照邓小平的政治交代，认真思索怎样加强党的建设问题。

江泽民在深刻分析国内外的新情况、新变化时认为，有几件事值得深思：第一件事是 1989 年动乱，第二件事是苏东剧变，第三件事是法轮功事件，第四件事是台湾国民党下台。深思这四件事，特别是联系我们党内的腐败问题，使人们感到形势严峻。所有问题集中在一点，归结起来就是：一定要解决"建设一个什么样的党，怎样建设党"的问题。按照邓小平的指示，以江泽民为代表的第三代党中央领导集体致力于聚精会神地解决党的建设问题。在十三届四中全会上强调要大力加强党的建设；十四届四中全会就加强党的建设几个重大问题又做了专门决定；十五大提出了继续推进党的建设新的伟大工程的总目标。总之，我们党的一系列思考和措施，都是要集中解决党的建设问题。

第二个重大政治大事是 1997 年 2 月 19 日邓小平去世。邓小平是中国改革开放的总设计师，是中国特色社会主义现代化建设的开篇者。邓小平去世以后，世纪之交的中国共产党人还能不能继续高举邓小平理论伟大旗帜，坚持党的基本理论、基本路线，把建设中国特色社会主义事业进行到底。党的十五大高举邓小平理论伟大旗帜，在阐述社会主义初级阶段理论的基础上，规定了党在社会主义初级阶段的基本纲领和社会主义初级阶段的基本经济制度，提出依法治国、建设社会主义法治国家的基本方略，确定了跨世纪发展的奋斗目标和任务，并郑重地把"邓小平理论"作为我们党长期的指导思想写进党章。在这之后，我们党领导全国人民战胜特大自然灾害，成功地应对了亚洲金融危机的考验，提前实现"三步走"经济发展战略目标的前两步。

世纪之交，我们党面临着三大方面的考验：一是世界大变化的考验。整个世界呈现大动荡、大变化、大改组的局面。特别是随着高科技的发展，信息时代、知识经济时代的到来，世界发生了巨大的变化。如何应对世界性的大变化，对我们党是一个重大考验。二是执政的考验。党在夺取政权后，先后经过过渡时期、建设时期、"文化大革命"的挫折时期和改革开放新时期的发展，经受住了执政的考验。特别是在 1989 年的政治风波和 1992 年苏东剧变后，我们党经受住了执政的考验。还能不能继续经受住执政的考验，这又是一个重大课题。三是改革开放、市场经济的考验。在发展社会主义市场经济的过程中，一方面经济上去了，但另一方面党的干部队伍的腐败现象越来越严重，一些大案要案情况已经到了触目惊心的地步。说明党在改革开放、市场经济中面临着新形势下的新的考验。能否经得住市场经济的考验，这对我们党来说，也是一个严峻问题。

从历史来看，我们党经历了"两大转折"，从领导革命夺取政权到执政搞建设，从计划经济条件下的执政到市场经济条件下的执政，情况发生了很大变化。在新的历史条件下，党要着重解决"两个水平、两个能力"这两大历史性课题。"两个水平"，一是执政水平，一是领导水平；"两个能力"，一是防御风险的能力，一是拒腐防变的能力。因此，"建设一个什么样的执政党，怎样建设执政党"，这是摆在全党面前最重大最迫切的现实和理论问题。以江泽民为核心的党的第三代中央领导集体，在坚持邓小平理论，经受住国内国际的严峻考验，稳住改革开放大局的基础上，继续解放思想，不断改革开放，开拓创新，把中国特色社会主义的伟大实践成功地推向新世纪新阶段。

进入新世纪，以江泽民为代表的中国共产党人，着眼于我们党所处的历史方位，从党长期执政的战略高度，在继续回答"什么是社会主义，怎样建设社会主义"的同时，进一步回答了"建设什么样的执政党，怎样建设执政党"的问题，形成了"三个代表"重要思想，为中国特色社会主义理论体系增添了新的内容。"三个代表"重要思想，从最直接的意义来说，是解决党的建设问题，创造性地回答了"建设什么样的执政党，怎样建设执政党"，集中解决了党的先进性和执政能力问题。但是，它又不仅仅是解决党的建设问题，不仅仅是党的建设的全面纲领，它还进一步回答了"什么是社会主义，怎样建设社会主义"，是建设有中国特色社会主义事业的强大思想理论武器，是全面实现小康社会宏伟目标的根本指针。党的十六大全面总结党领导人民建设中国特色社会主义的基本经验，把"三个代表"重要思想确立为党的指导思想，确定了全面建设小康社会的伟大任务，对党的建设提出全面的要求，顺利实现了中央领导集体的整体性交接，开创了中国特色社会主义的新局面。

党的十六大以来，以胡锦涛同志为总书记的党中央以邓小平理论、"三个代表"重要思想为指导，提出了科学发展观、加强党的执政能力建设和先进性建设、构建社会主义和谐社会、建设社会主义新农村等一系列重大战略思想，创造性地回答了"实现什么样的发展，怎样发展"问题，进一步回答了社会主义建设和执政党建设等问题，这些思想是马克思主义中国化的理论创新成果。党的十七大，对科学发展观的重要地位、产生的实践基础和背景、科学内涵、精神实质以及如何贯彻落实进行了全面系统论述。对科学发展观在我们党的指导思想上的重要地位作了科学定位，把科学发展观确立为党的指导思想，作为继续解放思想，深入改革开放，发展中国特色社会主义必须遵循的基本原则和指导方针。总之，进入新世纪新阶段以来，以胡锦涛为总书记的党中央按照十一届三中全会以来确定的基本理论、基本路线、基本纲领、基本经验，进一步完善社会主义市场经济体制，努力推进中国特色社会主义的"科学发展、和谐发展、和平发展"，继续致力于党的自身建设，加强党的执政能力建设和先进性建设，大大推进了改革开放的历史进程，马克思主义中国化取得新的进展，中国特色社会主义道路探索实现新的突破，执政党的建设迈出新的步伐。

四、近代以来，中国实现了两次伟大革命，改革开放是第二次伟大革命，成功地开创和实践了中国特色社会主义道路，取得了经济的持续快速增长和社会全面发展的伟大成就

中国共产党成立以来，中国实现了两次革命，第一次是共产党领导的、先是新民主主义接着是社会主义的伟大革命。这次革命改变了制约中国生产力发展的半殖民地半封建的经济政治制度，建立了社会主义制度，极大地解放和发展了社会生产力。

　　鸦片战争以来，中国开始沦为半殖民地半封建国家。如何振兴中华？如何使中华民族再创辉煌？这是中华民族一切有志之士共同的理想和奋斗目标。在中国近代历史进程中，涌现出了一系列有作为的人物，为了中华民族的振兴，他们作出了不懈的努力，提出了种种救国方案，譬如太平天国运动、禁烟运动、洋务运动、义和团运动、戊戌变法、辛亥革命等等。然而在近代中国历史上，旨在救国救民的斗争和探索，每一次都在一定的历史条件下推动了中国的进步，但一次又一次总是归于失败。究其原因，除了一些旧式农民起义的方案外，主要是很多民族复兴的方案，其主要学习对象是西方的资本主义文明，主要是发展资本主义的经济、政治和文化，跳不出建立资本主义国家的窠臼。为什么这些救国方案和实践屡屡碰壁呢？这是由国内外的客观条件决定的。国内外条件不允许中国建立独立富强的资产阶级民主共和国。帝国主义列强从自身利益考虑，绝不会让中国变成一个强大的资产阶级民主共和国，必须要维持和强化半殖民地半封建制度。为了维持旧制度，封建势力和官僚资本主义势力也需要与帝国主义列强勾结，不允许中国民族资产阶级强大起来；不允许在中国进行资产阶级民主革命。同时，中国民族资产阶级是一个软弱的、两重性的阶级，担当不起革命的领导力量，资产阶级旧式民主革命注定是救不了中国的。

　　历史告诉我们，不触动封建根基的自强运动和改良主义、旧式农民战争、旧的民主主义革命，照抄照搬西方文明，这些方案都不能改变中国半殖民地半封建的社会性质和中国人民的悲惨命运。在帝国主义和封建势力打击下，这些方案和运动瞬息即逝。毛泽东同志讲，十月革命一声炮响，给我们送来了马克思主义，送来了社会主义。只有社会主义才能救中国，只有马克思主义才能救中国。只有中国工人阶级及其政党登上政治舞台，坚持马克思主义、举社会主义旗、走社会主义道路，才能解救中国。于是，产生了 1919 年的"五四"运动和 1921 年中国共产党的成立，中国进入新民主主义革命新的发展阶段。中国只有在马克思主义理论指导下，把马克思主义与中国实际相结合，进行共产党领导下的彻底的革命，才能振兴中华。中国共产党领导下的中国革命分两步走，第一步，进行共产党领导的，不同于孙中山所领导的旧民主主义革命的新民主主义革命。第二步，新民主主义革命成功以后，不间断地进行社会主义革命。以毛泽东为代表的第一代的党中央领导集体带领中国人民取得了新民主主义革命和社会主义革命的胜利，建立了社会主义制度，进入全面社会主义建设时期。

虽然经过了曲折的过程，但新中国初步建立了社会主义的工业体系，实现了农业合作化，社会主义建设取得了伟大成就。

改革开放是我们党领导的第二次革命。从新中国成立到党的十七大召开，党在全国执政的历史和社会主义建设的历史，以十一届三中全会为界，可以划分为前后两个时期。第一个时期是社会主义道路的探索时期，我们党确立了社会主义基本制度，建立了独立的比较完整的工业体系和国民经济体系，积累了丰富的正反两方面经验。第二个时期是改革开放新时期。在这个时期，我们党坚持改革开放，始终以经济建设为中心，中国特色社会主义事业取得了一系列巨大成就。

改革开放成果丰硕。农村改革和城市各项改革取得重大进展，确立了以公有制为主体、多种所有制经济共同发展的基本经济制度，初步建立起社会主义市场经济体制。实施"引进来"与"走出去"的对外开放战略，加入世界贸易组织，抓住机遇，积极投身于全球化浪潮，共享世界文明的先进成果，大大加快了我国现代化建设的步伐。

经济发展持续高速。国民经济长时间快速稳定增长，1978—2007 年，国民生产总值年均增速高于 9.7%，远远超过同期世界经济 3% 左右的平均增长速度。目前，经济总量居世界第四位，外贸进出口总额居世界第三位，外汇储备突破 1.8 万亿美元大关、居世界第一位，钢铁、煤炭、水泥等主要工业品产量居世界第一位。农村生产力得到极大的解放和发展，亿万农民的生活得到极大的改善，农村发生了历史巨变。

政治建设稳步推进。人民代表大会制度和共产党领导的多党合作、政治协商制度以及民族区域自治制度，进一步健全和完善。政治文明建设不断加强，民主向制度化、规范化方向发展。政府职能明显转变，依法行政与公正司法取得很大进展。基层民主不断扩大，农村普遍实行了村民自治。以宪法为核心、与社会主义市场经济体制相适应的中国特色社会主义法律体系初步形成，依法治国基本方略得到贯彻落实。广大人民享受到空前的自由民主权利。

文化建设成绩卓越。人民群众思想观念发生了深刻变化，公民意识、竞争意识、法制观念等现代意识显著增强。不断丰富发展马克思主义，初步构建起社会主义的核心价值体系，民族精神与良好的道德风尚得以弘扬。科教兴国、人才强国战略正在实施，具备了建设创新型国家的重要基础和良好条件。教育、科学、文化、艺术、新闻、出版、体育事业欣欣向荣,人民日益增长的精神文化需要不断得到满足。

社会建设成效显著。人民生活显著改善,十三亿人达到了总体小康。扶贫攻坚计划顺利实施,稳定地解决了十三亿人口的吃饭问题,反贫困事业成效显著。医疗、卫生事业不断发展。社会保险制度覆盖了大多数城镇从业人员和退休人员,城市普遍建立了居民最低生活保障制度,农村积极推进社会保障制度建设,与社会主义市场经济体制相适应的劳动和社会保障制度已初步建立。社会建设日益朝着全面和谐方向迈进。

国防建设成就巨大。指导思想实现了战略性转变,贯彻积极防御的军事战略方针,注重质量与法制建设,依靠科技强军,走中国特色的精兵之路,人民解放军的革命化、现代化、正规化建设全面展开,国防总体实力和防卫作战能力不断提高。

祖国统一取得历史性胜利。顺利恢复对香港和澳门行使主权,洗雪了中华民族的百年屈辱。积极贯彻"一国两制"的基本方针,保持香港和澳门特别行政区的繁荣稳定。祖国大陆同台湾的经贸关系空前发展,教育、文化、社会等方面的交流与合作不断加强,政党交流打开新的局面。反台独、反分裂斗争不断取得胜利。

对外关系迈上新台阶。高举和平、发展、合作的旗帜,坚持独立自主的和平外交政策,倡导建立和谐世界。与主要大国建立起不同形式的合作关系,加强了与广大发展中国家及周边国家的合作,积极参与处理国际和地区热点问题,树立起负责任大国的新形象。中国国际地位与国际影响力与日俱增。

党的建设全面加强。实施党的建设新的伟大工程,加强执政能力建设与先进性建设,党的领导水平和抵御风险的能力不断提高。廉政建设与反腐败斗争深入开展,党内民主向制度化、规范化方向迈出新步伐。

回顾 30 年改革开放走过的历史进程,我们在工作中也曾发生过失误和偏差,当前还面临着很多困难和问题,人民群众还有诸多不满意的地方。但是,从党在全国执政的历史、我国近代以来的历史以及社会主义运动史等多方面的视角来看,这 30 年是中国特色社会主义理论和体制创新最多的 30 年,是经济发展速度最快和人民生活水平提高幅度最大的 30 年,是社会政治最为稳定和民主法制建设成就最大的 30 年,是综合国力和国际地位提升最快的 30 年。我们走出了一条全新的中国特色社会主义发展道路,用短短 30 年的时间走过了许多国家上百年甚至几百年的发展历程，使中华民族以前所未有的姿态屹立于世界民族之林。

五、30 年改革开放的伟大实践积累了十分宝贵的历史经验，奠定了中国特色社会主义理论体系的实践基础和经验依据，对于继续改革开放，发展中国特色社会主义，具有重要的指导意义

全面总结改革开放的历史经验，并把它上升为系统的理论，对于进一步推进改革开放，发展中国特色社会主义，丰富中国特色社会主义理论体系，是十分重要且必要的。

1. 始终坚持解放思想、实事求是的思想路线，坚持马克思主义基本原理与推进马克思主义中国化相结合

解放思想，实事求是，坚持马克思主义基本原理的普遍性与中国实际的特殊性具体的历史的统一，是改革开放伟大实践的首要经验。在改革开放的全过程，必须坚持马克思主义老祖宗不能丢，同时必须坚持马克思主义不断创新。马克思主义的不断创新，说到底，就是要把马克思主义的普遍原理与中国建设和发展的实际结合起来、与时代特征结合起来，不断推进马克思主义的当代化、中国化，创造出中国化的马克思主义。30 年前，中国改革开放的总设计师邓小平作出的改革开放的历史性决策，正是基于马克思主义的基本原理同中国具体实际的结合所得出的必然结论。一部改革开放的实践发展史，也是一部马克思主义中国化的理论探索史。30 年来，我们党始终坚持以科学的态度对待马克思主义，不断根据变化了的实践推进马克思主义中国化，赋予马克思主义基本原理以时代的和民族的内涵，形成了中国特色社会主义理论体系这一马克思主义中国化的最新成果，并成功地运用于指导改革开放的实践，成功地开辟出中国特色社会主义发展道路，取得了改革开放和现代化建设的辉煌成就。

解放思想是发展中国特色社会主义的一大法宝。坚持马克思主义基本原理与推进马克思主义中国化相结合，用发展着的中国化的马克思主义指导不断发展的改革开放和现代化建设实践，必须始终坚持党的解放思想、实事求是、与时俱进的思想路线，不断推进理论创新。30 年的实践证明，改革开放和社会主义现代化建设的每一次重大推进，都以解放思想为前提，以思想理论的创新和观念的变革为发端和先导。解放思想、实事求是，带来了马克思主义中国化理论成果的不断创新并被正确运用，带来了改革开放和现代化建设实践突破性进展。

2. 始终坚持社会主义初级阶段的基本国情和"一个中心，两个基本

点"的基本路线，坚持四项基本原则与改革开放相结合

始终坚持"一个中心，两个基本点"的基本路线不动摇，是改革开放取得成功的基本经验。十一届三中全会以来，我们党在坚持以经济建设为中心的同时，始终正确认识和处理坚持四项基本原则和坚持改革开放的辩证统一关系。四项基本原则是立国之本，这个"本"是我们党和中国生存发展的政治基石，是以经济建设为中心的坚强保障，是改革开放正确方向的根本保证。改革开放是强国之路，这条"路"是发展中国特色社会主义、实现现代化的必由之路，是我们党和国家发展进步的活力源泉。改革开放的实践证明，无论是坚持四项基本原则，还是坚持改革开放，都必须基于两者的统一，一旦将坚持四项基本原则与坚持改革开放割裂或对立起来，中国特色社会主义必然会偏离正确的方向，中国特色社会主义建设事业就会陷入停顿或倒退。

坚持党在社会主义初级阶段的基本路线，必须始终坚持一切从中国的实际国情出发，把改革开放和现代化建设的大政方针建立在对国情的清醒和正确的认识上。一切从实际出发，最根本的，就是一切从中国处于并将长期处于社会主义初级阶段这个最大的实际、最基本的国情出发。党的基本纲领是党的基本路线的展开和具体化，坚持从初级阶段的基本国情出发，就要坚持和完善以公有制为主体、多种所有制经济共同发展的基本经济制度，就要坚持和完善以按劳分配为主体、多种分配方式并存的分配制度，就要坚持和完善共产党领导的多党合作和政治协商制度。

坚持党的基本路线，必须始终坚持在中国共产党的领导下，坚持工人阶级的领导，建立巩固的工农联盟，巩固和发展最广泛的爱国统一战线，积极争取和团结在改革开放中新产生的各社会阶层，团结一切可以团结的力量，发挥他们作为中国特色社会主义建设者的积极作用。

3. 始终坚持把人民利益作为改革开放的出发点和落脚点，坚持人民当家作主、尊重人民首创精神与加强和改善党的领导相结合

始终坚持以人为本的基本原则，把人民的根本利益作为改革开放的出发点和落脚点，尊重人民的首创精神，让人民共享改革发展成果，最终走共同富裕的道路，这是改革开放取得成功的重要经验。人民群众是历史的创造者和推动历史前进的力量，是改革开放各项事业发展的依靠力量和推动力量。中国农民最先揭开了我国改革的序幕。无论是家庭联产承包制还是乡镇企业，以及城市改革、全面改革，都是中国人民自己的独特创造。

离开人民群众的积极性和首创精神，改革开放则一事无成。推进改革开放，一定要充分尊重人民的首创精神，从人民的伟大创造中汲取经验，形成政策，付诸实践。

改革开放以来，我们党始终坚持把党的领导和依靠人民、由人民当家作主、尊重人民群众的首创精神有机地结合起来，积极调动最广大人民群众投身改革开放伟大实践的积极性、主动性和创造性，把实现好、维护好、发展好最广大人民的根本利益作为加强和改善党的领导的奋斗目标和检验标准，切实做到改革发展为了人民、改革发展依靠人民、改革发展成果由人民共享。实现党的领导，最重要的是党所制定的改革开放政策要符合人民的愿望、执行过程要维护人民的利益、实施结果要满足人民的需要。在改革开放过程中，我们党始终以人民满意不满意、高兴不高兴、赞成不赞成、拥护不拥护作为衡量改革开放成败与否的标准。正因为这样，我们党才通过改革开放，得到了人民的真心拥护。正是在改革开放的过程中，在一切为了人民、一切依靠人民的过程中，党的领导才得到了切实的加强和改善。

4. 始终坚持社会主义公有制为主体的根本方向和社会主义市场经济的改革取向，坚持社会主义基本制度与发展市场经济相结合

我国的改革开放是社会主义方向的改革开放，是社会主义市场经济的改革取向。社会主义与市场经济结合具有蓬勃的生机和活力，在实行社会主义市场经济体制改革的同时，始终坚持社会主义方向、坚持社会主义基本制度，实现社会主义制度与市场经济的有机结合，这是改革开放的成功经验。

提出社会主义市场经济理论，进行社会主义市场经济体制改革，是我们党的一个伟大创举。近30年改革开放所取得的巨大成就，已经初步显示出这一创举的强大威力。坚持社会主义基本制度，关键是坚持社会主义公有制为主体。在坚持社会主义市场经济体制改革的过程中，我们党始终坚持公有制经济为主体、多种所有制经济共同发展的基本经济制度，不断探索社会主义市场经济不同于其他市场经济运行的特殊规律和特殊运行方式，始终坚持在发挥市场配置资源的基础性作用的同时，不断加强和改善宏观调控，既发挥市场经济的优势，也发挥社会主义制度的优越性，促进社会主义制度与市场经济的有机结合，逐步完善社会主义市场经济体制。

5. 始终坚持社会主义制度的自我完善和发展，坚持推动经济基础变革

同推动上层建筑改革相结合

　　我国改革开放的实质是社会主义制度的自我完善和发展。努力通过经济基础和上层建筑的调整和变革，构建适合中国现阶段社会发展和生产力发展状况的社会体制，坚持社会主义制度的自我完善和发展，也是改革开放的一个成功经验。改革开放以来，在推动经济基础变革的同时，政治、文化和社会等上层建筑各个领域的体制改革也在稳步推进。与社会主义初级阶段相适应的经济体制、政治体制、文化体制和社会诸体制的逐步完善，是 30 年来我国经济社会健康发展的基础和保证。推进经济基础和上层建筑具体体制的改革，实现社会主义制度的自我完善和发展，实质上就是不断推进社会主义的制度创新。改革初期，家庭联产承包责任制的实行与人民公社体制的废除，掀开了社会主义生产关系体制改革和上层建筑体制改革、社会主义制度创新的序幕，极大地促进了农村生产力的发展。当前，我国正处于以贯彻落实科学发展观为中心内容的全面制度创新阶段，加大社会主义经济基础和上层建筑各个领域的制度文明的建设力度，必将极大推动改革开放的深入发展，推进社会主义制度的自我完善和发展。

　　6. 始终坚持我国经济社会的全面协调可持续的科学发展，坚持发展社会生产力同提高全民族文明素质相结合

　　必须始终坚持在大力发展生产力的同时，坚持以人为本，推进我国经济社会的全面协调可持续的科学发展，这是进一步改革开放必须坚持的重要经验。我国改革开放的社会主义性质不仅决定了发展不只是物质文明的单兵突进，还是物质文明、政治文明、精神文明和生态文明的共同发展，不仅是经济建设的单一推动，还是政治建设、文化建设、社会建设和生态建设的全面推进，不仅以发展生产力实现全体人民的共同富裕为目的，还要以提高全民族文明素质，实现人的全面发展为最终目标和落脚点。只有坚持通过改革开放，实现全民族的物质和文化生活水平和全民族的文化素质的不断提高，坚持全面发展、协调发展、和谐发展、可持续发展，把中国特色社会主义建设和发展逐步纳入科学发展的轨道，才能最终把我国建设成为富强民主文明和谐的社会主义现代化国家。

　　7. 始终坚持构建社会主义和谐社会，坚持提高效率同促进社会公平相结合

　　我国改革开放得到人民肯定的一条必须坚持的经验，就是构建社会主义和谐社会，坚持提高效率与促进社会公平相结合。社会主义和谐社会建

设是中国特色社会主义的本质要求，是发展中国特色社会主义的长期的历史任务。构建社会主义和谐社会，就要实现社会公平正义。改革开放以来，由当时我国的基本国情和具体的历史条件所决定，"效率优先，兼顾公平"曾作为改革开放一段时期内的方针。改革开放发展到今天，在坚持效率优先的前提下，我们党又把实现社会公平正义提到了更加突出的地位加以解决，提出了构建社会主义和谐社会的重大战略思想，将实现社会公平正义作为发展中国特色社会主义的一项重大任务。我国的改革是一个寓效率与公平于其中的总体性概念，我们党始终反对人为地将效率与公平二元化、对立起来的观点和做法，着力解决广大人民群众最关心、最直接、最现实的利益问题，切实把追求效率与实现公平辩证统一于改革开放的全过程。只有这样，才能不断取得人民对改革开放的支持，才能取得改革开放的成功。

8. 始终坚持统顾国内和国际两个大局，坚持独立自主与参与经济全球化、对内改革和对外开放相结合

统筹兼顾国内国际两个大局，着眼于两个大局，制定和实施对内改革和对外开放的政策和措施，坚持在与世界经济相联系和相互竞争中，自力更生地提升综合国力的开放战略，把社会主义市场经济的国内改革和与世界经济相联系的对外开放相结合，是改革开放30年的成功经验。经济全球化的发展，离不开市场化，国内市场发展，又离不开国际化。中国特色社会主义发展离不开市场经济的发展，离不开与世界的联系。在我国这样生产力水平还不发达，经济相对落后的国家进行社会主义建设，必须始终坚持"引进来"和"走出去"相结合的对外开放战略，积极参与到经济全球化之中，不断拓展对外开放的广度和深度，有效利用国外资金、技术和先进管理经验等外部条件发展自己，在全球竞争中趋利避害，努力实现互利、普惠、共赢。

坚持独立自主是参与经济全球化的前提和基础，坚持独立自主必须同参与经济全球化相结合。对中国这样一个发展中国家来说，要在经济全球化竞争中生存和发展，必须始终保持足够的清醒，始终在总体上保持发展的自主性，主要依靠自己的力量发展经济等各项事业。一定要在保持独立自主的前提下，积极扩大对外开放，参与全球经济合作，才能实现跨越式发展。

坚持改革与开放相结合，必须创造良好的外部环境，这就必须始终坚

持独立自主的和平外交政策，走和平发展道路，推动建设持久和平、共同繁荣的和谐世界，以维护国家发展利益和安全利益为最高准则，永远不称霸，维护世界和平与促进各国共同发展，为改革开放和现代化建设争取和平稳定的国际环境。

9. 始终坚持"三个有利于"的判断标准和渐进式改革策略，坚持促进改革发展同保持社会稳定相结合

我们党始终把"三个有利于"，即是否有利于发展社会主义社会的生产力，是否有利于增强社会主义国家的综合国力，是否有利于提高人民的生活水平，作为判断改革得失成败的根本标准。"三个有利于"最根本的是有利于生产力的发展，只有紧紧扭住经济建设这个中心不动摇，作为执政兴国的第一要务，才能迅速摆脱生产力不发达状态，早日实现国富民强，这是我国改革开放成功的根本经验。

在改革过程中，我们党时刻注意正确地处理好改革、发展、稳定三者的关系，使之相互协调、相互促进，把改革、发展的紧迫感同科学求实的精神结合起来，把实现当前目标和追求长远目标统一起来，把改革的力度、发展的速度和社会可承受程度统一起来，把握准改革举措出台的时机、力度和节奏，这也是我国改革开放的一条可行经验。改革是动力，发展是目标，稳定是前提。没有改革，就无法最大限度地解放和发展生产力，就不可能走出一条适合自己国情的正确的发展道路；没有发展，尤其是生产力的发展，中国就不可能实现现代化，也就不可能保持国家的长治久安；没有稳定，改革和发展都无从进行。三者关系处理得当，就能保证改革开放的健康平稳运行，否则，就会吃苦头，付代价，甚至给社会带来灾难。在改革开放过程中，我们党统筹改革，综合谋划，把不断改善人民生活作为处理改革发展稳定关系的重要结合点，把构建和谐社会作为协调改革发展稳定关系的长远目标，以改革促进和谐、以发展巩固和谐、以稳定保障和谐，努力实现社会稳定，为改革发展提供和谐的环境和氛围。

我国的改革开放，是前无古人的创举，走的是一条"摸着石头过河"的循序渐进的道路——这是中国取得巨大成功的一条举世公认的经验。改革开放近 30 年来，党始终坚持"渐进式"的改革策略，没有采取"休克疗法"、"硬着陆"等激进的方案，坚持试点先行，在取得试点经验的基础上再加以推广。在改革开放中，采取的是先农村后城市、先沿海后内地、先经济后政治、先发展后规范、先体制外体制内、先易后难的改革策

略。在改革开放中，保持制度变革的连续性和渐进性，保证改革开放的顺利推进。坚持重点突破和整体推进相结合的改革战略。渐进式改革方案既避免了由于举措不当而出现的经济严重衰退、社会矛盾激化和社会剧烈动荡，又使中国社会充满活力、和谐稳定。

10. 始终坚持以改革创新的精神加强党的建设，坚持中国特色社会主义伟大事业与推进党的建设新的伟大工程相结合

始终坚持以改革创新的精神加强党的建设，改善党的领导，提高党的执政能力和水平，增强党的先进性，不断增强拒腐防变和抵御风险的能力，为改革开放和现代化建设提供坚强有力的政治保证，是改革开放取得伟大成就的政治经验。

我们党是中国特色社会主义事业的领导力量，中国共产党的自身状况与中国特色社会主义事业的发展休戚相关。我国的改革开放既给我们党注入了巨大的活力，也带来了许多前所未有的新课题、新考验。中国特色社会主义事业是改革创新的事业，中国共产党要站在时代前列带领中国人民开创事业发展新局面，必须坚持以改革创新精神加强自身建设。在 30 年改革开放的历史进程中，我们党从世情、国情和党情的发展变化出发，深入探索共产党执政的特殊规律，坚持把党建设成中国工人阶级的先锋队，同时是中国人民和中华民族的先锋队。坚持始终代表最广大人民根本利益的马克思主义立场，立党为公、执政为民。不断改革和完善党的领导方式和执政方式，坚持科学执政、民主执政、依法执政。不断巩固党的阶级基础，扩大党的群众基础，保持和发展党同人民群众的血肉联系。不断加强党的先进性建设和执政能力建设，积极推进党内民主建设，旗帜鲜明地反对腐败。总之，坚持改革开放，必须坚持把中国特色社会主义伟大事业与推进党的建设新的伟大工程相结合。

六、进一步改革开放，必须始终不渝地坚持和发展中国特色社会主义理论体系，坚定不移地以中国特色社会主义理论体系为思想指南

改革开放之所以是一场新的伟大革命，之所以发挥了中国特色社会主义强大动力的作用，之所以取得伟大成功，最重要的就在于走出了正确的道路，形成了正确的理论指南。这条正确的道路就是中国特色社会主义道路，这个正确的理论指南就是中国特色社会主义理论体系。

中国特色社会主义理论体系是改革开放新时期的实践产物，是马克思主义科学社会主义原理同中国具体实际相结合的产物，是党的几代领导集

体带领全党共同努力的结果，是马克思主义中国化的最新成果，是全国各族人民团结奋斗的共同思想基础。中国特色社会主义理论体系的前提和基础是毛泽东同志关于中国社会主义建设道路的理论和实践的初步探索，是经过党的几代领导集体的共同努力的全党智慧的结晶，中国特色社会主义理论体系是包括邓小平理论、"三个代表"重要思想、科学发展观等重大战略思想的完整统一体，是既一脉相承、又与时俱进的马克思主义中国化的科学的理论体系。

中国特色社会主义理论体系是由一系列紧密联系、相互贯通的新思想、新观点、新论断所构成的完整的系统的科学理论体系，该体系博大精深，内容十分丰富。它的哲学基础和精神实质是解放思想、实事求是的观点和生产力标准的观点；回答的主题是中国特色社会主义；解决的主要问题是中国的发展与改革；两个重要理论基础是改革观和发展观。这就构成了马克思主义中国化最新成果一以贯之的共同的时代主题、哲学依据和理论基础。解放思想、实事求是和生产力标准的观点，科学发展观和正确改革观是中国特色社会主义理论体系的重要内容。坚持解放思想、实事求是和生产力标准的观点，坚持科学发展观和正确改革观也就是坚持中国特色社会主义理论体系。

中国特色社会主义理论体系的哲学依据最主要的是两个基本支撑点，一是解放思想、实事求是的观点，一是生产力标准的观点。邓小平提出解放思想、实事求是的观点，奠定了中国特色社会主义理论的思想路线基础。江泽民把解放思想、实事求是的观点概括为与时俱进这一马克思主义的理论品质，进一步丰富和发展了党的思想路线。胡锦涛继承了解放思想、实事求是、与时俱进的思想路线，特别强调解放思想是党的思想路线的本质要求，是中国特色社会主义的一大法宝，继承了党的思想路线的真谛。我们党从邓小平、江泽民到胡锦涛，之所以不断把中国特色社会主义理论体系发扬光大，就是因为不断地在实践中继承和发扬党的解放思想、实事求是的思想路线。

生产力标准是马克思主义唯物史观的最基本的观点。正是根据生产力标准的观点，邓小平提出了一系列改革开放的重大决策，形成了党的基本路线和基本理论，并在改革开放的关键时刻，就如何判断改革成败的问题，如何判断姓"社"姓"资"的问题，提出了"三个有利于"的判断标准，"三个有利于"的判断标准实质上就是生产力标准。"三个代表"重要思想，把代表先进生产力作为第一个代表，同时提出代表先进文化、代表人民根本利益。这是对生产力标准和"三个有利于"标准的丰富和发展。解放思想、实事求是观点是辩证唯物主义的基本问题，生产力观点是历史唯物主义的基本问题。辩证唯物主义和历史唯物主义是我们党全部理论的哲学基础，解放思想、实事求是和生产力标准则构成了中国特色社会主义理论体系的基本哲学依据。

中国特色社会主义理论体系是围绕中国特色社会主义这一主题展开的，回答的主要问题是中国特色社会主义如何发展，而解决发展的问题，必须解决改革的问题。解决改革和发展问题，其重要理论根据一是发展观，一是改革观。科学发展观和正确改革观是中国特色社会主义理论体系的两个重要内容。

邓小平发展思想是邓小平理论的重要内容。邓小平十分强调发展、首先是发展生产力的重要意义。为什么中国特色社会主义理论体系那样强调发展问题？这是由中国特色社会主义现阶段，即初级阶段的基本国情和历史方位决定的。邓小平指出，我国目前还处于社会主义初级阶段，考虑一切问题都要从这个基本国情出发。我国社会主义初级阶段的主要矛盾是人民群众日益增长的物质文化需求和生产力不能满足这种需求的矛盾，解决这个矛盾就必须大力发展生产力。发展生产力是社会主义的根本任务，经济建设是中心任务。因此中国特色社会主义建设的主要问题可以归结为发展。当然，发展首先是发展生产力。

邓小平不仅强调发展生产力，还拟定了中国发展分三步走的发展战略，提出了实现小康社会的宏伟目标。邓小平指出，发展的第一步第二步，到20世纪末国内生产总值比1980年翻两番，基本实现温饱，奔向小康。发展的第三步，到21世纪中叶，人均国民生产总值达到中等发达国家水平，基本实现现代化。

在1992年南方谈话中，邓小平总结了多年的发展思想，提出了"发展是硬道理"的科学论断。并强调发展需要一定的速度和数量，但不单是速度和数量。要实现速度与效益、质量与数量的统一。这些构成了邓小平关于发展的基本思想。

江泽民提出"三个代表"重要思想，第一个代表就是代表先进生产力，也就是要不断地解放和发展生产力，并把它提高到了党的性质、党的建设的高度来认识，把发展生产力同党的执政理念、党的先进性建设和执政能力建设联系在一起，进一步丰富和发展了邓小平发展思想。江泽民提出了"发展是执政兴国的第一要务"，并且十分强调要全面理解发展问题。提出要正确处理社会主义现代化建设中的若干重大关系，把握好发展、稳定和改革的关系，处理好建设与效益、数量与质量的关系。提出关键要更新发展思路，要实现增长方式的转变，由粗放型转变到集约型。这不仅从理论上丰富了邓小平发展思想，而且对中国特色社会主义的发展思路作了战略调整。

以胡锦涛为总书记的党中央，在总结国际国内发展经验的基础上，针对我国在新世纪新阶段发展的新问题、新要求和新任务，提出了以人为本、全面协调、可持续的科学发展观，提出"科学发展、和谐发展、和平发展"的发展新理念，把中国特色社会主义发展理论推向一个新的高度。科学发展观站在历史和时代的高度，总结国内外在发展问题上的经验教训，吸收人类文明进步的新成果，进一步解决了新世纪新阶段我国"为什么发展，怎样发展和发展什么"等一系列发展中国特色社会主义的重大问题。在新的实践基础上，进一步回答了社会主义的本质及其主要特征，拓宽了对"什么是社会主义，怎样建设社会主义"的社会主义发展规律的认识视野；进一步明确了社会主义建设的指导思想，拓宽了对中国特色社会主义建设和发展规律的认识视野；进一步论述了共产党的执政任务，拓宽了对"建设什么样的执政党，怎样建设执政党"的共产党执政规律的认识视野。正是在进一步回答"什么是社会主义，怎样建设社会主义"，"建设什么样的执政党，怎样加强执政党建设"，"什么是马克思主义，怎样坚持和发展马克思主义"的意义上来说，科学发展观是对邓小平理论和"三个代表"重要思想的继承、丰富和发展，同邓小平理论和"三个代表"重要思想一样，也是马克思主义中国化的最新成果，是与时俱进的马克思主义发展观，是正确指导发展的马克思主义世界观和方法论的集中体现，是我们党对社会主义现代化建设理论和指导思想的新发展，开拓了中国特色社会主义的理论创新和实践创新的新境界。

关于改革的思想也是邓小平理论的重要内容。改革是中国特色社会主义理论体系的重要内容。社会主义的根本任务是解放和发展生产力，要解放和发展生产力，就必须不断改革。这是因为社会主义基本矛盾特点决定了必须要进行改革。社会主义制度建立后，我国的社会基本矛盾是适应前提下的不适应，也就是存在体制上的不适应：一是以往形成的僵化的经济政治体制，严重阻碍了生产力的发展；二是社会主义不是一成不变的，即使适合的体制也要随着经济社会的发展，也需要不断地进行体制创新，以适应经济发展的需要。因此，邓小平率先提出"革命是解放生产力，改革也是解放生产力，改革是第二次革命"。只有破除旧的体制，才能解放和发展生产力。改革是社会主义不断向前发展的动力。这就是邓小平改革思想立论的根据。邓小平改革思想在马克思主义发展史上是一个创新。

经济体制要改革，改革的方向是什么呢？邓小平经过长时间的反复思考，总结社会主义建设和我国实践的经验，提出以市场经济为取向的社会主义市场经济体制改革思路。社会主义市场经济的创新提法在理论上是一大突破，使人们从市场经济等于资本主义的陈旧观念中解放出来，在实践中为我国经济体制改革开辟了广阔的前景。在提出社会主义市场经济体制改革的同时，邓小平提出了政治体制改革的必要性、重要性，提出了政治体制改革的基本要求和战略任务，提出了建设社会主义民主政治的政治体制改革目标，提出了总体改革的重要思想。邓小平是中国社会主义改革开放的总设计师。

邓小平改革思想是极其丰富的，主要观点是："自我完善"的改革观，确定了改革的基本性质，即改革是"社会主义制度的自我完善"；"革命"的改革观，确定了改革的基本定位，即"改革是中国的第二次革命"；"全面"的改革观，确定了改革的全面性，即"改革是全面的改革，不仅经济、政治，还包括科技、教育等各行各业"；"贯穿发展全过程"的改革观，确定了改革的战略，即"改革开放要贯穿中国整个发展过程"；"三个有利于"的改革观，确定了改革成败的判断标准，即"是否有利于发展社会主义生产力，是否有利于增强社会主义国家的综合国力，是否有利于提高人民的生活水平"；"群众"的改革观，确定了改革的主体，即一定要把实现人民的根本利益，把依靠人民、尊重人民的首创精神，把人民"拥护不拥护"、"赞成不赞成"、"高兴不高兴"、"答应不答应"，作为改革的出发点和归宿。

以江泽民为核心的党的第三代领导集体丰富和充实了邓小平改革思想，明确提出建立社会主义市场经济体制的改革目标。他指出，"在坚持公有制和按劳分配为主体，其他经济成分和分配方式为补充的基础上，建立和完善社会主义市场经济体制"。强调把社会主义市场经济同社会主义基本经济制度结合在一起，建立这种经济体制就是要使其在国家宏观调控下对资源配置起基础性作用。为实现这个目标，必须坚持以公有制为主体，各种经济成分共同发展的方针，必须进一步转换国有企业制度，建立现代企业制度。江泽民勾画了社会主义市场经济体制的基本框架，规定了国有企业改革的方向。在党的十五大上，江泽民又就社会主义初级阶段的所有制结构和公有制实现形式问题作了论述，进一步从理论上加以突破。他指出，我国经济成分可以多样化，公有制实现形式可以多样化；公有制为主体主要体现在控制力上；非公有制经济是社会主义市场经济的重要组成部分；股份制是现代企业的一种资本组织形式，资本主义可以用，社会主义也可以用。这些论述为我国的经济体制改革进一步扫清了道路。

在改革发展的新阶段，胡锦涛为总书记的党中央提出了科学发展观，破解了"发展什么，怎么发展"这个发展中国特色社会主义伟大事业的根本性问题。继续改革开放，必须全面落实科学发展观。推进科学发展，必须进一步改革开放，集中破解影响科学发展的体制和机制性障碍。在今天，能不能理解和贯彻科学发展观的问题，就是能不能坚持改革开放，能不能坚持发展中国特色社会主义的问题。以胡锦涛为总书记的党中央，突出强调体制创新，强调改革问题上的创新，把体制改革创新和落实科学发展观结合起来。胡锦涛强调："推进体制创新，是解决经济社会诸多矛盾和问题的必由之路，也是贯彻和落实科学发展观的必然要求。必须通过深化改革，努力形成一套有利于科学发展的体制机制。"他要求，第一，以转变政府职能为重点推进行政管理体制改革；第二，继续深化国有企业体制改革；第三，鼓励、支持和引导非公有制经济发展；第四，进一步破除垄断，加强现代市场经济体制建设；第五，提高对外开放水平。这些论述为我国推进改革开放、全面建设小康社会提供了坚实的理论基础，充实和丰富了中国特色社会主义理论体系的改革观。

胡锦涛同志指出，"改革开放是发展中国特色社会主义的强大动力"。"改革开放是决定当代中国命运的关键抉择，是发展中国特色社会主义、实现中华民族伟大复兴的必由之路；只有社会主义才能救中国，只有改革开放才能发展中国、发展社会主义、发展马克思主义。"我国改革开放的实践证明，能不能解放思想，实事求是，坚持解放和发展生产力，坚持发展和改革，关系到我们事业的兴衰成败。可以说，坚持解放思想、实事求是，坚持解放和发展生产力，坚持发展和改革，也就是坚持了中国特色社会主义、坚持了中国特色社会主义理论体系的指导。进一步改革开放，发展中国特色社会主义，最重要的是坚持中国特色社会主义理论体系的指导。只有坚持中国特色社会主义理论体系的指导，并在实践中不断创新这个理论体系，指导创新实践，才能不断地解放思想、改革开放，发展中国特色社会主义。

前　言

展现改革开放30年
中国哲学社会科学创新的历程

赵剑英[*]

　　当代中国改革开放伟大事业，至今已经走过了30年不平凡的历程。30年来，从南疆到北国，从农村到城市，从经济领域到其他各个领域，在当代中国大地上发生了翻天覆地的变化。我们的发展成就举世瞩目，我们的发展道路超迈前人。事实雄辩地证明，改革开放是决定当代中国命运的关键抉择，是发展中国特色社会主义、实现中华民族伟大复兴的必由之路；只有社会主义才能救中国，只有改革开放才能发展中国、发展社会主义、发展马克思主义。

　　伟大的事业，需要伟大的理论支撑。改革开放新时期以来，中国共产党把马克思主义基本原理与当代中国实际紧密结合起来，高举中国特色社会主义伟大旗帜，创造性地形成了中国特色社会主义理论体系，走出了一条符合中国国情的独特的中国特色社会主义道路。在中国特色社会主义理论的指引下，中国的综合国力和国际地位不断提升，人民生活水平不断提高，"改革发展"的中国特色、中国风格、中国经验日益吸引着世界的目光，当代中国以更加磅礴的发展态势巍然屹立于世界东方。

　　改革开放新时期的30年，对于中国哲学社会科学来讲也具有特别重要的意义。马克思曾经深刻地指出，每个原理都有其出现的世纪。任何一个时代条件下崭新的社会实践，总是强烈地吁求和催生着思想的变革和理论的创新。而任何真正符合科学精神的理论，总是深深地凝结和表征着人们在时代探索与实践活动中的思考知识和冀望。从这一意义上讲，改革开

---

　　* 中国社会科学出版社总编辑、编审。

放新时期的 30 年，是中国社会现代化理论创新的 30 年，是中国人民的理论思维水平和民族智慧不断迸发喷薄的 30 年，也是具有中国特色、中国风格和中国气派的哲学社会科学成长创新，立足中国、面向世界、走向未来的 30 年。

只有正确地总结历史，才能更好地把握未来。中国社会科学出版社在我国改革开放和中国特色哲学社会科学正逢 30 年发展历程之际，组织出版《中国哲学社会科学 30 年》丛书，正是为了深入反思、科学总结 30 年来哲学社会科学发展创新的宝贵经验，认真研究新的历史条件下哲学社会科学研究的内在逻辑与规律，努力提炼、概括哲学社会科学中具有普遍性、规律性、指导性的重要教益和启示，引导和推动中国哲学社会科学研究进一步创新发展。这一学术工作，对坚持和发展中国特色社会主义理论体系，更好更快地繁荣发展哲学社会科学，为中华民族伟大复兴提供源源不绝的智力支持、精神动力和文化支撑，具有极为重要的理论价值和现实意义。

总的来看，《中国哲学社会科学 30 年》丛书具有以下三个鲜明的特征：

第一，这套丛书深刻地反映了中国特色社会主义理论体系的不断创新、丰富、发展与中国哲学社会科学繁荣发展之间的辩证关系。

胡锦涛同志在党的十七大报告中深刻指出，中国特色社会主义理论体系，就是包括邓小平理论、"三个代表"重要思想以及科学发展观等重大战略思想在内的科学理论体系。这个理论体系，坚持和发展了马克思列宁主义、毛泽东思想，凝结了几代中国共产党人带领人民不懈探索实践的智慧和心血，是马克思主义中国化的最新成果，是党最可宝贵的政治和精神财富，是全国各族人民团结奋斗的共同思想基础。中国特色社会主义理论体系是不断发展的开放的理论体系。《共产党宣言》发表以来一百六十年的实践证明，马克思主义只有与本国国情相结合、与时代发展同进步、与人民群众同命运，才能焕发出强大的生命力、创造力、感召力。在当代中国，坚持中国特色社会主义理论体系，就是真正坚持马克思主义。

繁荣发展哲学社会科学，最首要的就是坚持马克思主义为指导，坚持中国特色社会主义理论体系为指导，在马克思主义基本原理与当代中国具体实际的紧密结合中推进哲学社会科学理论与方法的创新。马克思主义不是终结了其他学科探索世界的独特路径和选择，而是给其他学科的探索提供了科学的立场和方法；马克思主义没有穷尽世界的真理，而是为人们更加深刻地认识世界和更加有效地改造世界提供了方法论武器。这就要求哲学社会科学工作者，一方面必须旗帜鲜明地坚持马克思主义的指导地位，坚持马克思主义的立场、观点、方法，在马克思主义指导下，为历史发展和社会进步提供智慧。另一方面，必须旗帜鲜明地坚持解放思想、实事求是、与时俱进，不断深化学习中国特色社会主义理论体系研究，勇于探索真理，勇于追求真理。这两个方面并不是对立的，而是坚持马克思主义和发展马克思主义的关系，是一体两面辩证统一的关系。看不到时代的变化，不能以发展的眼光对待马克思主义，故步自封，不思进取，本身就不是彻底的唯物主义者。我们的研究必须立足于时代条件的新变化，面向新问题，提出新见解，创制新理论。在当前新的时代境遇中，当代中国学人必须以紧迫的时代责任感和高度的理论自觉性，不断提升马克思主义对现实的解释力，在坚持马克思主义基本原理的前提下，立足中国国情，把握时代变迁，在理论和实践的双重探索中，努力概括、提炼出新的学术理念、学术话语、研究范式和学科体系。

30 年来中国哲学社会科学的发展历程充分证明了这一点。各个学科和各个研究领域之所以能够取得突破性进展，之所以能够呈现出敏锐的时代特色和鲜明的实践特征，之所以能够系统反映、深刻概括和努力指导当代中国包括生产方式、生活方式、交往方式、价值观念、审美情趣、道德理想等方面在内的整个社会生活，就在于它们一方面旗帜鲜明地坚持马克思主义的指导地位，运用马克思主义的基本理论、立场、方法来研究新情况，解决新问题；另一方面坚持不懈地从各个学科、各个领域、各个角度进行富有问题意识的研究，不断丰富、补充、完善马克思主义对世界的根本判断和科学理解。这套丛书有助于人们深刻领悟 30 年来中国的巨变、中国特色社会主义的创新发展之于中国哲学社会科学研究、之于中国文化在承传中创新的重要价值。

第二，这套丛书全面地展示了 30 年来中国哲学社会科学发展的基本脉络和丰富内容。

改革开放 30 年来，伴随着当代中国经济社会发展的巨大成就，中国哲学社会科学研究也取得了历史性成就。在 30 年改革开放和中国特色社会主义现代化建设的宏阔舞台上，中国哲学社会科学研究承接中华学术源远流长、博大精深的优秀传统，立足当代中国丰富多彩、色彩斑斓的生活实践，放眼世界学术研究呈现出来的新问题域和新问题群，在学科建制、基础理论、问题研究、学派形成、学术史梳理等各个方面都获得了长足进步。当前对于我们来说，全面而科学地展示中国哲学社会科学 30 年来的发展历程，将中国哲学社会科学整体作为一门科学来研究，察其理据、审其现状、究其得失、明其路向，不仅是学术史回顾之必须，而且是学术进一步深化拓展之亟待。

事实上，任何一个时代的学术进步和理论创新都是"站在巨人的肩膀上"，深刻地解决和回答前人所未能解决的重大理论和现实问题所取得的。而当前中国哲学社会科学界，还没有如此全面、如此系统、如此具有自觉意识地对我们 30 年来的发展历程和主要进展作出梳理。正是基于对这一现状的敏锐自觉，《中国哲学社会科学 30 年》丛书回顾梳理了 30 年来中国哲学社会成长发展的历史进程和内在逻辑，分疏概括了各学科研究的基础研究、学术热点、前沿问题、重大理论突破、学术争论等，深入反思了各学科研究中存在的问题，站在学科制高点上展望了今后中国哲学社会科学的发展路向和路径择取。也正是由于上述理论自觉，这套丛书没有严格地依据一级学科、二级学科等学科界限筹划撰写，而是突出问题意识，凸显理论创新，不仅包括中国化马克思主义理论创新、中国哲学、中国宗教学、经济学、法学、社会学、民族学、历史学、世界史研究、文学等重要学科，而且还包括改革开放 30 年之经济发展、中国社会价值观变迁、中国新闻传媒、中美关系 30 年等重要问题研究。

从某种意义上说，《中国哲学社会科学 30 年》丛书填补了国内研究的空白，以其宏大的学术视野、深邃的历史反思意识和深入的学术梳理以及强烈的现实关切，站在了中国哲学社会科学承前启后、继往开来的关节点上。在这套丛书中，我们也愿意深刻地贯穿和呈现我们的学术理念，这就是：只有深刻地把握住时代与学术的相互映照、现实与理论的交织互动、历史与逻辑的辩证统一，我们才有可能破译当代中国哲学社会科学的成长密码，找到当代中国哲学社会科学据以安身立命、薪火承传的思想家园。

第三，这套丛书的作者编者均为当前我国哲学社会科学各学科的学术带头人，研究阵容强大，使丛书能够达到较高的学术质量和学术水准。

《中国哲学社会科学 30 年》丛书意义重大，为了顺利圆满地完成这一重大课题研究，我们从中国社会科学院、北京大学、中国人民大学、北京师范大学等科研院所约请相关专家共襄盛举。这些专家学者均是目前我国哲学社会科学主要学科的著名学术带头人，学术视野宽阔，理论功底扎实，在哲学社会科学界享有良好的声誉和广泛的影响力。其中，来自中国社会科学院的多位学者还是中国社会科学院学部委员和荣誉学部委员。

受邀参与撰写的专家学者充分肯定了这套丛书的选题意义和学术价值，高度重视课题研究和写作任务。在近两年的研究中，这些专家学者都投入了大量的精力和时间，从各个不同领域不同学术主题和写作方式，展现了 30 年来中国哲学社会科学研究的宏伟历程和思想景观。我们有理由这样说，《中国哲学社会科学 30 年》这套丛书承载的是一部精粹的当代中国学术思想史。这就是这套丛书的基本学术价值之所在。因此，在这套丛书付梓出版之际，我们谨对这些专家学者表示诚挚的谢意！

同时，我们还要十分感谢中国社会科学院常务副院长王伟光同志对编辑出版《中国哲学社会科学 30 年》丛书所给予的指导和帮助，他在百忙中欣然为丛书作序。衷心感谢院科研局李汉林局长、王正副局长等同志所给予的鼎力支持！

目　　录

前 言

树立"中国特色"范式，
推动哲学理论创新

中国社会科学院学部委员、哲学研究所所长　李景源

哲学的命运与时代的发展密切相关。改革开放 30 年，是中国哲学发展史上最辉煌的一页。《哲学研究》于 1978 年复刊，第一期刊登了邓小平同志委托发表的三篇文章，吹响了在历史观上拨乱反正的号角。紧接着展开了关于物质利益问题的讨论。随后又在 5 月 11 日开始了真理标准问题的讨论。一马当先，万马奔腾。解放思想成为哲学各学科 30 年发展演变的最重要特征。1978 年和 1979 年，先后召开过两次载入史册的会议，一次是西方哲学史学界召开的芜湖会议，一次是中国哲学史学界召开的太原会议。这两次会议有一个共同的主题，就是分析批判了苏联日丹诺夫关于哲学史的定义等教条主义的观点与方法，实事求是成为哲学各学科一致认同的立场和态度。有了解放思想，有了实事求是，才有了科学的学术研究，才有了学术的真正繁荣与发展，才有了学术主体的学术自觉。改革开放的 30 年，不仅是对内解放思想，而且是对外开放的 30 年，是中国哲学界重新睁眼看世界的新阶段、新时期。

经过 30 年的改革开放，中国的经济社会发展已经进入一个新的历史阶段，发展理念已经出现根本转变，在全球化背景下，中国式发展已经成为时代现象，也是世界范围内的重要话题。哲学观念的更新、哲学研究主题的转换，不同学科的对话所出现的跨学科研究，将推动哲学研究进入一个新的发展时期。在这个新的发展时期，树立"中国特色"范式，对于推动哲学理论创新具有重要意义。胡锦涛同志在党的十七大报告中提出了关于中国发展的一面旗帜、一条道路、一个理论体系的新概念，贯通这三个概念的基本内核就是中国特色社会主义。从毛泽东的"中国化"，到邓小

平的"中国特色"，指明了马克思主义理论发展的根本途径和根本指向，也是我们推动哲学社会科学理论创新的基本范式，树立"中国特色"范式，是推动哲学理论创新的必由之路。

一　提出"中国特色"研究范式的意义

"中国特色"概念的提出有一个历史过程，有各种表述形式，最常用的经典表述是理论与实践相统一。理论与实践相互趋近是科学的理论和合理的实践的固有要求，它既表征着马克思主义的理论特征，也应是其他理论和学问演进的内在原则。就哲学来说，一个世纪前，当哲学作为学科建制在中国出现以来，就提出了如何对待外国哲学、如何对待中国哲学的问题。当中国的马克思主义者（艾思奇、毛泽东）明确地提出马克思主义中国化的命题时，非马克思主义学者也先后提出了"中国的"与"在中国的"研究范式的区分。冯友兰曾以金岳霖为例指出，金岳霖的《论道》是地地道道的"中国的哲学"，而他的《知识论》和《逻辑》则是"在中国的哲学"。陈寅恪先生也提出搞中国学术"其真能在思想上自成系统，有所创获者，必须一方面吸收外来之学说，一方面不忘本来民族之地位"。这些主张都体现了对当下中国的关怀。

毛泽东和邓小平都是创造性的马克思主义者，他们提出"中国化"和"中国特色"的命题，目的是为了反对教条主义和经验主义。毛泽东从端正马克思主义观的高度，提出要活的马克思主义，不要死的马克思主义；要香的马克思主义，不要臭的马克思主义；要具体的马克思主义，不要抽象的马克思主义。其实质是说，学习外国的东西不应是对理论的消极的适应，尤其不能刻板地照搬，而要根据本国的条件活用其原则，把中国的事情办好。十五大报告对活的、具体的马克思主义进行了科学的界定，就是以革命和改革的具体实践为中心，着眼于马克思主义理论的实际运用，着眼于对现实问题的理论思考，着眼于新的实践和新的发展。离开中国国情和时代特点谈论马克思主义没有意义；把马克思主义与当今实践割裂开来、对立起来没有出路。邓小平进一步指出，我们坚持马克思主义，但马克思主义必须与中国实际相结合；我们坚持社会主义，但一定是符合中国实际的、有中国特色的社会主义。最近胡锦涛同志在报告中把"坚持马克思主义基本原理同推进马克思主义中国化结合起来"作为"十个结合"的

第一条，是对上述论断的准确概括。如果说，"中国化"和"中国特色"在历史上主要理解为研究马克思主义的指导方针，这个命题在 20 世纪末又被自觉地提升为马克思主义哲学的研究对象，那么，自从国外学者提出"北京共识"、"中国模式"概念并被作为重要研究课题之后，立足于"中国特色"范式来从事理论研究，应该成为当今中国学者的自觉选择。

二　"中国特色"范式的时代内涵

提出"中国特色"研究范式，既是近代以来学术史的经验总结，也是马克思主义中国化历程的理论概括。马克思主义中国化的最根本的经验之一，就是昭示人们做时代的思考者。说马克思主义有与时俱进的理论品格，这一点与实践的特性有关。生活实践是理论的本体，它永远不会停留在一个历史水平上，马克思主义的生命力不在于它能超越历史条件，而在于它总是伴随历史实践的发展而发展。每到一个新的历史时代，实践的发展都会把发展马克思主义的课题提到人们的面前。马克思指出，任何真正的哲学都是自己时代精神的精华，"哲学不仅在内部通过自己的内容，而且在外部通过自己的表现，同自己时代的现实世界接触并相互作用。"① 时代课题是着眼点、立足点，毛泽东和邓小平都是在理论和时代的互动中来解决中国的问题，同时也发展了马克思主义本身。

毛泽东多次指出，不如马克思，不是马克思主义者；等于马克思，也不是马克思主义者；只有超过马克思，才是马克思主义者。他还说，列宁说的、做的，有许多东西超过了马克思，我们的实践也超过了马克思。毛泽东号召全党对于经典著作要尊重，但不要迷信，不能照抄照搬，而要大胆创造。邓小平认为，我们是历史唯物主义者，解决任何问题都不能脱离历史条件。马克思去世以后，世界形势发生了很大的变化，有些新的历史条件是马克思和列宁不可能预见到的。真正的马克思主义者，必须根据现时代的情况，继承和发展马克思主义。那种否认新的历史条件的观点，就是割断历史，脱离时代，搞形而上学，就是违反辩证法。他还多次讲过，我们要赶上时代，这是改革要达到的目的。改革开放的理论与实践正是我们党对时代的新觉醒的产物。

① 《马克思恩格斯全集》第 1 卷，人民出版社 1995 年版，第 220 页。

时代是判定阶级、政党、个人在历史发展中的地位和作用的试金石。与时代的关系可以区分出不同理论的类型和结局。同样是面对民族危机，有的趋新，有的守旧，都与对历史时代的理解和把握有关。在历史的转折关头，能否与时俱进，是对一个政党、一个学者的最大考验。严复是中国引进西学第一人，他宣传进化论，打破了历史循环论；他批判了"中体西用论"，主张中国要进行全方位的改革；他率先喊出了时代的最强音：中国不变法则必亡！但到 1915 年，他却成了袁世凯复辟帝制的吹鼓手。维新派的头面人物康有为，在戊戌维新失败后，与时代潮流渐行渐远。李大钊说，时代不仁，演出新旧，戊戌时期的康有为，人们都嫌他太新，可是时代变了，能把他弄旧。章太炎是革命派中勇猛的骁将，早年他倡导"世道必进，后胜于今"。但后来如鲁迅所言，太炎先生以革命家现身，后来用自己所手造的和别人所帮造的墙，和时代隔绝了。

三　"中国特色"范式的民族内涵

一个国家的社会科学的发展，既具有时代性特征，又具有民族性特征。一般而言，自然科学及其成果更多地具有时代性和普适性，而哲学社会科学除了包含时代性特征而外，还更多地表现出民族特色。民族的主体性是民族文化历史演变"一以贯之"的中心，离开了民族的生存和发展，文化将失去生机和基础。文化的民族特性不是抽象的、先在的，而是在历史发展中不断地建构起来的。所以，时代性和民族性不是二元对立的。保持民族性，体现时代性，是哲学社会科学不断发展的重要特征。

能否处理好时代性与民族性的关系，决定一种理论在社会历史进程中的作用和命运。任何进步的哲学社会科学理论都具有时代性和区域性特征，但就其传播过程来看，人们往往注意它的时代性和普适性，而忽视它的民族性和地域性特征，这是本本主义产生的认识论根源。冯友兰先生曾写过《别共殊》一文，提出向外国学习要区别共相和殊相，并认为特殊性的东西、民族性的东西是不可学的，也是学不到的；共性的东西是应该学的，也是能学到的。问题是如何科学地对待共性的东西，能否将共性的东西原封不动地模仿过来？毛泽东认为，只有一般的理论，不联系中国的实际，打不倒敌人。只有应用于中国实际，创造出新的东西，才是有力的武器。所以，毛泽东提出的理论研究的基本方法是古、今、中、外法，这四者的关系都直接与民族性有关。在毛泽东那里，"中国化"概念是基于实践的全面的历史的方法，是屁股坐在中国身上，一手伸向国外、一手伸向古代的古今中外综合创新的方法。

"中国特色"范式，不同于近代的"中体西用"模式，后者讲"中学为体，西学为用"，在"学"上分中、西，又以中、西（国别或地域）分体、用，从根本上混淆了思维与存在、一般与个别的关系。实际上，"学"是指基本原理，在科学原理这个层面，中外是一样的。"中国特色"范式也不同于"中国本位"模式。如梁漱溟、叶青、陶希圣都在"中国本位"旗号下强调中国特殊性，他们所讲的"把握特殊性"的方法，是把特殊性绝对化，认为西欧社会发展是符合规律的，但中国演进不符合规律，中国是一般规律之外的特殊。他们提出中国特殊论，就是把普遍与特殊割裂开来、对立起来，目的是反对马克思主义的传播。梁漱溟本人到延安后，与毛泽东长谈八次，始终坚持马克思主义不适合中国国情的观点。陶希圣是坚持中国本位文化的主将，但他的人格却是分裂的，他一方面为蒋介石杜撰了"中国之命运"一书，一方面又干着损害民族利益的汉奸勾当。叶青也是把一般和特殊对立起来，他虽然无法否认一般规律，但又认为"一般之中有特殊"，"中国自己的道路是完全在一般人类历史发展规律之外的"，企图用强调中国特殊性来对抗马克思主义的指导作用。"中国本位"论与清末的"中体西用"论、五四前后的"保存国粹"论是一脉相承的，都割裂了普遍性和特殊性、时代性和民族性的关系。

"中国化"和"中国特色"范式的实质之一是结合论。所谓结合论是一般与个别的结合，是理论与实践的结合，是科学理论与民族特色的结合。毛泽东在《矛盾论》一文中提出"矛盾的共性与个性的关系问题，是辩证法的精髓"。毛泽东讲清了一般与个别、时代性与民族性的关系，既批判了绝对的"殊相说"，又批判了抽象的"共相说"。抽象共相说主张理在事外、理在事先，把普遍性的"理"变为脱离了特殊性的神化了的绝对，成为"全盘西化论"的哲学根据。

四　"中国特色"范式的实践内涵

在研究的道路上并没有一个现成的"中国特色"摆在那里，它也不是能随心所欲、轻而易举地就会建立起来的。从开辟中国特色的革命和建设道路的历程来看，"中国特色"范式的确立是一个长时间的探索和积淀的过程，它包括实践探索和理论探索两个方面。中国特色的现代化道路是史无前例的，是在新的时代条件下的新的实践探索，中国特色的理论范式就是研究这一探索过程中的时代精神和民族特色，是对这一历史过程的实践经验的理性反思。

"中国特色"的另一层内涵是实践特色。马克思认为，一切划时代的体系的真正内容都是由于产生这些体系的那个时期的需要而形成起来的。马克思所说的历史的需要就是实践发展的需要，是历史实践所蕴含的时代诉求。梁启超持有与马克思相类似的看法，他在谈到学术与社会需要的关系时指出："凡一学术之兴，一面须有相当之历史，一面又乘特殊之机运。"他所说的特殊机运，也是指特定历史时代的需要，即一个国家或民族历史实践所提供的时代机缘。所以，所谓中国特色，也就是理论所反映的特定历史时代的实践特色。

众所周知，实践本身具有普遍性和直接现实性的品格。实践的普遍性不仅使它有资格成为人们从事认识和理论创造的基础，而且使它成为人们思维的逻辑和研究方法的发生地。严复曾把逻辑称为"万法之法"，但正如黑格尔所说的，思维的逻辑正是源于人们历史实践逻辑的格。实践的直接现实性使实践总是具有具体历史性和个别性，并决定人们的认识及其成果具有历史性和相对性，使理论只有不断地回到实践，才能保持旺盛的生命力。实践成为科学认识永远无法舍弃的根基，无论人们承认与否，其认识过程及其成果的大小，总是受到实践发展程度及其历史性的制约。

实践固有的普遍性与历史性的特点，使人们的认识总是一般与个别的统一、科学与价值的统一、逻辑与历史的统一。在民族史向世界史转变以后，实践又成为认识的世界性和民族性统一的基础。实践对认识的双重制约性并不是自明的，近代以来，思想界不断发生关于共性与个性、事实与价值以及文化的中西体用之争，争论各方皆因为脱离或无视历史实践二重性的本质要求而止步于纸上谈兵、各执一端，对中华民族救亡图存的大业毫无助益。

实践还是理论研究克服教条主义、贯彻"解放思想，实事求是"原则的基础。只有着眼于实践，才能真正解决割裂共性与个性、逻辑与历史的教条主义痼疾。从哲学上看，教条主义思维方法就是本质主义和逻辑中心主义的方法。本质主义主张本质先于存在，理论先于实际，逻辑推衍决定历史关系事实。王夫之把实事求是的基本原则概括为"有因事以求理，无立一理以限事"。教条主义否定实事求是的原则，主张理在事先、主张用"理"限"事"。在解决中国革命和建设的重大问题时，总是从抽象的理论和定义出发，用理论剪裁现实、割裂理论与实践的本原关系。因此，只有立足于实践，才能真正破除虚化现实和虚无历史的教条主义，实现理论与现实、逻辑与历史的辩证统一，使理论研究和创新达到既立足于国情又着眼于时代，既自觉借鉴中外又善于独立思考的学术境界。

五　创造中国独特的新东西

"中国特色"是个综合性概念，对其既不能望文生义，也不能作形而上学的简单化理解，即把它理解为脱离普遍的特殊主义和经验主义。它是以创造性思维方式对待外来思想文化的哲学表达，即以理论与实际、共性与个性相统一的角度对待一切外来理论，提出"中国特色"的实质就是强调在理论与实际的结合中，创造出中国独特的新东西。

创造中国独特的新东西是强调"中国特色"的本质要求。它的基本价值取向是：学习外国一定要以中国的实际需要为中心，以解决中国问题为中心。立足于本国的实际来吸收外国的东西，是毛泽东的一贯主张。他在《如何研究中共党史》的讲话中说："研究中国党史，应该以中国做中心，把屁股坐在中国身上。……我们研究中国就要拿中国做中心，要坐在中国的身上研究世界的东西。我们有些同志有一个毛病，就是一切以外国为中心，做留声机，机械地、生吞活剥地把外国的东西搬到中国来，不研究中国的特点。不研究中国的特点，而去搬外国的东西，就不能解决中国的问题。"毛泽东的上述论断包含两层含义，一是基本原理各国都是相同的，"'学'是指基本理论，这是中外一致的，不应该分中西"，"要把根本道理讲清楚；基本原理，西洋的也要学"。但在价值取向上，"学外国织帽子的方法，要织中国的帽子"，学习外国的根本目的，是为了"使我们自己的东西有一个跃进"，"快一点把中国的东西搞好"，要以外国为参照，来研究中国的东西，"用来改进和发扬中国的东西，创造中国独特的新东西"。上述论述表明，能否从"中国化"范式出发对待社会科学理论，能否以"创造出中国独特的新东西"为立足点，是能否以科学的态度对待马克思主义和社会科学理论的首要环节。

能否正确把握一般和特殊的关系，成为能否实现理论与实际相统一，以及能否创造出独特的新东西的关键。从古希腊哲学起，"一"和"多"的关系问题就是哲学探讨的主要命题，恩格斯曾提出近代以来欧洲哲学的基本问题是思维与存在的关系问题，从一定意义上说，思维和存在的关系是"一"和"多"关系的特殊表现。冯友兰认为，中国哲学史的基本问题是一般与特殊、共相与殊相的关系问题。这几种见解是可以相通的，共相与殊相的关系也是思维与存在的关系在理论与实践活动中的集中表现。毛泽东在《矛盾论》中批评教条主义和经验主义割裂一般与特殊的关系时指出，正确处理共性与个性的关系，是辩证法的精髓。提出"中国特色"范式，既要反对抽象地站在普遍主义立场，也要反对抽象地站在特殊主义立场，而要主张普遍与特殊具体历史的统一。之所以提出克服抽象的普遍主义和抽象的逻辑主义的问题，是因为在中国近现代思想史上，抽象的逻辑主义思潮此起彼伏，而逻辑主义是很难与抽象的本质主义划清界限的。

赋予一般的理论以时代内涵和独特的民族内涵，是理论创新的根本特征。在当前，突破纯逻辑主义的抽象共相方法，具有紧迫的意义。共性与个性、逻辑与历史相统一的方法，就是毛泽东反复强调的"全面历史的方法"，它是走进文本、实现对文本的内在理解的根本保证。列宁指出：马克思主义理论的绝对要求，就是要把问题提到一定的历史范围之内。所谓"全面历史的方法"，就是"弄清楚所研究的问题发生的一定的时间和一定的空间，把问题当作一定历史条件下的历史过程去研究"，即弄清楚文本是在什么历史条件下、针对何种问题以及是如何理解和解决该问题的。这种内在的理解所把握的不是抽象的词句，而是基本理论和概念的实质内容，是贯穿理论文本的精髓和灵魂，只有这样，才能真正具体把握理论是包容历史规定性和地域性的普遍，是共性与个性的统一。毛泽东说，实现社会主义革命的基本原则，各个国家都是相同的。但是在小的原则和基本原则的表现形式方面是有不同的，这是马克思主义的法则。我们要学习的是那些具有普遍性的东西，而不能照搬那些民族性的东西。另一方面，全面的历史的方法也是我们走出文本、突破逻辑主义、本质主义的局限，实现理论创新的方法。很显然，对文本进行具体历史的分析，实现对理论文本内在理解的过程，就是从哲学层面把握它的普适性和地域性、共性和个性内容及其关系的过程，也是把握它的立场与方法的过程。理论本身是有生命的，只有阉割了理论的生命才使它成为僵死的教条。什么是理论的生命？就是理论所蕴含的观察问题和解决问题的立场与方法。书本上的词句是理论的躯壳，如果只在词句上兜圈子，不真正走进文本感受到理论的生命和洞见，其结果只能在别人的话语中转来转去，就无法达到裁断必出于己的创新境界。理论创新不是词汇的嫁接和翻转，而是对体现时代性和民族性实践历程的自觉和理论升华。理论创新是赋予原有理论以生命的过程，是破除人们因教条化理解而强加于其上的主观覆盖物，还理论以本真面目的过程，因而是一种新观念的创生。毛泽东的"新民主主义论"，用一个"新"字，不仅包容了严复、梁启超的"新民"思想，而且充分肯定了孙中山的"三民主义"，在此基础上，创造性地阐明了民主革命与社会主义革命的关系，把共产党的伟大理想与历史时代的诉求统一起来，用革命发展阶段论丰富了马克思主义的革命理论，建立起了中国式的民主革命理论体系，从理论和实践两个方面实现了近一个世纪志士仁人救亡图存探索的历史性飞跃。真正的理论创造不是用词句束缚理论的生命，而是依据新的实践为它注入源头活水。邓小平遵循毛泽东的思路，依据整个国际共产主义运动的经验和教训，特别是新中国成立近 30 年建设社会主义的正反两方面的基本经验，在理论上拨乱反正，破除后人脱离历史实际附加在科学社会主义的种种错误观念，形成了在初级阶段如何坚持和建设社会主义的总体理念。邓小平提出的"不断发展生产力的社会主义"、"充满生机和活力的社会主义"以及"主张和平的社会主义"等崭新概念，从历史观的高度解答了什么是社会主义以及怎样建设社会主义这一历史性课题，并用"中国特色社会主义"加以概括，为新时期形成新的理论体系提供了逻辑起点和理论内核。从科学社会主义到中国特色的社会主义，既没有脱离普遍，又建立起了中国自己的理论。由此可见，"中国特色"思维范式是实现理论创新的真实道路。

研究范式是总观念、总开关。"中国化"和"中国特色"是毛泽东思想的活的灵魂，是对毛泽东思想三个基本点即实事求是、群众路线、独立自主的集中概括，是中国特色社会主义理论体系的精髓，也是我们构建哲学社会科学创新体系、创立中国学派的核心理念。

在纪念我国改革开放 30 年之际，我们中国社会科学院哲学研究所组织编写《中国哲学 30 年（1978—2008）》一书，旨在对 30 年来我国哲学各学科基础研究的状况做一粗略的描述，对各学科学术热点问题的讨论做一大概的回顾，对各学科理论研究的突破与创新做一简要的评述，简言之，要对哲学各学科 30 年的发展做一大致的盘点。我们的目的不只是要对哲学各学科 30 年的发展进行阶段性的总结，而且更重要的是要昭示，作为时代精神之精华的哲学的发展，与我国改革开放的伟大事业和经济社会的迅猛发展息息相关，我国哲学未来的发展也必须深刻把握时代发展的脉搏，只有紧扣时代发展的主题，哲学才能有大的发展、大的进步，哲学工作者才能做出无愧于时代的成绩。

本书共设十一章。各章执笔人分别为崔唯航（第一章，马克思主义哲学原理）、毕芙蓉（第二章，马克思主义哲学史）、张志强等（第三章，中国哲学史）、周晓亮等（第四章，西方哲学史）、李剑（第五章，现代外国哲学）、孙晶等（第六章，东方哲学）、刘悦笛（第七章，美学）、夏素敏（第八章，逻辑学）、杨通进（第九章，伦理学）、段伟文（第十章，科技哲学）、霍桂桓（第十一章，文化哲学）。由于本书所涉内容时间跨度大、学科领域多，难免有疏漏甚至错误的地方，恳请学界同仁批评指正。

第一章

马克思主义哲学原理

黑格尔在《法哲学原理》序言中谈到哲学与时代的关系时曾经指出："就个人来说，每个人都是他那时代的产儿。哲学也是这样，它是被把握在思想中的它的时代。妄想一种哲学可以超出它那个时代，这与妄想个人可以跳出他的时代，跳出罗陀斯岛，是同样愚蠢的。"①这一论述被后人誉为揭示了哲学的秘密，"哲学的秘密现在被无情地揭示了。"② 之所以如此，是因为它第一次揭下了哲学的神秘面纱，哲学不再仅仅是人的思维活动，而是特定时代社会现实的反映。马克思进一步指出"任何真正的哲学都是自己时代精神的精华"③，都深深凝结和表征着它的时代。"一切划时代的真正内容都是由于产生这些体系的那个时期的需要而形成起来的。"④

马克思主义哲学的诞生实现了一场哲学的革命，它不再满足于单纯地解释世界，而是把改造世界当做自己的根本旨趣和历史使命。"哲学家们只是用不同的方式解释世界，而问题在于改变世界。"⑤这就决定了马克思主义哲学必然与时代同行。事实上，在人类哲学史上还从来没有一种哲学像马克思主义哲学那样向自身提出如此高的实践要求，也从来没有一种哲学像马克思主义哲学那样如此深入地活跃在社会实践之中。马克思主义哲学诞生以来一百多年的发展历史就是一部与时代同呼吸、与实践共命运的历史。因此，对马克思主义哲学的任何真正具有意义的考察都不能脱离它

---

① 黑格尔：《法哲学原理》，商务印书馆1961年版，第12页。
② 转引自张汝伦：《现代西方哲学十五讲》，北京大学出版社2003年版，第5页。
③ 《马克思恩格斯选集》第1卷，人民出版社1995年版，第220页。
④ 《马克思恩格斯全集》第3卷，人民出版社1960年版，第544页。
⑤ 《马克思恩格斯选集》第1卷，人民出版社1995年版，第61页。

的时代。

肇始于 1978 年的改革开放，开创了中国历史的一个新时代。这是一个急剧变革的时代，从计划经济转向市场经济，从传统社会转向现代社会，中国人民的生产方式、交往方式、生活方式和思维方式发生了巨大而深刻的历史性变化。同时，封闭多年的国门大开，国外思潮蜂拥而至，各种思想观点相互交织、不同价值观念相互碰撞，编织成一幅绚丽多彩、繁博多样的思想画卷。变革的时代一方面呼唤哲学的发展，另一方面也为哲学的发展创造了条件。"理论在一个国家的实现程度，决定于理论满足这个国家的需要的程度。"①马克思主义哲学要完成时代赋予的使命，就必须深入到社会实践的深处，以自己特有的方式来把握和表达时代精神的精华和社会实践的本质，反思中国人民在现代化进程中所从事的最基本的实践活动，在解决时代所提出的重大课题的理论和实践活动中实现自己并引领时代。改革开放 30 年来的中国马克思主义哲学研究正是在时代与哲学的互动、理论与实践的交织、历史与逻辑的统一中向着建构"具有中国特色、中国风格、中国气派"的马克思主义哲学的当代中国形态这一总体目标而坚定前行。

第一节　基础研究

任何一次重大的社会变化，都以理论变革为先导；理论变革又总是以思想观念的空前解放为前提，而吹响人类思想解放的第一声号角的，往往就是代表时代精神的哲学。马克思就曾把自己创立的哲学比喻为报晓人类解放的"高卢雄鸡"，对于当代中国而言，1978 年开始的关于真理标准的大讨论则成为报晓思想解放的"高卢雄鸡"。

一　关于实践是检验真理的唯一标准的讨论

真理标准的讨论发端于对"两个凡是"的讨论。1977 年 2 月 7 日，《人民日报》、《解放军报》、《红旗》杂志发表题为《学好文件抓住纲》的社论，明确提出："凡是毛主席作出的决策，我们都坚决拥护；凡是毛主席的指示，我们都始终不渝地遵循。"这就是著名的"两个凡是"。这就设

---

① 《马克思恩格斯全集》第 1 卷，人民出版社 1956 年版，第 462 页。

定了一个框框：毛主席批发的中央文件不能变，毛主席定过的案件不能翻，毛主席没有说过的话不能说，毛主席没有办过的事情不能做。"两个凡是"观点以维护和遵循毛泽东的决策和指示为名，实质上是要继续坚持"文化大革命"中盛行的"左"倾错误路线和毛泽东晚年的错误思想。"两个凡是"一提出，就受到了邓小平、陈云、叶剑英等许多领导人的反对，受到广大干部群众和理论工作者的抵制。

1978 年 5 月 10 日，中共中央党校内部刊物《理论动态》上发表了一篇题为《实践是检验真理的唯一标准》的文章。11 日，该文又以"光明日报特约评论员"的名义在《光明日报》上公开发表，新华社当天予以转载。《人民日报》和《解放军报》第二天同时转载。这篇文章批评了把马克思主义理论教条化的倾向，指出要打碎"四人帮"强加在人们身上的精神枷锁，确立实践是检验真理的唯一标准的基本立场。"实践不仅是检验真理的标准，而且是唯一的标准。"① 该文发表之后，引起了强烈反响，掀起了一场席卷全国的关于真理标准问题的大讨论。仅 1978 年下半年，从中央到地方，围绕真理标准问题召开的理论讨论会、座谈会，共有 70 多个，中央和省级报刊刊登关于实践是检验真理的唯一标准的专文 650 多篇，同时出版了一批具有重要影响力的著作，如中国社会科学院哲学研究所编写的《实践是检验真理的唯一标准》一书在短时间内就发行了 1600 多万册。

实践是检验真理的唯一标准的讨论，被称为中国现代史上继五四运动、延安整风运动之后的第三次思想解放运动。它不仅进一步论证了实践是检验真理的唯一标准这一马克思主义的基本观点，而且极大地解放了人们的思想，为恢复和坚持实事求是的思想路线，实现党和国家工作重点的转移奠定了不可缺少的思想基础。对于马克思主义哲学研究而言，最为重要的意义在于清除了"左"的思潮的影响，解放了思想，打破了禁区，为进一步深入研究马克思主义哲学开拓了空间，奠定了基础，提供了可能。

二　关于人、人道主义和异化问题的讨论

"文化大革命"的十年，是人性遭到极度压抑、扭曲的十年，不仅人

---

① 光明日报特约评论员：《实践是检验真理的唯一标准》，载《光明日报》1978 年 5 月 11 日。

的尊严遭到践踏，人的精神遭到亵渎，甚至人的生命也遭到摧残和扼杀。为了不使历史悲剧重演，人们痛感有必要从理论上探讨和确立人的尊严、地位、价值和权利，再加上受西方人道主义思潮和东欧理论界关于人道主义讨论的影响，以及人在社会主义现代化建设中作用的日益凸显，所有这些汇成了一股关于人、人道主义和异化问题讨论的洪流。

这场讨论最早发端于文学和文艺理论界。从1977年开始，文学界陆续推出了一批后来命名为"伤痕文学"的作品，其主题在于谴责"文革"时期对人性的践踏，弘扬人道主义，呼唤人的回归。文艺理论界也针对"文化大革命"所着重批判的文艺作品中的人情味、人性论等问题重新进行了评价。随着讨论的深入，中心很快从文艺理论转移到哲学理论上。从1979年开始，人道主义和异化问题的讨论在全国展开，到1983年纪念马克思逝世100周年的活动中达到高潮。这期间有200多种杂志卷入了这场讨论，几乎全国所有的报纸都发表了讨论文章，很多报刊开辟了专栏，各地出版了20多种文集，发表文章总数在750篇以上①，另外还有各种类型的讨论会、报告会、座谈会等。

王若水的《人是马克思主义的出发点》一文最先把人的问题上升到马克思主义哲学基本问题的高度来论述，他认为哲学教科书很少触及人的价值、异化、解放等问题，因而未能完整准确地概括马克思主义哲学。马克思主义哲学正是马克思从现实的、社会的、实践的人出发，唯物而又辩证地研究人的结果。② 王若水的文章引起了哲学界的热烈讨论。讨论的中心一开始集中在人在马克思主义中的地位问题，后来逐渐延伸到人道主义与马克思主义的关系问题，异化在马克思主义中的地位和社会主义社会是否存在异化等问题。

1983年3月7日至13日，中宣部、中央党校、中国社会科学院和教育部联合召开了"全国纪念马克思逝世100周年学术报告会"，周扬在会上作了题为《关于马克思主义的几个理论问题的探讨》的报告。报告第四部分专门论述了马克思主义与人道主义的关系和社会主义社会中的异化现象。指出"我不赞成把马克思主义纳入人道主义的体系之中，不赞成把马

---

① 参见杨春贵主编的《中国哲学四十年》，中共中央党校出版社1989年版，第417—420页和韩庆祥的《当代中国人学研究的发展历程与作用》，《哲学原理》2002年第1期。

② 王若水：《人是马克思主义的出发点》，人民出版社1981年版。

克思主义全部归结为人道主义；但是，我们应该承认，马克思主义是包含着人道主义的。当然，这是马克思主义的人道主义"，① 认为"'异化'是客观存在的现象，我们用不着对这个名词大惊小怪。彻底的唯物主义者应当不害怕承认现实。承认异化才能克服异化"②。由于这次会议的重要性以及周扬本人的声望，这个报告引起了理论界的极大关注。会后全国各地的高等院校和社会科学团体纷纷举办讨论会，关于人、人道主义和异化问题的讨论进入高潮。

1983 年 10 月，中共中央十二届二中全会召开。此次全会的主要内容有两项：一是决定全面整党；二是准备清除精神污染。此后报刊上出现了一些文章，将前几年讨论中主张马克思主义人道主义和社会主义社会存在异化现象的观点，作为理论战线上的精神污染的重要表现进行批判。这就使这场讨论的性质发生了变化。1984 年 1 月 3 日，胡乔木在中央党校作了题为《关于人道主义和异化问题》的长篇报告。这篇报告经过补充和修改发表在《理论月刊》1984 年第 2 期上，后又出版了单行本。关于人道主义，文章认为应当区分人道主义的两种含义，一是作为世界观和历史观的人道主义；二是作为伦理原则和道德规范的人道主义。前者是同马克思主义相对立的资产阶级唯心主义思想体系，今天已经没有任何积极意义；后者应当冠以"社会主义人道主义"的名称提倡实行。关于异化，指出人是马克思主义的出发点"是一个典型的混淆马克思主义同资产阶级人道主义、历史唯物主义同历史唯心主义的界线的命题"，文章最后指出："宣传人道主义世界观、历史观和社会主义异化论的思潮，不是一般的学术理论问题，而是关系到是否坚持马克思主义的基本原理和能否正确认识社会主义实践的重大现实政治意义的学术理论问题。在这个问题上的带有根本性质的错误观点，不仅会引起思想理论的混乱，而且会产生消极的政治后果。"③

胡乔木讲话之后，主张马克思主义人道主义和社会主义异化论的观点不再发表，报纸杂志上陆续刊登了一些与讲话基本观点一致或对讲话赞成、拥护的文章。到 1984 年底，有关人、人道主义、异化问题的文章在

---

① 周扬：《关于马克思主义的几个理论问题的探讨》，载《人民日报》1983 年 3 月 16 日。

② 同上。

③ 胡乔木：《关于人道主义和异化问题》，载《理论月刊》1984 年第 2 期。

报刊上逐渐冷落下来，讨论至此告一段落，趋于平息。这场讨论对于马克思主义哲学研究的意义在于它推进了对马克思早期著作特别是《1844 年经济学哲学手稿》的研究，深化了对人在马克思主义哲学中地位的认识，在一定程度上转变了对马克思主义哲学的理解方式，为马克思主义哲学体系的变革奠定了基础。

三　关于实践唯物主义的讨论

实践唯物主义这一术语源自马克思恩格斯在 1845 年《德意志意识形态》中的有关论述。但它成为中国哲学界关注的核心问题，则是 20 世纪 80 年代的事情了。1979 年，马克思《1844 年经济学哲学手稿》中文版的问世，则直接推动了关于实践唯物主义的讨论。1988 年则是这一讨论中具有里程碑意义的年份。1 月 20—27 日，全国十所具有马克思主义哲学博士点的大学哲学系联合参与的"哲学体系改革讨论会"在天津南开大学举行。与会代表几乎一致提出"实践唯物主义"是中国马克思主义哲学体系改革的方向。萧前、陈晏清论证了实践唯物主义对于改造现行哲学体系的意义，夏甄陶提出了实践唯物主义体系的新构想，高清海强调了实践哲学的现代意义，黄楠森则有保留地讨论了实践唯物主义与历史唯物主义的关系。这些观点分别刊登于《天津社会科学》1988 年的第 3 期和第 4 期上。"由于这一会议的参加者多为国内马克思主义哲学界的权威人物，讨论会与实践唯物主义的观点立刻引起整个哲学界的关注。"①

1988 年 9 月，《哲学动态》编辑部和中国人民大学哲学系等单位联合举办了"全国实践唯物主义讨论会"。会议邀请了老中青三代著名学者与会，并展开了热烈讨论，使研究的广度和深度达到了一个新的水平。会议一致同意实践范畴在马克思主义哲学中的基础地位，基本赞成"实践的唯物主义"这一命题，但在具体理解上存在分歧。会后《哲学动态》编辑部将主要观点汇编成《实践唯物主义讨论会专辑》，刊登在该刊的 1988 年第 12 期上。此后，《哲学动态》、《光明日报》开辟了"实践唯物主义讨论"专栏，《哲学研究》、《人民日报》、《马克思主义研究》等数十家报刊陆续发表了大量有关成果。关于实践唯物主义的讨论进入高潮。

---

① 宁梓：《国内实践唯物主义研究的前期线索与基本概况》，载《理论探讨》1997 年第 5 期。

90 年代之后，关于实践唯物主义的讨论逐渐冷却下来，"1991 年以后有关实践唯物主义的论文开始大量减少。讨论由热转冷。这实际上也意味着实践唯物主义讨论深入是十分困难的。"① 但这并不意味着研究的停止，事实上有关研究在平静中不断深化。1995 年 10 月 13 日至 16 日，在南京大学召开了纪念《关于费尔巴哈的提纲》和《德意志意识形态》写作 150 周年、题为"马克思主义实践论与中国特色社会主义的哲学基础"的学术讨论会。会议的讨论集中反映了研究的深化。对于实践唯物主义的讨论，由相对外在的体系和概念之争，转移到对内容的研究上。这就不仅需要考虑阐明实践唯物主义与教科书体系的关系，更为重要的是要重新解读和把握马克思主义哲学的经典文献及其与现实的关系问题。

关于实践唯物主义的讨论涉及了一些重要的哲学问题，并且通过讨论在相当大程度上推进了对这些问题的研究，取得了丰硕的学术成果。下面我们择其要者予以阐述。

（一）实践唯物主义的理论渊源问题。代表性观点有（1）陈朗认为实践唯物主义一词固然出现于《德意志意识形态》之中，但就其思想本质而言，则起源于《神圣家族》之中所提出的以是否"敌视人"来划分唯物主义形态的思想。（2）李景源则与之不同，李景源认为，"《1844 年经济学哲学手稿》是实践唯物主义思想生长的秘密发生地，马克思通过对黑格尔的劳动概念的分析和批判，阐述了社会生活在本质上是实践的这一思想。在《关于费尔巴哈的提纲》中，马克思通过对费尔巴哈哲学的批判，使实践唯物主义思想得到了新的升华，借助于实践概念，马克思实现了对黑格尔和费尔巴哈的超越。"② （3）杨耕认为"'实践唯物主义'这一概念初步形成于《1844 年经济学哲学手稿》，在《神圣家族》和《关于费尔巴哈的提纲》中得到进一步规定，在《德意志意识形态》中以内容和形式相统一的形式正式出现"③。

（二）实践唯物主义与本体论问题。关于实践唯物主义的许多重要观

---

① 宁梓：《国内实践唯物主义研究的前期线索与基本概况》，载《理论探讨》1997 年第 5 期。

② 任俊明、安起民：《中国当代哲学史》下，社会科学文献出版社 1999 年版，第 472—473 页。

③ 杨耕：《"实践唯物主义"概念的由来及其与"辩证唯物主义"的关系》，载《北京社会科学》1998 年第 1 期。

点都是通过对本体论问题的研究展现出来的，因此我们在此通过本体论问题来切入实践唯物主义的主要观点。（1）物质本体论。萧前在 1988 年就明确提出，实践的观点不仅是马克思主义认识论首要的和基本的观点，而且是全部马克思主义哲学的首要的基本的观点。在此前提下，他指出"我们主张物质本体论，不提倡实践本体论，因为，它不能判明实践本身的物质性。实践是物质世界长期发展的产物，是与人的出现密不可分的，实践是人的感性（即物质的）活动，它只能改变物质的形态，不能创造或消灭物质。"① 黄楠森认为"实践绝不是怎么评价也不会过分的至高无上的偶像，夸大实践的作用，过分抬高实践的地位，使之脱离物质，脱离世界，就会导致实践本体论或实践一元论，像近年来有些同志所主张的那样，这种理论与马克思主义的实践唯物主义是格格不入的……旧唯物主义的片面性不在于它承认现实世界的客观存在，而在于它把现实世界理解为机械的、没有人的影响的。"② （2）实践本体论。何中华认为只有实现由物质本体论向实践本体论的转换，实践才能真正从狭义的认识论范畴中解放出来，变成一个广义的本体论范畴，从而获得终极意义。"作为本体范畴，实践自身乃是自因自律、自本自根的，即无需借助他物来规定和说明自己，而是在自身内并唯一地通过自身而被确定的东西。整个哲学体系的展开却有赖于实践作为阿基米得点。因此，实践构成哲学体系的逻辑上的第一因，在其背后不可能也不应当寻找更根本、更隐蔽的基础。"③ 王于、陈志良在《"实践本体论"及其革命意义》中指出实践本体论包含三重意义：实践是整个马克思主义哲学的逻辑起点；这种哲学本身是实践的，它为改变世界服务；全部哲学都不脱离实践，是实践的世界观展开形式。（3）实践超越论。高清海认为哲学本质上是思维方式，本体论是一种传统哲学的思维方式，唯物主义和唯心主义的区分和对立乃是这一思维方式的产物。马克思的哲学革命打碎了传统哲学的本体论思维框架，实现了向实践思维方式的转化，因此，既不能在唯心主义的意义上，也不能在唯物主义的意义上去理解马克思的实践唯物主义，因为它已经在根本上超越了传

① 萧前：《中国马克思主义哲学教学体系发展和改革》，载《云南民族学院学报》1995 年第 1 期。

② 黄楠森：《再论本体论——答刘福森同志》，载《人文杂志》1990 年第 5 期。

③ 何中华：《物质本体论的困境与实践本体论的选择》，载《南京社会科学》1994 年第 11 期。

统哲学，亦即超越了唯物主义和唯心主义的对立。① 在实践唯物主义与本体论问题上还存在着实践一元论、物质—实践本体论、实践哲学、社会关系本体论等多种观点，一批学者发表了大量文章，产生了重要影响。

（三）实践唯物主义与辩证唯物主义、历史唯物主义的关系问题。（1）实践唯物主义与辩证唯物主义具有一致性。主要代表是萧前。他认为辩证唯物主义是马克思主义哲学的本质，实践唯物主义是对辩证唯物主义的完善。提出实践唯物主义是为了维护辩证唯物主义，而不是相反。在《实践唯物主义研究》一书的序言中，萧前明确指出："肯定实践的唯物主义并不意味着否定辩证的唯物主义。二者都是标志马克思主义哲学与旧唯物主义原则区别的正确表述。旧唯物主义既是形而上学的唯物主义，又是直观的唯物主义。把马克思主义的唯物主义哲学名之曰辩证唯物主义，是针对旧唯物主义的形而上学而言的；把它命名为实践的唯物主义，则是针对旧唯物主义的直观性而言的。"②（2）实践唯物主义是辩证唯物主义的历史观。主要代表是黄楠森。他认为马克思主义哲学的本质是辩证唯物主义，实践唯物主义只相当于辩证唯物主义的历史观——历史唯物主义，因此只是马克思主义哲学的一部分，而不是全部。"把实践唯物主义基本上看成历史观是符合马克思当时的思想的。"③（3）实践唯物主义是广义的历史唯物主义。主要代表是俞吾金。他认为把实践唯物主义看做辩证唯物主义的历史观——历史唯物主义部分，实质上是把哲学的世界整体图景抽象地分割为自然、社会、思维三大块，辩证唯物主义对应的是"自然"部分，历史唯物主义对应的则是"社会"部分，这就把马克思哲学的总体性破坏了。从根本上看，马克思的实践唯物主义就是广义的历史唯物主义，而这种广义的历史唯物主义就是马克思主义哲学。实践唯物主义和广义的历史唯物主义"指称的都是马克思哲学，不过是从不同的侧面加以指称罢了。"④

关于实践唯物主义的讨论取得了丰硕成果。据不完全统计，1988 年至

①　高清海：《再论实践观点的超越性本质》，载《哲学动态》1989 年第 1 期。

②　萧前、李淮春、杨耕主编：《实践唯物主义研究》，中国人民大学出版社 1996 年版，第 2 页。

③　黄楠森：《不能把实践唯物主义和辩证唯物主义对立起来》，载《天津社会科学》1988 年第 4 期。

④　俞吾金：《论两种不同的历史唯物主义概念》，载《中国社会科学》1995 年第 6 期。

1995 年，全国各类报刊发表的关于实践唯物主义的论文达 300 篇之多。其中最具代表性的有辛敬良的《马克思主义哲学是实践的唯物主义》(1987)，萧前的《论实践唯物主义对现行哲学体系改造的意义》(1988)，夏甄陶、欧阳康的《试论马克思主义哲学体系的建构原则》(1988)，李景源的《论马克思的实践唯物主义》，孙伯镄、姚顺良、张一兵的《马克思主义哲学的还原与新的理论建构》(1989)，王于、陈志良、杨耕的《我们时代的哲学旗帜》(1989)，黄楠森的《评对实践唯物主义的一种理解》(1989)，邢贲思的《关于实践唯物主义讨论的若干问题》(1990)，李德顺的《"评对实践唯物主义的一种理解"别议》(1990) 等等。代表性著作有：萧前、李淮春、杨耕主编的《实践唯物主义研究》，辛敬良主编的《马克思主义哲学导论——实践的唯物主义》，于洪卫主编的《实践唯物主义研究概述》，陆剑杰的《实践唯物主义与中国的社会主义实践》等等。

从总体上看，实践唯物主义不是一个观点统一的理论体系，而是指所有主张从实践出发来理解马克思主义哲学的众多观点的总汇。在实践唯物主义内部，存在着众多分歧，但这并不意味着没有共同之处。如果不拘泥于具体观点的分歧，而是着眼于理解马克思主义哲学的基本倾向，就可以找到实践唯物主义的基本特征。(1) 认为传统教科书体系忽视了人的存在，是一种见物不见人的理论，因此，它没有体现马克思主义哲学的本质。(2) 认为实践的观点不仅是"认识论的首要的、基本的观点"，而且是整个马克思主义哲学的首要的、基本的观点。(3) 注重对"主体性"的研究，强调"见物又见人"。实践唯物主义的讨论对于发展马克思主义哲学具有重要的意义。纵观 20 多年来关于实践唯物主义的研究，可以看出这场讨论的规模之大、时间之长、所涉及的问题之广泛、所触及的理论层次之深刻、所产生的影响之深远都是建国以来所罕见的。"应当承认，它拓展了马克思主义哲学研究的视野，丰富了马克思主义哲学研究的内容，提高了哲学研究的理性化水平。较之传统的教科书体系，实践唯物主义更为贴近了现实，也更符合'原本'的马克思主义。"[①]

---

① 李文阁：《实践其实是指人的现实生活——实践唯物主义研究之反思》，载《哲学动态》2000 年第 11 期。

四 认识论研究

1978 年关于实践是检验真理的唯一标准的讨论极大地解放了人们的思想。从理论上看，这一讨论是在认识论层面提出问题的，因此，它不仅恢复了实践对于检验认识真理性的标准地位，而且以此为契机和动力，启动和开创了我国认识论研究的新局面。

从 70 年代末到 90 年代初，认识论问题一直是我国哲学界讨论的热点问题，认识论研究也一直处于领先地位，取得了很大进展。这一进展主要体现在两个方面：

（一）传统问题的新进展。在认识的本质问题，认识的源泉问题，认识的阶段问题，认识的范畴问题，真理问题等方面都取得了很大的推进。以最为基本的实践范畴为例，有关学者不仅研究了实践的多重涵义、属性、类型及地位，而且研究了实践本身的构成要素、结构、特性及相互关系；不仅对实践的内在结构进行了静态的解剖学意义上的分析，而且对其作了动态的活化的过程性分析，进而引出了对活动中的主体、客体、中介及相互之间对象性、相关性的分析，又引出了对认识过程及发展阶段的全面反省，而后进入对实践发展规律的探讨。① 从总体上看，此方面研究的核心在于在主客体关系框架中恢复和贯彻主体性原则。这就使认识活动不再是无主体的知识的自在运动，而是主体以其内在的思维结构能动地把握客体、建构知识的活动，从而突破了传统教科书体系在认识活动上的直观性和受动性。但从哲学观的视角看，这些成就总体上都是在既有哲学观、哲学形态引领下取得的，主要还是认识论"内部"的深化。

随着当代实践和社会文化的进一步发展，特别是哲学观与马克思主义哲学新形态的探索，传统认识论的缺陷日益暴露出来。如有学者指出，传统教科书体系中的"认识论"是"两大块"（辩证唯物主义和历史唯物主义）、"四大部分"（唯物论、辩证法、认识论、历史观）中的一部分，它以被抽象理解的物质观为基础，侧重探讨一般认识主体对一般认识客体的认识，缺乏对认识活动中"主体—中介—客体"系统的具体分析；它脱离人的社会生活、实践，在很大程度上与历史观、价值论相割裂，不过是一

---

① 参见任俊明主编：《新中国马克思主义哲学 50 年》，人民出版社 2006 年版，第 426—427 页。

种被马克思批判和超越了的"抽象认识论"。①

（二）开拓了一系列新课题、新领域、新视野。认识论研究的视野从静态分析进入到动态考察、从宏观进入到微观、从当前进入到过去和未来、从狭义进入到广义。对认识论理论框架的研究，突破了以往"三环节"（实践—认识—实践）、"两飞跃"（从感性向理性飞跃和从理性向实践飞跃）的基本理论框架，提出了主体—中介—客体的理论框架，并分别对认识发生论、认识过程论、认识系统运行论等做了专门性的研究；拓展了研究对象，分门别类地建立了社会认识论、文化认识论、生活认识论等分支学科。下面择要予以介绍。

（1）社会认识论。有学者强调必须打破传统认识论研究与历史观研究相互割裂的局面，从一般认识论转向社会认识论。社会认识论以人们认识社会的认识活动为对象，考察人们认识社会的特殊活动结构、活动方式、活动方法、进化过程和特殊规律，揭示社会认识"自己构成自己的道路"。它既是关于人们怎样认识社会的学说，又是对于人类自我认识之谜的哲学探索。社会认识论的建构与发展，既体现了一种新的哲学观念和哲学理解，也提供了一种在更广阔背景中理解哲学，从而促进哲学整体发展的思路与方法。

（2）文化认识论。有学者用"普通认识论"统称迄今为止的所有认识论，认为认识论研究要取得突破，必须迅速实现从普通认识论到文化认识论的转换，把人的认识当做认知文化进行研究，从文化学的视角审视所有古老的和新生的认识论问题。

（3）历史认识论。有学者认为，传统认识论中那种主客体分离的认识前提，其基础是社会历史生活的实践，因此，传统认识论问题的解决首先依赖于历史认识论的建构，这个建构在一般意义上是要勾画出社会生活中意识的形成。相对于传统认识论那种客观观察而言，历史认识论中的人既是剧中人，又是剧作者，他总是处于历史性生存之中，历史性构成了人的存在规定。这是马克思历史认识论中历史性视野的一个方面。

（4）生活认识论。有学者强调，与近代科学主义认识论不同，现代生活认识论寻求的不仅是结果的统一性，而且是活动、意义或功能的统一

---

① 参见孙伟平、张明仓、王湘楠：《近年来我国马克思主义哲学研究评述》，载《哲学研究》2003 年第 3 期。

性，它要在生活或人的生成基础上将所有这些表达活动统一起来，它的宗旨或目的是要揭示所有这些活动的生活性或作为人的生成样式的特质。生活认识论不仅把认识看做人（即认识者）的生活，而且使认识指向生活，即以更幸福的生活、以人的发展、完善或生成为目标。它不只是拓展传统认识论的范围，更在于改变其性质，即从知识论向人学跃迁，真正体现出哲学作为人的自我意识的特质。

从上述几种探索可以看到，它们都不约而同地突破了科学认识论、知识论等的狭隘视界，强调了认识与主体（人）的社会、历史、文化生活实践的内在联系，这显然已经触摸或捕捉到了马克思主义哲学的本真精神。我们认为虽然马克思主义认识论的论域很广泛，它既关注人们对于事实的认知活动和真理问题，也关注事实的价值、意义及其评价和理解问题。不过，作为实践唯物主义的组成部分，认识论不再把认识视为外在于主体（人）及其生活、实践的孤立的认知—信息处理过程，而是把认识理解为以实践为基础的、人的自我生成过程；它的根本使命也不是以发生学等方式探讨认识的起源和本质，而是要达到人的自我意识和社会总体的自我意识，实现人的自我认知、自我理解和自我超越。这种新认识论遵循实践的思维方式，是一种具有鲜明主体性、实践性、社会性、历史性、文化性的认识论。可以预见，随着人们以多种视角展开对马克思主义哲学观和当代形态的研究，认识论研究必将继续在多种角度、多个方面和层次上展开，一种彻底摆脱知识论桎梏的合理形态的实践认识论将逐步形成。

五 价值论研究

价值论作为哲学基础理论的一个分支学科，与存在论、认识论等其他分支学科相比，是一个非常年轻的学科。西方价值论研究兴起于19世纪末、20世纪初。而我国的价值论研究是在20世纪80年代关于实践标准的讨论中诞生的，是解放思想与改革开放的一个理论成果。1980年，杜汝辑在《学术月刊》第10期发表《马克思主义论事实认识和价值认识及其关系》一文，该文回顾了西方关于事实与价值的讨论，认为对社会事物的认识有事实和价值之分。所谓事实认识是关于"是如何"的认识；所谓价值认识是关于"应如何"的认识，二者既有区别，又有联系。该文受到了学术界的广泛关注。《光明日报》、《哲学研究》、《哲学动态》、《中国社会科学》相继发表有关价值问题研究的文章，价值论研究在中国逐渐兴起。

纵观 28 年来的中国价值论研究，以 1994 年为界，可以大致划分为两个阶段。前一阶段是起步和开拓阶段，主要致力于确立并巩固自身作为哲学基础理论中的一个分支学科而存在的合法性。探讨的主要问题为价值的本质、来源、依据问题，哲学价值概念与经济学价值概念的关系问题，价值与认识的关系问题，价值与事实的关系问题，价值与存在的关系等问题。其中最具典型意义的是关于价值本质问题的探讨。

关于价值本质问题的探讨是围绕马克思《评阿·瓦格纳的“政治经济学教科书”》一文中的一段话，即“‘价值’这个普遍的概念是从人们对待满足他们需要的外界物的关系中产生的”①来展开的。一些学者认为，马克思的这段话是对价值的最广泛的规定，说明价值是从客体满足主体需要的关系中产生的，因而价值就是客体对主体需要的满足。也有学者提出了不同意见，郝晓光认为这段话不是马克思本人的话，而是他转述瓦格纳的观点，瓦格纳把使用价值当做价值恰恰是为马克思所极力反对的。在马克思那里，价值指的不是使用价值，而是商品的价值。价值是凝结在商品中的一般人类劳动，使用价值的特点才是满足主体的需要。因此不能根据这句话给哲学价值下定义。②李德顺则认为马克思的这句话说的的确是使用价值，而不是哲学价值，但这并不妨碍我们以使用价值为基础来概括出哲学价值，从特殊意义的价值上升到一般意义上的价值。③这一时期关于价值本质的讨论虽然未能达成共识，但它对于推动我国价值论研究的深化具有重要意义。此后几年，一些学者以马克思主义实践论为基础，从价值与实践、价值与主体性的相关性中阐述了价值存在的依据，价值的起源、发展和变迁过程，价值的主体性和客观性本质等问题，从而由一般价值论的研究转向对马克思主义价值论的研究，并初步建构起马克思主义价值论的理论体系。这一时期陆续出版了十余本学术专著和大量论文，最具代表性的有：李德顺的《价值论——一种主体性研究》、王玉樑的《价值哲学新探》、李连科的《哲学价值

---

① 《马克思恩格斯全集》第 19 卷，人民出版社 1963 年版，第 406 页。
② 参见郝晓光：《对所谓普遍价值定义的否证》，载《光明日报》1987 年 1 月 5 日。
③ 参见李德顺：《“价值”范畴的一般与特殊》，载《光明日报》1987 年 5 月 18 日。

论》、袁贵仁的《价值学引论》、江畅的《现代西方价值理论研究》，等等。

1994 年至今是价值论研究的第二阶段。这一阶段是研究的深化阶段。① 所谓深化，主要体现在两个方面，（一）对既有问题的探讨走向纵深，且取得了丰硕成果。其中最为重要的是关于评价论的研究。评价问题不仅具有重要的理论价值，而且具有重要的实践意义，是价值论研究绕不过去的"关节点"。它同时也是最复杂、最困难也是争论最多的问题。从 20 世纪 90 年代开始，评价论一直是价值论研究中的一个热点，经过多年探索，至世纪之交，评价论研究取得重大进展，出版了一些重要著作，如马俊峰的《评价活动论》、冯平的《评价论》、陈新汉的《评价论导论》和《社会评价论》，等等。（二）从自发走向自觉。随着探索的不断深入，价值论研究已经超越了单纯维护自身的合法性地位的阶段，而是开始把关注的目光"向内转"，对自己的学科特性本身进行反思，这标志着价值论研究走向自觉阶段。从作为一门学科的价值论研究的发展着眼，我们认为此方面对于进一步推进价值论研究，更具理论意义。因此将予以重点阐述。

价值论研究的自觉又可以从两个方面来分析：（1）学科特性的自觉；（2）哲学的价值论转向。下面我们将二者结合起来予以论述。作为一个学科的价值论所面对的是一个价值的世界。而价值作为"世界对于人的意义"、"客体对于主体的意义"，是以"人的内在尺度"或"主体的尺度"为根据的；与以"对象、客体的外在尺度"为根据的事实相比，价值具有深刻的"异质性"。这一"异质性"正是休谟问题（从"是"能否推出"应当"、从事实命题能否推出价值命题）的实质所在，也是知识论与价值论的根本差异所在。把握并坚守这一"异质性"，是把握价值论学科特性的基本前提。

在以往的研究中，对事实与价值的"异质性"以及知识论与价值论的根本差异缺乏足够的自觉，这就导致了一个矛盾而又耐人寻味的现象：一方面，竭力主张把价值现象从事实现象中抽离出来，把价值论从知识论的统治中解放出来，以确立价值论研究独立的合法地位；而另一方面，无论

---

① 2006 年成立的中国价值哲学专业委员会标志着我国价值论研究走向了规范化、组织化的道路。

是否定价值论的观点和学说，还是肯定价值论的观点和学说，乃至我国 20 世纪 80 年代以来典型的价值论著作和学说，都自觉或不自觉地依照知识论的思路、方法和理论框架来处理"异质"的价值问题。从理论上讲，这无异于以耳朵来观赏绘画，以眼睛来聆听音乐，其后果只能是"自毁长城"。

随着研究的深入，对价值论学科特性的认识从自发走向自觉，如何在坚守自己学科特性的前提下，摆脱知识论方法的束缚，建构一套适合价值论自身特性的方法论体系，已经成为近年来价值论研究的主要取向。更有一些学者认识到研究方法归根结底乃是思维方式的体现，思维方式就像"一双看不见的手"，在最终意义上决定着研究方法的基本性质和走向，因此，要从根本上解决价值论的研究方法乃至学科特性问题，就必须深入到思维方式的层面。一些学者已经在此方面作了卓有成效的研究，主张建构一种切合价值论研究的思维方式——价值思维。价值思维的建构要求从实体思维转向关系思维；从属物的客体性思维转向属人的主体性思维；从静态的现成性思维转向动态的生成性思维。进而言之，就是要从对象、客体、物的维度转向实践、主体、人的维度；从知识论维度转向价值论维度。[①]

这一转向引发了一系列连锁反应，形成了多米诺骨牌效应。它很快突破了价值论、方法论领域，扩展到了整个哲学之中，掀起了一场哲学的价值论转向浪潮。此时的价值论研究已不再局限于维护自己作为哲学基础理论中一个分支学科的地位，而是要用价值论来改变整个哲学。这无疑标志着价值论研究的成熟和深化。[②]

众所周知，传统哲学乃是一种"拟科学"的"知识论中心主义"，它以科学、认知的态度和方法对待一切现象和问题（包括价值现象和问题）。随着价值论研究的兴起，特别是其方法论意识的自觉，人们逐渐认识到我们所生活的世界，不仅是一个知识论所指向的"实然"的事实世界，更是

---

① 参见孙伟平：《论价值思维》，载《哲学研究》2005 年第 8 期。孙伟平：《关于价值论的研究方法——走出"拟科学"、认识论的误区》，载《哲学动态》2004 年第 7 期。王玉樑：《论价值哲学研究的思维特点》，载《西北大学学报》2005 年第 3 期。康兰波、何睿洁：《价值哲学研究：改变对待人的根本态度——关于价值哲学研究方法的思考》，载《天府新论》2005 年第 1 期。

② 参见马俊峰：《价值论兴起对当代中国哲学的影响》，载《人文杂志》1999 年第 1 期。江畅：《以价值论为中心重构哲学》，载《南昌大学学报》2000 年第 4 期。

一个"应然"的价值世界。而在"拟科学"的传统哲学之中，知识论视野占据着中心位置，这就决定了它无法恰当、合理地理解和把握与人们的生活息息相关的价值世界。这样，实现哲学的价值论转向，从"拟科学"转向"拟价值"，就成为一个无法回避的问题。哲学的价值论转向并不意味着价值论将成为哲学研究的唯一对象，也不意味着价值维度将成为哲学的唯一尺度。事实上，它仅仅意味着一种哲学视野的改变，即把人和人的实践活动以及价值生活置于哲学思考的核心，从主体向度或价值维度出发，来重新审视和构造哲学。因此，它并不否定传统的哲学问题，也不否定本体论和认识论作为哲学基本分支的事实，它所否定的仅仅在于原来那种"知识论中心主义"的哲学视野。①

目前来看，哲学的价值论转向方兴未艾，已经成为哲学研究的一个新的生长点。尽管这一转向的方向已经明确，但道路依然曲折，需要进一步深入研究的问题很多。其中如何贯彻主体性、价值论维度，实现哲学观和哲学思维方式的根本性变革？如何在实践的基础上，冲破原有的知识论体系，按照事实与价值对立统一的思路，实现本体论、认识论与价值论的有机结合，使哲学呈现出一个全新视野和崭新面貌，是摆在中国价值论研究面前亟待解决的紧迫课题。

六　存在论研究

在 20 世纪 80 年代关于实践唯物主义的讨论中，本体论或存在论问题曾经作为诸多争论所环绕的焦点问题而赢得普遍关注和重点研究。此后，哲学界对它的关注有所减弱。进入 21 世纪以来，存在论研究的热潮又开始高涨，呈现出复兴之势。据不完全统计，仅 2000—2005 年，以存在论/本体论/为主题的论文就有千篇之多。2002 年 5 月 9 日至 12 日，在上海复旦大学召开了以"马克思的本体论思想及其当代意义"为主题的第二届"马克思哲学论坛"。② 以此次论坛为标志，中国存在论研究进入了一个新的深化的阶段。

我国存在论问题的研究肇始于对传统教科书体系中的重要构成部

---

① 参见孙伟平：《价值论如何"改变"哲学》，载《哲学动态》2003 年第 9 期。孙伟平：《当代哲学中的价值论转向》，载《天津社会科学》2002 年第 5 期。

② 参见孙麾：《马克思的本体论思想及其当代意义——第二届"马克思哲学论坛"述要》，载《中国社会科学》2002 年第 5 期。

分——物质本体论的质疑,在相当长的时间之内,对于存在论的研究基本上都是围绕着"马克思主义哲学的存在论是什么"这一问题来展开的。对这一轴心问题的不同回答构成了物质存在论、实践存在论、社会存在论等代表性观点。从表面上看,这些观点互不相容。但从另一个更深层面上看,它们实际上都蕴含着一个共同的前提,即都认为可以给出一个"什么"来回答"马克思主义哲学存在论是什么"的问题。也就是说,可以通过给马克思主义哲学存在论"命名"的方式来解决马克思主义哲学的本体论问题。

随着研究的深入,近年来我国关于存在论问题的研究已经超越了"命名"的阶段,认为马克思主义哲学存在论不是一个可以通过简单"命名"的方式来解决的问题。所以,问题的关键不在于如何"命名",而在于如何真实地展现马克思哲学存在论的根本意蕴。

要展示马克思哲学存在论的真实意蕴,必须首先弄清存在论问题本身,从而为马克思哲学存在论问题的研究奠定基础。而以往的研究恰恰"跳过"了这一前提性工作。一些学者认识到这一重要缺失,开始致力于这一奠基工作。他们充分吸收了国内外有关的研究成果,并把存在论问题重新置入其所产生的整个西方哲学史之中,从词源、义理和汉译等诸方面对 ontology(存在论、本体论)这一概念及问题本身进行了一番正本清源工作,在此基础上,又对传统存在论和现代存在论进行了划界,这一工作为进一步的研究奠定了坚实的基础。①

另一具有同样基础意义的工作也得以进行。一些学者摆脱了"马克思哲学存在论是什么"问题的纠缠,直接进入到了马克思存在论思想的深处,对马克思哲学中"存在论"(以及"世界观")概念的使用情况以及存在论问题在马克思思想中发展演变的历史内涵和逻辑线索予以了一番颇具学术水准的清理考察。通过这一工作,把马克思在不同时期、不同场合关于存在论思想的各种论述联系起来,予以综合统一把握。② 这一脚踏实地的工作,对于推进马克思哲学存在论问题的研究无疑具有重要的意义。

另有一些学者把存在论问题与马克思哲学革命的精神实质及其当代意

---

① 参见杨学功、李德顺:《马克思哲学与存在论问题》,载《江海学刊》2003 年第 1 期。
② 参见吴元梁:《关于马克思哲学本体论思想的几点思考》,载《天津社会科学》2003 年第 1 期。

义的问题结合起来予以研究，认为马克思在哲学上所实现的革命性变革，首先是从存在论根基处开始的，它应当被归结为一场存在论革命。因此，对马克思哲学革命的根本性质、意义及其所达成的原则高度的澄清和阐明，必须从存在论的根基处入手；同时，对马克思哲学当代意义的彰显，也必须立足于存在论的根基。而要真正理解马克思所实现的存在论革命的本真意蕴，首要的工作是摆脱近代哲学的解读模式，并展开与当代哲学的创造性对话。① 应当说，这一颇富创造性的研究工作发人深思、给人启迪，这再一次提醒了我们"熟知非真知"，对马克思哲学的研究需要异常艰苦的思想劳作。

还有一些学者把存在论问题与人的存在结合起来予以研究，认为本体论不只是哲学的具体论题或论域，它首先是哲学的本性。哲学的本体论实际上是人的生存本性的自觉显现，是人之生存所内在的本体论诉求和终极关怀的理性表达。在哲学演变中，存在着两种基本的本体论范式：其一是以过去为定向的、还原式的、决定论的本体论范式；其二是以未来为定向的、开放式的、生成论的本体论范式。马克思哲学是人之存在的本质性文化精神的自觉显现，在超越以过去为定向的、还原式的、决定论的传统本体论范式和确立以未来为定向的、开放式的、生成论的本体论范式的哲学转折中起到了决定性的作用。②

另有一些学者则把关注的焦点放在了马克思存在论思想的方法论层面，集中考察了马克思关于存在论问题的研究方法，并从中提炼出了四个方面：即从"关系"的观点看待本体问题；从活动、过程的观点看待本体问题；从生成论的角度来研究本体问题；从"人"的观点来看待本体问题。③ 应当说，这一研究还是初步的，但它却是一种可贵的尝试，代表了研究层面的跃迁：即从"结论"层面深入到了其背后的"方法"层面。

从总体上看，本体论研究已经大大前进了一步，一些代表性成果已经达到了相当高的学术水准和研究深度。在某种意义上，甚至可以说代表了我国马哲界的研究水准，这无疑是我国马哲界的一大收获。但与此同时，

---

① 参见吴晓明、王德峰：《马克思的哲学革命及其当代意义——存在论新境域的开启》，人民出版社 2005 年版。

② 参见衣俊卿：《人之存在与哲学本体论范式——兼论马克思哲学的本体论意蕴》，载《江海学刊》2002 年第 4 期。

③ 参见丰子义：《马克思本体论思想的方法论》，载《天津社会科学》2002 年第 6 期。

对本体论研究的质疑之声也此起彼伏。应当说,本体论研究自其产生之日起就一直与争论相伴而行,争论的结果往往是推进了研究的深化。但值得注意的是目前的质疑已不再局限于存在论研究内部不同观点之间的争论,而是对本体论研究这一基本路向的质疑,认为"存在论研究要有一个限度",就此而言,本体论研究遭遇了挑战。这一挑战发轫于对马克思哲学精神的不同理解。它们认为马克思哲学的真正本质和精神是从批判旧世界中创造新世界,它在分析和解决时代重大现实课题的思维和实践活动中实现自己,而与任何学院式的玄谈或机械僵硬的比附无关。因此,无视马克思"使哲学变成现实"的品格,而一味热衷于通过本体的置换来证明马克思哲学的性质。这种研究方式本身就没有跳出思辨哲学的基础,其思维方式乃是"离开实践的思维",它在相当大的程度上遮蔽了马克思哲学改变世界的本质。① 应当说,这一挑战颇具根本意义,值得存在论的研究者为之深思。

第二节 学术热点

一 国外马克思主义哲学研究

自 1923 年卢卡奇发表《历史与阶级意识》、柯尔施发表《马克思主义与哲学》以来,国外马克思主义已经走过了 80 多年的历程。从 20 世纪 50 年代起,我国学者就已经开始翻译卢卡奇的有关论著。但那时并没有将其看做西方马克思主义的代表人物。在我国真正将西方马克思主义当做一种思潮、流派予以自觉地研究始于 20 世纪 70 年代末,至今也已近 30 年。在相当长的一段时间内,我国的西方马克思主义研究停留于一种较为简单的评介阶段。其成果"仅仅停留在转述和人头式的总体评述上",所关注的焦点在于"西方马克思主义"的性质与地位问题,亦即"西方马克思主义"究竟是不是马克思主义的问题? 对这一问题的主导性回答是否定的,即"西马"(西方马克思主义)非"马"(马克思主义)。因此,此时的研究主要是一种否定性批判。

随着研究的深入,学界逐渐认识到西方马克思主义之中存在着一些可资借鉴的因素,因此它不再仅具有否定性的价值,而同样具有肯定性价

---

① 参见孙麾:《本体论的限度与改变世界的哲学》,载《哲学研究》2003 年第 7 期。

值，这样，对西方马克思主义的研究就从否定性批判转向了肯定性借鉴。其间一个重要的突破是认识到"必须跳出纯理论的标准，更必须跳出苏联模式的教科书体系的标准来评判西方马克思主义对传统的马克思主义观点的修正和发展"。进入新世纪以来，学界认识到要在创新的基础上完成建构当代中国马克思主义哲学的新形态这一历史任务，必须超越"马"与"非马"的简单争论，充分吸收各种理论资源，并在不同思想理论之间开展创造性的对话。在这一背景下，国外马克思主义以其"国外"（主要是西方、当代）的话语背景和"马克思主义"的亲缘关系而得到了特殊的重视，一大批研究力量和理论资源被投入其中，并取得了空前的进展。

就研究对象而言，之前的研究基本上局限于 20 世纪 70 年代之前传统意义上的西方马克思主义，其中最为主要的是法兰克福学派的社会批判理论，所关注的理论家也局限于卢卡奇、布洛赫、霍克海默、阿多尔诺、马尔库塞、葛兰西、本杰明、萨特等有限的几位，而目前的研究则远远超越了这一范围，除了传统意义上的西方马克思主义之外，还有 20 世纪 70 年代之后兴起的后马克思主义思潮、晚期马克思主义、后现代马克思主义以及生态学的马克思主义和女权主义的马克思主义等各种思潮，其代表人物也扩展到了鲍德里亚、拉康、齐泽克、拉克劳、墨菲、杰姆逊、德里达、布尔迪厄、德鲁兹、德里克、德波尔、列菲弗尔、布洛赫、广松涉等一大批以前不为人所知或被重新"发现"的理论家。研究的重点也从 20 世纪 70 年代之前转向了 70 年代之后，在一些方面已经接近国外相关的研究进度，这无疑是一个巨大的进步。

就研究力量而言，不仅在研究人员的数量上得到了很大增强，而且更为重要的是在研究力量的整合上呈现出新的趋势，形成了一些各具特色的研究群体。在这些研究群体的有效组织下，国外马克思主义研究不再局限于个人的单兵作战，而是可以充分发挥集体优势，进行有计划有层次有分工有合作的系统研究，这有力地推动了研究的整体水平。如复旦大学国外马克思主义研究中心充分发挥教育部重点研究基地的优势，组织力量既从事宏观的整体研究，也进行微观的具体研究，力图收到以宏观带微观、以微观促宏观之效。南京大学马克思主义哲学学科则发挥文本分析的历史传统，把"经典文本的深度解读和研究范式的全面建构"结合起来，把国外马克思主义研究与当代中国马克思主义哲学研究结合起来，充分发挥团队优势，进行整体作战，取得了突出的成绩。黑龙江大学哲学系则坚持从文化批判的角度来切入西方马克思主义研究，力图以之为基础来建构和推进当代中国文化研究的新形态，形成了自己的鲜明特色。需要指出的是，复旦大学、南京大学和黑龙江大学联合发起创立了全国国外马克思主义论坛，且已成功举办了三届（两年一届、轮流主办），该论坛为中国国外马克思主义研究提供了一个重要平台，在相当程度上推动了我国国外马克思主义哲学研究。

就研究成果而言，呈现出多样化、系统化的趋势。研究的进展不是单向度的线性发展，而是多向度的立体推进。既有宏观视阈下的整体把握，大胆假设；又有微观层面的具体剖析，小心求证。就前者而言，张一兵等人的《中国西方马克思主义哲学研究的逻辑转换》、段忠桥的《20 世纪 70年代以来英美的马克思主义研究》、陈学明的《走近马克思》、衣俊卿等人的《20 世纪的文化批判：西方马克思主义的深层解读》可为代表。它们虽观点不同、视角各异，但均立足于宏观的视野对国外马克思主义研究的基本流派、基本问题、基本走向进行了颇具理论深度的分析，从而为学界提供了一个较为可靠的"向导"和"地图"。如果说宏观的把握尚是初步的、带有尝试性质而需留待历史检验的大胆假设的话，那么微观层面对具体个案的精细研究则是步履坚实的小心求证，在这方面取得的成果最为丰硕也最为扎实，张一兵的阿多诺、阿尔杜塞、拉康、鲍德里亚研究，仰海峰的鲍德里亚、德里达研究，刘怀玉的列菲弗尔研究，胡大平的德里克研究，张亮、谢永康的阿多诺研究，曹卫东、郑召利的哈贝马斯研究，孔明安的鲍德里亚研究，夏莹的鲍德里亚、拉克劳研究都达到了相当的学术水准。它们对各自的研究对象都不再是简单地介绍，而是进行非常细致深入的研究；不再局限于旁观式观察，而是进行参与式对话；不再停留于对结论的评述，而是对其研究过程、发问方式予以剖析。这都标志着中国学者理论研究方式、研究水准的进步。

通过以上论述，我们对国外马克思主义研究的进展有了一个较为全面和清晰的把握。需要注意的是，这一把握虽然较为全面和清晰，但却仅是一个表层的认识。因为无论是研究对象的扩展、研究力量的整合，还是研究成果的丰硕，都只能是一些外在的表象。隐藏在这些表象背后的是马克思主义哲学研究范式的重大跃迁。这一跃迁既体现在对待国外马克思主义哲学的基本态度和立场上，又体现在对待马克思主义哲学的基本观念和意识上。如果说通过对国外马克思主义哲学的研究，使人认识到马克思主义哲学还可以这么研究，从而大大拓展了研究的视野的话，那么这一视野拓展所导致的结果则是把马克思主义哲学从固步自封的封闭状态中解放出来，从而以一种开放的姿态去面对、去研究马克思主义哲学。这样，马克思主义哲学就不再是一个既成的教条，而是一种在与当代生活、其他理论学说对话的过程中不断生成的开放性学说。这就打破了一个根深蒂固的理论神话，即马克思主义哲学本身已经囊括了一切真理，剩下的工作只是从其文本中寻找现成的答案而已。或许这一突破才是国外马克思主义哲学研究的最大贡献所在。这也可以进一步解释为什么国外马克思主义哲学研究的每一步进展都同传统教科书体系的衰落遥相呼应。

目前我国的国外马克思主义哲学研究方兴未艾，可以预期在未来的一段时间里，这一势头将延续下去。但在前进的道路上依然存在一些需要加以解决的问题，比如问题意识有待进一步深化，与当代社会实践的结合尚不够紧密，研究成果中解读性、准备性的论著偏多，富有创造性、研究性的论著偏少，研究过程中拓展领域过快，深度挖掘不够，在一定范围内还存在着抢山头、插大旗的"圈地"现象。这些问题在相当程度上影响甚至制约着研究的进一步推进，因此，如何正确面对并切实解决这些问题就构成了有关研究者必须面对的重要任务。前进之路依然任重而道远。

二　马克思主义哲学的中国化

面对新时代，立足新实践，构建具有"中国特色、中国风格、中国气派"的马克思主义哲学的当代中国形态，是当前马克思主义哲学研究面临的时代任务，也是新世纪以来马克思主义哲学研究的一个热点问题。关于这一问题的探讨主要围绕以下几个方面展开。

（一）关于马克思主义哲学中国化的内涵

关于马克思主义哲学中国化的研究首先面临的问题是究竟什么是马克思主义哲学中国化？一些学者认为，马克思主义哲学的中国化就是马克思主义哲学与中国革命和建设的实践相结合，与中国传统文化的优秀成果相结合，在内容上加以充实和丰富，在表现形式上具有中国特色、中国作风和中国气派。另有学者指出，马克思主义哲学中国化除了上述"一般涵义"之外，还包含有具体化、民族化、通俗化的"特殊涵义"。所谓具体化，就是对中国革命和建设的经验进行哲学概括，把马克思主义哲学具体化为具有中国特色的辩证唯物论和历史唯物论。所谓民族化，就是运用马克思主义哲学的立场、观点、方法批判继承中国的优秀文化传统，总结中国人民奋斗的实践经验，赋予马克思主义哲学以中国作风、中国气派。所谓通俗化，就是用人民群众通俗易懂的语言文字、喜闻乐见的形式表达马克思主义哲学的范畴、原理，实现哲学认识世界、改造世界的功能。①

另有学者认为马克思主义哲学的中国化诚然必须与中国具体实际相结合，与中国文化传统相结合，与中国社会主义革命和建设实践相结合，但马克思主义哲学与中国具体实践的机械结合、简单相加，并不等于马克思主义中国化，这是问题的一个方面；问题的另一个方面在于即使马克思主义哲学与中国具体实践实现了"深度、有机结合"，这也只是用马克思主义哲学"化"中国，只是马克思主义哲学中国化漫长历史进程的一个阶段而已，并不是马克思主义哲学中国化新形态的创立②。换言之，对于创立马克思主义中国化的新形态而言，仅仅结合是不够的，更为重要和关键的是立足新时代，依托新实践，深入到中华民族救亡图存、争取解放以及建设现代化的历史进程之中，分析和研究在此进程中形成的哲学观念、价值取向、思维方式以及精神风韵，使之从实践形态上升到理论形态，从而创造出具有"中国特色、中国风格、中国气派的马克思主义哲学"新形态。③

（二）关于马克思主义哲学中国化的合法性

"马克思主义哲学中国化"提出以来，一直面临着多方面的质疑和争议。争论的焦点集中在马克思主义哲学与中国传统哲学的关系之上。一些学者依据西方哲学范式认为，中国根本就没有哲学，中国传统哲学无从谈起；即使承认中国有自己的哲学传统，这一传统也早在"五四运动"中被打断了脊梁，因此马克思主义哲学与中国哲学传统相结合的"对接点"根本不存在，也就谈不上"化"的问题了。另有学者认为，中国哲学是一个有机整体，它的哲学观点包容在各种思想之中，只有在一个思想体系之中进行整体性理解时，才能开显出它的原有价值。因此，中国哲学不可能脱离产生它的原初语境与具体实践，而抽象出一个所谓的哲学传统来与马克思主义哲学相融合。

---

① 参见雍涛：《关于马克思主义哲学中国化的几个问题》，载《重庆邮电学院学报（社会科学版）》2004 年第 3 期。

② 参见王锐生：《马克思主义中国化的两个哲学追问》，载《新视野》2005 年第 5 期。

③ 参见孙伟平、张羽佳：《马克思主义哲学中国化：问题与进路》，载《哲学研究》2006 年第 6 期。

应该说，这些质疑和争议并非空穴来风，全无道理。其一，任何真正的哲学总是与相应的民族文化传统相结合，具有文化传统的"活"的语言特点、思维方式和文化价值观念；其二，按照西方哲学（马克思主义哲学也产生于西方、属于西方哲学）范式，中国哲学是否是哲学确实存在争议，"中国哲学的合法性"是近年来争论颇为热烈的一个问题；其三，马克思主义哲学作为从西方引进的思想，与中国文化传统确实存在一定的异质性。

因此，对"马克思主义哲学中国化"持肯定态度者，虽然可以以马克思主义哲学已经与中国具体实践相结合这一"事实"来回应，但在理论上仍然需要直面这些"合法性质疑"，回答马克思主义哲学中国化"何以可能"的问题。对此需要强调如下几点：（1）马克思主义哲学作为"时代精神的精华"，作为世界无产阶级争取解放的学说，具有普遍性或普适性。这是马克思主义哲学中国化的基本前提。正如有学者所指出的，马克思主义哲学虽然产生于西方，但它是整个人类哲学智慧的结晶，是一种世界性哲学，是全世界的共同财富。① （2）马克思主义哲学不是绝对的西方个性化学说，它与中国文化传统、中国哲学传统在一定程度上具有相似性、相通性和互补性。有学者指出马克思主义哲学在很大程度上与中国社会、文化结构相契合，比如从文化信仰层面看，马克思主义哲学无神论的信仰体验方式与具有无神论或多神论精神文化传统的中国儒家思想之间发生了一种"视界融合"；从社会结构层面看，马克思主义哲学易于解释中国社会内部的阶层分化，与中国传统的道德资源易沟通。② （3）所谓马克思主义哲学中国化是指在中国丰富和发展马克思主义哲学，创造出具有"中国特色、中国风格、中国气派的马克思主义哲学"新形态。严格地说，中国是否具有可与之相对接的哲学传统，与新形态的创造虽然具有一定关联，但却不是最为根本的。即使认定中国没有类似于西方的哲学传统，也不能据此否认马克思主义哲学中国化新形态创造之可能性。毕竟，马克思主义哲学中国化不是简单地用马克思主义改造中国哲学，也不是用中国哲学改造马克思主义哲学，而是要在中国文化传统、中国特色社会主义实践经验的

---

① 参见陶德麟：《马克思主义哲学中国化研究的方法论问题》，载《学术月刊》2003 年第 11 期。

② 参见邹诗鹏：《马克思主义中国化与中国现代性的建构》，载《中国社会科学》2005 年第 1 期。

基础上，进行全新的理论创造。如果说理论来源于实践，实践可以通过总结、归纳、提炼、升华而为理论，那么，以不断取得成功的中国特色社会主义实践为基础，构建马克思主义哲学中国化新形态就是完全可能的，具有理论合法性。[①]

（三）关于马克思主义哲学中国化的构建路径

关于马克思主义哲学中国化的构建路径是学者们讨论的重点。围绕这一问题，学者们提出了许多观点，现将其中最具代表意义的观点归纳如下。

（1）将马克思主义哲学中国化研究的世界视野和中国视野结合起来。一些学者指出，既要把中国的马克思主义哲学放到世界马克思主义哲学发展的图景中加以探讨，揭示马克思主义哲学为中国人民理解和接受的过程，揭示中国马克思主义哲学的独特形态及特征；又要把中国马克思主义哲学放到思潮起伏、百家争鸣的 20 世纪中国思想的背景中，通过考察它与中国其他哲学和社会思潮之间的激荡、论争、互动与融合，多层面地展开中国马克思主义哲学的理论内容。[②]

（2）正确处理"实践版本"和"理论版本"、现实性和学术性的关系。有学者指出，一方面，"实践版本"是"理论版本"赖以形成的基础。要坚持"从实践出发解释观念、而不是从观念出发解释实践的历史唯物主义原则"[③]，依据中国特色社会主义建设实践形成的"中国经验"和"北京共识"，提炼出具有中国特色的哲学观念和命题，逻辑地构成马克思主义哲学中国化新形态的理论版本。另一方面，"实践版本"和"理论版本"又是相互推进的："实践版本"所体现的实践纲领、策略等虽然具有政治上的权威性，但仍然需要在理论上对其科学性、合理性、合法性等进行反思和批判，使其具有学术上的权威性。[④]

（3）重视马克思主义哲学中国化形态的叙述方式和论证方式的研究，特别是在哲学范畴、语言的选择与创造上下功夫，使之具有严谨、规范、

---

① 参见孙伟平、张羽佳：《马克思主义哲学中国化：问题与进路》，载《哲学研究》2006 年第 6 期。

② 参见何萍：《马克思主义哲学中国化研究的问题与视野》，载《安徽大学学报》2005 年第 1 期。

③ 参见李景源：《论建构中国特色社会主义哲学原理》，载《光明日报》2004 年 9 月 16 日。

④ 参见陈晏清、杨谦：《马克思主义哲学中国化的实践版本和理论版本》，载《哲学研究》2006 年第 2 期。

富于论证性的学术品格。一方面，马克思主义产生于无产阶级争取解放的伟大事业中，具有鲜明的革命气息，而中国目前处于社会主义和平建设时期，因而要将过去以革命为主旨的话语系统转变为以建设为主旨的话语系统；另一方面，要旗帜鲜明地让马克思主义哲学"说汉语"，选择和创造出既具有中国特色、又具有哲学学科水准的哲学概念和范畴系统，以符合中国文化传统或中国百姓喜闻乐见的语言方式加以表达。

由于中国特色社会主义实践仍然处于创造、摸索过程之中，实践基础尚未夯实，实践形式尚未定型；由于从具体实践到抽象理论的提升往往艰难而又曲折；特别是由于马克思主义哲学源自西方，与中国文化传统之间具有"异质性"，要使之达到"带有中国特色的普遍"还是一项非常困难的任务；因此建构具有"中国特色、中国风格、中国气派的马克思主义哲学"新形态还存在着诸多困难，不可能一蹴而就。① 在这种情况下，与其组织全国力量搞出一个权威性的中国化马克思主义哲学的"定本"，不如创建一种能够促使马克思主义哲学理论创新的机制，以使各种不同的甚至相互批评的中国化观点能够争长竞胜，在互动过程中推动中国化新形态的创建。②

三　马克思主义哲学研究的自觉与定位：以学术性与现实性为例

《哲学研究》2004 年第 1 期刊发了署名"'青年哲学论坛'部分成员"的文章《被边缘化还是自我放逐：关于马克思主义哲学研究的学术性与现实性的对话》，该文以学术性和现实性的问题为切入点，对当前我国马克思主义哲学研究的现状予以了多角度的反思，并揭示了一些值得深思且必须解决的问题。应当说，这种自觉意识体现了马克思主义哲学研究的成熟和进步。该文的刊出引起了一系列连锁反应，掀起了一场有关学术性与现实性问题的讨论。③ 表面看来，该讨论针对的是研究倾向和理论诉求的问

---

① 参见孙伟平、张羽佳：《马克思主义哲学中国化：问题与进路》，载《哲学研究》2006 年第 6 期。

② 参见马俊峰：《马克思主义哲学中国化的几个问题》，载《学术研究》2006 年第 3 期。

③ 主要有：穆南珂：《喧嚣与骚动：马克思主义哲学研究中的"学术性"和"现实性"问题》，载《哲学研究》2004 年第 4 期。鉴传今：《走向"沉沦"的哲学精神——关于马克思主义哲学研究的"合法化危机"的思考》，载《吉林大学社会科学学报》2004 年第 6 期。郁建兴：《在科学与意识形态之间——关于马克思主义哲学研究的合法性问题》，载《哲学研究》2004 年第 9 期。徐长福：《求解"柯尔施问题"——论马克思学说跟哲学和科学的关系》，载《哲学研究》2004 年第 6 期。

题，但实际上它所关注的则是如何理解和弘扬马克思主义哲学的根本精神问题。这无疑与当前我国马哲研究的总问题：建构马克思主义哲学的当代中国形态息息相关。因此，对这一讨论予以一番梳理和"盘点"就是一件颇具价值的事情了。

简单地讲，可以说学术性是对现实性的一种反动，而反过来，现实性又同样可以视为对学术性的一种批判，二者相互交织在一起，形成了一股"纠缠"。如何解开这一"纠缠"，就构成了我们"盘点"工作的首要任务。而揭开"纠缠"的关键在于找出构成这一"纠缠"的缘起所在。在我们看来，这一缘起在于"教科书体系的马克思主义哲学"。

"教科书体系的马克思主义哲学"虽然长期以来以马克思主义哲学的正统自居，但实质上却是一种简单、僵化、粗陋、封闭的教条主义，是对马克思主义哲学的根本歪曲。这一点，仅从其基本构成上就可以清晰地显现出来。经典著作中的部分原理或个别言论、特定政治导向、经验科学知识与生活常识这四种要素的简单拼贴或按一定比例的生硬搭配就构成了整个"教科书体系马克思主义哲学"，而这种"哲学"实质上不过是马克思在《德意志意识形态》中所批判的一锅"淡而无味的杂碎汤"而已。正是这一锅"淡而无味的杂碎汤"被作为正统的马克思主义哲学而赋予不容置疑的权威地位，这不仅给学术界带来了灾难性的影响，而且极大地败坏了马克思主义哲学的学术声誉。

在学术性的坚守者看来，"教科书体系的马克思主义哲学"所导致的最大恶果就在于使马克思主义哲学丧失了基本的学术品位，以至于出现了所谓"种花生的哲学"、"卖土豆的哲学"等畸形物。导致这一后果的原因固然很多，但其中的一个核心在于"教科书体系的马克思主义哲学"与现实（政治与生活）的距离太近，以至于丧失了基本的独立性，从而不可避免地成为了现实的"婢女"，这也就必然导致马克思主义哲学的庸俗化、简单化和粗陋化，其最终后果是使马克思主义哲学变得不再是哲学了。因此，马克思主义哲学研究的根本出路在于走出政治话语的阴影，拉开与现实的距离，坚守自己的独立性，从学术规范和学术自身的特性出发来研究和阐释马克思主义哲学。于是，学术性作为对"教科书体系的马克思主义哲学"的反动，在"思想淡出、学术凸显"的大背景下，逐渐从幕后走向了前台，并演化成为一种压倒性话语和主导性评判标准，以至于最后发展到一切研究都必须走到学术性面前为自己存在的合法性辩护的极端地步。

在坚守现实性的学者看来，学术性标准的确立对于摆脱教条主义的桎梏，推进马克思主义哲学研究方式的转变，提升马克思主义哲学的理论品格，具有重要的意义。但学术性的诉求只能作为一种开端、一种策略才具有意义，如果作为一种追求或目标，则是有害的。因为对学术性的过分追求，必将导向形式主义的泥潭。这一论断绝非无的放矢。目前马克思主义哲学研究中的形式主义之弊已广为呈现。一些学者为了凸显自己研究的学术性，拒绝谈论任何现实问题，"在内容和对象上，沉迷于史料的发掘和文本的考证，把更多的精力投注于翻译和介绍；拒斥一切所谓的'宏大叙事'，满足于枝节和琐碎，欣赏'小资情调'和无病呻吟。在形式上，引号满天飞，通篇全是'经典话语'，作者本人不见了。"①另有一些学者走得更为极端，他们主张哲学应当保持自己晦涩的语言风格，要求在语言形式上也要体现出学术性，似乎不用康德、黑格尔、海德格尔式的语言，就不是哲学文章。

对此，有学者深刻地指出："他们鄙薄经济斗争，远离政治实践，惟一感兴趣的是把现实的社会历史问题蒸发为逻辑的、直觉的、思辨的、抽象的哲学体系，用还原、体验、领悟、澄明、释义、祛魅、去蔽、解构等现代概念魔术来取代马克思主义的科学认识论，用'实存'、'本真'等形而上学行话代替对现存社会关系和客观历史规律的辩证把握。而一旦脱离了对社会客观经济状况的科学分析和对现实政治斗争实践的直接参与，哲学就只能在纯思维、纯逻辑（包括语言）、纯意识、纯直观甚至不可言说的纯情绪中寻找自己的出发点和生存基础。"② 这样，哲学就离开了它赖以生存的现实生活基础，从而回到了"象牙之塔"，退化成为一种精神奢侈或文本游戏，并重蹈马克思曾经批判过的"自说自话"、"幽静孤寂，闭关自守并醉心于淡漠的自我直观"的那种哲学的覆辙。这无疑与马克思哲学从批判旧世界中创造新世界的根本精神相悖。因此，学术性也必须有一个限度。马克思主义哲学不能离开现实太远。

但学术性有了一个限度就可以恢复马克思主义哲学的根本精神吗？"教科书体系的马克思主义哲学"把学术性限制到一个小到不能再小的领域，难道它们就代表了马克思主义哲学的根本精神了吗？答案无疑是否定

---

① 李文阁：《马克思哲学研究何处去》，载《社会科学辑刊》2007 年第 2 期。

② 孙伯鍨、张一兵主编：《走进马克思》，江苏人民出版社 2001 年版，第 2—3 页。

的。表面看来，"教科书体系的马克思主义哲学"打着现实性的大旗，处处以现实为旨归，似乎最能体现马克思主义哲学直面现实的根本精神。但事实上它却是对马克思主义哲学现实本质的最大歪曲和最深遮蔽。因为马克思主义哲学的现实性乃是一种批判的现实性，它在对现存事物的肯定理解中包含着否定理解，它把现实、社会、实践当做一个活的整体，当做一个过程来把握，并在分析和解决时代最重大现实课题的思维和实践活动中实现自己。这就要求马克思主义哲学必须与具体事件、现存事物保持一定的距离，以实现自己的批判本质。"教科书体系的马克思主义哲学"恰恰抹煞了这一距离，把马克思主义哲学的现实本质庸俗化，理解为对个别事件的简单而直接的参与，这就使马克思主义哲学成为现实的"婢女"和政治宣传的"传声筒"，既不能洞察社会实践呈现出来的深层矛盾，也不能回应时代提出的重大挑战，这就在遮蔽马克思主义哲学根本精神的同时，也消解了其社会功能和历史使命。

至此，可见学术性与现实性的问题在一定意义上可以归结为马克思主义哲学与现实的关系问题。而这一关系又可以一言以蔽之：过犹不及。距离过近，将使马克思主义哲学丧失其学术品位，陷入非哲学化的陷阱；距离过远，则难逃形式主义的覆辙。因此，必须在二者之间保持一个应有的"张力"。

四　中西马哲学之间的对话与融通

从中国近代思想史的发展来看，自西方哲学与马克思主义哲学渐次传入中国以来，中国哲学、西方哲学与马克思主义哲学之间的互动与对话一直以或隐或显、或直接或间接的方式展开和进行。但在过去相当长一段时期之内，三种哲学之间的互动与对话处于较低的、不对等的层次。无论是 20 世纪初西学东渐、西方哲学对中国哲学与文化的洗礼，还是新中国成立后马克思主义哲学对中西哲学的批判，大都是一种外在层次的批判性互动，有时甚至加深了相互之间的隔膜。近年来随着研究的不断深入，中西马哲学之间互动和对话的频率大大增强，实效也大大提高。2004 年召开的首届中国哲学大会第一次囊括了所有哲学二级学科，2003 年和 2007 年分别召开了两届全国性的"中哲、西哲、马哲专家论坛"，大大推动了中西马哲学之间的对话和融通。目前无论是研究西方哲学或中国传统哲学的学者，还是研究马克思主义哲学的学者，都在关注中西马哲学之间的互动和对话，相互之间的融通明显地向深层次发展。学者们开始就对话的基础、视阈、方式和路径问题进行自觉的讨论，并进行了一些富于创意的尝试。

（一）关于对话的理论探讨

不可否认，中国哲学、西方哲学与马克思主义哲学三者之间仍然存在明显的划界，其哲学思想大异其趣，如中国哲学侧重人的内在心性修养和外在教化（内圣而外王），西方哲学侧重人的生存和价值，马克思主义哲学则重点关注人的解放和自由全面发展。如何在三种不同思想之间进行比较、对话、融通，特别是关于这种比较、对话、融通的基础、视阈和路径，学术界存在不同意见。

（1）关于对话的目标。一些学者认为应当充分利用中西马哲学资源，通过它们之间的对话和融通，创造出具有时代品格和民族气派的哲学新形态。王善超指出："哲学对话应该着眼于当代中国哲学的发展和建设，在充分吸收西方哲学的优秀成果的基础上，实现马克思主义哲学的中国化、当代化和中国传统哲学的现代化、世界化的汇通与融合。"[1]孙利天认为，批判传统哲学的虚假崇高，批判资本逻辑的统治和支配，创造有中国特色的中华民族自己的哲学理论，是当代中国的西方哲学研究、中国传统哲学研究和马克思主义哲学研究的共同任务，是三者会通的基础。[2]

（2）关于对话的前提。一些学者认为中西马之间的对话和融通应该打破学科壁垒，立足于"大哲学"观念，而不是仅仅局限于哲学的某种二级学科。杨国荣指出哲学是一种智慧之思。它以性与天道为对象，并指向统一的、具体的存在。与智慧相对的是知识，后者主要限于对存在的某一个方面或层面的把握。在中国哲学、西方哲学与马克思主义哲学彼此划界的背景之下，人们往往习惯于仅仅从某一角度、某个层面去理解存在，由此把握的往往并不是具体的、统一的存在，而只是特定视阈中的对象。这就意味着将作为智慧之思的哲学降低为作为知识形态的哲学。因此，超越对哲学的知识化理解，回归哲学作为智慧之思的本真形态，构成了哲学对话的前提所在。[3]

---

① 参见王善超：《哲学对话的困境和出路》，载《哲学研究》2005 年第 10 期。

② 参见孙利天：《朴素地追问我们自己的问题和希望——中国哲学、西方哲学和马克思主义哲学会通的基础》，载《吉林大学社会科学学报》2005 年第 3 期。

③ 参见杨国荣：《哲学对话：走向内在的视域》，载《光明日报》2004 年 1 月 6 日。

（3）关于对话的路径。一些学者认为中西马之间的对话和融通十分复杂，应该解放思想，拓展思路，允许并鼓励多样化、多层次的路径选择。余治平认为应注意如下几点：第一，充分重视哲学解释学的作用。中国传统哲学的许多概念、范畴、观点，必须经由现代哲学话语的全新阐释，才能获得再生而展现出旺盛生命力。第二，面向生活世界挖掘中国哲学活的传统。只有生活、实践、社会、历史，才是哲学互动与对话的真实本体，才是未来中国哲学形态的最终决定因素。第三，走出现代性的窠臼，摒弃哲学的理论化、知识化倾向，把哲学建立在日常生活世界的最底处。① 贾红莲认为中国哲学与马克思主义哲学之间的通约应当在观念上超越以往各自固守的话语系统，在方法上从外在的比附转向内在的创造性转化，在研究的目标上既要实现在中国发展马克思主义哲学、又要实现中国传统哲学的当代转换和创新。②

（二）关于对话的实践尝试

近年来关于中西马哲学之间对话、融通已经超越了"坐而论道"的倡导阶段，而进入了实际意义上的践行时期，许多学者已经进行了有益的尝试，且取得了一批成果。现根据着眼点和路径之不同，分述如下：

（1）充分吸收中西哲学资源，推动马克思主义哲学的创新。在此方面，复旦大学有关学者的工作卓有成效，最具典型意义。他们把马克思主义主义哲学与现代西方哲学之间的创造性对话作为学科发展一个主要生长点予以重点扶持，取得了显著成效。在复旦大学当代国外马克思主义研究中心编辑出版的《当代国外马克思主义评论》第 1 辑中，组织了以"马克思哲学与西方哲学的对话"为主题的一组文章：刘放桐的《当代哲学走向：马克思主义与现代西方哲学的比较研究》，俞吾金的《对马克思哲学与西方哲学关系的再认识》，吴晓明的《论马克思哲学的当代性》，王德峰的《海德格尔与马克思：在历史之思中相遇》。该组文章的主旨在于通过挖掘马克思主义哲学的当代意义来推动马克思主义哲学创新。他们认为"马克思哲学的当代意义绝不是某种非历史的东西，好像它是可以现成地存在于某个地方似的（比如说，现成地居住在一套全集中）。毋宁说，它倒是被发现的；正像此种意义只能历史地被遮蔽一样，它也必定只能是被

---

① 参见余治平：《全球化与中西哲学对话之可能》，载《江海学刊》2004 年第 1 期。
② 参见贾红莲：《哲学创新：可通约的和不可通约的》，载《东岳论丛》2004 年第 6 期。

历史地发现的。而意义生成的根本途径乃在于实际地形成'对话'。"① 李景源在其建构马克思主义哲学的当代中国形态的工作中坚持走会通中西、综合创新的道路。他认为只有在与西方哲学、包括西方马克思主义哲学的深层对话和理解中，才能深刻理解马克思实现的哲学变革以及马克思主义哲学的当代性，从中获得建构马克思主义哲学当代中国形态的重要思想资源。他同时强调的是古今贯通、史论并进的道路，认为要破除传统与现代简单对峙的观念，自觉开发和借鉴中国传统文化的精神资源，深入把握其具有原创性的哲学智慧，以之作为推进马克思主义哲学创新的思想资料。②

（2）利用西方哲学资源对中国哲学进行西式诠释，推动中国哲学的发展。王树人的《回归原创之思："象思维"视野下的中国智慧》一书，以西方哲学为参照，将从"原象"这一中国智慧当中提取出的"象思维"与西方的概念式思维进行了明确区分，指出"象思维"具有非对象性、非实体性的特点，是一种比概念思维更为本原、更具创造性的思维方式。这一尝试开拓了理解中西哲学的新视野，将只可意会不可言传之处变成了可理解、可对话的结构。它与现象学开拓者胡塞尔所提出的"理智直观"背后所具有的寻找概念与形象之间的东西以及在概念之前的东西的努力是一致的。③ 邓晓芒立足康德道德哲学的视角，对儒家的"乡愿"思想进行了考察和分析，认为儒家虽然强烈反对"乡愿"，视之为"德之贼"，但其"道德为政治服务"的政治实用主义立场使它具有一种结构性和体制性的"乡愿"。如把判断君子与小人的标准建立在缺乏客观标准的心性论基础之上，这导致儒家伦理具有一种结构性的伪善。康德则与之相反，他将道德的根基建立在不可知因而也不可限定的自由意志之上，使得人心兼有本性的恶和人格的自由独立。这种建立在自由意志基础之上的道德才是真正的道德，它在面临危机时能够自我修复和更新，从而为儒家的"乡愿"提供了一副解毒剂。④

（3）确立中国视角和本土意识，让西方哲学"讲汉语"。西方哲学的

---

① 吴晓明：《思入时代的深处——马克思哲学与当代世界》，北京师范大学出版社 2006 年版，第 10 页。

② 参见李景源：《论建构中国特色社会主义哲学原理》，载《光明日报》2004 年 9 月 16 日。

③ 参见王树人：《回归原创之思："象思维"视野下的中国智慧》，江苏人民出版社 2005 年版。

④ 参见邓晓芒：《从康德的道德哲学看儒家的"乡愿"》，载《浙江学刊》2005 年第 1 期。

中国化，是中国学者基于自身的文化传统和思维习惯，对于西方哲学研究所作出的特色性贡献。让西方哲学说汉语，无疑将深层次地丰富和改变中国人的概念框架、思想方式和表达手段，对西方哲学的消化吸收，有助于本民族哲学创造力的提升，这时，西方哲学就不仅仅是异域之思，而能够成为本土哲学内在的思想资源。叶秀山、王树人主编的《西方哲学史》（共 8 卷、11 册，500 余万字）的出版是中国西方哲学研究界的一件盛事。该书是由中国学者以中国视角撰写的第一部多卷本西方哲学史，是对多年来尤其是近 20 年来中国学者研究西方哲学成果的一次概括和总结。该书的撰写体现了中国视角与西方学术的融合，使这部著作不是"西方的"哲学史在中国的简单翻版，而是中国学者对西方哲学的再思考。另一具有象征意味的事件是 2002 年《哲学译丛》易名为《世界哲学》，其定位和职能亦随之发生改变。正如有学者所指出的："此举意味着杂志不再囿于翻译作品，而且发表国内学者的原创作品。它显示出更加开放的姿态，且预示着西方哲学研究范式的某种转变，即由单纯迻译到阐释的过渡。更深层的含义，是中国学者在西方哲学研究中角色的转换，即由译介者转变为解读者、对话者，折射着中国学者对学术自主性的期盼，即在创造性地诠释西方哲学中自觉地融入东方视角。在这里，东方立场已不再被看成是消极的、负面的、有待被剔除的规定，而是被看作正当的、积极的、富有建设性的前提。从某种角度说，它体现了中国哲学家的自信和自主意识的提高。"①

（4）整合中西马资源，以问题研究带动哲学对话。无论中西马之间存在着怎样的差异和分歧，但同在哲学这一"屋檐"下，必然会遇到一些共同关注的问题。利用并整合中西马资源，共同开展对这些问题的研究，是推进对话的一个重要"生长点"。以关于"being"问题的讨论为例。世纪之交的中国哲学界关于"being"问题的讨论可谓热闹非凡。这一问题以其特殊的重要性引起了哲学各二级学科专家的普遍关注。他们分别从不同角度予以研究并相互争鸣，通过争鸣，一方面推进了对问题的研究；另一方面增进了彼此之间的"同情之理解"。正如有学者指出的："Being 问题的澄清，表面看来不过是一个基本范畴的翻译问题（究竟译成'在'、

---

① 何中华：《近年来国内哲学研究状况检讨——一个有限的观察和评论》，载《文史哲》2007 年第 3 期。

'是'、'有'抑或其他更恰当），其实对译名的选择折射着人们究竟秉持怎样的哲学立场和哲学观。它既涉及中、西、马诸领域，也涉及翻译、语言学、阐释和理解、哲学语境、跨文化解读等诸多问题。在哲学范围内，这显然是一个最具广泛性和深刻性的跨分支学科的问题。西方哲学的自我澄清、中西哲学的比较和相互诠释之可能性、马克思哲学的存在论解释能否成立等，无不有待于这个问题的解决。显然，几乎所有的哲学争论和对话都已无法逃避对前提性共识本身的清算和反省了。"① 事实上，不仅 Being 问题，关于现代性问题、全球化问题、普遍价值或全球伦理问题等等，都蕴涵着极强的包容性，以对这些问题的探讨为平台开展中西马对话，是一条行之有效的道路。

应该说上述富于创见的思路和尝试都是十分有益的。不过，总起来看这些尝试仍然是探索性的、初步的，无论是规模还是深度都不能令人满意，在思想基础、研究方法等方面也存在许多悬而未决的问题和争论。例如在中西哲学的沟通中，往往是从西方哲学的视角，用西方哲学的概念和范畴来理解和诠释中国传统哲学中的智慧；在中马哲学的沟通中，往往是简单的比较和生硬的联系，而未能深入到思想文化的深层基础之中……此外，克服不同学科之间"自圣"的情节和"相轻"的固有观念也需要一个长期的过程。鲁迅先生曾经指出："现在中国有一个大毛病，就是人们大概以为自己所学的一门是最好，最妙，最要紧的学问，而别的都无用，都不足道的，弄这些不足道的东西的人，将来该当饿死。其实是，世界还没有如此简单，学问都各有用处，要定什么是头等还很难。"②应当说这种现象在哲学界依然不同程度的存在着，这所有一切都决定了未来中西马对话和融通的道路任重而道远。

第三节 反思与评论

学界一般认为，我国新时期的马克思主义哲学研究，从总体上看，大致可以划分为两个阶段。第一阶段从 20 世纪 80 年代初一直延续到 90 年代

---

① 何中华：《近年来国内哲学研究状况检讨——一个有限的观察和评论》，载《文史哲》2007 年第 3 期。

② 《鲁迅全集》第 2 卷，人民文学出版社 1983 年版，第 343 页。

中期，这一阶段以"破"为主，即对传统的以教科书为代表的马克思主义哲学进行从观念到体系、从论题到框架的全面批判；第二阶段从 20 世纪 90 年代中期至今，这一阶段以"立"为主，经过前一阶段的批判，马克思主义哲学的面貌发生了根本性的变化，如何立足当代实践，科学、系统地总结这一变化，进而在创新的基础上建构马克思主义哲学的当代中国形态就成了近年来我国马克思主义哲学研究的主题。

如果说在"破"的问题上，大家的意见较为一致的话，那么在"立"的问题上情况就复杂得多，呈现出诸多不同路径。其中最具代表意义的有：回到马克思经典文本的研究；开展马克思哲学与当代西方哲学、中国传统哲学的创造性对话；挖掘和吸收国外马克思主义的思想理论资源；立足时代语境的现实实践，揭示和阐发马克思哲学的当代意义；在理论与实践的交汇点上开拓马克思哲学研究的新领域和新境界，等等。尽管在"立"的具体途径上各不相同，但殊途同归，根本目标是一致的，即都致力于站在实践和时代的高度，从研究对象中概括出满足时代需要的新的理论认识和思想资源，以世界眼光发掘和阐发马克思主义哲学的当代意义，进而建构马克思主义哲学的当代中国形态。这既是当代中国马克思主义哲学研究者所集中思考的总问题，也是当代中国马克思主义哲学研究所面临的总任务和所追求的总目标。

建构马克思主义哲学的当代中国形态这一命题本身隐含着一个基本的判断或观点，即马克思主义哲学及其当代意义并非某种可以现成地存在于某个地方的非历史的东西，而是一种开放性、生成性的存在，因此需要立足当代实践对其予以现实的、历史的、具体的"阐发"。这就打破了马克思主义哲学研究中的现成性"神话"（即马克思主义哲学乃是某种现成的观点和既成的体系，研究工作的意义仅仅在于学习、领会和应用它），开辟了新视阈，"要从根本上抽掉自己理解的前结构，回到未受任何认识'污染'的马克思那里去是不可能的，任何当代人一旦开始阅读马克思，也就自觉地或不自觉地通过自己的理解的前结构把马克思当代化了。问题不在于他是否能把马克思当代化，而在于他实际上以何种思路把马克思当代化。"① 这也构成了建构马克思主义哲学当代中国形态的基本前提。

---

① 俞吾金：《马克思仍然是我们的同时代人》，载《文汇报》2000 年 8 月 2 日。转引自孙麾：《当前中国马克思哲学研究的基本走向》，载《求是学刊》2002 年第 3 期。

　　前提的正确并不意味着道路的平直。回首 30 年来中国马克思主义哲学研究，可以说是建国以来发展得最好最快的 30 年。无论是研究的深度，还是广度；无论是研究成果的数量，还是质量都超过了之前的 30 年。但与此同时，必须清醒地认识到的是相对于我们所处的伟大时代的要求，现有研究还存在不小的差距。毕竟，在令我们应接不暇的研究成果之中，真正具有原创性、思想性的"大成果"少之又少。正如有学者所指出的："就此而言，哲学研究可谓处在'富饶'中的贫乏状态。认真盘点下来，我们的'看家本领'究竟有哪些，又有多少？扪心自问，在中、西、马诸领域，我们究竟有多少真正拥有发明权和发言权从而属于自己的东西？在繁多的哲学研究成果中又有多少是自家真正独自体贴出来的东西？表面看上去热闹非凡，其实打上我们自己印记的东西着实不多。"① 这一看法尽管不无苛刻，但也并非没有道理。我们要追问的是何以如此？原因无疑是复杂而多样的，但我们以为至少以下两个方面的原因必须予以关注。

　　首先还是转向我们所处的时代。毕竟哲学是思想中的时代。"哲学不仅从内部就其内容来说，而且从外部就其表现来说，都要和自己时代的现实世界接触并相互作用。"② 1978 年以来的 30 年在中国这块大地上发生的最具根本意义的变化是市场经济的确立和发展。市场经济的确立和发展不仅创造了社会财富，而且创造了观念和体制。在商品大潮的冲击下，有没有"钱途"成为影响人们选择的决定性因素。在这种情况下，文史哲这些"钱途"不佳的学科不可避免地被边缘化了。更为重要的是，世俗化、功利化、商业化等"钱途"观念也逐渐侵入了学界，导致浮躁之风盛行。"板凳要坐十年冷、文章不著半句空"被当做不合时宜的观念抛至万里之外，从事哲学研究的那种"伟大的理论兴趣"荡然无存，"思辨在多大程度上离开哲学家的书房而在证券交易所筑起自己的殿堂，有教养的德国也就在多大程度上失去了在德国最深沉的政治屈辱时代曾经是德国的光荣的伟大理论兴趣——那种不管所得成果在实践上是否能实现，不管它是否违反警章都照样致力于纯粹科学研究的兴趣。"③ 做学问成为谋生的手段和工具，写文章是为了评职称和挣稿费。

---

　　① 何中华：《近年来国内哲学研究状况检讨——一个有限的观察和评论》，载《文史哲》2007 年第 3 期。

　　②《马克思恩格斯全集》第 1 卷，人民出版社 1956 年版，第 121 页。

　　③《马克思恩格斯选集》第 4 卷，人民出版社 1995 年版，第 257—258 页。

正像恩格斯在《路德维希·费尔巴哈和德国古典哲学的终结》一文中批判的 1848 年后德国理论界的状况，"在包括哲学在内的历史科学的领域内，那种旧有的在理论上毫无顾忌的精神已随着古典哲学完全消失了；取而代之的是没有头脑的折衷主义，是对职位和收入的担忧，直到极其卑劣的向上爬的思想。"① 恩格斯的评论值得我们警醒，毕竟，哲学不是空中楼阁，哲学家也不是生活在真空之中，如何应对功利主义和庸俗主义的挑战，是每一个哲学研究者都要面对并回答的问题。当然，从另一个角度来看，这也并非全是坏事，"从长时段看，物质主义的世俗生活对于哲学来说未必不是好事。与其说世俗化可以被看做是对哲学的一种历史性考验，毋宁说它为哲学提供了一次机会而非灾难。与其消极地看待世俗化的冲击，倒不如积极地看待它。因为它使以哲学为业者不断地分化，剩下来的只是那些死心塌地坚守心灵的人。"② 的确，马克思恩格斯在德国理论界屈从于功利和世俗的时候，做了自己全然不同的选择。我们也毫不怀疑在当代中国哲学界一些学者依然"绝意事功而凝神学术"③，但是当我们面对作为一个学术群体的马克思主义哲学研究者时，却不能不为这种状况担忧。

其次是直面现实的学术机制。随着社会的不断发展，我们的学术体制越来越完整。学术研究不再是私人的事情，而是越来越变成海德格尔所说的"一件学院之事、组织之事与技术之事。"④ 从事研究也不再仅仅是一项事业，而是成为了一种职业。应当承认，现代性的学术体制在协调研究力量、配置科研经费等方面发挥了重要作用，但它同时也存在不可忽视的缺陷，即以评价体制为例，它以研究成果的数量和（发表刊物）级别为唯一准绳，这就必然导致一些高质量的原创性成果得不到应有的承认。此外，定期化的考核方式也逼迫着研究者不得不疲于应付，闭门造车。这就导致了大量低水平重复的所谓"学术成果"产生。这些成果或者是编译式的转述；或者是综合式的介绍；或者是生硬地模仿；或者是外国原理与中国例子的简单嫁接，总之，一切最经济、最省力的

①《马克思恩格斯选集》第 4 卷，人民出版社 1995 年版，第 258 页。
② 何中华：《近年来国内哲学研究状况检讨——一个有限的观察和评论》，载《文史哲》2007 年第 3 期。
③ 熊十力：《十力语要》，中华书局 1986 年版，第 268 页。
④ 海德格尔：《形而上学导论》，熊伟、王庆节译，商务印书馆 1996 年版，第 121 页。

方法都或被发现、或被创造出来，但他们忘记的是这些方法同时也是最没有价值的。就像雅斯贝尔斯所说的，"谁要是照着克尔凯郭尔或尼采的样子去做，甚至只是风格上的仿效，谁就会成为笑柄"。因为"他们的事业是一次性的"。①

尤其需要警觉的是，体制化的渗透和知识论的扩张正在改变哲学研究的方式。哲学被自觉或不自觉地当做一种知识、一门科学来谈论、来传授、来研究。殊不知哲学本质上乃是一种切己式的生命活动，用马克思的话说哲学不能被当做一个"对象"，而只能被当做一项"活动"。正是在此意义上康德说哲学既不能教，也不能学；黑格尔说"为了达到哲学，必须忘身地冲进去"②。令人遗憾的是，在当代中国哲学界，相当一批研究者不是在"忘身地冲进去"，而是在"竭力地逃出来"。于是哲学成为了与己无关的身外之物，哲学研究蜕化为一种知识训练和认知行为。当这些研究者大谈特谈哲学如何如何的时候，哲学已经与他们擦肩而过。因为他们并没有真正"进入哲学中"或"逗留于哲学中"，而是停留在"哲学之上，也即在哲学之外。"③ 于是，哲学的运思停滞了，"学者把他一切的能力都放在肯定、否定或批判那些早已被人写出来的东西上——而他自己却不再思想。"④哲学研究也就出现了当年伯林所批判的局面："他不理解怎么样去思考哲学问题，也不知道他人思考这些问题以及被这些问题所困扰的动机和原因，也即他不能抓住哲学家们力图去回答、分析或讨论的究竟是什么问题。他研究的只是简单地抄写——他写道，笛卡儿这样说，斯宾诺莎那样说，而休谟认为他们两人都不对。这全是些死气沉沉的东西。"⑤应当说，这既与哲学的本性相悖，也与时代的呼唤南辕北辙。毕竟，我们身处一个呼唤巨人并为巨人的产生准备了条件的伟大时代。与这个时代相呼应的哲学绝不是知识的积累和材料的梳理，而是原创性的思想。因此，我们必须从知识论的樊篱中走出来，"忘身地冲进"哲学，冲进时代，恢复哲学的运思，恢复哲学与时代、与人的生命活动的切己关联。

① 熊伟编：《存在主义哲学资料选辑》上，商务印书馆 1997 年版，第 534 页。
② 黑格尔：《费希特与谢林哲学体系的差别》，宋祖良、程志民译，商务印书馆 1994 年版，第 8 页。
③ 孙周兴选编：《海德格尔选集》上，上海三联书店 1996 年版，第 589 页。
④ 林郁主编：《尼采的智慧》，文汇出版社 2002 年版，第 34 页。
⑤ 拉明·贾汉贝格鲁：《伯林谈话录》，杨祯钦译，译林出版社 2002 年版，第 21—22 页。

马克思 1845 年在《德意志意识形态》中对"德国哲学"进行批判的时候指出:"这些哲学家没有一个想到要提出关于德国哲学和德国现实之间的联系问题,关于他们所做的批判和他们自身的物质环境之间的联系问题。"①这一论述异常深刻,它提醒我们在进行哲学研究的时候切不可忘记"中国哲学和中国现实的联系问题",对于建构马克思主义哲学的当代中国形态这一事业而言,我们也不可忘记陈寅恪先生 1933 年在《冯友兰中国哲学史下册审查报告》中所说的:"真能于思想上自成系统,有所创获者,必须一方面吸收输入外来学说,一方面不忘本来民族之地位。"②因此当我们在进行哲学思考的时候,必须牢记自己是作为中国人在思考,中国这块土地是我们须臾不可脱离的哲学思考之源。就像古希腊神话中的大力士安泰,只要他同大地接触,便无坚不摧,所向无敌;而当他一旦离开大地,便不堪一击,被赫拉克利斯轻而易举地杀死。中国学人只有脚踏中国这块大地,才能够永远立于不败之地。

回首 30 年来的中国马克思主义哲学研究,可以说始终与时代同呼吸、共命运,其间固然不乏艰辛和坎坷、孤独和寂寞。但这一代学者终究还是幸运的,因为他们生逢一个伟大的时代。伟大的时代呼唤伟大的哲学,而伟大的哲学隐藏在时代的真理之中,探求这种真理的事业无疑是崇高的,探求者则是幸福的。黑格尔曾经说过:"真理诚然是一个崇高的字眼,然而更是一桩崇高的事业。如果人的心灵与情感依然健康,则其心潮必将为之激荡不已。"③面对建构具有"中国特色、中国风格、中国气派"的马克思主义哲学的当代中国形态这一崇高事业,我们如何能够不为之心潮激荡、奋进不已呢!

① 《马克思恩格斯选集》第 1 卷,人民出版社 1995 年版,第 66 页。
② 陈寅恪:《金明馆丛稿二编》,上海古籍出版社 1980 年版,第 252 页。
③ 转引自吴晓明:《〈思想的薪火——复旦大学哲学系建系 50 周年论文集〉序》,东方出版中心 2006 年版,第 3 页。

第二章

马克思主义哲学史

马克思主义哲学史在我国是一门年轻的学科，它的创立是十一届三中全会解放思想的一个成果。改革开放的 30 年，也是马克思主义哲学史研究从无到有，由浅入深，获得长足发展的 30 年。马克思主义哲学史学科的进一步发展，是十一届三中全会以来思想解放过程的延续和深入；是它开拓视野，不断融入新问题、新论域的过程；也是它理论联系实际，逐步中国化的过程。

第一节　基础研究

作为一门学科，马克思主义哲学史以马克思主义哲学的形成和发展史为研究对象，其任务是如实地再现马克思主义哲学形成、应用、推广和发展的历史过程，正确地评价马克思主义哲学史上出现的人物、著作、理论和观点，总结历史经验，揭示马克思主义哲学的发展规律，科学地把握马克思主义哲学的实质和体系，探讨马克思主义哲学的当代形态及未来发展趋势。我国马克思主义哲学史研究始于 20 世纪 80 年代，近三十年来基础研究的成果大致体现在学科创建、问题研究、开拓学术视域和中国化研究几个方面。

一　从无到有，学科创建成绩斐然

马克思主义哲学史学科是随着改革开放的步伐从无到有创建起来的。它一经创建，就发展迅速，涌现出大量优秀成果。其中，集大成者为黄楠森等主编的《马克思主义哲学史》八卷本。

（一）学科创建过程

马克思主义哲学史研究实际上开始于马克思恩格斯对他们自己形成和创造马克思主义哲学过程的叙述和回忆。稍后的一些马克思主义者如梅林、普列汉诺夫、列宁等在论述马克思恩格斯的哲学思想及其形成和发展过程的时候实际上也从事了马哲史的研究工作。前苏联和东德哲学工作者对马哲史研究作出了重要贡献。西方马克思主义者和其他西方学者从不同角度对马克思主义哲学史研究亦有贡献。改革开放以前，我国马克思主义哲学史方面的研究仅限于对马克思主义哲学经典著作的注释、阐述和讲授，尽管也有人撰写过马克思主义哲学史，但总体上没有形成独立的马克思主义哲学史学科。

1978 年 11 月，十一届三中全会召开，思想理论界掀起了解放思想、拨乱反正、正本清源的热潮。人们对马克思主义哲学传统教科书体系进行反思，渴望在马克思主义哲学形成和发展的历史中寻求问题的答案。马克思主义哲学史学科的创建提上日程。1978 年 12 月，从马克思主义哲学原著和原理学科分离出来的一批学者，在桂林召开了首次马克思主义哲学史研讨会，商议开创马克思主义哲学史课程和编写教材的相关事宜。1979 至 1980 年，教育部组织中山大学、中国人民大学主编了我国第一部马哲史教材《马克思主义哲学史稿》，1981 年由人民出版社出版。1980 年成立了中国马克思主义哲学史研究会（1984 年安徽黄山会议改名为中国马克思主义哲学史学会）；1981 年成立了作为马哲史学会下属二级学会的毛泽东哲学思想研究会。马克思主义哲学史，成为一个独立的哲学分支学科。

（二）学科建设成绩斐然

这 30 年来，马克思主义哲学史在学科建设上取得了巨大成绩，主要表现在以下几个方面：

1. 基本资料建设方面取得了很大成绩。北京大学哲学系与中国人民大学马列主义发展研究所合作主编了《马克思主义哲学史教学资料选编》（上、中、下册，约 120 万字）；北大中国现代哲学教研室、北大哲学系编译资料室选编了《中国现代哲学史教学资料选编》；张文儒、陈占安合编《国内外社会主义辩证法研究资料选编》；马恩列斯著作研究会编《马克思主义研究参考资料》，连续出版了若干年，总数有上千万字；等等。

2. 在通史、专门史（包括人物思想史和专题史）以及范畴史等研究中取得丰硕成果。据不完全统计，30 年来，我国出版的马克思主义哲学史教材近50种，其中由中山大学、中国人民大学主编的全国统编教材《马克思主义哲学史稿》是具有开创性意义的成果，由黄楠森等主编的《马克思主义哲学史》八卷本则是集大成的扛鼎之作。专门史方面有：王文英等主编的《著名马克思主义哲学家评传》（四卷本）、黄楠森、曾盛林著《列宁传》、马泽民著《马克思主义哲学前史》、陈先达著《走向历史的深处——马克思历史观研究》、黄凤炎著《马克思主义人类学》等。

3. 翻译出版了一大批有代表性的西方马克思主义代表著作和关于西方马克思主义的研究著作。由徐崇温主编、重庆出版社出版的"国外马克思主义和社会主义研究丛书"，已出版译著和著述30余本。国外研究西方马克思主义的著作《西方马克思主义概论》（［加］本·加格尔著）、《马克思以后的马克思主义》（［英］戴维·麦克莱伦著）、《辩证法的内部对话》（［美］诺曼·莱文著）等也翻译出版。国内研究成果则有，陈学明著《弗洛伊德主义的马克思主义》、余文烈著《分析学派的马克思主义》、张一兵著《折断的理性翅膀》等。

4. 培养了一大批马克思主义研究的高级人才。20世纪80年代，在研究生培养学科目录中，马克思主义哲学史成为哲学门类的二级学科，逐年培养了具有相当规模的硕士和博士，为马克思主义哲学研究提供了人才保障。

（三）《马克思主义哲学史》八卷本

马克思主义哲学史学科建设中，涌现出大量研究成果，影响较大的有黄楠森等主编的《马克思主义哲学史》（八卷本）、庄福龄主编的《马克思主义哲学史》（四卷本）和黄楠森主编的《马克思主义哲学史》（三卷本），其中尤以黄楠森等主编的《马克思主义哲学史》（八卷本）最具代表性，它集57名马克思主义哲学史工作者之力，在广泛吸收全国马克思主义哲学史研究成果的基础上编写而成，是马克思主义哲学史学科创立后十几年研究成果的一个结晶。

《马克思主义哲学史》（八卷本），是1983年立项的六五期间国家重点项目之一，1986年又转为七五期间的国家重点项目之一。1989至1996年陆续完成、出版。全书约400万字，全面、系统地叙述和评价了马克思主义哲学从19世纪40年代萌芽、诞生起，至20世纪90年代初在全世界传播和发展的历程，不仅在规模上是国内一部资料最为详尽、内容最为丰富、最为系统全面的马哲史通史著作，就世界范围而言在上述方面也超过了苏联 50 年代出版的邓尼克等主编的六卷本《哲学史》中的马哲史部分和民主德国 60 年代末出版的三卷本马哲史；同时它在许多地方都有所创新，发表了一系列新的观点。例如，它对"西方马克思主义"、东欧"新马克思主义"的哲学思想的系统介绍，以及对邓小平理论的哲学内涵及其与马克思主义哲学关系的探讨等。这部著作是破除传统"左"的认识框架，立足和平发展的主旋律，立足改革开放，重新理解和阐释马克思主义哲学实质及其发展的重大成果。当然，囿于体例和当时理论进展的实际，它也存在一些不足，例如，作为集体成果，它很少有创造性的观点；基本上仍然是革命领袖的思想发展史，很少写专业工作者的贡献；回避了政治问题，等等。①

二 由浅入深，问题研究深化细致

随着马克思主义哲学史学科创建工作的全面展开，这一研究领域中学者们的问题意识日渐强烈，逐步推动着研究工作的深入和细化。1985 年，针对当时出版的好几本马哲史通史著作存在一般化、学术质量不理想的情况，有些学者提出了如何将马哲史研究推向深入的问题，学术界曾就此进行了专门的讨论，进一步推动了马克思主义哲学史的问题研究。这 30 年来，马克思主义哲学史领域集中研究了如下几个方面的问题。

（一）关于马克思早期和晚期哲学思想的研究。为了突破马克思主义哲学的苏联模式，马克思主义哲学史学者们力图从马克思的早期和晚期思想中寻找突破口。在这方面，主要涉及了以下几个问题。

1. 关于《巴黎手稿》的评价问题。《巴黎手稿》是对马克思 1844 年 4 至 8 月在巴黎写的一部著作手稿的简称，前苏联编者把它命名为《1844 年经济学哲学手稿》。该书自 20 世纪 30 年代初面世以来，引起国际学术界的广泛注意和强烈反响。我国从 80 年代初起，也曾一度形成"《手稿》热"。之所以如此，是因为《手稿》中的"异化理论"不同于人们对马克思主义哲学的正统理解，它在写作多年之后的面世引发了关于马克思主义哲学的不同解释。"异化理论"是人本主义的吗？《手稿》中提到的"人道主义"与马克思主义关系如何？《德意志意识形态》是否对异化理论进行了清算？经过研究和讨论，绝大多数论者认为，《手稿》是一部马克思

---

① 章绍武：《专家学者座谈马哲史的研究》，载《哲学动态》1995 年第 6 期。

哲学思想形成过程中的著作，由于费尔巴哈的影响，它不可避免地带有某些局限性；另一方面，《手稿》中的思想也带有很多新哲学的因素，它大大促进了马克思主义哲学的形成。由此引发的关于实践唯物主义的讨论继续深入，产生了较大影响。

2. 关于马克思主义哲学的来源和形成问题。在来源问题上，学者们认为马克思哲学的来源不仅仅是德国古典哲学、英国古典政治经济学和法国空想社会主义，古希腊的唯物论、辩证法传统，17、18 世纪英法唯物论传统，法国复辟时期的历史学，等等，都应该是马克思主义哲学的理论来源。除了这些纵向的理论来源，马克思主义哲学也有横向的理论来源。所谓横向理论来源，是指在马克思主义哲学形成和发展过程中，经典作家对其同时代人理论学说中合理成果的批判改造和吸取，并构成其基本原理的那部分内容。横向理论来源对于马克思主义哲学的形成具有重大意义。同时，学者们从不同的角度研究了马克思主义哲学的形成问题。有的从思想进程上进行研究，形成了这样一种结论：即认为黑格尔在观念的辩证法中猜到了现实世界的辩证法，马克思站在唯物主义立场上把黑格尔头足倒置的辩证法翻转过来的"颠倒说"，作为一般结论是可以的，但如果不进行更为深入的研究，这一结论就容易导致简单化和理论偏差。[①]

3. 关于《人类学笔记》的研究。马克思晚年的《人类学笔记》，主要指他在 1879—1882 年间阅读柯瓦列夫斯基、摩尔根等人关于古代社会历史的专著时所作的 5 个笔记。鉴于这些笔记所摘录的主要是人类学著作，所以人们称之为"人类学笔记"。20 世纪 70 年代初，国外学者整理出版了《人类学笔记》（下称《笔记》）。80 年代中期，中国少数学者相继撰文介绍了外国学者对《笔记》的研究概况。中文版《马克思恩格斯全集》第45 卷出版发行以后，中国大多数学者才开始阅读和研究这些笔记。关于《人类学笔记》主要涉及的问题有：马克思写作这一笔记是为了丰富他的唯物史观理论还是向早期的哲学人本主义复归，在社会发展上马克思主张单线论还是多线论，如何评价马克思关于俄国农村公社可能跨越资本主义"卡夫丁峡谷"的论断，如何评价马克思关于东方社会特殊的社会发展道

---

① 衣俊卿：《马克思和黑格尔哲学思想形成过程的比较》，载《求是学刊》1984 年第 5 期。

路的理论等。关于这些问题学者们分歧很大，但基本形成如下共识：对这些笔记的研究，有可能从根本上改变人们对马克思主义哲学史的传统看法。

4. 关于《资本论》的研究。对《资本论》的研究，最初主要集中在它的方法论和范畴体系，学者们探讨了它的研究方法与叙述方法，它对辩证逻辑的运用等，凸显了《资本论》的方法论意义；接着，学者们注意到它的历史理论，探讨了它的社会物质观，政治在历史中的作用，以及它对于认识人的本质，人的全面发展，以及社会发展道路的多样性等多方面的意义。有观点认为，马克思在"所谓原始积累"这一章中，阐明了作为客观经济必然性要求的反映，政治权力重要的反作用[1]；最后，结合社会发展现实，探讨了《资本论》中的相关内容。例如，关于《资本论》中提到的"人权所有制"，其性质是公有制，还是个人所有制，或者新型社会关系，学者们就此展开了热烈的讨论，深化了认识。

（二）关于恩格斯哲学思想的研究。恩格斯作为马克思的合作者，对于马克思主义的形成和发展发挥了重要作用。就这一作用进行考察，尤其是考察恩格斯在建立马克思主义哲学体系中的作用，成为这一时段问题研究的重点。这里主要涉及了以下几个问题：

1. 恩格斯晚年对历史唯物论的贡献。学者们普遍认为，恩格斯晚年对历史观的阐述主要不是侧重在客观规律方面，而是侧重在人的意志和活动方面；主要不是侧重在唯物论方面，而是侧重在辩证法方面，这是他晚年哲学思想的一个重要特点。其中，对于合力论和世界统一性理论，学者们结合当今世界的发展和科技的进步，给予了新的解释。另外，学者们对恩格斯晚年的革命观点和策略思想也给予了关注。

2. 关于哲学基本问题的讨论。学者们认为，这个问题关系到旧哲学体系的基础和前提问题，对它的反思有可能成为改革旧体系的突破口。学者们从恩格斯是否承认思维与存在的统一，思维和存在问题是否能够代替物质与精神的关系问题，思维与存在关系问题作为哲学基本问题是否合适等各个方面进行了探讨。

3. 对自然辩证法的再评价。苏联模式的辩证唯物主义体系把历史唯物主义视为辩证唯物主义在历史领域的应用和推广，那么，是否存在一个一

---

[1]　李春辉：《〈资本论〉与历史唯物主义》，载《世界历史》1985 年第 7 期。

般的唯物主义基础？关于这个问题，自然辩证法的评价问题突出出来。有观点认为，恩格斯进行自然辩证法的研究，就是把自然观从马克思主义历史观中分化出来的一次努力。[①] 与之相反，有观点认为，马克思哲学就是历史唯物主义，历史唯物主义是马克思探究一切问题的前提和出发点。在马克思的哲学体系中，并不存在以抽象物质和抽象自然界为研究对象的辩证唯物主义或自然辩证法。[②]

4. 关于马克思与恩格斯的对比研究。一些学者批判了西方的"马恩对立论"，与此同时，也有一些学者开展了马克思与恩格斯的对比研究。他们从二者的著作、思想方法、自由观等各个角度进行了研究，得出一些带有启发性的结论。例如，马克思从人的实践出发，恩格斯则从存在或自然出发；马克思从人的实践扩及作为人的实践对象的感性世界，恩格斯则从自然界的存在引出作为自然界的产物的人及其实践活动；马克思强调的是人对自然界的实践性改变，恩格斯突出的是人对自然界辩证性的认识；马克思创立的是实践唯物主义，恩格斯阐述的则是辩证唯物主义。[③]

（三）关于列宁斯大林哲学思想的研究。列宁和斯大林继承并发展了马克思恩格斯的科学社会主义思想，领导俄国人民率先建设社会主义国家。正是因为这种政治实践上的重要性，使得列宁和斯大林成为我国马克思主义哲学研究中的重点人物。

1. 关于列宁哲学思想的研究。关于列宁哲学思想的研究，首先集中在他的《哲学笔记》上。学者们曾就其中所包含的辩证法、认识论、真理观等思想，进行了深入探讨。在这方面，黄楠森出版了《〈哲学笔记〉与辩证法》一书。学者们普遍认为，尽管《哲学笔记》没有形成一个科学体系，但它为进一步研究和建立唯物辩证法的科学体系提供了一些可资借鉴的途径、方法和指导性原则。

其次，研究集中在列宁的《唯物主义和经验批判主义》一书上。书中的反映论思想，引起了热烈的讨论。有观点指出，这种反映论思想的基础是主体和客体的僵硬对立，是从马克思实践唯物主义的后退。现实的人及

---

① 黄楠森：《关于恩格斯的两点想法》，载《江西社会科学》1990 年第 4 期。

② 俞吾金：《重新认识马克思的哲学和黑格尔哲学的关系》，载《哲学研究》1995 年第 3 期。

③ 朱宝信：《从实践唯物主义看〈反杜林论〉和〈唯物主义与经验批判主义〉》，载《河北师范大学学报》1994 年第 2 期。

其实践具有本体的意义。① 另有观点指出，物质本体论是恩格斯的观点，在这个基础上列宁提出反映论，而马克思坚持的则是实践本体论。② 还有观点认为，反映论是马克思恩格斯一贯坚持的学说。③ 就反映论发生的争论可以说是与关于实践唯物主义的讨论紧密相关的一个部分。此外，就书中提出的"物质定义"和某些关于物理学、物理学家的具体论断，也有学者提出不同意见。

最后，学者们对如何评价列宁哲学思想在马克思主义哲学体系中的地位进行了探讨。有观点认为，"列宁模式"在一些重要方面而不是全面地发展了新哲学。其缺陷在于：（1）列宁高度重视哲学的认识论价值，但忽视了对现实的人及其历史发展的研究。（2）列宁虽然重视并阐发了马克思主义哲学的实践观，但却把实践观点局限于认识论的狭窄范围之内。④ 也有学者撰文逐条反驳了上述观点。⑤

2. 关于斯大林哲学思想的研究。斯大林的哲学思想主要集中于他的《论辩证唯物主义和历史唯物主义》（联共（布）党史第四章第二节），学者们的研究就是围绕着这一著述展开的。作为中国马克思主义哲学教科书的主要来源，对它的重新评价成为研究的热点。学者们就此进行了激烈的争论和深刻的剖析，为中国马克思主义哲学教科书体系的突破和马克思主义哲学新形态的建构，提供了基础。

此外，还有少量关于普列汉诺夫等马克思主义理论家的研究。

三　从批判到借鉴，中西学术视域逐步融合

在改革开放的大背景下，中西学术交流逐步展开。马克思主义哲学本身源自西方，而马克思主义哲学史作为追根溯源的学问，其深入探索不可避免地要涉及西方理论；与此同时，马克思主义的强大生命力，使得它在西方依然是受关注的对象，西方学界对马克思主义学说、思想的研究和应用也产生了不少有价值的成果，对这些成果的借鉴和吸收应该

---

① 王若水：《现实主义和反映论问题》，载《文汇报》1988 年 7 月 12 日。
② 杨春时：《也谈哲学的主体性与反映论问题——与王若水同志商榷》，载《文汇报》1988 年 8 月 23 日。
③ 周长鼎：《论反映》，载《文艺理论与批评》1988 年第 3 期。
④ 李恒瑞：《马克思主义哲学理论体系的"列宁模式"》，载《岭南学刊》1989 年第 5 期。
⑤ 魏守军：《关于列宁哲学体系的探讨》，载《岭南学刊》1990 年第 2 期。

成为我国马克思主义研究领域的一个组成部分。由批判到借鉴，西方马克思主义、西方马克思学、列宁学、斯大林学等学术领域的诸多相关问题，越来越多地被纳入到我国马克思主义哲学史的研究范围，中西学术视域逐步融合。

（一）关于西方马克思学的研究。对于西方马克思学，我国学界经历了一个从批判到借鉴的过程。对西方马克思学"马恩对立论"的批判和后来对西方马克思学某些研究路向和研究成果的借鉴，都深化了我国马克思主义哲学史领域的研究。

1. 从批判到借鉴

"马克思学"发端于吕贝尔创办学术期刊《马克思学研究》，它以马克思文献学研究为基础，特别强调马克思文本的编辑与考证。因为观点不同，吕贝尔的马克思学研究受到苏联学者的批判，后来批判范围扩大到所有与其观点相左的整个西方学者的马克思研究，称之为"西方马克思学"。因此，在苏联马克思主义学界，"西方马克思学"是批判的对象。与之相联系，尽管马克思主义哲学史学科创立伊始，西方马克思学就进入了我国学者的视野，但它长期具有意识形态意义上的反面含义，直到21世纪初，"马克思学"在学界仍然是一个贬义词；只是到了近几年，才有人在中性上使用这个概念。

西方马克思学的研究领域与我国马克思主义哲学史的研究领域有重合、交叉的部分，往往会涉及到同样的问题。但在这些问题上，我国学者往往以批判的态度来对待西方马克思学。20世纪80年代，异化问题成为马克思主义哲学领域的一个研究热点，而这个问题是由西方马克思学研究者提出的，有学者就以《评西方马克思学的"新发现"》[①] 为题发表了他关于异化问题的看法。90年代，马克思主义哲学实质的讨论中，有学者提到立足于作为主体的人或个人，把马克思学说解释为人道主义的价值化倾向，认为这是以19世纪末以来的新康德主义、现代西方"马克思学"和西方马克思主义为代表的一种观点。[②] 在涉及西方马克思主义问题时，有学者认为尽管西方马克思主义"与西方'马克思学'、'列宁学'有某些

---

① 陈先达：《评西方马克思学的"新发现"》，载《中国社会科学》1984年第1期。
② 韩庆祥：《现实的个人·实践活动·社会生活条件——马克思学说中的三个本质因素》，载《学海》1994年第4期。

吻合之处，但二者在探索动因和理论倾向上仍然是有重大差别的。如果说西方'马克思学'和'列宁学'的基本倾向是歪曲、篡改马克思主义的话，那么，'西方马克思主义'的基本倾向，是对马克思主义的一种反传统的重新解释和探索。"①

直到本世纪初，文本学研究兴起，西方马克思学的问题和研究成果才真正成为我国学者思考和借鉴的对象，"马克思学"也在一个中性的意义上被使用。有学者指出，"把'西方马克思学'与'马克思学'画等号，并把'马克思学'看做是贬义词，实际上是中国学者自己的误解。由于这种误解以讹传讹，长期以来中国学者甚至到了对'马克思学'谈虎色变的程度。现在到了该还其本来面目的时候了。"② 另有一种稍有不同的观点认为，马克思学的宗旨就是"不抱意识形态的偏见或学科上的局限性"，"追随马克思去探索他所接触过的一切问题"，"这是一个学者应有的公正态度"。③

2. 关于马恩对立论

自 20 世纪 20 年代卢卡奇出版《历史和阶级意识》一书以来，不少西方学者，如法兰克福学派的第二代代表人物 A. 施密特在其所著的《马克思的自然概念》、英国学者麦克莱伦在其所写的《恩格斯》中，都不约而同地主张，恩格斯在自然观上同马克思是对立的。此后，马恩对立的观点扩大到关于哲学基本问题、实践观和历史观各个方面。马恩关系成为国内外马克思主义研究的一个热点问题。

我国在 80 年代中后期出现了一批论及马克思与恩格斯"对立"思潮的论文。这些论文大多反对将马克思与恩格斯对立起来。有的论文分析了这一思潮产生的历史背景和实质，指出 20 世纪 20 年代以后马恩对立论成为一种国际性思潮，与当时人们对西欧和东欧革命道路的探索及对第二国际机械决定论的批判有关，是卢卡奇、葛兰西等人将第二国际的错误与恩格斯进行片面联系的结果。50 年代西方和东欧的一些研究者把斯大林的教条主义错误与恩格斯片面联系起来，形成马恩对立论发展

① 张翼星：《该怎样研究"西方马克思主义"》，载《马克思主义与现实》1993 年第 6 期。

② 鲁克俭：《国外马克思学概况及对中国马克思学研究的启示》，载《马克思主义与现实》2007 年第 1 期。

③ 聂锦芳：《近年来国内马克思文本研究的回顾与省思》，载《中国哲学年鉴》（中国社会科学院哲学所编）2007 年卷。

的第二阶段。第三阶段大约发生在 60—70 年代，围绕对《1844 年经济学哲学手稿》的评价，"异化"成为一个重要的课题，把马克思主义人道主义化的倾向更加突出。"马克思主义的人道主义"被看做是解决西方高消费的福利社会造成的人与自然、人与社会以及人与人之间的新矛盾，实现东西方对话的理论手段。与此相应，恩格斯的理论则被作为一种"实证主义、形而上学的马克思主义"而与马克思（尤其是青年马克思）更尖锐地对立了起来。① 有的论文逐条批驳了马恩对立论观点。② 还有论文分析了马恩对立论产生的理论根源，指出所谓"恩格斯反对马克思"，不过是西方学者从制造"两个黑格尔"开始的神话。由于"科学的黑格尔"和"历史的黑格尔"的划分，从而形成了"科学的（或正统的）马克思主义"和"人道主义的（或批判的）马克思主义"的划分。③ 此后，理论界继续批判马恩对立论，这一批判过程推动了对于马克思恩格斯思想异同和恩格斯思想特点问题的研究。例如，关于恩格斯晚期哲学思想的研究④，关于恩格斯思维方式的研究⑤，关于恩格斯人学思想的研究⑥，等等。

值得一提的是，或许是因为批判立场的缘故，对于西方学者率先批驳马恩对立论，提出马恩"一致论"⑦相关成果的介绍，十分少见。

3. 对西方马克思学的研究和借鉴

2006 年，马克思学研究方面出版了两本专著，王东的《马克思学新奠基——马克思哲学新解读的方法论导言》和鲁克俭的《国外马克思学研究的热点问题》，对马克思学的方法和热点问题进行了介绍。《马克思主义与现实》等杂志专门开辟了《"马克思学"研究》栏目，系统介绍国外马克思研究界的前沿动态。发表了一批以马克思学为研究对象，或以其方法研

---

① 余品华：《国外马克思恩格斯对立论思潮的产生和发展》，载《求索》1986 年第 1 期。

② 李忠尚：《评"新马克思主义"关于恩格斯与马克思对立的观点》，载《教学与研究》1986 年第 1 期。

③ 荣剑：《评所谓"恩格斯反对马克思"》，载《南开学报》1986 年第 3 期。

④ 靖建瑞：《评西方学者对恩格斯晚期哲学本体论思想的理解》，载《深圳大学学报》1990 年第 3 期。

⑤ 彭赍：《恩格斯哲学思维方式探微》，载《江西大学学报》1991 年第 1 期。

⑥ 朱传棨：《论恩格斯人学思想及其对马克思主义人学理论的贡献》，载《武汉大学学报（社会科学版）》1992 年第 5 期。

⑦ 鲁克俭：《国外马克思学概况及对中国马克思学研究的启示》，载《马克思主义与现实》2007 年第 1 期。

究马克思理论的论文。有学者在论文中呼吁重建马克思学①或创建"中国马克思学"。② 马克思学研究逐步展开。尤其值得一提的是，作为马克思学基础的文献学研究，结合 MEGA2 的出版，在我国马克思主义研究界掀起了文本研究的热潮。

与此同时，西方马克思学提出的问题也成为我国学者的研究课题，西方马克思学的研究成果为我国学者所借鉴。"一些西方学者反弹琵琶，通过对黑格尔早期思想的整理和挖掘来重新解读黑格尔与马克思的关系，通过对斯密早期思想的整理和挖掘来重新解读斯密与马克思的关系，极大地开阔了我们的思路；一些西方学者对马克思的唯物史观、意识形态理论、异化理论、亚细亚生产方式理论等进行系统化重建，就可以使我们少走弯路；一些西方学者围绕生产力'首要性命题'和'发展命题'所展开的讨论，更会使研究历史唯物主义的中国学者有遇到知音的感叹。""前苏联和东德的马克思学研究成果主要表现在文献学方面，并已经体现在 MEGA2 各部分的资料卷中"。③ 而一些马克思学研究成果，也日益成为我国马克思研究学界的共识。例如，《爱尔福特纲领批判》不是针对伯恩施坦和考茨基的，而是针对德国社会民主党中央执行委员会原先的草案的；19 世纪的三大发现不是马克思主义产生的自然科学前提④，等等。

（二）关于"西方列宁学"的研究。西方列宁学是 20 世纪 60 年代以来逐渐形成的，以列宁主义和列宁的生平活动为研究对象的一种社会思潮。它不是一个统一的学派或系统的学科，各家各派立场互异，观点繁杂，得出的结论也大相径庭。这方面的研究大致涉及了以下三个问题：

1. 分析批判西方列宁学的主要观点。有学者逐条批判了列宁暴力革命思想的心理基础说，列宁早期思想发展过程的"民粹主义阶段"说，列宁早期思想"反民主"倾向论，列宁早期思想与"合法马克思主义"、"经

　　① 曾枝盛：《重建马克思学——〈吕贝尔马克思学文集〉导言》，载《马克思主义与现实》2007 年第 1 期。

　　② 王东：《为什么要创建"中国马克思学"——迎接 21 世纪马克思学的第三次来潮》，载《马克思主义与现实》2007 年第 3 期。

　　③ 鲁克俭：《国外马克思学概况及对中国马克思学研究的启示》，载《马克思主义与现实》2007 年第 1 期。

　　④ 姚顺良：《走出"神学"叙事，建构"历史科学"》，载《社会科学论坛》2005 年第 12 期。

济派"观点同一论等西方列宁学观点。①

2. 对西方列宁学的概况分析。有学者指出，西方"列宁学"中最大的一派是资产阶级"列宁学"派，另一派是"卢森堡学"的分支和衍生物，还有一派主要是一些从哲学方面来研究列宁主义的共产党人，如柯尔施、卢卡奇、阿尔都塞和科莱蒂。西方"列宁学"各派的基本手法是把列宁同马克思、同卢森堡、同其他马克思主义者对立起来。西方"列宁学"各个流派也不完全是资产阶级的。有的人主要是出于对第二国际机会主义把马克思主义庸俗化的愤恨；大多数"卢森堡学派"的"列宁学"家是出于对苏联当时的官僚主义和压制民主行为的不满，而错误地到列宁那里寻找"原罪"。②

3. 对西方列宁学比较史学方法的评析。比较史学方法是西方"列宁学"的一些学者研究列宁主义发展史和列宁生平活动史的基本方法之一。有学者分析了这一方法，并指出其不足之处。③

此外，还有学者提出构建"东方列宁学"的设想，其重点在于研究和说明列宁学说与东方问题的关系以及列宁学说与斯大林政策之间的关系等。④

四 理论联系实际，马克思主义中国化研究硕果累累

马克思主义不是僵死的教条，而是发展的理论，是理论与实践的统一。自马克思主义创立以来，马克思主义基本原理与各国实际相结合，形成了不同的理论形态。马克思主义哲学研究和解释的多样化已成为不争的事实。在我国，马克思主义基本原理与中国实际相结合的首要成果是毛泽东思想，它引导中国革命取得了胜利。改革开放以来，马克思主义哲学中国化研究在有中国特色社会主义建设的大背景下继续向前推进，结出了累累硕果。

（一）关于毛泽东哲学思想的研究。在这方面，学者们研究了毛泽东

---

① 李鹏程：《评某些西方学者对列宁早期思想的歪曲》，载《内蒙古社会科学》1985 年第 3 期。
② 叶卫平：《西方"列宁学"浅析》，载《教学与研究》1987 年第 1 期。
③ 叶卫平：《西方"列宁学"的比较史学方法的若干问题试析》，载《史学理论》1987 年第 3 期。
④ 俞良早：《关于"东方列宁学"的构想》，载《江汉论坛》1998 年第 6 期。

哲学思想对马克思主义的唯物辩证法、认识论、唯物史观、军事哲学、方法论的贡献，开展了毛泽东思想的方法论、范畴学、自然观、科学观、伦理思想、美学思想、军事哲学思想、经济哲学思想等方面的研究，同时也开展了毛泽东哲学思想的理论来源、形成过程、思想文化特点和理论体系的研究，较为引起关注的是以下几个问题：

1. 关于毛泽东思想来源的问题。这个问题一直是国内外学术界争论的焦点。在国外，存在以施拉姆为代表的，认为儒家思想是毛泽东思想主要来源的"两源说"；毛泽东思想与传统文化产生共鸣的"共鸣说"；传统文化、马克思主义、西方 18、19 世纪学说对毛泽东思想产生影响的"三源说"，也即"有缝隙的马克思主义"；还有迈斯纳提出的乌托邦说、民粹主义说等等。在我国，学者们的看法也不尽一致。有学者提出，仅凭毛泽东熟读经史便断定毛泽东思想主要来源于传统文化的观点，是片面的、有害的。因为，传统文化的整个体系是封建性质的，优秀的传统文化只是毛泽东思想的来源之一，马克思主义才是毛泽东思想的主要来源。[1] 还有学者指出，在毛泽东早期哲学思想的转变过程中，存在一个用学到的西方哲学思想批判分析中国传统哲学的阶段，从而揭示了毛泽东思想与西方哲学的隐蔽关系。[2]

2. 关于毛泽东哲学思想与中国传统文化的关系问题。这是与上一个问题紧密相连的问题。在这个问题上，出现了所谓"文化断裂论"和"引儒入马论"两种观点。前者完全否认毛泽东哲学思想与中国传统文化的关系，后者则认为毛泽东哲学思想是马克思主义哲学的儒学诠释。大多数学者不同意上述看法，他们坚持认为毛泽东哲学思想具有双重文化性格：它既是马克思主义的，又是中国的，既有马克思主义的性质，又有中国传统哲学的性质。学者们从毛泽东思想的形成和它与中国传统文化内容上的联系，进而就其思维方式、思想品格和精神气质等各个方面进行分析，论证了毛泽东思想的传统文化根基。有学者指出，必须重视从近代中国特定的社会历史环境和中西文化冲突的背景中，探索毛泽东哲学思想形成和发展的来龙去脉及其理论渊源，从而拓展毛泽东哲学思想研究的广度和深度，

---

① 熊启珍、朱小兵：《传统文化是毛泽东思想的主要来源吗?》，载《郧阳师范高等专科学校学报》2002 年第 1 期。

② 范富仁：《毛泽东早期哲学思想转变过程探析》，载《唯实》2002 年第 2 期。

克服单从党内两条路线斗争来进行考察的局限性。①

3. 对于毛泽东哲学思想代表作的再认识和再评价。对于《矛盾论》和《实践论》，学者们大都认为，"两论"是中国民主革命长期斗争经验的总体性哲学总结，是马克思列宁主义哲学和中国革命具体实践相结合的科学结晶，无论在马克思主义哲学史还是中国现代哲学史上都占有重要地位。关于存有争议的"两论"与20世纪30年代苏联哲学教科书的关系问题，有学者指出，"两论"确实吸收和利用了苏联教科书中一些思想资料和积极成果，但"两论"提出了一些苏联教科书中没有的新思想、新结论，从基本方面说，"两论"是具有自己特色的理论创造工程，为马克思主义哲学的中国化和现实化树立了典范。②

4. 关于毛泽东思想的应用研究。毛泽东思想本身就是马克思主义基本原理与中国实际相结合的产物，把它与有中国特色社会主义建设的崭新实践相结合，是时代的要求，也是马克思主义中国化进一步发展的要求。因此，诸如毛泽东哲学思想与经济、政治体制改革，毛泽东哲学思想与精神文明建设，改革开放与正确处理人民内部矛盾，社会主义社会的辩证法，毛泽东的中西文化观与当前中西文化的论争，毛泽东哲学思想与当代科学技术革命，"一国两制"构想的哲学基础及其对毛泽东思想的新发展，以及社会主义初级阶段理论研究的方法论等等，都成为广大哲学工作者普遍关注和选择的重大研究课题。

（二）关于马克思主义哲学在中国的传播和发展史的研究。与马克思主义哲学史的创建和发展过程一样，对于马克思主义哲学在中国的传播和发展史的研究，也具有一个解放思想、深化研究的过程。它通过对马克思主义哲学在中国的传播和发展史的考察，不仅深化了对于马克思主义中国化过程的把握和认识，也深化了对于马克思主义中国化成果，即毛泽东思想和邓小平理论等的认识，从而进一步推动了马克思主义哲学的中国化过程。

1. 关于马克思主义哲学在中国的传播、发展阶段和特点。有学者指出，中国马克思主义哲学运动在其历史发展上，经历了3个分别以唯物史

---

① 汪澍白：《毛泽东中西文化观的演变》，载《毛泽东思想研究》1989年第1期。
② 石仲泉：《研究毛泽东哲学思想的新文献》，载《毛泽东哲学思想研究动态》1987年第5期。

观、唯物辩证法和认识论为中心的先后相继的发展阶段。① 还有学者强调指出，1937 年抗日战争爆发后，中国革命发生了历史性转变，为适应其需要，中国共产党人及时提出了马克思主义哲学中国化、现实化的口号，并且在抗日战争、解放战争中努力实践这个口号，从而使马克思主义哲学在中国进入了以运用和发展为中心的新阶段。在这个新阶段，马克思主义哲学和中国革命实践融为一体，这种完全中国化的马克思主义哲学就是毛泽东哲学思想。②有的学者则以唯物史观的传播、规范化和通俗化进程、中国化进程三个阶段来概括马克思主义哲学在中国的传播。③

2. 对中国现代专业马克思主义哲学家的研究。研究马克思主义哲学在中国的传播和发展史的过程中，中国现代专业马克思主义哲学家的思想引起了广泛关注。就李大钊、瞿秋白、李达、艾思奇、陈唯实等人哲学思想进行研究的论文日益增多。学者们指出，他们在中国传播马克思主义哲学，批判各种唯心主义哲学思潮，宣传和解释毛泽东哲学思想，捍卫马克思主义哲学方面，作出了重要的贡献。特别是李达和艾思奇的哲学著作，对于毛泽东哲学思想的形成和发展起了一定的作用。另外，有学者指出，张岱年"天人五论"的新唯物论哲学、冯定的"平凡的真理"、冯契的"智慧说"、钱学森的"大成智慧说"等富有创新的中国化马克思主义哲学形态也应给予关注和重视。④

（三）马克思主义中国化的新成果。改革开放 30 年的辉煌成果是在中国化的马克思主义哲学指导下取得的，而这 30 年社会主义建设的实践经验又反过来丰富了中国化的马克思主义哲学。包括邓小平理论、"三个代表"重要思想和科学发展观在内的中国特色社会主义理论，是马克思主义基本原理与中国特色社会主义建设实际相结合的产物，是马克思主义中国化继毛泽东思想产生以来的第二次历史性飞跃，是它的最新成果。

---

① 赵德志：《中国马克思主义哲学运动的历史考察》，载《哲学研究》1986 年第 12 期。

② 徐素华：《马克思主义哲学中国化与当今的文化引进》，载《毛泽东思想研究》1987 年第 1 期。

③ 宋志明：《中国马克思主义哲学的历史轨迹》，载《中国人民大学学报》2003 年第 3 期。

④ 许全兴：《以新的哲学观重新观照马克思主义中国化的历史》，载《河北学刊》2007 年第 4 期。

第二节　学术热点

马克思主义哲学史学科作为改革开放和思想解放的产物，充满生机活力；作为具有丰富内涵的哲学史学科，它既是历史的，又是现实的。这30年中，它不断发起并推动了许多重大理论问题的讨论，如马克思主义与人道主义，关于"实践唯物主义"和"西方马克思主义"的问题等。正是在这些深刻而尖锐的争辩和讨论中，马克思主义哲学史学科日益呈现出丰富多彩的面貌，并推动着马克思主义哲学研究的深入开展。

一　关于异化理论和人道主义的争论

关于异化理论和人道主义的争论，是改革开放后第一次大规模的、且影响深远的学术争论。它是十一届三中全会思想解放路线的直接产物，是对以往错误认识的反拨，也是理论界理论创新的一次探索。它的理论成果内化在马克思主义哲学研究的发展脉络中，意义重大。

（一）概述

1978年十一届三中全会思想解放的路线确立以后，沉寂多年的理论界异常活跃。"文革"中践踏人权、罔顾人的尊严的各种丑恶、凶残行径引起了学者们的反思，同时，改革开放的新时代也在呼唤新的理念和价值观。与此同时，中文版《1844年经济学哲学手稿》的出版，西方马克思主义流派思想和东欧"人性面孔"的马克思主义思潮的传入，都为这次争论提供了理论资源和学术背景。文学界、美学界首先触及了过去在人道主义问题上的错误立场。1979年朱光潜先生发表文章《关于人性论、人道主义、人情味和共同美的问题》，钱谷融先生1980年发表了自己写在1957年的文章《论〈文学是人学〉一文的自我批判》。而哲学界则以马克思在《1844年经济学哲学手稿》中论述的异化理论深化了关于人道主义问题的反思。1981年人民出版社组稿、编辑了《人是马克思主义的出发点》一书。此后，关于异化理论和人道主义的争论进一步展开，形成了旗帜鲜明、相互对立的两种观点。人是否是马克思主义的出发点？是否存在马克思主义人道主义？对立双方对此作出了截然不同的回答。1983年3月，前中宣部部长周扬为纪念马克思逝世一百周年在中央党校做了题为《关于马克思主义的几个理论问题的探讨》的报告。报告中涉及了异化概念，并指出，

"在一个很长的时间内，我们一直把人道主义一概当做修正主义批判，认为人道主义与马克思主义绝对不相容。这种批判有很大片面性，有些甚至是错误的。我过去发表的有关这方面的文章和讲话，有些观点是不正确或者不完全正确的。"① 报告引起了党中央的重视，同年 10 月，十二届二中全会上提出了加强思想战线工作的问题。关于异化理论和人道主义的争论在政治层面引起反响。1984 年 1 月，时任中共中央政治局委员的胡乔木在中央党校做了题为《关于人道主义和异化问题》的报告，报告发表在《红旗》杂志，后又以单行本的形式由人民出版社出版，产生很大影响。这个报告否定了"马克思主义人道主义"的提法，并把有关讨论说成是"根本性质的错误观点，不仅会引起思想混乱，而且会产生消极的政治后果"②。至此，这场始于 1979 年的大讨论基本结束。

（二）争论焦点

马克思的异化劳动理论简称异化理论，指的是他在《1844 年经济学哲学手稿》中对资本主义社会劳动所发生的异化现象进行的分析和阐述，其内容包括劳动产品的异化，劳动本身的异化，人的本质的异化和人与人的异化。这是说，作为人的活动的劳动，不仅自身不是自由自觉的，而且导致人自由自觉本性的丧失。也就是说，人的活动和产物反过来反对人本身。那么，对于异化现象的承认，也就暗含了对于人具有自由自觉本性这一前提。因此，对于异化理论的评价如何，直接关系到对于人的主体性、人道主义的态度如何。异化理论与人道主义问题紧密相连。

1. 关于异化理论的问题。这个问题上的争论点在于，异化理论是马克思主义的有机组成部分，还是马克思在思想发展过程中摒弃的错误理论。异化理论是马克思在《1844 年经济学哲学手稿》中阐明的，对于异化理论的评价也就反映在对这部著作的评价上。有学者认为，《1844 年经济学哲学手稿》实际上是马克思"对历史之谜和理论之谜作出科学解答的开端。"③还有学者认为，异化概念是马克思创立剩余价值学说的动因和起点，是孕育历史唯物主义的开端，也是马克思批判资本主义和论证共产主义的锐利武器。只是当马克思转向经济和历史理论以后，才较少采用异化

---

① 顾骧：《晚年周扬》，文汇出版社 2003 年版，第 200 页。
② 胡乔木：《胡乔木文集》第二卷，人民出版社 1993 年版，第 643 页。
③ 杨适：《关于评价马克思〈1844 年经济学哲学手稿〉的一些问题》，载《中国社会科学》1981 年第 6 期。

概念来分析问题①。还有学者明确提出，马克思关于人、人的本质、人的异化和人道主义的思想，是马克思主义科学体系中极为重要、极为光辉的部分。② 而相反的观点则认为，马克思在《1844 年经济学哲学手稿》中的异化劳动论把资本主义社会看成人的本质的异化，把社会主义的实现看成异化的扬弃，是用人的变化发展来解释人类社会的变化发展，因而属于人本主义理论范畴，是唯心主义历史观。这与马克思在《关于费尔巴哈的提纲》，特别是《德意志意识形态》中建立起来的唯物史观是根本对立的。③

2. 关于人是否是马克思主义的出发点的问题。1981 年，王若水以"人是马克思主义的出发点"为题目收入同名论文集的论文，引起争论。肯定的观点认为，马恩创立历史唯物主义是从研究人的本质、人的解放开始的，恩格斯还直接把历史唯物主义称为"关于现实的人及其历史发展的科学"；马克思创立唯物史观的根本目的就是实现无产阶级和全人类的解放，人的解放是马克思主义哲学思想发展中一条贯穿始终的指导原则，创造科学的关于人的哲学是马克思实现哲学革命的实质。④ 否定的观点则认为，无论从研究对象、逻辑起点还是历史的起点来看，都不能认为人是马克思主义哲学的出发点，不能把马克思主义哲学归结为人的哲学。因为马恩从人本主义出发去解决人的解放问题时，还停留在把这种解放理解为克服"人的本质的异化"的一种道德要求上。马克思主义哲学的出发点只能是人的物质生产活动。⑤ 还有观点指出，人（人的价值、人的解放）不能成为衡量历史进步的最高尺度。因为"人的价值"要由社会关系来说明，"人的解放"是变革的结果，而社会关系及其变革又是由生产力状况决定的，因此只有生产力才是最高尺度。⑥ 针对王若水"人是马克思主义的出发点"的观点，胡乔木提出批评，认为"这是一个典型的混淆马克思主义同资产阶级人道主义、历史唯物主义同历史唯心主义界限的命题"，并指

① 张奎良：《异化概念对马克思主义产生所起的作用》，载《求是学刊》1981 年第 3 期。
② 苏鸿昌：《关于异化和人道主义问题的思考》，载《社会科学辑刊》1981 年第 5 期。
③ 黄楠森：《关于人的理论的若干问题》，载《哲学研究》1983 年第 4 期。
④ 薛德震：《再谈人在唯物史观中的地位》，载《学习与探索》1982 年第 6 期；李鹏程：《人的解放问题是马克思实现哲学革命的思想纲领》，载《学术月刊》1982 年第 4 期。
⑤ 叶汝贤：《不能把马克思主义哲学归结为"人的哲学"》，载《学术研究》1982 年第 1 期；马泽民：《"人的哲学"剖析》，载《学习与研究》1982 年第 1 期。
⑥ 王锐生：《两种历史观的斗争——关于人的问题争论的实质》，载《中国哲学年鉴》（中国社会科学院哲学所编）1984 年卷。

出"人类社会,人们的社会关系(首先是生产关系),这就是马克思主义的新出发点。"①对此,王若水则认为,不能把从现实的人出发同从社会关系出发对立起来,后来又提出,"并非任何社会关系都是人的本质的实现",相反,"异化了的社会关系不但不是人的本质的实现,反而使人的本质失去现实性,使人不成其为人"。马克思所批判的正是资本主义的现存"社会关系"。②

3. 是否存在马克思主义人道主义? 这是与上述两个问题紧密相连的问题。肯定的观点认为,马克思主义是最彻底的人道主义,共产主义是最高形式的人道主义;或者认为,人道主义是马克思主义(唯物史观)的一部分,一个因素。③ 否定的观点则认为,人道主义是在历史上特定阶段形成的资产阶级历史观,它具有自己的概念、范畴和命题。唯物史观正是扬弃了这种思想体系才建立起来的。④ 还有一种影响比较大的观点是胡乔木在《关于人道主义和异化问题》的报告中提出来的,他把人道主义划分为两种,一种是作为世界观、历史观的人道主义,这种人道主义是唯心主义的,"不能对人类社会做出科学的解释"⑤。另一种作为伦理原则的人道主义,则包含一些可以继承的合理因素。王若水则认为"人道主义本质上是一种价值观念"。所谓世界观不能将价值观排除出去,而是"应当包括价值观的","价值观是世界观的一个方面"⑥。高尔太在争辩中同样指出:人道主义问题是一个哲学问题,而哲学"主要是一个价值体系(这是它不同于科学的地方,科学主要是认识体系)。它的任务在于启发和推动人们更自觉地改造世界——创造价值。"⑦

---

① 胡乔木:《胡乔木文集》第二卷,人民出版社 1993 年版,第 589、590 页。

② 王若水:《论人的本质和社会关系》,《新启蒙》第 2 辑,湖南教育出版社 1988 年版。

③ 苏鸿昌:《关于异化和人道主义问题的思考》,载《社会科学辑刊》1981 年第 5 期;龚兴:《马克思主义对费尔巴哈人道主义的批判继承》,载《文史哲》1981 年第 6 期;高尔太:《唯物史观与人道主义》,载《学习与探索》1983 年第 4 期;李连科:《不要否定马克思主义的人道主义》,载《社会科学》1983 年第 7 期。

④ 王锐生:《我对"马克思主义的人道主义"的几点看法》,载 1983 年 4 月 11 日《文汇报》。

⑤ 胡乔木:《胡乔木文集》第二卷,人民出版社 1993 年版,第 596 页。

⑥ 王若水:《我对人道主义问题的看法》,载《为人道主义辩护》,三联书店 1996 年版,第 242—245 页。

⑦ 高尔太:《人道主义争论备忘录》,载《四川师范大学学报》1986 年第 4 期。

（三）后续研究

尽管作为一个争论主题，异化理论和人道主义问题在理论界销声匿迹十多年，但这个问题始终是不能回避的。因为，"不论是资产阶级思想家还是无产阶级思想家，不论是左翼评论家还是右翼评论家，都承认人的异化是我们所生活的时代的一个关键问题"。①因此，90 年代至今，在对唯物史观的研究中，在人学研究中，在对西方马克思主义和东欧马克思主义流派的研究中，都不可避免地要涉及异化理论和人道主义问题。原有的一些论题，在肯定的意义上继续深入研究②；或者与新的主题结合，形成新的论题③；不同的声音也依然存在④。尤其值得一提的是，关于异化理论问题的研究取得了一定进展⑤，这些进展恰恰是奠基在那场争论所取得的成果之上的。

二 关于实践唯物主义的讨论

1978 年 5 月 11 日，《光明日报》以"本报特约评论员"的名义发表了《实践是检验真理的唯一标准》。该文的发表拉开了真理标准大讨论的帷幕，"实践"这个概念也由此站在了理论前沿，开启了一系列关于马克思主义哲学重大问题的探讨，推动了马克思主义哲学研究的进一步展开。实践唯物主义，是涉及马克思主义哲学全局的一个问题，关于它的讨论从 80 年代初延续至今，是马克思主义研究领域中时间跨度最大，影响最为广泛的一个学术讨论。尽管这个问题涉及整个马克思主义哲学研究领域，但这里主要侧重于马克思主义哲学史学科的情况。下面拟分阶段对这一讨论过程进行介绍。

（一）80 年代早期，对"实践"概念重要作用的探讨。真理标准大讨

---

① 徐崇温：《西方马克思主义》，天津人民出版社 1982 年版，第 71 页。

② 赵甲明、李云霞：《"现实的个人"作为唯物史观范畴的意义》，载《学术探索》2003 年第 1 期；郗戈：《和人道主义相吻合的唯物主义——从物质观看马克思哲学的基本性质》，载《学术月刊》2007 年第 8 期；张敏：《论唯物史观的人道主义意蕴》，载《湖北社会科学》2007 年第 11 期。

③ 万光侠：《马克思主义实践人学理论探析》，载《理论学刊》1999 年 第 6 期。

④ 黄楠森：《"以人为本"原则在科学发展观中的位置》，载《中共中央党校学报》2006 年第 1 期。

⑤ 张一兵：《马克思劳动异化理论的逻辑建构与解构》，载《南京社会科学》1994 年第 1 期；俞吾金：《从"道德评价优先"到"历史评价优先"——马克思异化理论发展中的视角转换》，载《中国社会科学》2003 年第 2 期。

论的启动,以及 20 世纪 60 年代起在前南斯拉夫、德国和日本流行的实践
唯物主义思潮的影响,使得马克思主义哲学界开始对"实践"概念更为重
视,努力发掘其内涵、实质及理论意义,为关于实践唯物主义的讨论奏响
了序曲。在这一时期,讨论高潮时期的争论问题都已初见端倪。

1. 关于"实践"在马克思主义哲学变革中的作用。有学者指出,无
论是对马克思与黑格尔关系的理解,还是对辩证法本身的理解,都离不开
人的实践活动①;马克思对黑格尔实践观的批判和改造,并不是简单地用
"颠倒"二字便可以完全概括的,马克思揭示了社会生活在本质上是实践
的,并以实践范畴为核心,揭示了辩证唯物主义与历史唯物主义的统一。
因此,他把自己的哲学称作"实践的唯物主义"。②

2. 关于"实践"的历史观意义。有学者指出,《提纲》的中心论题是
唯物史观,而不是如某种传统观点认为的是唯物主义认识论。因为社会实
践是《提纲》的中心概念,马克思虽然阐明了实践在认识论中的作用,但
主要还是阐明了实践在历史理论方面的意义。③ 相反的观点则认为,《提
纲》中关于人的本质在其现实性上"是一切社会关系的总和"的观点、
"实践"的观点,为唯物史观的诞生准备了必要的条件,但却都未能清晰
地揭示出社会历史现象内部社会存在与社会意识、生产力与生产关系、经
济基础与上层建筑之间按唯物史观所理解的辩证运动的规律。这一任务是
在标志唯物史观诞生的著作《德意志意识形态》中解决的。④

3. 关于"实践"与物质第一性问题。有观点认为,实践要以物质世
界的存在和发展为前提,在理解马克思主义实践观时,仍然要坚持物质
第一性、精神第二性的观点,不能抹煞或否认这个唯物主义的基本
前提。⑤

(二) 80 年代末到 90 年代初,结合马克思主义哲学体系改革的热
潮,关于实践唯物主义的讨论也被推向高潮。一些学者认为,传统的辩

① 衣俊卿:《马克思和黑格尔哲学思想形成过程的比较》,载《求是学刊》1984 年第 5 期。

② 刘悦伦、郭巍青:《马克思对黑格尔实践学说的批判改造及其方法的探讨》,载《云南社会科学》1984 年第 3 期。

③ 唐巍:《对〈关于费尔巴哈的提纲〉的几点理解》,载《湘潭大学社会科学学报》1984 年第 3 期。

④ 黄森:《重温〈关于费尔巴哈的提纲〉的一点思考》,载《哲学研究》1984 年第 7 期。

⑤ 贺金瑞:《列宁实践观研究——兼驳西方"马克思主义者"的"实践一元论"》,载《内蒙古社会科学》1985 年第 1 期。

证唯物主义和历史唯物主义理论体系，没有反映出马克思主义哲学革命变革的实质，必须按照马克思的实践唯物主义思想重新建构马克思主义哲学体系。围绕这一设想，学者们提出了自己的看法，进行了热烈的讨论。

1. 关于实践唯物主义的理论发源地及其内涵问题。有学者指出，实践唯物主义起源于《神圣家族》中所提出的以是否"敌视人"来划分唯物主义形态的思想，《关于费尔巴哈的提纲》中据此区分出三种形态，第三种形态的提出标志着实践唯物主义的初步形成，这一形态在《德意志意识形态》中得到成熟的表达。因此，实践唯物主义的内涵就是，以实践、人类的感性活动为全部哲学基础和出发点的，以革命地改变世界和实现人类解放为宗旨的，从实践角度把握人与世界关系的唯物主义。① 有学者则认为，马克思在《德意志意识形态》中正式提出的实践唯物主义思想，是由《1844 年经济学哲学手稿》中的实践的人道主义演变而来，实践的唯物主义同样是指主张通过行动来改变现存世界。② 还有学者认为，在《1844 年经济学哲学手稿》中，马克思是通过对黑格尔的劳动概念的分析和批判，阐述了社会生活在本质上是实践的思想，又在《关于费尔巴哈的提纲》中通过对费尔巴哈的批判，使实践唯物主义思想得到了新的升华。③ 对于实践唯物主义思想发源地的不同看法，已经反映了学者们对辩证唯物主义的不同理解和不同评价。

2. 关于实践唯物主义在马克思主义哲学体系中的地位问题。有学者认为，实践唯物主义是从马克思的"实践的唯物主义者，即共产主义者"这句话中引申出来的，马克思并没有提出什么与唯物史观截然不同的崭新的唯物主义形态。因此，实践唯物主义这个概念不过是在马克思用以称呼唯物史观的多种称呼中增加的一个称呼而已④；"实践唯物主义者"，马克思只在《德意志意识形态》中提到一次，后来再也不提了。马克思和恩格斯只有抛弃"实践唯物主义"的名称，明确自己的唯物史观，才能建立马克思主义的完整体系。想用"实践唯物主义"重建马克思主义的哲学体系，

---

① 陈朗：《实践唯物主义小考》，载《哲学动态》1988 年第 12 期。
② 陈先达：《关于实践唯物主义的几点看法》，载《哲学动态》1988 年第 12 期。
③ 李景源：《论马克思的实践唯物主义》，载《哲学研究》1988 年第 11 期。
④ 黄楠森：《我对实践唯物主义的一种理解》，载《哲学动态》1988 年第 12 期。

是要倒退到他已经抛弃了的哲学上去。① 相反的观点则认为,所谓"实践唯物主义者",就是以马克思为代表的主张不同于"旧唯物主义"的"新唯物主义的人"的自称,"新唯物主义"正是以也"把感性理解为实践活动"作为自己的一个本质特征的。"实践的唯物主义"是马克思创立的新世界观、新唯物主义的形态,认为实践唯物主义"没有提出崭新的唯物主义形态"是没有根据的。②

3. 关于实践唯物主义与辩证唯物主义的关系问题。有学者通过对马克思所创立的实践唯物主义,经过恩格斯、狄慈根、列宁到斯大林把辩证唯物主义和历史唯物主义以体系形式定型下来,并转化为教科书这一全过程的考察,指出辩证唯物主义和历史唯物主义体系实际上是马克思哲学的一种扭曲的形态,是对马克思实践唯物主义的一种历史倒退。③ 相反的观点则认为,实践唯物主义是历史唯物主义的同义语,不能把实践唯物主义与辩证唯物主义对立起来。辩证唯物主义是狄慈根提出的,列宁沿用的,是哲学内部的分化,是一种进步。我们应该从辩证唯物主义进步,而不是后退。④

(三) 90 年代中期以后,结合马克思主义实质问题,当代性问题的探讨,关于实践唯物主义问题的研究进一步展开。例如,有学者提出,"实践唯物主义"研究对《德意志意识形态》(尤其是它的第一章)挖掘得不够,并通过考察 1988 年人民出版社出版的新中文版单行本《费尔巴哈》(即《德意志意识形态》的第一章),论证了马克思主义哲学是实践唯物主义的历史哲学的观点。⑤ 有学者通过考察《法哲学原理》和《精神现象学》对马克思的影响,重新认识马克思的思想与黑格尔哲学的关系,论证了马克思哲学的历史唯物主义实质,并指出在马克思的哲学体系中,并不存在以抽象物质和抽象自然界为研究对象的辩证唯物主义或自然辩证法。⑥ 还有学者以马克思的实践概念和自由概念为例,指出当前把马克思的这两个概念理解为认识论范畴,完全撇开其根本性、本体论的维度,是对马克

① 徐亦让:《实践唯物主义和"超越"哲学》,载《光明日报》1990 年 2 月 23 日。
② 徐崇温:《用马克思的思想统一对实践唯物主义的认识》,载《哲学研究》1989 年第 12 期。
③ 王于、陈朗:《实践本体论及其意义》,载《哲学动态》1988 年第 3 期。
④ 黄楠森:《我对实践唯物主义的理解》,载《哲学动态》1988 年第 12 期。
⑤ 张一兵:《马克思主义哲学新视界的初始地平线》,载《南京大学学报》1995 年第 1 期。
⑥ 俞吾金:《重新认识马克思哲学和黑格尔哲学的关系》,载《哲学研究》1995 年第 3 期。

思哲学理解上的重大失误。这种理解是"前康德式"的，忽视了马克思思想的康德来源。[①]

三　关于西方马克思主义和后马克思主义研究

改革开放前，我国马克思主义哲学研究是以苏联模式为基础的，而西方马克思主义中的某些理论则被认为是反对列宁主义的，因此，对于这个理论流派的全面介绍在十一届三中全会以后才逐渐展开。1982 年，徐崇温的《西方马克思主义》一书出版，引起了对西方马克思主义的普遍关注。1986 年 8 月在长春召开的"国外马克思主义哲学研究现状学术讨论会"上，学者们就西方马克思主义的研究问题发表了不同意见，产生了激烈的争论。这场争论自 1986 年发端，一直延续至 21 世纪初。

（一）关于西方马克思主义的争论

西方马克思主义首先是作为批判和论战对象进入中国的。中国人最早接触到西方马克思主义的思想，是在 20 世纪 60 年代供"反帝反修"批判用的、内部出版的灰皮书里。直至 80 年代中期，还有学者在论及西方马克思主义研究的重要性时，指出"在当前我们面临'西方马克思主义'挑战的情况下，要面向世界，参加世界范围的论战，这方面的专题研究就更具有迫切性。"[②]因此，西方马克思主义研究伊始，就引发了激烈的争论，这毫不奇怪。关于西方马克思主义的争论，主要涉及以下几个问题：

1. 西方马克思主义作为一个流派是否具有研究价值。"西方马克思主义"是以研究马克思主义理论为宗旨，以补充和发展马克思主义为目标的理论思潮。它是否是一个统一的流派，是否具有研究价值？这个问题引起了学者们的争论。

杜章智认为，这一概念本身缺乏应有的科学性，它究竟是地域性概念还是意识形态概念？它到底是马克思主义还是非马克思主义？由于它极不明确，人们对它的解释相当混乱；它并不是一个统一的理论流派，事实上也不存在所谓"西方马克思主义"[③]。徐崇温则认为，"西方马克思主义"

①　俞吾金：《论马克思对西方哲学传统的扬弃——兼论马克思的实践、自由概念与康德的关系》，载《中国社会科学》2001 年第 3 期。

②　江丹林：《马克思主义哲学史专题的研究有待深入——从我国新版的几本马哲史专著谈起》，载《社会科学评论》1985 年第 1 期。

③　《马克思主义哲学研究现状学术讨论会纪要》，《国内哲学动态》1986 年第 11 期。

思潮的存在是一个客观事实，尽管在哲学上，"西方马克思主义"不是马克思主义，但它对当代人类面临的新情况和新问题，特别是对发达资本主义社会的现状及其走向社会主义的道路问题进行的探索，是有价值的，可以以马克思主义的基本原理和基本方法为依据进行参考和借鉴。① 徐炳鑫认为不能把"西方马克思主义"看做非马克思主义。因为它的主要代表人物多数是共产党员，他们都以反对资本主义、实现共产主义为目的，他们的学说属于共产主义流派；"西方马克思主义"提出的一些新观点，对马克思主义是有发展的。②

2. "西方马克思主义"能否纳入马克思主义哲学史的研究范围。陈学明、许俊达呼吁，在马克思主义哲学史上应该给"西方马克思主义"以一席之地。他们认为，引入"西方马克思主义"，可以改变马克思主义哲学史研究脱离现实的状况，建立起历史与现实的联系；可以扩大马克思主义哲学史的领域，丰富其内容；可以从根本上改变马克思主义哲学史学科的内部结构，使它能够在对立面的矛盾斗争中展现思想史的逻辑。同时，"西方马克思主义"的性质也决定，只有把它放在马克思主义哲学史中加以研究，才能达到取其精华、去其糟粕的目的。但把"西方马克思主义"引入马克思主义哲学史，并不等于承认其代表人物都是马克思主义者。③张战生则提出，要从时代的角度正确评价"西方马克思主义"在马克思主义哲学史上的地位。"西方马克思主义"对于人们普遍关注的当代资本主义的现实问题，进行了探讨并做出了自己的回答。在哲学领域，他们重新发掘和阐发了马克思主义的哲学遗产，提炼和概括出了一些认识论的方法论原则，扩大了马克思主义哲学的思想渊源的研究范围，并试图建立起马克思主义哲学与前代和同代思想体系的联系。他们为创立"当代资本主义社会的马克思主义"提供了可资借鉴的理论前提。④ 罗刚健不同意把"西方马克思主义"纳入马克思主义哲学史领域，而主张把它划入"西方马克思学"。他认为，"西方马克思主义"中的各个流派，都属于资产阶级思想体系，是把马克思主义哲学资产阶级化、非马克思主义化的哲学流派。⑤

---

① 《马克思主义哲学研究现状学术讨论会纪要》，《国内哲学动态》1986 年第 11 期。

② 同上。

③ 同上。

④ 张战生：《"西方马克思主义"刍议》，载《马克思主义研究》1986 年第 3 期。

⑤ 《马克思主义哲学研究现状学术讨论会纪要》，载《国内哲学动态》1986 年第 11 期。

3. 关于西方马克思主义是否属于马克思主义的争论。有些学者认为西方马克思主义是非马克思主义的。他们指出，判断各种思潮在性质上是否属于马克思主义的标准，是要看这种思潮是否根据和运用了马克思主义的基本原理和基本方法来研究新情况、解决新问题。"西方马克思主义"违背了马克思主义的理论特别是历史唯物主义和科学社会主义的基本理论及方法，从总体上看是非马克思主义的①；它是一股用西方唯心主义哲学补充、修改马克思主义的非马克思主义思潮②。有的学者则通过考察西方马克思主义历史发展、流派演变的过程得出结论，认为西方马克思主义既是20世纪具有国际性影响的西方社会思潮之一，又是具有非马克思主义倾向的非正统马克思主义。③

另外一些学者则反对上述西方马克思主义非马克思主义的观点。有的学者主张把西方马克思主义看做是马克思主义的一个流派，"从多样化的马克思主义的立场"来平等看待"西方马克思主义"，认为"应该从民族精神和时代精神的汇合点去认识它存在的必然性和理论价值"。④ 有的学者提出"一源多流"说，认为"西方马克思主义"（或说"现代国外马克思主义"）是一种显然的国际性政治文化现象，是马克思主义传播、演进和发展过程中的一个客观事实。西方马克思主义中的诸人物及其思想理论，属于马克思主义演进过程中的流派之一。⑤ 有的学者认为不能"把马克思主义归结为几条原理，并且把这几条原理凝固化、教条化，以此作为评价、研究'西马'的标准"，指出"正是由于实践和实践对象的不同，才形成了具有不同民族特点、时代背景下的马克思主义流派"。⑥ 还有学者把西方马克思主义视为"不同类型的马克思主义"，指出"它们既不是与马克思学说完全无关或截然对立的理论体系，也不同于各种各样从非马克思主义立场对马克思主义进行批判研究的'马克思学'，而是马克思和恩格

① 陈振明：《"西方马克思主义"的马克思主义归属问题》，载《南京社会科学》1997年第12期。

② 徐崇温：《三评"西方马克思主义"就是马克思主义论》，载《马克思主义研究》，2003年第5期。

③ 王凤才：《"西方马克思主义"是什么？》，载《理论学习》，第238期。

④ 余文烈、慎之：《也谈"西方马克思主义"》，载《现代哲学》1988年第4期；余文烈：《西方马克思主义的文化抉择》，载《人民日报》1989年5月26日。

⑤ 彭赟：《西方马克思主义研究的方法论再思考》，载《南昌大学学报》1993年第2期。

⑥ 王雨辰：《我国的西方马克思主义研究现状述评》，载《社会科学动态》1996年11月。

斯学说同当代哲学、社会学、文化学等领域的其他理论成果交会以及在不同地区的社会实践中加以运用的结果"。① 有的学者则从研究东西方马克思主义发展的历史对比中,指出应正确对待包括"西方马克思主义"在内的当代西方"新马克思主义"的发展,认为它为马克思主义提供了新的批判理念和视角。②

4. 关于西方马克思主义的理论界限、理论分期和未来走向。关于西方马克思主义的理论界限,有学者认为理论界已形成以下三点共识:其一它具有地域含义,是属于西方的理论;其二,它作为马克思主义的一个重要派别或倾向,提出者必须自己确认自己是马克思主义的拥护者和信奉者;其三,作为一种独特的马克思主义,它应当与传统马克思主义有所区别,即他们的理论必须与承继第二国际、第三国际、第四国际的各种传统马克思主义理论有明显区别。③ 关于理论分期,有学者认为,国外马克思主义理论分期的标准应有一个坐标系,它包括关于马克思哲学的科学解释和国外马克思主义同马克思哲学的关系两个层面。哲学变革之后的马克思,实现了对资本主义社会的科学分析与批判的统一,这是马克思历史唯物主义的独特逻辑所在。西方马克思主义把马克思哲学当做工业文明的同体产物加以批判,又自认为是马克思遗产的继承人,他们强调的是继承马克思的批判精神。这是我们理解后现代马克思主义的入口。④ 有学者认为,在 20 世纪 60 年代末,西方马克思主义作为一种理论思潮在其历史存在的必然性上已经终结。这种终结在理论逻辑层面上是以阿多尔诺对总体性和同一性的批判为质性标志,在历史实践层面上则是由 60 年代末西方青年学生造反运动的失败画上句号的。必须在指认西方马克思主义的历史终结并建构后现代马克思主义、后马克思思潮与晚期马克思主义的并存新格局中,才能重新审视国外马克思主义发展的新动向。⑤

---

① 衣俊卿等著:《20 世纪的新马克思主义》,中央编译出版社 2001 年版,第 2 页。
② 周穗明:《马克思主义:东方与西方——20 世纪马克思主义的演变及其 21 世纪的前景》,载《当代世界与社会主义》2003 年第 1 期。
③ 《如何正确看待"西方马克思主义"——陈学明教授访谈》,载《国外理论动态》2007 年第 6 期。
④ 仰海峰:《国外马克思主义研究的理论分期标准》,载《福建论坛》2000 年第 4 期。
⑤ 张一兵:《西方马克思主义、后现代马克思主义和晚期马克思主义》,载《福建论坛》2000 年第 4 期。

（二）关于后马克思主义的争论

2000 年，南京大学张一兵等人率先开始研究"西方马克思主义"逻辑终结之后的当代国外马克思主义的发展问题，拉开了"后马克思主义"研究的序幕。

1. 关于后马克思主义的定义域问题

有学者认为，"后马克思主义"就是指"马克思之后的马克思主义"，狭义的"后马克思主义"则主要是指 20 世纪六七十年代，尤其是 1973 年贝尔《后工业社会的来临》发表之后出现的、以"后现代主义"为主导精神的马克思主义思潮。① 有学者则提出，广义的"后马克思主义"主要是指建立在西方后结构主义或解构哲学基础之上，对马克思主义进行分析批判和研究的最新的西方哲学社会思潮，它包括西方哲学家德里达、福柯、鲍德里亚和利奥塔等，而狭义的"后马克思主义"是指由拉克劳和墨菲在 20 世纪 80 年代的新形势下所开创的左翼激进理论及其延伸。②

2. 关于后马克思主义理论划界问题

有学者提出了"后马克思思潮"、"后现代马克思主义"和"晚期马克思主义"三个新概念，并强调指出它们是当代国外马克思主义思潮中的三大新动向。③ 这种界划把狭义的"后马克思主义"（指拉克劳和墨菲的左翼激进理论）包含在"后现代马克思主义"中，将之与后现代马克思主义中的诸多流派等同视之。有学者对这种做法表示了不同意见。他认为，"后马克思主义"明确提出了"马克思之后的马克思主义的可能性"这个问题，它作为一种政治冲动，贯穿于第二国际至今的马克思主义传播和发展史，并在 20 世纪 80 年代之后成为西方激进左派理论的重要主题。因此，他坚持"后马克思主义"的广义、狭义区分，主张从"小写的马克思主义"角度把上述界划中后马克思思潮的诸多代表（如福柯、德勒兹甚至高兹）纳入到广义的"后马克思主义"中。④

---

① 曾枝盛：《"后马克思主义"的定义域》，载《学术研究》2004 年第 7 期。

② 孔明安：《"后马克思主义"研究及其理论规定》，载《哲学动态》2004 年第 2 期。

③ 张一兵：《西方马克思主义之后：理论逻辑和现实嬗变》，载《福建论坛》2000 年第 4 期。

④ 胡大平：《作为批判的后马克思主义话语及其对中国的启示》，载《求是学刊》2001 年第 4 期。

3. 关于后马克思思潮是否是马克思主义

有的学者对此做出明确的否定回答。理由是：它们否定奠基于生产力决定生产关系，经济基础决定上层建筑两大规律的历史唯物主义，以及人的解放的逻辑，否定物质生产方式是历史发展的基础；它们的批判立场不是马克思主义的。他们的新哲学建立在后现代对现代性的超越之上，认为马克思主义立足的社会历史基础已经过时，全新的社会文明应该为全新的激进批判提供多元化的空间。①

（三）西方马克思主义和后马克思主义的研究进展

1. 关于西方马克思主义研究

首先，关于西方马克思主义的研究除了上述有关全局性的争论主题之外，大多集中在西方马克思主义代表人物和流派研究方面：有关"西方马克思主义"开创者卢卡奇、葛兰西思想的评论；有关法兰克福学派及其重要代表人物霍克海姆、阿多尔诺、哈贝马斯、马尔库塞、弗洛姆等人的评论；有关存在主义的马克思主义及其代表人物萨特的评论；有关结构主义的马克思主义及其代表人物阿尔都塞的评论；有关"西方马克思主义"某一专题或某一新派别的评论，等等。20 世纪 90 年代中期，尤其是进入 21 世纪以来，结合国外马克思主义研究的新流派、新进展，西方马克思主义研究呈现出面向现实、主题多样化的局面，广泛涉及了市场社会主义、生态马克思主义、新女权主义马克思主义各个流派，以及西方马克思主义关于国家、阶级等各种理论。

2. 关于后马克思主义的研究

在这方面，除了上述涉及这一领域的争论问题外，比较突出的一个理论热点是关于狭义马克思主义，即拉克劳、墨菲激进民主理论的研究。此外，广义的后马克思主义研究范围日益扩大，广泛涉及了德里达、鲍德里亚、利奥塔、吉登斯、德里克、齐泽克等人。

四　"回到马克思"与文本研究

"回到马克思"是我国马克思主义研究领域探讨马克思主义哲学创新、马克思主义的当代性等问题的过程中提出的一个口号。它反映了我国马克思主义研究者力求"追根溯源"、"返本开新"的理论指向。此种理论指

---

① 张一兵：《后马克思思潮不是马克思主义》，载《南京大学学报》2003 年第 2 期。

向结合国际学界马恩全集历史考证版（MEGA2 版）的编辑和出版，20 世纪以来，马克思文本解读逐渐成为国内马克思主义哲学研究总体格局中的一个重要领域和研究路向。

（一）关于"回到马克思"的争论。1999 年，张一兵在《回到马克思——经济学语境中的哲学话语》一书中提出了"回到马克思"的口号，意在指出"返本开新"对马克思哲学发展的重要意义。这一口号随后引起了热烈的争论。

有学者指出，"回到马克思"的口号虽然竭力消除今人与马克思之间的历史间距，但实际上，这个距离是消抹不去的，为此，提出"马克思是我们的同时代人"的口号，认为应该把历史的马克思当代化，把马克思学说中那些在今天的生活中仍然具有重大意义的思想资源凸显出来，以指导我们今天的生活。[①] 还有学者指出，"回到马克思"试图提供一种建构马克思主义哲学新形态的方法论，但这种方法论是片面的。首先，如果对苏联教科书体系持全盘否定的态度，在理论上就必然走向马克思与恩格斯在哲学思想上的对立论，而马克思、恩格斯的思想虽有差异，但在基本的哲学观点上是一致的。其次，"回到马克思"的口号所提供的方法论以之为理论基础的古典解释观是片面的。[②]

支持这个口号的人则从各个角度进行了论证。有学者认为，"回到马克思"有着一种正本清源的意义，同时也是通过"回到"而实现一种话语转换的功能，即实现马克思哲学的当代阐释。这是国内学界面对西方文化的渗透做出的一种原创性努力。"回到马克思"实现的是一种视阈融合。[③] 还有学者指出，"回到马克思"不应成为一种纯学院式的口号，更不是为了使马克思成为一种新的理论范式，这种回溯不是为了求得关于马克思的一个同质化的逻辑同心圆，而是为了呼吁异质性，只有在这种异质性中，马克思才会重在当代现身，才会体现出他的当代意义。[④]

另外有一种观点认为，理解马克思哲学的当代性意义问题不是一个维

① 俞吾金：《马克思仍然是我们的同时代人》，载《文汇报》2002 年 8 月 2 日。

② 李涛：《"回到马克思"——一个可疑的口号》，载《哲学研究》2000 年第 4 期。

③ 仰海峰：《"回到马克思"：一种可能性的对话》，载《南京大学学报（哲学·人文科学·社会科学）》2001 年第 2 期。

④ 臧佩洪：《现代性与同谋关系》，载《南京大学学报（哲学·人文科学·社会科学）》2001 年第 2 期。

度能够解决的，而是需要多维的研究角度相结合才可能完成，关键是不能把历史地理解马克思与当代性地解释马克思，移心式地重建与溯源式地开新这些途径对立起来。①

（二）关于马克思文本研究方法的讨论。关于马克思文本研究方法的讨论，主要有以下三种观点。

一种观点认为，今天的马克思文本研究要回到学术层面，应当遵循学术研究的一般原则和路径，先把评判"悬置"起来，不预设结构，尽量排除主观因素的左右和影响，进行客观性研究和分析。②

还有一种观点认为，应积极吸收现代西方哲学的研究成果并以之为基本视点，对马克思文本进行重新解读。例如，借鉴解释学和现象学的某些成果对马克思的哲学文本重新加以理解和反思。③

另外一种观点则倡导多样化与个性化的马克思哲学研究方式。有的学者指出，在转喻与借用的意义上借鉴巴赫金"复调"理论的合理内容对马克思哲学进行研究将是一条有价值的探索之路。他反对传统的以一种先验逻辑来统摄文本研究的"独白"式解读方法。④ 有的学者提倡对马克思进行"互文式阅读"，认为互文式的阅读可以面向未来，在文本与文本、科学与修辞、事实与象征之间自由跳跃，从而不断生发出新的意义。⑤ 有的学者借助福柯"谱系学"的概念提出中国马克思哲学发展谱系这一概念，认为对马克思文本的解读要突破本质主义的局限，强调各种解读方式之间所具有的非同一性和断裂性。⑥

（三）马克思文本研究的成果与进展。在文本研究史的清理方面，有学者利用文献资料对马克思手稿、笔记、藏书的保存、流传情况进行了梳理，从"书志学"方面对马克思一生撰写的著述和书信进行了统

---

① 刘怀玉：《对马克思主义哲学当代性解释若干途径的批评与反思——移心式地重建，还是溯源式地开新》，载《江海学刊》2002 年第 1 期。

② 聂锦芳：《如何体现马克思哲学文本研究的当代水准》，载《学术月刊》2003 年第 1 期。

③ 俞吾金：《实践诠释学——重新解读马克思哲学与一般哲学理论》，云南人民出版 2001 年版，第 1 页；张一兵：《但开风气不为师：〈回到马克思〉的本真心路历程》，载《哲学动态》2001 年第 3 期。

④ 仰海峰：《从"独白"式研究到"复调"式解读》，载《求索》1997 年第 6 期。

⑤ 张立波：《阅读马克思的三种方式》，载《现代哲学》2002 年第 3 期。

⑥ 贺来：《从中国思想史的视野来推进马克思主义哲学的自我理解》，载《天津社会科学》2003 年第 2 期。

计，并从中选取了 53 部最能表征马克思思想特质、内涵以及发展历程的重要著述，对其写作与出版情况进行了考证。① 有学者系统回顾了马克思主义史上的三个 50 年的历程，分析了"以恩解马"、"以苏解马"、"以西解马"三种流行的主导解读模式。② 在对国外"马克思学"的跟踪研究方面，学者们紧密跟踪西方学界在具体文本、问题的探讨中的进展，尤其是 MEGA2 版编辑、研究方面的最新成果。③ 关于文本的个案研究方面最显著的成果是对《德意志意识形态》的研究，学者们对《德意志意识形态》这一文本的产生背景、写作过程、版本渊流进行了翔实的梳理和考证。④

第三节 理论研究的突破创新与展望

马克思主义哲学史改革开放后这 30 年的发展，是思想解放、不断突围的一个过程；它在不断突破旧的理论局限过程中，开创出自己崭新的学科面貌。这个年轻的学科在发展中取得了一定成果，也面临着许多问题，这些问题也正是它未来发展的契机。

一 突破"苏联模式"，形成马克思主义哲学史"各有侧重、齐头并进"研究新格局

马克思主义哲学史研究上的"苏联模式"就是指受苏联马克思主义哲学体系的影响，奉正统马克思主义流派为圭臬，在研究上坚持"一线单传"的一种模式。"苏联模式"的突破，为马克思主义哲学史研究的深入开展提供了可能性空间。

---

① 聂锦芳：《清理与超越：重读马克思文本的意旨、基础与方法》，北京大学出版社 2005 年版。
② 王东：《马克思学新奠基——马克思哲学新解读的方法论导言》，北京大学出版社 2006 年版。
③ 魏小萍：《MEGA2 研究和阅读中的词汇理解问题》，载《哲学动态》2003 年第 11 期；鲁克俭：《国外马克思学研究的热点问题》，中央编译出版社 2006 年版。
④ 张一兵：《文献学语境中的广义历史唯物主义原初理论平台——广松涉版〈德意志意识形态〉代译序》，南京大学出版社 2005 年版；鲁克俭：《"马克思文本解读"研究不能无视版本研究的新成果——评张一兵〈文献学语境中的《德意志意识形态》代译序〉》，载《马克思主义与现实》2006 年第 1 期；魏小萍：《〈德意志意识形态〉的文献学问题讨论》，载《哲学动态》2006 年第 2 期。

（一）"教科书体系"权威地位的破除及其对马克思主义哲学史研究的意义

"教科书体系"是指受苏联马克思主义哲学体系影响，在中国马克思主义哲学原理教材中普遍采用的一种体系编排模式，这是"苏联模式"在马克思主义哲学原理教学上的集中体现。对它的变革与马克思主义哲学史研究上"苏联模式"的突破是马克思主义哲学研究领域相互影响、并行不悖的两条线索和两个成果。20 世纪末到 21 世纪初，结合马克思主义哲学创新的热潮，如何突破"教科书体系"成为马克思主义哲学原理界的一个热门话题，引发了热烈的讨论。

1. "教科书体系"权威地位的破除。关于"教科书体系"的讨论最终破除了"教科书体系"的权威地位，这场讨论的焦点主要集中在以下两个方面。

关于"教科书"体系的来源，有许多学者详细考察了"教科书"体系在苏联的形成，自 20 世纪二三十年代传入后在中国的嬗变，以及它对于中国马克思主义哲学领域的影响。①

关于"教科书体系"的缺陷，形成了以下共识：该体系对"辩证唯物主义"与"历史唯物主义"分板块处理，违背了马克思自然与社会高度统一的历史思维方式；它所强调的"历史唯物主义"是"辩证唯物主义"在社会历史领域里的"贯彻和应用"，从根本上忽视了唯物史观的创立对于新世界观形成的巨大实质性意义；它忽视《关于费尔巴哈的提纲》等最重要哲学论述中提出的实践观点和实践的思维方式。因此可以说，"教科书体系"没有在总体上反映出马克思哲学的全貌和特征。② 就这种评价而言，在中国盛行了几十年且一统天下的"教科书体系"的权威地位就被破除了。当然，在这个问题上，至今也仍然存在争议。

2. "教科书体系"权威地位的破除对于马克思主义哲学史研究的意义。这种破除的意义在于，既然源自前苏联的"教科书体系"不再是唯一正确的马克思主义哲学解释版本，那么它唯一嫡传的地位也就不复存在，也就不再具有排斥其他马克思主义流派的合法性，马克思主义哲学史研究

① 张国祺：《马克思主义哲学体系在我国的由来和发展》，载《西南民族大学学报（人文社科版）》2003 年第 7 期；刘井山：《哲学教科书板块结构源头考辨》，载《台州学院学报》2006 年第 8 期。

② 李德顺：《面向 21 世纪的哲学新形态》，载《哲学动态》2000 年第 2 期。

的空间就可以拓展开来。尽管在马克思主义哲学史学界 80 年代就有"一源多流"的提法，学者们对于西方马克思主义学派的研究，对实践唯物主义的追根溯源，也都是基于对苏联马克思主义哲学体系的不同认识展开的，但这场主要发生在马克思主义哲学原理研究领域的大讨论对于马克思主义哲学史这方面研究和认识的总结与认同意义，还是十分重大的。

（二）"一源多流"与形态研究

"苏联模式"在马克思主义哲学史研究问题上，显然是坚持"一线单传"的观点，即认为列宁是马克思主义的正统传人，斯大林又是列宁的正统传人，至于他们同时代的其他社会主义运动的领袖，则不是反马克思主义的就是非马克思主义的。毛泽东在反对教条主义的过程中，提出了马克思主义中国化的问题，后来又明确地提出各国共产党人在运用马克思主义的时候必须将它和本国实际结合起来，这就在实际上否定了"一线单传"的观点，即运用于不同国家的马克思主义，虽然具有不同国家特色，但并不妨碍它们都姓"马"。不过，毛泽东晚年的错误同样使这一正确的思想没有得到彻底执行。党的十一届三中全会以来，党中央领导集体才真正按照"马克思主义必须同各国实际相结合"的原则认识和处理各国兄弟党的理论和政策。[1] 与此同时，理论界也提出并逐渐认同了"一源多流"说。

马克思主义的"一源多流"早已在各国社会实践和理论发展中成为一个事实。基于这个事实，早在 20 世纪 80 年代关于西方马克思主义的争论中，就有学者把西方马克思主义视为共产主义流派之一，[2] 或者认为要从时代的角度正确评价它[3]，这实际上是提出了"一源多流"的思路。90 年代有学者明确提出了"一源多流"说，认为西方马克思主义中的诸人物及其思想理论，属于马克思主义演进过程中的流派之一。[4] 如果以"一源多流"观点看问题，马克思主义哲学就可以有多种表现形态，马克思主义哲学史领域开始了形态研究。

1988 年，高齐云提出马克思主义哲学体系的发展包括原生形态、次生形态、再生形态，强调探索和阐明马克思、恩格斯创立的原生理论体系，

---

① 吴元梁：《关于我国马克思主义哲学研究状况及若干理论问题的分析》，载《东岳论丛》2004 年第 5 期。

② 《马克思主义哲学研究现状学术讨论会纪要》，载《国内哲学动态》1986 年第 11 期。

③ 张战生：《"西方马克思主义"刍议》，载《马克思主义研究》1986 年第 3 期。

④ 彭赟：《西方马克思主义研究的方法论再思考》，载《南昌大学学报》1993 年第 2 期。

是深化马克思主义哲学史研究的关键。同年，由他主编的《马克思主义哲学体系的原生、次生、再生形态》论文集出版。由广东马克思主义哲学史研究会组织的《马克思主义哲学体系的形成和发展》系列专著也在不断出版之中。近年来，中国社会科学院哲学所马克思主义哲学史研究室也在致力于马克思主义哲学形态史的研究，研究专著即将出版。

（三）马克思主义哲学史形成"各有侧重，齐头并进"研究新格局

突破了传统的单一化研究框架，马克思主义哲学史的研究对象不再局限于马克思、恩格斯、列宁等领袖人物的思想发展，而是将更大范围的马克思主义哲学家的思想纳入其中。在理论视野上，不再只是按辩证唯物主义和历史唯物主义的思维定式来进行研究，而是结合各国的历史现实以及当代人类所面临的生存问题来研究马克思主义哲学在当代各国的发展。于是，马克思主义哲学史"各有侧重、齐头并进"研究新格局逐渐形成。

以广东马克思主义哲学史界和中国社会科学院哲学所马克思主义哲学史研究室为代表的马克思主义哲学形态研究，突破了对马克思主义哲学发展的片面理解，丰富了马克思主义哲学史研究的内容和方法。西方马克思主义、后马克思主义流派研究方面，形成了南京大学、复旦大学和黑龙江大学三大重镇，这三大重镇各有特点：南京大学分兵把口，对西方、后马各个流派代表人物及思想进行了深入研究；复旦大学的西方马克思主义研究较为注重其与西方哲学的联系；而黑龙江大学则比较关注日常生活实践批判和文化批判流派。从研究方法上看，文本研究异军突起，成为当前马克思主义哲学史领域中的一支重要力量。在这方面，北京大学强调文本研究史的清理，中央编译局则结合马恩历史考据版（MEGA2）的编译和出版工作进行研究，中国社会科学院哲学所马克思主义哲学史研究室在针对文本进行理论梳理和阐释上占有优势。

二　坚持马克思主义中国化研究路向，不断推出中国化马克思主义新成果

中国特色社会主义理论是改革开放以来马克思主义中国化的重大理论成果和实践成果。当代中国特色社会主义建设是以马克思主义为指导的，而马克思主义在建设中国特色社会主义事业中不断充实新的内容，形成中国化马克思主义的新成果。中国特色社会主义理论包括邓小平理论、"三个代表"重要思想和科学发展观等主要内容。

（一）邓小平理论

邓小平理论是马克思主义基本原理与中国实际相结合的第二次飞跃，是改革开放以来中国化马克思主义的最大理论成果。

1. 邓小平理论的基本内容。在新的历史条件下，邓小平等中国领导人要解决的是马克思主义基本原理如何同中国社会主义建设相结合的问题。他在理论上的主要贡献是提出"什么是社会主义，怎样建设社会主义"的问题。在这个过程中，邓小平进一步提出了"革命和建设都要走自己的路"的思想；提出了"有中国特色的社会主义"的新概念和新理论；进一步阐明了"解放思想，实事求是"的党的思想路线；回答了"什么是毛泽东思想"和"什么是马克思主义"的问题；解决了如何把握当代中国国情、马克思主义与时代特征、时代精神、时代变化相结合等问题。

2. 邓小平理论符合马克思主义哲学基本原理。首先，邓小平的哲学基础符合马克思主义哲学基本原理。解放思想与实事求是的统一，是邓小平理论的精髓，也是它的哲学基础。邓小平强调解放思想是实事求是的前提和条件，而实事求是则是思想解放的基础、出发点、归宿和衡量标准，从而把二者辩证地结合在一起。实事求是坚持了马克思主义哲学唯物主义原则，而解放思想则体现了对主观能动性的重视。其次，邓小平理论的具体内容符合唯物辩证法。它对于"一个中心"、"两个基本点"关系的论述，关于改革、稳定和发展关系的论述，关于"两手抓"、"两手都要硬"的论述，都充满了唯物辩证法"两点论"同"重点论"相统一的精神。

3. 邓小平理论对唯物史观的贡献。首先，邓小平把马克思主义唯物史观贯彻到底，指出社会主义的本质是解放和发展生产力，以是否有利于解放和发展生产力作为评判我们工作的根本标准，并以此为中心创立了中国特色社会主义理论。这是对唯物史观的重大贡献。其次，在评价毛泽东同志的问题上，邓小平认为评价历史事件和历史人物最重要的原则是实事求是；评价历史事件和历史人物的正确与否，功与过的重要标准就是看其在历史运动中起了什么样的作用。他的这些思想都是对唯物史观的运用和体现。

（二）"三个代表"重要思想

江泽民同志指出："要把中国的事情办好，关键取决于我们党。只要我们党始终成为中国先进社会生产力的发展要求、中国先进文化的前进方向、中国最广大人民的根本利益的忠实代表，我们党就能永远得到全国各族人民的衷心拥护并带领人民不断前进。"这一重要论述是对邓小平理论的继承与发展，是对马克思主义哲学的具体运用和实施。"三个代表"从它三个方面的规定性中体现出马克思主义哲学的基本原理。首先，始终代表先进生产力发展的要求，是建立在马克思主义生产力决定生产关系，经济基础决定上层建筑这一历史唯物主义基本原理上的。它同时也是对邓小平关于生产力思想的发展。其次，始终代表先进文化的前进方向，是社会意识对于社会存在具有反作用这一历史唯物主义原理的运用。它也是对邓小平精神文明建设理论的一个接续。再次，始终代表中国最广大人民的根本利益，是对马克思主义群众史观的坚持，也是对邓小平群众路线的一个发展。"三个代表"是有机统一、相辅相成的辩证统一体，三者相互联系，相互促进，互为因果，统一于有中国特色社会主义的伟大实践之中。

(三) 科学发展观

党的十六届三中全会明确提出，要树立和落实科学发展观，即"坚持以人为本，树立全面、协调、可持续的发展观，促进经济社会和人的全面发展。"科学发展观是运用马克思主义的世界观和方法论深刻剖析当代世界与中国的发展态势，全面总结我国改革开放和现代化建设的历史经验而提出的重要战略思想。科学发展观进一步回答了什么是发展、为什么发展、怎样发展的重大问题，赋予马克思主义关于发展的理论以新的时代内涵和实践要求，进一步丰富了中国特色社会主义理论，是对马克思主义哲学理论的重要发展，是中国化马克思主义哲学的最新成果。

首先，辩证唯物论是科学发展观的哲学基础。在科学发展观中，全面、协调、可持续三者是互相联系，相辅相成的，全面发展为可持续发展创造条件，可持续发展为全面发展奠定基础，协调发展体现在全面发展与可持续发展中。这充分表现了辩证唯物主义关于发展的观点，联系的观点，"两点论"和"重点论"相统一的观点。

其次，唯物史观是科学发展观的理论前提。科学发展观"以人为本"的思想充分发挥了唯物史观关于社会历史主体的观点；可持续发展理论则体现了唯物史观关于自然的人化和人化的自然的观点。

三　尊重历史，开创马克思主义哲学研究的新范式

马克思主义哲学史是一门历史学科，尊重历史是它的题中之意。21 世纪以来，关于马克思主义哲学研究方法和范式的讨论，历史研究对于马克思主义哲学史研究的意义又浮出水面。无论是作为经验总结提到这个问

题，还是把它作为学科发展新的生长点提到它，都表明了历史方法对于马克思主义哲学史研究的重要性。

1. 作为经验总结的"尊重历史"。有学者指出"马克思主义哲学史这一学科最重要的历史经验就是尊重历史，尊重马克思主义哲学近160年来形成、发展和创新的历史。"从接下来的叙述中，我们知道他在这里所指的，是马克思主义哲学形成、发展的背景历史，或者说是作为马克思主义哲学形成、发展背景的实际历史。接着，他提出并论证了这样几个命题：尊重历史，就是要尊重马克思主义哲学发展史一脉相承和与时俱进的特点；尊重历史，就是要尊重历史发展的总趋势，不割裂历史，也不要只顾及历史的支流和曲折；尊重历史，就是要认真研究不同时期的文献和文本；尊重历史，就是要尊重历史的选择和人民的选择。① 不难看出，尊重实际历史，尊重文献文本，就是实事求是，坚持历史研究的唯物主义前提；而尊重历史发展的总趋势和马克思主义哲学史的一脉相承和与时俱进，就是尊重历史发展规律；而尊重历史的选择和人民的选择，反映的是唯物史观的历史主体思想。因此，"尊重历史"的基本含义就是坚持唯物史观。

与以上观点极为相似的一种看法认为，孙伯鍨、陈先达的马克思主义哲学史研究中所贯穿的方法，就是坚持历史唯物主义观点，即在马克思主义思想史研究中自觉贯彻实事求是的要求，客观地、历史地、具体地看待马克思等经典作家哲学的真实发生过程。② 这种方法的特点在于：第一，自觉地接受马克思主义哲学原理的方向指引，但不将原理预设为马克思主义哲学史发展的目的，要求在对具体文本的解读中历史地呈现原理的形成发展和成熟的轨迹；第二，以既有宏观史研究成果为基础，通过对所有文本的深入解读，具体地、历史地描绘出经典作家思想发展的微观史历程，并以这种微观史成果修正、补充、完善宏观史逻辑；第三，充分吸收借鉴政治经济学、科学社会主义等相关学科的研究成果，在经典作家思想发展的完整图景上追踪经典作家哲学思想发展的客观进程，并对哲学思想发展的内在机制进行科学的推断；第四，充分吸收苏东理论界的研究成果，同时以一种开放的、兼收并蓄的姿态面对西方学界的理论挑战，在平等的对

---

① 庄福龄：《尊重历史，深化马克思主义哲学史研究的一个基本原则》，载《河北学刊》2007年第4期。

② 张一兵：《何以真实地再现马克思主义哲学的发生史？》，载《学术月刊》2005年第10期。

话与科学的批判中扬弃后者的挑战,从而使真理在辩论中越辩越明,赢得更多的群众。①

2. 对马克思主义哲学史研究方法的反思和探讨。有学者提出,"以往的实践证明,妨碍我们正确理解马克思哲学思想形成真实面貌与过程的因素,主要不是某些外在的因素,也不是文献的掌握研究不够,而是不正当的研究方法对解释者造成的内在强制,比如,原来我们一直认为马克思主义哲学有某个现成的体系,哲学史的任务就是在历史中找到这个体系,论证这个体系,这种方法就是学界共知的"原理反注原著法"。② 在对马克思主义哲学史的反思中,有学者认为任何历史表述都存在叙事问题,即从特定的认识论、审美和道德结构来表述对历史的理解,叙事问题也即意识形态问题。③ 有的学者则认为必须反对一种预设论历史观。④ 有的学者则把以往马克思主义哲学史研究的主要范式归结为"神学叙事",从历史线索"世系化"、历史内容"两极化"、历史进程"目的化",历史叙事"政治化"等四个方面分析了这一研究范式的具体表现。⑤ 这个研究范式集中体现了"苏联模式"对我国马克思主义哲学史研究的影响。

3. 走出"神学叙事",建构历史科学研究新范式。在对马克思主义哲学史研究方法的反思中,学者们提出了不同的建构方案。有的学者认为,马克思主义作为历史科学,它坚持现实与理论之间的辩证法,并因此保持对自身意识的自我批判,从而借由历史叙述与研究方法之间的张力通往历史科学,马克思主义哲学对叙事问题的解决方案,亦应构成马克思主义思想史研究反思的基本依据。⑥ 有的学者提出了"内在历史发生学"方法,

---

① 张亮:《马克思主义哲学史研究中的四种关系简论——兼评孙伯鍨、侯惠勤主编〈马克思主义哲学的历史与现状〉》,载《哲学动态》2006 年第 1 期。

② 刘怀玉:《深入探寻马克思哲学思想原创的差异化踪迹》,载《学术月刊》2005 年第 10 期。

③ 胡大平:《从意识形态到历史科学:穿越马克思主义哲学史的"叙事"难题》,载《南京社会科学》2005 年第 12 期。

④ 唐正东:《从预设论到内生性历史发生学:马克思主义哲学史研究方法反思》,载《学术月刊》2005 年第 10 期。

⑤ 姚顺良:《走出"神学叙事",建构历史科学——论马克思主义哲学史学科的科学化要求及其历史限度》,载《社会科学论坛》2005 年第 12 期。

⑥ 胡大平:《从意识形态到历史科学:穿越马克思主义哲学史的"叙事"难题》,载《南京社会科学》2005 年第 12 期。

即不以目的论的方式预先设定一个理论支点，而是在深层文本分析中揭示出马克思主义哲学史的内在逻辑。这是一种彻底实证的文本分析法。同时，他还提出应该区分无法避免的"前见"、"前理解"对学者的控制与学者通过预设历史观对思想史本身的控制。① 可以说，学者们基本形成了推动马克思主义哲学史研究范式的转换，构建历史学科的共识。

四　问题与展望

马克思主义哲学史作为一门年轻的学科，存在一些问题在所难免；对于这门朝气蓬勃、充满活力的学科而言，这些问题终将成为它继续向前发展的契机。

（一）问题

针对马克思主义哲学史研究建构历史学科研究新范式的要求，当前我国马克思主义哲学史研究应注意以下问题：

1. 正确处理意识形态性与学术性的关系。毋庸讳言，马克思主义哲学史同其他任何历史学科一样，无法完全摒弃其意识形态性。但这种意识形态性不是外在强加的，而是马克思主义哲学及其形成发展史内在包含的。也就是说，我们在研究中不能把先入为主的意识形态强加给它，通过研究揭示出其意识形态性则是另外一回事。

2. 正确处理文本研究与理论阐释之间的关系。必要的文本研究是理论阐释的前提条件，但文本中所包含的理论阐释线索是无穷的，在这个问题上应该注意努力建设整体观点；同时，理论阐释可以无穷循环，这种过度阐释是十分有害的，在这种情况下应该注意根据文本的实际理论背景对阐释加以限制。

3. 正确处理历史与逻辑的关系。正如意识形态性不是外在强加的一样，历史发展的逻辑也并非是外在强加给历史的。在历史研究中，应该避免"逻辑前见"，要在对历史文献、历史发展的具体过程的研究中去揭示历史的逻辑。在这方面，要注意对作为马克思主义哲学发展背景的社会历史进行深入、细致的考察，揭示出马克思主义哲学发展过程中的各个阶段、各种形态的特点，凸显出马克思主义哲学演化的内在逻辑。

---

① 唐正东：《从预设论到内生性历史发生学：马克思主义哲学史研究方法反思》，载《南京社会科学》2005 年第 12 期。

4. 正确处理理论与实践的关系。当前我国马克思主义中国化研究已经取得了丰硕成果，但社会主义实践的不断发展仍然要求理论上的支持。在这个问题上应该注意到理论与实践的非同步性、异质性，对于某些发展尚不明朗的实践经验不要急于概括；另外还要注意理论引导作用是否切合实际，力求理论创新能够适应和满足实践发展的需要。

（二）学科发展展望

作为一门年轻的学科，马克思主义哲学史研究还刚刚起步，它还有巨大的发展空间。仅就基础研究而言，它可以进一步拓展的研究领域主要有以下几个：

1. 马克思主义哲学职业哲学家思想史。职业哲学家是指不兼具无产阶级政党领袖人物角色的哲学工作者群体中的代表人物，他们的存在是马克思主义哲学发展史上的事实，他们在拓宽、深化马克思主义哲学研究领域、提出新观点、新理论方面都提供了极有价值的理论成果，理应成为马克思主义哲学思想的一个组成部分。

2. 马哲史学研究。这个研究领域把马哲史学作为研究对象，阐述马哲史学本身的形成和发展，进一步探讨研究马哲史学科的理论、原则和方法。

3. 西方马克思主义哲学研究。这方面的研究已经展开，今后则要求对其作更全面、更系统、更深入的考察、研究，要通过这一方面的研究揭示西方工业发达资本主义国家在 20 世纪发展演变中对马克思主义哲学提出的问题，探寻马克思主义哲学在西方发达资本主义国家中的传播规律。

4. 西方马克思学研究。马克思主义哲学在 20 世纪大半个世纪中的广泛传播，在西方哲学、社会学等学术界引起过巨大反响，形成了西方马克思学。研究西方马克思学有助于我们从当代理论思想实际出发去研究马克思主义哲学。

5. 马克思主义哲学和科学社会主义实践。历史地考察马克思主义哲学和科学社会主义实践的互动关系，分析和总结第一个社会主义实践模式失败的哲学根源，研究当代社会主义实践对马克思主义哲学的要求。

6. 继续进行马克思主义哲学中国化的研究，结合实践发展开创中国化马克思主义新形态。

马克思主义哲学史建构历史科学的内在要求，结合它发展的巨大空间，必将为它带来更加丰硕的成果。

第三章

中国哲学史

中国哲学史学科，是在现代条件下形成的现代学科，在一定意义上，中国哲学史学科已经成为现代学术成立的一个标志，成为中国现代学科的重要组成部分。回顾中国哲学史学科的形成和发展，我们发现，它总是与不同时代的思想和学术的发展紧密相关，它所提供的知识和理论，总是密切关注着中国的问题和中国文明的命运。在新时期的 30 年里，中国哲学史学科如同中国自身的发展一样，取得了巨大的进步，同时也面临着新的挑战。回顾和总结这 30 年的学科发展史，一定会为学科今后的发展提供新的动力和支点。

第一节　基本状况及其特点

直至新时期的开始，中国哲学史这个学科显然已经经历了两个阶段的发展。根据任继愈先生的说法，"真正用科学方法来研究中国哲学史，应当说是从 1949 年开始的。"在此之前，"中国哲学史虽在大学及学术界有此一门科目，但是没有能够成为一门科学"。① 无论我们是否接受这种关于"科学的中国哲学史"的看法，我们都必须承认，中国哲学史的发展存在着如上两个阶段，而新时期的开始则宣告着另一个阶段的开始，直到目

---

① 任继愈：《学习中国哲学史三十年》，《中国哲学史论》，上海人民出版社 1981 年版，第 1、3 页。

前，我们似乎还难以为这个阶段的发展画上一个休止符，还难以找到确认这个时代结束的划时代象征。

如果我们为新时期的中国哲学史学科确定一个开端的话，那么，1979 年 10 月于太原举行的"中国哲学史方法论问题讨论会"或许庶几可以当之。这次会议是冲破关于哲学史定义上的教条主义，总结 1957 年以来中国哲学史研究教训的一次会议。在这次会议上，中国哲学史开始以"科学"的名义，实事求是地面对中国哲学史发展的实际，逐渐进入全面而如实地理解和总结中国哲学史的历史成果和理论智慧的阶段。中国哲学史学科在新时期里获得了前此阶段未有过的大发展。

在新时期的三十年中，中国哲学史学科逐渐发展出了多样化的学科动力，展现出了多样化的学科形态，与现实的关联也具有了多样化的方式和途径。首先作为一门理论学科，中国哲学史的发展始终没有外在于时代的发展，始终参与着时代课题的讨论。对实践中面临的重大理论问题，从自己学科的角度，不断提供着自己的方案和思考。其次作为一门历史学科，中国哲学史不断拓宽历史的视野，不断扩大研究的内容和范围，不断从"哲学"的视角加深着我们关于中国思想史的认识，不断提供着中国哲学史的新知。同时，作为一门实证性较强的学科，近年来，出土文献的问世和解读以及传世文献的整理与汇编，在资料的充实与扩展方面，不断刺激着中国哲学史学科突破既有认识范式，迫使中国哲学史的许多段落和许多问题被改写。此外，中国哲学史学科又是一门具有跨学科性质的学科，始终存在于学科发展内部的哲学性与历史性之间的张力关系，实际上成为积极推动学科发展的又一动力，在学科研究方法上不断推陈出新。总而言之，或许是由于中国哲学史学科在其形成和发展中形成的这些特质，或许是由于中国现代化的展开对中国哲学史知识的复杂要求，中国哲学史学科的发展始终处于一个动态发展的过程当中，其学科的边界和学科的自我意识不断处于调整和创新当中，呈现出指向未来的多种可能性。

经过了新时期近三十年的发展，中国哲学史学科取得了大量的学术成果。对中国哲学史上重要哲学家和重要流派基本上都做了较为深入的研究，不仅对经学、玄学、佛教、道教、理学以及现代哲学等多个领域都创作出一大批能够代表时代的作品，而且也涌现出一大批在国际学界知名的学者；对中国哲学史上的每一个断代，都展开了较为详尽的研究，为做出能够满足时代要求的断代史和通史著作奠定了基础。在这三十年里，通史著作的写作，是一个亮点，老一辈学者如冯友兰、张岱年、冯契等厚积薄发，其毕生对中国哲学史的通贯性研究，也大都在这个时代里结出硕果。同时，由于出土文献的问世和研究，对先秦学术思想的认识，在这三十年里，特别是近年来，获得了突破性的进展，简帛学成为本学科中持续的学术热点。在这三十年里，一个重要的现象是与海外中国哲学史研究的广泛交流。通过与海外学者的接触，不仅拓宽了中国哲学史研究的视野，学习到了从他者的眼光看待自身的方式，而且也使中国的中国哲学史走向了世界。在与海外学界的广泛交流中，最为引人注目的成就，或许可以首推关于海外新儒家的研究，通过对海外新儒家的研究，在中国哲学史内部建立起了一个新的分支学科，使现代新儒家的研究成为中国哲学史研究中的新的显学。此外，随着中国哲学史研究的深化以及与海外学术的交流，原本从属于中国哲学史的学科的宗教研究，如佛教和道教研究，逐渐发展出了与研究对象相匹配的方法意识，开始形成了自己的学科规范，这些发展都反过来丰富了已有的中国哲学史内部的宗教思想研究，形成了关于宗教研究的多元态势。

随着领域、议题、材料、方法的大发展，中国哲学史学科内部也呈现出多样化的学科自我理解，逐渐展现出多样化的学科形态。如果 20 世纪 80 年代是一个思想的年代的话，那么在当时关于中西古今之间的"文化"问题的讨论中，中国哲学史学科责无旁贷地参与其中，不仅在学术上成为讨论中重要的思想资源，而且在思想立场上也贡献出诸多具有高度思想性和现实性的观点。80 年代的中国哲学史研究具有鲜明的思想气息。自 90 年代以来，学术史、思想史研究的兴盛，对中国哲学史研究的既有范式构成一定冲击，同时，随着解释学思潮影响的逐渐深化，关于"哲学"的理解也发生了变化，关于中国哲学史学科的反思意识开始出现。这些反思一方面丰富了中国哲学史学科的自我理解，构成了中国哲学史学科多元化发展形态的内在动力，另一方面也为中国哲学史未来的发展开拓了更多的思想空间与学术可能性。我们相信，学科反思作为学科发展的环节，最终一定会合题到中国哲学史学科的历史传统当中，为中国哲学史研究在新世纪的进一步发展奠定扎实而广阔的基础。

第二节　基础理论研究、学术热点和理论创新

一　三十年来中国哲学史的基础研究和学术热点

(一)　通史研究

1. 冯友兰《中国哲学史新编》

在 20 世纪 80 年代出版的诸多以马克思主义为指导的中国哲学史通史类的著作当中，冯友兰先生的《中国哲学史新编》是最为重要的一部，也是争议最多的一部。

冯友兰先生在 1949 年以后就开始试图用马克思主义的观点来重新研究中国哲学史，并已出版了两册《中国哲学史新编》。但由于受到"文化大革命"的影响，直到 80 年代以后，冯先生才开始陆续修订、续写了新的《中国哲学史新编》。前六卷由人民出版社于 1989 年出齐，第七卷于 1991 年由台湾蓝灯文化事业股份有限公司出版，1999 年广东人民出版社以《中国现代哲学史》为名出版。冯友兰先生在全书的自序当中说："中国是古而又新的国家。《诗经》上有句诗说：'周虽旧邦，其命维新。'旧邦新命，是现代中国的特点。我要把这个特点发扬起来。我所希望的，就是用马克思主义的立场、观点和方法重写一部《中国哲学史》。"① 七卷本《新编》的修订、写作，耗尽了冯先生生命的最后十年，是冯先生晚年对中国哲学发展所做的巨大贡献。

学术界普遍认为，《新编》与 20 世纪 30 年代出版的《中国哲学史》相比，有两个显著的特点。第一，是以一般和特殊问题为基本线索，认为中国哲学史有一条贯穿始终的线索，就是共相和殊相、一般和特殊的关系问题。过去冯先生只是在讲宋明理学的程颐、朱熹时讲到这个问题，没有贯穿到整个哲学史，冯先生认为写《新编》则将这一点看得更加清楚了。第二，把考察中国哲学的精神境界作为一个基本着眼点。冯先生认为，哲学就是人类精神的反思，哲学的作用就是能够提高人的精神境界，中国哲学在这个方面对人类文明有较大贡献，所以应该特别加以阐扬。②

关于《新编》的评价，学术界有不同的看法。一是认为《新编》在某

---

① 冯友兰：《中国哲学史新编》第一册，人民出版社 1982 年版，第 1 页。
② 陈来：《现代中国哲学的追寻》，人民出版社 2001 年版，第 310、335 页。

种意义上是向 40 年代的回归。如蔡仲德指出，冯先生在"文化大革命"结束后"逐步作到'不依傍别人'，而作出自己的结论，且在学术与政治两方面都敢于提出新见。故他对马克思主义既有所取，也有所弃，对自己1949 年前的思想既有所改变（如由'理在事先'改为'理在事中'），也有所发展（关于玄学、佛学与道学），而其根本思想则是回到 1949 年前（如重新肯定道学，肯定公私之分、义利之辨，肯定'天地境界'）"。① 陈来也认为，《新编》显示出"新理学的思想重新成为他的中国哲学史研究的哲学基础。"②

第二种观点认为《新编》代表了冯友兰先生学术思想的最高成就。如张岱年先生指出：冯先生在"95 岁高龄写完了《中国哲学史新编》七卷本，这是难能可贵的。这部《中国哲学史新编》确实达到了中国哲学史研究的最新水平。"③任继愈先生也说："海外学人多欣赏《贞元六书》，而不大理解《中国哲学史新编》。冯先生的学术实践表明他更倾注于《中国哲学史新编》。《中国哲学史新编》不但凝聚着他的学术成果，也寄托着他对中国文化开拓的希望。晚年的冯先生更加坚信唯物主义，思想也更成熟"④。"《新编》对冯先生来说，可以认为是他把自己的哲学史研究推向了一个新的境界。他用历史唯物主义观点，打破多年来陈陈相因的旧成说，提出自己的创见。"⑤

第三种观点则以一些海外学者为主，对《新编》持否定的态度。

在这三种不同的看法和评价当中，第二种观点代表了大陆学术界的主流看法。冯先生晚年以惊人的毅力完成了七卷本《中国哲学史新编》，支持他的依然是"旧邦新命"的使命感。冯先生说："在振兴中华的伟大事业中，每一个中华民族的成员，都应该尽其力之所及做一点事。我所能做的事，就是把中国古典哲学中的有永久价值的东西，阐发出来，以作为中

---

① 蔡仲德：《论冯友兰的思想历程》，载台北《清华学报》新二十五卷第二期，1994 年；收入蔡仲德编：《冯友兰研究》，国际文化出版公司 1997 年版。
② 陈来：《现代中国哲学的追寻》，人民出版社 2001 年版，第 310 页。
③ 张岱年：《怀念冯友兰先生》，冯钟璞、蔡仲德编：《冯友兰先生百年诞辰纪念文集》，清华大学出版社 1995 年版，第 3 页。
④ 任继愈：《总结往史，留待后人》，冯钟璞、蔡仲德编：《冯友兰先生百年诞辰纪念文集》，清华大学出版社 1995 年版，第 7 页。
⑤ 任继愈：《冯友兰先生在中国哲学史领域里的贡献》，陈岱孙等著：《冯友兰先生纪念文集》，北京大学出版社 1993 年版，第 97 页。

国哲学发展的养料，看它是否可以作为中国哲学发展的一个来源。我认为中国古典哲学中有些部分，对于人类精神境界的提高，对于人生中的普遍问题的解决，是有所贡献的。这就有永久的价值。这就是我为振兴中华所要做，所能做的事。这不是为中国哲学的发展定基调，也不是为中国哲学的发展预制部件。这是为中国哲学的发展提供营养品。"①

冯友兰先生作为 20 世纪中国哲学史研究领域成果最为丰富、影响最为深远的一位哲学家，这段话是他对中国哲学的价值以及七卷本《新编》价值的阐发与总结。《新编》为中国哲学史的研究创立的新的范式，是三十年来中国哲学史研究领域所取得的最为重要的成果。

2. 冯契《中国古代哲学的逻辑发展》

冯契先生的中国哲学史研究著作，主要是 20 世纪 80 年代出版的《中国古代哲学的逻辑发展》上中下三册以及《中国近代哲学的革命进程》，四册总计约百万言。

冯契先生的中国哲学史研究，是按照马克思主义的基本原理和方法研究中国哲学史的典型论著。冯契先生的中国哲学史研究的特点，就是注重中国哲学的"逻辑发展"。这在方法上首先是强调运用马克思主义历史与逻辑相统一的方法。此外，这也与冯契先生重视逻辑学有关。冯契说："几千年的哲学史非常丰富。自然哲学和历史哲学中包含着很多有价值的猜测，但总体来说是虚构；哲学史的主要成果是辩证法和逻辑学。一个时代的哲学发展到什么水平，就看它在解决思维和存在关系问题上达到什么水平，这就是辩证法问题，当然主要是指唯物主义基础上的辩证法。"②在这样的看法之下，冯契不同意一些学者认为的中国传统哲学不重视逻辑学与自然哲学的研究。相反，冯契借助李约瑟与爱因斯坦的一些观点，认为中国传统哲学比较早地发展了辩证逻辑和辩证法的自然观（气一元论），并有较大的成就。这是中国哲学的一个显著的优点。

冯契在《中国近代哲学的革命进程》的"后记"中对他的中国哲学史研究有一段总结：

"我为'古代哲学'和'近代哲学'取了不同的书名：一叫《逻辑发展》，一叫《革命进程》。这是因为，虽然两书都是运用逻辑和历史统一的

---

① 冯友兰：《三松堂自序》，三联书店 1984 年版，第 370 页。
② 冯契：《中国古代哲学的逻辑发展》上，上海人民出版社 1983 年版，第 29 页。

方法，但所取视角稍有不同，选材颇有些差别。在古代，我比较注重把握哲学家的体系，把它们放在当时历史条件下进行分析，以揭示其中所包含的认识环节，前后联系起来考察其逻辑发展。在近代，由于现实经历着剧烈变革，思想家们一生变化较大，往往来不及形成严密的哲学体系。因此，我认为对近代哲学不要在体系化上作苛求，而应注重考察思想家们在一定历史阶段上的独特贡献，看他们在当时提出了什么新观念来反对旧观念，从而推进了中国近代哲学的革命进程。不过，两书还是前后衔接，一以贯之的。'哲学是哲学史的总结，哲学史是哲学的展开'是其共同的指导思想。把两书视为'哲学的展开'，贯穿在其中的基本原理，就是我所理解的马克思的实践唯物主义的辩证法，同时也是中国传统哲学合乎逻辑的发展的产物和中国近代社会变革在哲学理论上的集中表现。"①

3. 任继愈《中国哲学发展史》

任继愈先生主编的《中国哲学发展史》也是 80 年代以来出版的较有影响的一部中国哲学史著作。全书预计共有七卷，现已出版了四卷，即先秦卷（1983 年）、秦汉卷（1985 年）、魏晋南北朝卷（1988 年）和隋唐卷（1994 年）。

任继愈先生在 60 年代就为高校教学而主编了一套四卷本的《中国哲学史》。但由于时代所限，此书还有很大的不足。进入 80 年代以后，随着时代的变化、认识的发展，任继愈先生认为，应该"力图运用马克思主义的指导原则"，"对中国哲学史的发展作一次严肃认真的探索"，写出"比二十年前出版的四卷本的教科书更详尽的哲学史专著来。"②

由于经历了六七十年代中国哲学研究领域的风云变化，任继愈先生在书中特别重视中国哲学史的研究方法，即在把马克思主义的历史唯物主义的基本原理和方法同中国哲学的实际相结合的基础之上，强调不能根据今天的某种需要去塑造哲学家的形象，不能把唯物唯心之间的对立绝对化，绝不能在唯物论与进步、唯心论与反动之间画等号，这些看法看似平实，但都是老一辈学者在经历了"文革"之后痛定思痛的切身感受。

本书的一个显著特点是占有资料详尽，论述充分。任继愈先生特别强调要详细地占有历史资料，认真地进行审查和鉴别，而不是根据主观的需

① 冯契：《中国近代哲学的革命进程》，上海人民出版社 1989 年版，第 600 页。
② 任继愈：《中国哲学发展史》先秦卷，人民出版社 1983 年版，第 3 页。

要去剪裁历史事实。正是在充分占有资料的基础之上，本书对《庄子》书中的两种思想矛盾，对"思孟学派"的考辨等学术界争议的问题，提出了独到的看法；对新发现资料在哲学史上的地位和意义，及时作深入的研究，如对马王堆《黄老帛书》与汉代黄老学的研究；对有些写成时代虽然较晚，但所反映的观念时代甚早的一些资料，也能作出客观的分析和运用，如对汉魏时期流行的早期宗教、神话、传说等文字，结合民族学、人类学以及考古资料，均可证明这些资料有一定的历史依据，据此可以对原始社会人类思维作一些研究。正是由于这些原因，本书在同类的中国哲学史著作中，是分量最大的一部。

80 年代以来，大陆的中国哲学史研究逐渐开始摆脱教条的、僵化的划分阶级成分、唯心唯物的争论，研究开始走向正轨，同时又受到海外中国哲学史的研究以及西方哲学的影响，中国哲学史研究领域和方法逐渐多元，在中国哲学史通史类的著作当中，还出现了大量以学派、思潮、问题为中心的著作。其中影响较大的有两类著作。

第一是中国哲学范畴史的研究。从 80 年代开始，受西方语言哲学和分析哲学的影响，大陆学界也开始重视中国哲学范畴的研究，试图为中国哲学史的研究开辟一个新的领域，并有一些有价值的成果问世，主要有张岱年先生的《中国古典哲学概念范畴要论》、方克立《中国哲学史上的知行观》、蒙培元《理学范畴系统》、张立文《中国哲学范畴发展史》、葛荣晋《中国哲学范畴史》以及张立文主编的"中国哲学范畴精粹丛书"等。其中以张岱年先生的著作为代表。张先生在 20 世纪 30 年代出版的《中国哲学大纲》就是以问题为纲的一部中国哲学史著作，其中就有关于中国哲学基本范畴的论述。1989 年，张先生又出版新作《中国古典哲学概念范畴要论》，将中国古代哲学史上各学派的主要哲学范畴分为自然哲学概念范畴、人生哲学概念范畴和知识论概念范畴三大类，并对各个范畴的历史发展作了简要的论述。

第二是多部中国学术史著作的出版。学术史不同于哲学史，但由于中国古代思想文化的特殊性，中国古代哲学史与思想史、学术史历来就有着密切的关系，而且哲学史也是学术史研究的核心内容。九十年代以来学术史研究的兴起，从一个侧面也可以反映出中国哲学史研究的进展。

学术史研究的兴起，除了 90 年代以来思想学术界的转向以外，还主要有两个方面的原因。其一，近二三十年来，大量新出土的简帛的研究，对历史学、古文献学等相关学科有很大的推进，使我们对古书、古史都有了新的认识，由此学者们开始反思晚清以来的疑古思潮，尤其是古史辨派，认为"疑古"在古书辨伪方面造成很多"冤假错案"，对古史否定太多，因此学界提出了"走出疑古时代"的口号，要重新正确估价中国古代文明。伴随着"走出疑古时代"，是要重写学术史。李学勤先生说："大量的宝贵发现，使晚清以来在疑古思潮影响下形成的好多学术史观点顿时不能成立了。过去被认为没有什么可供论述的，如孔孟之间的儒学、黄老一派的道家、数术与兵阴阳家等等，都有了足以凭信的材料。涉及先秦'枢纽时期'的学术问题，很自然地又影响到对秦汉以下各代学术流变的看法"。①正是由于这种看法，重写学术史就是很必要的了。李学勤先生主编的《中国学术史》，计划七卷十一册，目前已出版了三国两晋南北朝卷和宋元卷。近来又新出版的尹继佐、周山主编的八卷本《中国学术思潮史》，也是在这一大的背景下出现的新作。其二，是试图对中国哲学合法性问题的超越。在中国哲学的合法性问题讨论中，张立文提出要超越合法性问题，对中国哲学、思想、宗教、学术不能"照着"西方讲，也不能"接着"西方讲，而是应该创造性地"自己讲"、"讲自己"，直接面对中国传统学术本身，讲述中国学术自身的话题，由此他主编了六卷本的《中国学术通史》，就是试图从中国传统学术发展的脉络本身入手，讲述中国学术本身，以克服对西方的盲目随从，以此来开显中国学术以及中国哲学的创新能力。

尽管中国哲学史与思想史、学术史一直是既有区别且又相互依存，而且这几部学术史著作在研究方法上也力图与中国哲学史划开界线，但由于研究主题有很大的相关性，在 90 年代以来再没有出现有分量的中国哲学史通史类著作的情况下，学术史的兴起与写作，从一个方面反映出中国哲学史研究的动向与进展。

（二）专题研究

1. 以儒家和简帛为中心的先秦哲学研究

先秦哲学是中国哲学的源头，历来受到研究者的高度重视。在文献的梳理考证、学派传承、诸子的哲学思想等方面，不断有新的论著出版，研究在理论、方法、领域等方面都有不断的推进与拓展。从 80 年代的思想

---

① 李学勤主编：《中国学术史》"总序"，江西教育出版社 2001 年版。

解放、传统文化大讨论，到 90 年代以来的国学热、易学热等问题的讨论，焦点都集中在先秦儒家，尤其是孔子。对于孔子的评价与研究，可以大致反映不同时期中国哲学研究的走向。

1980 年代初，在思想界已出现思想解放的大潮下，中国哲学史的研究也开始试图打破禁区和教条，其中对孔子的评价是一个突破口，也最为引人注目。虽然这一时期还有相当的论著仍继续纠缠在孔子思想的阶级属性、唯心唯物的标签问题上，反映出学界在"文革"后心有余悸的谨慎，但已有新的声音开始出现。李泽厚先生于 1980 年发表的《孔子再评价》一文，重新评价了孔子的仁礼思想以及孔子对中华民族文化—心理结构的塑造与影响，在学术界引起了巨大的反响。以孔子研究为突破，学术界出现了大量能够公允、客观并深入研究孔子、儒学以及传统哲学的论著，如匡亚明《孔子评传》、庞朴《中庸评议》、《儒家辩证法研究》等。

进入 90 年代以后，以儒学为主的先秦哲学更是空前地繁荣。1989 年10 月，中国孔子基金会和联合国教科文组织在北京和曲阜联合召开"孔子诞辰 2540 周年纪念与学术讨论会"，时任中共中央总书记的江泽民接见了部分学者并讲话，表明主流意识形态对孔子和儒家的立场已经转变。此外，西化的狂潮已逐渐退去，以传统文化研究为特征的文化保守主义开始升温，在所有这些因素的刺激下，儒学的研究空前高涨。孔子的仁学、孔子在中国文化发展中的地位、孔子思想与现代社会、儒学与马克思主义、儒学与后现代以及儒学与宗教、儒学与生态等，都成为学术界重点关注的问题。

除了孔子和儒家之外，三十年来先秦哲学研究的另一主要线索，就是以出土简帛为中心，不断引发新的热点与争论问题，并把整个先秦哲学的研究推向深入。

1973 年，长沙马王堆汉墓出土了一批帛书，虽然时在"文革"中，但依然受到学术界的重视。从此，帛书的整理与研究一直是学术界关注的主要问题之一。经过三十年的研究，帛书的释读、整理取得了很大成就，帛书《周易》、帛书《老子》、帛书《五行》、帛书《黄帝四经》等与中国哲学史关系密切的古文献，目前都有一部或数部高质量的校释本，为哲学史的研究奠定了非常有利的基础。

在文献整理的基础之上，哲学史的研究也随之取得了很大进展。许抗生《帛书老子注释与研究》、邢文《帛书周易研究》等专著，结合文献学、思想史、学术史的研究，对相关问题作了深入的探讨。庞朴《帛书五行篇研究》，解开了两千多年来聚讼不已的思孟五行说，已为学界基本接受；帛书《老子》与今本《老子》的差异及比较研究，可以使学者更进一步认识老子思想的流传以及儒道关系；马王堆帛书《老子》乙本前面四种古佚书，经唐兰先生考证，就是《汉书·艺文志》所载的《黄帝四经》，也基本为学界所接受，并成为哲学史研究战国至秦汉黄老思想的基本材料。所有这些，都是出土帛书对先秦哲学所产生的巨大影响。

1993 年，湖北荆门郭店又出土了大量竹简。郭店楚简于 1998 年整理发表，主要包括儒家著作 14 篇和道家著作 4 篇。由于这批出土文献的特殊性质，所以受到中国哲学史界的高度重视，成为近十年来先秦哲学研究领域当中的中心问题。

在郭店楚简中，道家文献有《老子》和《太一生水》，前者的字数只占传世本《老子》的五分之二，后者则前所未见，它讲述了一种以"太一生水"为始原的宇宙生成论。儒家文献有《礼记》中的《缁衣》、马王堆出土帛书中的《五行》，以及前所未见的《性自命出》、《唐虞之道》、《穷达以时》、《忠信之道》、《鲁穆公问子思》、《六德》、《成之闻之》、《尊德义》和《语丛》等。对这些文献的成书年代、作者和学派归属的研究，关涉到先秦哲学的思想谱系或逻辑进程以及儒道关系等问题；郭店儒家简的思想内容则为先秦儒学研究别开生面，涉及儒家思想中的一些核心问题。

关于竹简本《老子》与帛书、传世本《老子》的关系问题，是郭店楚简研究中最引人关注、分歧也最大的问题。学界形成几种不同的认识，如有的认为竹简本《老子》是节抄本，在它之前已有与帛书、传世本大致相同的《老子》全本；有的认为早期《老子》的全本就是竹简本，而帛书、传世本则是战国中期的太史儋在竹简本的基础上增扩而成；还有的认为竹简本《老子》是战国中前期流传的《老子》"活页文本"中的一种，帛书、传世本是在这些"活页文本"的基础上重新编辑而成的。中国哲学史研究从一开始就有"孔老先后"问题的争论，以上对竹简本《老子》的不同认识把这一争论发展到一个新的阶段。

竹简本《老子》与帛书本、传世本在思想内容上的一个重要不同，是其中没有激烈反对儒家"仁义"思想的文字。一些学者认为，早期的儒道关系应该据竹简本重新评估；但也有学者认为，竹简本《老子》是经过邹齐儒者改造了的"儒家化"《老子》。这样，对早期儒道关系问题的探讨，也就决定于如何判定竹简本《老子》的性质。

对以上问题的认识，目前尚没有形成比较一致的见解，但其重要性是毋庸置疑的。近一两年，除了继续有这方面的研究性论著外，学术刊物和互联网也发表多篇关于如何认识竹简本《老子》性质的学术综述和评论，这反映了学界对此问题的关注，经过更加深入的比较和分析，可望对这一问题的认识有所进展。

在郭店楚简整理发表后，《上海博物馆藏战国楚竹书》现已陆续出版。在《上博简（二）》中有《民之父母》篇，其内容又见于《礼记·孔子闲居》和《孔子家语·论礼》。此篇有"无声之乐，无体之礼，无服之丧"的表述，这也关涉儒道关系的问题。以前大多认为"三无"的思想是儒家受到道家"无"之本体论影响的结果，但《民之父母》的出现，使学者们更加重视对儒家自身的道德形而上思想的研究。

郭店楚简中的儒家文献，学界一般认为其成书年代在"孔孟之间"，但也有不同观点。因这些文献与孔门七十二子、子思、孟子、《礼记》等等有密切的关系，所以先秦儒学的思想谱系也是学界需要解决而正在深入探讨的问题。

关于"性与天道"，此属儒家的形而上思想，传世的先秦儒家文献虽有之，但为孔子所"罕言"，一般认为至宋明理学才把这一问题突出出来。但郭店楚简中的《五行》、《性自命出》等篇，集中论述的就是"性与天道"。如《五行》篇认为，仁、义、礼、智、圣"德之行五，和谓之德"，"德，天道也"；仁、义、礼、智"四行和谓之善"，"善，人道也"。《性自命出》篇提出，"性自命出，命自天降，道始于情，情生于性"。这些思想与《中庸》、《孟子》对"性与天道"的表述关系密切，属于同一个思想脉络。因此，学界对此问题在先秦儒家思想中所占有的重要地位有了新的认识，并对其丰富内涵给予多层面的阐释。

关于"性与情"的关系，郭店儒家简的"性与天道"思想有一明显特点，即重视"情"，并且重视"乐"的陶冶感化人心的作用。《性自命出》又见于《上博简（一）》，其篇名据内容改为《性情论》。对于"情"的肯定和重视，反映了先秦儒家思想与社会生活和人的内在情感的密切联系，这与汉代以后的"性善情恶"之说和宋明理学的重"性"贬"情"有着不同的思想倾向。因此，"理性与情感"成为先秦儒学研究中的一个重要问题。

关于天人关系，《穷达以时》篇有"察天人之分"的思想，其所谓"天"是指人的时命、际遇，而"人"则指人的德行、能力。"穷达以时"的思想与《中庸》所谓"大德必得其位，必得其禄，必得其名，必得其寿"显然不同。先秦儒学中，孟子强调"性"与"天"合一，荀子主张"明于天人之分"，《穷达以时》的"察天人之分"成为天人关系理论的第三"式"，其间的思想异同和发展脉络是学界所关注和深入探讨的问题。

先秦儒学与经学的关系，以前一般认为儒家的"六经"体系至汉代才形成，但郭店楚简中的《六德》和《语丛一》已将《诗》《书》《礼》《乐》《易》《春秋》并列。郭店简文频繁引《诗》《书》，有的引《书》是引今文《尚书》之外的《逸周书》和《古文尚书》，这为探讨今、古文《尚书》及《逸周书》的关系提供了可贵的新材料。《周易》在郭店简中与其他五部儒家经典并列，这也为探讨《周易》的学派归属以及对马王堆帛书《易传》的研究提供了新的史料。郭店楚简的几篇儒家文献在思想内容和文字上同传世儒家典籍中的《礼记》（包括《大学》与《中庸》）关系最为密切，因而郭店楚简的研究对于重新认识《礼记》各篇的成书年代、作者归属以及礼学的价值带来重要的推动。在《上博简（一）》中有前所未见的《孔子诗论》，学界对于诗学在先秦儒学中的重要地位有了更充分的认识，并且深入探讨了先秦解《诗》的风格与汉代诗学和宋代诗学的异同。

先秦儒学与治道的关系，在郭店楚简中有《唐虞之道》，它集中论述了"禅而不传"的思想，且其把禅让、尊贤与孝悌、爱亲统一起来。此篇认为君位的继承必须禅让，如果传子就不能"化民"。《上博简（二）》中的《子羔》和《容成氏》也是主张"禅而不传"，大意是说"至于禹而德衰"。这与孟子所说禅让与传子"其义一也"以及荀子否认"禅让"说有明显的不同。因此，对于先秦儒学与君主制"家天下"的关系问题，学界已有新的认识。另外，郭店楚简多篇文献的宗旨是讲如何"化民"、"使民"的问题，其中特别强调了君主自身要率先做到"忠信"，君对于臣要"忠敬"，父子关系高于君臣关系，这对于分析、评价儒家的"以德治国"思想和君臣关系理论也提供了新的视角。

2. 经学研究

儒家经学是中国传统学术的主体，经学史的研究，也是中国哲学史研究的重要内容。但在 1949 年以后，由于大环境的变化，经学一般被认为是封建糟粕，因此经学史在很长时间里处于边缘位置，研究基本停顿。

80 年代以后，随着中国哲学史、传统文化研究的深入，人们逐渐认识到经学的重要性与意义。1983 年，上海人民出版社出版了朱维铮选编的《周予同经学史论著选集》，是这一时期出版的有代表性的经学史著作之一。虽然该选集选编的其实是周予同先生从 30 年代至七八十年代的一些论著，但在当时鲜有新的经学史论著出版的情况下，周予同先生的很多观点和看法在相当长的时间里得到学术界的普遍承认。另外，1995年出版的蒙文通文集第三卷《经史抉原》，虽然也是旧刊重印，但由于蒙先生在经学研究领域卓有贡献，文集中的《经学抉原》、《孔子和今文学》等论著，依然在经学史研究以及整个传统思想文化研究方面，产生了很大的影响。

90 年代以后，经学史的研究开始有了新的论著出版，如许道勋、徐洪兴的《中国经学史》、吴雁南等主编的《中国经学史》等经学通史著作，对中国经学的发展作了简要的梳理。除此之外，还出版了一些断代史，如《宋明经学史》（章权才）；专题史，如《朱熹经学与中国经学》（蔡方鹿），等等。这一时期有代表性的经学著作是王葆玹先生的《今古文经学新论》。两汉是经学发展的重要时期，经学研究中的许多争论都集中在这一历史时期。《今古文经学新论》兼用史学考据和哲学分析的方法，对经学的起源、经典系统、流派、人物、哲学思想和政治思想及其争论等经学史上一直有争议的问题，都作了相当深入的研究。可以说，《今古文经学新论》一书是三十年来新出版的一部有价值的经学研究著作，标志着经学研究的最新进展。

进入 21 世纪，经学研究的一个新的发展方向是对经学哲学、经学思想史的研究，并已出版了严正的《五经哲学及其文化学的阐释》和姜广辉主编的《中国经学思想史》第一、二卷（从先秦至唐代）等著作。前一部著作侧重从宏观的角度探讨五经的哲学内涵，而后一部则更加具体、深入，是目前第一部系统的经学思想史著作（后二卷尚未出版）。正如作者所言，经学思想史研究的是经学的价值与意义，这对于深入研究中国传统哲学和文化都有很大的意义，同时也是对以心性为重点的儒家哲学研究的一种纠正。

3. 道家哲学研究

1973 年，长沙马王堆汉墓出土了帛书《老子》等道家文献之后，旋即在海内外引起了关于道家研究的热潮。

80 年代的文化讨论中，李泽厚提出了中国传统文化的"儒道互补"说，将道家在中国传统文化中的地位提到了很高的地位，其说也成为学术界关于中国传统文化基本结构的一般看法。

20 世纪 90 年代，道家哲学在中国传统文化研究领域又引起了相当广泛的讨论。1989 年，《哲学研究》第一期发表了陈鼓应《〈易传·系辞〉所受老子思想的影响——兼论〈易传〉乃道家系统之作》一文，认为《易传》思想与老子一脉相承，是属于道家系统的作品。1990 年，《哲学研究》第一期又发表陈鼓应《论道家在中国哲学史上的主干地位》一文。儒家经典《易传》实为道家作品，道家为中国哲学的主干，这个新观点的提出，在学术界引起很大的震动。一时间，学术界对《易传》与道家思想的关系以及中国传统文化的主干问题展开了热烈的讨论。陈先生提出的新说及其所引发的讨论，对道家思想文化研究的深入，起了很大的推动作用。后来，陈先生将其相关论著，辑为《易传与道家思想》和《道家易学建构》出版。

1992 年，陈鼓应主编的《道家文化研究》创刊，至今已出版了 22 辑，成为道家哲学研究的主要阵地。《道家文化研究》自创刊以来，除了刊发了大量道家道教研究的论文以外，还出版了"马王堆帛书专号"、"道教研究专号"、"道教易专号"、"道家易专号"、"敦煌道教文献专号"、"郭店楚简专号"、"玄学与重玄学专号"、"现代新道家专号"等，对道家哲学的研究起到了很大的促进作用。

中国传统哲学研究始终要积极应对的一个问题就是传统与现代的关系。进入近现代，中国思想面临新的挑战，新儒家首先奋起，以回应西方哲学的挑战，建立起一套立足儒家的现代学术理论。或许是在这样的刺激之下，不少倾心道家思想的学者，也希望能够建立起一套被称为新道家的学术/思想体系来。于是，道家思想的现代开展成为道家哲学研究的又一个重点。

"新道家"之名是董光璧先生首先提出来的。1991 年，董光璧出版了《当代新道家》一书，该书主要介绍国际上具有科学人文主义精神的一批学有所成的科学家或者科学史家，认为他们"发现了道家思想的现代性和世界意义，并发展出它的现代形式"，所以称之为"当代新道家"。[1] 董光

---

[1]　董光璧：《当代新道家》，华夏出版社 1991 年版，第 1 页。

璧以李约瑟、汤川秀树和卡普拉为具体案例，又以道实论、生成论、循环论、无为论为展开道家思想的现代形式，每一方面都联系着科学的某些领域或某些原理加以说明，很明显，董光璧是在科学史的背景之下，以科学人文主义精神把新道家展开为一种理解科学现象的认识立场和价值立场。

"新道家"名称的提出唤起了一种觉悟，正如陈鼓应先生所说，"学者们在感受到道家文化已经成为世界性的文化遗产这一事实的喜悦之情时，不禁要问：在当代中国学人中间，是否也有新道家存在？"①《道家文化研究》第 20 辑"道家思想在当代"就着重探讨了道家思想在当代的影响以及道家思想与中国现代哲学的关系。通过对前辈学者著作的阐释和思想内涵的分析，学者们提出，严复、金岳霖、方东美、宗白华等人可称为当代"新道家"，冯友兰、熊十力等为儒道相兼的哲学家，而汤用彤、蒙文通具有强烈的道家情怀，他们的研究不仅具有学术史上的地位，在道家思想的研究上也具有重要意义。这一辑还涉及到章太炎的庄子学和道家思想，王国维对庄子思想的阐释与发挥，胡适与道家的关系，刘师培论道家学术，陈寅恪对道教（家）精神的现代阐释，陈撄宁的道家观以及张东荪、朱谦之、马一浮、朱光潜等人与道家经典或思想之间的关系等问题。

新道家的提出及研究当然有其学理上的依据及意义。新儒家、新道家及新的别的家的出现及相互对话，都应是中国传统哲学在当代的合理发展。但是，应当说，在现代中国仍然持守学术的家派立场是不合时宜的，因为中国现代学术的展开已经不是在三教鼎立的格局之下，而是在中西对举或者多元并存的状态之中，不同的"他者"，逼出不同的"我"来，面对世界，无论是道家还是儒家或者佛教，都是中国的思想遗产，道家（儒、佛也一样）的思想遗产无疑是中国现代思想现代学术的重要资源，但是它不应该成为拒绝和排斥其他思想资源的狭隘立场，如果坚持这样的立场，本身就违反了道家的开放性思想品格。

4. 从宋明理学到宋学

宋明理学一直是中国哲学研究的重点。在 80 年代思想解放，学术界开始打破禁区，重新开始研究儒家的时候，宋明理学的研究就开始起步了。1981 年，中国哲学史学会在杭州举办"宋明理学研讨会"，冯友兰、张岱年、任继愈等老一辈学者以及来自海外和港台地区的众多学者都参加

---

① 《道家文化研究》第 20 辑，三联书店 2003 年版，第 2—3 页。

了此次研讨会。虽然会议还认为理学"既有较多的唯心主义和封建糟粕，又在理论思维方面达到了较高水平"①，但已开始摆脱过去对理学的片面否定及批判。学术界逐渐对理学持有一种较为客观、公正的研究态度，并很快出现了一批专门的研究成果。比较有代表性的有侯外庐、邱汉生、张岂之主编的《宋明理学史》上下卷、蒙培元的《理学的演变》和《理学范畴系统》、张立文的《宋明理学研究》、陈来的《朱熹哲学研究》、邓艾民的《朱熹王守仁哲学研究》以及徐远和的《洛学源流》，潘富恩、徐余庆的《程颢程颐理学思想研究》等。《宋明理学史》是1949年以后大陆地区第一部较为完备和系统的理学研究著作，尽管该书中还不能完全避免唯物、唯心的标签化使用，而且总体上对理学的评价不高，认为理学是"思想史上的浊流"②，但还是承认理学是中国哲学发展过程中的一个重要阶段，并对宋明理学本身的概念、范畴与命题，表现出试图立足于文献材料来进行分析的努力。事实上，该书最有价值的所在之一，正是对于理学基本文献的搜集、整理与提示。迄今为止，这部著作的主要参考价值之一，仍然是其文献材料方面所作的工作。《理学的演变》、《理学范畴系统》和《宋明理学研究》等也都颇能体现这一阶段宋明理学研究的水准与特点。尽管仍然略有以往的痕迹，但由于作者已经开始具备了摆脱教条的自觉意识，因此，这些著作都能够较为深入宋明理学的思想脉络，尤其是对宋明理学自身概念、范畴与逻辑结构的系统探索，构成这些著作共同的特征。而注重有别于西方哲学的范畴系统与逻辑结构的研究，事实上也是这一阶段整个中国哲学研究的一个重要方向，不独宋明理学如此。这表明，中国哲学的研究已经基本上摆脱了政治化与教条主义的捆绑，开始了一个崭新的阶段。特别需要指出的是，作为80年代末期出版的宋明理学研究著作，陈来的《朱熹哲学研究》尤其预示了宋明理学研究的新方向。作者对朱熹这位宋明理学代表人物的研究，完全立足于对朱熹思想材料的细致入微的梳理与解读，而避免了解释框架的先入之见。如果说这部研究朱熹的著作以对文献材料的充分消化和理解见长的话，那么，在全面、深入掌握文献材料的同时，尽可能广泛吸收西方哲学的相关理论和观念作为诠释的资源，则相应构成了90年代宋明理学研究的一个重要特征和发展方向。

---

① 《论宋明理学》"前言"，浙江人民出版社1983年版。
② 侯外庐、邱汉生、张岂之主编：《宋明理学史》上，人民出版社1984年版，第2页。

90 年代以来，随着大量理学文献的整理出版，港台及海外的相关研究成果逐渐进入学者的视野，大陆地区的宋明理学研究取得了极为丰硕的成果。与过去重视唯物主义的气论相比，这一阶段的理学研究偏重心性义理之学的研究，且在方法上受海外新儒家影响较大。主要成果有《走向心学之路——陆象山思想的足迹》（张立文）、《心灵境界与超越》（蒙培元）、《刘蕺山哲学研究》（东方朔）、《思想的转型——理学发生过程研究》（徐洪兴）、《良知学的展开——王龙溪与中晚明的阳明学》（彭国翔）等。几乎重要的理学家都有研究专著出版。其中影响较大的有陈来的《有无之境——王阳明哲学的精神》、《宋明理学》，杨国荣的《王学通论——从王阳明到熊十力》、《心学之思——王阳明哲学的阐释》以及冯达文的《宋明新儒学略论》。作为宋明理学史的专题研究，陈来的《宋明理学》充分立足于文献材料的解读，通过对二十多位宋明理学家的研究，较为全面地展示了整个宋明理学自身的思想蕴涵，冯达文的《宋明新儒学略论》则将整个宋明理学分为周敦颐、张载所代表的由本原论引申出的成德论，二程、朱子所代表的由主知论架构的成德论，陆象山、王阳明所代表的由主志论确立的成德论，陈白沙、王心斋、泰州学派与晚明思潮所代表的由主情论开示的境界论，以及王船山、黄宗羲所代表的由致用学体现的经验知识论，试图在以往宋明理学流派划分的基础上另辟蹊径。①

总之，综观近年来的宋明理学研究领域，一方面，研究越来越深化、细化，理学重要的概念、思想流派、理学家个案等，都有重要论文和专著出版。另一方面，学术界对理学研究表现出的问题，从研究主题、方法等方面也有一定的批评和反省，其中最主要的表现，就是提出对宋学的研究。

20 世纪 80 年代，邓广铭先生继承了陈寅恪先生关于宋代思想学术的整体性论断，主张要把宋学和理学加以区别，反对用理学代替宋学。2002年，漆侠先生遗著《宋学的发展与演变》一书出版，就是这一观点的具体体现。此书把理学放在宋学的整体脉络中来考察，对宋学的形成、发展与演变作了深入的研究，丰富了对于宋代哲学史的认识。另外，本书还继承了邓广铭先生的观点，高度评价王安石新学的历史地位。但是，正如有学者所指出的，这种关于宋学思想史的研究路径，其不足之处是"有忽略理

---

① 参见彭国翔：《20 世纪宋明理学研究的回顾与前瞻》上，载《哲学动态》2003 年第 4 期。

学在宋学中之核心地位的倾向。"①

余英时先生《朱熹的历史世界》的出版，以及由此引发的争论，把宋学研究推向了一个新的境界。此书本是一部关于宋代政治史、文化史的历史学著作，但是由于它的主题关乎理学宗师朱熹，而且书中对过去的理学研究提出了相当尖锐的批评，所以此书出版以后，就在海内外的中国哲学、中国思想史研究领域产生了巨大影响，刘述先、杨儒宾、陈来、葛兆光、王汎森、金春峰、李存山、何俊、（美）包弼德、（美）田浩等学者都发表了相关评论。

如果说以往的朱子研究主要是一种"哲学研究"，那么余著对朱熹的研究则是一种"史学研究"，他关注的主要是朱熹的历史世界和政治世界，也就是朱熹与宋代政治史之间的关系。从这个角度出发，余英时先生对过去朱熹研究当中不太受到重视的一些文献作了深入的分析，并且把一些重要的理学概念也作了政治解读。他指出，理学并不仅仅是关于理气心性的研究，理学虽然以内圣之学显其特色，但如果把理学放回到 11 世纪以来儒学发展的整体脉络中来考察，理学内圣的目的仍在于重建社会秩序。而"合理的人间秩序的重建"乃是整个宋代儒学的目标，"推明治道"仍是道学的中心关怀，这是我们认识理学的一个"哥白尼式的回转"。在这一基本旨趣的引导下，余著对过去理学研究方法提出批评，这也是引起争论的焦点所在。余英时先生指出，以往的宋明理学研究是经过了两度"抽离"的结果：首先是把道学从儒学中抽离出来，其次是将道体从道学中抽离出来。经过这两次"抽离"，理学被处理为不在历史时空之内的种种形而上学问题。余英时的这个批评，其实主要是针对新儒家对理学的过于"抽象继承"，所以他的批评在港台学术界引起强烈反弹。如刘述先指出，余英时的研究虽然有充分的理由建构一政治文化外王的脉络，但不能以此取代哲学或思想观念内圣的脉络，否则便是由一个偏向转移到另一个偏向，一样失去了均衡。② 杨儒宾则指出，理学家所关心的人间秩序不能和价值秩序相脱离，余英时的做法"无意中摧毁了理学家一生最重要的工

---

① 张志强：《从思想史到政治哲学——关于近年来中国思想史研究中一个趋势的分析》，载《哲学动态》2006 年第 11 期。

② 刘述先：《评余英时〈朱熹的历史世界——宋代士大夫政治文化的研究〉》，载《九州学林》1 卷 2 期，2003 年。

作，亦即摧毁了理学家辛苦建立起来的绝对性、普遍性的道德价值"①。大陆学界对余著的批评则深入到更为具体的层面，如李存山指出，余著对宋代士大夫政治文化发展三个阶段的划分有可商榷之处，余先生忽略、低估了庆历新政时期的重要意义，其"后王安石时代"之说则忽略、低估了道学与王安石新学的对立是宋学发展的一个重要维度。②

余英时先生《朱熹的历史世界》虽然是一部政治史、文化史的著作，但对于中国哲学史的研究，尤其是对于宋明理学的研究，也很有意义。首先，要避免把理学作为一个自足封闭的系统，而是要把理学看成是整个儒学的一部分，应从宋代儒学史的整体特征和发展来理解理学。其次，是对学界已有的宋代儒学的"转向内在"说的有力挑战。余著指出，得君行道仍然是南宋理学士大夫的共同理想，朱熹与南宋理学群体仍自觉或不自觉地以王安石为楷模，而不是完全转向与外王无关的内圣世界。这一点对于研究理学发展史有深刻的指示意义。

5. 现代新儒学研究

在 80 年代中后期，随着有关传统文化与现代化的讨论，在港台和海外流行的现代新儒家和现代新儒学开始受到国内学术界的注意，并随即展开规模较大的研究。经过了二十年的发展，新儒家研究从最基础的收集出版资料开始，研究逐渐展开、深化，从宏观的总体把握，到有关新儒家成员的个案分析，再到深入探讨新儒家提出的普遍性问题，各个方面都有有价值的成果问世。可以说，新儒家研究成为三十年来中国哲学史研究当中发展最为迅速的一个领域，一时几成"显学"，并对整个中国哲学史的研究都产生了深刻的影响。

1986 年，由方克立和李锦全负责，汇集了国内十余个单位、近五十名学者参加的"现代新儒家思潮研究"课题被列为国家哲学社会科学"七五"规划的重点研究课题之一，由此在国内开始了新儒家的研究。研究之初，学界对现代新儒家的定义、现代新儒家的代表人物、现代新儒家的思想特征、研究新儒家的方法等问题，都有不同的看法。经过讨论，大致认为：现代新儒家是产生于 20 世纪 20 年代、至今仍有一定生命力的，以接

---

① 杨儒宾：《如果再回转一次"哥白尼的回转"——读余英时先生的〈朱熹的历史世界——宋代士大夫政治文化的研究〉》，载《当代》195（2003 年）。
② 李存山：《宋学与〈宋论〉》，《儒林》第 1 辑，山东大学出版社 2005 年版。

续儒家道统、复兴儒学为己任，以服膺宋明理学（特别是儒家心性之学）为主要特征，力图以儒家学说为主体为本位，来吸收、融合、会通西方文化，以寻求中国现代化道路的一个学术思想流派，也可以说是一种文化思潮。① 初步确定以梁漱溟、张君劢、熊十力、冯友兰、贺麟、钱穆、方东美、唐君毅、牟宗三、徐复观等十人为重点研究对象。其中冯友兰是否属于新儒家，曾引起了很大的争议。

在基础研究方面，整理出版了"现代新儒家论著辑要丛书"、"当代新儒家八大家集"、《现代新儒家学案》、《新儒家人物与著作》等，使与大陆学界中断四十余年的唐、牟等人的著作与思想重新面世，为新儒家的研究奠定了基础。此外，还编辑出版了研究新儒家的论集如《现代新儒学研究论集》、《新儒家评论》等，也都及时发表了新儒家研究初期的一些成果。

在整理出版基本资料的基础之上，学术界很快又推出了从宏观把握新儒家总体思想特征和梳理新儒学发展脉络的概论性著作，主要有《现代新儒学概论》（郑家栋）、《现代新儒家研究》（宋志明）、《儒家思想的现代转折》（陈少明）、《寂寞中的复兴》（黄克剑）等。

90 年代中后期以后，大陆学术界的新儒家研究在介绍、概论的基础上逐渐走向深入，除了进一步深入研究新儒家代表人物的思想之外，还开始探讨新儒家所提出的普遍问题，反省并批判新儒家对传统儒学的解释框架，表现出对新儒家更加理性的一种态度。

二　三十年来中国哲学史研究的理论创新

对新时期以来中国哲学史研究的追溯，如果说在盘点三十年积累的研究成果之余，还应该自觉承担一个反思和总结的任务的话，那么，追溯的本意，应该是去追问三十年来中国哲学史研究所遵循的观念和方法的背景，去探讨推动新时期以来中国哲学史研究展开的学科动力和问题意识，更为重要的是，去"如其本来"地重构中国哲学史研究展开中的时代逻辑与知识逻辑之间的互动关联。这样一种"还原重构"工作的重要性在于，可以促使我们理智地认识当前中国哲学史研究所处位置的来龙去脉，历史

---

① 　方克立：《关于现代新儒家研究的几个问题》，方克立、李锦全主编：《现代新儒学研究论集》（一），中国社会科学出版社 1989 年版，第 2 页。

地理解当前中国哲学史研究的处境。而这一点，要远比立足于某一立场之上评点过往，更具建设性意义。

中国哲学史研究的三十年，权且可以区分为四个连续的阶段：80 年代以 1985 年为界，分为前后两个阶段；90 年代至今大致以 2002 年为界，分为两个阶段。阶段划分的依据，一方面是根据对不同时代主题的把握，及其在中国哲学史研究领域里的折射，另一方面则是根据中国哲学史研究在不同时代里对不同时代课题的参与及贡献，来加以划分。尽管中国哲学史研究在这四个阶段里有着不同的思想关切和知识倾向，但这四个阶段的展开，仍然内具着共同的"焦虑的结构"或问题意识的核心关切，那就是由"中国哲学"一词所凸显的"哲学与文化"之间的关系问题。这个问题，一方面表现为"中国哲学"与"中国文化"的关系问题，另一方面则表现为"马克思主义哲学"与"中国文化传统"的关系问题；一方面表现为哲学的现代性与文化的传统性之间的关系问题，另一方面则表现为哲学现代性的西方来源与中国文化传统的民族性之间的关系问题。因此，我们也可以说，这种由"中国哲学"研究所表现的核心关切或"焦虑的结构"是一个中西古今之间的"哲学与文化"的关系问题。

严格说来，中西古今之间的"哲学与文化"的关系问题，不仅是一个哲学性的或学科性的问题，而且是一个具有高度实践性的现实性议题。理论层面上的哲学普遍"真理"与文化模式或文明类型之间的关系问题，在现实层面上则是一个自近代以来便始终探寻的"国于天地必有所立"（梁启超语）的所谓"国性"问题，亦即现代国家建设的价值根据问题；同时也是一个现代中国人的生命意义和生活世界安顿的问题，亦即现代中国人的理想人格和理想生活的问题，而这同样是一个自近代以来便困扰中国的"现代性"难题。于是，如何理顺"哲学"与"文化"的关系，在一定意义上便意味着如何去解决中西古今问题这一现代性难题，意味着为解决在中西古今问题中所蕴涵着的一系列现代性的政治、社会、文化问题，提供一个什么样的理论准备的问题。

三十年里所形成的四个阶段当中的每一个阶段，都分别具有着大致共同的思想关切和知识倾向，尽管围绕这些思想关切和知识倾向，存在着明显的观点和取向的差异与分歧；同时，每一个阶段的形成，实际上又都是来自于对前一个阶段的"反者道之动"式的辩证突破。而在每一个突破的环节，都聚集出一系列理论论争的热点。本章下面的叙述，便首先集中于这些带来"划时代"突破的理论热点，然后再去探讨这些理论热点为具体的中国哲学史研究带来的知识倾向和思想关切的影响，这些影响在一定程度上便形成了不同阶段的中国哲学史研究的"范式"。

（一）"中国哲学史方法论的讨论"与"哲学"观念的解放

如果我们可以为新时期的中国哲学史研究确定一个象征性的起点开端的话，那么，1979年10月于太原举行的"中国哲学史方法论问题讨论会"或许庶几可以当之。尽管会上的许多观点和看法，实际上在会议之前便已经陆续有所表现。但总的来说，作为由中国社会科学院哲学研究所、北京大学哲学系、中国人民大学哲学系、山西哲学社会科学研究所联合发起，"建国以后三十年来中国哲学史界的一次空前盛会"，这次会议在总结以往特别是1957年以来中国哲学史研究的教训，指导今后的中国哲学史研究的方向上，具有重要的指标性意义。

所谓哲学史方法论问题，实际上就是如何正确运用马克思主义的观点和方法研究哲学史的问题。① 很显然，这次会议是在呼应二十二年前，即1957年1月，于北京大学哲学系召开的"中国哲学史问题座谈会"，那次会议讨论的正是哲学史方法论问题。而1957年的那次会议，很快在1958年便被定性为"哲学史方法论上的修正主义"。② 双方争论的焦点，实际上便是如何看待日丹诺夫的哲学史定义问题，而背后的深层意蕴，则是如何看待哲学观点和政治观点或者说哲学斗争和政治斗争的逻辑关系的问题。在一定意义上，1979年会议的基调，基本上回到了1957年会议的态度和立场，坚持主张对日丹诺夫定义加以"修正"，而"修正"的根据则基于列宁的哲学史定义。通过对日丹诺夫定义的修正，其目的在于重新恢复和建立马克思主义哲学指导下的"科学的中国哲学史"，③ 重新理顺哲学观点和政治观点或哲学斗争与政治斗争的逻辑关系，扭转将二者简单武断地加以混同的做法，通过科学的哲学史分析，把政治观点正确地建立在"科学的中国哲学史"之上。

日丹诺夫关于哲学史的定义，亦即认为"科学的哲学史是科学的唯物主义世界观及其规律的胚胎、发生与发展的历史"，"唯物主义既然是从与

---

① 参见汪子嵩：《谈怎样研究哲学史》，中国社会科学院哲学研究所中国哲学史研究室编《中国哲学史方法论讨论集》，中国社会科学出版社1980年版。
② 关锋：《反对哲学史方法论上的修正主义》，人民出版社1958年版。
③ 冯契：《中国古代哲学的逻辑发展》上册《绪论》，上海人民出版社1983年版，第1页。

唯心主义派别斗争中生长和发展起来的，那么，哲学史也就是唯物主义与唯心主义斗争的历史"，实际上早在 1957 年时任继愈先生便曾指出其存在的三方面问题：一是使人误认为哲学史研究仅仅是唯物主义战胜唯心主义的历史，从而偏重自然观和认识论，忽略了社会历史观；二是忽视了辩证法如何战胜形而上学的斗争；三是没有给哲学史上的唯心主义哲学流派以应有的历史地位，没有看到历史上唯心主义流派的历史必然性和认识论根源，没有认识到唯心主义流派对于全面理解哲学史的必要性，等等①。在 1979 年的会议上，与会者则更为自觉而集中地运用列宁的哲学史定义来批判日丹诺夫的定义，并进而澄清关于以往对于列宁定义的误解误用。列宁在《哲学笔记》中对哲学史这样定义说："哲学史，因此：简略地说，就是整个认识的历史"。因此，正如汪子嵩先生所指出的，尽管人类认识发展的历史，主要就是唯物论和唯心论斗争的历史，但我们仍然"倾向于讲哲学史是人类认识发展的历史"。② 因为，人类认识发展的实际并不是可以运用唯物和唯心的简单归类就可以把握的。而后来，冯契先生沿着同样的思路，对列宁的定义做了更为深入的发明，他创造性地结合毛泽东关于哲学的定义，明确将哲学史定义为"根源于人类社会实践主要围绕思维和存在关系问题而展开的认识的辩证运动。"③在这个定义当中，一方面强调社会实践当中阶级斗争的重要性，另一方面也同时强调了在中国哲学史上科学反迷信斗争的重要性。同时，如果把哲学史理解为"围绕思维和存在的关系问题而展开的认识的辩证运动"，那么，哲学史上的唯心主义，在一定意义上就可以根据其实际的历史和逻辑作用，而将其视为认识运动的辩证环节。于是，冯契先生的哲学史定义的思想史意义在于，使得哲学史研究在一定程度上可以摆脱教条主义的束缚，尽量如其本来地回到哲学史发展的历史实际中。

此外，在这次会议上，关于哲学史研究的意义问题，许多与会者都注意到了恩格斯在《自然辩证法·反杜林论旧序》中的一段论述："理论思维仅仅是一种天赋的能力。这种能力必须加以发展和锻炼，而为了进行这种锻炼，除了学习以往的哲学，直到现在还没有别的手段。"这表明，"学

---

① 任继愈：《试论中国哲学史的对象和范围》1957 年 1 月 11 日《光明日报》，收于任继愈著《中国哲学史论》，上海人民出版社 1981 年版，第 18 页。
② 汪子嵩：《谈怎样研究哲学史》，《中国哲学史方法论讨论集》，第 2 页。
③ 冯契：《中国古代哲学的逻辑发展》上册《绪论》，第 11 页。

习哲学史是为了锻炼我们的理论思维能力"。① 据此，研究一个唯心论的哲学家的思想体系，就不能只到判定它是唯心论为止，而应该把"每一种唯心论哲学都摆到人类认识发展历史中加以综合的研究"。于是，研究哲学史的目的，便不能够只是去发现唯心与唯物斗争的绝对性，以建立起哲学观点和政治观点、哲学斗争和政治斗争之间"不以人的意志为转移的逻辑联系"②为目的。后来，冯契先生则进一步把"学习以往哲学"的目的，定义为"用马克思主义的辩证方法来研究哲学史，总结理论思维的规律性。"③在冯先生看来，只有经过了列宁和恩格斯关于哲学史定义的洗练，才有可能建立起总结中国哲学史上的理论思维规律性的"科学的中国哲学史"来。

冯契先生发表于 1983 年的《中国古代哲学的逻辑发展》一书，在一定意义上正可以看作是对"中国哲学史方法论"问题加以澄清之后的一个重要成果。其思想关切和问题意识正是以中国哲学史的方法论问题讨论为背景，是时代逻辑和知识逻辑互动的一个典范。

作为一种总结理论思维规律性的、运用辩证方法来建立"科学的中国哲学史"的努力，冯契先生的哲学史具有几个鲜明的特征，这些特征中有些是作为中国哲学史研究曾经共享的前提性观念，但却为后人所习焉不察，而在他那里则运用马克思主义再次加以强调和突出，因此我们正可以藉着他的强调而加以深入梳理；有些则是为他所独有的创见特识，但其思想史意义则为后来的中国哲学史研究所淡忘，而我们有必要将其在新的语境脉络里加以重构。所有这些特征对于我们理解三十年来中国哲学史研究的内在脉络都具有相当的重要性。

首先，我们需要考察的是他所持哲学观念的思想史特质问题。冯契先生接受了恩格斯关于哲学的定义，认为哲学是以理论思维掌握世界的方式，"它是时代思想的精华，也是民族传统的精华"。哲学史作为根源于社会实践围绕思维与存在关系而展开的认识的辩证运动，实际上就是这种把握世界的理论思维自身的逻辑发展过程，这个逻辑发展是在一系列理论思维所构成的认识环节之间展开的辩证运动。因此，哲学史一定是历史方法

---

① 汪子嵩：《谈怎样研究哲学史》，第 3 页。
② 关锋：《反对哲学史方法论上的修正主义》，第 7 页。
③ 冯契：《中国古代哲学的逻辑发展》上册《绪论》，第 2 页。

和逻辑方法的统一，而最终是要在逻辑方法中构拟认识发展的历史进程，虽然历史的方法在确定逻辑思维的出发点和基础时是必要的，但是若要真正把握基本的历史联系，就要清除掉历史的外在形式和偶然的东西，"以便对对象的本质的矛盾（即根据）进行具体分析，对每一发展阶段或环节都能从其典型形式上进行考察，而后综合起来，把握其逻辑的联系和发展的规律。"①在冯契的哲学观念当中具有两个来自于马克思主义的预设，首先他把哲学等同于理论思维的认识方式，其次，哲学史是这种认识方式朝向唯物辩证法的逻辑发展运动。这表明，哲学史研究的程序，实际上是一个不断将历史的外在形式和偶然性剥离掉的工作过程。而这个过程自然就是一个后设性的理论反思活动。

关于哲学史研究作为理论反思的后设性，任继愈先生关于哲学史的定义或许更为明确。任先生曾指出，"哲学史是关于自然、社会知识的观点的历史，而不是自然知识和社会知识的本身。"因此，哲学史的对象表面上看起来与"经学史"、"学术史"相似，但实质上不同，"因为'中国古代学术汇编'，并不就是中国哲学史"。②哲学史不同于学术史、经学史之处，在于它是对具体知识背后的观点的总结和概括。那么，哲学史实质上就是一种关于"观点"的"观点"。它的理论反思的后设性是显然的。冯友兰先生在他的《中国哲学史新编·全书绪论》里也明确指出，哲学是一种理论反思。

同样值得注意的是，尽管在任冯（契）两位哲学前辈那里，对哲学观念的接受实际上便是对马克思主义真理的接受，但他们从讨论普遍性问题的意义上来看待哲学这一点上，却是某种时代特性的反映。比如冯友兰先生便把共相和殊相的关系问题，即一般与特殊的关系问题，作为哲学的普遍问题来看待，可以说是同样一种哲学观念预设的反映。同时，或许同样是一种时代特性的反映，他们都试图把哲学作为一种理性的信仰来接受，所不同的是，究竟把何种哲学作为理性信仰的真理来接受而已。张岱年先生在青年时代通过自己的哲学探索，在确定了新唯物论的理论优越性之后，一方面把它作为哲学真理加以接受，用以作为综合解析的和理想的哲学因素的基础和指导，另一方面则同时作为个人的理性信仰来指导人生，

---

① 冯契：《中国古代哲学的逻辑发展》上册《绪论》，第 12 页。
② 任继愈：《试论中国哲学史的对象和范围》，《中国哲学史论》，第 15 页。

便最能体现这种哲学观念的特质。①

基于这种哲学观念而进行的中国哲学史的叙述，其实也就最能凸显这种哲学观念指导下的文化观念的特质。冯契先生选择原始的阴阳说作为中国古代哲学的开端，便是着眼于理论思维的形成开端，从认识史的辩证运动角度加以确定的。与冯契先生异曲同工的是朱伯崑先生《易学哲学史》的写作，实际上也同样着眼于中国哲学性理论思维的形成之历史，他说："易学是中国人练习理论思维的方式，其思维就是通过对卦爻辞的解释。……中国哲学的讨论源于易学，以前中国哲学史只讲结论，这些哲学意义的结论，其源头从易学哲学中来。"易学哲学史就是"从经学入手"，找到中国哲学讨论的源头，"而落脚还在哲学史"。因此，易学哲学史就是一部中国哲学史，而中国哲学史实际上就是借助于对周易的解释而形成的形上学、宇宙论的概念、命题、思维的发展史。恰如陈来先生所说，"朱先生的研究特色是关注理论思维和理论思维发生发展的历史，在学术思想的资源上受益于恩格斯不少"。② 其取径与冯契庶几近之。显然，他们关注的重点不是中国文明独特价值的起源、形成和发展。

在冯契看来，作为时代思想和民族传统精华的哲学，是通过对中国哲学史的辩证分析，提取民族传统中的科学性和民主性的精华因素，加以发扬而形成的。这说明，民族传统必须经过一种理性的分辨和接引，方能显其价值。冯契先生曾将哲学史上提出的认识论问题概括为四个：一、感觉能否给予客观实在？二、理论思维能否达到科学真理（即科学知识何以可能的问题）？三、逻辑思维能否把握具体真理（首先是世界统一原理、宇宙发展法则，也就是形而上学作为科学何以可能的问题）？四、人能否获得自由（自由人格或理想人格如何培养的问题）？在他看来，西方伴随实证知识而产生的知识论，实际上只是在解决前两个问题，而把后两个问题作为形而上学范围的问题而放弃回答。因此，他们把认识论直接等同于知识论。由于中国哲学中关于前两个问题的讨论较少，他们便得出中国哲学中认识论不占重要地位的结论。实际上，在冯契看来，中国哲学实际上较多地考察了后两个问题，而后两个问题在辩证唯物主义的认识论高度上，

---

① 参见张岱年先生早年的相关著述，如《哲学的前途》《关于新唯物论》等，收于李存山编《张岱年选集》，吉林人民出版社 2005 年版。

② 朱伯崑先生的论述，转引自陈来先生《永远怀念朱伯崑先生》一文，见陈来著：《燕园问学记》，北京大学出版社 2008 年版，第 169、178 页。

同样属于认识论范围，因为黑格尔和马克思主义关于辩证法、认识论和逻辑学统一的原理，就回答了这两个问题。冯先生的这种论证中国哲学中的认识论传统的做法，实际上是在运用辩证唯物主义的认识论原理，把中国思想传统中原本具有一定形而上学性质的关于宇宙统一原理和理想人格培养的问题之思考，转化为了一种具有认识论意义的问题，从而将中国古代思想传统中有价值的内容对接于辩证唯物论。这样一种对接，一方面在某种意义上，似乎可以使我们从中国思想传统性格的角度，来理解中国现代思想史上将哲学作为一种理性信仰的思想倾向的来源；而另一方面似乎也说明了，古代的形而上学性质的信仰，只有对接于现代意义上的科学基础之上，才能具有真正的信仰的价值。这或许正是马克思主义成为科学的理性的信仰的原因。正是这样一种哲学的理性信仰的特质，培养了具有"理性的"、"唯物的"、然而又具有高度理想热情的共产主义新人。张岱年先生根据"唯物、解析、理想"的综合原则，创造综合中、西、马的新哲学体系，其旨趣实际上也正在于此。

　　一般来讲，在这样一种哲学观念支配下的文化观念总是指向未来的。通过将传统作为认识运动的环节，运用辩证法将文化中有价值的因素提取出来，以创造新的更具综合性和普遍性的哲学体系，似乎是民族文化的宿命。正如张岱年先生的综合创新说的宗旨在于，试图以辩证唯物主义为主干，综合中国古代哲学自然主义与道德主义相结合的传统，以及西方逻辑分析哲学的解析精神，创造一个面对未来的新文化体系；冯契先生也试图通过将马克思主义结合进中国古代哲学的长处，而"发展哲学革命，促使中国哲学和西方哲学进一步合流为统一的世界哲学"。[①] 从中，我们可以看到那一代哲学家们面向未来，同样也面向世界的普遍性诉求之气魄。实质上，他们是把这样一种普遍性的哲学体系诉求，作为中国现代文化的使命，同样，也把这种文化使命作为中国现代国家建设的一个重要维度来看待。冯友兰先生虽然并未彻底接受马克思主义，但仍然是那一代哲学家这种哲学精神的代表，他曾说过，"通观中国历史，每当国家完成统一、建立了强而有力的中央政府，各族人民和睦相处的时候，随后就会出现一个新的包括自然、社会、个人生活各方面的广泛哲学体系，作为当时社会结构的理论基础和时代精神的内容。""中国今天也需要一个包括新文明各方

---

① 冯契：《中国古代哲学的逻辑发展》，第 60 页。

面的广泛哲学体系，作为国家的指针。"①

正如冯友兰先生所说，"这个新的广泛的哲学体系出现了，不同的文化在中国的矛盾冲突也就解决了。"② 冯契先生也认为，马克思主义的出现，实际上便是对困扰近代中国的古今中西问题的最终解决。不过，两位冯先生似乎都有点过于乐观了，在紧接着的 80 年代中期，困扰中国近代的中西古今问题又再次出现了。1985 年开始的"文化讨论"即是其先声。

（二）80 年代"文化讨论"影响下的中国哲学史研究

诚如甘阳所言，持续近四年（1985—1988）的"八十年代文化热"已经成为当代中国历史意识的一部分。③ 在一定意义上，我们至今仍然生活在那场"文化讨论"的效果历史里，而中国哲学史研究更是如此。"文化讨论"带给中国哲学史研究的影响是根本性的。在几年前刚刚尘埃落定的"中国哲学史方法论的讨论"中所达成的共识，在"文化讨论"中似乎又都必须重新加以审视了。中国哲学史研究似乎又必须重新思考自己的对象、范围和方法，重新评估自身的作用和目的。对于"文化讨论"带给中国哲学研究的深远影响，我们有必要深入地加以整理。

80 年代"文化讨论"的兴起，大致说来有三个思想史的背景。一是"拨乱反正"之后，"现代化"问题的提出；二是对"文革"的检讨，逐渐集中于其所反映的"封建性"遗留问题上，而形成"反封建"的思想解放思潮；三则可能是关于人道主义与异化问题的讨论过后，关于马克思主义的多元理解开始出现。在这三个思想史背景之外，还有一个重要的时代背景，那就是"文革"后最早的一批研究生逐渐走上学术舞台，成为学术研究的新生力量，而他们正是"文化讨论"的主要担纲者。

"文化讨论"的核心问题是"传统"问题，"文化讨论"中观点争论的焦点在于如何重估"传统"的价值。围绕如何看待及安顿"传统"的不同观点形成了不同的思想派别。关于"文化讨论"中出现的不同思想派别，不同的学者分法不同，但若从与中国哲学史研究相关的观点和逻辑着

---

① 冯友兰：《三松堂自序》第十一章《明志》中所录在哥伦比亚大学授予荣誉文学博士仪式上的答词。人民出版社 1998 年版，第 353 页。

② 同上书，第 354 页。

③ 甘阳：《八十年代文化意识·再版前言》，《古今中西之争》，三联书店 2006 年版，第 111 页。

眼，我们不妨将讨论中的观点分成四派①："民族文化心理积淀"派、"创造传统"派、"文化书院"派以及"综合创新"派。在这四派之间，其实也存在着观点逻辑上的呼应转换关系，四派之间的这种转换逻辑，在一定意义上也构成了中国哲学史研究关注重心乃至研究范式转向的内在逻辑。

所谓"文化心理积淀派"，是指李泽厚关于"传统"问题的主张。经过深入探究，我们发现李泽厚的这一主张，实际上是对历史唯物主义中社会存在与社会意识关系加以微妙重构的结果。他一方面坚持社会存在决定社会意识，而社会意识又对社会存在具有反作用的历史唯物主义原理，而另一方面则把社会意识对社会存在的反作用进行了一番创造性的解释，他指出，社会意识的反作用其实是通过将思想理论积淀或转化为一种文化—心理结构来实现的，这种文化—心理结构"不管你喜欢或不喜欢，这已经是一种历史的和现实的存在。它经历了阶级、时代的种种变异，却保有某种形式结构的稳定性。构成了某种民族文化和民族心理特征，它有其不完全不直接服从、依赖于经济、政治变革的相对独立性和自身发展的规律"②。实质上，这种文化—心理结构已经成为了社会存在的一部分。于是，他便在社会存在和社会意识的辩证关系当中，分离出一个具有中介性的文化—心理结构，这个结构作为文化传统的主要内容，虽然是一种社会意识且最终受到社会存在的决定，但它已经具有了稳定的社会存在性质，具有了脱离原有社会存在基础的能量。这种观点，在复杂化了关于社会存在和社会意识关系理解的同时，也使得文化传统能够在保有自身独立价值系统完整性的前提下，在历史唯物主义原理内部得以安顿，而不必根据辩证法的"精华糟粕"原则，将其拆成一些文化的碎片，作为文化系统的个别因素来加以利用。

在他看来，既然哲学史是"自我意识的反思史"，那么它就应该把"对展现在文化思想中的本民族的心理结构的自我意识"，作为自己的主题

①　关于文化讨论中的派别，陈来先生根据当时出现的三个学术群体，即走向未来、文化：中国与世界、文化书院，划分为三个"文化典型"。参见陈来：《思想出路的三动向》，见甘阳编：《八十年代文化意识》附录，世纪出版集团、上海人民出版社 2006 年版，第 541—547 页。方克立先生则分成四派："西体中用"、"全盘西化"、"儒学复兴"以及"马克思主义的文化观"，不过，他认为，在八十年代的文化讨论中，马克思主义的文化观并没有得到深刻的阐述。参见汪先全、崔海教：《现代新儒学研究与文化讨论——访方克立教授》，见方克立著：《现代新儒家与文化讨论》，长春出版社 2008 年版，第 357 页。

②　李泽厚：《孔子再评价》，《中国古代思想史论》，人民出版社 1986 年版，第 34 页。

之一。这说明，哲学史的对象其实应该包含这种关于文化传统的自我意识，而不一定只是文化传统中的理论思维或是认识论成果。同时，哲学史也应该去探索和沉思，"工艺—社会结构的基础方面的改变将带来文化—心理的变革，如何对它作出自我意识，清醒地处理新旧模式、观念、价值的冲突或互补，传统与未来将是一种什么具体关系……"①等等所谓的"文化冲突"问题。可见，哲学史虽然不是中国学术思想或文化史，但却把中国文化作为一个价值系统的整体来自觉和反思了。李泽厚把这种价值系统称之为"民族智慧"，是一种"沉积在人们心理结构中的文化传统"。② 对于这种文化传统，他认为应该在进行现代化的工艺—社会结构建设的过程中，善加利用并小心改造。这即是所谓的"西体中用"。他把中西之间的文化冲突问题，放置在现代化的普遍历史运动过程当中，而不是将古今与中西之间的文化冲突简单地相互化约。这是他对"文化讨论"的一大贡献。不过，究其根底，这仍然是一种基于历史唯物主义的通达的历史主义。尽管他看到了历史主义与伦理主义之间的二律背反，复杂化了二者的关系，但他把文化冲突仅仅归结为伦理与历史的冲突，确乎也低估了文化传统的作用。

在 80 年代的"文化讨论"中，甘阳关于"传统"的认识，或许是最具刺激性也最具启发性的，其思想史影响或许也最为复杂而深广。不过，甘阳对"传统"的认识，在短短三年里便发生了变化，形成了前后两种"传统"观。写于 1985 年秋的《说传统》一文代表了他前期的"传统"观，而发表于 1988 年的《儒学与现代——兼论儒学与当代中国》一文，则代表了他后期的"传统"观。在《说传统》一文中，他引入了解释学的视野。针对李泽厚的"文化—心理结构"概念将"传统"理解为一种"过去已经存在"的东西，他引入了"时间性"的概念，把传统理解为内在于现在当中而朝向未来的可能性："传统的真正落脚点恰是在'未来'而不是在'过去'。这就是说，传统乃是尚未被规定的东西，它永远处在制造之中，创造之中，永远向'未来'敞开着无穷的可能性或说可能世界，正因为如此，'传统'绝不可能只等于'过去已经存在的东西'，恰

① 李泽厚：《试谈中国的智慧》，《中国古代思想史论》，第 303 页。
② 同上书，第 297 页。

恰相反，传统首先意味着'未来可能出现的东西'。"① 于是，他得出了"文化讨论"中著名的口号式结论说："继承发扬传统的最强劲手段恰恰就是'反传统'！"②

这种传统观实际上具有一种解释学意义上的总体性视野，"继承发扬"传统实际上即是"创造出过去从未存在过的东西"，就是对"过去已经存在的东西"进行整体的改造、全盘的重建，它是社会系统和文化系统的"总体性"变迁。于是，甘阳这种"以反传统来继承传统"的传统观，也被视为是一种"全盘西化"论。对于这种传统观，我们不禁要问的是，一种"创造传统"的解释学何以会走向"反传统"呢？或许这跟他对解释学的某种创造性误用有关。根据解释学的视阈融合理论，对传统的创造，实际上是过去和未来之视阈在现在的融合，如果丧失了传统的过去性，又如何进行必要的视阈融合呢？而如果引入了传统的过去性，传统的创造就不会是通过反传统来实现，而是在过去与未来的视阈融合中完成的。这样一种解释学的传统观，当然也是整体论的，其总体性的视野在于强调了传统自身在不断向过去的回溯中整体性地面向未来而有所开新。这样的传统创造，才有可能保证创造和变化最终是中国人自己的创造和变化，是"中国人自己在变，中国文化自己在变，是中国人自己在改造自己，中国文化自己在发展自己。"③ 否则，我们或将由于反传统而遗失了创造和变化的主体，也才能最终保证"主体"实际上是在不断地"创化"中保持自己，成为自己。

不过，这种传统观由于将解释学的总体性视野引入了"传统"理解，对于中国哲学史研究带来十分重要的转向引导。从此，中国哲学史研究逐渐把传统理解为活的、整体性的；同时也把在"过去""未来"视阈融合中发生的"理解"，视为是一种"创造"，因而，哲学史研究开始可能具有思想性和实践性，在此基础上更进而把"哲学"的任务也规定为"理解"。于是，伴随着"哲学"向"解释学"的转向，"中国哲学史研究"也预埋下了向"中国解释学"转向的可能的思想逻辑。同时，也为如其本来地理解中国学术思想史的方式预留了可能性。

---

① 甘阳：《古今中西之争》，第 53 页。
② 同上书，第 65 页。
③ 同上书，第 54 页。

甘阳后来的"传统观"，却发生了意味深长的改变。如果说前期的"传统观"是运用解释学资源的结果的话，那么后期的"传统观"，则更多地运用了康德、韦伯、哈贝马斯乃至丹尼尔·贝尔的思想资源。这种思想资源不同于解释学的整体论视野，而采取了一种社会系统和文化系统分化的观点。根据这种观点，他反对儒学传统能够或顺应或促进或开出现代性的思路。在他看来，所谓"追求传统的创造性转化"即是这样一种思路，这种思路更多地要求儒学的实际"有用性"，而这正是"某种标准的现代心态"，有可能伤害到儒学价值的独立性。显然，他的这种新的传统观，是在韦伯关于现代社会本身蕴涵着工具理性和价值理性之间矛盾的社会理论框架下展开的。他认为，儒学传统在现代世界中的位置是："在一个工具理性占主要地位的工商社会和技术时代，毫不动摇地坚持价值理性的关怀、维护人文文化的传统和活力，并全力向着所谓精神科学的方向去开展自己新的形态、新的境界。"① 这就是一个坚持并运用承担价值理性的文化，去批判现代化的工具理性的问题。正是在此意义上，他把文化保守主义视为是对现代化的文化反应或文化批判。

实际上，笼统地包含在"文化书院"派里的杜维明和陈来的儒学观念，基本上也是在此意义上展开的。杜维明所主张的儒学发展的"曲线救国"路线，即"先在国外的某些地方发生影响，要经过纽约、巴黎、东京，在外面取得了发言权，再回到中国来才比较有说服力"，② 实质上就已经规定了他所主张的儒学发展，一定是一种作为面向西方成熟现代性的文化批判资源的发展。陈来则主张，儒家复兴的背景，主要与现代化过程中的价值失范有关，儒家伦理之所以在近代社会转型后每每成为关注的焦点，"其必然性植根于现代化转型过程中的'道德性'和'现代性'的分裂以及对克服此种分裂的要求"。因此，对儒学价值的肯定，"是理论上对多元文化价值的肯认和实践上对现代化过程的治疗，是对价值理性和精神文明深切关怀的表达，对理想人生和理想人格锲而不舍地追求的体现。在中国还是对民族文化认同的强烈要求，同时也是对启蒙叙事的道德的人文反思"③。这说明，儒学传统在解决现代中国人意义危机，通过文化认同来

---

① 甘阳：《古今中西之争》，第118页。
② 杜维明：《儒学第三期发展的前景问题》，联经出版事业公司1989年版。
③ 陈来：《人文主义的视界》绪言，北京大学出版社2006年版，第9页。

凝聚民族和国家认同之外，主要是一种关于现代化过程的道德治疗和人文反思与批判。

在此意义上，关于儒学传统的研究，其实就是一种精神科学研究，运用解释学的态度和方法，在新的语境下不断开拓传统的"新的形态和新的境界"。这或许正是文化保守主义的"中国哲学史研究"的目的和旨趣所在。

不过，尤为值得注意的是，无论是甘阳还是陈来，都强调了丹尼尔·贝尔的"矛盾的现代社会观"，即经济领域的社会主义、政治上的自由主义和文化上的保守主义之间的矛盾共处。正如陈来所说，贝尔的思想表明，"人的价值结构可以是多元的、复合的"。他们对这种价值结构的多元复合性的关注，实际上恰恰反映了他们试图在多种价值，特别是现代化的价值与批判现代性的价值之间寻找平衡的焦虑心情。甘阳曾描绘自己那一代知识分子"两面作战"的处境是："不但对传统文化持批判的态度，而且对现代社会也始终保持一种审视的、批判的目光"；既对传统文化有否定和批判的一面，同时也有肯定留恋的一面；对于现代社会，不仅有向往渴求的一面，同时也有一种深深的疑虑和不安之感。① 这种矛盾的感受，实质上是当代中国复杂的文化任务所决定的，反映了当代中国文化意识的真实结构。

显然，这种矛盾的文化感受和意识结构，不是文化保守主义所能化解的；同样的，这种不同价值矛盾共处的状况，尽管在一定意义上是现代社会普遍存在的文化矛盾，但这种文化矛盾毕竟是现代社会病态性构造的产物。对于当代中国的多元文化任务而言，我们能否开展出一套克服这种文化矛盾的中国式的现代社会来，似乎是我们发展儒学、创造传统的题中应有之义，从而也应该是中国哲学史研究的目标之一。我们需要追问的是，究竟是停留于儒学的文化批判性，从而保持价值矛盾的状态，还是发挥儒学的文明创造性，为价值矛盾状态提供一个更具整体性的解释学解决方案呢？对中国文化传统的研究，能否开展出一套重新组建人心、国家和社会的新原理呢？这样的文化任务，似乎需要我们深化对于解释学的理解，并进而将分析的社会理论结合进解释学的整体论视野当中去。

对此，我们似乎有必要重新回到梁漱溟的努力，把他的努力作为我们

---

① 甘阳：《中国当代文化意识》前言，《古今中西之争》，第 107 页。

工作的起点。正是在此意义上，我们或许可以把梁漱溟80年代在中国文化书院的重新登台作为一个新的象征性事件：它不仅意味着一种文明类型论视野的回归，更意味着这种回归将和一种社会理论和解释学的努力结合起来，通过批判和创造的对接，为我们开辟出一个更为开阔的中国哲学研究的新境界。严格说来，张岱年先生的"综合创新论"也是在完成同样的任务，只是侧重点有所不同而已。这种不同集中体现了解释学的"理解"中的认同与哲学认识论的"真理"信仰之间的不同，同时也是建立整体论意义上的思想体系的手段不同，亦即"分析的整体论"还是"综合的整体论"之间的不同。

最后需要补充的是，80年代一个十分重要的文化事件，实质上也是中国哲学史研究中的一个大事件，是海外新儒家开始进入中国大陆。早在1980年，杜维明先生就将儒学第三期发展的概念带进大陆，而到了80年代后半期，在方克立教授的主持下，大陆哲学界开始了对于现代新儒家的学理研究，经过几年的努力，终于成为中国哲学史研究中的显学。① 此外，张光直、林毓生、傅伟勋、余英时等几位海外学人在80年代开始与大陆建立联系，至90年代逐渐显露其影响，他们的贡献对于我们理解中国哲学史研究在90年代后的发展，具有重要意义，值得我们深入关注。

（三）"学术史热"与90年代以来的中国哲学史研究

90年代是以反思激进主义为开端的。1988年余英时先生发表了《中国近代思想史上的激进与保守》一文，在90年初的特定气氛下引起了大陆知识界的热切讨论。从此，揭开90年代以反思激进主义的名义对80年代的反思。这种反思一方面是对80年代"文化讨论"中文化激进主义及其后隐含着的政治激进主义的反思，另一方面则是对80年代文化激进主义的知识态度和知识方式的反思。1991年创刊的《学人》杂志及其学者群体代表了这种反思的态度。对前者的反思，使文化保守主义逐渐居于知识思想界的主流地位，最终演变为反激进主义的保守态度，部分现代新儒家的研究者和传统文化研究者成为这种态度的代表，如郑家栋先生。实际上，90年代的文化保守主义与经济自由主义在对待传统的态度上存在着明显的交集；在1992年之后迅猛展开的市场化浪潮下，文化保守主义则不得不面对另一种激进主义即市场激进主义的挑战，而出现了关于人文主义

---

① 参见方克立：《现代新儒家与中国现代化》中相关论述，长春出版社2008年版。

的讨论，以及传统文化热和国学热。

对后者的反思，则聚焦于学术史研究和社会科学自主性等讨论，其本意是通过对 20 世纪 80 年代知识生产中的"社论语式"的反思，确立起知识场域的自主性，以此来恰当地建立起处理文化、政治问题的知识基础，理顺知识生产与文化、政治问题讨论之间的关系。但在 90 年代的语境里则主要表现为对于"学术独立"的追求，坚持学术方式的自主性，如其本来地研究学术对象，使学术不仅独立于政治的干扰，更独立于任何来自时代的功利需要。这种态度的末流实际上也导致了学术独立于思想的后果，而在一定程度上有可能带来人文学研究反而丧失人文性的危机。

以学术的方式如其本来地研究学术对象的学术态度，在中国文化传统的研究领域，带来学术史、思想史、文化史与哲学史多元范式并存的局面。下面让我们大致以思想史研究为中心清理一下这些范式形成的观念和知识逻辑。就思想史研究而言，在 20 世纪 90 年代之前有两个先驱性典范，一是侯外庐的思想史学，一是钱穆及余英时的学术思想史学。侯外庐在 1957 年版《中国思想通史》序中所说，"这部《中国思想通史》是综合了哲学思想、逻辑思想和社会思想在一起编著的，所涉及的范围显得比较广泛，它论述的内容，由于着重了经济基础、上层建筑和意识形态的说明，又显得比较复杂"。[①] 这说明，所谓思想史学，不仅仅是哲学思想的历史，更是结合"哲学思想、逻辑思想和社会思想"的、对历史中思想的整体性分析，而这种整体性分析的旨趣更重要的还表现为将思想视为上层建筑和意识形态，从而必然结合着对作为其下部基础的社会经济结构的分析。因此，侯外庐的思想史学内在关联着马克思主义的社会史学而构成一种总体历史学。90 年代以来思想史范式的回热则与 90 年代逐渐演为显学的新社会史研究有关。在一定意义上，我们可以说 90 年代的思想史研究是另一种形式的与社会史结合的思想史学。其不同于侯外庐思想史之处，恰恰可以从人类学取向的新社会史与马克思主义宏观社会经济史研究之间的差别中得到说明。葛兆光将自己的思想史学称之为"一般知识、思想与信仰的历史"，以探究一种在长时段的历史中，作为"人们不言而喻的终极的依据和假设的""日用而不知"的普遍知识和思想。这种思想史态度虽然不同于马克思主义思想史学，但二者在着重于结构而不是主体的取向

---

① 　侯外庐：《中国思想通史》序，人民出版社 1957 年版。

上，却如出一辙。① 此外，汪晖的中国现代思想史研究则具有更广阔的视野，基本上把思想作为一种历史中的话语，通过话语的历史分析来展现历史变化，致力于通过话语的思想史研究来揭显中国现代历史演变的整全性线索和图景。②

钱穆与余英时的思想史学，则与侯外庐迥然其趣。余英时曾将自己的研究定位为关于思想史"内在理路"的研究，意在区别于与社会史结合的思想史和着重于道德形上学体系架构的熊牟系新儒家。一方面相对于马克思主义思想史学所侧重的外部社会结构分析而强调思想传统的内在逻辑，另一方面则将思想传统的内在逻辑区别于形上学系统的观念逻辑。也就是说，思想传统的逻辑是依照自身系统的表述方式及其蕴涵的理念意味来表达的，这便侧重于从中国文化传统的整体特别是经典文献之学的学术史整体出发来梳理观念的历史变化。这种思想史的写法自然有其独到之处，因为它注目于中国文化价值系统在历史变化中的保存与衍展，因此始终关注着历史中的主体及其与精神传统的关联。不过，他们对主体与精神传统关联方式的思考，却不同于熊牟系新儒家对中国精神传统得意忘言式的超越性理解，而特别强调精神传统与文化整体性承载方式之间的历史性依存关系，特别关注思想史、学术史与文化史、政治史的关联，同时士人的精神史也自然成为历史关注的重心。③

因此，钱穆的思想史写作实质上与他的学术史研究、文化史研究以及政治史研究之间形成了一种各有分工但相互支撑呼应的系统关系，是一种如其本来地揭示中国文化价值的根源及形成发展的系统研究。④ 大陆90年代以来关于古史和古代文明的研究，实际上恰恰体现了钱穆史学的旨趣，甚至在李学勤看来，侯外庐关于亚细亚生产方式的讨论，也具有类似的意义。侯外庐指出中国是个早熟的小孩，其特点是"氏族制的血缘关系继续存在，它不是从原始社会的、史前的氏族制度经过革命性变革，变成以地缘关系为基础的国家，而是走了一条'维新'的道路"。这种观点的意义

① 葛兆光：《中国思想史》序，《中国思想史》，复旦大学出版社2001年版。
② 参见汪晖：《现代中国思想的兴起》，三联书店2005年版。
③ 这两段论述，转引自笔者《从思想史到政治哲学》一文，见《哲学动态》2006年第11期及《中国社会科学文摘》2007年第3期。
④ 参见钱穆相关论著，《中国文化史导论》，商务印书馆1994年版；《中国思想史》，台北兰台出版社2001年版；《中国历代政治得失》，三联书店2001年版；《中国近三百年学术史》，商务印书馆1997年版。

正是在寻找中国文明独特历史道路及其所蕴涵的价值。这一点与哈佛大学张光直教授关于中国文明走了一条连续性发展的道路，而不同于希腊罗马为代表的欧洲的西方的断裂道路的论断完全一致。① 陈来教授在 1996 年发表的《古代宗教与伦理》一书，便接受了张光直的分析古代文明的框架，而以文化模式研究作为研究西周宗教与伦理的方式，从古代文明的形成出发来探讨以儒家文明为代表的中国文明的独特道路，从而使该书具有了文化史的意义。②

至于学术史研究，其实并非 90 年代的专宠，实际上从中国哲学史学科诞生起，就一直是中国哲学史研究的一个主要取向。北京大学的汤用彤先生的研究，实际上在哲学史意义之外，同样也具有学术史的意义。90 年代以来出土文献的研究中，中国哲学史学科的学者参与之多，其实也在一定程度上说明了中国学术思想史研究作为中国哲学史研究基础的意义。

20 世纪 90 年代以来，中国哲学史内部也出现了修正冯友兰和侯外庐宋明理学诠释理路的宋代思想研究，如余敦康和卢国龙的研究。他们都着重于宋代思想的政治性，以及政治性与形上学性格之间的关联，都贯彻了一种从历史实际出发，如其本来地呈现思想真实的态度。90 年代中期，余敦康发表了研究北宋易学的著作《内圣外王的贯通——北宋易学的现代阐释》，正如卢国龙先生所言，余敦康先生的易学研究，"一直在执着地借附于易学，探讨某种比'两派六宗'（《四库全书提要》对易学史的分梳模式——本文作者按）之易学史更具根本义的中国文化精神，勾勒同时也是重塑中国文化的价值理想"（参见卢国龙为余敦康《中国哲学论集》一书所撰序言）。虽然该书是以易学为主轴，但却是对北宋新儒学思想史的整体把握。卢国龙的研究可以说是对余先生自然顺接的一个"转语"。《宋儒微言》一书的副题《多元政治哲学的批判与重建》，提示了该书的研究思路在于直接从政治哲学出发来探究宋学内涵。又如该书绪论之标题"政治变革中的北宋儒学复兴"所示，其对宋学的重述，是基于北宋政治变革这一时代历史性课题而展开的。从宋学的历史性课题出发，来把握宋学的完整精神，并将这种宋学的完整精神归结为政治哲学，卢国龙的研究可以说

---

① 李学勤：《侯外庐先生对古代社会研究的贡献》，《中国古代文明研究》，华东师范大学出版社 2005 年版，第 430 页。亦请参见张光直：《中国青铜时代》（三联书店 1999 年版）等论著。

② 参见陈来：《导言》，《古代宗教与伦理》，三联书店 1996 年版。

实现了儒学诠释理路转向所具有的意义转换的目的。他们二人的思想史研究表明，只要是一种如其实际的中国文明研究，总是会具有政治思想史的色彩，这与中国文明特别是儒家文明的独特性格有关。

在90年代多种研究范式并存的状况下面，我们不禁会发问，中国哲学史研究范式相对于中国学术史、文化史、思想史的独特性何在呢？作为中国哲学的专门史叙述如何呈现中国思想传统乃至中国历史的整全性，以及作为关于中国哲学的历史叙述又如何成就"中国哲学"的哲学性意义呢？我们甚至会进而发问，中国哲学史研究的对象，究竟是自在于历史当中呢？还是一种后设的理论反思性的产物呢？中国哲学合法性问题的提出正是以90年代这种范式并存的复杂状况为背景。该问题的提出，实质上一方面反映了本世纪以来中国大国地位的逐渐崛起背后，世界对它的价值期待；而另一方面则是80年代以来中西古今关系中哲学与文化问题的又一次全面整理。这次讨论结束的时间还不太长，其对于中国哲学研究逻辑的影响还未充分彰显出来，因此，我们不便做深入的讨论，或许我们需要期待一个合适的历史距离，以便能够准确地审视这段我们正在经历的历史。①

以上是对30年来在时代课题刺激下的中国哲学研究的演进逻辑的一个粗线条的扫描。希望我们能够从时代与知识互动关联的角度，来解放中国哲学史研究的思路，使中国哲学研究能够对当代中国文化建设和国家建设做出更多的努力。

第三节　简要的结语

中国哲学史研究30年来的发展，与前此两个阶段的中国哲学史研究相比，无疑取得了巨大的进展。这些进展当然与这30年来中国整体的发展难以分开。30年来，随着中国国际地位的提高和国内社会政治文化环境的完善，中国哲学史研究不仅获得了学术研究必需的条件，而且也不断提升着本学科的学术地位。不过，正如随着中国国力的提升和发展的加速，面临的问题和挑战也逐渐增多，中国哲学史学科也不能自外于现实，时代为中国哲学史学科提出的挑战是，如何使自身的理论探讨能够更进一步地

① 关于中国哲学合法性问题的讨论，请参见郑家栋和陈来的相关论述。

适应国家社会文化发展的需要，如何使自身的学术研究能够与中国的国际地位和文明地位相称，如何能够将中国文明的价值和中国历史道路的独特性，合情合理地向世界、也向我们自己讲述出来。我们期待着，中国哲学史研究能够进一步解放思想，进一步扩展视野和思维，将更多的问题和更多的方法纳入到学科意识当中来。我们清楚，为实现这样的学科发展目标，当然还有许多路要走。

首先，30 年来中国哲学史研究在具体领域和具体问题的研究上取得了很大进展，但在如何将具体研究的深度与对中国哲学史的全面把握的广度上加以结合方面，还有很大的空间。中国哲学史的研究需要有更具综合性的眼光和更具中国问题和中国文化关怀的胸怀，来整合已有的具体研究，为具体研究赋予意义，并为今后的具体研究描摹出一个规范性的框架。

其次，30 年来的中国哲学史研究在资料、经典、人物、历史、思想方面积累了大量的研究成果，但在研究方法方面却渐呈多元化局面，传统的文献研究方法与经典解释方法之间，注重思想与历史关系的思想史视角同关注于哲学性议题之抉发的哲学史视角之间，交互为用，创获颇多。但究竟何种方法更为适用于中国哲学史学科自身的特性，更能促进中国哲学史学科今后的发展，如何整合已有的多元方法状态，这些问题都有待于今后的中国哲学史做出努力，加以解决。

第三，与海外中国哲学史研究的交流，为 30 年来中国哲学史研究的发展提供了不小的助力，特别在问题意识和方法论检讨方面。不过，在与海外学界的交流中，如何确立中国的中国哲学史研究的主体性问题，如何从中国的中国哲学史研究的传统中总结出自己的研究特性，确立自己的研究理念和方法，建立起自己的信心来，也是摆在今天中国大陆中国哲学史研究学者面前的任务之一。我们相信，学术交流的广泛和深入不仅不碍于学术自主性，反而有助于学术自主性的确立，有容乃大，中国哲学史研究一定会随着中国的地位和中国文明地位的提升，而获得进一步的发展。

第四，中国哲学史学科的发展离不开人才的培养。中国哲学史学在这 30 年里所获得的成绩，与其他学科的经验一致，与"文革"前和"文革"后成长起来的两代学人的贡献无法分开。今后的中国哲学史学科的发展离不开这两代学者奠定的基础，但如何能够充分继承这两代学者的学术积累，如何能够在他们的基础上有所发展，如何能够不辜负本学科的传统，却是摆在年轻一代中国哲学史研究者面前的重大使命。在年轻学者加强自我修养的同时，我们也期待着学界能够为年轻学者创造更好的条件，尽快地扶助他们成长。

总之，中国哲学史学科作为一门在现代条件下形成的学科传统，已经构成为现代传统的重要内容，如何能够继承和发扬这一现代传统，为中国文化再续新命，是新世纪的中国哲学研究已经面临和必须承担的任务。对30 年来中国哲学史研究的总结和反思，在盘点学术成果之余，目的更在于获得自觉的学科发展的动力。我们相信，中国哲学史学科会在新世纪里，继往开来，取得更为深入的发展。

第四章

西方哲学史

　　一般认为，我国对西方哲学的系统介绍和研究始于 19 世纪末 20 世纪初。由于当时西方列强的入侵和中国国力的衰微，中国学者迫切感到应当学习西方先进思想，变革图强，掀起了介绍和研究西方哲学的热潮。在中国百余年来翻天覆地的社会变革中，西方哲学对中国社会和思想文化的影响日益深入，而中国学者对西方哲学思想的介绍和研究，尽管受各种因素的影响，曾出现过曲折、起伏或偏差，但始终没有间断。尤其是改革开放以来的 30 年，中国学者站在世界文化大交流、大融合的高度，以繁荣和发展我国的哲学社会科学事业为己任，解放思想、勤奋工作，在西方哲学研究领域取得了前所未有的成就。这里拟主要从学术发展的角度，就我国 30 年来对西方哲学从古代到德国古典哲学这一历史时期的研究状况，做出概括和总结，力求展现我国西方哲学史学科建设的基本面貌，并为其今后的发展提供有益的借鉴。

第一节　基本状况及其特点

　　改革开放为我国的西方哲学史研究事业带来了巨大而深刻的变化，主要表现在如下方面。

一　回顾与反思，从僵化与教条的思想方式中解放出来

　　改革开放初期，针对建国以来，尤其是"文化大革命"中我国思想文化和学术研究领域的不正常情况，我国的西方哲学史研究工作者进行了认真的回顾和反思。在肯定新中国的西方哲学史研究取得巨大成就的同时，

也着重指出了在学术研究中不同程度存在的简单化、僵化和教条主义的倾向。比如，在相当一段时间里，由于指导思想上的某些偏差，尤其是受前苏联哲学界观点的影响，人们对马克思主义经典作家关于哲学史上唯物主义与唯心主义两大阵营的区分、辩证法与形而上学两种方法的对立的论断做了片面的理解，将它们简单化、绝对化、公式化，并与哲学家们进步与保守、革命与反动的政治立场一一联系起来，以此来判定他们的思想是合理的还是荒谬的、是有价值的还是没有价值的、是可取的还是不可取的。这种倾向显然违反了学术研究的科学规律，背离了"实事求是"的思想路线，在解放思想、改革开放的大潮中，它理所当然地被我国西方哲学史研究工作者所反对和纠正。1978 年 10 月在安徽芜湖召开的"全国西方哲学史讨论会"上，来自全国各有关单位的 200 余位专家学者着重对西方哲学史研究的性质、对象、任务、方法等基本问题进行了讨论。会上一扫以往教条主义束缚下的冷清局面，人人开动思想、畅所欲言，真正展现了"百花齐放、百家争鸣"的精神面貌。其中与会学者特别强调要在研究唯物主义先进思想的同时充分重视唯心主义在哲学史上的进步作用，客观评价它们的学术地位，更成为这次会议具有思想解放标志意义的理论亮点。虽然这次会议对许多问题的讨论仍然是初步的，但它所表达的解放思想、开创未来、求真务实、科学严谨的治学追求，使它成为推动后来我国西方哲学史研究事业健康发展的一个里程碑。

　　在此背景下，对西方哲学史研究本身的再认识成为 20 世纪七八十年代的一个热门话题。许多学者指出，过去西方哲学史研究中出现的片面性和简单化倾向，从理论上说，首先是由于对哲学史的性质的看法有偏差，往往把哲学史简单地看成是社会政治状况的直接反映，只看到了它对社会政治现实的依附性，忽视了它自身的特定对象、任务和规律，忽视了它在范畴、概念、体系和理论发展上的相对独立性，忽视了它与人类认识发展的密切联系。在研究方法上，应当正确理解和运用阶级分析的方法，既要看到现实政治关系对哲学思想的形成和发展有重大影响，又不能简单以阶级立场和政治态度划线，用"贴标签"的方式来代替对哲学思想内在发展规律的研究。唯物主义和唯心主义、辩证法和形而上学的对立，是贯穿西方哲学发展的基本事实，马克思主义经典作家的论断是对这一基本事实的科学概括，也是我们研究西方哲学应当把握的一个基本线索。但把握和运用这一线索，不等于把它当成僵死的教条，做非此即彼的区分。因为在哲学史上，唯物主义和唯心主义、辩证法和形而上学的对立和发展是一个过程，不是一成不变的，而是依具体的时代、人物和涉及的问题表现出不同的特点和变化特征，它们之间也有互相影响、互相渗透、互相改造、互相联系的复杂情况，需要做具体的分析。任何大而化之、以偏概全、简单武断的做法都会有碍于研究工作的深入和科学性。

　　特别要注意的是，学者们反思以往的不足，并没有走向全盘否定多年来我国西方哲学史研究成绩的另一极端，而是着眼于我国未来西方哲学研究事业的发展。学者们更多考虑的是这样的问题：西方哲学作为人类精神文明的宝贵财富之一，我们应当如何全面客观地看待它，如何实事求是地探讨它的发展规律和本质内涵，在理论研究中如何以马克思主义的立场、观点和方法为指导，如何汲取西方哲学的有益成果，丰富和发展我国优秀的传统文化，为我国的社会主义事业服务。在这一系列思考中，学者们特别表达了一种愿望，那就是在新的历史时期，中国的西方哲学史研究应当无愧于时代的要求，为中华民族的振兴和腾飞做出贡献。于是，以西方哲学史为研究对象的中国哲学工作者就面临这样一个问题，我们的研究水平应当以什么为标准？是唯西方哲学家的马首是瞻，亦步亦趋，当黄皮肤的"西方哲学家"，还是运用中国哲学的智慧，创造有中国特色的西方哲学史研究的理论体系？选择当然是后者。老一辈西方哲学史专家陈康教授的一段话曾被广为传诵：中国学者的研究成果应当使"欧美的专门学者以不通中文为恨"。应当说，中国学者的以上反思奠定了 30 年来我国西方哲学史研究求真、求实，强调中国学术特色，重视中西比较研究的思想基础。

二　重视翻译工作，贯彻译研并举

　　由我国西方哲学史研究的特点所决定，做好翻译工作，掌握第一手资料，是搞好研究工作的前提条件，是必不可少的基础性工作，而研究的深入又反过来成为搞好翻译工作的直接推动力。做研究家同时做翻译家，以翻译促进研究，以研究带动翻译，研究与翻译并举，两者相辅相成，是我国西方哲学史研究长期经验的总结。西方哲学进入中国，发生所谓"西学东渐"的深远影响，正是从西方哲学著作的译介开始的。新中国成立以后，学界也把系统地译介西方哲学典籍作为深化西方哲学史研究的一项重要工作。改革开放以来，面对"文革"造成的中断，学者们要求了解西方哲学发展的愿望十分强烈，掀起了翻译西方哲学著作的浪潮，而且这一浪潮至今势头不减，渐成常态，它为我国学者及时了解西方哲学动向，跟踪前沿热点问题，丰富学术资料积累，创造了条件。

这一时期出版的西方哲学史译著不胜枚举，其中不乏精品之作。除了单本著作和经典译丛类著作外，特别值得注意的是还出版了一些重要哲学家著作的全集本或选集本，其中包括：苗力田主持翻译的《亚里士多德全集》，梁志学主持翻译的《费希特选集》，王晓朝翻译的《柏拉图全集》等，而且还有一些重要哲学家著作的全集本或选集本正在翻译中（比如李秋零主持翻译的 9 卷本《康德全集》已出 6 卷，王晓朝翻译的《西塞罗全集》已出 1 卷）。此外，还有一些重要典籍已列入翻译出版计划。在我国的西方哲学史研究中，这种大规模的翻译工作是前所未有的，它表明，我国对西方哲学的介绍和研究已经进入了全面和系统的新阶段，已经不满足于对西方哲学家个别观点和个别论述的局部性研究，而是注意从哲学家思想发展的整个过程把握其理论特点和实质。如果与"西学东渐"初期我国学者对西方哲学著作的翻译数量有限、缺乏系统的情况相比，这一点就看得更清楚了。① 而且有的重要哲学著作，比如康德的《纯粹理性批判》，已有多个译本问世，但仍有新的译本在磨砺中，对于其中关键部分的译法也多有讨论。这一方面说明这部著作的重要性，另外也说明了我们开展西方哲学研究的一个特点，即对一种思想的把握，即使在文本理解和中文转述的层面上，也需要一个逐渐深化、全面、准确的过程。这一特点在我们的理论研究中也多有表现，近年来从语源、语义和文本翻译（包括翻译理论）方面讨论中、西哲学概念理解的论著显著增多，即为其例。此外，对西方学者撰写的哲学通史和断代史著作的翻译也受到重视。20 世纪 60 年代在美国出版的《批评的西方哲学史》，近一二十年在国外较有影响的劳特里奇哲学史、牛津哲学史、剑桥哲学史等也陆续被翻译出版或正在翻译出版中。断代哲学史、国别哲学史方面也有多种译著出版，比如《古希腊哲学史纲》（策勒著）、《希腊哲学与科学思想的起源》（罗斑著）、《希腊思想的起源》（让－皮埃尔·韦尔南著）、《英国哲学史》（索利著）等。这表明，如何借鉴西方学者的研究成果，从整体上把握西方哲学的发展脉络和内在联系，更好地开展对西方哲学史的综合研究，也是中国学者所关

---

① 以严复为例，虽然他翻译了许多西方哲学著作，但由于缺乏系统了解，竟将斯宾塞称作西方最重要的哲学家。

注的。

总之，30 年来，我国西方哲学著作的翻译工作取得了很大的成绩。虽然由于译述能力和理解方面的局限，迄今出版的大量译作，难免良莠不齐，但这是我们学术翻译工作前进发展中的问题。可以相信，随着对西方哲学史研究的深入，质量好的或比较好的译作将被保留或完善，质量较差的译作将逐渐被淘汰。

三 专题与通史相结合，全面推进基础理论研究

同许多学术领域一样，改革开放初期，我国西方哲学史研究具有某种恢复的性质。建立符合新时期要求的教学和研究体系，制定中长期发展规划，培养和造就后继科研人才，[①] 总结此前的科研成果，发现和创造新的学术增长点，是这一时期的主要工作。

在基础理论研究方面，为了恢复和推动西方哲学史研究工作，中国社会科学院哲学研究所的研究人员做了很大的努力。他们与出版机构合作，率先创办了《外国哲学史研究集刊》，为当时学术文章的发表提供了一个难得的园地。1984—1987 年，由汝信、王树人、余丽嫦主编的 10 卷本《西方著名哲学家评传》和王树人、余丽嫦、侯鸿勋主编的配套著作《西方著名哲学家传略》（山东人民出版社）出版。包括贺麟等老专家在内的近百位学者参加了该书的撰稿，它是我国系统开展西方哲学史研究以来所完成的最重大工程，是对此前我国西方哲学史研究工作的一次全面总结。它的更重要意义在于，它为当时我国的西方哲学史研究体系勾勒了一个基本框架，为开展更深入、更有针对性的研究提供了一个系统性的平台。应当说，后来的许多研究不论在论域的扩展上，方向的选择上，还是理论观点的深化上，都大大得益于这部著作，时至今日，它对我们的研究仍有重要参考价值。

在宽松的学术环境和鼓励创造性专题研究的氛围中，20 世纪 80 年代初期，即有一批有较高学术水平的西方哲学史研究专著问世。其中，叶秀山的《前苏格拉底哲学研究》，汪子嵩的《亚里士多德关于本体的学说》，李泽厚的《批判哲学的批判》，张世英的《黑格尔〈小逻辑〉绎注》，王

---

① 现在活跃在教学科研第一线的许多专家学者，正是在这一时期接受了他们的研究生教育或出国深造的基本训练。

树人的《思辨哲学新探》等，都产生了较大的影响。如果说，这些专著还主要是对改革开放前多年研究积累的展示，而且集中在以前国内有较好研究基础的古代哲学、德国古典哲学等方面，那么，90年代以后大量涌现的研究专著则更多体现了新形势下我国西方哲学史研究中的新视角、新趋向、新观点、新方法。至于哪些问题能够成为学者们相对关注的重点，并形成相应的专题研究，主要受三个方面因素的影响：一是由于我们的知识积累和知识结构比较容易形成共同议题的问题；二是由于西方哲学观点的创新或与中国传统思想的明显差异，容易引起中国学者理论兴趣的问题；三是将西方哲学界正在发生和关注的问题介绍进来，引起中国学者注意并讨论的问题。这三个因素不是截然分开的，而是不同程度地互相渗透、互相结合，共同影响着我们的论域取向。在发表的这些研究专著中，特别应当提到人民出版社为支持哲学史研究推出的系列丛书《哲学史家文库》，它以哲学史研究专著为选题范围，其中收入了包括前面提到的若干著作在内的一批西方哲学史研究专著，形成了一定规模，产生了较大影响，这是国内学界与出版界合作推动学术研究的成功范例。经过八九十年代的研究实践，国内一批有比较扎实的理论功底和知识基础，有一定国外学习和研究经历的中青年学者崭露头角，其中许多人成为后来各研究领域的学科带头人或研究骨干。

除了专题研究之外，西方哲学史研究还必须重视通史研究。通史研究与专题研究的主要区别在于，前者更注重对哲学发展脉络的整体把握，更注重对哲学概念演进的历史概括，它涵盖了更悠久的历史年代、更众多的人物流派、更广阔的论域范围、更复杂的思想关联。因此，撰写哲学史是一项有理论全局意义的系统工程。我国学者编写的各类西方哲学史，仅近些年就多达十余种，但作为西方哲学学科标志性著作的多卷本西方哲学通史，却长期阙如。国内学界为填补这个空白做出了很大的努力，有多个单位确定了撰写西方哲学通史的计划（比如复旦大学的10卷本《西方哲学通史》），并有部分成果出版。2005年，由叶秀山、王树人主持的中国社会科学院重点课题《西方哲学史》（多卷本）全部完成并出版，终于实现了学界的这个夙愿。该书共分8卷11册，近600万字。各卷分别为：第一卷"总论：概论西方哲学发展与西方哲学东渐"；第二卷"古代希腊与罗马哲学"；第三卷"中世纪哲学"；第四卷"近代：理性主义和经验主义，英国哲学"；第五卷"启蒙时代的法国哲学";第六卷"德国古典哲学";第七卷"现代欧洲大陆哲学";第八卷"现代英美分析哲学"。各分卷主编及大部分作者都是中国社会科学院哲学研究所的科研人员,国内其他单位的部分专家学者也参加了写作。纵览全书,作者们坚持以马克思主义思想为指导,对西方哲学的主要问题、概念、范畴、理论、方法、人物、流派等都进行了比较全面深入的研究和阐述;尤其注意从西方哲学的社会历史条件、思想关联、概念演进、理论方法特征等方面深刻剖析西方哲学发展的内在逻辑和本质内涵;根据西方哲学发展的实际内容,加强或填补了以往国内研究的一些薄弱环节或空白;在具体分析、博采众长的基础上,注意总结和汲取百余年来几代中国学者研究西方哲学的有益成果,努力从中国学术的视野观察和阐述西方哲学,比较鲜明地体现了"中国学术特色";此外,该书还用一定篇幅对"西学东渐"的历史过程作了系统的论述和反思。在材料的使用上,作者们坚持以西方文献的"第一手"资料为依据,科学地分析和借鉴"第二手"资料,力戒无根据的空谈和妄论,表现出严谨求实的理论风格。虽然该书不可避免地会有这样那样的缺点和不足,但它仍不失为一部具有很强的学术性、系统性、现实性和开创性的精品力作。该书出版后获得了广泛的好评。它所体现出的中国学者的进取精神、合作精神和良好学风,值得发扬光大。

此外,改革开放也为学术领域的国际合作提供了机遇和可能,成为我国开展西方哲学史研究的一个重要补充。除了通过互访和学术会议促进学术交流外,近年来,中、西方学者还共同完成了一些十分有意义的研究项目。譬如,中英哲学家合作编译了大型《西方哲学英汉对照辞典》,合作编写了《当代英美哲学概论》,出版了由英美一流哲学家为中国读者撰写的《当代英美哲学与哲学家研究丛书》等。

第二节　基础理论研究、学术热点和理论创新

按照通常的划分,至近代为止的西方哲学史可以分为五个部分:古代希腊与罗马哲学(古代哲学),中世纪哲学,16—18 世纪欧洲哲学,18 世纪法国哲学,德国古典哲学。就哲学理论的发展和相互影响来说,这五个部分既有各自的特点和相对独立性,又有纵向和横向的复杂关联。为论述方便起见,这里将根据改革开放以来我国学者的研究实践,分别对以上五

个部分的基础理论研究、学术热点和理论创新做出概括。

一　古代希腊与罗马哲学

（一）基础理论研究

古代希腊与罗马哲学年代跨度大，涉及人物众多，概念演进复杂，研究难度也大，因此，撰写一部材料翔实、有一定研究深度、尤其能较好体现国内外研究成果的古代哲学史，就成为推进对这一时期西方哲学研究的最基础性工作。这方面学界取得的最重要成就是汪子嵩、范明生、陈村富和姚介厚历经 20 余年完成的《希腊哲学史》前三卷（共四卷）。在国内西方断代哲学史著作中，该书堪称鸿篇巨制，前三卷即已达 260 余万字。第一卷论述了从希腊哲学的产生到前苏格拉底自然哲学这一时期的哲学发展，包括希腊哲学兴起的社会历史和思想文化背景、米利都学派、毕达哥拉斯学派、赫拉克利特学派、爱利亚学派和公元前 5 世纪后半叶的自然哲学家；第二卷论述了智者、苏格拉底和柏拉图的哲学；第三卷论述了亚里士多德的哲学思想，并简单介绍早期漫步学派的情况；即将出版的第四卷（改由浙江大学古希腊哲学研究室编写）论述后亚里士多德时期的希腊化—罗马哲学。这部巨著参考了丰富的希腊哲学文献，注重探索希腊哲学思想演进的内在逻辑，吸收近现代西方主流学者的研究成果并比较分析他们的见解，详尽地研究了希腊众多哲学家与流派的思想，在史料鉴别、人物与思想评价、探究古希腊哲学思想演变等方面，提出了不少新见解。

杨适的《哲学的童年》（中国社会科学出版社 1987 年版）细致追溯了从泰勒斯到亚里士多德的希腊哲学螺旋式上升的发展线索，多有深刻的独特见识。他的新作《古希腊哲学探本》（商务印书馆 2003 年版）可以被看作"希腊哲学简史"，叙述了从希腊哲学前史到罗马斯多亚派哲学这一千余年的哲学基本脉络，不过其着眼点并不在于历史事实的探究和历史线索的梳理，而在于哲学观念的诠释和阐发。该书表达了作者在《哲学的童年》以后对希腊哲学的新理解，其最大特点是强调了 Ontology 问题在希腊哲学中的特殊地位，并且在开头部分用大量篇幅重点分析了 Being 概念的语源学意义。姚介厚的《西方哲学史》（多卷本）第 2 卷"古代希腊与罗马哲学"（2005 年），王晓朝的《希腊哲学简史——从荷马到奥古斯丁》（上海三联文化出版社 2007 年版）和邓晓芒的《古希腊罗马哲学讲演录》（世界图书出版公司 2007 年版）也各有特色，分别代表了国内学者新近关于希腊哲学的三种理解方式。前两者特别强调从文化和历史的视野来考察哲学史,而后者则从黑格尔主义的视野出发更加关注观念之间的逻辑关联。

国内关于古希腊罗马哲学的研究著作颇丰,但从基础理论研究的角度看,发展并不平衡。在研究内容上,以往对希腊早期和古典时期哲学的研究投入较多,而对希腊晚期哲学的研究则明显不足,成为古代哲学整体研究中的一个薄弱环节,也不利于从学理上打通古代哲学与中世纪哲学的联系。目前这种情况有所改善,但仍需做出更大努力。柏拉图和亚里士多德哲学在古代哲学中的核心地位历来得到重视,但是,对前苏格拉底哲学和后亚里士多德哲学的研究也不应偏废,因为前者能让我们看到原创性思想的独特力量,后者能帮助我们洞察各门科学分化的逻辑线索,以及思想介入实践领域之后的各种可能性。此外,在研究方法上也应有所改进。以往国内学者主要从唯物主义与唯心主义、辩证法与形而上学二元对立的解释模式中来分析古代哲学,后来逐渐摆脱这种情况,越来越重视对重要哲学家和经典著作进行深入考察,力图刻画出古代思想的原貌。但由于原始资料的欠缺和对希腊—拉丁语言的不熟悉,导致学者们从哲学史的角度进行大视野研究的情况比较多,对经典文本的细致阐释和注疏相对缺乏。因此,在未来的研究中,应该加强对专人和专题的研究,并且注意到古代哲学研究的特殊性,在哲学残篇和经典著作的注疏方面多下工夫,全面提高对西方古代哲学的解读能力。

(二)学术热点与理论创新

1. Being 问题研究

"Being"(希腊文 to on,德文 Sein)是西方形而上学的核心概念。关于这个概念的翻译和理解问题一直是汉语学界的难题。20 世纪上半叶陈康等人曾就此做过一些探讨,但未形成定论。到了 90 年代,这个问题终于成为争论热点,引起了国内西方哲学界的大讨论。这场讨论主要提出了两种观点,一种主张用汉语的"是"来翻译和理解 Being,另一种主张用汉语的"存在"或"有"来翻译和理解 Being。主张前一种观点的学者强调必须用"是/是者"取代原来主导性的译名"存在/有",争论由此而形成针锋相对之势。而实际上,主张后一种观点的大多数学者并不否认 Being 有"是"的含义,他们认为 Being 具有"存在"和"是"等多种意义,不可偏废,并对非"是"不取的极端观点进行了某种修正。语义学层面的争论只是问题的表面,不同研究理路之间的差异与对立才是这场争论的实质。这种对立归根到底是"形而上学"与"逻辑学"两种进路之间的分野。主张采用"存在/有"译法的学者基本着眼于形而上学（实在论）的视野，因此强调 Being 表示"存在"、"存有"、"本体"和"活动/生命"等方面的含义；而主张采用"是/是者"译法的学者则多少带有一些逻辑学前见，强调 Being 直接关联于系词 to be，并且在"S is P"这样的命题结构中表示"同一性"与"真"等方面的含义。在争论过程中，一些学者围绕这个问题对西方哲学史上重要哲学家的相关论述进行了重新梳理，使困难重重的 Ontology 得到了多方面的澄清。值得注意的是，争论双方都试图到古希腊哲学的原典中寻找证据，多位学者对巴门尼德、亚里士多德和柏拉图的相关文本进行了重新解读，对关键术语进行了重新诠译，得出了不少新的结论。总之，这场讨论的意义不限于对一个哲学范畴的理解和译法，它一方面表明了古希腊哲学确实关涉西方哲学的全局，另一方面也表明了西方哲学的终极视阈正在向汉语敞开。①

2. 早期希腊哲学

哲学发端时期的许多开创性思想对后世思想有重大影响，早期哲学家的一些术语和思想模式甚至成为后来希腊哲学乃至整个西方哲学的"内核"。国内学界对早期希腊哲学一直都比较关注。从总体上看，关于赫拉克利特的"逻各斯"和巴门尼德的"Being"概念的讨论最为热烈。除了从"对立统一"的所谓"朴素辩证法"角度去解释和评价赫拉克利特的逻各斯学说的通常观点外，还有一些学者试图把"逻各斯"与老子的"道"沟通起来，比较分析中、西形而上学在开端处所反映出来的同一性与差异性，颇多创见。② 不过，关于"逻各斯"与"真理"、"存在"、"自然"

---

① 参见汪子嵩、王太庆：《关于"存在"和"是"》；王晓朝：《读〈关于"存在"和"是"〉一文的几点意见》；王太庆：《柏拉图关于"是"的学说》，《我们怎样认识西方人的"是"?》；叶秀山：《中西关于"形而上学"问题方面的沟通》，《论巴门尼德的"有"》；杨适：《希腊哲学中的 on（being）的几个基本含义的来源和相互关系》；陈村富：《关于希腊语动词 eimi 研究的若干方法论问题》；王路：《巴门尼德哲学研究》，《亚里士多德的"是"和"是其所是"》，《对希腊文动词"einai"的理解》；俞宣孟：《论巴门尼德哲学》；余纪元：《亚里士多德论 on》；詹文杰：《虚无与虚假之辨：柏拉图的 Not-being 概念》；赵敦华：《"是"、"在"、"有"的形而上学之辨》；黄裕生：《论"是"》；邓晓芒：《Being 的双重含义探源》。上述论文大多数载《Being 与西方哲学传统》，河北大学出版社 2002 年版。

② 参见陆沉：《老子的"道"与赫拉克利特的"逻各斯"之异同》，载《天府新论》1999年第6期；张廷国：《"道"与"逻各斯"：中西哲学对话的可能性》，载《中国社会科学》2004年第1期。

等希腊哲学的核心概念之间的内在关联，以及有关其形而上学本质和逻辑意义等方面的研究仍显薄弱，需要进一步深入探讨。在一段时间里，关于巴门尼德"Being"概念的讨论几乎成了西方古代哲学研究中一个无法摆脱的"旋涡"，诸如"论巴门尼德的'存在'"或"巴门尼德存在论研究"之类的文章多达数十篇。这个问题的重要性自不待言，因为它关涉到 Ontology 的起源和本质含义，还关涉到主谓词逻辑问题。前文关于"Being"问题的研究综述中已有提及，不再详论。值得注意的是，无论从形而上学还是从逻辑学进路出发考察巴门尼德的思想，都应该回到原始文本进行细致的分析和解释，把巴门尼德残篇考虑为一个统一的整体，并且置于早期希腊哲学的整体语境中，避免"隔靴搔痒"，在一些伪问题上浪费功夫。

关于早期希腊哲学的研究，特别应提到的是叶秀山的《前苏格拉底哲学研究》（三联书店 1982 年版）。该书梳理了希腊早期哲学发展的基本线索，一方面深入剖析了各个哲学家和哲学流派的基本特征和思想渊源，另一方面围绕核心的哲学范畴（如"始基"、"存在"、"逻各斯"和"努斯"等）展开了细致入微的讨论。在讨论过程中，作者既能直接面对古希腊哲学残篇的具体文本进行分析，又能与西方现代阐释者展开对话并且提出不少独到见解，使得本书从形式和内容上都堪称古代哲学研究的典范之作。

3. 苏格拉底、柏拉图与亚里士多德哲学

苏格拉底在希腊哲学史上的特殊地位被许多研究者所认可，通常认为他把哲学"从天上拉回到人间"，尽管也有人主张这个"荣誉"属于早些时候的智者学派。国内学界关于苏格拉底的研究也是一个热点。在讨论中，苏格拉底的形象游移于理论家与宗教改革家之间，人们更强调苏格拉底在伦理学而不是形上学方面的贡献。叶秀山的《苏格拉底及其哲学思想》（人民出版社 1986 年版）是国内苏格拉底研究的代表作。作者以中国学者特有的角度深入探讨了苏格拉底的政治立场与社会活动，同时从现代哲学的视野出发对苏格拉底的哲学思想（如"自识"问题、理念论和辩证法）展开细致的讨论，高度评价了苏格拉底在西方思想史上的贡献。

柏拉图是第一位有"著作"而不是"残篇"传世的希腊哲学家，而亚里士多德则留下了大量哲学论文而不是文学性的作品，他们两人是西方哲学史上为数不多的具有典范意义的哲学家。国内学界关于柏拉图和亚里士多德的研究开始得比较早，陈康和严群等人的开拓性工作为后来的研究打下了基础。改革开放以来，这个领域的研究取得了新的进展。

关于柏拉图哲学的研究有两种基本的路径，一种是按本体论、认识论、伦理学、政治学等等进行分类研究，另一种是把单篇的柏拉图对话录当作独立的统一体进行逐一诠释和论述。范明生的专著《柏拉图哲学述评》采用了前一种路径，而他与汪子嵩合撰的《希腊哲学史》（第 2 卷）中关于柏拉图的论述则采用了后一种路径。《柏拉图哲学述评》集中反映了 20 世纪 80 年代国内柏拉图哲学研究的成绩，尽管一些观点现在看来显得有些陈旧。作者本人在后面的著作中做了许多新的阐释和调整，其论述在总体上更加贴近原始文本，更能反映出柏拉图哲学的本来面貌。除了上述两种基本研究进路以外，学者们也从其他方面做了尝试，使柏拉图哲学研究呈现出多样化的局面。综观国内学界关于柏拉图哲学的研究，应该说，其涉及的领域比较全面，尽管有些被疑为伪作的对话录仍受冷落。从总体上看，"理念论"（或"相论"）视野仍然是柏拉图形而上学研究的主流视野；发生学方法对于系统论方法而言仍然占据主导地位，所谓前期理念论与后期理念论的关系问题仍然是一个热点；《理想国》仍然被看作柏拉图的"代表作"，因而其"政治哲学"受到突出关注。但是，一些新的解释进路也开始出现，分析哲学、现象学、哲学解释学、古典语文学和比较哲学等方法得到越来越多的应用，致使传统视野受到一定冲击。有些学者试图探寻柏拉图对于数学、心理学、逻辑学和文艺理论等方面的具体影响，而另一些学者则告别以往宏大叙事式的整体性研究，开始对柏拉图对话录进行单篇的注解和诠疏，挖掘其中的深层含义和"隐微教诲"。由此不难预见，柏拉图哲学研究将不乏新的成果问世。

亚里士多德哲学研究一直是古希腊哲学研究中的重镇。亚里士多德哲学的体系庞大，学者们往往针对某一领域或某一著作进行专门研究，论题涉及形而上学、认识论、逻辑学、伦理学、政治学、美学和自然哲学等各个领域。汪子嵩的《亚里士多德关于本体的学说》（人民出版社1982 年版）在仔细分析亚里士多德《形而上学》文本的基础上，以"本体"（ousia，也译作"实体"）概念为线索，对亚里士多德形而上学思想的发展作了深入的解释。他与范明生、陈村富和姚介厚合著的《希腊哲学史》（第 3 卷）对亚里士多德哲学做了更为具体的论述和评价，既吸收了现代西方主流学者的观点，又贴近希腊原典进行独立分析，内容翔实丰富。此外，王路的《亚里士多德的逻辑学说》（中国社会科学出版社 2005 年版）和廖申白的《亚里士多德友爱论研究》（河南人民出版社 2000 年版）分别对亚里士多德的逻辑学和伦理学进行了专题性的研究，多有创见。随着中文版《亚里士多德全集》的出现，亚里士多德研究势必得到更大的推动。

4. 晚期希腊哲学

晚期希腊哲学是指从公元前 323 年亚历山大大帝被刺到公元 529 年罗马帝国皇帝查士丁尼下令关闭雅典的哲学学园这一漫长历史时期中的哲学思想。在传统的希腊哲学研究中，这个阶段被认为价值不大，一向不受重视，现在这种情况正得到改善。总的来说，国内学界对教父哲学的研究有很大的突破，而对希腊化时期哲学和新柏拉图主义的关注相对较弱。

希腊化时期哲学主要有伊壁鸠鲁学派、斯多亚学派和怀疑主义。就伊壁鸠鲁而言，人们渐渐淡化了伊壁鸠鲁对原子论的贡献，而更关注他在伦理学方面的成就。王来法的博士论文《前期斯多亚学派研究》（浙江大学出版社 2004 年版）描绘了前期斯多亚派的概况，分析了前期斯多亚派的逻辑学、自然哲学、伦理学以及它们之间的内在关联。以崔延强为代表的一些学者追溯了"怀疑主义"的词源，指出"skepsis"的本原含义是"探究"，并且梳理了希腊怀疑主义的历史和逻辑线索，为怀疑主义在理论和实践中的重要作用做了辩护。[1]

范明生的专著《晚期希腊哲学和基督教神学——东西方文化的汇合》（上海人民出版社 1993 年版）论述了希腊化—罗马哲学和早期基督教神学的发展脉络，重点讨论了新柏拉图学派和基督教神学的先驱、犹太神学家斐洛以及给基督教神学以巨大影响的普罗提诺，把斐洛和普罗提诺看作希腊主义和犹太主义结合的两个典型，并且把奥古斯丁看作多股思潮的集大成者。该书为我们提供了一种观察晚期希腊哲学的有益视野。叶秀山在《希腊哲学从宇宙论到伦理学的过渡》（载《江苏行政学院学报》2001 年第 1 期）一文中讨论了希腊哲学经过怀疑论冲击以后所出现的由知识论—宇宙论到伦理学的论题转化，在这个视角下研究了亚里士多德伦理学的意义，试图阐明不同于"主—客"关系的"主—主"关系的特点，并由此引导出斯多亚学派与伊壁鸠鲁学派之间的关系，以及哲学伦理学的兴起对于

---

① 参见崔延强：《存疑与宁静——希腊怀疑主义的精神历程》，载《社会科学战线》1996 年第 2 期；《怀疑即探究：论希腊怀疑主义的意义》，载《哲学研究》1995 年第 2 期。

基督教及其神学在罗马的传播所产生的作用，很富有启发意义。①

　　章雪富的博士论文《基督教的柏拉图主义》（上海人民出版社 2001 年版）对亚历山大里亚的早期基督教教父（尤其是克莱门和奥利金）的神学思想以及它们与诺斯替主义、新柏拉图主义之间的关系进行了细致的探讨。他的新著《希腊哲学的 Being 和早期基督教的上帝观》（中国社会科学出版社 2005 年版）利用语义学和历史学等方法探讨了希腊哲学中的 ontology 问题以何种方式影响了教父哲学中的 theology 问题。作者认为，"希腊基督教与拉丁基督教在上帝观问题上形成不同神学范式的原因，乃在于对希腊哲学的 Being 的不同解释"，而这种不同解释主要是缘于柏拉图主义与斯多亚主义在 ontology 层面上的差异。然而，这种因果关系的确认可能片面强调教父神学对希腊存在论的"继承关系"而忽略了其中的"扭曲与断裂"。

二 中世纪哲学

（一）基础理论研究

　　希腊的科学理性传统和希伯来的宗教传统是西方哲学思想两大源头，理性主义和信仰主义共同塑造了西方的主导精神。但就我国对西方哲学的研究而言，由于文化背景、民族心理、语言障碍等多方面因素的影响，我国哲学界对希腊理智主义传统予以较多的重视，而对于希伯来信仰主义传统则较少关注，这使得我国对西方中世纪哲学的研究长期以来处于弱势地位，在许多方面甚至是空白。

　　自 20 世纪 80 年代开始，这种情况有了明显改观。在《西方著名哲学家评传》第二卷中收有何佩智撰写的"奥里根"和"德尔图良"，傅乐安撰写的"奥古斯丁"和"托马斯·阿奎那"，王晶、郭民撰写的"鲍埃蒂"（现通译为"波埃修"），车铭洲撰写的"约翰·司各脱·伊里杰纳"，安希孟撰写的"威廉·奥卡"等中世纪哲学家专论。在该书"续编"中又增补了谭鑫田撰写的"安瑟伦"，李武林、傅有德撰写的"邓斯·司各脱"，钟宇人撰写的"特莱肖"等专论。这些专论涉及西方中世纪哲学史上不同阶段的代表人物，其中大部分人物在我国鲜有详论，对他们的理论

---

① 叶秀山：《希腊哲学从宇宙论到伦理学的过渡》，载《江苏行政学院学报》2001 年第 1—2 期。

观点的阐述和把握在一定程度上展现了这一时期西方哲学的主要思想，标志着我国学术界开始以比较客观、科学的态度重新审视这段哲学史。长期以来的传统观点认为，西方中世纪是"黑暗的"、"蒙昧的"时代，中世纪哲学只不过是"神学的婢女"，甚至连黑格尔也主张要"穿七里靴尽速跨过这一时期"。就此而言，我国学者对中世纪哲学的关注和重视，尽管是初步的，但却具有某种打破传统束缚的"解放"意味，而且也与西方哲学界越来越重视中世纪哲学研究的趋向相吻合。上述专论注重对西文原始材料的运用和把握，言之有据，论点分明，并在强调知识性和学术性的同时，增加了对哲学人物生平和学术活动的介绍和评价，突出了哲学家作为"这一个"的个性特征。不足之处在于，这些专论受评传文体的局限，尚不能对哲学家的思想进行十分深入和系统的阐明，对整个中世纪哲学的发展线索及其在西方哲学史中地位的研究也显薄弱。

对中世纪哲学的专题性研究始自 20 世纪 90 年代。中国社会科学院哲学研究所的傅乐安为之做出了突出贡献。他开创了我国经院哲学以及新老托马斯主义的研究领域，成为国内著名的托马斯研究专家。除了撰写《教父哲学概论》、《解放神学》等百余篇论文外，1990 年，他出版了专著《托马斯·阿奎那基督教哲学》(1990)。这部著作以 13 世纪基督教哲学发生的思想变革为背景，从上帝存在证明、形而上学、认识论、伦理学等方面，对托马斯·阿奎那的基本哲学思想做出了全面的剖析，系统阐明了托马斯顺应时代潮流，扬弃新柏拉图主义，采纳亚里士多德主义，修正奥古斯丁的教父学思想，将哲学与神学统一起来，创造基督教哲学的新形态——托马斯主义的理论发展过程。该书对近代以来新托马斯主义的产生背景和理论走向也作了深刻而中肯的论述。这部著作是我国第一部系统论述基督教哲学的学术专著。

此外，我国的中世纪哲学研究还受到了另两方面工作的推动。一是中国社会科学院哲学研究所的叶秀山自 20 世纪 80 年代末开始所做的工作，他在研究西方哲学发展的内在理路的过程中，着重考察了基督教思想对于西方哲学发展的影响，并且深入探讨不同时期哲学家们用"哲学""化解""宗教"的思路。他就此撰写的一系列论文引起了西方哲学史界的关注。另一方面的推动来自 20 世纪 80 年代末至 90 年代中期国内学界对基督教世界观的介绍和研究，它有助于我国学者对基督教这一西方文化现象的更深入了解。其中何光沪主编的《宗教与世界》丛书较有影响，它由蒂利希的《政治期望》、T. S. 艾略特的《基督教与文化》、利奇蒙德的《神学与形而上学》、利文斯顿的《现代基督教思想》、霍伊卡的《宗教与现代科学的兴起》等著作组成，分别阐述了基督教与文学、基督教与科学、基督教与文化和政治的关系等问题。何光沪翻译的约翰·希克的《宗教哲学》是研究宗教哲学的入门读物，它对于"宗教哲学"作为哲学分支学科的独特地位做了提纲挈领的刻画。越来越多的学者意识到，要全面透彻地把握西方哲学和思想的精髓，就必须了解希伯来传统，必须重视对基督教思想和中世纪哲学的研究。

要深入研究中世纪哲学史，首先需要在汉语语境中建构起中世纪哲学史研究的基本框架，在这方面，赵敦华于 1994 年出版的《基督教哲学1500 年》迈出了艰难而具有开创性的第一步。这部著作首次以汉语对中世纪哲学史进行了全面详实的介绍和研究，在内容上涵盖了公元 2—16 世纪1500 年间欧洲哲学的发展，其中包括教父哲学、黑暗时期的哲学以及经院哲学的发展全过程，介绍并评述了近二百位哲学家的主要思想，勾勒出了中世纪哲学产生和发展的全貌。这部书的优点不仅仅在于其史料的丰富、准确和详实，还在于其清楚明晰的逻辑线索，在于其从学理上对中世纪哲学与整个西方哲学发展之间关系的透彻考察，它肯定了中世纪哲学问题的意义及重要性，并且在中、西哲学与思想文化的比较方面做出了不少有益的尝试。

如果说《基督教哲学 1500 年》对于中国学者全面研究中世纪哲学发展史具有开创意义的话，那么历隔 11 年后出版的《西方哲学史》（多卷本）中的"中世纪哲学卷"（黄裕生主编）则对中世纪哲学史的全面研究做出了新的重要尝试。"中世纪哲学卷"与《基督教哲学 1500 年》结构框架大体相同，始于教父哲学而终于文艺复兴时期的哲学，并且同样从哲学思想的层面上否定了"中世纪是黑暗时代"的看法，认为这是汉语世界长期以来在理解和接受西方文化核心问题上的一个偏差。该书采用了"以论带史"的写法，全书并不力求将整个中世纪哲学的发展史描绘得面面俱到，而是更注重突出中世纪提出的哲学问题及解答思路，因此该书涉及的哲学家的数量和论域虽不及《基督教哲学 1500 年》，但篇幅却要较后者多出十余万字。另外，全书由包括主编黄裕生在内的 8 位青年学者合力完成，在一定程度上反映了青年一代学者对中世纪哲学的观点和看法。

进入新世纪以来，学界对中世纪哲学史的研究更加深入。除通史外，也有一些专著和专题论文出现。比如，王晓朝的《教父学研究：文化视野下的教父哲学》（河北大学出版社 2003 年版），填补了我国学界在教父学研究领域的空白。教父学兴起的时期是两希传统冲突、交会与融合的时期，理解这一时期的思想文化特点对把握整个基督教哲学的发展脉络有非常重要的意义。这部著作在吸收和采纳西方传统的教父学研究成果的基础上，融汇了中国学者对于教父哲学的研究成果，并将它们置于西方文化的大视野之下进行新的检视，从而为揭示教父学及教父哲学的理论意义开启了新的角度。

奥古斯丁主义和托马斯主义是西方基督教哲学不同发展时期的两条主要路线，也是中国学者研究基督教哲学的两个基本线索。赵林曾撰文《中世纪基督教哲学中的奥古斯丁主义和托马斯主义》，专门讨论这两条路线的内容和实质（载于《社会科学战线》2005 年第 1 期）。在对这两条路线的研究当中，奥古斯丁的思想似乎更多地吸引了青年学者的关注。目前学界已出版关于奥古斯丁的专著三部，其中包括：张荣的《神圣的呼唤——奥古斯丁的宗教人类学研究》（河北教育出版社 1999 年版）；周伟驰的《记忆与光照——奥古斯丁神哲学研究》（社会科学文献出版社 2001 年版）和《奥古斯丁的基督教思想》（中国社会科学出版社 2005 年版）。显然，后者更侧重于从基督教神学的视角来解读奥古斯丁的思想。奥古斯丁的"意志"理论和"时间"理论受到了广泛的关注。吴天岳在《试论奥古斯丁著作中的"意愿"（voluntas）概念》（通译"意志"）（载于《现代哲学》2005 年第 3 期）中考察了奥古斯丁关于"意愿与欲望"、"意愿与理智"、"意愿与自由"之间的关系，指出"意愿"在奥古斯丁的思想当中作为灵魂能力是具有一定的独立性的，这种独立性确保了人在选择不同的行为模式以及在实现自身本性方面所具有的自由，而正是这种自由确保了我们成为自己行动的主人，并且为自己的行动负责，因此它构成了道德责任的基础。该文还特别注意到奥古斯丁对人的道德行为的分析与古希腊理智主义传统的明显差异。张荣在《创造与伸展：奥古斯丁时间观的两个向度》（载于《现代哲学》2005 年第 3 期）一文中对奥古斯丁时间观中同时存在着的两个向度——"永恒上帝的创造"和"心灵的伸展"——进行分析，指出这两个向度不仅不可分割，而且它们之间还有一定的制约关系。其中，"上帝的创造"规定着"心灵的伸展"，由此时间的起源得以阐明；同时，"心灵的伸展"反映了"上帝的创造"，由此时间的存在和本质得以说明。黄裕生的论文《论奥古斯丁对时间观的变革——拯救现象与捍卫上帝》（载《浙江学刊》2005 年第 4 期）着重论述了奥古斯丁时间观的变革以及这种变革对西方哲学发展的意义问题。奥古斯丁通过对时间的追问改变了古希腊人的传统时间观，使得时间不再是外在的物理流，而是我们的思想—意识的伸展。这一时间观彻底改变了古希腊的"无中不能生有"的传统观念和宇宙论图景，并且使得时间成为哲学中的一个突出问题。

虽然经过多年的努力，我国对中世纪哲学的研究已初见成效，但由于中世纪哲学是一个庞大而复杂的领域，其文献之浩繁、义理之艰涩，对它的研究即使在西方也非易事，对于既缺少西方神学背景，又受语言限制（中世纪文本主要使用拉丁语）的中国学者，就更加困难。这些困难造成了我国对中世纪哲学的基础研究仍然存在很多的空白，仍然有很长的路要走。除了继续深化对奥古斯丁和托马斯·阿奎那的研究外，对德尔图良、安瑟伦、波埃修、波那文都拉、邓斯·司各脱以及新托马斯主义等方面的专题研究也亟须加强。这是未来相当一段时间里我国中世纪哲学研究者面临的艰巨任务和挑战。

（二）学术热点与理论创新

如何理解西方中世纪哲学的基本性质？这个问题成为我国中世纪哲学研究中的一个热点问题，这对于起步不久、迫切需要对西方中世纪哲学做出原则界定的中国学者来说，是毫不奇怪的。学界基本上采纳了法国宗教哲学家吉尔松提出的"基督教哲学"的概念，但对这一概念在不同阶段有不同的理解。

傅乐安对"基督教哲学"这一概念的理解基本上将其视为基督教神学的附庸。他指出，基督教有一整套理论体系，其中不仅有神学，还有极为重要并甚为独特的哲学，即"基督教哲学"。所谓"基督教哲学"实质上就是指以上帝为核心、以信仰为前提、以《圣经》为根据，为基督教神学作论证的理论体系，它是一种典型的宗教哲学。根据这一理解，他把基督教哲学的发展分为三个阶段：公元 2—5 世纪的"教父哲学"，9—15 世纪的"经院哲学"，19 世纪末出现的"新经院哲学"。他强调，基督教哲学史上的每一次变革都是为了适应不同的时代需要而发生的，其最终目的在于强化基督教信仰。傅乐安对托马斯·阿奎那的研究即是在这个思想框架内进行的，他着力突出了托马斯顺应时代潮流对奥古斯丁思想的"扬弃"和对亚里士多德主义的接纳，托马斯主义归根到底只是为了挽救基督教信仰的危机而出现的一种新的辩护教义的哲学形态而已。

赵敦华在讨论"中世纪哲学"的性质时引进了"基督教文化"的概念，指出哲学史中的"中世纪"并不完全是一个时间概念，它更主要是一个文化概念。公元 2—16 世纪是基督教从传播发展到取得统治地位和最后衰落的过程，与此相适应的哲学的发展、分化与衰落的全过程就是中世纪哲学。从这个角度出发，"中世纪哲学"就是指以基督教文化为背景的"基督教哲学"。尽管这个概念曾经受到现代哲学史家的批评，但是赵敦华却肯定了这一概念所强调的中世纪哲学的意识形态特征和文化背景，认为中世纪哲学是同时作为基督教会的意识形态和基督教文化的一部分而存在的。

赵敦华对于中世纪哲学不过是"神学的婢女"的看法提出了质疑，他肯定了中世纪哲学的独立性以及它在整个西方哲学史上的价值和意义。从时间上看，"中世纪哲学"与古代哲学和近代哲学存在着交叉关系，2—5世纪是古代哲学与中世纪教父哲学之间的交替时期，15—16 世纪是经院哲学向近代哲学的过渡时期。从内容上看，"中世纪哲学"是古希腊哲学与近代哲学之间的中介，它在基督教文化的背景之下改造、丰富和发展了古希腊哲学，讨论范围包括形而上学、自然哲学、知识论、伦理学和社会政治学说。中世纪哲学不仅为后世留下了卷帙浩繁的著作，而且它在提出问题的深度和广度、思辨的高度和力度、概念范畴的概括性和充足性、方法的成熟性和连贯性等方面丝毫不逊色于古代和近现代哲学。因此，中世纪哲学在整个西方哲学发展史上具有独立的地位。不仅如此，中世纪哲学在对意志自由、善与恶、自然规律等问题的讨论上有所创见，近代哲学当中关于上帝、灵魂和世界的三大主题，物质与精神的二元实体观，认识论中的天赋观念论，经验论和先验论，义务论、幸福论和意志论等问题直接受到了中世纪哲学的影响。因此，古代哲学、中世纪哲学与近代哲学应该形成"三足鼎立"的局面，对中世纪哲学的研究是我们全面、深入理解西方哲学和文化的不可或缺的重要环节。

黄裕生对"基督教哲学"的概念做了进一步的开拓性理解。"基督教哲学"作为中世纪欧洲哲学的形态，它标志的不是"哲学"与"基督教"达成的某种外在的相容或一致，而是以基督教作为哲学的内在要素的理性的真理体系，标志着把基督教的启示真理转化成非启示真理的哲学。在这个意义上，"基督教哲学"也就是哲学从基督教信仰当中开辟出来的哲学问题，而这些问题恰恰是理性反思自身没有意识到的，或者说无力意识到的新问题和新维度。这也就是说，在与基督教信仰相遇、碰撞的过程当中，哲学提出了新的问题，开启了新的维度和导向。基督教与哲学的相遇从深层上改变了基督教，它使理性原则成为我们走向启示真理并且向启示真理敞开的方式与尺度，它把理性提高到以自觉的方式走向启示真理的地位，其结果是理性被神圣化，信仰被理性化，神圣的更神圣，合理的更合理。而基督教与哲学关系的这一理路，也不可避免地会影响西方哲学的发展走向。

由上述可以看出，关于中世纪哲学性质这一根本性问题，国内学者已经提出了多种不同的理解，不论这些理解有多大的合理性，不论随着研究的深入还会有多少不同的看法被提出来，但不可否认，希伯来信仰主义对西方哲学发展的影响已经越来越被学者们所重视，而这恰恰是这些年来我国对西方哲学史研究日渐成熟的一个突出表现。

三　16—18世纪欧洲哲学

这里所说的16—18世纪欧洲哲学是指文艺复兴以后到德国古典哲学之前不包括18世纪法国哲学（下文另论）在内的欧洲哲学，以大陆理性主义哲学和英国经验主义哲学为主要内容，也涉及其他一些相对次要的哲学思潮和流派。

（一）基础理论研究

16—18世纪欧洲哲学为我国学者所重视，至少有三方面的原因：一是因为这一时期以理性主义和经验主义为代表的两种认识论观点的争论和对立，形成了对西方哲学后来发展有重要影响的所谓的"认识论转向"，不了解这一时期的哲学问题和发展脉络，就无法理解后来的德国古典哲学及现代西方哲学的整个发展；二是因为在理论形态上，这一时期理性主义和经验主义的对立，具有哲学史上难得一见的"两军对战"的典型性，不论在所涉及的哲学家的数量上、其理论的分量和影响上、各自学说的系统发展和双方之间既互相对立、互相斗争，又互相渗透、互相借鉴的复杂关系上，都是西方哲学史上罕见的，因此，它格外能引起研究者们的理论兴趣；三是因为这一时期的哲学是在文艺复兴之后的"启蒙"大旗下兴起和发展起来的，"启蒙哲学"、"理性哲学"、"人性哲学"成为它的另一响亮称谓，它表明在冲破了中世纪沉闷、压抑的神学桎梏之后，人的理性精神得到高扬，人性及人的一切生活活动成为哲学思辨的中心，而它的这一特点，对于刚刚从"文化大革命"的摧残中复苏起来的西方哲学史研究，无疑能引起更热切的关注和反思。

与此相联系，尤其在改革开放初期，国内学者特别注意从整体上把握理性主义与经验主义的关系及性质，从它们的代表人物、思想渊源、理论构成、主要观点、后世影响、历史地位等各个方面，做全面的分析、梳理和阐述。这方面比较有影响的著作是由陈修斋与其几位研究生撰写的《欧洲哲学史上的经验主义和理性主义》（人民出版社 1986 年版）。该书的最大特点是它的全面性和系统性，它不是拘泥于某一位或几位哲学家的具体观点，而是以西方哲学发展的大视野为背景，力图在对经验主义和理性主义进行纵向和横向的比较论证的基础上，阐明它们所涉及的主要问题、争论焦点、基本思想和发展脉络。比如，在对这一时期哲学产生的历史背景和思想资源做了简明的介绍后，该书分别对经验主义和理性主义两派的代表人物、各自的理论进程、相互斗争的几个阶段进行大线条的勾勒，然后以认识论为主线，从认识的对象、认识的主体、认识的起源、认识的方法、认识的真理性等五个方面，系统地阐述了两派观点的对立、演变、结果和理论意义。使读者可以在有限的篇幅内比较清楚地把握这一时期两派哲学斗争发展的全貌。当然，这种大线条的勾勒也是在对各个哲学家的基本观点进行深入研究的基础上做出的，因此并不因其从大处着眼而缺乏细致和严谨。实际上，该书所论的主要问题和观点也是对我国学界长期以来相关研究成果的总结，它为进一步开展这一时期西方哲学的研究起到了某种"导论"的作用。

研究要深入，专题研究必不可少。在已出版的研究专著中，以人物为中心的专题研究最为突出，理性主义与经验主义的大部分代表人物都有专论。其中被收入人民出版社《哲学史家文库》的余丽嫦的《培根及其哲学》（1987）、洪汉鼎的《斯宾诺莎哲学研究》（1993）、傅有德的《巴克莱哲学研究》、周晓亮的《休谟哲学研究》（1999），以及陈修斋、段德智的《莱布尼茨》（台湾东大图书公司 1994 年版）、余丽嫦的《托马斯·霍布斯》（台湾东大图书公司 1994 年版）、巴发中的《霍布斯及其哲学》（中共中央党校出版社 1997 年版）等最具代表性。这些专著的共同特点是从时代背景、思想来源、生平著作、学术思想、历史影响等方面对所论人物做全方位的研究和论述，尽管在程度上有所不同，各位作者都特别注意以第一手资料为依据，运用文献考据和辨析的方法，力求从本来面目上全面理解哲学家的思想。这些著作的出版大大促进了研究工作的深入和细化。

对这一时期哲学的国别史研究也有进展。这里特别要提到冯俊撰写的《法国近代哲学》（同济大学出版社 2004 年版）。该书分两大部分，第一部分在"法国哲学精神的确立"的题目下比较详细地论述了笛卡儿、伽桑狄、帕斯卡尔和马勒伯朗士的哲学（第二部分"启蒙时代的哲学"在下一节"18 世纪法国哲学"中还将提到），并将它们放在法国近代哲学发端的大背景下来考察，认为笛卡儿、帕斯卡尔和马勒伯朗士三人的哲学确立了法国近代哲学的基调。胡景钊、余丽嫦合著的《17 世纪英国哲学》（商务印书馆 2006 年版）则对英国从弗兰西斯·培根到洛克的英国哲学进行了梳理，在时间跨度上与冯俊上书第一部分相合，论述比较细致，尤其对剑桥柏拉图主义的论述是作者多年研究的结晶，在我国相关研究中处于开创地位。但由于该书将时间定格在 17 世纪，未能将英国经验主义哲学从洛克到巴克莱再到休谟这一最具特色的发展包括在内，因而略显遗憾。

在对这一时期哲学的研究中，填补空白或加强薄弱环节也是学者们特别注意的方面。其中胡景钊对剑桥柏拉图主义的介绍和研究（《西方著名哲学家评传》第四卷、《17 世纪英国哲学》）、周晓亮对赫伯特哲学和苏格兰常识哲学的介绍和研究（《西方哲学史》多卷本第四卷、《西方著名哲学家评传》续编）、庞景仁对马勒伯朗士的介绍和研究（《西方著名哲学家评传》第四卷）、冯俊对帕斯卡尔的介绍和研究（《法国近代哲学》）、郑文彬、冯俊对培尔的介绍和研究（《西方著名哲学家评传》第四卷、《法国近代哲学》）等都是比较突出的成果。

此外，由于这一时期哲学与当代西方哲学各主要流派如分析哲学、现象学等有十分密切的渊源关系，因此，联系当代哲学开展对这一时期哲学的研究就成为基础理论研究的一个重要方面。于是，从现象学和当代心灵哲学的角度来研究笛卡儿的"我思"和心身二元论，从当代分析哲学的角度来研究经验主义的反形而上学倾向和经验分析，从现代逻辑的角度来研究莱布尼茨的逻辑思想和语言观，从当代政治哲学的角度来研究洛克和霍布斯的"自然状态"、"自然法"、"社会契约"理论，从自然主义、科学方法论和价值论等方面研究休谟的哲学以及其他等等，就成为研究者们常用的研究进路。

(二) 学术热点与理论创新

经验主义与理性主义的对立，使得如何概括两派哲学的各自发展和理论观点，阐明它们的基本分歧和相互影响，成为（尤其是改革开放初期）学者们热烈讨论的话题。《欧洲哲学史上的经验主义和理性主义》一书将经验主义哲学的发展分为创立阶段、发展阶段和终结阶段。创立阶段以培根和霍布斯为代表，发展阶段以洛克为代表，终结阶段以巴克莱和休谟为代表。作者认为，英国经验主义的这三个发展阶段，"从它的历史的经验形态看，是一个包含着创立、发展、终结诸阶段的发展过程，若从它的内在的逻辑形态看，则是一个从唯物主义演变到唯心主义、从可知论转化为不可知论的过程"。[①]理性主义的发展也经历了三个阶段，即以笛卡儿和笛卡儿学派为代表的创立阶段，以斯宾诺莎为代表的完备阶段，以莱布尼茨、沃尔夫为代表的终结阶段，就其发展的内在逻辑看，则是一个从二元论经唯物主义一元论到唯心主义一元论或多元论的过程。而两派之间的斗争也经历了三个阶段，大致与各派的三个发展阶段一一对应，尽管有很多交叉。该书的上述阶段划分，与学界对两派哲学的通常看法基本一致，从形式上看也比较"工整"，且有较好的对应关系，易于记忆和理解。但这种划分也存在不足，也就是说，在照顾各哲学家观点的多样性、处理"工整"与"不工整"的关系上，显得有些勉强。

钟宇人在《经验论与唯理论的历史考察》（载《外国哲学史研究集刊》第 5 集）一文中从更广泛的历史关联看待这一时期经验主义与理性主义的斗争，认为它可以分为三个阶段：第一阶段以笛卡儿的《形而上学的沉思》以及由它引起的反复争论为标志；第二个阶段以洛克的《人类理智论》和莱布尼茨的《人类理智新论》中的观点对立为标志；第三个阶段则呈现复杂的情况，属于经验论传统的不但包括 18 世纪的英国经验论，还包括 18 世纪的法国唯物论、费尔巴哈的唯物主义认识论，属于理性主义传统的是德国的古典唯心主义。

周晓亮根据这一时期认识论发展的实际情况，在《西方哲学史》（多卷本）第四卷的"绪论"中提出了另一种划分方法。他认为，在近代认识论经验主义与理性主义经典对立的严格意义上，培根和霍布斯并不属于经验主义之列，因为前者实际上是站在新旧时代转折点上的人物

---

① 陈修斋：《欧洲哲学史上的经验主义和理性主义》，人民出版社 1986 年版，第 84 页。

（他的历史定位甚至可以划归文艺复兴晚期），他的主要贡献是为"新学术"的到来"发预言"，并针对亚里士多德的"旧逻辑"发明科学发现的"新工具"；后者的目的是要贯彻以伽利略为代表的科学思想和方法，他把一切符合机械论科学的认识论原则都看成是合理的，不论它是经验主义的还是理性主义的。因此，两人都没有提出能够代表经验主义原则的系统的认识论纲领。在理性主义方面，马勒伯朗士也有类似情况。因此，真正说来，只有以笛卡儿、斯宾诺莎、莱布尼茨为代表的理性主义，以洛克、巴克莱、休谟为代表的经验主义，才体现了这一时期理性主义与经验主义认识论的经典对立。而笛卡儿和洛克分别以提出不同的认识论纲领而成为两派的真正奠基者。此外，他还认为，不应忽视英国哲学内部以赫伯特哲学、剑桥柏拉图主义、常识哲学的先验原则所表现出来的理性主义倾向，可以将其作为近代理性主义与经验主义经典划分的一种"补充"。

与以认识论为主线的基本思路不同，汪堂家、孙向晨、丁耘合著的《17世纪的形而上学》（人民出版社2005年版）则以17世纪的形而上学史为研究主题，将其作为发展变化的概念史、命题史、论辩史和问题史来研究，并将知识和方法的问题统合于其中，兼顾伦理学、政治哲学、宗教哲学等有关的方方面面，形成一个比较完整的、有内在关联的历史评价系统，具有新意。

经验主义与理性主义在认识论上的根本分歧何在？或划分两派的根本标准是什么？根据一般的看法，两派的观点分歧主要表现在如下方面：人类知识的根本来源是什么，是感觉经验还是天赋观念或理性直观？哪种知识具有无疑的确实性和真理性，是经验的知识还是理性的知识？通过哪种方法能够有效地获得真正的科学知识，是经验的归纳法还是理性的演绎法？人类的认识是否是至上的，尤其是，人类是否能获得关于超验实体的知识？等等。由于两派哲学家的思想中或多或少都含有对方思想的成分，对这些问题的回答并不是非此即彼、泾渭分明的，于是，对于如何划分两派的区别，学者们的看法也因侧重点不同而各显千秋。尽管如此，大家都比较一致地认为，由于哲学家们的思想是复杂的，两派哲学观点在对立中还有互相渗透、互相影响的情况，因此它们的区别往往是相对的、比较而言的，试图用一两条"硬性"标准加以区分，是不妥当的，应当具体问题具体分析。但这样认为，似乎又有回避两派本质区分之嫌。于是，有些学者通过对两派种种异同的分析，得出这样的结论：普遍必然性知识（而非一般的生活知识）的起源问题是区分两派观点的根本问题，认为此类知识起源于感觉经验的是经验主义者，认为此类知识起源于自明真理或天赋观念的是理性主义者。这一看法突出了作为普遍必然知识主要代表的自然科学的地位，实际上是说，两派哲学家真正关心的是自然科学知识的起源和可能性问题，而这个问题正与康德试图对这一时期的经验主义与理性主义进行综合、回答自然科学如何可能的问题相吻合，也与哲学受自然科学的影响和推动而发展的内在关联相吻合，因此有很大的合理性。

作为这一时期两派认识论原则的奠基者，笛卡儿和洛克受到学者们的重视是不奇怪的。笛卡儿的"我思故我在"命题和他的方法论原则是关注的中心。一种观点认为，笛卡儿用"我思故我在"来证明心灵实体即"自我"的存在，是将思维放在存在之先，从思想活动推出思想的主体，因此本质上是唯心主义的，甚至有唯我论之嫌。这种观点不能说完全没有道理，但如果仅限于此，就会忽略笛卡儿思想中真正有哲学意义的方面。如果深入分析笛卡儿的这个命题，就可以看出，他在此实际强调的是人的自我意识，将自我意识当做认识主体的前提条件，没有自我意识就不能成为认识主体，认识主体是具有主动的思想活动能力的东西。这些才是笛卡儿"我思故我在"的真正含义。也有人指出，"我思故我在"是以本我为中心的基本命题，代表了近代哲学发展的趋向，由于这一命题之故，"自我"才作为绝对的本原，以理论理性的姿态踏上了自我认识之途。而从后来的哲学发展看，笛卡儿肇始的这一开端恰恰成为了现象学分析的一个切入点。[①] 笛卡儿将采用正确的方法作为解决哲学问题的出发点，于是，他的方法论原则也自然成为学者们讨论的热点问题。大家指出了他所采用的直觉方法、演绎方法、分析与综合的方法、普遍怀疑的方法等，并对其实质和意义做了深入的阐述。有的学者试图对这些方法的内在关联和发展做出分析，认为笛卡儿的根本方法是直觉与演绎，普遍怀疑是在他意识到直觉的确定性难以保证的情况下对直觉与演绎方法所做的修正和补充，而当他试图说明心身结合问题时，

---

① 参见冯俊：《法国近代哲学》，同济大学出版社 2004 年版，第 29—32 页；倪梁康：《"我思故我在"及其现象学的解析与重构》，载《开放时代》1999 年第 2 期。

又不得不否认直觉与演绎方法的普遍性，回到通俗意见的立场上来。①

作为近代经验主义认识论的奠基者，洛克的经验主义立场是十分明确的。但由于他的主要认识论著作《人类理智论》断断续续写了十余年，多有重复、冗赘、不明确、不一致之处，因此，对它的文本进行解读，并做出相应的结论，成为洛克哲学研究中的一个重要方面。由此涉及到的问题包括：洛克对"天赋观念"的著名批判是针对何者而发的？他关于知识起源于"感觉"和"反省"的论断是否意味着他主张唯心论或二元论？他关于物体的"第一性质"和"第二性质"区分是唯物主义的还是唯心主义的？等等。总的来看，大多数学者倾向于从更全面、更客观的角度看待洛克的观点，尤其反对将洛克的有关论述划归到唯心主义一方，而是根据当时自然科学的发展水平，从唯物主义的不彻底性或表述的不严谨性方面理解洛克的观点，并把巴克莱、莱布尼茨等人对洛克观点的曲解或利用与洛克本人的真正观点区分开来。如果说，对上述问题的探讨还主要着眼于洛克的观点与其他对立观点的历史关联（比如与巴克莱、莱布尼茨等人观点的关联），那么学者们关注洛克的语言理论，则在很大程度上是从经验主义本身的性质及其与语言哲学关系的角度来考虑问题的，这里既可以联系到培根、霍布斯、洛克、休谟等人关于语言和语义的观点，也从一个侧面揭示了后来西方语言哲学发展的某种线索，是十分有意义的。

斯宾诺莎和莱布尼茨是笛卡儿理性主义原则的继承者，但国内学者对他们的研究没有仅仅局限在这种继承性上，而是将注意力更多集中在对他们的思想发展及概念的辨析上。其中斯宾诺莎的实体、属性、自然、神等概念，莱布尼茨的实体、单子、充足理由律等概念尤其成为关注的热点。以斯宾诺莎的"实体"、"属性"概念为例，贺麟认为，理解斯宾诺莎的身心平行论必须抓住实体这一概念，因为身心是一体的两面，离开了实体它们都不能存在，心物事件都是实体、神或自然的各种样式，因而斯宾诺莎在此主张的是唯物一元论的身心平行论。如果剥夺了斯宾诺莎体系的实体概念，也就剥夺了斯宾诺莎哲学的唯物主义性质。而有的学者则认为，斯宾诺莎的"实体一元说"不等于物质一元论，因为在斯宾诺莎那里，属

---

① 参见周晓亮：《直觉与演绎：笛卡儿的方法论选择及其困境》，载《云南大学学报》2005 年第 1 期。

性（广延与思想）的规定几乎等同于实体的规定，属性即实体，因此他也使用"广延的实体"和"思想的实体"的说法。就此而言，斯宾诺莎哲学的实质应当是精神和物质二元论。[①]　此外，从斯宾诺莎的概念体系出发，探究他的辩证法思想对德国古典哲学的影响也是一个常说常新、不断有所拓展的话题。在已发表的各类著作中，对斯宾诺莎哲学做出最深入研究的当属洪汉鼎的《斯宾诺莎哲学研究》（人民出版社 1993 年版）一书。作者申明，这本书是"历史性和考证性的解释著作"，特别强调通过对斯宾诺莎的主要概念的历史考察，来阐明其体系的形成、性质和内在逻辑，从而揭示其真实意义和局限性。这部著作的内容广泛、考据翔实、议论与解释多有新意，可以作为国内研究斯宾诺莎哲学的主要参考。值得注意的是，作者还用德文写出了《斯宾诺莎与德国哲学》（Scientia Verlag Aalen 1989）一书，从斯宾诺莎对德国哲学影响的角度，将其对斯宾诺莎哲学的研究成果介绍到西方国家，这是我国西方哲学研究中不多的此类著作之一。

在英国经验主义者中，巴克莱和休谟长期被看成是"光荣革命"后英国资产阶级走向反动、保守的思想倾向的代表，因此对他们的哲学的评价也基本上是负面的。现在，这种以政治标签对号入座的研究方式已经得到根本的改变，学者们力图根据巴克莱和休谟哲学的本来面貌对它们做出符合客观实际的评价。于是，以往把巴克莱当作"极端唯我论者"的论断受到置疑。一些学者指出，巴克莱的"存在就是被感知"命题的最终根据是上帝的心灵，因此他实际上是客观唯心主义者或现象论者，而不是唯我论者，或者至多可以说，他是从主观唯心主义走向了客观唯心主义。还有一些学者肯定了巴克莱"自我"概念的积极方面，认为它合理地强调了认识活动中的主体性和主观自身的能动作用。有的学者还考察了巴克莱晚期的自然哲学思想，认为它实际表明了巴克莱热爱科学、尊重知识和勇于探索的科学精神。傅有德的《巴克莱哲学研究》（人民出版社 1999 年）是迄今为止国内关于巴克莱哲学的最系统、最全面的研究专著。它不但充分依据国内流行的巴克莱的哲学原著，而且还注意介绍和利用国内鲜为人知的巴克莱的其他著作（如《关于形而上学的随想摘记本》等），使研究有了更可靠的材料基础。该书对巴克莱的一些核心概念进行了细致入理的剖析，

---

①　参见贺麟：《斯宾诺莎身心平行论的意义及其批评者》，载《哲学研究》1985 年第 11 期；张桂权：《论斯宾诺莎哲学的二元论》，载《外国哲学》第 8 辑。

富有启迪。比如，它用整章篇幅考察巴克莱从未明说的哲学"新原理"，确认这一"新原理"就是"存在就是被感知"命题。并通过进一步的分析认为，这一"新原理"的突破性意义在于，它以唯心的方式处理了思维与存在的关系，坚持了二者的同一性，体现了主体、精神的能动作用，而在这一点上，可以说它同康德的"哥白尼革命"有近似的理论取向。

　　作为这一时期最后一位英国经验主义者，休谟以其深刻的思想和敏锐的洞见而历来为哲学史家所瞩目。近些年国内有多部关于休谟哲学的研究专著出版，其中周晓亮的《休谟哲学研究》以资料翔实丰富、分析细致入微、注重对休谟本来思想的把握而具有代表性。国内对休谟哲学的研究多有创见，择其要者主要围绕两个问题展开：一是他的因果理论，二是他关于由"是"不能推出"应该"的"休谟法则"。在因果关系问题上，长期以来将休谟的因果理论当作其怀疑主义向客观规律领域延伸的片面看法基本被破除，学者们更强调从确定科学知识的本性和科学方法的有效性方面理解休谟的理论目的。就休谟的具体观点而言，学者们充分注意到休谟关于"形而上学的"因果概念和"认识论的"因果概念的区分，注意到了休谟关于"规则性"和"主观倾向性"两种因果必然性的区分，从而对休谟的观点实质做出了新的评价。讨论休谟的因果理论不能不联系到与此相关的归纳问题。学者们基本同意，按照休谟所提出的形式演绎的要求，归纳问题在逻辑上是无解的，但这并不能成为否认归纳方法有效性的理由，而问题在于如何对归纳做出符合现代科学和逻辑发展要求的解释，许多学者为此做出了有益的尝试。[①]

　　在一切有关事实与价值关系的哲学讨论中，几乎都不能回避所谓的"休谟法则"。休谟本人强调这一法则的形式特征和主、客体的绝对区别，如果严格按照他的"要求"来做，那么，他的"法则"是无法推翻的。近些年来国内的许多研究都试图冲破休谟的这一"要求"，尤其从引进或扩展"实践"的概念入手，取得了一些有益的成果，其中孙伟平的《事实与价值》（中国社会科学出版社 2000 年版）更具系统性和启发性。作者认为，如果走出抽象的思辨领域，进入人类具体的、历史的社会实践，就不

[①]　参见周晓亮：《休谟哲学研究》，人民出版社 1999 年版；张志林：《因果观念与休谟问题》，湖南教育出版社 1998 年版；陈波：《休谟问题和金岳霖的回答——兼论归纳逻辑的实践性和归纳逻辑的重建》，载《中国社会科学》2001 年第 3 期；黄正华：《休谟问题和归纳问题刍议》，载《湘潭大学社会科学学报》2001 年第 8 期，等等。

能不看到事实与价值之间并不存在不可逾越的鸿沟，人们无时无刻不在进行价值评价，沟通事实与价值，从事实判断中导出价值判断。他还试图从实践的原理出发，厘清逻辑与实践的关系，在此基础上提出解决休谟问题的逻辑方式。①

四　18 世纪法国哲学

从中西文化交流的历史看，18 世纪法国哲学进入中国学界的视野较晚，影响也相对较小。自改革开放以来，我国对 18 世纪法国哲学的研究取得了很大的进展，尤其从 20 世纪 90 年代中后期至今，或多或少由于对法国后现代主义哲学研究的带动，对 18 世纪法国哲学传统的关注日渐浓厚，研究工作也步入持续稳定发展的轨道。据不完全统计，从 1978 年到 2007 年，全国出版的有关 18 世纪法国哲学的研究专著有 20 多部，18 世纪法国哲学家的原著和国外研究著作的中译本 40 多部，学术论文 200 余篇。

（一）基础理论研究

一般来说，研究专著是一个学科学术水平的最重要代表。在上述关于 18 世纪法国哲学的研究专著中，既有老一辈专家倾毕生学养打造的鸿篇巨制，也有年轻一代学者的创新之作。在新老学者的这种学术嬗替过程中，我们可以或多或少地察觉到国内 18 世纪法国哲学研究甚至整个西方哲学史研究在观点和方法上逐步走向多元化的发展趋势。

1982 年出版的李凤鸣、姚介厚合著的《十八世纪法国启蒙运动》（北京出版社）是改革开放后最早问世的关于 18 世纪法国哲学的研究专著之一。作者以马克思主义为指导较为完整地论述了法国启蒙运动产生的历史条件、运动进程以及主要代表人物的唯物主义哲学和政治思想，指出 18 世纪法国唯物主义有自然神论和无神论两种前后相继的理论形态或发展环节，只有这样理解才符合历史的真实，而狄德罗从自然神论向无神论的转变恰恰是 18 世纪法国唯物主义哲学发展的缩影。该书还特意增加了对启蒙运动中重农学派的经济学家魁奈和杜尔阁的论述，作者通过对魁奈的"自然秩序论"的分析指出，重农学派不仅开创了资产阶级古典政治经济

---

① 参见程仲棠：《从"是"推不出"应该"吗？——休谟法则的哲学根据质疑》，载《学术研究》2000 年第 10 期；韩东屏：《解决休谟问题》，载《河北学刊》2001 年第 7 期，等等。

学，而且以人类社会必须服从自然法则的支配作为其哲学理论基础，对法国启蒙运动做出了独特的贡献。葛力在1991年出版的《十八世纪法国哲学》（社会科学文献出版社）堪称国内论述该主题的最全面系统的专著之一。作者在参阅第一手和第二手翔实资料的基础上，对法国启蒙运动、唯物主义和空想社会主义产生的社会历史条件及其基本特征，它们的自然观、认识论、无神论、伦理学、社会政治观和历史观及其历史作用等各个方面，都作了详尽的介绍和评价。作者特别注重揭示各个哲学家的思想形成同社会历史条件及个人生活环境之间的关系，并运用心理分析方法发掘哲学家独特而复杂的意识结构，比如卢梭就是一位具有这种复杂矛盾的多重意识结构和思想倾向的卓尔不群的思想家。这在哲学史研究中应属突破性的尝试，读来发人深思。于凤梧的《卢梭思想概论》（北京师范大学出版社1986年）一书不仅对卢梭的哲学、政治、法律、宗教、教育、伦理和美学等方面的思想作了一次全面的综合性研究和论述，而且认为卢梭思想是从18世纪法国哲学到19世纪德国古典哲学之间的中间环节，从而为近代哲学由形而上学思维方式向辩证思维方式的过渡和转化找到了实际存在的桥梁。侯鸿勋的《孟德斯鸠及其启蒙思想》（人民出版社1992年版）一书也是近年来全面研究孟德斯鸠在哲学、法学、政治学、社会学、教育学、经济学、美学等方面的思想，特别是其三权分立的法制理论及其对中国旧民主主义革命之影响的重要著作之一。

在年轻一代学者的专题著作中，冯俊的《法国近代哲学》是比较有特色的一部。该书的第二部分集中论述了法国启蒙时代哲学家的思想成就，其突出特点是按照各个思想家所偏重的不同哲学领域将他们分别归类为社会政治哲学、精神哲学、自然哲学、历史哲学和文化哲学等几大部分集中论述，并且增补了一些传统哲学史不曾涉及的思想家，如沃文纳哥、毕丰、罗比奈、拉普拉斯、波舒哀等人，辟出专节对他们的思想加以论述，从而拓宽了法国启蒙哲学研究的范围。该书在学术观点上也有所创新，比如作者指出波舒哀先于维柯对人类历史进行了哲学反思，因而应被看作西方历史哲学的先驱；还认为18世纪法国唯物主义可以分为机械论的唯物主义和进化论的唯物主义两个分支，并将后者的代表人物毕丰、狄德罗和拉普拉斯的辩证法思想看作是19世纪德国唯心主义辩证法的主要思想来源。2005年出版的尚杰的《西方哲学史》（多卷本）第五卷"启蒙时代的法国哲学"是一部别有特色的哲学史专著。该书在哲学史研究的指导思想、论述范围和写作风格等诸多方面迥异于传统哲学史的模式，几乎可以说全面颠覆了哲学史研究与写作的传统。其突出特点主要表现在：首先，选材范围扩展到启蒙运动之前 16、17 世纪的先驱者蒙田、帕斯卡尔以及启蒙运动之后 19 世纪的思想家孔德等人，还将某些此前从未被纳入哲学史的人物（如萨德）的思想引进来加以剖析；其次，不再仅仅诠释思想家的哲学观点，而是对其政治、经济、文学、历史等方面的思想甚至为人处世和生活风格都加以全面叙述；再次，对哲学家的考察不再囿于本体论、认识论和社会历史观的条块分割，而是依据各个思想家的心路历程和理论侧重娓娓道来，不再强求统一的理论框架；最后，该书的理论视角新颖独到，许多观点和评价都有突破性的进展，带有明显的法国后现代主义思想的烙印。也许更加关心哲学思辨性的读者会有该书不够抽象不够系统的感觉，但其行文富于生动亲切和引人入胜的文学性，把历史上一个个思想家悲欢离合的人生际遇和喜怒哀乐等思想情感的"内心动作"活生生地展现出来，进而在这种厚重的基础上勾勒出整个法国启蒙运动时代的社会风俗和思维方式等"精神空间的变化"方向。此外，这些年来还出版了大量涵盖 18 世纪法国哲学的西方哲学史著作，由于篇幅所限就不一一详述。

（二）学术热点与理论创新

1978 年"拨乱反正"不仅重新确立了解放思想、实事求是的思想路线，也为我国学界重新研究和借鉴高扬理性、科学、民主、法制、自由、平等、人权和现世幸福的 18 世纪法国启蒙运动和唯物主义哲学提供了现实的契机。这种研究取向在 20 世纪 80 年代初到 90 年代初的许多专著和论文中表现得相当明显，形成了当时 18 世纪法国哲学研究中的一个热点。在 1980 年 4 月和 6 月相继出版的《外国哲学史研究集刊》第二辑和第三辑中，一些学者重新评价了 18 世纪法国哲学的历史功绩，同时也指出了其历史局限性。朱德生在"略论形而上学唯物主义在欧洲的发展"一文中高度评价了欧洲"文艺复兴"运动和 18 世纪法国唯物主义思想家们对基督教神学所谓绝对真理的权威和宗教禁欲主义道德的批判以及高扬人的理性和现世幸福的进步历史作用。管士滨在"读霍尔巴赫《袖珍神学》和《健全的思想》"一文中充分肯定了霍尔巴赫对基督教蒙昧主义和反科学行径的批判，以及对人的理性和自由思想的宝贵价值的赞扬。思冰在论文"法国启蒙运动在历史上的进步意义"中指出，法国启蒙运动的主要历史功绩在于一方面反对宗教蒙昧主义、宣扬理性与科学，另一方面反对封建专制制度，宣扬民主与法制，这种思想不仅在当时的历史条件下具有巨大的进步意义，而且对包括中国的辛亥革命在内的各国资产阶级革命都产生了深远的影响。葛力在"法国唯物主义者有关国家和立法的反封建思想"一文中论述了他们反对国家权力源于神授的封建意识形态，主张国家产生于社会契约，国家的职责在于保障人民的劳动和享受权、财产权、言论出版和科学研究的自由，以及在法律面前人人平等的民主权利，并认为这要通过取消封建特权，创立符合自然规律和人类理性的公正的法律来实现。侯鸿勋在"孟德斯鸠——伟大的启蒙思想家"一文中着重论述了孟德斯鸠反对专制政体的恐怖原则、独断专行、暴虐无常、贪污受贿、贫富悬殊、奴化教育等罪行，宣扬能够保障政治自由的三权分立的君主立宪政体，揭露天主教会及其宗教偏见，主张科学与神学脱离以及宗教信仰自由和宗教宽容等进步思想。马振铎在"卢梭的激进的民主主义思想和对封建专制主义的批判"一文中则全面论述了卢梭对封建专制制度、封建王权、封建等级制度、封建特权、封建经济基础和封建文化的批判，高度评价了卢梭的天赋人权、人民主权、民主共和及社会契约论的激进民主主义思想。在1987年8月出版的《外国哲学史研究集刊》第八辑（18世纪法国哲学研究专辑）中，一些青年学者提出了一些富有新意的观点。比如，陈宣良在论文"十八世纪法国唯物主义的理论出发点——人"中认为，18世纪法国唯物主义者的出发点是自然人或物质化了的自我意识，卢梭的名言"人是生来自由的，但却无往不在枷锁之中"典型地表现出他们的自由观，人的天赋自由权利与不自由的现实环境的矛盾必然导致他们得出反对现存制度并创造一种人们能自由生活的环境的革命结论。

在对18世纪法国重要哲学家的专题研究方面，热点主要集中在孟德斯鸠、伏尔泰、卢梭、狄德罗、拉美特利、爱尔维修、霍尔巴赫等人的思想，其中最受关注的是卢梭和狄德罗二人。狄德罗受到关注不仅因为他代表着法国唯物主义中辩证法思想的最高成就，而且因为1984年恰值狄德罗逝世200周年，联合国教科文组织把1984年定为"狄德罗年"，我国有关学术单位也举办了狄德罗学术研讨会。在此前后集中发表了一批研究狄德罗思想的论文和专著，探讨了狄德罗的唯物主义和辩证法思想，以及他关于"美在关系"的美学思想。卢梭则是启蒙运动中极具个性且极富独创精神的人物，这不仅表现在他激进的民主主义政治思想、关于人类不平等的起源的杰出的历史辩证法思想以及他首创的"异化"概念等方面，而且表现在他对整个启蒙运动所一致推崇的理性的质疑态度上，他对理性作用的这种质疑甚至预示了存在主义和后现代主义对理性的批判。比如，何晓霞在其论文"卢梭的浪漫主义"（《中国知网》2002 年 8 月）中指出，卢梭认为理性不是万能的，衡量社会和个人的标准不是科学和理性而是道德和情感，从而得出情感高于理性、道德优于科学的结论，并发出"回归自然"的呐喊，表现出强烈的浪漫主义倾向。何亭在"卢梭'自然'与'文明'对立思想研究"（《中国知网》2006 年 6 月）一文中指出，卢梭认为冶金术和农业两项技术的发明导致人类没落，社会的进步伴随着道德的普遍堕落，因而提出"自然"与"文明"对立的思想，卢梭也因此成为浪漫主义之父和近代技术悲观主义的鼻祖。

20 世纪 80 年代国际与国内学术界盛行的比较研究热潮也波及到 18 世纪法国哲学的研究领域。在这一领域中，比较研究的热点主要集中在法国启蒙运动与中国启蒙运动的比较以及某两个哲学家之间的具体比较方面。郭定平在其论文"启蒙运动之比较研究"（载《社会科学》1989 年第 6 期）中谈道，东西方主要国家在走向现代化的过程中都必然经历一个思想启蒙的时期，虽然启蒙运动的思想内容都是反对旧思想、旧观念，启发蒙昧，提倡新思想、新观念，促进社会的进步和发展，其口号也大都是科学、民主、自由、平等、人权，但是由于各国的历史传统、国际环境、阶级力量对比等条件的不同，导致其表现形式、彻底程度和最终成果显示出相当大的差异。与法、德、美、俄、日等国相比，中国近代只在相当有限的意义上有过启蒙运动，即使"五四运动"提出了"德先生"、"赛先生"的口号，其后在军阀统治对自由民主的压制下也未能产生应有的巨大功效。黎红雷在"中法启蒙哲学之比较"（载《哲学研究》1987 年第 5 期）一文中指出，中国辛亥革命前的启蒙哲学虽然是在法国 18 世纪启蒙哲学的传播和影响下发展起来的，但由于时间和空间的限制，中国思想家对后者采取了选择、批评和补充的态度。在历史哲学上，他们将"天赋史观"与"进化史观"结合起来；在政治哲学上，将"人权"与"国权"结合起来；在道德哲学上，将"个体"与"群体"结合起来；而在思维方式上，将"怀疑"与"中庸"调和起来。这些特点导致中国近代启蒙思想家们受累于传统思想的弱点，没有彻底完成资产阶级的哲学变革的历史任务。赵稀方在其论文"中西'回归自然'的不同道路——庄子与卢梭'回

归自然'思想辨析"（载《南京大学学报》1994 年第 1 期）中指出，卢梭
与庄子虽皆倡导"回归自然"，然其相同的命题中却蕴含着截然相反的内
涵。卢梭要回归的是主动、感性的自然人性，指归在重建文明；庄子要回
归的是被动、无情的自然人性，指归在"绝圣弃知"，两人思想之巨大差
异的根本原因在于东西方文化背景的不同。宋全成在"欧洲启蒙思潮中的
两大派别之比较——以自由平等观为例"（载《文史哲》2001 年第 2 期）
一文中指出，欧洲启蒙思想家伏尔泰、孟德斯鸠和卢梭共同吹响了法国大
革命的号角，但是在自由、平等及其政治保障的问题上，明显区分为对立
的两派：伏尔泰和孟德斯鸠主张私有制的永恒性，而卢梭主张其历史性；
伏尔泰和孟德斯鸠重视人的自由权利，而卢梭更重视人的平等权利；伏尔
泰和孟德斯鸠并不主张政治上的平等和经济上的相对平等，而卢梭则不仅
主张政治意义上的平等，而且主张社会成员经济的相对平等；伏尔泰和孟
德斯鸠主张君主立宪制，而卢梭主张人民民主制；伏尔泰和孟德斯鸠主张
代议制度，而卢梭主张直接的、极端的人民民主制度。卢梭的自由平等和
主权在民的思想，是法国大革命的灵魂。

　　与通常的思路相反，中国文化对 18 世纪法国启蒙运动的影响成为另
外一个研究热点。我国学界历来就"西学东渐"及法国启蒙运动对中国的
影响谈论较多，但从 80 年代中期开始，一些国内外学者对"中学西渐"
的关注逐渐有所升温。米歇尔·德韦兹和达观在 1985 年发表的论文"十
八世纪中国文明对法国、英国和俄国的影响"（载《法国研究》1985 年第
2 期）中提到，1974 年 9 月在法国尚蒂伊多学科研究中心举行了一次欧洲
各国中国问题专家学者参加的国际汉学讨论会。会议主题是 17—18 世纪
中国同欧洲的交往关系，特别是中国对它们的影响。内容涉及三个方面：
第一个方面是哲学影响，涉及到中国哲学和基督教、伏尔泰与中国以及耶
稣会士如何看待和研究儒教和道教的问题；第二个方面是讨论中国艺术和
科学对欧洲的影响；第三方面是关于"礼仪之争"问题的讨论。此后国内
一些学者陆续发表论文对这一主题进行探讨。耿昇在其论文"16—18 世纪
的中学西渐和中国对法国哲学思想形成的影响"（载《西北第二民族学院
学报（哲学社会科学版）》1999 年第 3 期）中首先依据史料介绍了中学西
渐的时代背景、法国汉学界近年来对中学西渐的研究以及中学西渐的媒
介，最后着重讨论了中国对法国哲学思想形成的影响。作者对法国历史上
著名的哲学家、经济学家和思想家培尔、马勒伯朗士、拉摩特·勒瓦耶、

伏尔泰、孟德斯鸠、费奈隆、杜尔哥、魁奈、尼古拉·弗雷烈、狄德罗、亨利·贝尔坦、阿尔让侯爵、布里尼等人所受到的中国思想的影响逐一进行了分析，指出这些人的许多进步的无神论思想、政治思想和经济思想都与中国的影响分不开。比如，通过与中国的对比，他们提出《圣经》并不能包括人类的全部历史，基督教并非唯一的道德标准，他们推崇中国的开明君主制、文官制度、科举制度、御史制度、儒家道德、重农思想、宗教宽容等。总之，一个理想化的遥远异国向他们证明了伦理可以独立于宗教而存在，一种不同于当时法国的专制君主制和基督教神权的无神论者的社会是可能的，这些来自中国的异端因素在一定程度上催生了法国的启蒙思想。张云江在"法国启蒙运动中的'儒学'镜像"（载《书屋》2006 年第 9 期）一文中对 17—18 世纪的耶稣会士向欧洲介绍中国情况以及当时的法国思想家们如何接受中国思想作了更加具体生动的描述，其中提到当时在欧洲出版了包括《四书》在内的与中国有关的作品 723 种，耶稣会士还将景德镇瓷器的生产步骤和中国发明的种痘方法介绍到欧洲，法国的"汉学"也诞生于这一时期。作者除了谈到伏尔泰、霍尔巴赫等人对孔子学说和儒家无神论道德的赞赏，还特别提到绰号"欧洲孔夫子"的重农学派创始人魁奈之所以推崇儒学，是因为中国儒家倡导的经济政策与他的理论是一致的，其一是他所说的"自然法"非常类似于儒家的"道"，即尊重自然秩序；其二是他认为只有农业才是国家财富的源泉，这恰恰暗合儒家重视农业的传统思想。

从 20 世纪 90 年代中期以后，特别是进入 21 世纪以来，受世界上对启蒙理性片面扩张之恶果的反思浪潮和西方法兰克福学派及后现代主义思潮的影响，国内对 18 世纪法国启蒙运动的研究和评价发生了某种程度的逆转，开始出现了对启蒙精神的批判声浪。车玉玲在"启蒙精神逆转的理性根源"（载《哲学研究》2002 年第 4 期）一文中指出，启蒙运动所倡导的理性至上原则曾是近现代西方经济生活与社会生活的主要价值取向，它所崇尚的是一种含义广泛的普遍理性，其中既包含着对自然科学实证理性的肯定，同时也包含着自由、平等、博爱、人权、正义、真理、进步、理想等人生意义的理念。然而，随着自然科学的不断进步与其成果的日益显著，理性本身被片面化为自然科学和技术的狭隘的实证理性，最终抹杀了普遍理性中追求人生意义的含义。理性主义的危机还表现在价值理性与工具理性之间的彻底分裂和工具理性对于价值理性的完全取代，启蒙精神所蕴含的理想主义色彩及其批判反思的否定精神蜕变成一种接受一切现存统治秩序、反对变革的"肯定理性"，实证理性与统治阶级的操纵性意识形态相结合，通过"大众文化"的手段演变为一种新的统治力量。至此，启蒙精神彻底走向了自己的反面。李庆宗在"理性的僭越"（载《科学技术与辩证法》2004 年第 4 期）中指出，理性本来是非自足的，当把理性看作是自足的，把它变成人类及其存在的唯一和终极的尺度时，就会导致理性的僭越。这一方面表现为理性的独断化，将理性凌驾于价值之上，使理性成为不受价值约束的绝对原则，其直接后果是科学主义盛行和技术至上的泛化；另一方面表现为理性超越其适用范围，变成自然、社会乃至人生唯一的诠释模式，并试图使社会生活的一切领域理性化、技术化。理性僭越的后果必然使其从人类发展自身的一种手段变成了目的本身和不受人的价值取向规约的力量，而人却失去了价值主体的目的性意义而沦为技术操作的对象。然而，在对启蒙理性的批判中也出现了一些不同意见，比如甘钧先在"历史的视角：启蒙理性及其批判"（载《河南师范大学学报（哲学社会科学版）》2003 年第 4 期）一文中认为，启蒙运动的精英人物向来都认识到理性的局限，因而并没有将理性置于王者的地位，而造成理性至高无上地位的是一般大众对理性的盲目崇拜所导致的认为理性万能的理性主义。作者指出，现代思想家们对理性的批判存在着一种过激态度，有人甚至企图以非理性取代理性作为人的本质，但事实上理性与非理性都是人的一种功能，抬高任何一方都是极端危险的。事实上，理性具有自我审查和自我更新的能力，没有任何一次启蒙可以一劳永逸地解决问题，启蒙理性只能在持续不断的运用中不断地审视自身，批判是永无止境的。

除了上述这些研究热点之外，还有一些问题也受到比较广泛的关注，比如，18 世纪法国哲学与当时自然科学相互促进的关系问题，18 世纪法国哲学与历史唯物主义的批判继承关系问题，等等。

总之，我国学术界在 18 世纪法国哲学研究领域中取得的成绩是有目共睹的，无论在研究领域的扩展还是在研究水平的提高方面都取得了稳步的进展，新材料、新视角、新方法和新观点也不断涌现，一个多元化的局面正在形成。可以预见，这一良好势头将会继续下去，并且通过加强哲学原著的翻译和专题研究的力度，一个更加繁荣兴旺的学术研究新局面指日可待。

五　德国古典哲学

（一）基础理论研究

德国古典哲学历来是我国西方哲学史研究的重点领域，但在新中国成立以后的很长一段时期里，由于教条主义倾向的影响，对德国古典哲学的研究必须小心翼翼地在马恩列斯所做评价的框架内进行，古典哲学家们的思想往往被片面理解或肢解，丧失了其理论独立性，成为马恩列斯观点的简单注解。

改革开放使这种不正常情况发生了改变。1981 年是康德《纯粹理性批判》出版二百周年，黑格尔逝世一百五十周年纪念年。中国社会科学院邀请冯克（Funk）、亨利希（Henrich）、拜尔（Bayer）等西方学者访华，并在人民大会堂召开了隆重的纪念大会。这是"文化大革命"以后我国学界首次邀请西方学者访华共同讨论西方哲学的问题，其"解放"和"开放"的意义是不言而喻的。当年还出版了《论康德黑格尔哲学》（中国社会科学院哲学研究所编，上海人民出版社 1981 年）的纪念文集，许多学者拿出了代表各自较高水平的作品，德国古典哲学研究开始走向百花齐放。当然，在当时的情况下，学者们的基本研究倾向仍然是强调德国古典哲学是马克思主义的理论来源之一，必须批判地继承其思想遗产，必须以导师们的论述为研究的指导方针，还没有明确提出把德国古典哲学本身当作一门独立的、特定的哲学形态来对待，客观、全面地阐发其理论价值。不过，大家已经意识到因为意识形态的原因，我们以前的研究过于重视黑格尔，忽视了康德，所以有人提出了"宁要康德不要黑格尔"的口号，这难免有点矫枉过正，但对推动后来的康德哲学研究却起了积极作用。

改革开放初期，由于德国古典哲学与马克思主义哲学之间的密切关系，我国在德国古典哲学方面有比较深厚的研究积累，一些造诣深厚的老专家首先推出了一批有较高学术水准的研究专著，其中以有关黑格尔哲学的研究最为突出，它们突破了逻辑学的局限，开始涉及黑格尔哲学的方方面面。与此形势相适应，在资金并不充裕的情况下，《黑格尔全集》的翻译曾被列入国家六五规划。[①] 对康德哲学的研究也迅速升温，

---

① 有关当时出版物的详细资料请参阅杨河、邓安庆：《康德黑格尔哲学在中国》，首都师范大学出版社 2002 年版；舒远招：《德国古典哲学在中国的传播和研究》，载《德国古典哲学》，湖南师范大学出版社 2004 年版，第 440—486 页（舒文中的资料虽详，但某些出版年月不准确，提请注意——编者注）。本文因篇幅所限，不能一一列举。

但除个别著作外（如后面将提到的李泽厚的《批判哲学的批判》），大部分研究者还处于研读原著、收集资料、了解国外研究动向、选择研究课题的阶段，即"接受"阶段。当时的关注重点主要集中在康德的三大《批判》上，对他的其他作品少有涉猎。费希特和谢林主要被当作从康德到黑格尔之间的过渡人物，对他们的纯哲学著作翻译较少，许多作品还鲜为人知，对他们的思想的专题研究则刚刚起步，还未获得自己的独立性。

1986 年，《德国哲学》杂志在湖北大学创刊，这是我国第一本专门以德国哲学为主题的学术刊物，它还刊登国外学者的稿件。这为提高我国的学术研究水平，缩小与国际研究的差距起了重要促进作用。九十年代是它的出版高峰期，每年 1—2 期，共出过 20 期。像这样一本以某一国别哲学为专门领域进行纯学术研究的期刊在国内学界还是少见的，其中对古典哲学的研究占了很大比重。后来它曾因故停刊，2007 年又恢复出版。

与德国哲学界的交流不断扩大是对德国哲学的研究日益深入的另一个标志。1988 年，在湖北大学举办了"德国哲学中人的形象"的学术讨论会，有近十位德国学者参加，这对于了解德国哲学的最新发展，促进我们的研究工作起到了积极作用。到了九十年代，这样的双边学术交流已很普遍，它扩大了我们的学术视野，有助于打破自说自话、老生常谈的封闭式研究方式，增强了学术研究的针对性和现实性。

21 世纪初，对德国古典哲学的研究出现了"复兴"浪潮。其主要原因在于，经过对现代哲学（尤其是其中的德国哲学）的"热议"之后，人们迫切希望回到现代思想的"源头"，做追根寻源的探究。这次向古典哲学的"回归"基本上是学理性的，不再受任何政治因素和功利因素的干扰，意识形态的痕迹完全消失，而且较好地遵循了学术研究的通常理路和规范，摈弃了热点炒作或追求轰动效应的不实之风。其特点主要表现为：一方面由于互联网的普及与国际交往的通畅，我国的研究能与国外研究动向基本同步；另一方面人们已不再满足于以介绍性为主的研究方式，希望依据哲学家的原始文本对具体的人物、著作或思想进行扎实、深入的研究，力求与西方学者进行直接对话。因此在研究风格上突出表现为：研究更加细化，更加关注古典哲学与现代哲学之间的关系，更加重视一个思想乃至于一个术语在语源上、在哲学史和文化史上的渊源，更加留意哲学思想与文化背景，特别是与宗教传统之间的关系，等等。

　　就对具体哲学家的研究而言，近些年对康德的研究明显重于对其他哲学家的研究。目前学界关于康德哲学的专著和论文的数量居本领域第一位，许多博士生的论文也都以康德哲学为首选。① 相比较而言，过去在德国古典哲学研究中居核心地位的黑格尔哲学研究则一直不温不火，过去几乎言必称黑格尔的现象不复存在。在有些人看来，黑格尔哲学已成"死狗"，不值得一顾了。实际上，目前研究黑格尔的著作不是太多了，而是需要突破性的成果，需要对传统问题研究的新理解、新思路、新角度，也需要对过去一些研究观点的重新梳理、辨析和反思。近年来这方面的工作渐有起色，一些有新意的研究专著已经问世。可喜的是，黑格尔的翻译工作出现了新局面：中国社会科学院将《黑格尔著作集》的翻译列为院重点项目，人民出版社也酝酿出版一套普及本的黑格尔全集。这是十分令人欣慰的。

　　德国古典哲学研究中的另一个显著变化是费希特和谢林哲学的独立性获得承认，他们不再在康德和黑格尔的夹缝中生存，而是得到认真的对待，并形成了自成一派的研究格局。5 卷本的《费希特著作选集》已经全部出版。谢林的晚期思想开始得到重视，有一些学术专著是以此为题的。但谢林哲学的普及程度不及费希特，因为中译本较少，使许多学者在文献研究上深感不便。

　　2003 年，同济大学推出了《德意志思想评论》杂志，这是一本专业学术期刊，每年一期，以德国古典哲学、现代哲学、德语诗学、中德文化交流四大项为主要内容。该刊的学术性较强，更靠近国际研究现状，为德国古典哲学研究又开出了一个新空间。

　　(二) 学术热点与理论创新

　　近些年康德哲学渐成热门话题，其起点无疑可以追溯到 20 世纪 70 年代末李泽厚的《批判哲学的批判》(人民出版社 1979 年)。该书对康德三大《批判》的主要观点做了梳理，并引用当时可见的资料，抒发己见，不拘一格。例如，关于康德的"主体性原则"，作者认为康德的伟大之处不在于他的"物自体"有多少唯物主义成分，而在于他第一次全面提出了主

---

　　① 有关康德的论文资料请参看中国社会科学院哲学研究所主编的《中国哲学年鉴》，那里分年对论文有详细介绍。

体性问题，也就是突出了人的问题，三大《批判》都围绕人的问题展开。该书的写作一改过去的八股文风，给人耳目一新的感觉。

对康德研究做出重要贡献的还有武汉大学的杨祖陶和邓晓芒。他们重视对康德文本进行忠于原著的解读，走的是"我注六经"的路子。1996年，在多年教学的基础上，他们推出了《康德纯粹理性批判指要》（湖南教育出版社1996年版），这是一部导读性著作，立足于对康德原意的理解，放弃了烦琐的历史考证和有争议的解说。这在当时对正确理解康德的《纯粹理性批判》是很有益处的，因为国内当时还没有完全依据德文的可靠译本，更没有严格依据原著进行解读的作品。而在国外这种入门读物是很常见的。《指要》的推出使对康德著作的翻译变得紧迫，这促成了几年后有几个《纯粹理性批判》译本问世。

邓晓芒还认为，康德"批判哲学"的最终归宿是一种经验性的"实用人类学"，由三大批判组成的批判哲学本身则是康德对某种"先验人类学"的先验原理体系的探索。康德的全部哲学力图从先验的、客观必然性的角度来解决"人是什么"的问题，尤其是《判断力批判》一书，首次清晰地展示了康德"先验人类学"的整体结构。康德哲学的最后归结点在于：整个世界的最高目的是人或人的价值，人的价值首先是个人的价值（人格），个人的价值就在于自由。①

黄裕生受海德格尔研究的启发，意识到康德哲学作为知识论受到了足够的关注，而他的实践哲学、政治哲学和宗教哲学则游离在人们的视线之外，长时间被忽视，海德格尔就试图把康德哲学作为整体来对待，从存在论角度对康德哲学作统一的理解，而不是把各部分彼此分割开来。黄裕生进而认为，古典哲学中真理与自由两大问题，最后要归结到一起，过去人们说自由以真理为前提，现在应该看作真理以自由为前提。近代社会的原则首先在于自由，而不是真理。②

韩水法、陈嘉明等在康德哲学研究方面也做了大量工作。最近的新作有：张能为的《康德与现代哲学》（安徽大学出版社2001年），张政文的《从古典到现代——康德美学研究》（社科文献出版社2002年），卢春红的

---

① 参见邓晓芒：《论康德"判断力批判"的先验人类学建构》，载康德：《判断力批判》，邓晓芒译，人民出版社2002年版，第378页。

② 黄裕生：《真理与自由——康德哲学的存在论阐释》，江苏人民出版社2002年版。

《情感与时间》(上海三联书店 2006 年)。

近些年我国的费希特哲学研究与梁存秀所做的工作密不可分。他从 1988 年起带领自己的学生组成工作小组,开始翻译《费希特著作选集》,翻译的同时也进行研究,以研究促翻译。该译本的一个显著特点是注释详尽,在前言中提供背景资料,有助于读者从学术角度读懂古典哲学著作。例如《德意志民族的讲演》一文的前言"光辉的爱国主义篇章",就写得很有特点,对中国读者理解全文很有帮助。他们的多年努力取得了可喜成果,关于费希特的全集、单行本、专著林林总总,基本涵盖了费希特哲学的各个方面。谢地坤对费希特宗教哲学和法权理论进行了研究,他在《费希特的宗教哲学》(中国社会科学出版社 1993 年)一书中强调费希特早年受康德宗教思想影响,但晚年对自己以前的思想做了修正,设法在知识学和基督教义之间寻找更多的结合点。洪汉鼎的《费希特:行动的呐喊》(1988)、程志民的《绝对主体的建构》(湖南教育出版社 1990 年版)、李文堂的《真理之光》(江苏人民出版社 2002 年)、郭大维的《费希特伦理思想研究》(湖南教育出版社 1989 年),梁志学的《费希特青年时期的哲学创作》(中国社会科学出版社 1991 年)、《费希特耶拿时期的思想体系》(中国社会科学出版社 1995 年),都是费希特研究中有特色的作品。他们的共同点是研究决不脱离文献。

从发展线索看,学者们对费希特哲学的研究最初集中在他的知识学,重点在揭示他的知识学中的辩证法萌芽,强调他的哲学体系是革命的唯心主义。随后又重视他的社会政治思想,要说明费希特不仅是革命的爱国主义者,还是认真的民主主义者,终身为反封建和德国的变革,为社会主义和消除贵族及宗教的特权而战。随着对费希特知识学和爱国主义情怀的强调,逐渐看到并揭示出费希特哲学的独立性,使人们不再把它仅仅当作康德与黑格尔哲学之间的过渡形态,由此推动了研究的深入。[①]

相比较而言,对谢林的研究仍显薄弱,至今没有得到明显的改观,作品始终较少。邓安庆做过这方面研究,写了《谢林》(1995)一书,但只在台湾出版,影响有限。他还介绍过国外研究谢林自然哲学的一些情况。谢林的晚期思想近来受到重视,如王建军的《灵光中的本体论》(南开大

---

① 费希特研究在中国的发展请参见沈真:《费希特在中国》,载《费希特在各国》,中国社会科学出版社 2004 年版。

学出版社 2004 年版）。许多学者在论文中都会提到谢林晚年宗教和艺术思想对现代哲学的影响，但这方面的系统作品还未见到。

黑格尔研究过去主要集中在他的逻辑学，人们比较注重从马列著作中寻找黑格尔哲学的痕迹，并以此作为评价黑格尔哲学的依据。这方面的工作有李质明、张澄清等人的作品①。从 80 年代中期开始，研究领域迅速扩展，基础研究全方位展开。贺麟先生的《黑格尔哲学讲演集》（上海人民出版社 1986 年版）是对黑格尔哲学体系的一个全面探讨，其中首次介绍了过去鲜为人知的黑格尔早期思想，后来他又翻译出版了《黑格尔早期神学著作》（商务印书馆 1988 年版），这为回到黑格尔体系的发源地，为人们了解他在逻辑学之前的实践哲学活动提供了新资料和新视野。薛华写了《自由意识的发展》（中国社会科学出版社 1983 年版）等。黑格尔耶拿时期的思想开始得到重视和介绍。这是探索黑格尔哲学体系秘密的重要一环。汝信的"论青年黑格尔异化理论的形成和发展"（载《论康德黑格尔哲学》），介绍了黑格尔早期对基督教实证性的批判，黑格尔早期异化思想在其耶拿作品中的萌芽，他所披露的这些资料当时还不为国人所熟悉。宋祖良的博士论文《青年黑格尔的哲学思想》（湖南教育出版社 1989 年版）研究了黑格尔在《精神现象学》以前的哲学活动。侯鸿勋发表了《论黑格尔的历史哲学》（上海人民出版社 1982 年版）。20 世纪 80 年代还旋起了一股"精神现象学"热，各种作品不少，如王树人的《历史的哲学反思》（中国社会科学出版社），从"人类关系"和人性的历史演变角度，系统探讨了《精神现象学》中涉及的主奴关系、恐惧与劳动、母权制遗风等问题。不过，当时受资料局限，大家对精神现象学的解读主要还是以卢卡奇、科耶夫的研究为依据，"主奴关系"受到重点关注，这种解读显然是不够全面的。

张世英多年研究逻辑学，在 20 世纪 80 年代先后出版了《论黑格尔的逻辑学》和《黑格尔'小逻辑'绎注》，对照历史文献和黑格尔的其他著作，逐段讲解"小逻辑"，这种重文本的基础性研究，为当时青年学者理解黑格尔哲学起了很好的作用。在当时还没有黑格尔"精神哲学"译本的情况下，在人们还把黑格尔法哲学与普鲁士国家哲学划等号的情况下，张

---

① 李质明、李志逵、李毓章：《德国古典哲学》，北京出版社 1978 年版；张澄清：《黑格尔的唯心辩证法》，福建人民出版社 1984 年版，等等。

世英敏锐注意到黑格尔精神哲学的重要性。他在 1986 年出版了《论黑格尔的精神哲学》（上海人民出版社 1986 年版），他提出，哲学的中心课题应该是研究人，回避人的问题而言哲学，这种哲学必然是苍白无力的。他认为，精神哲学是关于人的哲学，在黑格尔那里，人的本质就是精神，就是自由。实现了自由的人才是真正的有主体性的人。从强调逻辑学中的对立统一再到强调精神哲学的主体性，进而反复论述自由问题，这是张世英多年学术活动的轨迹。

梁志学抓住了黑格尔研究中的一个空白：哲学百科全书的第二部分——自然哲学，他翻译了这本书，然后在查阅当时自然科学史资料的基础上，写了《论黑格尔的自然哲学》（上海人民出版社 1986 年版）。作者一是力求准确把握原著，二是努力用现代自然科学的结论来解释黑格尔的合理内容。杨祖陶翻译了黑格尔哲学百科全书的第三部分——精神哲学，由此黑格尔的主要著作全部翻译完成。

邓晓芒的《思辨的张力——黑格尔辩证法新探》（湖南教育出版社 1992 年版）一书致力于探讨黑格尔辩证法的起源，提出了它在古希腊的语言学起源和生存论起源。作者把辩证法问题同困扰黑格尔的体系开端问题联系起来考察，其中有关辩证法的灵魂、否定和辩证法的形式、反思等章节写得颇有见地，突破了只讲"辩证法合理内核"的局限，探讨了它的起源，提出了辩证法研究的新课题。

张慎力图从思想发展路径而不是著作入手来解读黑格尔。她撰写的《黑格尔传》（河北人民出版社 1997 年版）从当时的文化背景入手，揭示了黑格尔著作的产生过程和思想发展脉络，力图破解黑格尔研究中的一些难题，澄清含糊和误解之处。

最近的黑格尔研究著作还有高全喜的《论相互承认的法权》（北京大学出版社 2004 年版），章忠民的《黑格尔理性观研究》（上海财经大学出版社 2004 年版），赵林的《黑格尔的宗教哲学》（武汉大学出版社 1996 年版），陈也奔的《黑格尔与古希腊哲学家》（黑龙江人民出版社 2006 年版）等。

由上述我国德国古典哲学研究的发展看，有如下几点线索或特点可循：

1. 在过去长期形成的研究传统中，德国古典哲学中的本体论和知识论受到重视，研究重点在理论哲学部分。随着形势的发展和现代哲学的冲击，这种形而上学的兴趣开始让位于实践哲学的兴趣。这尤其表现在对康德"主体性"原则的提升，对德国古典哲学家的文化思想、法权思想、宗教哲学的重视等。这样，关于思维与存在的同一性、本体论、认识论与逻辑的统一等传统问题不再流行，取而代之的是诸如人的主体性、人的自由等与人本身密切相关的问题。究其原因，当然是不满足于哲学只与"死东西"打交道、只在书本知识中找学问的旧套路，希望哲学能对现代社会的种种问题拥有发言权，避免出现哲学在现代社会的边缘化，因此在对德国古典哲学的研究中特别注意突出它的现实性的维度。例如张汝伦的新著《德国哲学十论》（复旦大学出版社 2004 年版），其中两论分别涉及康德和黑格尔。他认为德国古典哲学研究在逐渐远离形而上学，回到事情本身，即实践哲学本身。康德为信仰留地盘，其目的是恢复人的基本权利。黑格尔强调历史与逻辑的同一，也是想将社会历史生活注入到旧形而上学中去，改造形而上学。青年黑格尔派则实现了这种理论哲学向人类学的转向。当然，理论哲学让位于实践哲学，并不等于前者完全会被后者所取代，形而上学之类的问题在古典哲学研究中还是会占一定的比重。

2. 前所未有地重视从源头上全面完整地理解德国古典哲学家们的思想，在研究中注重他们思想的形成与发展，揭示他们阐发这些思想时所凭依的思想文化背景，和他们的理论困惑与局限。这尤其表现在研究费希特和黑格尔的早期作品、研究他们留下的遗稿等，其目的是避免对古典哲学思想做僵化或教条式的理解，而是将其看作是一种思想的正常发展，重在他们提出问题、解决问题的思路，而不是简单地归纳出几条原理。这种历史的研究方法，对于弄清过去一些令人费解的问题起了很好的作用。

3. 对在研究中忠实原著的重要性提出了极高要求。与过去相比，近30 年的研究在依据第一手材料、提高学术的准确性和科学性方面有很大进步。这一是缘于学者们外语能力的提高，为直接阅读原著和参考资料提供了保证；二是学者们能及时了解到国外相关研究的进展，从而大大提高了与国际学术倾向的协调性和对前沿研究课题的选择性。目前本领域大部分作品，包括一些博士论文，都能选择比较有意义的课题，都能直接或部分参照外语文献，这是一个很好的现象。

4. 德国古典哲学研究开始突破只囿于自身的局限，逐渐开展了与马克思主义哲学、西方现代哲学、中国哲学等进行的比较研究。这种比较研究不满足于某种概念的相合，而是揭示其中问题的内在关联或思想碰撞。俞吾金力图在古典哲学和马克思主义之间架起沟通的桥梁，他多年梳理两者之间的共同问题，分析某些相同概念的意义偏移，在《从康德到马克思》（广西师范大学出版社 2004 年版）一书中，他把"人类为什么需要哲学"作为哲学第一问题，从生存论的本体论来研究从康德、黑格尔到马克思的哲学发展进程，揭示他们在人的问题上的思索和困境，使近代与现代、古典与马克思主义之间有了更多的共同话语，由此还可以引申出对古典哲学与现代哲学之间是否有不可逾越鸿沟的质疑和探讨。

许多学者开始从古典哲学的角度去分析现代哲学所关注的问题，揭示这些问题产生的历史渊源，来龙去脉，使它们得以更好的被理解。也有人从现代哲学的问题视阈去揭示隐藏在古典哲学中的某些话题，发掘历史文献中的新意义。叶秀山先做古典哲学，后读尼采、海德格尔和列维那，然后再回过头来看古典哲学，发现了不少新东西。他认为，两千年的哲学史，其实都是在思考"自由"问题，哲学把"形式的必然"交给具体科学来回答，自己专注于自由。由此，康德的判断力批判，黑格尔的辩证法等传统话题在他那里都获得了新意义。① 现在人们更愿意在"德国哲学"的大框架内谈问题，而不是把古典与现代截然分开。这种相互融合和交锋使得"德国哲学"研究更加深化，看问题的视阈更加开阔。这类作品还有关于康德与胡塞尔先验哲学的关系，康德与海德格尔生存论的比较，黑格尔与海德格尔的时间观的比较，等等。

第三节　简要的结语

纵观我国西方哲学史学科 30 年来的发展，我们可以欣喜地看到，在解放思想、实事求是思想路线的指引下，在改革开放的大潮中，我国西方哲学史研究事业呈现出健康发展的良好态势，取得了令人瞩目的成绩。根据本学科的特点及 30 年来的研究实践，我们可以作如下总结和评论：

一、学术研究需要有宽松的学术氛围和环境，需要有科学思想指导下的自由思考。30 年来我国西方哲学史研究事业的蓬勃发展，是我国改革开放的必然结果，也是在新形势下世界文化交往和融合的必然表现。虽然本学科的研究对象是西方哲学史，但这决不意味着这种研究仅仅是介绍西方

---

① 参见叶秀山、王树人：《西方哲学史》第一卷，江苏人民出版社 2004 年版。

哲学家的观点或照搬、注释西方学者的研究成果，而是要把西方哲学看成是人类哲学思想在特定地域、特定历史关联和特定民族文化发展中的一个部分或方面，根据西方哲学发展的基本事实并借鉴其研究成果，进行独立的、有中国文化特色的创造性研究，并为促进中国的社会、文化发展服务。在这一点上，我国西方哲学史研究者已经取得了比较普遍的共识。尤其通过扎实、深入、客观的研究实践，我国学者已经不同程度地克服了过去曾经出现过的对待西方哲学盲目崇拜或简单排斥的极端态度，能够比较全面、比较客观地看待西方哲学的种种现象，能够比以往任何时候都更加自由、更加自信、更加理智、更加独立地从事研究和表达自己的学术观点。而这是30年来我国西方哲学史研究的最大变化。

二、由西方哲学史研究的特点所决定，我国的西方哲学史研究继承了老一辈学者的治学传统，重视西方文献的翻译工作，并做出了明显的成绩。各类经典译著的陆续出版，"全集"本、"选集"本的不断问世，就是这方面的突出表现。以翻译促进研究，以研究带动翻译，两者相辅相成，已成为整个学科行之有效的研究模式。现在，我们应当进一步总结这方面的经验，加强学界协调，完善选题布局，集中力量，稳步推进，使我们的西方文献译介工作有一个更全面、更健康的发展。从目前的情况看，我国英、德、法主要西方语言的翻译力量较强（尽管也不平衡），也有多年的译述积累，但精通希腊语、拉丁语及其他一些必要小语种的翻译力量薄弱，甚至有空白，在某种程度上已经严重影响到研究工作的深入开展，必须在今后的工作中逐步加强。

三、虽然我们在西方哲学史各研究方向上都取得了一批成果，研究领域显著扩大，但从整体看，仍存在着研究范围相对狭窄，许多领域还少有问津的情况，对东、西方哲学文化交流的历史源流及其对现代西方哲学的影响问题也没有做出适当的关注和探讨。对英、法、德等主要国家的国别哲学史，尤其是其早期哲学思想的发展，还缺乏系统的研究。近些年有所起色的古代神话和古代晚期哲学研究也是刚刚起步，还需要大力加强。如此等等。总之，在相当一段时间里，填补空白、理顺线索、突出重点、形成体系，仍然是我国西方哲学史研究的重要任务。当然，以上所说，并不意味着我们应当采取平分兵力、齐头并进的研究布局，更不意味着要由某一两个单位包打天下，而是提醒学界注意我们现在的研究状况，根据我们的既有条件，加强合作，稳步有序而又有所作为地推进我们的工作。

四、30 年来我国西方哲学史研究之所以取得重大成绩的一个基本经验，就是要按照新时代、新任务的要求大力培养素质全面的科研人才。如果我们扫描目前活跃在西方哲学史教学和科研第一线的骨干，就会发现，其中许多人是改革开放初期或后来一段时期受过比较系统而严格训练的专业人才。尽管我们的人才培养工作历史还不长，现有人员还不能完全满足科研工作的需要，但我们的人才培养目标是很明确的，即他们应当是具有良好的马克思主义哲学素养，具有比较深厚的中国思想文化的底蕴，具有比较广泛的社会科学和自然科学的基础知识，具有扎实的西方哲学专业训练，具有很强的西方语言能力并能熟练运用现代逻辑方法，能够走上世界哲学讲坛的学者。与人才培养工作相联系，我们目前特别要注意加强学风建设，要克服急功近利、虚浮不实、跟风炒作、德才脱节等不良倾向，不能让不良学风毁掉我国几代学者开创的西方哲学史研究的大好局面。

五、虽然本学科以西方哲学史为研究对象，但作为中国的哲学工作者，着眼于中、西哲学思想的互通，开展中西哲学比较研究，是我们西方哲学史研究的应有之义。这种研究不一定表现为讨论西方哲学概念时言必称"中国文化"，而应体现在研究西方哲学时的中国文化视角和中国哲学精神上，应当把汲取西方哲学精髓，促进中国哲学发展作为一项重要任务。在这方面，我国老一辈哲学家已经开创了优良的传统，在改革开放的新形势下，这一传统又得到了发扬，取得了新的成绩。但总的来说，我们在这方面的探索还是初步的，成果还不显著。在西方哲学史研究中，如何恰当选择中、西哲学比较的切入点，如何既发挥中国哲学传统思维方式的优势，又不片面抹杀或贬低西方哲学的合理成分，是当前和今后一段时间特别需要注意的方面。此外，在近些年研究"西学东渐"历史的过程中，"中学西渐"的历史（这段历史特别与 18 世纪的欧洲思想相关）也受到关注，这是一个好的动向，它将有助于从另一个角度更全面理解中、西哲学的互动关系和历史经验，有助于中、西哲学比较研究的深入发展。

第五章

现代外国哲学

现代外国哲学的研究在中国，可分为如下三个版块，即现代英美分析哲学、现代欧洲哲学与现代俄罗斯哲学的研究，其中现代的分析哲学与欧陆哲学是一直以来研究的主流和焦点。本章即大体基于这样的划分，以三十年来每一部分研究的问题及进展为经纬，作出综括的介绍。

第一节 基础研究

一 全面综述现代西方哲学的著作

现代西方哲学是一个广大又深邃的领域，其中分支繁杂，门派众多，学科林立。国内学术界需要有对其从总体上进行把握的著作，这些著作既是专业研究的参考，也是在哲学系培养专门哲学人才的教材。这类综括性的著作，有学者个人的独著，也有一个时期现代外国哲学界众多学者通力配合、合著的成果。以下以时间为顺序，介绍这些在不同的时期，为国内学界提供了对现代西方哲学基本的了解与认知的著作，它们都在一定程度上构筑并反映了中国对现代西方哲学的认识和理论评价的态度。

1981 年刘放桐等编著的《现代西方哲学》按流派和思潮讲述现代西方的主要哲学思想。[①] 该书介绍了实证主义、唯意志主义、新康德主义、马赫主义、生命哲学、新黑格尔主义、实用主义、20 世纪的实在主义思潮、分析哲学、新托马斯主义、人格主义、现象学、存在主义、弗洛伊德主义、哲学人类学、结构主义、哲学释义学、当代科学哲学等 18 个哲学

---

① 刘放桐等：《现代西方哲学》，人民出版社 1981 年第 1 版，1990 年修订版。

流派。在对每一流派的介绍中，都先概括该流派的基本特征、背景和起源，以及传播的过程，再选取该流派的主要代表人物，介绍其最突出的哲学论题或主张。比如分析哲学部分，选取的哲学家有弗雷格、罗素、维特根斯坦、卡尔纳普、奎因、克里普克等；现象学部分讲述胡塞尔；存在主义部分是克尔凯郭尔、海德格尔、雅斯贝尔斯和萨特。该书内容全面，侧重对不同哲学家独创性理论的介绍和阐释，其 1981 年的初版和 1990 年的修订版都有很大的影响，被国内许多高校哲学系采用为教科书，在将现代西方哲学引入和介绍到国内知识界上，也有相当大的作用。

1983 年出版了夏基松的《当代西方哲学》。① 该书以第二次世界大战结束至 70 年代末西方哲学的新发展为研究对象，评述了当代西方主要哲学思潮的 15 个流派，包括实用主义、逻辑实证主义、操作主义、普通语义学派、日常语言哲学、逻辑实用主义、批判理性主义、科学哲学的历史主义学派、现象学、存在主义、法兰克福学派、新托马斯主义、人格主义和结构主义。该书认为当代西方哲学的变化表现为：在科学哲学方面，从逻辑主义到历史主义的演变；在社会哲学方面，从人本主义思潮的兴起到反人本主义哲学流派的流行；而作为当代西方哲学与马克思主义理论"融合"的结果，又出现了西方马克思主义的热潮和新右派的哲学。这三条线索贯穿全书，显示了各流派之间的内在关联及其与时代背景的密切联系。不足之处是，这一时期对外国哲学的研究，还囿于以唯物、唯心为界限进行评价，因此此书对所介绍的西方哲学诸流派，都作了否定的评价，认为它们是唯心主义的和不可取的。

1986 年出版的《现代西方哲学纲要》进一步对西方现代哲学的主要流派作出述评和分析。② 在评介 13 个主要哲学流派，30 多位哲学家的基础上，对现代西方哲学的形成、演变和特点作了初步的探索。作者力图把握 100 多年来西方哲学思考的中心问题及其与时代的关系，反映西方哲学的来龙去脉。书中将现代西方哲学的特点概括为：哲学的多元化，超越唯物主义与唯心主义，调和科学与宗教的新形式，危机意识和非理性主义，马克思主义的对立面。认为现代西方各派哲学在哲学对象和任务这一根本问题上，存在着严重的分歧，这是西方传统哲学瓦解的产物，也是西方哲学

---

① 夏基松：《当代西方哲学》，黑龙江人民出版社 1983 年版。
② 赵修义、戚文藻、邓遇芳：《现代西方哲学纲要》，华东师范大学出版社 1986 年版。

危机的表现。该书注意分析各流派哲学与该时期的政治形势、文化思潮和科学发展之间的联系。还注重分析每一流派中不同代表人物的特点，如实证主义中孔德与穆勒的区别，意志主义中叔本华与尼采的区别，新托马斯主义中马利旦与泰依亚的区别，文德尔班与李凯尔特的价值哲学的区别。

　　1998 年出版的《走向新世纪的西方哲学》①，由江怡主编，汇集了国内一批知名的现代外国哲学专家，分别撰写各自研究领域的章节，体例上以重要的西方哲学家为纲要，内容上则涵盖甚广，包括英美分析哲学和欧洲大陆哲学的几乎全部标志性的哲学家，其中一些人物也是此前综述性的西方哲学著作中鲜见的。在英美语言哲学部分，介绍弗雷格与罗素、维特根斯坦、石里克、斯特劳森、蒯因、达梅特、普特南；在欧陆哲学部分，介绍胡塞尔、海德格尔、雅斯贝尔斯、萨特、梅洛－庞蒂的哲学；在科学哲学部分，介绍波普尔、库恩、费耶阿本德；解释学部分，介绍狄尔泰、伽达默尔、德里达、利科、阿佩尔；心理学哲学方面，有弗洛伊德、马斯洛、皮亚杰、马尔库塞；现代与后现代主义方面，有尼采、哈贝马斯、利奥塔、罗蒂；结构主义介绍了拉康、福柯、列维那斯；政治及道德哲学上，介绍了罗尔斯、维廉姆斯、麦金太尔等。该书主编认为，构成当代西方哲学基本特征的是"语言的转向"和后现代主义哲学思潮的兴起；通观20 世纪主要西方哲学家的工作，他认为后现代主义哲学对现代哲学（同时也是对传统哲学）的超越，决定着西方哲学在新世纪中的走向和命运。由本书所选取的哲学家可看出，从 20 世纪 80 年代以来至 90 年代中期国内学术界对现代西方哲学最关心的主题和最为感兴趣的人物。而其写作的方式——以人物为纲要，也反映了这个时期对现代西方哲学研究的主要模式。这本书还侧重概括 20 世纪西方哲学发展和演变的线索，强调把每个哲学家都放到整个西方哲学的背景中来考察，以窥见西方哲学看似枝节芜杂的外表下连贯和逻辑性的脉络。

二　综论现代西方哲学分支学科的著作

（一）英美哲学

　　分析哲学主要兴起于 20 世纪早期，是英语国家的主流哲学，其研究尤以英、美两国最为突出，故也称现代英美哲学。它主要借由现代形式逻

---

① 江怡主编：《走向新世纪的西方哲学》，中国社会科学出版社 1998 年版。

辑和语言分析的手段来研究哲学问题，格外强调思想的清晰性和论证的重要性，它的创始者，有弗雷格、罗素、维特根斯坦和摩尔等人。国内的分析哲学界，从 20 世纪 80 年代初开始，就对弗雷格、罗素、维特根斯坦等重要的哲学家，给予了很大的关注，对他们的著述进行翻译，对他们的主要哲学学说予以介绍、评点和讨论。

1. 英美语言哲学

20 世纪 80 年代对分析哲学作出专门介绍、使读者得以形成对分析哲学的总体了解的著作是涂纪亮著《分析哲学及其在美国的发展》。① 这本书阐述分析哲学流派的形成和演变，内容涉及分析哲学创始人弗雷格、罗素、摩尔和维特根斯坦的观点，逻辑实证主义的兴起及其在美国的发展，逻辑实证主义与实用主义的结合，日常语言学派的形成及其在美国的影响。书中特别强调对分析哲学特点的认识，讲明它借助于数理逻辑的手段来论证哲学问题，力求使概念和命题明确，使推理严密，使结论有充分根据。书中认为分析哲学的成就主要在逻辑哲学、语言哲学和科学哲学的领域内，比如，在语言哲学中对于语形学、语义学和语用学这三个领域的研究，对于元语言和对象语言的区分，对事实命题和价值命题的区分等都是哲学上很大的进步。这本书鲜明地体现出当时学术界对分析哲学的认知程度和评价态度，这个评价，既有上述肯定的部分，也有否定的部分。在了解和评论中国分析哲学研究发展史的角度上，这本书对分析哲学的否定性的评论也在一定程度上反映了当时学术界对分析哲学的态度。它认为分析哲学将语言看作哲学的主要或唯一的研究对象，因之否定了哲学作为世界观的学说，否认了哲学基本问题的存在。书中还批评分析哲学致力于研究琐细微末的问题，无视物质和意识的关系以及自然界、社会和思维的一般发展规律等重大哲学课题。

2003 年出版的陈嘉映的《语言哲学》，把对重要语言哲学家的介绍和对语言哲学一些问题的探讨结合起来，并给出作者的论证。② 它涉及的人物有弗雷格、罗素、维特根斯坦、卡尔纳普、赖尔、奥斯汀、蒯因、戴维森等，以及对语言哲学有影响的语言学家索绪尔和乔姆斯基。涉及的理论有意义问题、真理问题、隐喻等，特别探讨了语言与现实的关系以及日常

①　涂纪亮：《分析哲学及其在美国的发展》，中国社会科学出版社 1987 年版。

②　陈嘉映：《语言哲学》，北京大学出版社 2003 年版。

语言、哲学语言、科学语言和诗的语言之间的同异。作者讨论了语言的本性，从信号和语词语言的区分入手论证了语言的独特性在于通过有限数量的符号表达无限的思想可能性；在语言与现实的关系这一基本问题上，提出不是两个独立体系的对应，而是现实在语言层面上的呈现；在逻辑语言和自然语言问题上，提出日常语言是自然理解的体现者，哲学思考最终要依赖于自然语言，相反，实证科学则必须创造自己的形式语言。此外，作者还阐发了语义条件这个新概念。

2005 年由江怡主编的两册《现代英美分析哲学》是叶秀山、王树人总主编的多卷本学术版《西方哲学史》中的第八卷。① 该书详尽地介绍了 19 世纪末实证主义的复兴、分析哲学的起源、逻辑经验主义运动、实用主义在美国的形成和发展、当代实在论的不同形态、牛津日常语言哲学等内容。其中实用主义部分由陈亚军撰写，其他章节由江怡完成。

2005 年由张庆熊、周林东、徐英瑾合著的《二十世纪英美哲学》也是综述当代英美哲学中一些重要哲学家的著作。这本书说，"分析哲学和科学哲学构成 20 世纪英美哲学的主流"。② 书中对 20 世纪分析哲学的特征作了简明的刻画，认为分析哲学的特征是分析，这一方面指他们用现代的逻辑技术做分析，一方面指分析被他们看作是哲学的基本任务；分析的方法则分为人工语言的和日常语言的分析方法。所介绍的分析哲学家有：现代逻辑之父弗雷格、罗素的逻辑原子主义、摩尔的分析方法和道德直觉主义、维也纳学派的逻辑实证主义、维特根斯坦的前后期哲学、日常语言哲学、杜威、达米特、奎因、普特南、罗蒂。在"科学哲学"部分，介绍的是彭加勒的约定主义、布里奇曼的操作主义、赖兴巴赫的正统的科学哲学、波普尔的证伪主义、库恩的历史主义，以及拉卡托斯的新历史主义；并在每一部分都设一小节的简评，略述每一科学哲学理论的优缺点及历史影响。

2. 实用主义

1983 年刘放桐的《实用主义述评》是较早的述评实用主义的著作。③ 该书的主要论题有：实用主义的产生和流传概况，实用主义的经验论、实

---

① 江怡主编：《现代英美分析哲学》，凤凰出版社、江苏人民出版社 2005 年版。

② 张庆熊、周林东、徐英瑾：《二十世纪英美哲学》，人民出版社 2005 年版，第 1 页。

③ 刘放桐：《实用主义述评》，天津人民出版社 1983 年版。

践观、方法论、真理论、社会历史观及实用主义对马克思主义的歪曲和攻击。作者对实用主义的研究主要集中于自皮尔士到胡克的发展。他认为，19 世纪中叶至 20 世纪初，现代西方哲学中的实证主义、唯意志主义、新康德主义、新黑格尔主义、马赫主义及生命哲学等在不同程度上都是实用主义的理论来源。实用主义把经验当作世界的基础，借助玩弄经验概念，回避思维和存在的关系问题。它把经验归结为主体的创造，实际上倒向主观唯心主义。作者认为，实用主义在思想理论上的独特风格主要在于，强调立足现实生活，把确定信念当作出发点，把采取行动当作主要手段，把获得效果当作最高目的。作者断言，实用主义者对生活、行动、实践、信念、效果等问题的各种解释，表现为不讲原则、只讲实利的市侩哲学。这本书对实用主义的批判，或许可以说在很大程度上代表了当时国内对实用主义的负面认识。

1998 年陈亚军《哲学的改造》着重于刻画实用主义和新实用主义的主要论题及其哲学精神。① 书中首先描述了从实用主义到新实用主义的哲学进展过程；接着介绍古典实用主义者杜威、詹姆士的经验学说和真理观；对新实用主义的代表人物普特南和罗蒂，作者将他们的论题概括为反基础主义、内在实在论、相对主义、后哲学文化观和实用主义释义。作者试图围绕"哲学的改造"这个基本主题，描绘和展示古典实用主义与新实用主义共通的核心精神。作者的另一本著作《实用主义：从皮尔士到普特南》也论述了实用主义由古典到现代的思想历程。②

2003 年的《从分析哲学走向实用主义——普特南哲学研究》，则反映了对实用主义的同情地了解和深入探究的态度。③ 书中重点选择普特南作为研究对象，概述了普特南其人及其思想的总体特征与发展演变的基本脉络，探讨普特南的科学实在论，主要讨论了科学实在论在心灵哲学领域中的具体表现，介绍了普特南的图林机模型，阐述了他所创立的功能主义的主要观点，也分析了他的功能主义立场的一些变化。书中介绍了普特南否定形而上学实在论的三个著名论证：缸中之脑论证、模型理论论证和概念框架相对性论证：讨论了内在实在论的核心，即内在真理说。该书为普特

① 陈亚军：《哲学的改造》，中国社会科学出版社 1998 年版。
② 陈亚军：《实用主义：从皮尔士到普特南》，湖南教育出版社 1999 年版。
③ 陈亚军：《从分析哲学走向实用主义——普特南哲学研究》，东方出版社 2002 年版。

南的思想发展描绘了一幅清晰的图画，认为在普特南的后期思想演变中实用主义起到了重要作用，他的思想转变完全是朝向实用主义的；但这不是罗蒂理解的实用主义，也不同于对实用主义的流行理解，而是以生活和实践为基础的后期维特根斯坦式的实用主义。书中还讨论了普特南与詹姆斯、罗蒂等实用主义者的关系，指出普特南的最新思想完全是从分析哲学走向了实用主义。

3. 知识论

2006 年出版的胡军的《知识论》是一部以介绍英美哲学中知识论为主的基础性著作。[1] 书中首先介绍怀疑论，以笛卡儿和休谟的怀疑论为主；接下来介绍知识的定义，由柏拉图对话中苏格拉底对知识的定义的探讨开始，介绍了传统上对知识定义的三个要素，即信念、真和证实，然后逐一讨论这三个要素，认为其中证实是最难的问题，引出了三种主要的证实理论：基础主义的证实理论、联贯论的证实理论和外在主义的证实理论。书中的主体部分即在介绍这三种知识的证实理论，因为"拥有真的信念并不是一件很艰难的事情，真正的困难在于我们究竟应该如何来充分地说明我们的信念为什么是真的。"[2] 在对每一种证实理论的介绍中，作者都考察并介绍了这种理论所遇到的困难、反驳和挑战。书中也简要描述了知识的定义、所与的概念和几种主要的真理观，为读者提供了一个学习和了解知识论的入门途径。

4. 形而上学

形而上学是分析哲学中的一个主要分支，近年来得到了学者格外的重视，韩林合《分析的形而上学》可以称作是为这个领域的深入研究打下了基础的工作。[3] 这本书介绍当代分析哲学家们对形而上学诸问题的研究和争论，它以不同的问题为纲目来排列全书的章节，计有存在与同一性，变化与持存，个体、性质和关系，事实、事态与事件，因果关系，还原、突生和伴生，可能世界等章。在每个章节，作者都介绍了在该问题上不同的哲学观点和理论，以人的历时同一性问题为例，作者描述了身体标准及其遇到的困难，表明无论是躯壳标准、脑标准还是部分脑标准都是不成功

---

① 胡军：《知识论》，北京大学出版社 2006 年版。
② 同上书，第 109 页。
③ 韩林合：《分析的形而上学》，商务印书馆 2003 年版。

的；继而讨论心灵标准，概括了记忆标准、准记忆标准、心理标准和最接近的连续者理论的内容及它们所遇到的批评；最后讨论了无论是身体标准还是心灵标准都会面临的问题，即导致了二律背反。作者在对每个形而上学问题的介绍中，都将各种哲学理论的维护者和反对者的主张及彼此之间的争论客观地呈现出来，鲜有作者本人的评论，但使得每个问题都成为开放的话题，利于读者参与到这些理论问题的思考和论争中来。

（二）现代欧陆哲学

1. 存在主义

徐崇温于 1986 年主编的《存在主义哲学》一书是一部全面、系统评述存在主义哲学的专著。[①] 它以德、法两国存在主义的主要代表人物及其代表作为基干，通过透视和剖析他们的理论体系和专门术语，对存在主义的主要理论观点、独特的方法论、基本哲学倾向，作了系统评价。还以专门篇幅考察了存在主义在美国和日本的传播及其在当地所产生的理论、政治和社会方面的影响。此书描述了克尔凯郭尔、尼采和胡塞尔的主要理论观点并就他们对存在主义的影响、贡献进行了评述；探讨了存在主义在德国的渊源，海德格尔和雅斯贝尔斯的哲学观点和哲学方法论；阐述存在主义在法国的发展，述及马塞尔、梅洛－庞蒂、加缪、萨特的基本思想，还论述了把存在主义异化观与争取社会主义的劳工战略结合在一起的高兹的存在主义思想。这本书提供给读者一个存在主义哲学的总体的面貌，把主要的存在主义哲学理论介绍给国内读者。其对不同哲学家及哲学理论的评价，都尽量放入特定的时代背景中，结合当时哲学人物所处的政治环境和社会环境理解、诠释和评论他们的思想，凸显出把存在主义从总体上视为一种社会思潮的研究模式。

2. 结构主义

结构主义是 20 世纪 60 年代在西方哲学中兴起的一股思潮，而在其发展过程中又演化出一股对结构主义的基本假定提出质疑的后结构主义思潮。国内系统地介绍结构主义的第一本著作是 1986 年出版的《结构主义与后结构主义》一书。[②] 这本书述评的内容，有阿尔都塞"结构主义的马克思主义"的理论框架，普兰查斯的结构主义的国家理论和阶级理论，从

① 徐崇温主编：《存在主义哲学》，中国社会科学出版社 1986 年版。
② 徐崇温：《结构主义与后结构主义》，辽宁人民出版社 1986 年版。

结构主义向后结构主义转变中的巴尔特的基本思想，福柯的权力理论及其对马克思主义的挑战，德里达的消解哲学等。此书还介绍了结构主义这种思潮的产生与发展的历史，结构主义与科学技术革命、实证主义、存在主义和马克思主义之间的关系，结构主义对哲学基本问题和辩证法的态度。这本书的写作方式，是要历史地、逻辑地说明结构主义的发展过程和后结构主义从结构主义中繁衍成为一种思潮的过程，它尤其重视这种思潮和马克思主义的关系，认为国内的学者应当重视并回应结构主义、后结构主义对马克思主义的挑战。

1994 年的《由"结构"走向"解构"》也以法国当代的结构主义和后结构主义为主题。①这本书介绍了法国结构主义与后结构主义六位代表人物的基本观点，使读者得以了解和把握由结构主义走向后结构主义的基本态势。该书试图提出作者本人对结构主义理论的理解和判断。他说，人类学家列维－斯特劳斯、马克思学者阿尔杜塞和精神分析学家拉康的观点比较接近，作为结构主义的共同特征，他们都遵循索绪尔结构语言学的基本模式，围绕一种整体系统的关系分析，反对社会意识形态的传统作用，在方法上与自然主义和经验主义根本对立。但从文化史学家福柯开始，已经明显地表露出脱离结构主义的轨迹，中间经过美学家巴尔特，直到哲学家德里达完成了向后结构主义的转变。作为后结构主义的共同特征，他们都力图摆脱索绪尔结构语言学的基本模式，把注意力从对结构的分析逐渐转到对事件、偶然性、实践和写作等问题的解构分析，他们往往摧毁多于建树，不再去建立一种新理论来与旧理论对立，其社会影响便是所谓的后现代主义文化。这种现象的出现，作者认为与西方的后工业社会的复杂情况相关。

3. 现代德国哲学及解释学

张汝伦的《德国哲学十论》主体内容是现代德国哲学研究，综论胡塞尔、海德格尔、卡尔·施密特、伽达默尔、汉娜·阿伦特和哈贝马斯的主要哲学思想。② 作者认为，现象学的核心内容就是现象学的方法，因此，要真正掌握现象学，理解现象学方法是不能回避的任务。在关于胡塞尔的

---

① 王善钧主编：《由"结构"走向"解构"——当代法国结构主义与后结构主义》，厦门大学出版社 1994 年版。

② 张汝伦：《德国哲学十论》，复旦大学出版社 2004 年版。

章节中，作者试图通过对胡塞尔现象学的目的、任务和问题的考察，揭示现象学方法本身的复杂性，从而深入认识现象学方法。在海德格尔一章中，作者研究自我的困境和时间释义学，指出近代哲学从意识出发来把握人的企图是失败的，人们转而从存在论的立场，用生命来理解和把握人，海德格尔将时间与存在挂钩，使之成为哲学的基本问题。卡尔·施密特是现代德国最有影响的政治哲学家之一，作者介绍了他的主权学说、国家理论和对政治的定义。伽达默尔提出恢复实践哲学的传统，打破科学主义对知识和科学的偏见；他的释义学是实践哲学，最终是以人在生活世界中的世界经验的基础性为根据。对阿伦特，作者介绍了她对极权主义的分析，和她对判断的研究，她认为审美判断和政治判断不同，不是主观也不是客观的，而是主体间的。对哈贝马斯，作者评论了他的全球化的政治学说，认为由于他坚持"启蒙的普遍主义"，因而有明显的欧洲中心论的倾向。

对解释学的创始人伽达默尔的哲学，《走向解释学的真理——伽达默尔哲学述评》一书做了系统介绍。① 全书以伽达默尔的《真理与方法》一书为主线展开。作者对伽达默尔真理观的产生根源、背景及意义作了较为详细的评述，认为伽达默尔的真理并不是传统意义上的，而是一种本原性的、前科学的，他追求的是使真理从主观和客观的原始统一中显现出来。伽达默尔认为遮蔽真理的是方法，因为方法本应是探寻真理的手段，但却随着科学技术的空前繁荣而被异化了、反而成为目的。由此就发展出伽达默尔的现象学方法和辩证法方法。由于伽达默尔对真理的彻底改造和延伸，使真理走向了艺术、历史、语言，并由它们通向了真理的非方法大道。伽达默尔对艺术、历史、语言的论述都是在本体论意义上进行的，它们都是作为存在着的真理的显现。作者认为，伽达默尔的解释学不仅是理论的，更是实践的，实践解释学才是伽达默尔的真理之家。由于语言、修辞学与解释学的不解之缘，它们不仅有本原的意义，更是伦理学意义的实践，于是伽达默尔把修辞学、伦理学和辩证法结合了起来，从而完成了他庞大的真理体系。

4. 法国哲学

高宣扬著两卷本的《当代法国哲学导论》是国内第一部全面论述当代法

---

① 严平：《走向解释学的真理——伽达默尔哲学述评》，东方出版社 1998 年版。

国哲学思想的著作。^① 作者试图对当代法国哲学的整个发展进程进行科学总结。该书内容主要有：现象学运动及其分化——萨特的主体现象学，列维纳斯的伦理现象学，梅洛－庞蒂的身体生存现象学，利科的诠释现象学，德里达的语言解构现象学，后弗洛伊德主义的兴起，新尼采主义的诞生及其演变，结构主义的形成、渗透及蜕变，新符号论的多元化扩散，后现代主义的复杂及不确定性，当代法国政治哲学的一般状况。其中当代法国政治哲学部分，详细介绍了利科和福柯的政治哲学。比如对利科的政治哲学，指出利科注意对政治事件的观察和分析，他认为政治具有悖论性和矛盾性，表现在政治是由特殊的合理性和特殊的恶相结合构成的。在利科看来，"恶"是那种确实不应该存在而又存在的东西，它不属于认识论的范畴，我们无法说出恶为什么存在，不能探索恶存在的原因、规则和条件，我们只能在"希望"中以行动来解决恶的问题，希望的源泉是人的自由。书中指出，"当代法国哲学，面对科学技术的长足进步及其在当代文化中的关键地位，特别重视及时地总结科学技术的成果，并在理论上概括出哲学的结论。"^② 这反映出法国哲学重视实践的精神，除科学实践外，还重视社会文化和日常生活实践，从而改造人文社会科学理论的思维模式，使哲学的重建获得强大的生命力。法国的哲学家们，把哲学的改革当作终身事业，当成解决时代危机的重要基础，他们更对人类思想和精神的改造抱有积极的信心和希望。该书书后附有 37 页的以法文文献为主的文献目录，可为研究者提供进一步检索原文原著的便利。

三　前苏联及俄罗斯哲学研究

1986 年出版的《苏联当代哲学》对 1945 至 1982 年的前苏联哲学作了全面的介绍，勾勒了前苏联哲学从第二次世界大战后到 80 年代初的演化和发展的总轮廓，目的是把握前苏联哲学的全貌及其变化和发展。^③ 全书以学科为线索介绍前苏联哲学的概貌，分别是：辩证唯物主义、历史唯物主义、哲学中人的问题、现代自然科学中的哲学问题、美学、伦理学、逻辑科学、哲学史研究和对现代西方哲学的研究。除了传统的马克思主义研究外，书中指出，人的问题成为六、七十年代的前苏联哲学界研究重点，

---

① 高宣扬：《当代法国哲学导论》，同济大学出版社 2004 年版。
② 同上书，第 949 页。
③ 贾泽林、周国平、王克千、苏国勋等：《苏联当代哲学（1945—1982）》，人民出版社 1986 年版。

书中详细介绍了对人的本质、人的属性、人道主义和异化等种种理论的争论和探讨。书中也介绍了 70 年代前苏联哲学界对当代科学的讨论，对相对论、量子力学的研究，以及对遗传学、生物学哲学问题的争论等。

　　2003 年安启念的《俄罗斯向何处去——苏联解体后的俄罗斯哲学》把俄罗斯哲学置于苏联解体后政治与社会剧变的背景中加以研究，既有对俄罗斯主要哲学家理论的介绍，也刻画了新时代中俄罗斯的哲学精神、时代反思和哲学界的主流思潮。[①] 书中认为，90 年代的俄罗斯哲学是当时俄罗斯社会思潮的集中表现，而 90 年代俄罗斯哲学的中心问题就是"俄罗斯向何处去"。书中介绍了苏联哲学的终结和对马克思主义的再认识，重点介绍了梅茹耶夫和斯焦宾对马克思主义的反思，指出二人的共同之处是"解放思想，立足生活实践的最新发展，在创新中坚持马克思主义"。[②] 书中还评述了奥伊则尔曼和弗罗洛夫的哲学。对于俄罗斯全球性问题研究概况，书中也给予很大的关注，指出俄罗斯学者的特点是从人的道德和精神的角度切入，关注全球的生态问题和人类精神的升华。对于全球化问题，俄罗斯学者普遍持批判的态度，他们认为全球化造成了不公正的国际关系，并提出了新的全球化的模式。

第二节　学术热点

一　现代英美分析哲学学术热点

（一）维特根斯坦研究

　　维特根斯坦是现代最重要的西方哲学家之一，他的前后期思想分别对现代西方两个重要的哲学流派——逻辑实证主义和日常语言分析学派产生了巨大的影响。三十年来，我国学者对维特根斯坦的兴趣始终十分浓厚。下面介绍对维特根斯坦哲学研究的基本状况。

　　舒炜光于 1982 年出版了第一本系统研究维特根斯坦哲学的专著《维特根斯坦哲学述评》。[③] 他主要通过研究维特根斯坦前、后期的代表作《逻辑哲学论》和《哲学研究》，以期为国内读者全面介绍这位哲学家的主要

---

　　① 安启念：《俄罗斯向何处去——苏联解体后的俄罗斯哲学》，中国人民大学出版社 2003 年版。

　　② 同上书，第 154 页。

　　③ 舒炜光：《维特根斯坦哲学述评》，三联书店 1982 年版。

思想。他把《逻辑哲学论》的总结构分为三个领域：世界领域或事实领域、思想领域或命题领域、"神秘的东西"领域。前期哲学强调划分四种界限：一、"可说的"与"不可说的"之间的界限；二、有意义的与无意义的之间的界限；三、可证实的与不可证实的之间的界限；四、真命题与假命题之间的界限。这些划分有助于初次接触维特根斯坦的读者把握这本著作的脉络并进一步阅读原著。他的观点是，《逻辑哲学论》的核心理论是图式说，它是唯心主义、形式主义、不可知论结合在一起的一种象形文字论。对后期维特根斯坦哲学，他认为"生活形式"这一概念有着重要的不可忽略的作用，指出"维特根斯坦后期的语言观由两大支柱支撑起来。除了语言游戏概念以外，生活形式这个概念是另一根大支柱"。①

叶秀山在《试论维特根斯坦从〈逻辑哲学论〉到〈哲学研究〉转变的哲学意义》一文中，由从理性的批判到语言的批判这一角度论述了现代西方哲学中语言学转向这一问题。② 作者认为，从哲学认识论的角度来研究语言，把语言提高到哲学的高度来认识是当代哲学跨出的重要一步。近代哲学的主要论题是理性的主体如何与感性的客体世界沟通。企图把两者在认识论上结合起来的是康德，他以先天感性直观的纯形式（时空）和知性范畴与外界感觉材料的结合来解决主客体关系问题。然而"理性"是一个抽象的观念，"思维"在各人的脑子中也不容易捉摸，而语言是掌握客体世界的关键性工具，比起思想来，它有直接现实的优点，语言使"理性"、"思想"可听、可见，并且打破了它们的内省性，暴露了它们的社会性，从而以新的立场说明了为什么人人都有理性，理性是人的特点这样一个长期没有确切解释的现象。语言是理性的外化，人的理性是借语言发展起来的，正是语言的出现和发展，理性化了整个人类的思维。所以，对理性的批判和分析，就意味着对语言的批判和分析。

陈启伟在《〈逻辑哲学论〉中的形而上学》一文中研究了维特根斯坦在《逻辑哲学论》中的形而上学观。③ 文中认为，维特根斯坦不仅不反对形而上学，反而要用逻辑分析架起一道通向真正形而上学的阶梯。维特根斯坦的形而上学观念有一个演变过程，在其准备写作《逻辑哲学论》时

---

① 舒炜光：《维特根斯坦哲学述评》，三联书店 1982 年版，第 365 页。

② 叶秀山：《试论维特根斯坦从〈逻辑哲学论〉到〈哲学研究〉转变的哲学意义》，载《外国哲学》1984 年第 5 辑。

③ 陈启伟：《〈逻辑哲学论〉中的形而上学》，载《德国哲学》1986 年第 1 期。

期，他把形而上学建立在逻辑的基础之上，而这种形而上学就是罗素称之为逻辑原子论那样的东西。但在《逻辑哲学论》中，维特根斯坦虽然仍然宣称一切关于事实世界之外的存在的命题都是无意义的，却绝不否认有一个在事实世界之外的不可说的神秘东西的领域，这个变化，是从具有休谟主义倾向的经验的形而上学转向具有康德主义倾向的超验的形而上学，这种形而上学本质上是一种伦理的、道德的神秘主义和唯心主义。维特根斯坦所谓的神秘的东西是具有伦理意义的超验的东西，虽不可说，却可显示。必须通过对科学命题、对语言和世界的逻辑分析，划出可说的东西和不可说的东西的界限，才能显示不可说的东西，这种逻辑分析是导致关于神秘东西的形而上学的一个阶梯。

对前期维特根斯坦的代表作《逻辑哲学论》作评介和研究的专著，主要有韩林合的《〈逻辑哲学论〉研究》。① 作者涉猎了众多国外研究《逻辑哲学论》的著作，介绍了《逻辑哲学论》中的不少问题，特别是一些著名的难点问题，并提出自己独立的论证和见解。作者细致地研究了如下的问题：世界结构之分析，思想和逻辑图象论，语言结构之分析，命题的图象性质，语言和世界的本质，神秘之域。此外还研究了维特根斯坦与弗雷格在许多思想来源上的关系。维特根斯坦关于神秘之域的论述，是国内外研究维特根斯坦思想的薄弱环节。作者分析了对这些思想的多种可能理解，并参照维特根斯坦的总体思想进行判断。书中还叙述了对维特根斯坦深有影响的叔本华的主要思想，并根据维特根斯坦所用术语基本上都源自叔本华，圈定了基本的理解框架，提出了自成一体的解释。

江怡对维特根斯坦后期思想进行了专门研究，提出要从"后哲学文化"的角度理解维特根斯坦哲学的真实意蕴。② 作者讨论了作为后期维特根斯坦哲学的中心概念的"语言游戏"概念，指出维特根斯坦把参加语言游戏视为人们在游戏中能够正确地遵守规则的唯一方法；而要能参与语言游戏，遵守语言规则，就需要解构私人语言，并引出"语言共同体"的观念，作为不可怀疑的语言游戏的基础。作者分析了维特根斯坦在思维方式上的革命的意义，认为维特根斯坦由静态分析转向动态观察，由逻辑构造

---

① 韩林合：《〈逻辑哲学论〉研究》，商务印书馆 2000 年版。
② 江怡：《维特根斯坦：一种后哲学的文化》，社会科学文献出版社 1996 年第一版，1998 年第二版，2002 年第三版。

转向生活世界，是对西方传统哲学思维方式的根本性批判和抛弃。作者还考察了后期维特根斯坦在意向性、遵守规则以及私人语言等问题上的基本思想，着重讨论了其在这些问题上与欧洲大陆哲学家们的密切联系。作者认为维特根斯坦的工作是在英美分析哲学与欧洲大陆哲学之间架起了一座交流和对话之桥。维特根斯坦看到整个西方文化的危机也就是西方语言的危机，它表现在，追求本质的思维方式使哲学家陷入逻辑语言而无法自拔。作者认为，维特根斯坦的哲学，特别是他后期的"语言游戏"思想，是为拯救西方文化危机而提供的处方，这意味着传统哲学已被或即将被一种新的哲学所取代。以往维特根斯坦研究停留在维特根斯坦与分析哲学运动之间的关系上，本书则将维特根斯坦的哲学置于欧陆哲学的背景中来观察，从而使人们看到维特根斯坦并非一个典型的分析哲学家，他的思想超脱出 20 世纪的哲学氛围，因而本书对维特根斯坦的定位是一种后哲学的文化。江怡还在 1999 年出版的《维特根斯坦》一书中提出关于他的中期思想问题，认为从 1929 年到 1936 年之间是维特根斯坦思想发展的中期阶段，其主要思想特征和关心的思想内容与他的前期和后期都有所不同。①

王晓升在《走出语言的迷宫——后期维特根斯坦哲学概述》中也分析了后期维特根斯坦的主要哲学理论。② 这本书试图澄清维特根斯坦的后期哲学是在哪些方面、以何种方式进行了一场哲学观上的变革。书中介绍的主要哲学问题有语言游戏，遵循规则论，私人语言，对"我"的用法和"我痛"的分析，后期维特根斯坦对唯我论的批判，内在和外在的关系问题等。本书力图呈现出一幅后期维特根斯坦如何断定及诊治"哲学病"的理论图景。以"私人语言"一章为例，本书指出近代以来许多哲学家认为语词是指称内在心理过程的，或者说其意义是心理的东西；笛卡儿认为我是思维的实体，我思是最可靠的知识，以及我通过我思把握关于我的概念认识；洛克认为代表人们内心的观念，字词就是观念的标记；罗素的逻辑经验主义认为语言是个人把自己的感觉与人所共知的符号联系起来；胡塞尔的现象学的语言哲学也把心理过程看作词汇的意义的来源。而维特根斯坦对私人语言不可能的论证表明上述哲学理论的错误，作者认为这个论证

---

① 江怡：《维特根斯坦》，湖南教育出版社 1999 年版。

② 王晓升：《走出语言的迷宫——后期维特根斯坦哲学概述》，社会科学文献出版社 1999 年版。

说明的是："我们的字词是根据外在行为所确定的语法规则来讨论内在过程的。"因此要在理解西方哲学的历史框架下理解维特根斯坦后期哲学，知识和意义不可能是建立在私有的经验基础上的。

涂纪亮在《维特根斯坦后期哲学思想研究》中对维特根斯坦后期哲学以其全面和系统的研究见称。① 作者依据对维特根斯坦后期著作的翻译和理解，从语言哲学、心理学哲学、数学哲学和文化哲学这四个方面，全面论述了后期维特根斯坦的思想，强调了维特根斯坦思想与欧洲大陆哲学之间更为密切的联系，把维特根斯坦解释为现代西方两大哲学传统的融合者。作者在书中充分肯定了维特根斯坦后期哲学思想的意义，特别是对维特根斯坦的心理学哲学和文化哲学做了较为深入的分析，这些都填补了国内维特根斯坦研究中的一些空白。

从一个特定的哲学分支入手对维特根斯坦的研究也有相当的进展。王晓升和郭世平的《后期维特根斯坦心理哲学研究》集中讨论了维特根斯坦对心理现象与私人语言关系的论述，侧重分析某些心理概念在维特根斯坦后期哲学中的重要位置，如对第一人称表达心理活动中作用的分析、感觉—情感和想象—记忆以及意志、期待、相信和看见等概念的具体分析。这些讨论和分析对澄清维特根斯坦后期的心理哲学与语言哲学的关系，具有重要的理论意义。②

一些学者对维特根斯坦哲学中的特定问题展开研究，譬如李国山所研究的《逻辑哲学论》中的命题学说、张学广所研究的跨越维特根斯坦前后期哲学的理解问题。

李国山对维特根斯坦所论述的"有意义的命题"、"缺乏意义的命题"、"无意义的命题"作了分别的阐释和梳理。③ 他认为，维特根斯坦哲学是从探讨言说的实质开始的。一方面，言说是关于世界的言说，是以语言再现世界，因此，有意义的言说是严格依照世界的；另一方面，世界就是能被言说的世界，是要拿来同语言相比较的，因此，世界又是依赖于有意义的言说的。于是，语言与世界共享一条同伸共展的界限。界限之内是可说的，而且完全可以说清楚；而界限的那一边则是不可说的神秘之域。如果

---

① 涂纪亮：《维特根斯坦后期哲学思想研究》，江苏人民出版社 2005 年版。

② 王晓升、郭世平：《后期维特根斯坦心理哲学研究》，中国社会科学出版社 2004 年版。

③ 李国山：《言说与沉默——维特根斯坦〈逻辑哲学论〉中的命题学说》，南开大学出版社 2004 年版。

人们越过这道界限便产生了各式各样无意义的言说。因此《逻辑哲学论》同时具有言说与沉默这两个相互悖谬的双重主题。

张学广认为，理解问题处于维特根斯坦学说中有关心理学哲学、语言哲学和逻辑哲学的交会点。① 对前期维特根斯坦，他评述了对命题的理解以及对人生意义的理解；对后期维特根斯坦，他强调，理解就是通过概念与判断深入生活形式，正是生活形式成为使用语言、理解语言的依据，使我们的语言游戏变得可理解。所以理解活动是置于一定的生活形式之中的。

（二）语言哲学研究及意义理论研究

杨玉成的《奥斯汀：语言现象学与哲学》是对日常语言学派的代表人物奥斯汀哲学的全面研究，希望探讨奥斯汀在哲学观念上带来的变革与创新。② 作者认为奥斯汀的哲学由三个部分组成：一是由奥斯汀独创的日常语言的探究方法，即语言现象学方法；二是他比后期维特根斯坦和赖尔更鲜明地用这种方法来探求对语言的本质的认识，其结果就是著名的言语行为理论；三是他运用自己的方法探究传统的哲学问题，如知觉、真理、知识、行为等，这也是语言现象学的具体运用。书中讨论了奥斯汀对施事话语和记述话语的区分，作者探讨了奥斯汀提出的这个区分，认为不能简单地断言这个区分是否已经崩溃。书中还试图表明奥斯汀何以通过对语言的分析而得出传统哲学争论的整个框架都应当被抛弃的结论。此外对奥斯汀的知识论也有描述，知识并不在认知状态上高于信念，而是由于它含有权威保证力量而负有不同社会责任，而在我们的实际事务中发挥作用。

陈波的《奎因哲学研究——从逻辑和语言的观点看》是系统研究奎因哲学的第一本著作。③ 书中讨论了奎因的下列理论：自然化认识论纲领，语言观和意义理论，语言学习理论，翻译不确定性论题，整体主义知识观，对两个教条的批判，逻辑哲学，本体论承诺学说，本体论立场。作者认为奎因的哲学价值在于，他对科学的尊重、对语言的关注、对于现代逻辑的成功运用，以及他的不承认任何终极真理的态度。作者还评论了奎因

① 张学广：《维特根斯坦与理解问题》，陕西人民出版社 2003 年版。
② 杨玉成：《奥斯汀：语言现象学与哲学》，商务印书馆 2002 年版。
③ 陈波：《奎因哲学研究——从逻辑和语言的观点看》，三联书店 1998 年版。

哲学的历史地位，指出他从内部对逻辑经验主义的批评以及对美国实用主义的利用和彰显，导致了分析哲学的逐渐消亡和后分析哲学的兴起，因此奎因哲学构成了从分析哲学通向后分析哲学的一座桥梁和纽带。

随着一些专题研究重要分析哲学家的意义理论的著作相继出版，可以看出学术界对意义这个语言哲学的核心问题有着越来越多的关注和重视，这既是对重要的分析哲学家的研究，也可视为对意义问题的一种研究。

张燕京《达米特意义理论研究》讨论达米特意义理论及其对于当代哲学的影响。① 作者认为，意义理论是以真概念为基础的，对于真概念的诠释不同导致了意义理论形态的不同。从弗雷格意义理论发展到达米特意义理论，标志着意义理论由实在论的形态发展到反实在论的形态，展示了意义理论的认知转向。书中认为达米特意义理论对于当代哲学的贡献在于：深刻阐发了弗雷格意义理论；阐明了意义理论研究的动因和中心问题，论述了构造意义理论的基本原则和方法，构建了意义理论的新形态；论证了意义理论是形而上学的基础，引发了实在论与反实在论之间持久的争论。

马亮研究了卡尔纳普的意义理论。② 《卡尔纳普意义理论》这部书以分析性概念为中心，梳理、讨论卡尔纳普意义理论的发展过程及其当代影响，认为卡尔纳普意义理论经历了一个从逻辑句法到语义学的变化过程。卡尔纳普提出的逻辑句法方法使对形式语言的研究进入了新时期，通过对分析性概念的定义使对逻辑真理的认识更加深入；同时把一切哲学问题看作是语言的逻辑句法问题，促使哲学发展中语言学转向的完成，并为哲学中分析与综合的区分以及语言意义问题的讨论提供了思想来源。

叶闯的《理解的条件》则是对戴维森的意义理论的专门研究。③ 作者说戴维森语言哲学的核心目标就是其有关解释的理论，"意义理论或者说语言学理论是个解释理论，它意在解释说话者的话语并说明言语交流"。④ 作者希望通过自己对意义和解释问题的理解，重构戴维森的理论。书中讨论了原始解释的条件与塔尔斯基模式的运用；在对真概念的阐述中，分别

---

① 张燕京：《达米特意义理论研究》，中国社会科学出版社 2006 年版。
② 马亮：《卡尔纳普意义理论》，社会科学文献出版社 2006 年版。
③ 叶闯：《理解的条件——戴维森的解释理论》，商务印书馆 2006 年版。
④ 同上书，第 27 页。

讨论了冗余论的、认识论的和符合论的真的概念；在解释的方法论原则一节，讨论了善意原则和整体性原则；在人与世界的特定关系的部分，论述了第一人称权威、他人的存在、我—他人—世界三者相互作用对于语言解释的必要性；还讨论了解释所不需要的条件，即认为约定与共同语言不是解释的必要条件。

（三）知识论研究

对当代知识论做介绍的导论性质的著作有陈嘉明著《知识与确证——当代知识论引论》。[①] 书中讲到的内容有，知识的概念、确证与怀疑主义、内在主义与外在主义、基础主义与一致主义、论据与语境，以及方法论与新分支。作者重点分析的问题有葛梯尔问题的解决方式和内在主义与外在主义的区别。对葛梯尔问题的反应，书中指出有两种类型：一是在确证的条件下，用加强确证条件的途径来解决；二是在知识的条件下，通过寻求增加知识条件的做法来解决，或者用完全替代知识条件的做法来达到目的。书中把上述各种尝试方法归结为五种：不败性论、决定性理由论、因果论、可信赖性论以及条件论。内在主义指的是把确证看作是属于认识者内在心灵活动的观点，外在主义则否认这样的观点，认为至少有一部分确证的因素是外在于认识者的。作者分析了满足内在主义的两个条件，进而阐述了内在主义又表现为基础主义与一致主义两种理论流派，接着分析了作为当代知识论主流思潮的另一端，指出外在主义表现得更多的是对传统认识论思想的背离。

唐热风在《关于概念论的知识论优势》一文中专门分析了知识论中的概念论。[②] 概念论认为经验的内容是概念的，而非概念论认为经验的内容是非概念的。概念论的重要根据在于其所声称的知识论优势，即当且仅当经验是概念的，它才能为知识提供辩护。这也意味着，概念性经验使得我们可以以经验作为对经验知识的辩护而不陷入所予的神话。作者认为，即使我们接受概念论的这一论证，也并不能解决知识辩护问题。作者认为间隙论（即经验与概念之间存在一个间隙的观点）是概念论中的所予的残余，这使得概念论的知识论成为一个新所予神话而丧失其知识论的优势。作者相信间隙论对于概念论不是必要的，因此抛弃了间隙论就可以得到更

---

① 陈嘉明：《知识与确证——当代知识论引论》，上海人民出版社 2003 年版。
② 唐热风：《关于概念论的知识论优势》，载《外国哲学》2005 年第 18 辑。

彻底的概念论。

（四）政治哲学研究

对自由主义作一个概括的、全面的介绍，有李强的《自由主义》。① 该书主要描述自由主义的历史和原则。关于历史的部分，介绍有法国、美国及苏格兰的启蒙运动对自由主义的贡献，格林、哈耶克、罗尔斯的自由主义。在关于自由主义的原则部分，介绍了作为自由主义基础的个人主义的概念、起源和理论内涵，还讨论了自由的概念、自由与平等的悖论，自由主义受到的一些主要批评等。作者最后比较了自由主义与对自由主义作出批评的保守主义和今天的社群主义之间的区别，指出这些区别在于三个方面：个人和群体，自由主义忽视宗教、社群、道德而只强调个人的权利和价值；进步与秩序，自由主义在这二者之间持平衡、中庸的态度；普遍主义与特殊主义，自由主义主张普遍主义，对不同地域的传统、习俗、社群等进行挑战，强调人的普遍特性。作者认为，"自由主义在本质上是一套国家学说。不管自由主义的批评者如何指责自由主义理论缺乏国家概念，但自由主义的着眼点确实是国家制度。自由主义的宗旨是构建一套以个人权利或利益为出发点的政治制度。"②

从历史演进的角度讨论自由主义，有应奇的《从自由主义到后自由主义》。③ 这本书在对自由主义的理论类型和发展线索进行梳理的基础上，探讨了社群主义和自由主义之间的冲突。书中考察了消极自由和积极自由的观念史，试图阐明程序主义政治观对自由主义和共和主义这两种主要的政治哲学传统的综合、扬弃和超越。作为个案分析，书中也考察了哈贝马斯和罗尔斯的争论，刻画了文化多元主义政治的发展脉络，并从自由主义和多元主义互动的角度评论为自由主义寻求理论基础的努力。总之，该书希望了解和发现当代政治哲学的嬗变轨迹和内在理路。

顾肃的《自由主义基本理念》从理念和历史源流两个角度，考察自由主义的基本观念，以使人们对这一西方主流的政治哲学思想的基本内容和意义有所了解。④ 内容主要有平等与自由、权利与正义、法治与民主、自

---

① 李强：《自由主义》，中国社会科学出版社 1998 年版。
② 同上书，第 258 页。
③ 应奇：《从自由主义到后自由主义》，三联书店 2003 年版。
④ 顾肃：《自由主义基本理念》，中央编译出版社 2005 年版。

由主义的思想渊源、革命时代和启蒙时代的自由主义、英国古典自由主义及当代自由主义等。书中认为可从罗尔斯的论述中总结出自由主义的若干基本原则，即自决原则，个人的生活只有在他们是自我决定的意义上才是有价值的；最大限度的平等自由，国家应当保障每个人与他人的同等自由相容的最大的个人自由；多元主义，存在善的观念的多样性；中立性，国家应当保持中立并反对完美主义；善的原则，应当公平分配资源，以使所有人都有追求其自身善的观念的公平机会；正当对善的优先性，正义（正当）原则约束个人对其自身善的观念的追求。

龚群的《罗尔斯政治哲学》专门研究当代英美最重要的政治哲学家罗尔斯的思想。① 该书以《正义论》、《政治自由主义》和《万民法》的思想以及罗尔斯的其他论述为线索，力图在全面系统地理清和阐述罗尔斯政治哲学思想的理论背景、思想渊源、哲学方法和正义理念的同时，根据作者自己对正义问题的思考，对罗尔斯政治哲学思想的贡献与特点进行反思。本书从以下 10 个方面考察了罗尔斯政治哲学的主要思想：正义论的几个基本理念、对功利主义与方法论的考虑、原初状态、分配正义及机会平等原则、从理论原则到社会建制、重叠共识与公共理性、平等的基本自由、个人原则与公民义务、正义原则的全球普遍性、自由主义与共同体主义对罗尔斯的批评。作者认为，罗尔斯是 20 世纪政治哲学和伦理学的一个里程碑，任何人如果不研究罗尔斯所进行的分析，都无从参与到当代政治哲学的对话之中。罗尔斯与古典自由主义的重大区别在于，他不仅仅强调基本自由，更为强调平等。追求一个公平而正义的社会，是罗尔斯对于人类社会的理想憧憬。罗尔斯的政治自由主义有助于人们思考并解决现代社会的基本问题。

姚大志《何谓正义：当代西方政治哲学研究》以"什么是正义"的问题为纲要，梳理现代西方政治哲学，勾勒出自由主义、社群主义、后现代主义和共和主义这三大政治哲学流派的主要理论和论证。② 自由主义部分讨论罗尔斯、诺齐克、德沃金和拉兹的学说。其中对拉兹的介绍，在国内学界尚属新颖。对罗尔斯，作者讨论了早期和晚期罗尔斯的区分问题，认为罗尔斯前后期的变化不在于从康德主义转向了黑格尔主义，而在于这种

---

① 龚群：《罗尔斯政治哲学》，商务印书馆 2006 年版。

② 姚大志：《何谓正义：当代西方政治哲学研究》，人民出版社 2007 年版。

变化超越了康德主义和黑格尔主义，形成了一种新自由主义。对拉兹，作者介绍了他的权利理论和至善主义，概括出拉兹的自由主义的三个特点：关心对积极自由的促进和保护，主张国家有责任创造自主的条件促进自由，强调一个人不得以侵犯人们自主的方式来追求自己的目标。对社群主义的介绍，作者选取的人物有桑德尔、麦金太尔和沃尔策。全书的第三部分介绍利奥塔、罗蒂、福柯和哈贝马斯的正义理论。作者较为重视同时代西方政治哲学家之间的争论和对话，在罗尔斯一章中，引述和评论了内格尔对罗尔斯的批评；在哈贝马斯一章中，也讨论了哈贝马斯与罗尔斯的差异。

二　现代欧陆哲学的学术热点

（一）海德格尔研究

可以与英美分析哲学领域中的维特根斯坦研究相媲美的、在三十年间始终得到热烈关注和研究的主题，大概就是对海德格尔的研究了。这种研究的热情，也与分析哲学领域中对维特根斯坦的热情相仿佛，历三十年而不衰。海德格尔是欧陆哲学的核心人物，也是分析哲学家眼中"无意义的形而上学"的主要代表。

1995 年出版的《海德格尔哲学概论》对海德格尔哲学作了全面的述评和概念的梳理。[①] 这本书对海德格尔所思的存在概念和存在问题做了分析，追溯海德格尔的思想足迹向读者显现了存在问题在西方哲学传统中的核心地位。人的存在是此在的存在，此在是存在通过人展开的场所和情景。所以作者随海德格尔追问此在的意义，并把眼光从对象化的物体转向在日常生活中现象的事物，由此一直引向对技术世界的反省。作者认为，海德格尔在讨论形而上学的主导问题时，已经露出发问者即人所具有的突出地位。一方面，追问存在者整体的问题非超越此整体则发不出，而只有人作此超越；另一方面，人的存在的特点就在于他领会着存在而存在，因而对存在者整体的寻问规定着人的本质。这样，人和形而上学在海德格尔那里就合二而一了。作者还分析了海德格尔的时间概念长久未能引人重视的主要原因，侧重围绕时间的三维、从此在的时间性到世界时间、时间与原始、空间以及历史性等问题，指出阐释时间性也就是从时间性来解释此

[①]　陈嘉映：《海德格尔哲学概论》，三联书店 1995 年版。

在的存在，因为此在存在的意义即是时间性。作者展示出海德格尔哲学的全貌，对海德格尔的真理观、艺术观、语言观和历史观都有阐述。

同一个时期，张汝伦则从近代西方哲学传统和现代西方哲学的一般精神的视角，从这双重背景出发研究海德格尔哲学。① 在《海德格尔与现代哲学》一书中，作者先描述西方哲学的现代转折，认为海德格尔的哲学是在对近代西方哲学的基本原则的批判变革中建立起来的。作者比较了海德格尔哲学与胡塞尔现象学之间的关系，认为胡塞尔现象学的着眼点是纯粹意识而海德格尔哲学的着眼点是存在，这是他们之间的根本分歧所在，在海德格尔那里，现象学是一种关于存在的本体论的一种新的哲学方向和方法论原则。作者进一步阐释了海德格尔的存在本体论，认为存在的基本意义是既给予自己又隐蔽自己，这就对世界的统一提出了一种新的说明，揭开了西方哲学的新篇章。作者通过分析海德格尔关于人的学说，提出海德格尔用此在这个概念是要表示人的本体论结构，即存在通过人这个存在者和它的关系显现自身。关于海德格尔的真理思想，作者认为也经历了一个发展过程：在《存在与时间》中，他提出真理的本质是无蔽；在《论真理的本质》中进一步把真理的本质规定为自由，提出遮蔽与非真理同样属于真理的本质；在《艺术作品的本源》中则解决了真理的去蔽和遮蔽的关系，从存在的真出发说明真理。

对海德格尔哲学中每个具体问题的研究，一方面可以视为深入研究海德格尔哲学的一种方式，另一方面也可视为是对该特定哲学问题本身的研究。黄裕生《时间与永恒——论海德格尔哲学中的时间问题》就是这样的一部著作。② 该书从时间这一关键问题入手，并结合其他一些基本哲学问题去阐释和论述海德格尔的基本思想。作者试图探究海德格尔如何作出了存在和存在者的区分，并因之对混淆了存在和存在者的形而上学传统进行了深入的批判；以及存在和存在者的区分是如何可能的。作者认为，问题的关键就是海德格尔对时间的重新理解。一旦澄清了海德格尔是如何重新提出时间问题的，也就理解了海德格尔作出这种区分的必要性和迫切性。形而上学掩盖和遗忘了本源时间，海德格尔对时间问题的重新提起是本源

① 张汝伦：《海德格尔与现代哲学》，复旦大学出版社 1995 年版。

② 黄裕生：《时间与永恒——论海德格尔哲学中的时间问题》，社会科学文献出版社 1997 年版。

时间意识的觉醒，但这种觉醒并不是一种偶然现象，而是有其思想前提的，如对时间的物理学理解所导致的自由与时间的冲突就是唤醒本源时间意识的因素之一。只有这样来理解问题，海德格尔的哲学才能得到历史的和逻辑的解释。书中讨论了"整体存在的时间性"和"时间的时间性解释"，前者是要通过对本源时间的追问，澄清海德格尔所要追问的存在问题：存在是如何显现以及如何出场的；后者是对物理学时间的解释，形而上学之所以掩盖和遗忘了本源时间是因为它认同和接受了物理学时间。由于形而上学在时间这一根本问题上的迷误，海德格尔认为现在到了其该终结的时候了。但哲学的终结并不意味着思想的消亡，而只是说思想不再以形而上学的方式去追问这些问题了。作者着重说明克服形而上学并非简单地将其置诸脑后，而是要通过展露出形而上学的虚妄性来消解形而上学的基础。

（二）胡塞尔研究

倪梁康的《现象学及其效应——胡塞尔与当代德国哲学》，是对胡塞尔现象学及其对当代德国哲学影响的专门研究。[1] 作者分析了现象学在当代西方哲学中的地位和胡塞尔现象学对现象学运动的形成与发展所起的重要作用，分别阐述了胡塞尔在其前后两个时期、四部主要著作中的现象学观念。书中讨论了"作为方法的现象学"和"生活世界的现象学"。作者认为，现象学的效应主要是通过"作为方法的现象学"传播的，而在"作为哲学的现象学"方面，它的影响则始终是分散的。作者指出，胡塞尔早、中期对意识的意向性结构的分析和在后期对"生活世界"、"危机"、"交互主体性"等问题的探讨，在相当大的程度上规定了我们这个时代的思维内涵。由此，作者又分别阐述了胡塞尔的现象学对海德格尔的基础本体论、伽达默尔的解释学哲学、舍勒的哲学人类学和哈贝马斯的社会哲学所产生的重要影响。作者认为，海德格尔对胡塞尔先验本质现象学的改造主要表现在两个方向上：一是把先验意识的现象学改造成为"存在现象学"或"此在现象学"；二是把本质直观的现象学改造成为"现象学的解释学"。作者认为舍勒的思想与胡塞尔现象学的相通之处在于对现象学方法（本质的还原方法）的理解，他们的分歧则与对这种方法所能达到的绝对结果的理解有关；而海德格尔与胡塞尔的关系在很大程度上是舍勒与胡

---

[1]　倪梁康：《现象学及其效应——胡塞尔与当代德国哲学》，三联书店 1994 年版。

塞尔之间关系的再现。最后，作者分析了哈贝马斯与胡塞尔思想的联系，认为表现在现象学的解释学和现象学的社会学这两个方向上。在现象学与当代西方主要哲学学派的关系上，作者以为现象学与西方马克思主义交融的趋势占主导地位，其与分析哲学的结合则始终无法成为主流，而现象学与结构主义由于它们共同的欧陆哲学背景而存在着内在联系和交融。

《胡塞尔与西方主体主义哲学》是国内关于胡塞尔现象学研究的又一专著。[①] 该书梳理了胡塞尔之前的西方主体主义哲学的理论，描述出一个西方主体主义哲学思想从古希腊到后现代的逻辑进程，及胡塞尔与柏拉图、笛卡儿、休谟特别是与康德的理论渊源关系，认为胡塞尔现象学既是传统意识主体哲学发展的最高峰，同时又隐藏了意识主体向生存主体过渡乃至最终解构主体的种种潜在因素。书中希望表明，胡塞尔现象学中的主体主义在其整个现象学理论中具有提纲挈领的地位。作者试图把自己的现象学思考和理解，浸入对现象学学理的描述中。对事实判断与价值判断的区别，本书认为应当强调事实与价值的统一，这个统一是双向作用、相互过渡、相互转化的永无止境的过程。

对晚期胡塞尔思想做专题研究，也出版了相关的著作。比如张廷国《重建经验世界——胡塞尔晚期思想研究》。[②] 这本书认为，胡塞尔晚期思想始终是围绕一个中心问题的，就是他自己所提出的"世界相关性"问题。胡塞尔是围绕这个问题阐明了先验自我、陌生经验世界、交互主体性世界和原始生活世界的构造。"重建经验世界"并不是单纯的经验世界的问题，而是直接性中的世界的存在意义或现世性。书中描述了胡塞尔如何沿着笛卡儿、休谟、康德和布伦塔诺的道路进入现象学领域，论述了胡塞尔现象学的方法——还原与描述，接着重点评述胡塞尔晚期思想的三个主要方面，即自我学、生活世界理论和逻辑谱系学。"自我学"是从原初的或本己的自我出发来构造现象世界的理论，书中论述了这个"自我"与笛卡儿自我和费希特自我的区别；通过生活世界理论，胡塞尔对自然科学世界、日常生活世界和原始生活世界作了划分；逻辑谱系学也不是简单地澄清逻辑观念的起源，而是为经验世界的构造提供一个纯粹理性的先验根据，以理解世界存在的真实意义。作者不同意梅洛-庞蒂在内的一些学者

① 高秉江：《胡塞尔与西方主体主义哲学》，武汉大学出版社 2000 年版。
② 张廷国：《重建经验世界——胡塞尔晚期思想研究》，华中科技大学出版社 2003 年版。

对胡塞尔生活世界问题的评论，认为"从当代西方人学的角度看，'日常生活世界'更多地起着消解人文哲学的对立面的作用，'原始生活世界'或'纯粹经验世界'才真正为当代人本哲学提供了积极的方法论基础。"①由此作者进一步认为生活世界理论使欧洲文化从物质需求的危机中解救出来，而能兼及人类生活终极意义的需求。

（三）德里达和法国哲学研究

德里达是法国后现代主义者和解构主义运动的领导者。近年来国内研究者对德里达表现出很大的热情，专门研究的著述也迭出不穷。

方向红的《生成与解构——德里达早期现象学批判疏论》研究的是德里达早期思想。② 作者意在总结德里达早期现象学批判的解读模式，重构德里达解构思想从胡塞尔现象学中生长并成熟的历史轨迹。首先讨论德里达的著作《胡塞尔哲学中的生成问题》，一方面批判了德里达对胡塞尔现象学的误解，另一方面也凸显了德里达的理论收获，即对差异原理的发现。接着以德里达的作品《胡塞尔"几何学的起源"：译文与导论》为基础，揭示了德里达在对胡塞尔思想进行挪用和改造的同时发现了解构理论的重要支柱：延迟原理。最后剖析德里达的名著《声音与现象》，对德里达的声音解构和时间解构在逻辑上的运作过程进行详细分析，关注德里达对胡塞尔符号学理论的误置和阉割之处，重点阐述德里达在误置中的意外发现，即作为解构理论根基之一的充替原理。

朱刚《本原与延异——德里达对本原形而上学的解构》试图重新解读德里达早期的解构思想，并在此基础上重新思考它与西方形而上学的内在关联。③ 本原问题是传统形而上学的基本问题，作者认为正是对传统形而上学的本原问题的解构，构成了德里达（尤其是其早期）思想的一以贯之之道。德里达的追问是，本原本身如何可能，对于本原的前理解是否明证无疑？德里达的解构首先针对的正是这种本原形而上学，尤其是它所预设的本原观念和它对本原的各种前理解。德里达的解构策略是"延异"，把本原延异化。书中依次考察了德里达对胡塞尔现象学中本原/替补结构的解构、对传统的语音中心论和在场形而上学的解构，以及对传统存在论和

① 张廷国：《重建经验世界——胡塞尔晚期思想研究》，华中科技大学出版社 2003 年版，第 136 页。
② 方向红：《生成与解构——德里达早期现象学批判疏论》，南京大学出版社 2006 年版。
③ 朱刚：《本原与延异——德里达对本原形而上学的解构》，上海人民出版社 2006 年版。

海德格尔的存在本原观的解构。

法国当代另一位有影响的哲学家是福柯。汪民安的《福柯的界线》对福柯的哲学有较为全面的描述。① 该书说明，贯穿于福柯哲学之始终的有两个问题，一是权力问题，一是主体问题。该书认为福柯是当代最重要的权力理论家，他的权力观是尼采式的，他不再把权力视作否定性的，而是积极的、主动的、生产性的，权力锻造和铸就了它的对象。在福柯的权力观里，权力也不是某个组织、集体或个人的所有物，它没有中心点、没有主体、没有机构，也不是单向性的，而是永远存在于关系中，存在于和别的权力的关系中。关于主体，福柯否定权力是主体的所属物，相反他认为主体是被权力造就和生产的，他关心的是权力以怎样的方式造就了各式各样的主体形式。在讨论福柯对疯癫的理论时，书中也介绍了德里达和福柯关于结构主义的争论，认为他们之间的分歧只是形式上的、微不足道的。在讲述福柯的权力理论和谱系学时，书中也评述了哈贝马斯对福柯的批评及二人的区别，比如福柯认为主体由权力造就，哈贝马斯认为主体是在反复的对话中形成的；福柯认为主体仅仅是知识和学科人为配置发明的，哈贝马斯认为主体是借助语言媒介的交流而存在的；福柯抛弃了主体和主体哲学，哈贝马斯则以主体间性超越了主体哲学。

梅洛-庞蒂是一位重要的法国现象学家。杨大春的《感性的诗学——梅洛-庞蒂与法国哲学主流》是国内第一部研究这位哲学家思想的著作。② 该书认为，梅洛-庞蒂更多地与海德格尔相似，他一样关注存在问题，由于关注生存，他放弃了纯粹意识而关注身体这一含混的领域，以身体现象学或者说生存现象学代替了意识现象学；从身体经验出发，他也始终关注知觉和知觉世界的关系。与笛卡儿作品的清楚、明晰恰成对照的，是梅洛-庞蒂著作中的含混和带着诗意的神秘。梅洛-庞蒂在对胡塞尔的创造性解读中发展自己的思想，在不断清算理智论或纯粹意识理论的过程中发展自己的感性论，他最初立足于我的意识与我的身体的关系、我的意识与客体的关系，目标是解决胡塞尔的纯粹意识对客体的构造所面临的难题，他认为回到身体领域就可以避免唯我论。他实现了从意识的意向性向身体的意向性的转化，主张意识应当具体化在身体中并且内在于世界中。关于

---

① 汪民安：《福柯的界线》，中国社会科学出版社 2002 年版。
② 杨大春：《感性的诗学——梅洛-庞蒂与法国哲学主流》，人民出版社 2005 年版。

语言问题，梅洛－庞蒂认为语言无法脱离生存，也没有离开知觉经验，需要考虑语言与经验的活的关系以及语言的活的使用。本书认为，梅洛－庞蒂哲学的标志特征就是"含混"，这是出现在认识、身体、事物中的某种辩证形态，表现为一种对待事物、对待真理的姿态，是追求确定性的不可避免的环节。书中从知觉、身体、语言、他人、自然这五个概念出发，讲述了梅洛－庞蒂的含混哲学，指出"在世存在的根本特征就是含混。……知觉不可能不含歧义地、没有神秘地清楚地展示事物，语言不可能不含歧义、没有神秘地表达我们对事物的知觉，他人不可能作为透明意识展开在作为透明意识的自我面前。"①

　　尚杰的《归隐之路——20 世纪法国哲学的踪迹》全面论述 20 世纪法国哲学的历程。② 这是一本有着散文风格的著作，把自己的哲学思考和对法国哲学的研究融为一体。书中前半部分的主题是"缘起与过渡"，反思胡塞尔、柏格森、普鲁斯特和海德格尔的哲学思想，这里作者关心的问题是生命、时间和死亡。后半部分描写法国哲学的踪迹，作者以美学的文笔叙述和讨论了萨特与梅洛－庞蒂的虚无，列维那斯的异域和它者，福柯的独断与断裂，德勒兹的一千个平台，米歇尔－塞尔的后现代艺术与科学，利奥塔的后现代纷争，以及德里达的归隐。在作者眼中，"福柯的'癫狂'和德里达的'解构'进一步被称做后现代的，从此敞开了归隐之路，一个隐的空间，我们尚未看见的空间，这就是 20 世纪法国哲学的踪迹。"③作者还认为应该从新的视野同时考察当代法国哲学和古代中国哲学，给它们注入新的因素。因为老庄的"道"是不可说的，是一种"隐"，故而法国当代哲学的群体特征是老庄的，现象学的态度也是老庄的。萨特和庄子殊途同归，超越词、超越语言；福柯以其疯注释庄子的怪诞；德里达则在文体上接近庄子。作者大胆地主张，"法国哲学家作为一个群体，竟然不自觉地靠近一种'隐学'，我把它看成来自异域的对老庄的新注。"④

　　① 杨大春：《感性的诗学——梅洛－庞蒂与法国哲学主流》，人民出版社 2005 年版，第 78 页。

　　② 尚杰：《归隐之路——20 世纪法国哲学的踪迹》，江苏人民出版社 2002 年版。

　　③ 同上书，"自序"第 4 页。

　　④ 同上书，第 183 页。

三　俄罗斯哲学研究的学术热点

俄罗斯哲学的精神主流是宗教哲学。对俄罗斯宗教哲学的研究有专著面世，就是徐凤林著《俄罗斯宗教哲学》。[①] 该书以人物为线索，对不同时期的俄罗斯宗教哲学思想做了清晰的阐述，内容涉及在俄罗斯哲学史上有突出地位的 12 位宗教哲学家，即基列耶夫斯基、霍米亚科夫、陀思妥耶夫斯基、托尔斯泰、费奥多罗夫、索洛维约夫、布尔加科夫、弗洛连斯基、洛斯基、弗兰克、别尔嘉耶夫和舍斯托夫。这 12 位哲学家涵盖了从斯拉夫主义到流亡哲学各个阶段，体现了俄罗斯宗教哲学的基本精神。该书展现了这些哲学家最富特色的思想，也展现了俄罗斯哲学独特的魅力。作者还总结了俄罗斯宗教哲学所具有的三个基本特点，即人文性的关怀、完整性的体验和理想性的思维；概括了俄罗斯宗教哲学对人性、世界、真理和自由问题的基本认识：人不是外部的自己，而是具有无限深度的精神世界；世界不是经验事实，而是走向完整真理的道路；真理不是抽象观念，而是人生自由的实现；自由不是人在必然性中的选择，而是人向往无限可能性的权利；哲学不是对客观现实的理性反思，而是人在世界上追求真理和自由之努力的思想表达。该书的贡献和价值在于，它对陀思妥耶夫斯基和托尔斯泰的思想做了专门的阐述，这与他们在俄罗斯哲学史上的影响是相称的；该书对于中国学术界甚少涉足的费奥多洛夫、布尔加科夫、弗罗连斯基等哲学家的思想做了深入的阐述，使得俄罗斯宗教哲学的面貌更加完整。

第三节　理论研究的突破与创新

一　现代英美分析哲学

（一）维特根斯坦研究的创新与突破

程炼讨论维特根斯坦私人语言论证的论文，具有建立在论证基础上的独创性和新意。[②] 这是一篇独立的研究文章，收录于作者的论文集《思想与论证》中。这篇文章关心两个方面的话题：我们如何理解私人语言论

---

① 徐凤林：《俄罗斯宗教哲学》，北京大学出版社 2006 年版。
② 程炼：《思想与论证》，北京大学出版社 2005 年版。

证，我们如何评价私人语言论证。作者希望澄清私人语言论证是如何进行的，以及它所要确立的结论。作者首先讨论什么是私人语言，指出有两种私人语言，偶然的私人语言和逻辑的私人语言，而当维特根斯坦说私人语言是不可能的时，维特根斯坦所攻击的是逻辑私人语言。在论文的这一部分作者讨论了斯特劳森和艾耶尔对维特根斯坦的反驳，认为他们所反驳的只是偶然私人语言的不可能，因此他们的反驳是不成功的。接下来作者讨论在什么意义上私人语言是不可能的，作者评论了有关记忆的怀疑论，因为在私人语言中，判断语词在使用上正确或错误的唯一标准是记忆，维特根斯坦认为记忆不能作为判断正误的标准，而无法判断语词使用上的正误的语言是不可能的。作者考察的第三个问题是在私人语言不可能的意义上是否有至少一种非私人语言是可能的。作者认为指称外部对象的非私人语言或者有多个说话者共同指称外部对象的非私人语言，按照维特根斯坦衡量私人语言不可能的标准来衡量，一样是不可能的；而对于非私人语言或公共语言的共同体式的解读，作者认为要么是不正确的，要么就表明了维特根斯坦的思考是不融贯的。作者认为一个合理的对私人语言为什么不可能的解释，必须同时要给出对某种非私人语言为什么可能的另一个解释，而当作者发现无法在解释私人语言不可能的意义上来解释某种非私人语言何以是可能的时候，对私人语言论证的解释也就最终是不成功的。作者认为，这说明维特根斯坦的私人语言论证在内涵上是不清晰的，在结论上也是不清楚的。虽然这篇文章局限于仅讨论如何解释和评价维特根斯坦的私人语言论证上，妨碍了作者进一步对语言的本性做深入的探究和思考，但是文中对两种私人语言的区别、私人语言和非私人语言的区分、理解一个语词的必要条件等的分析，以及对艾耶尔、克里普克等人的批评，仍然是富于启发性的。

（二）语言哲学、知识论研究的突破和创新

徐友渔《“哥白尼式”的革命》是全面地介绍和讨论 20 世纪英美哲学中“语言的转向”的一部著作。[①] 这本书的内容涵括了语言哲学、逻辑哲学、心灵哲学和伦理学，描述这些不同的哲学分支中因为“语言的转向”而发生的巨大变革。书中研究的问题有：意义理论，指称理论，遵守规则和私人语言问题，心身问题，真理，存在和本体问题，以及元

---

① 徐友渔：《“哥白尼式”的革命》，上海三联书店 1994 年版。

伦理学。作者引用了大量哲学文献，清晰地介绍了分析哲学家们在上述问题上的不同观点和争论，希望借此展示出与传统哲学迥异的 20 世纪分析哲学特有的哲学问题和哲学研究的方式。每一章的末节，作者都专门用来讨论这一章中介绍的哲学问题和各种理论，作者在此试图讲述自己对这些哲学理论的理解，对不同哲学论证的优劣作出评价，有时也参与到某些问题的争论中并作出自己的论证。对于想要了解 20 世纪分析哲学主流的读者来说，是一本出色的导论，其涉及的哲学分支及哲学文献之广，也是值得称道的。

徐向东《怀疑论、知识与辩护》是一部专门研究知识论的著作，有着丰富的内容、细腻的提问和讨论、大量的对重要哲学家思想的理论重建，也不乏作者个人的哲学思考。① 书中研究的问题主要有：笛卡儿的怀疑论论证，休谟的怀疑论论证，知觉、经验与实在，常识、反思与怀疑论，对知识的分析，认知辩护的本质和结构，认识论的基础主义，意义、真理与知识，融贯、说明与辩护，归纳问题，人类知识与人类状况。作者希望通过对知识论问题的分析，展示当代分析哲学家处理和探究哲学问题的方式，从而由知识论这个侧面理解当代分析哲学的本质和概貌。这本书以怀疑论为主线，指出关于外部世界的怀疑论提出了两个根本的哲学问题：首先，我们究竟能不能认识外在世界？其次，假若我们对外在世界的知识或信念是可能的，那么我们如何辩护这种知识和信念？书中的前半部分是研究经典认识论对这个问题的处理，以及对怀疑论的一些主要回答，以期揭示出有关知识和辩护的本质问题。书中的后半部分，探究当代知识论的两个主要争论，一是基础主义和融贯论的争论，一是内在主义和外在主义的争论。作者试图把经典认识论和当代知识论联系起来，并考察了当代哲学家对休谟归纳问题的主要解决方案，认为这些解决都是不成功的，以此来展示怀疑论在知识论中的重要地位。本书的主旨，是通过重新审视当代知识论中的主要争论与怀疑论的关联，来揭示人类知识的本质和限度，这本身也是知识论这门学科的要旨和核心问题。本书可以为国内学术界对知识论的理解，提供一个丰富的学术资源，书中对各种理论的反思、评论和批评，都有助于激发读者讨论知识论问题的兴趣。

---

① 　徐向东：《怀疑论、知识与辩护》，北京大学出版社 2006 年版。

二　现代欧陆哲学

对现代欧陆哲学的研究，较多见者为就某个哲学家或某个学派总体学说的全面介绍或研究，虽然在学术上有开拓性的贡献，但因其全面，有时也就难以深入，或至少是少有对某个具体的哲学问题作出详细深入的分析。

（一）海德格尔研究的突破与创新

在海德格尔研究方面，有两本著作的取材新颖、研究的深入也值得提及。它们是靳希平的《海德格尔早期思想研究》① 和张祥龙的《海德格尔思想与中国天道》②。

《海德格尔早期思想研究》以海德格尔的早期思想为专题进行研究，并选用大量国内学术界鲜为人知的原始资料，将对海德格尔早期思想的描述和评析都建立在第一手资料的基础上。该书涉及到海德格尔的童年、专业、生计，他的亚伯拉罕崇拜，他青年时期的书评与短文，细致地叙述了海德格尔早期的下述思想：他对外部世界实在性的辩护，自然科学、数学、符号逻辑，对传统逻辑哲学的评述，对亚里士多德和康德的评论，博士论文，邓·司格特思想研究，海德格尔同胡塞尔现象学之殊异。作者也提出自己的独到并富有启发性的观点。作者认为，海德格尔在自然观、宇宙观上，是一个实在论者，承认外部世界的存在是独立于人的主观意识的现实存在，它是人类认识的直接对象，是知识上客观性、有效性的最终的来源。至于如何在哲学上对外在世界的实在性加以规定，他既不同意朴素实在论的做法，也不同意批判实在论的修正方案。正是在这个问题的解决上，海德格尔渐渐走上《存在与时间》的道路。作者还纠正了通常认为海德格尔不谙自然科学和逻辑学的错误看法，明确指出海德格尔哲学与英美科学哲学传统来自同一个源头，是从自然科学、数学及逻辑哲学基础问题的研究中发展出来的。作者由此确认，海德格尔并不是凭诗人的浪漫气质看到数理逻辑的局限性，而是凭借他对逻辑基础问题的广博知识和对传统形而上学问题、逻辑问题的深刻的、直接的体会看到了这一点。此外，作

① 　靳希平：《海德格尔早期思想研究》，上海人民出版社 1995 年版。

② 　张祥龙：《海德格尔思想与中国天道——终极视域的开启与交融》，三联书店 1996 年第 1 版，2007 年修订版。

者还从海德格尔与胡塞尔共同撰写大英百科全书"现象学"条目因观点分歧而最终未果这一历史事实入手，深入分析了两位哲学家之间的根本分歧，认为海德格尔是在批判西方认识论传统的意义上批判胡塞尔的。这本书在原始资料的周密搜集和把对哲学家观点的探讨建立在坚实的史料基础上的做法，都有其独到的成就。

张祥龙的《海德格尔思想和中国天道》是将海德格尔哲学中的天道观与中国古代天道观加以深入比较和领会的著作。作者希望二者之间达到一种相磨相荡、氤氲化醇的对话境界，希望回到两种思想的本来面目中去，而达此目的的方式，作者认为，就是使人尽可能彻底地脱开现成框定，引发出原初视野。这样本书同时也是分别对海德格尔和中国古代思想的本真面目加以研究的著作，因为"在这种解释下，海德格尔的思想和中国天道观时常显露出与一般的说法不同的面目。"①海德格尔是少数几位与中国古代思想发生真实交融的西方哲学家之一，本书首先给读者展示海德格尔思想，它研究了胡塞尔现象学对海德格尔的影响，指出前者的"构成边缘域"和"范畴直观"的思路启发海德格尔寻找到不受制于现象与本质、意识与对象、思想与存在、主体与客体等传统的二元格局的学术理路。进一步，由于把"人的实际生活体验"看作比直观意向性更原初的思想起点，海德格尔就从一个新的视野看待和解释几乎全部西方哲学史。作者叙述了海德格尔对古希腊哲学和康德哲学的解释，认为海德格尔以"缘在"（Dasein）消解了主体的中心地位。正是借由这个转变，海德格尔的思想探求才进入存在论意义上的构成状态或本原的居间状态，作者因此也捍卫了海德格尔与胡塞尔、康德之间有着直接的、正面的思想关联。作者详密地论述《存在与时间》及海德格尔后期思想中的存在论，试图揭示海德格尔那里的存在的真义。对于中国古代思想，以老庄的天道观为主，亦论及原始儒家的天道观念、古代印度的直觉体验和佛家的缘起终极观等，以一个新颖的角度展示出古代东方思想对西方概念理性哲学在一个根本识度上的超越。书中最后讨论了海德格尔与中国天道在思想方式、终极实在观以及如何认知实在等问题上的可相通之处。作者在以缘于人生原初体验的视野观照和体察这两种哲学的同时，流露出他本人对有无相生、主客相融、虚实不二的人生境界的叹赏和思慕，在这本学术著作中融入了个人的生命体验。

---

① 张祥龙：《海德格尔思想与中国天道——终极视域的开启与交融》，三联书店1996年第1版，2007年修订版，第5页。

　　（二）　胡塞尔研究的突破与创新

　　倪梁康著《胡塞尔现象学概念通释》是一部对胡塞尔的几乎全部哲学概念进行释义的著作。[①] 胡塞尔哲学的一个特点，表现在他使用了大量已有的哲学术语，并且为着现象学的描述之所需，生造了众多的哲学词汇。"描述必须依赖于语词概念：在直观中所看到的图像越是丰富，对它们的描述所需要的词汇也就越是繁多。"[②]因此对胡塞尔现象学概念做出通释，不仅是厘定译名、澄清概念，本身也是对胡塞尔现象学所做研究的一种方式。本书收录概念 600 余个，体现出对胡塞尔全部著作和思想的通体把握的能力。书中每一个条目都以德文原文和中文译文的对置开始，中文译名的选取和确定一方面来自作者翻译胡塞尔著作的实际经验，以期对胡塞尔著作的汉译提供可作学术交流平台的统一的翻译；另一方面来自作者对胡塞尔哲学概念的长期研究所得到的认识和理解，是作者对胡塞尔哲学的研究水平的反映。对每一个概念，都附有标志其重要性的记号，便于读者在数百个概念中区分出重要的概念。本书选入的概念主要有三类，一是能够表现出胡塞尔的思想痕迹、具有胡塞尔哲学特征的概念，如"映射"、"加括号"、"本质直观"、"意向活动"等；第二类是并非由胡塞尔首创，但附带了特定的胡塞尔色彩的概念；第三类是胡塞尔在其意向分析中常常使用的术语，或是标志着某些一再出现的课题的表述。此外还选择了一些对于胡塞尔文字的中文阅读和翻译具有特殊含义的概念。书中在中文译名后还附有英译名、法译名和日文译名。本书既是一本概念释义的工具书，也是通过概念释义的方式解释胡塞尔现象学的研究著作，全书展示出一种细密、扎实的学术风格，其概念释义建立在作者对胡塞尔现象学多年研究的基础上，书中提供的大量译名也为用中文翻译、研究胡塞尔哲学提供了基础。

三　俄罗斯哲学研究的突破

　　徐凤林的《索洛维约夫哲学》是一部深入地对俄罗斯哲学作专题研究的著作，丰富了汉语学术界对俄罗斯哲学精神和重要哲学家的了解，也体

---

① 倪梁康：《胡塞尔现象学概念通释》，三联书店 1999 年版，2007 年修订版。
② 同上书，"前言"第 1 页。

现了近年来国内学术界对俄罗斯哲学认识和理解的水平。① 索洛维约夫是俄罗斯的第一位哲学家，也是第一个建立了完整哲学体系的俄罗斯哲学家。本书全面介绍他的形而上学、认识论、人学、历史哲学、美学和伦理学，试图通过对索洛维约夫哲学的展示展现出俄罗斯哲学的精神特征，以及俄罗斯哲学对人、世界、真理、自由、纯粹哲学的独特看法。书中讨论了索洛维约夫创立的"万物统一"的宗教哲学学派，他的思想为俄罗斯宗教哲学运动奠定了基础；阐述了索洛维约夫的知识论、真理观、智慧学、末世论、对民族主义的反对等。值得注意的是该书对索洛维约夫两部重要著作《善的证明》和《爱的意义》的评述。《善的证明》认为善的概念是道德哲学的对象，是人类一般道德现象的核心和基础观念，而上帝是绝对的善；索洛维约夫认为人的道德的根源和基础是人的三种感情，即羞耻、怜悯和崇敬，他更进一步地认为人类历史的终极目标、道德理想就是绝对的善。在《爱的意义》中，索洛维约夫"不仅把爱作为个人自我完善的伟大力量，而且把它与人类历史的最终使命联系起来，把爱看作是从个人开始，内在地与他人结合而走向人类统一的历史大业。"② 这些介绍不仅帮助我们了解俄罗斯哲学精神，也有助于人们对人性、人的道德本质的理解和思考。

第四节　总结与点评

对一门学科发展的最好描述，就是历时性地展现出这门学科中的理论工作。从此前三节所展现的理论工作的深度和广度来说，我们可以得出如下的评价：中国对现代外国哲学的研究，走过的是从无到有，从简单到丰富，从介绍和描述到深入的理解和解释，以及从浮泛的评述到深刻的批评、直至创建我国学者自己的哲学理论的过程。如果考虑到研究对象的复杂深奥和我们完成这一过程的不长的时间跨度，那么现代外国哲学学科中这三十年来的工作，就不能不说是卓有成就的。

大略地讲，在 20 世纪 80 年代，本学科的研究主要是解决从无到有的问题，是尽快对现代西方哲学的概貌有一个整体的了解。当时出版的一些

---

①　徐凤林：《索洛维约夫哲学》，商务印书馆 2007 年版。
②　同上书，第 316 页。

著作，主要是以思潮、流派、主要代表人物为纲要，介绍它们的基本理论和特点，为本学科的创立和发展打下理论基础。至 20 世纪 90 年代左右，研究工作深入到对重要哲学家的不同理论的具体研究，学者们不再满足于笼统的一般性研究和简单的理论评论，而是进入到对特定哲学家学理的细致观察和独立讨论的阶段；也不再简单地按思潮和流派划分研究对象，而是对重要的哲学家作个别和专门的研究。许多主导了 20 世纪外国哲学进程的重要哲学家及其理论，在这一时期得到系统的研究，大量新的哲学概念、理论和哲学分析的方法被介绍到国内并引起广泛的讨论。20 世纪 90 年代末期到 21 世纪以来，原创性的理论工作逐步得到重视，这表现在：一、学者们对重要哲学家的理论试图作出独立的理解和重构；二、研究方法的更新，学者们试图用现代外国哲学的研究方式来研究现代外国哲学，即以语词分析的方式来研究分析哲学，以现象学的方法研究现象学；三、逐步重视论证在哲学工作中的重要性，将观点或评论建立在可靠的论证与理论分析的基础上；四、逐步由研究某个哲学家的哲学思想转到重视和研究特定的哲学问题上来，由介绍某个哲学家对特定哲学问题的观点和理论，转到为讨论特定哲学问题而研究哲学家们对该问题的观点和理论上来；五、试图在广博地研究关于某个领域或某个问题的哲学文献的基础上，经由缜密地推论和思考，提出该领域内或该问题上的创造性见解，使得国内学者的哲学工作，真正参与到国际性的哲学讨论中来，并对哲学本身的进步有所贡献。

对现代外国哲学的研究不可避免地伴随着对外国哲学文献的翻译工作。一方面国内学者需要以中文研究和写作，外国哲学文献的翻译成为不能或缺的研究平台之一；另一方面现代外国哲学文献翻译为中文，也极大地丰富了中文的文化资源、充实了中文的理论语汇。30 年来，学者们一直努力将纳入其研究视野的重要哲学文献译为中文。一、以哲学读本的编选和翻译为例，1989 年的《西方现代语言哲学》，为中文读者提供了基础性的语言哲学读本。[①] 1998 年的《语言哲学》，包括 35 篇论文，是这个领域中全面和有影响的一本论文选集。[②] 2006 及 2007 年出版的"当代政治哲学读本"系列，更是广泛地以政治哲学中一些重要问题为主题，汇编了大

---

① 车铭洲编、李连江译：《西方现代语言哲学》，南开大学出版社 1989 年版。
② 马蒂尼奇编：《语言哲学》，牟博、杨音莱、韩林合等译，商务印书馆 1998 年版。

量当代英美政治哲学论文，其中有《自由意志与道德责任》①、《政治义务：证成与反驳》②、《运气均等主义》③、《权利与功利之间》④ 等。二、重要的分析哲学著作乃至全集译为中文，一些哲学经典有数个译本，翻译质量不断提高、精益求精。如 2003 年出版的 12 卷本《维特根斯坦全集》⑤，其中第 1 卷收录的《逻辑哲学论》，系译者陈启伟根据德文原文、并参考英法俄等多个译本译出。2007 年出版的 6 卷本《蒯因著作集》，是内容非常丰富的蒯因作品集。⑥"当代世界学术名著·哲学系列"中的《形而上学的逻辑基础》⑦、《个体：论描述的形而上学》⑧、《对真理与解释的探究》⑨ 等都是英美哲学的经典著作。三、现象学经典的翻译从 20 世纪 80 年代中后期开始进行，成果甚丰。如胡塞尔《现象学的观念》⑩，萨特《存在与虚无》⑪，海德格尔《存在与时间》⑫，2 卷本《海德格尔选集》⑬ 等，都有很大的影响。

随着特定学科研究的成熟，有关学术文集、选集也得到编辑和出版。如《当代法国哲学诸论题——法国哲学研究》⑭、《杜威、实用主义与现代哲学》⑮ 都是学科内交流、对话而形成的论文集。国内学者间的交流日益发达，1994 年第一届全国现象学研讨会召开，并在此次会议上成立了中国现代外国哲学学会现象学专业委员会，此后现象学研讨会一直定期举行。2004 年由中国现代外国哲学学会、北京大学哲学系、北京大学外国哲学研究所和分析哲学研究中心共同成立了分析哲学专业委员会，举办每年一度

① 徐向东编：《自由意志与道德责任》，江苏人民出版社 2006 年版。
② 毛兴贵编：《政治义务：证成与反驳》，江苏人民出版社 2007 年版。
③ 葛四友编：《运气均等主义》，江苏人民出版社 2006 年版。
④ 曹海军编：《权利与功利之间》，江苏人民出版社 2006 年版。
⑤ 维特根斯坦：《维特根斯坦全集》，涂纪亮主编，河北教育出版社 2003 年版。
⑥ 涂纪亮、陈波主编：《蒯因著作集》，中国人民大学出版社 2007 年版。
⑦ 达米特：《形而上学的逻辑基础》，任晓明、李国山译，中国人民大学出版社 2004 年版。
⑧ 斯特劳森：《个体：论描述的形而上学》，江怡译，中国人民大学出版社 2004 年版。
⑨ 戴维森：《对真理与解释的探究》，牟博、江怡译，中国人民大学出版社 2007 年版。
⑩ 胡塞尔：《现象学的观念》，倪梁康译，上海译文出版社 1986 年版。
⑪ 萨特：《存在与虚无》，陈宣良、杜小真译，三联书店 1986 年版。
⑫ 海德格尔：《存在与时间》，陈嘉映、王庆节译，三联书店 1987 年第 1 版，1999 年第 2 版，2006 年修订版。
⑬ 海德格尔：《海德格尔选集》，孙周兴译，上海三联书店 1996 年版。
⑭ 杨大春、尚杰主编：《当代法国哲学诸论题——法国哲学研究》，人民出版社 2005 年版。
⑮ 俞吾金主编：《杜威、实用主义与现代哲学》，人民出版社 2007 年版。

的分析哲学研讨会。同年，中国现代外国哲学学会、北京大学法国哲学研究中心、浙江大学外国哲学研究所等单位联合发起，成立了法国哲学专业委员会，并定期举行国内和国际学术研讨会。专业学会的成立和定期会议的举办是学科进步的重要表现。在学者们相互的交流中，学术批评日益显得重要。健全的学术批评是学术进步的必要条件，正如徐向东在《怀疑论、知识与辩护》的序言中对英美认识论研究状况的描述，"从事认识论研究的学者们总是在相互的批评和责难中发现修改乃至放弃自己的观点的理由和根据，因此，这种相互批评也就成为当代认识论发展的一个主要动力。"[1]我们应当以外国哲学家相互批评的工作方式为借鉴，推进自身研究的进展。

作为对现代外国哲学的研究，与外国哲学家的交流和对话也就自然显得十分迫切。从本质上来说，一切学术交流都是学理上的沟通、讨论和批评。如果我们不从具体的哲学问题出发来研究哲学问题，与外国哲学家的对话、讨论、交相辩难就是不可能的。因此，对当代外国哲学话语中的哲学问题作出独立的研究，并产生自己的思想、主张和理论，就成了与外国哲学界具有实质内容的交流的必要条件。然而要独立研究现代外国哲学的问题，就需要理解外国哲学的问题，把外国哲学的问题内化为我们自己的哲学问题，这样，外国哲学研究不再仅仅是以外国哲学为对象的研究，而成为纯粹的哲学研究。从国内学者所展现的创造力上，我们有理由相信今后将会在纯粹的哲学研究方面取得更长足的进步，并使中外的学术交流成为双向互益的过程。

---

[1]　徐向东：《怀疑论、知识与辩护》，北京大学出版社 2006 年版，"序言"。

第六章

东方哲学

20 世纪初，"西学东渐"热潮兴起，随着这股热潮，中国人也开始复兴对东方各国的研究。那么，"东学东渐"的情况又如何呢？印度佛教自汉代传入中国以来，很少遭遇过抵制的情况。佛教经过几个世纪的发展，完成了本土化，形成了体系庞大的中国佛教系统。中国对印度教哲学的研究起步于 20 世纪上半叶，取得一些学术成果；对东方其他国家和民族的哲学研究起步也很早，但是进展却相对较慢。自改革开放 30 年以来，东方哲学研究进入了复兴期，到目前为止，已推出了一大批研究成果，其中涉及到东方各国哲学的主要研究领域，从古代到现代均有探讨，涌现出不少具有较高学术质量的科研成果。但东方哲学相对于别的哲学学科来说，研究力量比较薄弱，科研人才和研究资料匮乏，甚至个别学科已经属于绝学，亟待国家采取措施加以拯救。

第一节　基础研究

本学科的基础研究主要集中在哲学史或哲学思想概论的综合研究，以及对东方古代经典著作的翻译和注释上，这是 30 年来取得成果最多的部分。

一　印度哲学部分
（一）辞典辞书类

首先值得一提的，是 1987 年由中国大百科全书出版社出版的《中国大百科全书·哲学卷》。在该卷中，印度哲学部分共有 70 余个条目，主要撰写人员有：黄心川、巫白慧、宫静、方广锠、朱明忠、高扬、孙晶等。其中黄心川撰写的"印度哲学史"对印度哲学的历史发展历程做了全面描述。他将印度哲学史划分为四个时期：古代时期（约公元前 30 世纪至公元 3—4 世纪）；中世纪（约 3—4 世纪至 18 世纪）；近代（约 18 世纪至 1947 年）；现代（1947 年至今）。在古代时期，又可以分为吠陀时期（公元前 2750 年至前 6—5 世纪）；史诗时期（公元前 6—5 世纪至前 3—2 世纪）；经书时期（公元前 3—2 世纪至公元 3—4 世纪）。中世纪的哲学又可以分为前后两个时期：前期，六派哲学的理论开始系统化，各派形成自己的哲学理论体系；后期，六派哲学由于其所属宗教的局限性，最终沦为印度教神学的婢女。此外，巫白慧撰写的"空与有"对佛教的"空"和"有"概念的渊源以及彼此之间的内在关系做出了深刻的论述，"梵、我、幻"对印度吠檀多派的基本哲学概念做了独到的阐发。金克木撰写的"印度美学"条目，不但重点介绍了印度美学的基本范畴如"情"、"味"、"韵"、"似"，还将印度哲学思想的发展轨迹与美学思想的发展线索结合起来进行分析评价。

中国大百科全书出版社于 1988 年出版的《中国大百科全书·宗教卷》中也设置了大量的条目对印度佛教的主要哲学理论和概念、术语进行了分析和探讨，其中对原始佛教及部派佛教的哲学经典著作、人物及流派史都有详尽的论述。

1998 年，四川人民出版社出版了由黄心川主编的《南亚大辞典》。该辞典也收录了大量有关印度哲学的条目，特别是对许多印度近现代哲学、政治思想派别和人物做了介绍，具有很高的资料价值。

卞崇道、宫静、康绍邦、蔡德贵等共同主编，吉林人民出版社于 1994 年出版的《东方思想宝库》，是一部集中了除中国之外的所有东方国家和地区的主要历史文献资料的文献集。严格说来，它不应该归入辞典类，但在编辑手法上有些类似于辞典；它根据研究的学科门类编排内容，对文献资料进行节选和汉译，书后附上全部文献名录。其中印度部分古代和现代文献大约各占一半，不但有哲学，还有宗教、美学、文学艺术、语言等方面的内容。该书资料齐全，特别为东方思想比较研究提供了很大便利。

（二）哲学史研究

印度哲学史的研究主要着重点是，利用在汉译佛经中的有关印度哲学史料进行研究，这是不同于别的国家的具有中国特色的印度哲学史研究。

1989 年，黄心川的著作《印度哲学史》和《印度近现代哲学史》由商务印书馆出版。《印度哲学史》内容涵盖了印度哲学的所有部分，包括正统派（吠檀多、数论、弥曼差、瑜伽、正理论、胜论等六派）和非正统派（佛教、耆那教、顺世论和外道六师等）。作者从印度最古的吠陀文献开始，对各个流派的起源、文献和人物的师承关系、不同发展阶段的思想理论及其社会历史背景都进行了详尽的论述。该书的主要特点是，作者比较充分地利用汉译佛经中印度哲学史料进行研究，例如该书将中国现存的汉译《金七十论》（陈真谛译，约 548—596）与印度数论派的祖师自在黑的《数论颂》（约 3—4 世纪）进行比较研究，同时还与其他数论著作及注释做了文献学上的比较。另外，在关于胜论一节中，作者同样将汉译《胜宗十句义论》（印度慧月著、唐玄奘 648 年译）中的十个哲学范畴与《胜论经》（迦那陀于公元一、二世纪造）的六个范畴结合起来进行研究。书后附有印度哲学史年表和梵汉译名对照表。可以说，这既是一本重要的学术研究著作，也可以作为大学教学用书。

《印度近现代哲学史》是《印度哲学史》的续编，它所涵盖的历史时期从 19 世纪初到 20 世纪中叶，是国内关于印度近现代哲学研究的代表作。作者在书中又将这一时期具体划分为三个历史阶段：启蒙运动时期（19 世纪初至下半叶）；民族主义运动兴起时期（19 世纪末至 20 世纪初），民族和民主运动发展时期（20 世纪上叶至 1947 年）。作者对每一时期出现的主要哲学家和思潮进行了论述，内容涉及印度教哲学，印度的伊斯兰教、锡克教，以及印度的其他宗教哲学。作者认为，这一时期的哲学思想特点是：以复兴印度古代文化为口号，继承传统的吠檀多思想或伊斯兰思想，同时吸收西欧的哲学和科学思想，形成了一种服务于民族民主运动的思想体系。

巫白慧的《印度哲学》于 2000 年由东方出版社出版，这是一部研究印度婆罗门教经典的重要学术著作。全书共分四部分：（1）吠陀赞歌研究；（2）奥义书哲学思想研究；（3）印度佛教研究；（4）正理论逻辑研究。作者对印度哲学进行了总体考察，提出一个很重要的观点：认为在印度的正统和非正统派哲学的发展过程中，贯穿和支配这两大体系的有两个基本的哲学观点：一是"常见"，一是"断见"（佛教的称谓）。正统六派哲学沿着"常见"的思路发展，因为它们的哲学目的在于肯定存在着的一个永恒的精神实在；非正统派的耆那教哲学、佛教哲学、顺世论，以及外道六师哲学等则沿着"断见"的思路发展，否定永恒的精神实体的存在。这一观点也是贯穿于作者整个研究过程的指导思想。

1993 年，姚卫群的《印度哲学》由北京大学出版社出版。作为高校教学用书，该书立足于国际印度学界最新的研究成果，采用一种新的方法对印度哲学进行了比较全面的叙述。作者将各派别的学派史单独列为一篇，然后将各派共同的理论观点合到一起展开论述。例如，在"概论篇"中，以各种学说作为引导，有"转变说"、"积聚说"、"因果观"、"我论"、"解脱论"等多篇，每一篇中各派观点都被列入其中进行分析比较研究。

1982 年，三联书店出版了季羡林的《中印文化关系史论文集》。该书是作者于 1957 年出版的同名书的再版。作者在前言里提到，考证中国与印度的文化关系史是非常重要的一件事，他引用印度一位著名历史教授的信说："如果没有法显、玄奘、马欢的著作，重建印度历史就是不可能的"。该书的主要论文有：《印度文学在中国》、《玄奘与〈大唐西域记〉》、《佛教对于宋代理学影响之一例》、《论梵文 T D 的音译》等。1985 年，中国社会科学出版社出版的《原始佛教的语言问题》是季羡林的几篇论文的汇集，专门讨论原始佛教在佛典中所使用的语言问题，同时对用摩揭陀方言以及混合梵文、巴利文等所写作的佛经进行了区分，对原始佛教的经典著作所使用的语言的发展过程也做了有价值的描述。

1983 年，中国社会科学出版社出版的金克木的《印度文化论集》，主要汇集了作者对梵文经典文献研究的主要论文，其中最重要的有：《论梵语中的"有—存在"》、《〈蛙氏奥义书〉的神秘主义试析》、《〈吠檀多精髓〉译述》、《说"有分识"》、《梵语语法〈波你尼经〉概述》等。特别是在《〈蛙氏奥义书〉的神秘主义试析》一文中，作者对印度十三种最古奥义书之一的《蛙氏奥义书》进行了详尽的分析，认为该书的思想模式是三角式的论证，并揭示了神秘的"唵"字所包含的宇宙万物的信息。

1987 年，中国文化书院出版的方广锠的《印度文化概论》，是专门研究印度文化的专著。该书对印度 13 世纪以前的文化及印度文化在古代世界的传播做了概要性论述，重点探讨印度的宗教哲学，同时也涉及文学、艺术、科学等领域。

姚卫群的《印度宗教哲学概论》于 2006 年由北京大学出版社出版。

该书是作者的最新研究成果，共分三编：第一编"发展线索和思想渊源"，论述了印度宗教哲学的思想渊源和发展脉络，侧重分析了古代宗教文献吠陀、奥义书的思想。第二编"主要宗教与哲学流派"，全面地阐述了印度各大宗教主要哲学流派的学说和观点，如印度教的数论派、瑜伽派、胜论派、正理派、弥曼差派和吠檀多派；佛教的早期学说、小乘佛教、大乘佛教、晚期佛教的学说；以及耆那教的哲学思想等。第三编"核心观念与基本理论"是根据印度哲学的一些共性问题，对各流派的学说进行比较分析，阐述它们在同一问题上的不同观点和差别。

（三）古代经典翻译注释研究

对印度的古代经典著作进行翻译和注释的研究，同样是一项具有相当大难度的工作。因为印度古代经典著作都由梵文写成，内容晦涩难解，言简意赅。但是这又是一项研究印度哲学的非常重要的基础性建设工作。这些年来我国学者在这方面做了大量的工作，取得了让国际印度学界也瞩目的成就。这些成就主要是关于印度吠檀多派的作品翻译，特别是奥义书的翻译出版意义非常重大。

现存于世的奥义书约有 200 种以上（日文版翻译最多为 116 种），奥义书约在 17 世纪时便从波斯传到西欧开始译为西方文字；但在中国，据说清朝时有个叫刘继庄的人曾翻译了奥义书，但未见版本；又说汤用彤有节译，也未出版。徐梵澄多年来潜心研究和翻译奥义书。早在印度时他就汉译并出版了《伊莎奥义》和《由谁奥义》（1957）。1979 年，他从印度归国，于 1984 年由中国社会科学出版社出版了《五十奥义书》。这是国内第一次出版汉译奥义书。徐先生选译奥义书的篇目为：第一，属《梨俱吠陀》的 2 篇；第二，属《沙摩吠陀》的 3 篇；第三，属《夜柔吠陀》的，其中《黑夜柔吠陀》的 8 篇，《白夜柔吠陀》的 3 篇；第四，属《阿闼婆吠陀》的 10 篇，其中如《蛙氏奥义》，还附录有乔荼波陀的《蛙氏奥义颂》；第五，晚期及其他有 24 篇。这 50 篇奥义书内容均为哲学类。徐先生的翻译古朴文雅，并加以大量的注解，具有一定的权威性。2006 年，上海三联书店和华东师范大学出版社联合出版的 16 卷本《徐梵澄文集》，也将《五十奥义书》收入其中。

《圣教论》是吠檀多不二一元论派的祖师乔荼波陀的著作，是对《蛙氏奥义》的注释，又可称为《蛙氏奥义颂》或《乔荼波陀颂》。该书虽然是对奥义书哲学思想的解说，却冲破了前辈思想的框框，吸收了佛教的思想内容，构成了吠檀多不二一元论的基本理论体系。1999 年，巫白慧译释的《圣教论》由商务印书馆作为汉译世界名著出版。译者依据印度梵文经典研究专家月顶论师的精校本，使用中国古典"七言"诗歌的语言形式，并借用了一些佛经用语。在翻译过程中译者还做了大量解说，具有很高的学术研究价值。

《薄伽梵歌》也是印度婆罗门教的一部重要哲学著作，其主要内容是用数论的三德思想来解释吠檀多的哲学本体概念梵我。1989 年，张保胜翻译的《薄伽梵歌》由中国社会科学出版社出版。该译本依据北京民族图书馆收藏的《薄伽梵歌》梵语写本（第 182 号）译出，同时还参照了提拉克、室利·阿罗频多和拉达克里希南这三位印度近代著名哲学家编辑的梵本。

2002 年，孙晶的《印度吠檀多不二论哲学》由东方出版社出版。该书分为上下两编，其中下编是对商羯罗的《示教千则》的汉译和注释。该译作基于日本东京大学前田专学教授整理、于 1973 年由日本北星堂出版的梵本。译者在翻译过程中进行了比较详尽的研究，对每一个偈颂都加以解说。经前田专学考证，《示教千则》是商羯罗真正的独立的哲学著作，而不是一般的经典注释本。以前学术界对商羯罗的思想研究都是依据他的《梵经注》，然而《梵经注》毕竟只是商羯罗对《梵经》的注释，而《梵经》所持哲学观点为不一不异论，与商羯罗的不二一元论的哲学立场是不同的；即使商羯罗在《梵经注》中表达了自己的观点，也必然会受到原典的限制。而判明哪些是原典的思想，哪些是注释者的思想，是很困难的。因此，《示教千则》尽管并非商羯罗的一部大作，但它却可以说是商羯罗哲学思想自由发挥的经典。研究《示教千则》对于人们了解商羯罗的真实哲学思想，以及在研究商羯罗其他注释性著作时，判明原著和注释者的不同立场，深入了解商羯罗思想是如何继承吠檀多的传统，又是如何加以发展创造的，具有很大的学术价值。

姚卫群的译著《古印度六派哲学经典》于 2003 年由商务印书馆出版。该书将印度正统派的主要哲学经典译为中文，并适当加以注解。例如，该书翻译收录有《梵经》，并同时收录了部分商羯罗的注解，以及罗摩奴阇和摩陀婆的注解。在附录中还收录了汉译佛经中的《金七十论》和《胜宗十句义论》。但遗憾的是，该书对《梵经》的商羯罗的注解只是节译，并不完整。

（四）佛教哲学研究

吕澂的《印度佛学源流略讲》（1978）和《中国佛学源流略讲》（1979）是中国最重要的佛学书籍之一，书中对印度和中国的佛学的传译、典籍、师说、宗派、思想渊源和传播地区等都作了全面系统的解说。

严北溟的《中国佛教哲学简史》（1986）是一本比较全面的论述佛教哲学的专著，著者把"空"作为佛教哲学的核心，概述了从佛陀释迦牟尼的原始佛教思想到中国宋明理学的佛教思想影响，反映了佛教哲学的一般特点。

方立天的著作《佛教哲学》（中国人民大学出版社1986）着重从佛教的宇宙本体观、认识论等方面入手，强调佛教哲学是重在人生，是一种宗教人生观。方立天的另一部《中国佛教哲学要义》（中国人民大学出版社2003年版），以中国哲学史发展的脉络来解读佛教哲学的发展，全书分五大部分：总论、人生论、心性论、宇宙论、实践论。

高扬的论文《原始佛教的哲学和辩证法思想》（《东方哲学研究》，1987年第2期）认为，原始佛教的学说中包含了许多深刻的辩证法思想，他结合无常、无我、缘起等理论进行了分析。巫白慧的论文《论佛教的两点哲学概括——断常两见》（《印度宗教与中国佛教》，中国社会科学出版社，《南亚研究》杂志增刊，1988）指出，佛教哲学家把佛教之外的一切观点都归纳为两种基本的观点：断见和常见。佛教对它们都持批判态度。江亦丽有论文《有部哲学思想初探》（《东方哲学思想》，1987年第3期）对印度佛教说一切有部的哲学思想作出了分析，认为说一切有部并不持唯物论派的观点。孙晶的论文《佛教缘起论辩析》（《场与有》，中国社会科学出版社1994年版）主要将佛教的缘起思想与印度的因果思想作比较研究。方广錩的《佛藏源流》（1992）主要研究各国大藏经的传承和发展情况。

洪修平的《禅宗思想的形成和发展》（1992）从哲学史的角度简述禅宗。潘桂明的《佛教禅宗百问》（1989）是一本很好的普及性的读物。著名僧人正果法师的《禅宗大意》（1986）系统地介绍了禅宗的理论和修行实践。

姚卫群的新作《佛学概论》（宗教文化出版社2003年版），其特点是它并不以史为主，而是主要论述佛学的问题，包括佛教与婆罗门教的理论上的关系。

周贵华的著作《唯心与了别》（中国社会科学出版社 2004 年版）主要论述了印度佛教瑜伽行派的根本唯识学三大师弥勒、无著、世亲所著述的唯识思想，该书试图重新诠释印度佛教唯识学。它在论述方法上突破中国传统唯识学的研究方式，在进行梵文、藏文、汉文文献对比研究的基础上，结合语言学、文献学等研究方法进行研究。该书还将印度佛教唯识学分为有为依唯识学和无为依唯识学，并以此二范式观照唯识思想。

二　韩国哲学部分

（一）辞典类

1980 年 7 月出版的《辞海·哲学分册》收录了有关朝鲜哲学条目 22 条。其中，1 条为学派介绍，其余皆为人物介绍。不过，选取的人物和学派（"实学派"）都集中在朝鲜朝时期的学术流派和哲学家，主要是以朝鲜朝的性理学家们为主。

1987 年 10 月出版的《中国大百科全书·哲学卷》收录了有关韩国哲学条目 33 条。其中，包括了元晓、义湘、义天等韩国佛教史上的著名僧人。而且，该书还首次设"朝鲜哲学史"条目，分古朝鲜哲学、三国时期哲学、高丽时期哲学、李朝时期哲学、18 世纪 70 年代以后的哲学等 5 个部分来概述了韩国哲学思想的发展过程。

此后，由上海辞书出版社出版的《哲学大辞典》（1992 年 10 月），则把有关韩国哲学条目增加至 46 条，并将最能反映韩国性理学特色的"四端七情理气论辩"和重要哲学家的代表作也进行了介绍①。

需要指出的是，以上三本辞书中的韩国哲学条目主要由延边大学朝鲜问题研究所朝鲜哲学研究室的朱红星、李洪淳、朱七星等人参与撰写。

（二）哲学史研究

改革开放后我国学者对韩国哲学的研究始于对"朝鲜之朱子"——李退溪（1501—1570）的研究。我国李退溪哲学研究先驱者为中国人民大学教授张立文先生。1989 年 10 月第十一届退溪学国际学术会议在中国人民大学召开，这是在中国举行的第一次退溪学国际会议。开会前夕张立文先生主编出

---

① 该辞典正式出版时间为 1992 年 10 月。但是，该辞典从 1980 年开始编纂，1989 年出版各分卷，到 1991 年 8 月已完成对文稿的增删修改，汇编合订工作。（参见《哲学大辞典》前言）故把该辞典成果纳入这一阶段来介绍。

版了《退溪书节要》（中国人民大学出版社1989年9月）。在该书的前言部分，张立文先生写道："吾人编纂《退溪书节要》的宗旨：一是便于完整系统地认识、把握退溪思想的精髓，以消除对退溪的误解和偏见。穷究退溪思想的旨趣，无疑需要掌握退溪的全部思想资料，即使这样做了，也不一定能无差别地体认李退溪思想之深意。这就需要有一本入门书以起导向作用。二是易于教授和传播。退溪的奏折、札子、文章、书信，均系古汉语，而非现代汉语，对于现代中国人来说，能读懂文言文，而又领会其意思的人，可谓寥若晨星，一般研究者亦不克其含义，而需借助于注释。这对以其他文字语言为母体的学者来说，其困难更显而易见。《退溪书节要》以其易简，注释，有助于读懂退溪文章，使读者渐觉其言之有味，其意之无穷。三是利于探索退溪学与新儒学的现代意义。"①文中，他还用较长的篇幅对退溪哲学的逻辑结构和理论特点作了系统的介绍。此文作为退溪学的入门读物，译成韩文后单独成册在韩国出版。《退溪书节要》是我国学者对退溪学的普及与国际退溪学发展作出的重要贡献。

随后，我国学者还翻译出版了日本著名学者筑波大学高桥进教授的代表作《李退溪和主敬哲学》（王根生等译，延边人民出版社1991年版），有力地推动了正在兴起的国内退溪学研究。

1989年8月，朱红星、李洪淳、朱七星合著的《朝鲜哲学思想史》一书由延边人民出版社正式出版。该书是为了满足攻读韩国哲学史专业的研究生的教学工作需要而编写，是我国出版的第一部韩国哲学思想史方面的专著。该书以韩国和朝鲜出版的同类书为参考书，从中国学者的角度对韩国哲学思想进行了一番梳理。全书由绪论、后记和正文组成。正文分为7个章节，具体章节内容为：第一章 朝鲜古代奴隶制社会的哲学；第二章 三国及统一新罗时期的哲学；第三章 朝鲜高丽时期哲学思想；第四章 高丽末李朝初期哲学思想；第五章 李朝前半期的哲学思想；第六章 李朝后半期的哲学思想；第七章 朝鲜近代哲学思想等7个部分组成，比较完整地勾勒出了韩国哲学思想史的发展脉络。该书的问世"对朝鲜哲学思想史的研究具有开拓性的意义"（《中国哲学年鉴》1990年，"朝鲜哲学思想史研究概况"），在国内外得到了较好的评价。1993年韩国艺文书院还把此书译成韩文，在韩国出版发行。

---

① 张立文：《退溪书节要》，中国人民大学出版社1989年版，第5页。

张立文、李甦平主编的《中外儒学比较研究》（东方出版社 1998 年 6 月）和徐远和的《儒学与东方文化》（人民出版社 1995 年 12 月）等著作中，都用相当多的篇幅介绍了韩国的儒学思想。尤其是，朝鲜朝时期的性理学学说。2003 年 6 月北京大学出版社出版了韩国 16 世纪著名思想家李栗谷哲学研究专著——张敏的《立言垂教——李珥哲学精神》。

还有，吴震的《郑齐斗思想绪论》（载《复旦大学韩国学研究论丛》第十二辑，中国社会科学出版社 2006 年版），李甦平的《从韩国霞谷阳明学的发展看儒学的生命力》（载《儒家思想在现代东亚》，台湾中研院 2001 年版）、《论郑霞谷的阳明学思想》（载《阳明学衡》第二辑，贵州人民出版社 2007 年版）等论文是此一阶段在韩国阳明学研究方面所取得的重要成果。

在朝鲜朝实学研究方面葛荣晋主编的《韩国实学思想史》（首都师范大学出版社 2002 年版）是在中国第一部以哲学角度系统研究韩国实学思想的专著。本书共分 21 章，主要内容包括导论、李退溪性理学中的实学思想、南冥性理学体系中的实学思想、李栗谷的性理学与实学思想以及崔汉绮、南秉哲的实学思想，等等。姜日天著的《朝鲜朝后期北学派实学思想研究》则作为一个学派思想研究，于 1999 年 11 月由民族出版社出版。

在韩国儒学研究方面我国学者取得了引人注目的研究成果，开始出现带有总结性质的标志性研究成果。这里要重点推介的是，李甦平教授主持并完成的国家哲学社会科学规划项目——《韩国儒学史》研究。作为该课题研究的最终结项成果，同名专著《韩国儒学史》2008 年由人民出版社出版。该书是由中国学者撰写的第一部对韩国儒学发展史进行系统介绍的专著。按着韩国社会发展的历史进程，该书分为"统一新罗前后时期的儒学"、"高丽儒学"、"朝鲜前期儒学"、"朝鲜后期儒学"、"近代儒学"等五章，分别对郑梦周、权近、李退溪、李栗谷、郑霞谷、宋时烈、洪大容、丁茶山、朴殷植等重要性理学者的学术思想进行了论述，并将"四端七情"论和"湖洛争论"的有关资料作了说明，以供对此有研究兴趣的学者为研究参考对象。

此外还有 100 多篇论文发表，内容涉及儒学、佛教、道学、阳明学、汉学、实学、东学等①。其中主要成果有朱红星的《试论元晓得佛教哲

---

① 参阅朱七星：《中国的韩国哲学研究概况及其特点》，载《当代韩国》1995 年第 2 期。

学——"一心论"》（载《东方哲学研究》1980 年）、朱七星的《论朴趾源的哲学思想》（载《哲学研究》1981 年第 7 期）、谢宝森的《朝鲜实学大师李瀷的哲学思想初探》（载《浙江学刊》1982 年第 3 期）、张克伟的《郑霞谷与朝鲜阳明学》（载《晋阳学刊》1991 年第 1 期）、魏长海的《朴殷植的儒教求新论与阳明学思想》（载《延边大学学报》1991 年第 4 期）等。

（三）韩国佛教研究

韩国统一新罗时期和高丽王朝受唐代文化之影响，以佛教为国教。因此对韩国佛教的研究亦是中国韩国哲学研究的主要课题之一。1997 年和 1999 年宗教文化出版社分别出版了何劲松的《韩国佛教史》上下册。全书共分 15 章，从佛教的初传开始一直写到近代的韩国佛教。其间还专设元晓、义湘、知讷、休静等章节，对其思想进行了重点介绍。全书详略得当，较好地论述了韩国佛教的发展历史过程。这是一部从中国人的视角探索韩国佛教的尝试之作。它的问世将会为后人的进一步探索提供有益的借鉴。

2006 年 8 月宗教文化出版社推出陈景富的《中韩佛教关系一千年》。该书主要叙述了中国与韩国两国佛教界在一千年长的时间里交往的历史。上起公元 4 世纪前半叶，下迄 14 世纪中后期。该书的特点是对中韩佛教交流过程中的"双向性"及"互补性"问题给予了相当的关注，且在此问题的研究上亦有突破。1998 年 10 月杭州大学出版社出版了鲍志成的《高丽寺与高丽王子》一书，它是一部专门讨论高丽寺的名称、方位、兴废、规模以及义天入宋求法始末等内容的著作。该书出版后受到中韩学界的好评。此外，1993 年 12 月中国社会科学出版社出版过黄有福等著的《中朝佛教文化交流史》。2005 年宗教文化出版社还出版了楼宇烈等编译的《圆佛教教典》。

（四）韩国道教研究

韩国道教研究比起韩国儒学和佛教研究相对落后些。这主要是与道教在韩国哲学史上的影响不及儒学和佛教有关。在韩国亦是，道教研究远不及儒学和佛教研究。尽管如此，我国学者对韩国的道教还是有所论及。

如陈耀庭的《道教在海外》（福建人民出版社 2000 年）一书，用较长的篇幅对道教在韩国的传播与发展情况做了系统介绍。还有，楼宇烈主编的《东方哲学概论》（北京大学出版社 1997 年）也设专门章节介绍了道家思想和道教哲学对朝鲜半岛的影响。重点叙述了三国时期的道家思想和新罗仙派以及高丽科仪道教和李朝昭格殿等。

另外，韩国学者都珖淳的《韩国的道教》（载《道教》第 3 卷，上海古籍出版社 1992 年版）、林采佑的《韩国道教的历史和问题——有关韩国仙道与中国道教问题的探讨》（载《世界宗教研究》1997 年第 2 期）、金得榥的《韩国宗教史》（柳雪峰译，社会科学文献出版社 1992 年版）等论文和著作译成中文在中国发表后，提供了不少朝鲜固有的檀君神话、神仙信仰和道教传人等方面的资料。

（五）古籍注释与译著方面

继推出《退溪书节要》之后，我国学术界在退溪学基础研究方面又完成了一项重大的研究成果。1996 年 2 月四川大学出版社出版了贾顺先主编的《退溪全书今注今译》第八册。该书的第一册于 1992 年 5 月由四川大学出版社出版，之后陆续出版了其他分册。1998 年 6 月四川人民出版社出版了刘伟航著《退溪先生文集考证校补》。这套书的出版推动了退溪学的进一步研究和发展。

这一阶段我国学术界对韩国哲学著作的译介方面也取得了较大的进展。代表性的成果是《韩国哲学史（上·中·下）》的翻译出版。1997 年社会科学文献出版社出版了韩国哲学会集全国的学术力量编写的迄今为止内容最为全面的《韩国哲学史》中文版，使我国学术界首次了解到韩国哲学的全貌。次年，又有两本韩国儒学研究名家的著作翻译出版，即崔根德的《韩国儒学思想研究》（学苑出版社 1998 年版）和尹丝淳的《韩国儒学研究》（新华出版社 1998 年版）。金焕泰的《韩国佛教史概说》（社会科学文献出版社 1993 年）则早在建交初期便已译介到中国。1995 年中国社会科学出版社出版了朱谦之先生翻译的日本学者忽滑谷快天的《韩国禅教史》。近年来又有一批具有较高学术价值的韩文哲学名著翻译出版，如文明互动丛书推出的李正浩的《韩文的创制与易学》（河北人民出版社 2006 年）以及韩国名人名著汉译丛书首批推出的柳承国的《韩国儒学思想研究》（人民出版社 2008 年）、崔英辰的《儒学思想与韩国式的展开》（人民出版社 2008 年）等。

此外，2000 年 1 月山东人民出版社还出版了李甦平主编的《东方思想家评传·韩国卷》。书中收录了元晓、牧隐李穑、圃隐郑梦周、花潭徐敬德、退溪李滉、南冥曹植、高峰奇大升、牛溪成浑、栗谷李珥、霞谷郑齐斗、湛轩洪大容、燕岩朴趾源、楚亭朴齐家、茶山丁若镛、白岩朴殷值等著名思想家，对其生平和思想作了评述。

三　日本哲学部分

在朱谦之的日本哲学史研究引导下，我国的日本哲学史研究在新形势下更加活跃，并取得了可喜的成果。主要有王守华、卞崇道编著《日本哲学史教程》（山东大学出版社 1989 年版）、金熙德著《日本近代哲学史纲》（延边大学出版社 1989 年版）、方昌杰著《日本近代哲学思想史稿》（光明日报出版社 1991 年版）和卞崇道主编《战后日本哲学思想概论》（中央编译出版社 1996 年版。1999 年日本语版）以及黄心川主编的《东方著名哲学家评传·日本卷》（山东人民出版社 2000 年版）卞崇道等主编的《日本近代十大哲学家》（上海人民出版社 1989 年版）、《当代日本哲学家》（社会科学文献出版社 1992 年版）等。

（一）日本哲学通史研究

《日本哲学史教程》在博采中外学者特别是先辈学者朱谦之和刘及辰研究成果的基础上，有一定的创意。首先在体系上，作者将社会历史分期的一般原理与日本的具体历史情况相结合，把日本哲学的发展分为古代（1867 年前）、近代（1868—1945 年）和现代（1945 年后）三个大的断代，体现了历史和逻辑的统一。对于古代哲学，该书以时间为经，思想内容为纬，着重叙述了佛教哲学、儒学哲学和神道哲学。对于朱子学派的哲学，则打破了以往以师承关系来划分学派的方法，而从哲学基本问题上将其划分为两大派别。其次，在研究领域上有所拓展。譬如关于日本固有的神道哲学和战后日本哲学，过去我国学者少有论及，《日本哲学史教程》对之都作了阐释。

在对日本哲学史特点的总体把握上，《日本哲学史教程》认为日本哲学史除了表现出哲学发展史的一般规律外，尚具有独自的特点。即（1）移植的特点。从古到今，日本的哲学几乎都是从外国传入的。在日本哲学的发展史上，佛教思想、儒学、欧洲近代思想和战后来自以美国为首的西方现代思想这四次外来思想的冲击成为日本四次大规模地移植外国哲学的历史，构成了日本哲学史最为明显的特征。(2) 融合、创造的过程。譬如明治初年移植西方哲学伊始，以西方哲学将儒学的"理"改装为"物理之理"和"心理之理"，即是西方哲学与传统儒学思想的融合。经西村茂树、井上圆了、井上哲次郎的佛教、儒学与西方哲学融合，最终产生了独创性的西田哲学。（3）中间类型的特点。如果说欧洲哲学的特点是西方哲学的典型，印度、中国哲学的特点是东方哲学的典型，那么依靠移植东西方哲学而形成、发展起来的日本哲学则具介于两种异质哲学之间的中间类型的特点，由此特征形成了日本哲学既具西方哲学的特点，又具东方哲学的特点，亦即兼容并蓄的优点和多元价值观。另外，该书在占用过去已有资料的基础上，尽可能地利用20世纪七八十年代新版原始资料和日本学者的最新研究论著。因此，该书在一定程度上反映了国内外关于日本哲学研究的新水平和现状。

断代日本哲学史研究，是日本哲学史系统研究的又一重要部分。在整个日本哲学发展的历史中，近代时期是思想内容最为丰富也最具哲学性格的重要阶段。通过对这一时期哲学史的研究，既可溯源而理解日本古代哲学，又可循流而得知日本现代哲学的发展态势。《日本近代哲学思想史稿》是方昌杰于20世纪70年代极其困难的条件下撰写的著作，其特点是在近代日本社会思想发展的大背景中把握日本哲学思想的展开，线索清楚，史料丰富，观点鲜明。同样，《日本近代哲学史纲》则把日本近代哲学置于时代环境之中，对其历史根源、理论来源及其发展、演变的来龙去脉以及各流派的不同历史地位和社会影响，均给予较深刻的揭示。尤为可贵的是，作者紧紧把握住近代日本是东西方思想的交汇点这一突出的历史特征，对西方哲学和日本近代哲学的关系——诸如前者对后者的强烈影响，后者在汲取前者的思想营养的同时，又顽强地保留东方哲学的性格，等等——作了深入的探讨，从而使读者能够从中得到关于日本近代哲学基本特征的清晰认识。

（二）近现代哲学史研究

战后日本哲学史是日本哲学通史中尚未开拓的新领域，《战后日本哲学思想概论》（获得中国社会科学院哲学研究所"2000年优秀科研成果奖"）则是我国学者对战后日本哲学进行集体研究的结晶。该书以战后近50年的日本哲学思想为中心，从哲学流派、哲学各分支学科以及哲学思潮等方面进行整理与分析，概括地描绘了战后日本哲学的总体面貌，为我国哲学界和日本学界了解战后日本哲学思想提供了读本。在该书中，著者把战后50年的日本哲学划分为三个时期：即1945年战败到50年代中期为战后恢复期哲学，50年代中期到70年代初期战后发展期哲学，70年代至今为现代化完成期哲学。在对各个时期哲学作概略评介的基础上，著者提出战后日本哲学发展的总体特征是：战后日本追求"脱亚入欧"这一总方向决定了其哲学界引进和研究西方哲学的根本特征；80 年代日本意图"重返亚洲"的战略目标，又导致思想界重视并开始挖掘和重新评价日本乃至东方的传统思想的现代意义；同时，哲学家的创造性意欲又驱使他们在新的世纪交替时期追求东西思想的融合，努力建构独自的哲学体系。该书于 1996 年出版后，立即引起日本文化界与学术界的关注，并着手翻译成日文，于 1999 年出版了日文版（东京农文协出版社 1999 年 11 月 30 日刊行）。

王青著《日本近世思想概论》（世界知识出版社 2006 年）是我国日本哲学思想研究领域中第一部就日本近世（江户时代）错综复杂的思想史状况进行体系性梳理的著作。作者在充分吸收我国学者的先行研究成果、并参考日本学者的相关成果的基础上扩大了考察范围，突破我国学术界以往只重视日本儒学的片面性，将日本近世儒学、神道与国学、町人和农民的思想、兰学和洋学以及近世佛教等各种哲学思想都纳入到分析的视野之中，将个案剖析与宏观梳理结合起来，可以说比较准确地再现了日本近世哲学思想史的全貌，有助于纠正国内学术界将日本儒学与日本思想等同视之的偏颇。本书不仅是对日本近世哲学和思想的理论研究，同时还可以为非专业人士提供有关日本近世哲学和思想的基础知识，因此还具有很高的实用价值。

（三）日本宗教哲学研究

王守华的《神道哲学刍议》（《日本问题》1988 年第 6 期）是对日本民族思想的中核——神道哲学思想的初步探索。随后，他在《日本哲学史教程》第四章"神道哲学思想"中，又详细地论述了神道思想的形成、各派神道的哲学思想以及神道哲学的理论与特点，认为神道是日本民族原有信仰基础上发展起来的精神行为，在今天的国民生活中仍有很大影响，所以，研究神道思想的发生、发展及其哲学内涵，对研究日本民族意识的发展颇为重要。

作为对神道系统研究的结晶，王守华在日本出版了《日本神道的现代意义》（东京农文协出版社 1997 年版），引起日本学术界和神道界的热烈反响，博得好评。在《战后日本哲学思想概论》第八章"宗教哲学与日本人的宗教意识"中，王守华又对战后 50 年来日本的宗教哲学理论作了介绍，对当代日本人的宗教意识作了分析，指出在现代化业已完成、科技文明高度发达的今日日本，宗教思想依然存在，并对日本人的生活及日本社会的发展产生了影响。

王维先著《日本垂加神道哲学思想研究》（山东人民出版社 2004 年版）以垂加神道与朱熹学说的思想关联为切入点，注重对垂加神道哲学思想的历史渊源及其流变过程作逻辑的分析，并对神道思想的演变作历史的叙述。

范景武著《神道文化与思想研究》（内蒙古人民出版社 2001 年版）彰明了中国大陆思想文化的辐射功能，即显现它在影响日本社会及其文化的过程中所表现出来的文化张力，以及日本社会及其精神土壤在接受外来思想文化影响的过程中所表现出来的文化引力。作者认为，处于中国大陆思想文化"辐射弧"内的日本社会及其思想文化，同时也演绎着独自的发展之路，由此形成和展现了日本民族的世界观、历史观、价值观、社会伦理观和思维方式。神道文化验证了日本文化的固有性和外来性的辩证关系——文化、思想和哲学等精神产品存在着民族性与世界性、地域性与国际性、特殊性与一般性、落后性与先进性、至上性与非至上性、连续性与非连续性等关系；日本民族依赖于自强不息的民族意识、对外来的先进的思想文化的不失时机的开放意识、文化交流过程中不断受到冲击所育成的自觉意识、恪守民族根性和永不言败的排邪意识，缩短了民族文化与外来思想的距离，降低了社会发展和文化建设中的成本，形成了独特的文化形成与发展的模式，这是思想文化的创造与保持的成功之路，也是社会发展与经济建设的成功之因。

牛建科《复古神道哲学思想研究》（齐鲁书社 2005 年版）是迄今为止国内最为系统、全面、详尽的复古神道哲学思想研究专著。资料翔实、可靠，不乏创新之处。本书将复古神道放在日本民族吸收外来文化的大背景下，置于神道发展的历史长河中，纵横地梳理了复古神道思想，阐明了复古神道的理论意义（"神性的提升与神灵观念的完善"）与实践意义（"蕴涵着反体制性因素"）及其与国家神道、教派神道的思想渊源关系，对于我们认识为什么在今天的中日关系中，日本右翼势力会如此猖獗以及对于认识从 20 世纪 80 年代以来的"新兴宗教热"中，为什么"膜拜教团"（CULT，我国译为邪教）的活动会如此猖狂，不无现实意义。

第二节　学术热点

一　印度哲学部分

对吠檀多哲学以及商羯罗的哲学思想研究一直是国内外印度学界的研究热点。

（一）关于研究方法的思考

当今世界印度学界对吠檀多派的最大哲学家商羯罗的研究主要有三种方式：第一，传统的方法；第二，哲学的方法；第三，历史的、文献学的方法。采用第一种方法的，主要是印度教的商羯罗教派的后继传教士们，他们通过宗教求道、传道来理解商羯罗的思想，因此形成了商羯罗的神格化倾向。例如，现代印度教徒的某些教派将商羯罗当成印度教三大神之一的湿婆来崇拜，其主要目的是为了继承和发展商羯罗的宗教学说。第二种研究方法主要是由 19 世纪欧洲的印度学者所使用的，它注重理论探讨和纯哲学的思辨分析，但缺乏精准的对象锁定，忽略社会历史文化背景分析，难以发现不同宗教哲学的独特性。第三种研究方法是由德国的哈克和日本的中村元两人所倡导的。

第一种研究方法比较有利于教派的发展，第二种方法对于思想的研究是很重要的。也有一些欧洲学者如杜依森和提蒲，虽然他们也比较重视文献学的研究，但认为最好能把第二种方法与第三种方法结合起来。由于现代印度教徒将商羯罗神格化为湿婆神，在其身上附加了种种神秘的因素；同时，现在出版的关于商羯罗的文献大多都以商羯罗的观点来代表吠檀多不二一元论的观点，从而模糊了商羯罗前后不二一元论发展的不同情况。因此，运用第三种研究方法，可以排除文献中那些非商羯罗的因素，恢复商羯罗思想的实相；在此基础上，再运用第二种方法对其思想进行哲学分析和探讨，从而能够比较真实地把握商羯罗思想的原貌。在具体研究中，可以从四个方面的问题入手：第一，在号称属于商羯罗的众多著作中，选择和判断真伪，并对其真作做出批判性研究；第二，提炼出商羯罗自己独特的哲学观点；第三，比较研究商羯罗与他前后时代的同派别哲学家的思想异同；第四，分析、研究商羯罗所处的时代背景。

关于上述研究方法，一直为我国研究印度吠檀多哲学的专家所关注。

（二）关于商羯罗思想产生的社会历史背景研究

巫白慧的《圣教论》（商务印书馆 1999 年版）、孙晶的《印度吠檀多不二论哲学》（东方出版社 2002 年版）和龙达瑞的《大梵与自我》（宗教文化出版社 2000 年版）都对商羯罗思想产生的历史背景进行了研究，他们共同认为，商羯罗的哲学思想产生于他的那个时代，具有一种历史必然性。当时佛教已经开始出现衰落，各派信仰纷纷兴起，包括在印度教内部也是同样，争吵不休。在这种情况下，大家都期盼有一种能够对各派理论起到统一调和作用的原则，使大家得到信仰上的安宁。这个原则必须要有广泛的坚固的理论基础，它既能容纳各派理论，使其各得其所，又要能互不伤害，和平相处。

龙达瑞认为，当时商羯罗处于两种文化的结合点上，一是正统派与非正统派，一是婆罗门与沙门，即正好处在印度思想界发生大变化的时期。在吠陀时代，人们很看重"业"（Karma），他们在道德和礼仪的范围内积极地投入人生。到了佛陀的年代，沙门思潮向吠陀权威发起了挑战，它们对宗教生活采取批判态度。实际上，婆罗门与沙门是既相互冲突，又相互融合的。商羯罗正是站在了这一文化的转折点上，在他的思想中，既有对吠陀传统精神的承继，又大量地吸收佛教的思想概念，具有把婆罗门思想与佛教思想进行融合的可能性。

巫白慧的看法是，公元 8 世纪时，佛教开始衰微，向密教发展。而婆罗门开始转为印度教。一方面，佛教在印度北方地区仍然坚守着，抵御着婆罗门教和伊斯兰教的冲击；另一方面，婆罗门教与佛教在神学与哲学上，特别是在密教仪轨方面，相互影响，相互渗透，开始向有利于婆罗门教方面发展。于是，商羯罗可以取吠檀多学说为基础，综合各派学说，从而在自己的学说上获得相当大的发展机会，也可以在各派的纷争中获得了很高的地位，被尊为圣者。孙晶则认为，在商羯罗的思想发展中还应该注意到的一点是，在商羯罗的时代，伊斯兰教在印度沿海地带特别是商羯罗的家乡喀拉拉（Kerala）已经开始渗透。商羯罗就是在这样的文化环境中继承传统文化，形成了他自己的思想理论。商羯罗的吠檀多理论本身就是从吠陀发展而来，而各派理论的始源也是吠陀，于是纷争渐渐平息，使得商羯罗的地位得以确立，后世的思想领袖皆从他那里寻找根据，使得吠檀多哲学流传至今。

（三）关于"梵我"、摩耶理论研究

印度正统派的吠檀多哲学的哲学概念"梵我"的研究一直是研究的热点。巫白慧和孙晶在对商羯罗思想所做的研究中认为，吠檀多哲学将"梵"作为哲学本体概念在理论上进行探求始于《梵经》。《梵经》（1.1，2）说："（梵是）这个（世界）生起的根基。"商羯罗对这一观点持绝对赞成态度，同时还对其做出了新的解释和发展。他认为，梵本身是与一切限定性没有任何关系的，因此不能认为梵有任何的特性，梵既无普遍性又无特殊性（没有形相）。《梵经》虽然规定了梵是世界的质料因，但是梵却并不具有生命的任何特征，因此它也就超越了人类的任何职责和义务。梵本身并无对立和区别，所以它也就要消除现象世界的多样性；就这一点而言，实际上要消除的是人的感官的性质或功能，因为是人们的无明（无知）使他们误认为世界是多种多样的，只要消除人们的误认便能使世界变得清静。一般的事物都要占有一定的空间，即要受到一定的空间的限制，但梵却不受任何空间的限制，梵具有无限性。既然梵为无差别的，那么它自身内部也就不包含任何矛盾和对立；它就是唯一，不二的。梵既然如此，那么它就是整体的，无任何的部分或分有。这些都是梵作为宇宙的纯粹精神、绝对存在者所具有的，又称为"上梵"；另一方面它还是世界产生的根基，是控制一切有情世界的大自在天，是创造或毁灭世界的主宰神，又称为"下梵"。

龙达瑞在《大梵与自我》中提出，对商羯罗的上梵和下梵的理解，要和他关于"摩耶"的思想结合起来理解。商羯罗认为"下梵代表无明和束缚"，理由是下梵是主宰神，神是世界的创造者、保卫者和破坏者，神代表着世界的一切性质，就是现象世界。所以下梵就是无明。梵本身是唯一无二、无分别的，只是一般人以下智来认识梵，发生了偏差，给梵添上了全智、全能等性质，这样就又出现了一个有制限、有差别、为属性所限的梵，称为下梵，在《梵经》中又称为主宰神。之所以下智的人会这么来认识梵，这是因为他们的虚妄认识（无明），或者说，是梵通过摩耶变幻出了现象世界，梵也通过摩耶遮蔽了自己的本来面目，使一般具有下智之人难以认识到这一点。

江亦丽在1997年由台湾东大图书公司出版的《商羯罗》一书中也提到，商羯罗的梵是绝对的实在，摩耶是梵本身具有的一种创造力量，正是通过摩耶，自在清静的梵变化为纷繁复杂的现象世界。那么，摩耶是如何变化出现象世界的呢？江亦丽认为，商羯罗借用了数论的"三德"（三种属性）来解释摩耶。"罗阇"的特性是具有投射能力；"萨埵"是纯洁无瑕的，能显现梵和阿特曼的真实面目；"忧暗"有遮蔽事物真性的能力。因此，摩耶具有两种功能：一是遮蔽功能，遮蔽事物的真实面目和本性；二是投射功能，把幻象投射到真实的事物上。

通过这些学者的研究可以看出，商羯罗实际上把数论的自性变成了摩耶，使摩耶取代了物质性的自性，成为了一种客观性的原则。这种观点并非商羯罗的原创，在奥义书中便可发现它的源头。《白骡奥义》中说，自性就是摩耶，大自在天是摩耶的主宰。在《薄伽梵歌》中，摩耶也指由三德构成的自性。商羯罗吸收了这些观点并做了发挥。

在商羯罗的著作中，无明和摩耶有着紧密联系，基本上被作为同义使用。对两者的关系，江亦丽认为，一般说来，摩耶和无明是一个事物的两个方面，分别代表了一种根本经验事实的客观和主观的方面。商羯罗用摩耶一词指世间万物的虚幻性，用无明一词指愚痴者的主观经验或认识。这种主观经验无法认识梵我同一的本质，认为二者是不同的，并把个我与最高我之间的差异夸大，因此可以说，个人的摩耶就是无明。商羯罗在使用这两个概念时也有不同，在探讨个体灵魂时使用无明的概念，在探讨宇宙万物时使用摩耶的概念，因此，摩耶具有本体论的意义，是客观性的概念，是指宇宙幻象。无明具有认识论上的意义，是主观性的概念，是主体的迷妄经验。商羯罗认为，无明是一种精神状态，它不会凭空发生，必须以个人作为主体。正是由于无明，人们无法认识梵我同一的真理。

（四）后期吠檀多派研究

这方面的研究主要集中在持"制限不二论"的罗摩奴阇。主要论文有：孙晶发表在《东方论坛》1994 年第 1 期的《印度中世纪罗摩奴阇思想研究》，江亦丽发表在《南亚研究》1992 年第 3 期的《中世纪信爱运动的大师——罗摩奴阇》，这两篇论文主要对罗摩奴阇所热心的"信爱"运动进行评介，同时将他的思想与商羯罗的思想进行比较研究。孙晶指出，罗摩奴阇的哲学体系与商羯罗的体系不同。从两者产生的社会基础来看，商羯罗维护上层阶级的利益，说教的对象是婆罗门智者。罗摩奴阇是民众的朋友，他宣传的是有神论的吠檀多哲学，正好迎合了当时民众宗教信仰的需要，同时他还组建了毗湿奴教派。因此，他的哲学的立足点是区别于商羯罗的。另外，两人对梵的描述也不相同。商羯罗对梵进行抽象的描述，将之作为一种宇宙精神或者根本原理；罗摩奴阇则认为，梵实际上就是具有无数美德的毗湿奴神，这一神格化的梵是全智、全能的，并无处不在。毗湿奴是一切的创造者、维持者和毁灭者，也是一切有情的主宰者、控制者和赏罚者。世界上的各种现象无一不是梵的化身。因此，罗摩奴阇对梵的描述完全是站在有神论的立场上的，它是一个具有无限力量的神，直接和现象界发生着关系。

（五）现代新吠檀多主义研究

巫白慧在《印度哲学》中指出，"新吠檀多主义"是现代印度意识形态领域中最主要的哲学思潮。它是吠檀多哲学在现代的条件下，沿着近代特别是由辨喜所开辟的路线而构成的新形态。它的主要特点为：它把理论（智弥曼差）和实践（业弥曼差）更加紧密地结合起来，强调在内心直觉上下工夫，求得对绝对之梵的亲证。"新吠檀多主义"在继承传统思想理论的基础上，吸收先进的科学思想和西方各国的哲学思想，结合印度现代社会的特点，赋予吠檀多新解释，使其在印度思想界继续保持主导地位。新吠檀多主义的最主要代表人物是奥罗宾多高士（1872—1950）和拉达克里希南（1888—1975）。

朱明忠在1997年由台湾东大图书公司出版的《奥罗宾多高士》中认为，奥罗宾多高士的理论称为"完全不二一元论"。作者以此为中心对奥罗宾多高士的思想做了全面论述，特别对他的"精神进化论"或"整体吠檀多"思想进行了批判性分析。奥罗宾多高士认为，在物质与精神的关系上，无论唯心论或唯物论都是片面的，它们都是只强调一方，而否定另一方。因此，要把精神和物质都统一起来，他的"精神进化论"就是从纯精神出发，由纯精神转化为物质，再由物质转化为纯精神。梵是"纯粹存在"，它也是"意识—力"，还是"喜"，梵是这三位一体之物。在自然产生之前，就是梵这一"纯粹精神"存在。朱明忠认为，如果奥罗宾多高士的理论到此为止，那就与古代的吠檀多理论没有多大的区别，但是并非如此。奥罗宾多高士认为，梵会把"意识"和"力量"结合在一起，这种结合就构成了精神进化哲学的基础。在他看来，假如只有意识，没有力，那么梵也必然是静止不动的；相反，如果只有力，而没有意识，那么梵就是盲目的力，它创造的世界肯定是一片混乱。正因为梵是有意识的力，所以它所创造的世界才是和谐的。

宫静在1996年由台湾东大图书公司出版的《拉达克里希南》中，通过对拉达克里希南哲学与吠檀多不二一元论的关系的分析，对拉达克里希南的神秘主义的直觉论进行了详细的论述。拉达克里希南哲学的根基是吠檀多不二一元论，但是，他在新形式下更加强调其实践性、科学性和人的能动性。宫静认为，拉达克里希南的梵可以与西方的托马斯·阿奎那的上帝等同，他把上帝称为存在（Being）或实在（Esse），既简洁又单纯；在黑格尔那里就是"绝对"。在拉达克里希南看来，梵与它们一样，都是宇宙实体的不同名称和表现，其本质相同。在拉达克里希南看来，神的存在是一种经验的事实，"梵我同一"的原理也是一种个我领悟的真理。这一切体验和领悟都是真实的，并且只能借助直觉才能完成，因此，神秘主义的直觉论就是拉达克里希南哲学认识论的核心。

二　韩国哲学部分

韩国传统文化研究一直是中国韩国学研究的一个重要领域。近三十年来中国学者对这一领域的诸多问题都进行了多层次、多方位的深入研究。

在韩国传统哲学思想研究方面，退溪学研究首先成为中国韩国哲学研究领域的学术热点。学者们不仅撰写了大量的相关研究论文，而且还出版了多部专著。如已发表的具有代表性的论文有：陈来的《略论朝鲜李朝儒子李退溪与奇大升的性情理气之辩》（载《北京大学学报》1985 年第 3 期）、赵宗正的《试论退溪学的特点》（载《文史哲》1985 年第 6 期）、蒙培元的《朱学的演变和李退溪哲学》（载《浙江学刊》1986 年第 1 期）、辛冠洁的《论李退溪的心学思想》（载《浙江学刊》1986 年第 1 期）、杨宪邦的《论退溪学的体用观》（载《社会科学战线》1987 年第 1 期）、李锦全的《论退溪人生哲学在儒学中的历史地位》（载《天津社会科学》1990 年第 1 期）等。出版的著作有：谢宝森的《李退溪与朝鲜朱子学》（团结出版社 1992 年版）、张立文的《李退溪思想研究》（东方出版社1997 年版）、周月琴的《退溪哲学思想研究》（杭州出版社 1997 年版）、高令印的《李退溪与东方文化》（厦门大学出版社 2002 年版）等。此外，《退溪学在儒学中的地位——第十一届退溪学国际学术会议论文集》也于1993 年由中国人民大学出版社出版。这些成果的问世，都大大推动了国内退溪学的研究。在这些成果中张立文先生的《李退溪思想研究》是一部凝聚作者十多年努力和心血的国内第一部系统研究退溪哲学思想的退溪学研究力作，具有重要的开拓性意义。因此受到国际退溪学界的高度重视。

　　张立文先生的退溪学研究始于 1982 年，撰写《朱子与退溪易学思想比较研究》一文开始。此后到 1997 年年底出版该书为止，他对李退溪哲学思想进行了系统而深入的研究。《李退溪思想研究》一书共分为 14 章。第一章为绪论，主要是从宏观的角度对韩国性理学的内涵和历史演变以及对其理论特色进行了概要性的论述。同时，还涉及中韩性理学之间的差异和二者的互动关系。第二章至第十四章分别对其太极说、理气说、四端七情说、心性说、格致说、易学思想、理数思维、价值观、人心道心说、居敬涵养说、教育思想、为学方法等问题，进行了深刻而精到的分析。张先生的退溪学研究特色在于通过对退溪哲学的核心概念和范畴的探讨，来展现继承和发展朱熹哲学思想的退溪哲学的逻辑结构。而且，从"和合"和"东亚文化"视角审视和关照退溪思想是张先生退溪学研究的又一特色。

　　1995 年社会科学文献出版社出版了时任韩国驻华大使黄秉泰的《儒学与现代化》中文版。儒学与韩国现代化问题也因此成为了国内韩国哲学界热衷于讨论的学术热点，此后此一问题还与"儒教资本主义"（"儒教假说"）讨论相联系，成为了从文化的视角研究东亚"奇迹"的重要话题。此一时期出版的《中外儒学比较研究》（张立文、李甦平主编，人民出版社 1998 年版）、《现代东方哲学》（黄心川主编，浙江人民出版社 1998 年版）、《君子国的智慧——韩国哲学与 21 世纪》（姜日天等著，华东师范大学出版社 2001 年版）、《当代东方儒学》（刘宗贤 蔡德贵主编，人民出版社 2003 年版）等著作均讨论过此一问题。学者们指出：儒家文化给韩国以巨大的影响，这种影响不是随时代的发展而淡薄，而是随着现代化进程的深入发展越来越在新的层次上深刻地表现出来。儒学在韩国现代化过程中始终产生了深刻的影响，在现代化的总体进程中，它的影响基本是以不自觉地历史认同的形式存在着。然而，随着后工业社会的加速到来，西方现代的思想和社会结构正面临重大的转折，从个性解放到群体和谐，从理性的物性到感性的人性的反顾正在开始，面对这种新的转折，韩国人更加自觉地意识到了儒家文化的价值，越来越多的人起来呼吁儒学的现代倡明。[①] 这一问题的研究无论其结论成立与否，无疑拓宽了哲学研究的视野。这对文化传统与现代化的关系问题以及现代化道路的选择问题的研究都大有助益。

---

① 张立文、李甦平主编：《中外儒学比较研究》，人民出版社 1998 年版，第 191 页。

三　日本哲学部分

(一)　江户思想研究

江户时代是日本思想成熟的时代，也是日本有创意的思想家辈出的时代，江户思想研究也就成为我国日本哲学研究的一个热点。

王中田的《江户时代日本儒学研究》(中国社会科学出版社 1994 年版)从断代思想史的角度研究了江户时代日本儒学的发展过程，儒学对武士、町人阶层的影响，儒学与国学、洋学之间的矛盾冲突及与日本近代化的关系。首先，作者以丰富、翔实的史料，描绘了日本儒学的发展轨迹，论述了其不同于中国儒学的独自特点。然后，就儒学与日本社会、思想文化之关系中的一些重要问题展开剖析，其中不乏创见。

安藤昌益是 18 世纪日本封建社会杰出的唯物主义哲学家，也是我国许多学者关注和研究的对象，在 80 年代众多研究的基础上，1992 年为纪念安藤昌益逝世 230 周年，于山东大学召开了"中日安藤昌益学术研讨会"，出版了会议论文集《安藤昌益·现代·中国》(山东人民出版社 1993 年版)。该书通过对安藤昌益思想的全面研究，表明昌益思想在今天仍然具有重要的理论价值和现实意义。

石田梅岩是江户时代又一特异的思想家，李甦平的《石田梅岩》(台湾东大图书公司 1998 年版)是我国学者研究梅岩思想的第一本著作。该书通过对石门心学创始人石田梅岩的"学问的生命"和"生命的学问"的探索，揭示了石门心学不仅对日本社会发展产生了重要作用，而且以其独特的魅力，成为东亚心学的一枝奇葩，以至在面向 21 世纪的今天，它仍然具有现代意义。

王青著《日本近世儒学家荻生徂徕研究》(上海古籍出版社 2005 年版)是我国学者对 17 世纪后期到 18 世纪前期日本学术史上极为重要的学者荻生徂徕首次进行较为系统的学术解析的专门性著作。日本著名政治思想史学家丸山真男在他的经典著作《日本政治思想史研究》一书中将徂徕学评价为近世日本摆脱"封建的"中国思想文化的影响，内驱地产生了近代思维方式"萌芽"的一个重要标志。而我国日本哲学思想研究界自朱谦之先生的《日本哲学史》以来对日本近世思想特别是徂徕学的普遍评价基本沿袭了丸山真男的以上观点，缺乏中国学者的独特视角和独立见解。本书以徂徕学与中国思想的渊源关系入题，通过对大量的第一手原典资料的分析解读，辨析阐明了中国儒学和日本儒学在观念与价值上的异同以及日本朱子学在日本近世意识形态中的真实的地位和价值等复杂的学术思想关系，由此揭穿了丸山真男构筑起来的"徂徕学虚象"，并进一步揭示出这种"虚象"的意识特征的本质是从近代主义等于脱亚论和日本中心主义角度出发得出的儒学观。本书的学术观点受到日本哲学思想研究领域中日学者的高度关注。

刘金才的《町人伦理思想研究》（北京大学出版社2001年版）则独辟蹊径，从伦理思想史的角度阐明了日本近世町人（工、商）阶级的伦理思想与近代日本社会的发展之间的内在联系，提出了富有创造性的观点。该书详细论述了江户时代町人发展的五个阶段，即萌生阶段、形成阶段、成熟阶段、发展阶段以及与近代契合阶段，考察了町人阶级及其伦理思想从萌芽、发展到消融在近代之中的历史轨迹，从史实和理论两方面探讨了町人及其价值伦理在日本向近代转型过程中所发挥的重大历史作用。该论著采取"将哲学的方法与历史的方法相结合"的论述方法，广泛借鉴了伦理学、历史学、社会文化学的理论，材料翔实，史论结合，逻辑严谨。

韩东育的《日本近世新法家研究》（中华书局2003年版）从思想史的角度为中国儒学研究提供了一个新视角。日本近世徂徕派之经世一系，其突出特征便是对盛行于江户时代的"朱子学"之"心性之学"展开了激烈抨击，而抨击的结果，便是"脱儒入法"思想的全面展开以及"日本近世新法家"的最终形成。韩东育针对中国大陆学界往往习惯于将前近代日本进行的一场轰轰烈烈、波澜壮阔的思想运动视为"儒家资本主义"理论的建构与展开，明确指出：一、日本经济的发展和腾飞，与儒家伦理没有本质上的关联，因为不仅儒家伦理在日本近世就遭到了摧毁性的批判，而且在近现代发展过程中，中国的道德伦理在日本也从未得以接受；二、作为生命力之根本凭依的"建制化"前提已经消失的儒家学说，不知其内核如何在道德层面去配合新的建制而又不违文化的整体性原则；三、与儒家学说在日本遭到徂徕派"新法家"思想抨击从而使日本顺利走上资本主义道路不同，中国近代面临亡国灭种危机的关键时刻，改革志士们选择了最不实用的儒教甚至佛教而不是"富国强兵"的法家思想，它奠定了中日两国近现代差异的深层基础；四、正向着现代化这一唯一目标作急行军的当代中国，应该以史为鉴，以理性、务实的态度改变中国的各种陋习和弊端，逐步缩小与先进发达国家的差距。而这一切，均是以"心性之学"为宗的现代新儒家的理论盲点所在。

　　（二）明治哲学研究

　　明治维新成功之后，新政府为建立资产阶级国家体制而实施文明开化政策，全面导入西方思想与文化，在理解、介绍与移植西方哲学的过程中，逐渐形成了明治哲学，尤为我国学者所关注，其研究成果亦多。早在1984 年出版的《外国哲学史研究集刊》第 6 集《东方哲学研究》（上海人民出版社）专辑中，就收入明治哲学研究论文 6 篇；随后，作为中日共同研究之成果，由卞崇道、铃木正共编的《日本近代十大哲学家》（上海人民出版社 1989 年版）出版，书中收入关于西周、津田真道、福泽谕吉、中江兆民和西田几多郎的研究论文。90 年代，毕小辉的专论《中江兆民》问世（台湾东大图书公司 1998 年版），为本世纪我国的明治哲学研究画上圆满句号。

　　在明治哲学研究中，我国学者尤其倾力于明治启蒙哲学研究，其方式，一是对代表性的启蒙思想家进行个案研究，二是对启蒙思想进行综合性研究。关于前者，比较集中的研究对象是西周和福泽谕吉。福泽谕吉是日本最有影响的启蒙思想家，我国学者从哲学、思想、历史、政治、社会、教育、文化等多学科的角度研究福泽思想，成果颇丰，观点多歧，恕不详书。

　　明治哲学研究中另一热点是关于中江兆民哲学的研究。中江兆民以日本传统唯物论为基础，吸取近代西方唯物论思想，建构了被称为"中江主义"的唯物主义哲学体系，既把明治唯物主义无神论哲学推向顶峰，又为日本马克思主义哲学的形成奠定了基础。毕小辉在其专著《中江兆民》中指出兆民在哲学著作（《续一年有半》）中，确立了唯物主义无神论的立场，正确地回答了当时哲学界提出的各种主要的哲学问题，批判揭露了形形色色的宗教神学和唯心主义，特别是批判了打着科学哲学幌子的、极为虚伪狡猾的实证主义哲学，在日本建立了第一个近代唯物主义无神论哲学体系的骨架和轮廓，并且在其中闪烁出许多可贵的思想火花，在日本哲学史上写下了光辉的一页，可称为明治时期唯物主义无神论哲学的一个顶峰。

　　卞崇道、王青主编的《明治哲学与文化》（中国社会科学出版社 2005年版）选取了日本近代启蒙思想家西周和福泽谕吉、融合东西方哲学的井上哲次郎和井上圆了、宣扬介绍社会主义学说的幸德秋水、被誉为"东洋的卢梭"的日本民权主义者中江兆民、日本近代文艺学理论的先驱夏目漱石、日本近代美学的创立者森鸥外、试图通过构建日本独特的美学理论来与西方的价值观相抗衡的北村透谷等十五位著名的日本近代哲学家和思想家的代表性原典文本，进行了翻译和解读，该书不仅有助于国内日本哲学研究者们深入了解日本近代哲学的性质和特点，而且可以为有志于从事日本哲学思想文化研究的学生和其他人士提供文本资料，因此本书具有很高的应用价值。

（三）马克思主义哲学在日本的传播与展开的研究

研究的重点，一是日本马克思主义哲学传播史，二是关于河上肇、永田广志和户坂润的研究。关于前者，比较成熟的研究成果是《马克思主义哲学史》第 8 卷（易克信、吴仕康主编，北京出版社 1996 年版）第 10 章"马克思主义哲学在日本"（卞崇道撰写），该文既描绘了社会主义思想和马克思主义哲学在日本传播与展开的百年历史的轨迹，又重点评介了当代日本马克思主义哲学研究中重大的理论争论和理论探讨，如关于主体唯物论、实践唯物论、人学唯物论的争论与探讨，关于辩证唯物主义、历史唯物主义以及现代伦理学的理论探讨，关于对非马克思主义思潮的分析与批判等，从而使人们从史与论的结合上得以了解日本马克思主义哲学的概貌。关于后者，研究论文较多，作为其代表是《著名马克思主义哲学家评传》第 4 卷（山东人民出版社 1991 年版）中所收"河上肇"（卞崇道撰）、"永田广志"（王守华撰）和"户坂润"（刘及辰撰），另外还有贾纯的《河上肇与唯物史观》（《外国问题研究》连载 1984、1985 年）等。

（四）日本现代化的哲学研究

20 世纪 80 年代以来，我国学界从多学科的视角对日本现代化进行了广泛而深刻的研究，其中，探讨日本现代化的精神文化动因，则成为我国日本哲学研究者的一个重要课题。王家骅的《儒家思想与日本的现代化》（浙江人民出版社 1995 年版）和日文专著《日本的近代化与儒学》（东京农文协出版社 1998 年版），是对这一课题进行长期研究的力作。著者从理论层面和社会生活层面对儒学在近现代日本社会中所起作用进行了深刻分析，认为日本儒学具有封建保守性和近代性这样的二重性格，这一性格与日本现代化的二重性格正相适应，即儒学的近代性成为日本现代化的精神文化动因之一。

卞崇道在《现代日本哲学与文化》（吉林人民出版社 1996 年版）一书

中，提出日本现代化模式的独自特征，就在于它突破了欧美现代化的现成模式，也就是打破了西方文化价值中心主义的神话，创造了具有日本民族文化特色的综合型现代化模式。日本之所以能够创造出不同于欧美现代化的独特模式，其原因是复杂多样的，而最具日本特色的要素莫过于"脱亚入欧"。实际上，日本资本主义精神不是"脱亚入欧"的产物，也不是日本传统思想在现代的翻版，而是东西文化融合所产生的独特的现代日本的民族精神。

卞崇道著《日本哲学与现代化》（沈阳出版社 2003 年版）搜集、整理了大量丰富的历史和哲学文献资料，对近百年来日本哲学思想的发展与日本现代化进程之间的互动关系进行了系统的阐述，指出日本现代化哲学的发展受制于日本社会、经济现代化的发展，同时又对日本的现代化提供了精神的驱动力。作者着重分析了明治时期、昭和前期和战后的各种哲学思潮，指出其兴起、发展和曲折的过程，从日本哲学与传统儒学和外来的西学等的关系中揭示出了日本现代化的模式和主要特征"东西方文化融合论"，认为日本资本主义不是全盘西化的产物，也不是传统思想的现代翻版，而是东西方融合所产生的独特的现代日本民族性精神。这个概括不仅切合日本现代社会发展的事实，也符合日本近现代哲学发展的规律。

张玉柯、李甦平等著《和魂新思：日本哲学与 21 世纪》（华东师范大学出版社 2001 年版）主张东亚无论从地缘政治上看，还是从哲学思想上看，都是一个充满着多元冲突融合的地区。这个地区由于其历史—现实的特殊性，既存在着东亚的文化，亦存在着文化的东亚。作为东亚文化和文化东亚的核心的东亚哲学和哲学的东亚，两者的所指既同又异：同是指其哲学和合体；异是指其各有侧重点。从作为哲学和合体的东亚而言，传统上是以华夏文明为中心融突和合而构成的，具有一定程度上的哲学共通性和哲学精神的共识性。

第三节　理论研究的突破与创新

一　印度哲学部分

（一）关于吠檀多哲学的思想渊源

"吠檀多"一词是梵文 VedAnta 的音译，意思为"吠陀的末分"。吠檀多哲学起源于印度最古老的哲学文献——奥义书。公元前 500 年左右，作为印度上古贲典吠陀其哲学思想萌芽的集大成性经典《奥义书》出现。当时，人们对宗教的祭式、对神祇的关心开始降低，取而代之的是探究宇宙的本原、非人格化的一元的哲学原理，最终结果就是产生了作为宇宙最高原理的梵和作为个人精神存在的阿特曼这两个哲学概念，而奥义书哲学的整个体系则是研究这两者完全同一的"梵我一如"的原理。奥义书哲学的这些论述是散在各种不同的经典著作之中的，没有系统的论述。巫白慧在《印度哲学》一书中对吠陀和奥义书的思想进行了整理，他首先认为，奥义书在当时有两个重要的历史作用：一是为种姓制提供理论依据；一是为婆罗门教制定一个永恒的思维模式。于是巫白慧提出，奥义书哲学的主要学说是"二梵说"、"二我说"和"二智说"，这三种学说是早期吠檀多学派的基本理论。

孙晶在《印度吠檀多不二论哲学》中认为，吠檀多哲学以奥义书为主要研究对象，其哲学体系的发展大致经历了以下三个阶段：（1）吠陀文献的创作时期，也即奥义书的创作时期。此时的吠檀多哲学观点多以神曲赞歌的形式出现，其内容大多带有神秘主义色彩。（2）以《梵经注》的出现为标志，是对前一阶段的观点进行收集、整理、加工，从而形成了一个系统。商羯罗以及他的祖师乔荼波陀正是第二阶段的代表性人物。在商羯罗之前，吠檀多哲学史的历史文献很少，《梵经》的出现，为吠檀多哲学的发展创造了广阔的空间和良好的基础。（3）第三阶段是对各种观点进行详细的注释。由此可以看出，我们今天所说的"吠檀多哲学"并不仅仅意味着奥义书的哲学，而且还包括《薄伽梵歌》和《梵经》的内容，这三部哲学经典著作被合称为"吠檀多三经"（或三种体系）。吠檀多派的弟子们都要对这三种并无内在矛盾而首尾一贯的哲学文献[①]的思想体系做出理解、解释，甚至注疏。

（二）对印度哲学史的新理解

2006 年，吴学国的《存在·自我·神性——印度哲学与宗教思想研究》由中国社会科学出版社出版。作者分存在论、自我论、神性论三编，谓此依照民族文化精神的三部分即本质、势用和表现而分，用这种分法对印度宗教哲学史进行研究是一种创新。该书围绕问题展开论述，竭力揭示出印度哲学深层次的本质特征。该书作者认为，神的本质就是存在、自我，或者说是存在、自我的本质。在现实经验中，存在、自我是一个全体

---

① 参见汤用彤编著：《汉译佛经中的印度哲学史料》，商务印书馆 1994 年版。

概念，所以神性也是如此。存在、自我、神性，就是觉性历史运动的整体。神的历史、人的历史和存在的历史相互交织，构成人类精神发展的基本图景。因此，该书即以这三个根本问题为最基本线索，使印度哲学的全部内容和环节围绕这些基本线索呈现出来，从而很清晰地揭示出印度哲学的整体结构和发展轮廓。作者还认为，这三者也是所有哲学的最根本问题，正是出于对这些问题的关注，从而可以使相距遥远的哲学家们的关心和思考对象统一了起来。

二　韩国哲学部分

众所周知，传统时期中国在整个东亚文化圈中处于辐射源的地位。因此中国的韩国哲学研究比起韩国本土的韩国哲学研究带有更鲜明的比较研究特色。无论是人物研究还是学派研究，大都以中韩哲学比较以及中日韩哲学比较的视角来加以探讨。这是中国韩国哲学研究的一大特点，也是一种创新。

在中韩日传统哲学比较研究方面出现的重要成果有：《中国、朝鲜、日本传统哲学比较研究》（朱七星主编：延边人民出版社 1995 年版）、《中国、日本、朝鲜实学比较》（李甦平等著：安徽人民出版社 1995 年版）、《朱熹与退溪思想比较研究》（张立文著：台湾文津出版社 1995 年版）等。

《中国、朝鲜、日本传统哲学比较研究》是一部论述与揭示中国的儒学、道教、佛教、朱子学、阳明学和实学在韩国和日本传播及其影响的哲学著作。该书的特点有：一是从宏观上论述和揭示了中国传统哲学在韩国、日本的传播与影响，并对其如何融会成为该国的传统哲学作了历史的和系统的理论总结；二是从微观上通过对中国各传统哲学在韩国、日本的传播、影响和特点的考察，既把握了韩国、日本的各传统哲学思想的来龙去脉和特点，又挖掘了两国传统哲学的价值取向；三是纵向论述与横向论述相结合，这有助于把握中国传统哲学在东亚哲学中的地位和作用。① 该书出版后受到韩国学界的重视，1998 年韩国艺文书院以《东亚传统哲学》为书名出版了该书的韩文版。

在 17 世纪至 19 世纪的 300 年间，中国、韩国、日本历史上出现了一

---

① 参见中国社会科学院哲学所编：《中国哲学年鉴 1995》，哲学研究杂志社 1996 年版，第150 页。

股贴近社会现实、讲究功利性与实践性的"实学"思潮，对于中国、韩国、日本社会的历史发展均起到了一定的积极作用。但是，因各自在不同的社会条件和文化背景下形成，其作用也具有明显的差异。《中国、日本、朝鲜实学比较》一书，通过三国"实学"思想的比较研究指出了各自的特点。书中作者认为，以韩国朱子学为代表的韩国儒学文化功能和价值的变化，促进了韩国实学者的自我觉悟，使他们开始了价值观转向，而重于厚生，务于实证，为了强我之邦，富我之民，坚持实事求是的新思维方法。这种价值观念的转向，决定了朝鲜实学具有指向近代的重要意义。虽然由于历史的局限，他们尚未能提出"近代"的概念，但在当时的封建末期氛围中，他们所向往着的，其实正是通往近代的道路，并把韩国实学的本质特色归纳为"厚生实学"。

《朱熹与退溪思想比较研究》一书则对朱熹与退溪二人的哲学思想作了详尽的比较。此外，在人物思想比较研究方面的代表性论文则有：成中英的《李退溪的"四端七情"说与孟子、朱熹思想》（载《学术月刊》1988 年第 1 期）、张立文的《朱子与退溪、栗谷的道心、人心之比较》（载《浙江学刊》1992 年第 5 期）等。陈来的《李牧隐理学思想简论》（载《云南大学学报》2006 年第 4 期）亦是以比较的角度对李稽的思想进行了分析，并指出其思想继承程朱理学思想的同时还受到元代理学发展的影响。

三　日本哲学部分

对中日哲学进行比较研究，是我国的日本哲学研究的一个新的重要领域。

（一）中日儒学比较研究

20 世纪 80 年代，首先是对中日朱子学、中日阳明学进行比较研究，所发论文甚多；90 年代，则从整体上对中日儒学进行比较研究，并出版了一些有影响的专著。首先，王家骅在日本出版了日文专著《日中儒学比较》（六兴出版社 1988 年版），引起日本学术界的强烈反响，被评价为是"迄今为止由一个中国人来把握日本儒学的壮举"（源了圆语）。该书通过对儒学传入日本后如何发生变形的历史描述，揭示了日本儒学相异于中国儒学的独自特征，即对形而上学不大关心、重视主观心情、柔和地对应现实、"有德者王"思想的消失、与固有思想的共存及融合等。王家骅在中日儒学比较研究基础上进行的日本儒学及其与日本文化和现代化关系的研究，已经取得了颇具系统的理论成果。他的《日中儒学的比较》、《儒家思想与日本文化》（浙江人民出版社 1990 年版）、《儒家思想与日本的现代化》（浙江人民出版社 1995 年版）三部专著，在揭示日本儒学从古至今的发展形态和社会功能、日本儒学对日本文化的影响、中日儒学的差异以及这种差异对日本现代化的影响等方面的系统论述，的确"填补了国内外这一领域的空白"。

李甦平在《转机与革新——论中国畸儒朱之瑜》（中国人民大学出版社 1989 年版）一书中，又辟专章"中日文化交流的灿烂一页——朱之瑜与日本文化"，论述朱之瑜对日本朱子学派、古学派和水户学派的影响。著者通过翔实的史料，分析日本当时学术发展与朱之瑜的密切关系，指出日本朱子学两大派（主气派、主理派）中着重继承、发展了朱之瑜的"实学"思想，经国济民是其主要宗旨，主博学、尊知识、倡实行、蓄经验是其基本特征，由此构成了有别于中国朱子学而别具风姿的日本朱子学。

韩立红《石田梅岩与陆象山思想比较研究》（天津人民出版社 1999 年版）通过对象山思想与梅岩思想不同作用的比较，窥探中日"心学"的不同作用及所产生的原因。陆象山与石田梅岩的思想在形成时期存在着很多一致。在学术渊源上，二者同时受孟子思想原理的影响与启发，创立了"心学"；关于世界的本体，象山的"道器"合一论及梅岩的"阴阳"与"道"合一的学说，立场相同；关于心性论，二者不分"心""性"，强调"心""理"合一；关于学问观，二者皆提倡以道德实践的方法去"顿悟"人的本来之"心"。所以，从二者的思想体系的核心范畴与对于世界本体的认识、及学问观来看，二者有很多的相似。同样，对于社会的现状和劳动人民的疾苦，二者也皆表示了极大的关注，二者都抱有强烈的社会责任感及重实践的思想。但不同的是二者死后，二者的思想却走向了截然不同的道路，象山的思想最终停留在学术思想的阶段；而石门心学在后人弟子的改造努力下，走向大众，最终成为一种思想运动。本文通过对象山思想与梅岩思想不同作用的比较，窥探中日"心学"的不同作用及所产生的原因。

刘岳兵著《日本近代儒学研究》（商务印书馆 2003 年版）旨在通过对具体历史人物的个案研究，以揭示日本近代儒学即明治以后至第二次世界大战结束这段时期日本儒学的存在形态、思想特征及其与同时代思想史关系的某些侧面。本书的最大特长在于从儒学的展开这一观点着眼去分析、整理、论述日本近代思想史。针对日本的大部分研究者都将明治维新以后的日本近代思想史视为基本上是摄取、咀嚼、消化欧美近代思想从而日本化的过程，刘岳兵对以上研究方法的片面性提出了尖锐的批判，同时对明治以前，特别是以江户时代的朱子学·阳明学为中心的儒学传统之成为日本近代思想形成的基础，而且直到昭和二十年战败，这一传统对日本社会仍然产生了很大的影响等诸多事实，作出了精湛而鲜明的解释。

郭连友著《吉田松阴与近代中国》（中国社会科学出版社 2007 年版）是研究日本幕末著名思想家吉田松阴的专著。从对吉田松阴的思想形成产生重大影响的中国思想，如孟子思想以及中国近代史（如鸦片战争、太平天国等）的角度，重点考察和探讨了吉田松阴的思想本质以及后来他的思想对近代中国改革家们（如黄遵宪、康有为、梁启超等）的影响，对日本幕末维新（江户幕府末期）时期的著名思想家、改革志士吉田松阴的思想形成进行了全面、系统的考察和研究。

（二）中日启蒙思想的比较研究

在对日本启蒙思想进行深入研究的基础上，有的学者进而对中日启蒙思想展开比较研究。王中江在《严复与福泽谕吉——中日启蒙思想比较》（河南大学出版社 1991 年版）中，从历史的纵向发展和时代的横向联系这一坐标入手，对中日启蒙思想作了整体上的概述，既注意中日与西方的对比，又分析了中日的异同。在此基础上，以严复和福泽谕吉为突出代表，通过对其文化观、哲学观、历史观、教育观及政治经济思想等作深入、详尽、系统的透视和比较，提要钩玄、发幽阐微，展现了严复和福泽谕吉作为中日启蒙大师真实的思想内涵及其共同性和独自性，以期实现对中日近代启蒙思想各自特点的具体把握。崔世广的《近代启蒙思想与近代化——中日近代启蒙思想比较》（北京航空航天大学出版社 1989 年版）一书，旨在通过日本近代启蒙思想的研究，揭示日本近代思想发展的内在逻辑，以及其与日本文化、日本近代化的关系。

（三）中日传统思想与近代化的比较研究

李甦平在《圣人与武士——中日传统文化与现代化之比较》（中国人民大学出版社 1992 年版）一书中，采用张立文提出的纵横互补律、整体贯通律和混沌对应律的方法，对中日传统哲学诸范畴进行了纵向与横向的比较研究，比较其同质异素和异质同素相互胶结、贯通、渗透及转化的关系，并研究中日传统哲学诸范畴从无序到有序的发展过程。在比较研究的过程中，作者提出了一系列发人深省的见解。作者的结论之一是：现代化必须以传统为基础，传统必须以现代化为目标。日本的现代化可以说是对其传统文化加以变革转型的结果，这种经验告诉我们，在我们丰厚的传统文化中蕴藏着适合现代化发展的积极因素。

第四节　总结与点评

三十年来，中国的东方哲学研究取得了重大进展，硕果累累，出现了繁荣景象，呈现出如下特点：

一、继承了老一辈学者所开创的东方哲学研究事业，研究队伍不断壮大，年轻学者成长起来，并且一般具有较高的外语水平，可以直接阅读第一手原典资料，并进行客观的分析研究，提出独到见解，与国际学术界进行对等的学术交流。

二、研究领域得到了拓展和延伸。对东方哲学的研究不再停留于"哲学史"或"概论"等粗线条的勾勒，而是开始进入对某些哲学史上有代表性的哲学家及其哲学思想进行深入而具体的个案分析的专题研究阶段。例如，我国学术界过去比较偏重于对日本儒学思想和近代哲学的研究，但近年来我国学者已将日本神道及国学思想、佛教等宗教思想、町人和农民的思想等也纳入到研究视野中，这标志着我国的日本哲学研究界对于日本哲学和哲学研究史已经形成了完整的认识。另外，韩国哲学研究也已进入比较研究阶段。例如，《中国、朝鲜、日本传统哲学比较》、《中国、日本、朝鲜实学比较》、《中韩阳明学比较研究》、《朱熹与退溪思想比较研究》、《朱熹与栗谷哲学比较》等，都充分显示了我国在东亚传统哲学比较研究方面的实力。

三、在研究方法上得到了突破，例如，对印度吠檀多哲学家商羯罗的研究，已经从单纯的哲学问题研究进入到运用马克思主义唯物史观和文献学研究的方法，取得了很多创新性成果。另外，在印度正统派哲学的研究上，充分利用汉译佛经的资料，对梵文经典著作的缺失进行了补救。

四、可以看出，我国的东方哲学研究已经形成了独自的特征，即具有鲜明的主体意识、独自的立场、观点和方法、实证研究与理论分析的结合、开放的心态等。只要坚持创新意识，21 世纪中国的东方哲学研究必将获得进一步的繁荣和发展。

五、以前的单兵作战式的研究方式开始向集体攻关方式转换，例如，由中国社会科学院哲学研究所东方哲学研究室牵头、集体合作的中国社会科学院重大项目《东方哲学史》已经于 2007 年底完成结项；韩国哲学研究也从个体攻关转入组织专门研究人员集体攻关的阶段，8 卷本《退溪全书今注今译》的出版、中文版《韩国哲学史（上·中·下）》的问世、中国人民大学孔子研究院主持的《韩国历代"四书"的注释集成》编校工程等，都大大加快了我国的韩国哲学研究步伐。

六、尽管我国的东方哲学研究取得显著成绩，但是也还存在着一些问题。这主要表现在：有重大意义和影响力的研究成果还不多见；不少问题在研究深度上还有待提高；基本史料和文献的收集和整理明显不足。

第七章

美学

从 1978 年开始到 2008 年为止，中国美学走过了三十年风风雨雨的历程。在 20 世纪 70 年代的封闭与衰颓之后，从 80 年代的"美学热"的突奔和激进，90 年代回归"学科本位"的保守与深化，直到新世纪初逐步与世界美学前沿接轨，中国美学的这三十年的变化可谓翻天覆地。对这段美学的历程进行深描和评述，具有非常重要的现实意义和学术价值，其中获得的历史教训，对未来的美学建设是不可或缺的。

第一节　基础研究

从美学这门学科的独特的历史来看，确定这三十年美学研究的起点和终点是很重要的。这是因为，本学科在这一断代史上所获得的成果，无疑都是在这起点和终点之间取得的，而且，在学术的起点与终点上也都出现了具有标志性的事件，确立这三十年为一个大的历史阶段是具有其合理性的。

这种学术史脉络的梳理，还要将美学史追溯到"文化大革命"之前。1965 年可以被看做当代中国美学研究在"文化大革命"正式开始之前的"收关"之年，在这一年，不仅学术文章的数量从 1965 年的近 50 余篇下降到区区四五篇（在 1964 年，美学界的学者们还在针对周谷城的美学思想争论得不亦乐乎，与姚文元商榷的文章还出现在《光明日报》上），而且，整个学术论争的环境已经开始被封闭了起来，最后一篇有学术分量的文章恐怕是李泽厚的《派克美学思想批判》[①]。随着"文化大革命"的正

[①]　李泽厚：《派克美学思想批判》，载《学术研究》1965 年第 3 期。

式启动，从 1966 年开始直到 1976 年为止，除了姚文元能够从事美学的写作之外，整个美学界基本处于万马齐喑的状态。这种集体失声的状态在十二年后才被打破，开始出现少量美学文章的开端年份是 1977 年，该年也出现了对姚文元《艺术辩证法》进行真正辩证批判的文章①，这都开启了反思"文革"主流意识形态的美学的先声。

在党的十一届三中全会之前，美学界就似乎感受到了"春消息"。1977 年就出现了大量的学术探讨的文章，"形象思维"、"共同美"问题这两个热点问题也被提了出来，研读马克思主义美学经典著作的论文也开始大量出现，朱光潜先生亦开始回到美学史研究的领域，并撰写了《研究美学史的观点和方法》一文②。在十一届三中全会召开之前，美学界发表的文章数量已经基本同 1964 年持平。这似乎是一个当代"美学复兴"的信号，并暗示着许多在此前深藏的美学潜能行将渐渐释放出来。

然而，在"文化大革命"结束之后，当代中国美学研究的真正起点还应该定位在 1979 年，这不仅是由于十一届三中全会开始了纠正"左"倾错误的拨乱反正，从而为学术研究廓清了自由的空间，而且，在这一年发表的美学学术论文的数量也迅速激增，竟有接近百篇之多。这表现在，一方面，朱光潜、蔡仪、王朝闻等老一代美学家开始重新执笔写作，另一方面，李泽厚、蒋孔阳、刘纲纪这些新兴的美学家也大量发表作品。其中，最具有标志性意义的是，以中国社会科学院哲学研究所美学研究室与上海文艺出版社文艺理论编辑室合编的《美学》杂志（上海文艺出版社出版，1979 年 11 月创刊）为代表的一系列的美学刊物陆续创刊，对于整个美学在废墟上的重建起到了重要的作用③。与《美学》出版几乎同时或其后，陆续出版的刊物包括中国社会科学院文学研究所文艺理论研究室编的《美学论丛》（中国社会科学出版社出版，1979 年 9 月创刊）、四川省社会科学院文学研究所编的《美学文摘》（重庆出版社出版，1982 年 12 月创

① 在"文革"开始前，最后一篇与姚文元进行论争的文章出现在 1964 年，参见金为民、李云初：《关于时代精神的几点疑问——与姚文元同志商榷》，载《光明日报》1964 年 7 月 7 日；在"文革"结束后，1977 年出现了第一篇与姚文元进行论争的文章，参见史朝华：《诡辩术的破产——驳姚文元〈艺术辩证法〉》，载《人民戏剧》1977 年第 4 期。

② 朱光潜：《研究美学史的观点和方法》，载《文学评论》1978 年第 4 期。

③ 1979 年创刊的两份美学刊物分别是：中国社会科学院哲学研究所美学研究室、上海文艺出版社文艺理论编辑室编：《美学》第一期，上海文艺出版社 1979 年版；中国社会科学院文学研究所文艺理论研究室编：《美学论丛》第一期，中国社会科学出版社 1979 年版。

刊)、中国艺术研究院外国文艺研究所编的《世界艺术与美学》(文化艺术出版社出版,1983 年 3 月创刊)等等。由汝信主编的《外国美学》(商务印书馆出版,1985 年 2 月创刊)在美学界也产生了重大的影响,对于西方美学史的译介产生了非常重要的推动作用。

按照时间的顺序,三十年美学的终点可以定在 2008 年之前。在此前的 2006 年 9 月,《美学》杂志终于得以出版,这构成了当代"美学复兴"进程当中的重要环节①。这次复刊工作由中国社会科学院哲学所美学室发起、文学所和外文所同仁共同策划,组成了编辑委员会,邀请李泽厚作为荣誉主编,滕守尧任主编,王柯平、高建平任副主编,刘悦笛任主编助理。自 1979 年始,由中国社会科学院哲学所美学室和上海文艺出版社文艺理论编辑室合编的《美学》杂志(美学界俗称其为"大美学")已先后出版了 7 期,近 300 万字,在 20 世纪 80 年代产生了重要而广泛的影响,后来由于某些原因而停刊。尽管如此,《美学》在当代中国的美学建设中充当了非常重要的角色,前后出版的共 7 本杂志,在拨乱反正、会通中外的同时,筚路蓝缕,创构求新,成就了当代中国美学史上的一段佳话。这次《美学》的复刊具有非常重要的历史意义。

与复刊的《美学》第 1 期(总第 8 期)同时出版的还有《美学》杂志的回顾版,复刊 2 期也于 2008 年初得以出版。《美学》回顾版精选了 20 世纪 80 年代《美学》杂志的部分精华文章,这些文章基本反映了 20 世纪 80 年代美学研究的基本状况,在很大程度上反映了当时美学的基础理论和各个门类相关理论的发展情况。回顾版共分为上下两编,上编包括李泽厚的《美学的对象与范围》、中国美学史编写组的《庄子的美学》、聂振斌的《王国维的意境论》、郭因的《中国古典绘画美学中的气韵论》、滕守尧的《艺术形式与情感》、薛华的《阿道诺论艺术和反艺术》、朱狄的《"无利害关系"作为审美经验的核心》、李醒尘的《鲍姆加敦的美学思想述评》、徐恒醇的《卢卡契关于审美发生学的理论》、刘小枫的《悲剧性今解》、马克思著,朱光潜译注的《〈经济学哲学手稿〉(节译)》、朱光潜的《马克思的〈经济学哲学手稿〉中的美学问题》和赵宋光的《论美育的功能》;下编包括李泽厚的《康德的美学思想》、叶秀山的《古代雅典

---

① 李泽厚名誉主编,滕守尧主编:《美学》复刊第一期(总第八期),南京出版社 2006 年版。

民主制与希腊戏剧之繁荣》、汝信的《席勒的〈美育书简〉》、周来祥的《论古典主义、浪漫主义、现实主义三大美学的分歧》、王世仁的《塔的人情味》、徐书城的《线与点的交响诗：漫谈传统山水画的美学性格》、韩玉涛的《书意：〈孙过庭论〉第三章第一节》、刘长林的《春秋战国时期阴阳五行学说的美学思想》、萧兵的《〈楚辞〉审美观琐记：〈楚辞文化〉的一节》、张赣生的《中国戏曲艺术原理》、韩林德的《〈乐记〉的美学思想、作者及其他》和蒋孔阳的《建国以来我国关于美学问题的讨论》。

目前，美学在中国复兴的趋势，与美学刊物的大量出现是相互配合而同时出现的，近年来出现了美学刊物集体性地创刊与复刊的潮流，这与1978 年美学界情况是何等的相似！在 2006 年，最新创办的美学杂志就有由北京大学美学教研室主办的、叶朗主编的《意象》（北京大学出版社2006 年 12 月出版），由苏州大学美学研究所主办的、朱志荣主编的《中国美学研究》（上海三联书店 2006 年 5 月出版），原来由商务印书馆出版的、汝信主编的《外国美学》也于 2007 年复刊。与此同时，已经复刊的美学杂志还有由复旦大学文艺学美学研究中心编的《美学与艺术评论》（复旦大学出版社）。近年来，已经创办的美学杂志包括汝信、曾繁仁主编的《中国美学年鉴》（河南人民出版社出版，2003 年创刊，出版了《中国美学年鉴 2001 卷》），汝信、王德胜主编的《中国美学》（商务印书馆出版 2004 年创刊）等等。

值得一提的是，2007 年 7 月，由汝信先生带队的中国社会科学院代表团赴土耳其安卡拉参加了第十七届国际美学大会，这是中国代表参与国际美学大会人数最多的一届，中国学者在这次大会当中扮演了重要的角色。在这次会议上举行的国际美学委员会会议上，决定了下一次的国际美学大会（第十八届国际美学大会）将在中国的北京举行，这是中国将要举办的最高规格的国际美学会议，这也标志着中国美学界开始追赶上了"全球化"的脚步。

在 1978 年开始的"美学复兴"与而今"再次复兴"之间，中国美学的基础研究所取得的成就是巨大的，这主要体现在"西方美学史"与"中国美学史"这两种历史的专业研究方面。

应该说，"美学"与"美学史"的关系，就好似美学史流变与断面的关联一样。从严格意义上说，似乎静态意义上的趋于稳定的美学形态并不存在，任何形态的美学都是处于历史的变动性当中的。当然，每个时代都有每个时代大体趋于一致的美学系统，他们就好似是在美学的历史流变过程当中的"纵向垂直"的端面，呈现出当时美学的基本样态。这便使得各个时代都拥有属于自己时代的美学，或者说，每个时代的美学都使其所处的时代能够大体匹配。一言以蔽之，从历史的观点看，美学是美学史相对静止的一瞬，而美学史则是始终变动不居的，各个美学的纵横连接就形成了美学史。

这三十年来，最早取得学术成就的是"西方美学史"研究，在中国，至今西方美学史仍被看作是进入美学这门学问的基本门径。自从 1963 年朱光潜的《西方美学史》上下册（人民出版社 1963 年 7 月版）和汝信、杨宇的《西方美学史论丛》（上海人民出版社 1963 年 4 月版）出版之后，西方美学史的研究曾一度衰落，这两部美学史研究也是 20 世纪 50 年代之后最早出现的美学史专著。在 80 年代初，这种衰退的局面得到了遏制和改观。朱光潜的《西方美学史》被反复重印和再版，其撰写范本也成为中国式的西方美学史撰写的"基本范式"，其影响的深远是显而易见的，这种学术影响并不局限在大陆地区，港台的美学界也深受这本《西方美学史》的影响。

在这种基本范式的影响下，蒋孔阳的《德国古典美学》（商务印书馆 1980 年版）、汝信的《西方美学史论丛续编》（上海人民出版社 1983 年版）、阎国忠的《古希腊罗马美学》（北京大学出版社 1983 年版）、朱狄的《当代西方美学》（人民出版社 1984 年版）纷纷得以面世。这便在 20 世纪 80 年代的初期，打开了西方美学研究的局面，并确立了通史与断代史研究同时进行的格局，而且西方美学史也不仅仅局限于对 20 世纪之前的西方古典美学的研究（有的美学史以黑格尔美学作为结束，有的则是以车尔尼雪夫斯基的美学作为终点），而且将 20 世纪的美学史纳入到了研究的视野之内。

在 20 世纪 80 年代向 90 年代转型的时期，陆续出现的西方美学史专著主要有杨恩寰的《西方美学思想史》（辽宁大学出版社 1988 年版），张法的《20 世纪西方美学史》（中国人民大学出版社 1990 年版），李醒尘的《西方美学史教程》（北京大学出版社 1994 年版），毛崇杰、张德兴、马驰的《二十世纪西方美学主流》（吉林教育出版社 1993 年版），牛宏宝的《20 世纪西方美学主潮》（湖北人民出版社 1996 年版），朱立元主编的《现代西方美学史》（上海文艺出版社 2003 年版），等等，可以说美学史的研究更加深入。近些年来，重写西方美学史又成为学者们的关注点，凌继尧的《西方美学史教程》（北京大学出版社 2004 年版）、章启群的《新编西方美学史》（商务印书馆 2004 年版）都是其中的重要著作。朱立元主编的三卷本的《西方美学范畴史》（山西教育出版社 2006 年版）试图从范畴史的角度来重新梳理西方美学史。该书所论述的范畴第 1 卷包括"存在"、"自然"、"自由"、"实践"、"感性"、"理性"、"经验"、"语言"；第 2 卷包括"艺术"、"美"、"形式"、"情感"、"趣味"、"和谐"、"游戏"、"审美教育"，第 3 卷包括"再现"、"表现和呈现"、"优美"、"崇高"、"喜剧和喜剧性"、"古典与浪漫"、"象征"、"丑"、"荒诞"、"现代性和后现代性"。

迄今为止，最重要的两套"西方美学通史"，一套是由蒋孔阳、朱立元主编的《西方美学通史》七卷本（上海文艺出版社 1999 年版），另一套则是由汝信主编的《西方美学史》四卷本（中国社会科学出版社出版，2005 年开始出版，2008 年全部出齐）。《西方美学通史》第一卷为古希腊罗马时期的美学（范明生著）；第二卷为中世纪和文艺复兴时期的美学（陆扬著）；第三卷为 17、18 世纪的美学（范明生著）；第四卷为德国古典美学（曹俊峰、朱立元、张玉能、蒋孔阳著）；第五卷为 19 世纪的美学（张玉能、陆扬、张德兴等著）；第六卷、第七卷为 20 世纪的美学（朱立元、张德兴等著）。该书根据西方哲学和美学基本同步发展的实际，将整个西方美学的历史演进划分为"本体论"、"认识论"和"语言学"三个阶段，从而力图揭示出这段历史的基本发展规律。

汝信主编的《西方美学史》共四卷，历时近 10 年完成，集中了当代中国美学界的精英人物来共同撰写。第一卷为"西方古代美学"，分为古希腊罗马美学和中世纪美学两编（凌继尧、徐恒醇著）；第二卷为"西方近代美学（上）"，分为文艺复兴时期美学与启蒙运动时期美学两编（彭立勋、邱紫华、吴予敏著）；第三卷为"西方近代美学（下）"，分为德国古典美学与十九世纪其他诸国（主要指英法两国）美学思潮和流派（李鹏程、王柯平、周国平等著），第四卷为"西方现代美学"（金惠敏、霍桂桓、赵士林、刘悦笛等著），从形式美学到后现代美学共分为 16 章，邀请了部分国外专家撰写了本卷。这套美学史在翔实的资料基础上，对于重要美学思想家，各个时期的重要美学流派和思潮都进行了深入的研究，并且与西方历史、西方文化思想史、西方文学艺术史三者基本进程紧密结合起来，可以说达到了西方美学通史研究在当前中国的最前沿水平。该书将美学的历史作为一个整体性的发展着的美学思想史，从而将哲学理念、艺术元理论和审美风尚三者相结合的逻辑建构的"美学思想"都放置于历史的框架中，形成了完整的历史整体①。

当然，除了上面所列举的美学史研究之外，还有许多对于作为个体的国外美学家的思想研究的专著得以出现，如康德美学和黑格尔美学思想的研究也一直是美学界持续关注的热点。曹俊峰的《康德美学引论》（天津教育出版社 2001 年版）和他重译的《康德美学文集》（北京师范大学出版社 2003 年版）都是康德美学研究当中比较扎实的著作。康德美学研究主要有马新国的《康德美学研究》（北京师范大学出版社 1995 年版）、朱志荣的《康德美学思想研究》（安徽人民出版社 1997 年版）、戴茂堂的《超越自然主义——康德美学的现象学诠释》（武汉大学出版社 1998 年版）、劳承万的《康德美学论》（中国社会科学出版社 2001 年版）、张政文的《从古典到现代——康德美学研究》（社科文献出版社 2002 年版）。黑格尔美学研究专著主要有薛华的《黑格尔与艺术难题》（中国社会科学出版社 1986 年版，此书更多是还涉及现代西方美学的研究）、陈望衡、李丕显的《黑格尔美学论稿》（贵州人民出版社 1986 年版）、朱立元的《黑格尔美学论稿》（复旦大学出版社 1986 年版）等等。

还值得一提的是，许多美学界的学者从更广义的角度来理解"外国美学"，并不将外国美学的范围局限在欧美世界，而是进而提出了"东方美学"研究的问题。当然，从学术史的角度看，将美学与东方"两词联合为'东方美学'或'远东美学'的却是法国学者雷纳·格鲁塞（Rene Grousset），这在《从希腊到中国》（1948）中的首创正是在文化相对观念普泛、比较思想日益成熟的氛围下出现的。在这种全新语境中，东西方都开始了共建东方美学的努力，西方有托马斯·门罗《东方美学》（1965），东方有今道有信《东方的美学》（1980）"②。近些年来，中国美学界对"东方美学"的贡献很突出，一方面，中日韩学者之间的学术互动逐渐多了起来，在中日韩三国轮流举办的"东方美学国际学术研讨会"到 2006 年为止已经举办了四届，另一方面，对于东方美学研究的论文和专著也逐渐多

---

① 汝信主编：《西方美学史》第一卷，中国社会科学出版社　　　　年版前言。
② 彭修银、刘悦笛：《文化相对主义与东方美学建构》，《天津社会科学》1999 年第 5 期。

了起来，特别是邱紫华的《东方美学史》上下两卷（商务印书馆 2003 年版）更是弥补了东方美学通史研究的空白。

以上是西方美学史的基础研究概况，下面介绍中国美学史的基础研究情况。

真正意义上的中国古典美学的通史研究，就开始于 20 世纪 80 年代，此前的美学史研究更多是零碎的研究，难以将中国美学的历史贯通下来。如果从学术史的角度看，国学大师和美学家王国维后来被发现的那一篇《孔子之美育主义》（1904 年）是一篇非常重要的论文，它可以被视为是中国古典美学研究的"原点"，由（来自欧洲的）美学来反观中国传统美学的研究"起点"。王国维的研究证明了中国古典美学确实是"有美无学"，需要通过美学的视角来重新加以阐释和建构。

众所周知，美学这门学科在欧洲是"自发"的。它随着西学的东渐而舶来，刺激了"中国的"美学的"后发"。换言之，只有在西方这个"他者"镜像的比照下，中国美学方能获得自身的最初的内在定性。然而，对西学的引进和误读、于本土的发展和建构，这两方面始终成为张力的两极，换言之，美学"在中国"是处在民族性与时代性的互动之间的。然而，"中国的"美学要得以真正成立，更为重要的，就是在华夏古典文化的积淀基础上，来反观自身的传统，并在现代的意义上来建构"中国古典美学"。在这个意义上，本土的学术创造就成为一种转化的"生成器"，中国古典美学正是从美学这个"视界"来"返取自身"而来的①。

我们认为，迄今为止的中国美学史研究形成了两种"基本范式"，一种是狭义上的美学研究范式，另一种则是广义上的"大美学"或"泛文化"研究范式。

第一种范式，其所确立的基本原则，就是按照传统的中国哲学史的写法来撰写中国古典美学史，这种写法当中又有两种"亚类型"：一类是按照"思想史"的写法来写作的，另一类则是按照"范畴史"的写法来写作的。

第二种范式，则是一种为美学家所独创的范式，是一种以审美哲学为基础结合了文化史、艺术史、审美意识史的写法，主要聚焦在中国历史上每一个时代的审美趣味、艺术风貌的流变上面。

---

① 刘悦笛：《美学的转入与本土重建的历史》，《文艺研究》2005 年第 2 期。

按照第一种范式进行写作，最早的规划就是进行中国美学史的写作，它是由中国美学史的写作小组（以中国社会科学哲学研究所美学室的写作力量为主，吸收了国内的骨干学者）来进行的，最后得以完成的是李泽厚、刘纲纪的《中国美学史》（中国社会科学出版社 1984 年 7 月第一卷，1987 年 7 月第二卷，安徽教育出版社 1999 年再版）。第一卷分绪论、先秦、两汉三个部分。该书依据人的社会实践是美学产生的根源这一基本观点，论述了中国美学的基本特征和发展线索，确立中国美学史的对象、任务和方法。按照《中国美学史》确立的中国美学的基本构架，在禅宗诞生之前，中国美学以儒家美学、道家美学、楚骚美学思想为三大主干。《中国美学史》第二卷为魏晋南北朝编，确立魏晋是人的觉醒和文字的自觉时期，在此基础上全面地分析论述了魏晋南北朝的玄学、佛学、文论、书论、画论、乐论、人物品评中所包含的美学思想和美学理论。可惜的是，由于种种原因，《中国美学史》并没有完成，但是刘纲纪仍然在致力于这项工作，他正在进行《中国美学史》第七卷本的撰写工作①。

如果说，未完成的《中国美学史》两卷本基本上是"美学思想史"的话，那么，叶朗的《中国美学史大纲》（上海人民出版社 1985 年 11 月出版）则是基本梳理完成了整个中国美学历程的"美学范畴史"，这也是第一部将完整的中国美学史呈现出来的著作。全书共分为四篇：中国古典美学的发端、中国古典美学的展开、中国古典美学的总结和中国近代美学。《中国美学史大纲》以老子美学为起点描述到近代美学，突出了以"审美意象"为核心的古典美学精神，对"审美心胸"理论也着墨颇多。作者采用了"略小而存大，举重以明轻"的方法，抓住每个时代最有代表性的美学思想和美学著作，注重把握美学范畴和美学命题的演变和发展，将中国古典美学范畴演变呈现了出来。

总而言之，李泽厚、刘纲纪的《中国美学史》为"美学思想史"的写作提供了范本，而叶朗的《中国美学史大纲》则为"美学范畴史"的写作提供了范本。

按照《中国美学史》写作的思路，主要的专著是林同华的《中国美学史论集》（江苏人民出版社 1984 年版）、周来祥的《论中国古典美学》（齐鲁书社 1987 年版）和其主编的《中国美学主潮流》（山东大学出版

---

① 刘纲纪：《刘纲纪教授访谈论》，《美与时代》2007 年第 7 期（下）。

社 1992 年版)、敏泽的《中国美学思想史》(齐鲁书社 1989 年 8 月版)
三卷本 (后来修订为《中国美学思想史》湖南教育出版社 2004 年版),
王兴华的《中国美学论稿》(南开大学出版社 1993 年版)、陈望衡的
《中国古典美学史》(湖南教育出版社 1998 年 8 月版,武汉大学出版社
2007 年分三卷出版)。敏泽的三卷本的《中国美学思想史》前者在审美
意识的起源方面着墨颇多,也受到了作者的中国文学批评史研究的影
响;陈望衡的《中国古典美学史》基本上是按照哲学史的写作方式来安
排体例的,它较之此前的美学史所收集的资料更为丰富和全面,论述更
趋于四平八稳。

此外,于民的《气化谐和——中国古典审美意识的独特发展》(东北
师范大学出版社 1990 年版),葛路、克地的《中国艺术神韵》(天津人民
出版社 1993 年版),韩林德的《境生象外——华夏审美与艺术特征考察》
(商务印书馆 1995 年版) 和朱良志的《中国艺术的生命精神》(安徽教育
出版社 1995 年版) 都试图从整体上把握中国美学的精神命脉,写得都十
分具有自己的特色。

按照《中国美学史大纲》写作的思路,最主要的著作是王振复主编的
《中国美学范畴史》(山西教育出版社 2006 年 2 月版),本书分为三卷,认
为先秦至秦汉是中国美学范畴的酝酿时期,魏晋至隋唐是中国美学范畴的
建构时期,宋元至明清则是中国美学范畴的完成和终结期,并用由人类学
意义上的"气"、哲学意义上的"道"与艺术学意义上的"象"构成了中
国美学范畴史的本原、主干与基本范畴。

另一种中国美学史的写作范式,则是由李泽厚的《美的历程》(文物
出版社 1981 年 3 月版) 所开创的,这本书被反复再版,以德文、英文、
日文、韩文等多种语言出版,读者甚众。这种范式,李泽厚自己也在不断
地作出辩护[1]。这种辩护所针对的对象,并不是来自美学界,而是来自艺
术史界,许多艺术史研究者通过对英国艺术史家贡布里希的研究,来反对
《美的历程》当中所显露出来的黑格尔式的进化观念。这也说明,《美的历
程》所创造的是一种新的范式,它既不同于传统的美学思想史的写作模
式,更不同于那种艺术史的写作模式。当然,这本书的价值并不囿于美学
本身,里面提出的"先秦理性精神"、"儒道互补"、"屈骚传统"和"禅

---

[1]　李泽厚:《李泽厚近年问答录 (2004—2006)》,天津社会科学出版社 2006 年版。

宗境界”其实也都是不折不扣的哲学命题，这种从“审美形而上学”来理解中国传统文化的理路，可以说是与牟宗三从“道德形而上学”的角度来阐发中国传统思想和文化形成了双峰并峙。究其实质，就是从纯理性还是泛感性的视角来解读传统，这在牟宗三与李泽厚的哲学路数里面刚好背道而驰。

按照这种“大美学”或“泛文化”范式的写法，在《美的历程》之后，出现了两套试图重写中国古典美学史的专著，一套是陈炎主编的《中国审美文化史》四卷本（山东画报出版社 2000 年 10 月版），另一套则是许明主编的《华夏审美风尚史》十一卷（河南人民出版社 2000 年 12 月版），巧合的是，这两套丛书同时出版在 2000 年。

《中国审美文化史》按历史朝代来断代，共分为先秦卷（廖群著）、秦汉魏晋南北朝卷（仪平策著）、唐宋卷（陈炎著）和元明清卷（王小舒著）。按照著者自己的意见，这种中国审美文化的研究，既区别于逻辑思辨类型的审美思想史，也不同于现象描述类型的审美物态史，这种独特的形态是指“介于‘道’、‘器’之间的文化形态”、“介于归纳、演绎之间的描述形态”和“介于理论、实践之间的解释形态”。[①] 第一卷描述了从史前时代、夏商之际巫史艺术、周代礼乐直到到战国的审美文化；第二卷描述了从秦汉之际开始到南北朝的审美文化；第三卷描述了初唐、盛唐、中唐、晚唐和北宋南宋的审美文化；第四卷描述了元明清直到近代的审美文化。

《华夏审美风尚史》也是通过断代史组合成为通史的解构，具体内容包括序卷《腾龙起凤》（许明、苏志宏著），第一卷《俯仰生息》（王悦勤、户晓辉著），第二卷《郁郁乎文》（彭亚非著），第三卷《大风起兮》（王旭晓著）、第四卷《六朝清音》（盛源、袁济喜著）、第五卷《盛世风韵》（杜道明著）、第六卷《徜徉两端》（韩经太著）、第七卷《勾栏人生》（刘祯著）、第八卷《残阳如血》（罗筠筠著）、第九卷《俗的滥觞》（樊美钧著）、第十卷《凤凰涅槃》（蒋广学、张中秋著）。所谓“审美风尚”，亦即一个民族的共同的生活过程中形成的一种具有共同性特征的审美趣味、艺术情趣、时尚习俗与生活风俗的审美观照的总和，其研究的范围，包括了行为文化的习俗、风俗、礼俗以及相关的民间艺术，通俗文

---

① 陈炎主编：《中国审美文化史》第一卷，山东画报出版社 2000 年版，绪言。

化；也包括物质层面的建筑、雕塑、服饰、装饰等艺术；包括作为精神文化的雅文化、高雅艺术，如诗歌、小说、绘画、戏曲、音乐等；当然还包括了各个时代的美学理论①。

此外，对于 20 世纪中国美学史的研究也值得关注，汝信、王德胜主编的《美学的历史——20 世纪中国美学学术史进程》（安徽教育出版社2000 年版）综合了许多学者的研究成果，聂振斌的《中国近代美学思想史》（中国社会科学出版社 1991 年版）将 20 世纪上半叶的美学史呈现了出来，阎国忠的《走出古典——中国当代美学论争述评》（安徽教育出版社 1996 年版）更关注 20 世纪下半叶的美学争论。

以上便是中国美学这三十年来基础研究的成就，当然这种描述更多地关注的是通史之类的"大项目"和大部头的著作，恐怕还有一些美学断代史和美学史问题研究也值得人们关注，在本学科的学术热点当中，还会部分涉及这些相关著作。

第二节 学术热点

对于中国而言，美学是 19 世纪末 20 世纪初西学东渐的产物，又是中西文化会冲与融合的成果。它最初是依据西方的学科分化和学术规范构建而成，而又必然具有本土的特质。然而，这种中西互动却造成这样的悖论：中国审美主义虽以康德意义上的"审美非功利"为基本理论预设，但又都强调审美之"无用之用"的实用性功能。这种功能具体表现在，美学在中国总是与（外在的）"理想社会"和（内在的）"理想生命境界"相互关联起来。因而，在 20 世纪的五六十年代与 80 年代，中国美学获得了空前的发展，并成为社会变革和思想启蒙的急先锋。特别是从 1979 年延续到 1985 年落潮的"美学热"，以一种理性的形式展现了当时人们的"感性解放"的欲求。

从 1978 年开始，美学这门学科就开始延续了 20 世纪五六十年代"美学大讨论"（从 1956 年下半年持续到 1964 年为止）的余温，继续吹响美学论争的号角，这种美学热点的嬗变，最初是与"美学热"的升温与降温相伴生的，后来更是随着中国社会从计划经济转向市场经济的转型而变化

---

① 许明主编：《华夏审美风尚史》序卷，河南人民出版社 2000 年版，总序。

的。从历史发展的角度,下面就来逐一梳理这些美学热点问题①。

一 "共同美"论争

最初的美学论争都是同主流意识形态的变化相关的,具体而言还是同阶级论相关的。在 1977 年《人民文学》第 9 期上刊发了何其芳的散文《毛泽东之歌》,同时记录下作者在 1961 年 1 月 23 日与毛泽东的谈话,毛泽东说"各阶级有各阶级的美,不同阶级之间也有共同美。'口之于味,有同嗜焉'"。此后,从 1978 年到 1982 年,对于"共同美"的探讨逐步深入,还专门为这个问题进行了多次的笔谈和座谈会。论争的焦点最先出现在"共同美"是否存在的问题上面,从美的阶级论出发,有论者认为不同阶级之间存在共同美的说法是不科学的,另有论者由此出发甚至否定存在客观的美,还有论者坚持美的客观性并通过将"共同美"理解为"共同美感"而接受了这一思想。后来论争的焦点则聚焦在能够超越绝对的客观论和狭隘的阶级论的问题,有论者力图从审美主体与客体的相互关联当中来阐释美的共同性的问题②。在某种意义上,这种论争本身又回到了美的本质问题的论争上面,就好像是 20 世纪五六十年代美学大讨论的某种延续,但是又衍生出来许多新的问题在其中。不过这场争论已经为这三十年来美学的学术发展开了个好头,为后来美学热点的许多基本问题的争论打下了基础。

二 解读"手稿热"

所谓"手稿热",指的是从 1980 年开始对于马克思青年时代的著作《1844 年经济学哲学手稿》的解读热潮,不同的论者对于这部手稿都有着不同的理解。从那时开始,对于马克思主义美学的基本理解(这同时也是对于美学基本原理的基本理解)几乎都绕不开这部在巴黎发现的手稿的理论启示。这个问题的争论,还可以追溯到 1979 年蔡仪发表在《美学丛刊》

---

① 阎国忠:《走出古典——中国当代美学论争述评》,安徽教育出版社 1996 年版,在该书里面,将当代美学论争分为六个方面:"共同美"的讨论、"人性论"和人道主义的评论、关于《1844 年经济学哲学手稿》的探讨、关于艺术本质的讨论、关于"文学主体性"的讨论、关于"实践美学"的讨论。

② 朱光潜:《关于人性、人道主义、人情味和共同美问题》,载《文艺研究》1979 年第 3 期;钟子翱:《论共同美》,载《北京师范大学学报》1979 年第 5 期;张松泉:《共同美问题初探》,载《学习与探索》1980 年第 2 期;李戒:《略论共同美》,载《文艺报》1980 年第 4 期。

创刊号上的《马克思究竟怎样论美?》的长文(上下两篇),这篇针砭主观唯心主义、重申客观论美学立场的论文,遭到了来自具有实践论意识的论者们的批判①。到了 1980 年,《美学》第二期上专门刊发了朱光潜重译的《1844 年经济学哲学手稿》(节选),并同期发表了朱光潜的《马克思的〈经济学哲学手稿〉中的美学问题》、郑涌的《历史唯物主义与马克思的美学思想》、张志扬的《〈经济学哲学手稿〉中的美学思想》三篇重头文章,开启了对于手稿研究的热潮。必须看到,在对马克思的《1844 年经济学哲学手稿》的研究当中有两种阐释方式,一种是"六经注我"式的,另一种则是"我注六经"式的。李泽厚、朱光潜、蔡仪在对手稿的阐发当中比较注重将之吸纳到自我的美学主张当中,并相互之间继续形成了论争关系,② 而诸如刘纲纪、蒋孔阳、程代熙这样的马克思主义研究者则更注重对于马克思主义思想本身的研究。③ 但无论怎样,许多重要的美学命题都被阐发了出来,并对当时的美学界产生了重要而广泛的影响。如果从青年马克思本人的思想来说,"美的规律"、"劳动创造了人"、"异化劳动"的思想被广为引用和接受,其中主要聚焦在"美的规律"的基本涵义、"劳动创造了人"该如何理解和"异化劳动"究竟能否创造出美这类问题上面;如果从对马克思主义思想的阐发来说,"自然人化"和"人的本质力量的对象化"的思想,对于创造中国化的马克思主义美学来说似乎更为重要,"自然人化"的思想已经成为后来位居主流的"实践美学"的重要

---

① 蔡仪:《马克思究竟怎样论美?》,载《美学丛刊》第一辑,中国社会科学出版社 1979 年版;刘纲纪《关于马克思论美——与蔡仪同志商榷》,载《哲学研究》1980 年第 10 期;朱狄:《马克思〈1844 年经济学哲学手稿〉对美学的指导意义究竟在哪里? ——评蔡仪同志〈马克思究竟怎样论美?〉》,载《美学》第三期,上海文艺出版社 1981 年版;陈望衡:《试论马克思实践观点的美学——兼与蔡仪先生商榷》,载《美学》第三期,上海文艺出版社 1981 年版。

② 李泽厚:《论美感、美和艺术——兼论朱光潜的唯心主义美学思想》和《美的客观性和社会性——评朱光潜、蔡仪的美学观》,载李泽厚:《美学论集》,上海文艺出版社 1980 年版;朱光潜:《论美是客观与主观的统一》和《生产劳动与人对世界的艺术掌握》,载《朱光潜全集》,安徽教育出版社 1989 年版,第 5 卷和第 10 卷;蔡仪《〈经济学哲学手稿〉初探》和《马克思主义思想的发展及其成熟的主要标志——〈经济学哲学手稿〉再探(上篇)》、《论人文主义、人道主义和'自然人化'说——〈经济学哲学手稿〉再探(下篇)》,载蔡仪:《蔡仪美学论文选》,湖南人民出版社 1982 年版。

③ 刘纲纪:《关于"劳动创造了美"》和《略论"自然的人化"的美学意义》,载刘纲纪:《美学和哲学》,湖北人民出版社 1986 年版;蒋孔阳:《美的规律与劳动的关系(纪念马克思逝世一百周年)》,《美育》1983 年第 2 期;程代熙:《关于美的规律——马克思美学思想学习札记》,载程代熙:《马克思主义美学与美学中的现实主义》,上海文艺出版社 1983 年版。

维度，而"人的本质力量的对象化"在 20 世纪 80 年代中前期的美学基本原理当中，可能是最占据主导的美学核心思想。这些都显露出《1844 年经济学哲学手稿》对于 80 年代中国美学建设的重大意义，这种影响也延伸到了 90 年代。

三　"主体性"问题及其大讨论

在"人性论"和"人道主义"的哲学论争之后，随着对于青年马克思《1844 年经济学哲学手稿》的阐发，关于人性与异化的思想继续深入得以讨论，于是，唯物主义的机械反映论与青年马克思的人本主义立场之间的分歧便昭然若揭了。由此出发，在整个 20 世纪 80 年代思潮当中占据思想领军者的"主体性"思想也得以出场。这还要回到发表在 1979 年《美学》创刊号上李泽厚的《康德的美学思想》一文和《批判哲学的批判——康德哲学述评》一书的重要启示上面[①]，李泽厚通过马克思主义哲学的视角阐发了康德的"三大批判"的总体思想，从而将"主体性"问题提了出来。这种"实践主体性"由于有力配合了思想解放进程而上升为正统主流。实质上，实践主体性既包涵连通主客体物质实践活动的主体基本规定性，又吸纳了受康德思想浸渍的自由主体性，它是从审美自由出发调和二者的产物。或者从历史层面说，实践主体性是在批判继承 20 世纪初以来的"启蒙主体性"和 50 年代以来的"社会主体性"基础上的综合与发展。在文学领域，这种主体性思想在刘再复那里转化为"文学主体性"的思想，[②]这一思想引发了巨大的反响和争议。于是，文学究竟是"反映论"还是具有"主体性"的，就成为划分文学理论阵营的一条红线，在传统的马克思主义者与激进的马克思主义发展派之间也形成了观点分歧[③]。

四　"方法论年"

在近三十年美学史上，非常有趣的是，1985 年被称为"方法论年"。

---

①　李泽厚：《康德的美学思想》，载《美学》创刊号，上海文艺出版社 1979 年版，李泽厚：《批判哲学的批判——康德述评》，人民出版社 1979 年版。

②　刘再复：《论文学的主体性》，载《文学评论》1985 年第 6 期、1986 年第 1 期；刘再复：《文学的反思与自我超越》，《文艺报》1985 年 3 月 31 日。

③　刘再复等：《文学主体性论争集》，红旗出版社 1986 年版；马玉田、张建业编：《十年来文艺理论论争言论摘编（1978 年至 1989 年)》，北京十月文艺出版社 1991 年版。

这是因为，在这一年，从所谓的"旧三论"到"新三论"的自然科学的方法向人文科学领域挺进，特别是美学和文艺学界更是热衷于谈论这几种科学理论①。系统论、控制论和信息论（合称"老三论"，也称为 SCI 论）是 20 世纪 40 年代前后创立并获得迅猛发展的三门系统理论的分支学科，耗散结构论、协同论、突变论是 20 世纪 70 年代以来陆续确立并获得极快进展的三门系统理论的分支学科（合称"新三论"，也称 DSC 论）。然而，尽管呼喊在美学领域引入科学方法的呼声很热闹，但是真正获得的理论成果却非常之少，这种方法热也迅速落潮。不过，其历史功绩在于确立了在人文学科的科学主义信仰，从此以后，在美学领域，各种哲学和艺术新方法得以积极地借鉴，心理学方法（特别是精神分析心理学）、社会学方法、哲学方法（包括现象学、解释学方法、结构主义方法）等都开始被广为关注。

五　对"实践美学"的广泛认同

如果说，从 20 世纪 80 年代至今，占据美学思想主流的美学流派，恐怕唯有"实践美学派"。"实践美学"公认的提出者是李泽厚，它发端于 20 世纪五六十年代的美学大讨论，那时，善学好思的朱光潜先生主张"主客统一"、朴实无华的蔡仪先生力主"客观唯一"、年轻激进的李泽厚则倡导"客观性与社会性统一"，还有高尔泰、吕荧主张的"主观派"更独树一帜。如果上升到哲学高度，这场论争可以简化为客观派与社会派的对峙，这与前苏联的"自然派"与"社会派"之争是类似的，尽管后来"社会派"被改造为"实践派"（前南斯拉夫哲学界也有类似的主张）。进入 80 年代，美学界的同仁大部分都接受了朱光潜先生的主客统一的基本主张，并将之作为美学原论的立足点，但是这种统一究竟在哪里？只有少数论者仍倾向于蔡仪的主张，更多的论者则被李泽厚的"统一于实践"的说法所折服，于是，实践派越到 80 年代后期就越成为主流。这种实践美学的主流趋势，还与整个美学教育是相关的。王朝闻主编的《美学概论》

---

① 江西省文联文艺理论研究室编：《文学研究新方法论》，江西人民出版社 1985 年版；江西省文联文艺理论研究室编：《外国现代文艺批评方法论》，江西人民出版社 1985 年版；江西省文联文艺理论研究室编：《文艺研究新方法论文集》，江西人民出版社 1985 年版；《马克思主义文艺理论研究》编辑部编选：《美学文艺学方法论》，文化艺术出版社 1985 年版；《文艺理论研究》编辑部选编：《新方法论与文学探索》，湖南文艺出版社 1985 年版。

曾被再版过 29 次之多，"这本书，原是 1961 年计划要编写的全国高等学校文科教材之一。大约从 1961 年冬开始，教材办公室先后从一些高等学校和研究单位抽调了二十几位同志，分别参加编选资料，研究、讨论提纲和起草初稿的工作"①，这些参编人员基本上在后来都成为实践美学的坚定支持者。在基本思想上，作为主编的王朝闻"开始依靠周来祥，后来依靠李泽厚"，"再后来就是依靠刘纲纪"，②这本概论也基本上崭露出了美学实践观的萌芽，它对于后来美学概念的写作具有范本的意义。后来，无论是杨辛、甘霖《美学原理》（北京大学出版社 1985 年版，再版 21 次），还是杨恩寰、梅宝树、李范、樊莘森、童坦等人合著的《美学教程》（中国社会科学出版社 1987 年版）都对于实践美学的普及产生了重要的历史作用③。

六　"审美心理学"与"审美社会学"

在"科学美学"思潮的影响下，"审美心理学"与"审美社会学"也同时得到学者们的广泛关注。在审美心理学方面，朱光潜的开拓意义可谓巨大，他的《文艺心理学》和《悲剧心理学》在 20 世纪 80 年代不断再版，金开诚的《文艺心理学论稿》（北京大学出版社 1982 年版）也引起了关注。随着弗洛伊德的精神分析心理学和阿恩海姆的格式塔心理学不断被译介（阿恩海姆的《艺术与视知觉》发行了几十万册），在 1985 年出现了两部重要著作，分别是滕守尧的《审美心理描述》（中国社会科学出版社 1985 年版）和彭立勋的《美感心理研究》（湖南人民出版社 1985 年版）。对于审美社会学的研究也得到了人们的关注，各种相关的著作也得以出版。④

---

① 王朝闻主编：《美学概论》，人民出版社 1981 年版，后记。
② 李泽厚：《美的历程——李泽厚访谈录》，载《文艺研究》2003 年第 1 期。
③ 还有许多值得提及的具有影响力的美学概论著作，诸如《美学演讲集》，北京师范大学出版社 1981 年版；文艺美学丛书编委会：《美学向导》，北京大学出版社 1982 年版；齐一、马奇：《美学专题选讲汇编》，中央广播电视大学出版社 1983 年版；刘书成主编：《美学基本原理》，上海人民出版社 1984 年版；蔡仪主编：《美学原理》，湖南人民出版社 1985 年版；等等。
④ 刘崇顺等：《文艺社会学概说》，文化艺术出版社 1986 年版；司马云杰：《文艺社会学论稿》，湖北人民出版社 1986 年版；滕守尧：《艺术社会学描述》，上海人民出版社 1987 年版；花建、于沛的《文艺社会学》，上海文艺出版社 1989 年版；姚文放：《现代文艺社会学》，江苏文艺出版社 1993 年版。

七　"诗化哲学"及感性化思潮

德国浪漫主义的美学传统，一直在汉语学界得到关注。刘小枫的《诗化哲学》就将从早期浪漫派（耶拿浪漫派）的施莱格尔兄弟、诺瓦利斯到德国古典主义美学的谢林，再到荷尔德林的诗哲，都归之为"诗的本体论"思想；从叔本华和尼采才开始的"本体论的诗"的思想，不仅包括新浪漫诗群的作家们，而且也包括狄尔泰的生命哲学、海德格尔的存在哲学，乃至将阿多诺、马尔库塞这样的早期法兰克福学派的代表人物都被一网打尽。最终，作者试图从中提升出一种宗教般的"体验本体论"，认为"体验是一种意指向意义的生活"，而"审美体验是一种精神的、总体的情感体验"①。这种泛感性化的思潮在 20 世纪 80 年代也产生了重要的影响，王一川的《审美体验论》（百花文艺出版社 1992 年版）、彭富春的《生命之诗——人类学美学或自由美学》都属于此类。

八　"实践与后实践"之争

从 20 世纪 80 年代中期开始，实践美学就遭到了反对者的攻击。早在 1986 年，刘晓波就疾呼"超越理性主义"、回归"感性个体无限的生命"，从而弹响了生命美学的激进前奏②。在此之后，20 世纪 80 年代占据主流的实践美学终于遭到了 90 年代"后实践美学"和"生命美学"的质疑和反对。在学理上，"积淀说"成为批判实践美学的"突破口"，陈炎对"积淀说"的批判引发了学者们的关注。的确，步入 90 年代，实践美学话语悄然丧失了 20 世纪 80 年代独有的政治和文化批判功用，美学热也由喧嚣浮躁而日渐疲惫沉寂。特别是随着市场经济转轨，以都市为根基的大众审美文化自下而上侵蚀蔓延，而实践美学话语却因蜗居而失去言说新生文化的功能。这样，曾经以显学自居的美学最终退归到学术场，而同政治和社会"场域"相对疏离。正是在这种时代语境内，后实践美学和生命美学由边缘逐渐向中心移动，并在 20 世纪 90 年代中后期成为令人瞩目的思潮。后实践美学和生命美学诘问"实践"作为美学基础的缺失，或以"人的存在——生存"本体、或以"生命活动"为核心的审美活动、或以"基础存

---

①　刘小枫：《诗化哲学》，山东文艺出版社 1986 年版。
②　刘晓波：《批判的选择》，上海人民出版社 1988 年版。

在论"来取而代之。① 其实，海德格尔建构的"基本存在论本体论"对后实践美学和生命美学的影响深远，最基本的启示作用就在于"此在"的本体论，这启发生命美学的以存在本身或生命本体来取替实践基石，从而实现美学根基的转换。同时，又把艺术和审美置于该存在本体论基础上，并以此为生命美学的逻辑起点，并力图逃逸出主客分立或者主体性的哲学先在构架。面对后实践美学没有整体理论构架的指责，杨春时完成了《美学》（高等教育出版社 2004 年版）一书算作对后实践美学体系性的总结。

九 "审美文化"研究与"大众文化"批判

20 世纪 90 年代初期，随着实践与生命（美学）之争的深入，审美与文化之合（即"审美文化"研究）也逐渐被学者们所关注。在内在层面上，审美主义的"生命艺术化"延展为生命美学的价值取向；而在外在层面上，审美主义"艺术化生存方式"却成为审美文化的主体核心，因而，审美文化就成了"艺术与生活融为一体的文化"。② 当然，这两种取向直接与 20 世纪 80 年代的"主体性张扬"和"文化的守望"相关联，但在更深层面却同 20 世纪二三十年代建基的中国审美主义传统血脉相通。更重要的是，在现实意义上，这种"审美文化"研究所反对的是将美学作为一门"玄学"进行研究，而主要要美学"走下去"、"沉下去"，从而关注现实的文化现象。与此同时，随着法兰克福学派理论的引进，特别是马尔库塞"新感性"和阿多诺"大众文化"理论的译介，中国学者们也开始使用西方马克思主义的理论武器来对大众文化进行激进批判，而且都采取了一种咄咄逼人的社会批判立场。随着市场经济的逐步建立，这种立场被逐渐淡化，大众文化批判也被一种广义的"文化研究"所取替。

十 "比较美学"与"跨文化美学"

值得一提的是，"比较美学"研究一直是美学领域既不温也不火的持续关注点。相关的专著主要有黄药眠、童庆炳主编的《中西比较诗学

---

① 阎国忠：《走出古典——中国当代美学论争述评》，安徽教育出版社 1996 年版，第 497—499 页；丁磊、李西建：《当代中国美学的前沿——关于实践论美学争鸣情况的述评》，《学术月刊》1995 年第 9 期。

② 审美主义与审美文化关联的论述，见聂振斌、滕守尧、章建刚：《艺术化生存——中西审美文化比较》，四川人民出版社 1997 年版。

体系》（人民文学出版社 1991 年版），周来祥、陈炎的《中西比较美学大纲》（安徽文艺出版社 1992 年版），马奇主编的《中西美学思想比较研究》（中国人民大学出版社 1994 年版），张法的《中西美学与文化精神》（北京大学出版社 1994 年版）和《美学概论》（中国人民大学出版社 1999 年版），彭修银的《中西戏剧美学思想比较研究》（武汉出版社 1994 年版），潘知常的《中西比较美学论稿》（百花洲文艺出版社 2000 年版）。另一种思想则是走向"跨文化美学"，主要体现在王柯平的《走向跨文化美学》（中华书局 2002 年版）对于美学原典的比较研究、高建平的《中国艺术的表现性动作：从书法到绘画》（1996）以英文写成的研究中国艺术理论中的表现性与动作性、情感与艺术形式的关系的著作当中。

十一　"世纪美学回顾"

濒临世纪末，美学界的同仁开始反思作为整体的 20 世纪中国美学的成就与历史教训，① 形成了四种对于"百年中国美学"反思的基本思路。1．"政治说" 从政治权力角度的阐释看，在世纪初反帝反封建的民族文化运动里，美学自觉以教育启蒙的身份介入社会革命。随后的几十年里，马克思主义美学与资产阶级美学的对峙正体现出两大阶级的思想斗争。建国后，美学开始与苏联模式看齐，社会主义美学由逐渐本土化转到政令性地成为唯一言说的意识形态话语。80 年代，随着实践美学观念的日益成熟与全面展开，政治权力话语同知识权力话语日渐分流；九十年代又有市场权力话语的渗透介入，从而形成三方对话的张力语境。2．"启蒙说" 透过思想启蒙的视角，有论者认为本世纪美学历经了"两次启蒙"的沐浴和熏陶。自新文化运动时代以降，美学就作为民主、科学启蒙运动的重要成分而得以建构和播撒。以国人觉醒为目的的"启蒙"主旋律始终主宰着上半世纪，贯穿着和谐型向崇高型美学基调的转变。而进入 80 年代，美学又面临着在文化荒原上重建的新一轮启蒙境遇，然而主体的解放和向世界开放却成为"二次启蒙"的主题思绪。90 年代的知识分子，则通过后现代镜像，发现"后启蒙"价值话语主宰了中国当

---

① 汝信、王德胜主编：《美学的历史——20 世纪中国美学学术史进程》，安徽教育出版社 2000 年版；"百年中国美学学术讨论会"综述，《文艺研究》1998 年第 4 期。

下文化境遇。3. "现代化说"从华夏美学的"现代化"的母题来审视这百年史。他们认为，这百年美学是东西方美学和文化相互碰撞融合的产物。最早它是通过日本从西方拿来美学，然后转道直学欧美，进而承袭俄苏话语并归于一统，直至近二十年来欧美现代和后现代思潮全面介入。在这种西方强势美学制导之中，仍处于接受过程里的中国美学的"现代化转型"尚未完成。4. "内在动力说"从美学自身性质出发，有学者认为百年美学的内在动力是"超功利主义美学与功利主义美学的矛盾运动"。这种矛盾肇始于王国维与梁启超，朱光潜"形象直觉论"美学与蔡仪"唯物反映论"美学、主观派美学与客观派美学、至今的理论美学与实用美学等一系列的分殊，大致契合于这种审美自律与社会他律的矛盾动力论。

十二　"生态美学"与"环境美学"新思路

在 1994 年，中国学者提出"生态美学"概念并召开过几次大型学术研讨会，直到 2007 年举办到了第四届，有关生态美学的探讨成为美学界的理论热点之一。正如生态美学的领军者曾繁仁所指出的，"生态美学是生态学与美学的有机结合"，实际上是从生态学的方向研究美学问题，将生态学的重要观点吸收到美学之中，从而形成一种崭新的美学理论形态，从广义上来说，它包括人与自然、社会及人自身的生态审美关系，是一种符合生态规律的当代存在论美学。[①] 这种新的美学思路，是 20 世纪 80 年代以后生态学已取得长足发展并渗透到其他学科的结果，在中国得到长足的发展，从 2000 年底开始，中国学者们出版了有关生态美学的一系列专著，标志着生态美学在我国进入更加系统和深入的探讨。与此同时，在国际美学界时兴的"环境美学"和"自然美学"研究也大量被译介过来，中国学者也开始从本土文化当中发掘"环境美学"与"自然美学"的资源，并积极参与到与国际美学界的对话当中。

十三　"审美现代性"研究

随着后现代主义思潮逐步进入中国，对于"审美现代性"思想的关注

---

① 曾繁仁：《当代生态美学的发展与美学的改造》，载曾繁仁：《转型期的中国美学——曾繁仁美学文集》，商务印书馆 2007 年版。

尤甚。许多学者都对于审美现代性的问题进行了相关的研究。① 一方面,学者们对于西方的审美现代性思想进行了系统梳理,在美学知识体系和社会现代性的互动框架中,对 20 世纪西方美学发展的现代性理路作了概要的描述;另一方面,又都结合中国的现实国情,提出了中国本土的审美现代性的问题,并由此考察了审美现代性与日常生活、审美主义、后现代性、艺术自律问题之间的相互关联。

十四 "日常生活审美化"问题

步入新的世纪,最重要的美学论争焦点就是"日常生活审美化"的问题,这既是受到国际学术界的"同时性"的影响,也是对当代中国的文化现实变化的积极折射。所谓日常生活审美化,实际上就是直接将审美的态度引进现实生活,大众的日常生活被越来越多的艺术品质所充满。这个问题原本是当代欧美"文化研究"中的热点专题,主要来源于社会学界,迈克·费德斯通的社会学理论和沃尔夫冈·韦尔施的"审美泛化"论被广为关注。"日常生活审美化"常常被视为"后现代文化"中的特定内容,它常常与"后现代主义与文化边界崩溃"的问题直接相关,而今,无论是中西社会和文化都面临着这种历史性的转变过程,审美与日常生活的联系性,自然成了"生活美学"的历史前提,有论者也试图从哲学本体上提出生活美学的问题。但是,在中国美学界,更多争论的是"究竟是谁的审美化"的社会阶层之争,有论者指出日常生活审美化是中产阶级文化的体现,是"食利者"的美学,也有论者认为这种历史趋势指向的是一种"审美民主化"。②

十五 "艺术终结"难题

时间走到 2007 年,美国哲学家阿瑟·丹托的艺术终结论开始对中国美学界产生了影响,该年度对于艺术终结难题的探讨有十多篇论文出现,此前也有关于艺术终结的专著出版。③ 艺术终结问题的展开,始终是同两

---

① 吴予敏:《美学与现代性》,西北大学出版社 1998 年版;周宪:《审美现代性批判》,商务印书馆 2005 年版。

② 参见"日常生活审美化"笔谈,《文艺争鸣》2003 年第 6 期;首都师范大学文艺学学科分别与《文艺研究》、《文艺争鸣》一道召开过与"日常生活审美化"相关的研讨会。

③ 刘悦笛:《艺术终结之后:艺术绵延的美学之思》,南京出版社 2006 年版。

个问题相关的，一个就是"分析美学"的理论研究，这是因为艺术终结问题就是由分析美学家们所主导的问题；另一个则是"艺术史"的实际发展，丹托在中国今天这么被关注，这恰恰是以本土艺术创造和艺术批判走到了这一步为历史景深的。这也促使中国的学者更多从本土文化的角度来看待艺术终结问题，并积极参与到当代国际美学前沿领域当中，通过相互对话而推动这个问题在全球的发展。

第三节　理论研究的突破与创新

总的来看，从 1978 年到 2008 年这三十年，是中国美学的"大发展"时期，是自从 20 世纪二三十年代之后中国美学研究的又一个黄金时期。从学术史的角度来看，美学的学科规范被逐步建立了，作为哲学分支的美学学科也逐渐向"跨学科"的方向拓展。

如今来盘点中国美学这三十年来所取得的突破与创新，就需要两个参照系，一个是自身的参照，当代中国美学与三十年之前究竟取得了哪些成就，另一个则是他者的参照，相比较于国外美学而言中国本土的美学究竟取得了哪些成就。随着全球化时代的来临，后一个参照系似乎更加重要，因为中国美学要参与到世界美学的建构当中，就必须以当代国际美学作为背景，来考察自身美学的价值和意义。

如果从这种参照系来看，"实践美学"可谓是 20 世纪后半叶最具代表性的中国独有的美学理论。在 2004 年 9 月 18 日至 20 日中国社会科学院哲学研究所美学研究室和北京第二外国语大学跨文化研究所合作召开的以"实践美学的反思与展望"为主题的国际美学研讨会上，众多与会学者确定了实践美学可以翻译为 practical aesthetics 或者是 aesthetics of the practice，从而废弃了将 practice 单纯理解为 work 和 labor 的误解。这次会议得出这样的结论，实践美学是中国现代美学史上的一个重要学说，是中国美学家所创立的具有原创性的美学理论，其哲学的"主体性"就被归结在"自由直观"（以美启真）、"自由意志"（以美储善）和"自由感受"（审美快乐）这些基本思想方面。它从美学的本体论到诸多具体问题提出了一套系统的解释，其理论视野宏阔，论述高屋建瓴，立足于人类社会实践使它具有坚实的理论和现实基础，它也是 20 世纪中国美学对于国际美学界乃至人类思想史做出的理论贡献之一。

按照实践美学创始人李泽厚最新的解读，"所谓实践美学，从哲学上说，乃人类学历史本体论（亦称主体性实践哲学）的美学部分，它以外在—内在的自然的人化说为根本理论基础，认为美的根源、本质或前提在于外在自然（人的自然环境）与人的生存关系的历史性的改变；美感的根源在于内在自然（人的躯体、感官、情欲和整个心理）的人化，即社会性向生理性（自然性）的渗透、交融、合一，此即积淀说。由于人的生理—心理先天（器官、躯体和大脑皮质）和后天（经验、教育和文化）有差异，而使审美和艺术千差万别，极具个性。前者（先天的差异）甚为重要，绝不亚于后者（文化）。"①

从实践美学作为学科的角度来看，在"人类本体论"或"主体性哲学"的命题基础上，它以"美感二重性"（参见 1956 年李泽厚《论美感、美和艺术》一文）、新感性（参见李泽厚《美学四讲》）或审美心理的"数学方程式"（参见李泽厚《美的历程》）或 DNA"双螺旋"（参见李泽厚《美学四讲》英文版）为中心展开。② 所谓"方程式""双螺旋"，都是借用，其意在于强调审美心理是由多项心理因素（包含感知、理解、想象、情绪四大要项集团）所彼此作用、多方变易而构成，有如多种变项的数学方程式或 ACGT 的 DNA 的化学双螺旋。每一要项又由多种功能合成，如"感知"包含生理感觉和心理认知，"理解"包含知性和记忆，"想象"包含期待和无意识，"情感"包含欲望和宣泄，等等。实践美学作为理论只是提出这样一种方向，按照实践美学倡导者的意见，其实证心理学的成熟研究，也许需要等待脑科学真正发达之后的下个世纪。

实践美学在新世纪也得以继续发展。在 20 世纪 80 年代，实践美学更多强调的是"自然的人化"的一面，尽管李泽厚的《华夏美学》、《己卯五说·说自然人化》已讲到人的自然化，但由于论证核心是自然人化的基础命题，③ 即社会、理性、历史积淀在个体、感性、心理，而对这一过程的人体生理—心理方面论述不够，亦即对人自然化的方面论述不够。人自

---

① 李泽厚：《实践美学短记》，载李泽厚任名誉主编、滕守尧主编：《美学》复刊第一期（总第八期），南京出版社 2006 年版。

② 李泽厚：《论美感、美和艺术》，载《哲学研究》1956 年第 5 期；李泽厚：《美学四讲》，三联书店 1989 年版；李泽厚《美的历程》，文物出版社 1981 年版；Zehou Li and Jane Cauvel, , *Four Essays on Aesthetics：Toward a Global View*, Rowman & Littlefield Pub Inc, 2006.

③ 李泽厚：《华夏美学》，三民书局 1995 年版；李泽厚：《己卯五说》，中国电影出版社 1999 年版。

然化是建立在自然人化基础之上，否则，人本是动物，无所谓"自然化"。正由于自然人化，人才可能自然化。正因为自然人化在某些方面今日已走入相当片面的"极端"，才需要突出人自然化。正如《华夏美学》所指出的，人自然化包括自然成为人们和谐居处、旅游、观赏、享受生存的环境和对象，包括人与山水花鸟的亲密感情和生活寄托，包括人们学习自然、调整生理节律、增进健康和寿命，等等。其中还包括对自然界的宗教神秘体验如悟道、皈依。也就是说，人自然化也包括了中国古人的所谓"天地境界"。

在中国美学研究方面，确立中国古典美学研究的"研究范式"也在 20 世纪 80 年代得以确立。这使得这三十年来的中国美学史研究取得了相当多的成果，诸如"意境"等等中国古典美学范畴也得到了充分的研究。就以"意境"这个范畴的研究为例，这个范畴而今被公认为是一种特殊的艺术境界，它浓缩着华夏民族审美的最高智慧。朱光潜和宗白华以他们审美主义的理念，对意境作出"以西释中"或"中西合璧"的阐发，从而反映出古典美学向现代的转型。在 20 世纪 80 年代，胡经之主编的《中国古典美学丛编》（中华书局 1988 年版）、贾文昭主编的《中国古代文论类编》（安徽大学中文系文学研究室 1998 年编）、陈谦豫等编的《意境·典型·比兴编》（中国社会科学出版社 1994 年版）中，都收集了历代大量的意境的古典文献资料。在综合的研究方面，南开大学中文系古典文学教研室编辑的《意境纵横探》（南开大学出版社 1986 年版）、刘九洲的《艺术意境概论》（华中师范大学出版社 1987 年版）、林衡勋的《中国艺术意境论》（新疆大学出版社 1993 年版）、蒲震元的《中国艺术意境论》（北京大学出版社 1995 年版）、夏昭炎的《意境概说——中国古代文艺美学范畴研究》（北京广播学院出版社 1995 年版）、蓝华增的《意境论》（云南人民出版社 1996 年版）和薛富兴的《东方神韵——意境论》（人民文学出版社 2000 年版）都显露出当代中国美学对于"意境"问题探讨的逐步深化。

在西方美学研究方面，除了对于德国古典美学的研究取得的丰硕成果之外，特别是对于现象学美学研究在中国也获得了人们的普遍关注，但令人遗憾的是，在欧美诸国始终占主流的"分析美学"却很少有人问津。现象学美学最高倡导者之一是叶秀山，他的《思·史·诗——现象学和存在哲学研究》（人民出版社 1988 年版）和《美的哲学》（人民出版社 1991 年版），从现象学角度对于美的活动作出了自己的解答："基本的经验世界就是一个充满了诗意的世界，一个活的世界，但这个世界却总是被'掩盖'着的，而且随着人类文明的进步，它的覆盖层也越来越厚，人们要作出很大的努力才能把这个基本的、生活的世界体会并揭示出来。"①与此同时，对于杜夫海纳、英伽登、海德格尔、伽达默尔这些承继了现象学传统的哲学家和美学家的研究都成为人们关注的焦点。

到现在为止，真正对当代中国美学界形成了最深层影响的是三大哲学思想线索：

其一，"康德——黑格尔——（康德化或黑格尔化的）马克思"的由德国古典哲学一脉相承的思想线索。

其二，"席勒——马克思——法兰克福学派（直至哈贝马斯）"的具有乌托邦色彩的社会批判的思想线索。

其三，"胡塞尔的现象学——（海德格尔式的）存在主义——解释学"层层推进的现代德国思辨哲学的思想线索。

在这些坚实的美学研究基础上，从内在精神气质上来讲，当代中国美学形成了一种独特的、具有本土文化意味的"中国审美主义"思潮。② 从"审美形而上学"的角度来看，这种美学的主流是一种"泛感性论"的生命哲学，这种美学具有三重意蕴：第一，将"生命"与"审美"贯通；第二，赋予艺术以"宗教式"的救赎功能；第三，以"泛审美"的目光观照世界。

归根结底，"生命的艺术化"是中国审美主义的核心，它要借审美之途来安顿此岸的生存，从朱光潜的"人生的艺术化"、宗白华的"艺术的人生观"到李泽厚的"审美形而上学"，就是其典型化的境界。

因而，在20世纪的二三十年代与八九十年代，中国的美学便都获得了空前的发展，并成为社会变革和思想启蒙的急先锋。特别是在80年代，李泽厚的"实践美学"和具有人类学意味的哲学思想在其中占据了主导。这便是美学在中国的"前导性"的问题，它犹如幽灵在汉语思想界游荡和隐现。实质上，"审美人生"与"理想社会"犹如一张纸的两面，前者往往为后者提供着内在依托和主体根基，后者则是前者的外在实现和客观显现。而华夏古典文化重个体生命的安顿和体贴，则为"生

---

① 叶秀山：《美的哲学》，人民出版社1991年版，第61页。

② 刘小枫：《现代性社会理论绪论》，上海三联书店1998年版，第307页以下。

命艺术化"的思想奠定了传统基源。由此来看，从 20 世纪初王国维的人生解脱美学与梁启超社会关怀美学的二元并置，直到世纪末关注生命的美学与审美文化研究的共时性的出现，都是在从内、外不同的角度论述着相同的主题。

当然，美学学科的突破和创新，还要回复到自身的参照系来言说，也就是从这三十年历史进程来看，每个时期的美学究竟比照前代取得了哪些成就。但是，从整体上来看，实践美学、中国古典美学研究和西方美学研究，还是构成了当代中国美学最突出的三方面的成就。

非常有趣的是，这种美学成就的取得同当代中国历史发展形成了一定的"匹配"关系的同时，也出现了"错位"的现象。按照比较公允的看法，这三十年美学的发展，按照时间的顺序可以分为四个阶段：第一阶段是文化大革命之后的"美学复苏"时期，时间是从 1974 年到 1984 年；第二阶段是走进古典与面向国外的时期，时间是从 1985 年到 1989 年，"西化"思潮在这一阶段是绝对占据主导性的；第三阶段是新保守主义与"后学"（指的是以后现代为主流的思潮）的合流的时期，时间是从 1990 年到 1994 年；第四阶段是文化研究兴起与中国美学重新定位的时期，时间是从 1995 年到 2000 年之后。①

如果将中国美学所取得的成就置于这种历史格局当中来看的话，可以说，首先，实践美学的确由于参与到了整个中国社会的启蒙运动当中，而在整个四个阶段当中都起到了重要的作用，至今仍是人们谈论的焦点。但无疑，实践美学对于社会的推进作用更多出现在 20 世纪的 80 年代，到了 90 年代之后，实践美学的作用更多是囿于纯学术领域。然而，还要看到，在"西化"思潮占据主导的时期，恰恰是中国美学史的撰写模式被奠定的时期，而且，成为经典著述的那些关于中国美学的作品为后来的研究奠定了扎实的基础；另一方面，恰恰是在出现新保守主义的 90 年代以后，西方美学的撰写更加日臻完善，这也许是对于外来的学术资源能够更加深入掌握的结果。这无疑就是一种历史的"错位"现象，但从整体来说，当代中国美学这三十年的发展，基本上还是按照"历史的逻辑"而展开的。

①　高建平：《中国美学三十年》，《四川师范大学学报》2007 年第 4 期。

第四节　总结与点评

综上所述，美学这门学科在这三十年间得到了全面的发展，取得的成绩是有目共睹的，但是其中还存在着某些问题，需要我们重视起来。

一、关于美学的基本原理方面，实践美学所取得的成就虽然是巨大的，也被认为是 20 世纪中国美学当中影响最大的美学学说，并曾对当代中国的思想启蒙起到推动的作用，然而，三十多年来学者们仍然在囿于"实践美学的范式"在做工作，即使有所推进也是在"后实践美学"的领域内实施的，目前尚没有更新的美学思维模式出现。实践美学也确实在面临着两方面的挑战，一方面的确许多学者指出实践美学是建基在主体性哲学思想基础上的，而这种主体性思想基本属于现代性的范畴，因而实践美学需要用存在哲学抑或后现代思想的武器来加以超越，从而拯救其思想中的理性与感性、个体与群体之分裂；另一方面，由于实践美学仍是计划经济时代的产物，难以对市场经济社会建立以来的社会和文化现实给出理论的阐释，特别丧失了对当代审美文化的分析能力。在 2004 年"实践美学的反思与展望"探讨会上，也对于实践美学安排了五个专题的谈论，这也可以被视为反思实践美学的缺失的五个问题："实践美学中的理性是否压倒了感性？""实践美学中的哲学是否代替了美学？""实践与生存是何关系（总体是否压倒了个体）？""实践美学是否与当代审美文化脱节？""实践美学的问题与前景（工具与符号的关系）"。无论怎样，对于当代中国美学思想的最重要挑战就是，如何超越原有的"实践—后实践美学"格局，同时继承中国传统美学的丰富遗产，从而走出一条"中国化"美学思想的新路？换言之，"实践美学之后"中国的美学思想走向何方，这是尚待美学界的学者们研究的最核心的问题之一。

二、对于西方美学思想的研究，这三十年来已经取得了重要的成果，而且越来越与世界当前的美学前沿衔接了起来。众所周知，随着中国社会这三十年的改革开放，对于西方美学思想的借鉴和研究也逐步走上了正轨，在 20 世纪 80 年代由李泽厚主编、滕守尧从事实际工作的"美学译文丛书"共出版了 51 本，计划出版百本西方美学著作，最新备选的著作时间到了 1981 年。从语言的角度看，过去对于德文美学著作的译介得到了重视，如今随着英文成为国际性的语言，似乎从其他语种（如意大利文）

角度来做相关美学研究的人并没有将前辈的事业更好地承继下去。更重要的是，当代中国对于西方美学的整体研究还是有问题的，那就是从 20 世纪中叶开始就偏重于康德、黑格尔以来的大陆哲学传统，20 世纪 80 年代之后现象学、存在主义传统的美学又得到了普遍关注，即使关注英语美学也更多是对于格式塔和符号论美学颇有热情，而真正对于在英美世界占据绝对主导的"分析美学"传统鲜有研究。这是当代中国美学界对于西方美学研究的现状，也就是更加注重去借鉴具有人文主义传统的美学，而对于具有科学精神的西方美学传统却采取了拒斥的态度。其中，语言问题是最为关键的，如果说当代的盎格鲁—撒克逊美学传统关注的问题是"如何走出语言"的话，那么，当代中国美学恰恰没有经历这种"语言学转向"的洗礼，如何"走进语言"，并且在语言哲学的基础上翻过身来研究中国美学，势必在将来成为新的美学生长点。

　　三、对于中国自身的美学传统，的确在这三十年来获得了整体的考量，如何研究中国美学的方法也在逐渐被确立起来。可以看到，无论是对于整个中国美学通史的"通观式"的研究，还是对于个别具体美学问题和美学家思想的微观研究，这些都已经在全方位地得到推动。然而，对于中国美学的研究，还有某些问题值得注意，比如，在美学思想的研究当中更多忽略了作为美学思想基础的哲学思想的研读，在中国美学研究者自身素质方面缺乏西学的修养，等等。当然，其中最重要的，就是如何突破传统的中国美学的"写作范式"。如前所论，按照"思想史"、"范畴史"和"文化史"的写法各种尝试均已经出现，许多学者都已经意识到仅仅通过思想和范畴来把握中国美学是难以体悟到其"真精神"的，所以，从审美文化、审美风尚的各个角度来重写美学史的诉求越来越强烈。这种尝试对于中国美学写作范式的创新尽管非常重要，但是，其中的问题是，以目前的美学研究者的"胆"、"才"、"识"、"力"，确实难以将美学的"道"与"器"二者的研究完美地结合起来，换言之，这些重写美学史的新的理念，难以在实施的过程当中被贯穿到底。或许，从跨学科的角度来看待这个问题会更加清晰，艺术史、人类学、考古学、心理学等各种学科都会为美学史提供养料，各种新旧的方法论亦可以为美学史提供新的视角。此外，由于外语的限制，如何将中国传统美学思想的精髓译介到国外去，也成为了亟待解决的问题。

　　四、当代中国美学还有一个缺失，就是对于艺术哲学领域的关注还不够。比照 20 世纪欧美美学的发展，以分析美学为主流的欧美美学，基本上以艺术问题作为美学研究的绝对核心，甚至就将美学直接等同于艺术哲学。这种视野的局限已经被揭露了出来，所以，当代欧美美学也开始关注到"艺术之外"的研究对象，这也就是自然美学和环境美学在近些年来兴起的学科缘由。然而，对照地看，当代中国美学恰恰缺乏的就是对于艺术的哲学研究，这也是美学学科在中国的特殊性使然。由于大多数的美学工作者都是属于文学系的，所以，在对于美学的研究上面，文学这门亚门类往往成为美学研究者们内心取代"艺术"的东西，艺术哲学的研究往往就被文学理论的研究取而代之，或者说，关于文学的美学统领了关于艺术的美学。如何回到艺术，特别是视觉艺术和造型艺术（欧美的美学更多关心的就是这类艺术），来进行新的美学思考，也成为未来中国美学所要努力的方向。

最后，还有一个问题，就是"与世界对话"的问题。当代美学的研究需要警惕的是，一方面，不要像 20 世纪 80 年代早期那样，在相对封闭的条件下"闭门造车"，在缺乏学术积累和传承的基础上空洞地构建美学体系；另一方面，在而今这样的"八面来风"的历史语境当中，如何不去随波逐流，找到自己的理论立足点，就显得格外重要了。当代的美学研究需要学者们更多地参与到世界美学的前沿当中，与当代国际美学研究者们积极对话，当然，这并不是要成为西方新思潮的"传声筒"，而更重要的是，在这种对话当中发出自己的、本土的声音。

总而言之，通过对于这三十年来美学学科的历史进程、研究成果、得失问题的考察，我们已经概略地对于 1978 年到 2008 年当代中国美学史进行了一种反思性的梳理。美学这门学科，尽管面临着"跨学科研究"的挑战，但是最重要的历史教训，还是要回到"哲学本位"上来加以言说。这也是面临当代美学研究的两种不健康的趋势而言的：一种就是美学的"去哲学化"，在很大意义上，美学倒变成了"诗化的哲学"与"哲学的诗化"，从而降低了其学术的品格和思辨的本性；另一种，则是美学的"去艺术化"，美学研究不仅超离艺术而"独在"，从而成为"自说自话"的玄学，而且割裂了与活生生的生活的血肉关联。如此一来，在当代中国的美学研究里面，如何让美学回到——"作为哲学的美学"与"直面艺术的美学"——这两半拱心石上面去，就成为重要的问题。

第八章

逻辑学

改革开放以来的30年，是我国逻辑学研究取得长足发展的30年。

若从新中国成立算起，我国逻辑学研究与教学大致可分为3个阶段：第一阶段从20世纪40年代末至60年代中期，这一阶段的逻辑学界的主要工作是从事大学文科逻辑学教材的编写和翻译，研究方向主要集中在传统形式逻辑、辩证逻辑以及中国逻辑史，从事现代逻辑研究的队伍很小，研究成果不多。50年代中期至60年代中期，在毛泽东主席的推动下，逻辑学界曾就形式逻辑和辩证逻辑的一些理论问题进行了广泛的讨论，这场"大讨论"延续十多年，讨论的核心问题是形式逻辑的性质。这场讨论基本局限在逻辑哲学领域，由于大多数参与者缺乏现代逻辑的背景知识，使讨论的水平受到很大限制。但值得肯定的是，经过激烈的争论，广大逻辑学工作者初步明确了形式逻辑是在纯粹状态下研究思维的逻辑形式的一门科学，这正是由弗雷格奠定始基的现代逻辑的精髓，也正因如此，逻辑学才能广泛应用在哲学、数学、计算机科学、语言学、心理学、法学、经济学等领域，为现代逻辑在我国的发展打下了初步的基础。但从总体上说，我国逻辑学研究被国际逻辑发展的潮流抛在了后头。

第二阶段是十年"文革"时期，逻辑教学与研究工作进入停滞状态，逻辑学的队伍几乎被解散。

第三阶段即"文革"结束以后，特别是1978年改革开放以来，我国逻辑学研究步入大发展时期。逻辑学研究的队伍被重新组织起来，并有一批又一批新生力量逐步加入进来。1978年、1979年由中国社会科学院哲学研究所等单位先后发起并召开了第一、二次全国逻辑讨论会，成立了中国逻辑学会。在这两次大会上，针对我国逻辑教学和研究水平远远落后于国际水平的实际状况，有些学者提出了逻辑教学与研究现代化的主张。此后进一步发展为中国逻辑学会关于"实现逻辑教学和研究的现代化，与国际逻辑教学和研究的水平接轨"的发展目标。围绕这个目标，我国广大逻辑工作者进行了不懈的努力。作为我国逻辑事业发展的主要组织者，中国逻辑学会及其下属的十余个专业委员会坚持"理论与应用相结合"、"提高与普及相结合"两个方针，开展了丰富多彩的学术活动，有力推动了多层次逻辑教学与研究的发展。正如现任中国逻辑学会会长张家龙所指出的那样，经过近30年的发展，我国逻辑教学和研究的现代化、与国际逻辑教学和研究水平接轨的发展目标已经初步实现，正在向全面实现迈进。其主要标志是：中国逻辑学界已经有一批达到国际逻辑研究水平的成果；有一批具有丰硕成果的中青年学术带头人和骨干；有一批具有现代逻辑素养的逻辑学博士和硕士；有一批出国深造留学归国的逻辑学者；有一批能进行国际逻辑学术交流的学者。这为我国逻辑事业今后的发展奠定了坚实的基础。

第一节 基础研究

20世纪是西方逻辑发展史上的第三大高峰期，逻辑学发展成为与数学、物理学、化学、天文学以及地球科学、空间科学、生命科学等相并列的基础学科，这是20世纪科学系统演化的重大进展。联合国教科文组织早在20世纪70年代已对此予以确认。后来在该组织发布的"科技领域国际标准命名法"中，更把逻辑学列为一级学科之首。但这种学科进化并未体现在我国的学科建制上。在我国通行的学科划分上，"逻辑学"被列为哲学一级学科之下的二级学科，而"数理逻辑"被列为数学一级学科之下的三级学科。这在一定程度上限制了我国逻辑事业的发展。但是通过在改革开放的大潮中对国际逻辑发展状况的了解与研究，我国逻辑学界在如下问题上逐步达成了共识：20世纪逻辑学的重大发展首推演绎逻辑的长足进步，传统演绎逻辑与现代演绎逻辑是同一门学科的不同发展阶段，而不是以往许多学者理解的不同学科；由弗雷格奠定基础并由罗素、希尔伯特和哥德尔等人所完善的一阶逻辑，是整个当代逻辑大厦的基石；形式系统方法是现代逻辑研究的基本方法，四论（集合论、证明论、模型论、递归论）为现代逻辑的发展提供了基本工具；尽管四论的尖端研究属于狭义数理逻辑的范畴，属于数学家的研究领域，但其基本思想与方法是任何从事当代逻辑研究的学者所应当掌握的。我国哲学学科的逻辑学博士点与硕士点已普遍把"打好数理逻辑基础"作为人才培养的基本要求。以往曾出现的哲学专业逻辑学教授反对自己的学生学习数理逻辑的现象已经成为历史陈迹。

我国数学界与计算机学界活跃着一支数理逻辑基础研究队伍，他们在老一代数理逻辑学家莫绍揆、胡世华、王世强、吴允增等人的带领下，在逻辑演算与四论研究中取得了丰硕成果，有些成果获得了国家自然科学奖和何梁何利科学与技术进步奖。另有一批数学出身的学者加入到哲学界逻辑学研究队伍中来，也在逻辑基础研究上做出了许多独特贡献，例如沈有鼎的"初基演算"、"所有有根类的类的悖论"，胡世华的"递归算法——递归算法论 I"、"核函数——递归算法论 II"（与陆钟万合作），莫绍揆的"有穷模态系统的基本系统"、"模态系统与蕴涵系统"，王世强的"命题演算的一系公理"、"一种逻辑电路演算的构作"等。张清宇创制了不用联结词和量词的一阶逻辑系统，对括号作了独到处理，使得括号能兼具联结词的作用也有替代量词的作用，这是继卢卡西维茨以后又一新的逻辑符号和记法系统。在逻辑语义学方面，有学者首创一种"嫁接"方法，建立了一种新型模态逻辑语义框架即"嫁接框架"。嫁接框架由通常的克里普克关系语义框架作接本和相干逻辑的语义框架作接穗组合而成。在嫁接框架的基础上构造了嫁接模型。进而又给出典范的嫁接框架和模型及其一些性质的证明，从而得到刘易斯的 S1 系统的完全性。对 S1 完全性的证明，解决了现代模态逻辑自创立以来一直未能解决的国际公认的逻辑难题。嫁接框架的建立也是一项具有国际水平的研究成果。有学者在总结逻辑系统的各种语义学的一般特征的基础上，建立了适合绝大多数命题逻辑的邻域语义学，开辟了一个新的研究领域，将各种逻辑中许多类型的问题、结果和方法，在邻域语义学中作统一处理，得出更多的一般性结果。又将这些结果应用到具体逻辑系统（直觉主义逻辑、相干逻辑、模态谓词逻辑等）中，建立它们的框架和讨论它们的完全性问题等。有学者主持了国家自然科学基金资助项目"Chang 氏模型 C 研究"，并且和德国 H. Klein Büning 教授合作研究极小不可满足公式，已经取得了重要成果。对可数无穷长语言的可构成模型 C 进行了较为系统深入的研究。有学者关于递归论的计算机复杂性和实数可计算性方面的研究论文发表在不同的国际权威杂志上。

就哲学界逻辑学科的总体情况而言，在对数理逻辑基础的把握主要体现在诸多研究热点方面对数理逻辑基础研究成果的应用上，体现在各种形式系统的建构及其可靠性、完全性证明上。

第二节　学术热点

在过往30年逻辑研究现代化的征程中，我国逻辑学学术研究在不同时期呈现出相对集中的研究热点，并在这些热点上取得了较多成果。这些热点在国家社会科学基金项目立项、两次金岳霖学术奖（逻辑学奖）、教育部人文社科奖获奖成果及中国逻辑学会优秀成果奖、各博士学位点学位论文选题等方面均有突出体现。

一　哲学逻辑与逻辑哲学

就国际学界特别是西方学界而言，20世纪上半期逻辑学的发展使之最终从哲学母体中独立出来，同时又反作用于哲学研究，推动哲学研究实现了"语言学转向"；在此基础上，20世纪后半期逻辑与哲学之间又建立起了深刻的互动关系，逐步形成了"哲学逻辑"与"逻辑哲学"这两个崭新的学科群，构成了当代逻辑学科发展的主流方向。哲学逻辑研究分为两大学科群落，一是在经典逻辑基础上，通过引进具有哲学含义的逻辑算子而建构的扩充型逻辑系统，如基本（真势）模态逻辑、时态逻辑、认知逻辑、道义逻辑等，这些系统一般又统称为"广义模态逻辑"；一是在某种哲学思考背景下通过对经典逻辑算子的变异解释而建构的异常（或称异释）型逻辑系统，如多值逻辑、模糊逻辑、相干逻辑、直觉主义逻辑、弗协调（又译次协调、亚相容）逻辑等。后者又各自有自己的扩充系统，如多值模态逻辑等。逻辑哲学研究也分为两大学科群落，一是关于逻辑的哲学研究，二是运用现代逻辑工具去分析解决重大哲学问题，后者与"语言哲学"有广泛的交叉领域，经过多年发展，逐步形成了"意义观"、"真理观"、"悖论观"等研究重心。这两大学科群构成了逻辑与哲学互动发展的基本桥梁，其研究价值已经并正在充分展示出来。自20世纪80年代初以来，现代逻辑发展的这一态势逐步为我国学者所把握。这体现在陆续出版多部系统介绍狭义与广义模态逻辑的著作之中。90年代之后，哲学逻辑与逻辑哲学逐步成为我国逻辑学界的主攻方向，发表了大量系统介绍国外研究进展的著作与文章，也出现了不少独立研究的成果。

在扩充型哲学逻辑方面，学界最初主要集中在对狭义模态逻辑的把握与研究上，后来逐步把研究重点转移到认知逻辑研究上来，这不仅表现为致力于认知研究的学者的数量不断增加，也表现为研究成果的不断丰富。研究方向涉及认知逻辑的分类、信念修正、对动作的认知以及逻辑全能等问题。近年来，我国逻辑学者致力于多主体认知逻辑的研究，以期使它成为完整的逻辑理论，构造了一组多元主体认知逻辑系统。有的学者研究集体认定的逻辑，给出这种逻辑的形式语言和形式语义，包括框架和赋值条件，给出它的范式，讨论了这种逻辑的一些重要性质。

近些年，有学者将"阿姆斯特丹观点"——模态逻辑的新观点引入我国，期望逐步扭转以往认为模态逻辑只是"关于必然与可能的逻辑"的观点，使我们逐渐认识到，模态语言成为研究关系结构的一种简单但富于表达力的语言，它并非孤立的形式系统，并且为研究关系结构提供了一种内部的、局部的视角。基于新的技术工具，特别是"标准翻译"和"双仿"的使用，丰富了我们对模态逻辑理论的理解。另外导致了"扩充模态逻辑"的产生。因此，为逻辑学界提供了可供研究的更广阔的领域，同时也需要更多的学者关注并致力于研究它。这种新观点在国内仍然比较生疏，但是其丰富而具有前景的作用不容置疑。

在我国，关于弗协调逻辑（亦称亚相容逻辑、次协调逻辑）的研究始于 20 世纪 80 年代，80 年代后至 2000 年期间，除了发表相关文章外，弗协调逻辑只是作为相关书籍的一部分给予介绍和讨论。最近两年才有关于弗协调逻辑的专著，如《次协调逻辑与人工智能》（武汉大学出版社 2002年版）、《弗协调逻辑》（中国社会出版社 2003 年版）等。与国际大趋势是一致的，我国关于弗协调逻辑的研究处于上升趋势。

我国的道义逻辑研究起步较晚，研究成果与国外的差距很大。20 世纪80 年代至 2000 年之前，国内学者的工作主要集中在介绍和初步研究阶段，在介绍道义逻辑发展的同时，都指出了道义悖论在道义逻辑研究中的重要作用。出版了《道义逻辑》（湖北人民出版社 1999 年版）等专著，近年来，道义悖论逐渐受到越来越多的非经典逻辑学者的关注。《次协调逻辑与人工智能》一书以"罗斯悖论"为切入点，结合亚相容逻辑研究的进展，改造经典道义逻辑。通过与以 BF（布尔、弗雷格）为代表的真理论逻辑（经典逻辑）进行区分，排除某些经典逻辑系统中的定理，刻画新系统 RA 自身句法的特异性，尝试解答"罗斯悖论"之谜，并以此为道义逻辑建立新的理论基础。《道义逻辑研究》（中国社会科学出版社 2005 年版）一书对道义逻辑的发展历程作了介绍，并指出道义悖论从不同侧面、不同程度上揭示了绝对道义命题逻辑存在的问题。基于弗协调模态逻辑的研究，建构了弗协调真值模态逻辑系统 CnMG'，由以容忍道义二难、部分地避免道义悖论问题。

另外，对时态逻辑、条件句逻辑、问句逻辑、无穷逻辑、多值逻辑、直觉主义逻辑都有所研究。

国内逻辑学者新近还翻译出版了《蒯因著作集》（中国人民大学出版社 2007 年版）和"布莱克韦尔哲学指导丛书"中的《哲学逻辑》（中国人民大学出版社 2008 年版）分册。涂纪亮和陈波主持翻译了 6 卷本的蒯因文集，共有几十位逻辑和哲学工作者参加了翻译工作。文集收入了蒯因的绝大部分逻辑论著和哲学论著。张清宇和陈慕泽主持、15 位逻辑学工作者参加翻译工作的《哲学逻辑》系统地介绍了哲学逻辑目前的 20 个核心领域，包括经典逻辑、集合论、模态逻辑等，并且严密地考察了关键的逻辑概念如哥德尔不完全性定理、真、逻辑后承、否定、量词等。

我国不少学者对逻辑哲学问题感兴趣，介绍和引进了许多国外研究成果。自 20 世纪 80 年代起，我国的逻辑哲学研究日益展开。出版了几部关于逻辑哲学的专著和译著，如《逻辑哲学九章》（江苏人民出版社 2004 年版）、《逻辑哲学导论》（中国人民大学出版社 2000 年版）等等，发表了一大批关于逻辑的范围、逻辑真理、逻辑悖论、形式化方法、直觉主义的数学哲学和逻辑哲学、本质主义、意义理论、蕴涵理论等方面的论文。《逻辑哲学九章》一书基于现代逻辑的一些最基本的概念和内容，反映了国外的新状况、新理论、新的热点问题。对与逻辑研究推理相关的问题提出了一系列解释，包括"逻辑哲学的定义问题"、"什么是逻辑"、"否定"、"蕴涵"、"悖论"、"二阶逻辑"、"现代逻辑的多样化发展"、"逻辑与哲学"、"逻辑与自然语言"、和"逻辑与人工智能"等问题。首先系统介绍国内外学者关于"逻辑哲学"这一概念的主要观点，在对这些观点进行分析比较的基础上提出了自己的见解。《逻辑哲学导论》中探讨了逻辑哲学的十个问题，包括意义理论和逻辑类型，"是"的逻辑哲学分析，推理后承关系和蕴涵，形式化方法的哲学考察，模态的形而上学，逻辑真理的性质，逻辑悖论的反思，逻辑中的本体论承诺，归纳为题及其解决方案以及逻辑究竟是什么。

国内关于逻辑哲学的观点有一个共同的前提，这就是：逻辑哲学是现代逻辑的产物，是在现代逻辑产生和发展起来以后形成的学科。因此，逻辑哲学的研究就必须以现代逻辑为基础，在现代逻辑的基础上，思考一些与逻辑相关的问题。

二　归纳逻辑

20 世纪 80 年代之前，归纳逻辑的研究在我国几乎是空白。从 1981 年开始，情况有所变化，有的学者发表论文，探讨归纳推理的类型、正确进行归纳推理的条件问题，有的学者评介了国外归纳逻辑。非演绎的回溯推理、穆勒五法的推广、现代科学技术中的新归纳方法，各种类型的类比等等，都有不少学者在摸索探究。

1983 年，北京市逻辑学会专门讨论了归纳问题，着重就归纳在逻辑中的地位、归纳推理与归纳方法与认知过程的关系等问题展开了讨论。1984 年，在大连召开了全国归纳与概率逻辑讨论会。学者们提出按照客观事物的属性将归纳推理分为从分子到类、从部分到整体、从对象到自身三种类型；评介了我国逻辑史研究中关于归纳的问题；介绍了国外归纳逻辑及其在我国的研究概况；就卡尔纳普的归纳逻辑发表了一些论文。80 年代末，除了继续介绍国外归纳逻辑研究进展之外，还对归纳法的具体模式进行了考察，探讨了归纳逻辑的发展方向，如概率论在归纳逻辑中的作用及发展趋势、用模糊数学的方法来探讨类比和归纳、模态逻辑的归纳演算以及条件化的归纳逻辑等。归纳与概率逻辑的研究在过去的基础上有了进一步的提高。

20 世纪 80 年代后期，出版了一批有关归纳逻辑的专著和论文。《归纳逻辑导论》（湖南人民出版社 1987 年版）介绍了归纳逻辑的一些基本理论和新进展。其研究重点在介绍、分析归纳逻辑的基本理论和新进展。介绍、评述了凯恩斯和莱欣巴哈等思想家关于概率逻辑的思想，继续研究探讨归纳逻辑和演绎逻辑的关系，探讨归纳在认识过程中的作用。1988 年至 1989 年间，归纳逻辑的研究有一个重要特点是在应用方面有所开拓。由于专家系统、知识工程与智能计算机研究的需要，经专家建议，在国家社会科学基金项目中建立了归纳逻辑与人工智能课题。其中由王雨田主持的课题组已发展成为全国性的、由现代逻辑、计算机科学、科学哲学、认知心理学等多学科协作进行交叉研究的集体，并取得初步成果，把卡尔纳普的归纳逻辑有条件地运用于机器学习，为了使科恩的高阶模态逻辑系统能用于进行归纳推理并在计算机上实现，对它进行了适当的处理之对应于模态的一阶逻辑演算。

90 年代之后，又有一批较有分量的归纳逻辑学术论文陆续发表。《归纳逻辑与概率逻辑》（上海人民出版社 1992 年版）和《现代归纳逻辑与概率逻辑》（上海人民出版社 1992 年版）两部专著的出版使我国归纳逻辑的研究无论从广度还是从深度上都大大地超过了以往的研究。前者是一部介绍古今中外归纳逻辑理论的较为完备的专著，后者对现代归纳逻辑和概率逻辑进行了较详细的介绍和分析。2006 年出版的《归纳逻辑百年历程》（中央编译出版社 2006 年版）一书，集中介绍了各种归纳逻辑理论对与归纳推理的研究情况，同时考察了这些归纳逻辑理论对于归纳问题的解决方式。其附录中给出了近几十年来我国归纳逻辑研究的论著及论文索引。

科学理论的确证中，确实发现了一类令人困惑的问题，有的学者指出这是归纳悖论。国内对于归纳悖论的研究仍处于比较薄弱的阶段。《归纳逻辑与归纳悖论》（武汉大学出版社 1994 年版）一书对三个归纳悖论分别给予了较详细的介绍和说明。之后归纳悖论的研究有较大发展，特别是古德曼悖论的研究比较发达，因此又出现了大量新的资料。有学者对确证悖论给予了一定的介绍，还有人写过一些论文。但总的说来，国内归纳悖论的研究还处于介绍阶段，并且主要是介绍亨佩尔悖论。对归纳悖论的元层次研究无论国内外基本还处于空白状态。对于归纳悖论的定义、分类、解悖标准、解悖的方法论研究等基本问题还未进入研究者的视阈，这大大地制约了归纳悖论研究的发展。有学者探讨了三个归纳悖论的来龙去脉和各自的比较有影响的解决方案，并对这些方案进行评论。尝试对归纳悖论提供一个统一的说明。但也有学者并不同意这种观点，认为这些问题并非逻辑悖论。

三 应用逻辑与逻辑应用

20 世纪 90 年代以来，我国逻辑学界出现了一股应用逻辑著作热，随之出现了对应用逻辑的本质和特征的探讨。进入新世纪，又有许多学者引入和评介了国外应用逻辑方面的前沿成果。

　　作为理论研究的应用逻辑，并非一般意义上的逻辑应用。对任何一个思维领域我们都可以作逻辑的应用研究，但能否建构出相应的应用逻辑需要更多的努力和研究。逻辑应用在形式化程度上有着悬殊的差异。有学者指出，一般而言，只要是运用了逻辑原理的，都可以称其为逻辑应用，但只有将逻辑原理系统而非零散地应用于某一学科或领域，并且在应用中构建起逻辑系统，特别是形式系统或系统的应用方法论的才能称之为应用逻辑。如果从方法层面来看逻辑，那么，应用逻辑则处于方法论层面。有学者提出，应用逻辑应当是面向特定领域系统研究逻辑因素在该领域的作用机理，以及逻辑因素与非逻辑因素的相互作用机理，即关于该领域的逻辑应用方法论。

　　科学逻辑，可以看作应用逻辑的范例，即研究逻辑在科学发现、科学检验、科学发展过程中的作用机理以及逻辑和非逻辑因素的相互作用机理的。科学逻辑是一种成熟的、可以作为典范的应用逻辑。我国的科学逻辑研究肇始于 20 世纪 60 年代，80 年代初形成了系统的研究纲领，除了翻译并发表了一些比较重要的译文，有不少学者给出了概述性的论文。把科学逻辑定位为"经验自然科学的逻辑方法论"，分为"发现的逻辑"、"检验的逻辑"和"发展的逻辑"三个基本方面，对演绎逻辑、归纳逻辑与辩证逻辑的基本理论与方法在科学研究中的作用机理展开了全面研讨。我国科学逻辑研究的突出特点，是在 80 年代全面启动之初，即确立了在逻辑主义与历史主义之间维持必要的张力、探索其对立互补机理的研究纲领，并取得了一系列与国际学界发展趋势相合拍的重要成果，这在很大程度上得益于我们既立足于逻辑学的现代发展，又能掌握辩证思维方法论的基本理论。在世纪交替之际，我国科学逻辑研究又逐步完成了由经验自然科学方法论向经验社会科学乃至人文科学方法论的扩张，在科学主义与人文主义之间维持必要张力的精神继续新的探索，在应对后现代思潮的冲击方面发挥着独特的作用。

　　20 世纪的 60 年代末 70 年代初，西方学界掀起了一场"非形式逻辑和批判思维运动"，90 年代，这场"运动"波及我国，近些年来愈加兴盛。

　　如何正确理解演绎逻辑与所谓非形式逻辑的关系也是讨论的热点问题。有学者认为，批判性思维与非形式逻辑密不可分，甚至可以交互使用。有学者通过分析批判性思维与形式逻辑、非形式逻辑的相互关联指出，批判性思维的逻辑既离不开非形式逻辑，也离不开形式逻辑，两者共同构成了批判性思维的逻辑基础。有学者明确指出，非形式逻辑是研究论证的科学，论证概念是包括非形式逻辑在内的论辩理论的核心。将论证理解为语义学概念还是语用学（辩证的）概念是非形式逻辑和经典逻辑的分水岭。

近年来，非形式逻辑学家和人工智能专家开展了颇有成效的合作。非形式逻辑的一些概念和方法渗透到人工智能特别是"人工智能和法律"的研究领域。一系列范畴和分析工具，如论证概念、论证形式、可废止论证、对话类型、相干性、对话中的承诺等，既从非形式逻辑领域传输到人工智能研究中，又在人工智能研究中得到深化。非形式逻辑启发了人工智能研究的新思路和新方向，而人工智能研究开发了非形式逻辑的巨大潜能。有学者提出了一个关于论证的新理论框架，由论证类型新理论、论证分析新理论、论证评价新理论构成。理性是人类交往追求的理想境界，批判性思维是人们通往理性的桥梁，论证则是实现批判性思维的重要途径。形式逻辑与非形式逻辑都需要研究论证，形式逻辑研究是基于语义或语形的研究，而非形式逻辑则是基于语用的研究。实际上非形式逻辑是语用逻辑的最新发展。

1979 年成立逻辑与语言研究会以来，我国语言逻辑学者陆续发表了一些论文和专著。研究初期，话题主要集中在对语言逻辑对象的探讨上。80年代后期有学者阐述了指号学与语言逻辑的关系，认为语言逻辑是自然语言的逻辑指号学。语言逻辑首先以语言中的自然语言为对象，但不排斥以人工语言为分析工具，其次，它研究语形、语义和语用，以此与经典逻辑相区别，此外必须以现代逻辑的成果为基础，绝不与现代逻辑相排斥。这些研究旨在把语言逻辑的对象与其他逻辑系统区别开来，虽然认识的观点、认识的程度均有不同，但是越来越多的逻辑学者意识到，不能把语言逻辑看做对自然语言的词义分析，也不能把语言逻辑看作用传统逻辑方法对自然语言的语法修辞作皮毛分析。语言逻辑的研究必须以现代逻辑的既有成果为基础。

1994 年，《逻辑——正确思维和有效交际的理论》（人民出版社 1994 年版）出版，以现代逻辑、现代语言学和指号学为基础理论，重新体现了亚里士多德的逻辑构想，把逻辑、语法和修辞三者统一起来，形成了一个广义的逻辑理论。并明确指出，传统逻辑和数理逻辑只研究命题与命题之间的真假，而自然语言逻辑不仅要研究命题间的真假，还要研究各种包含了言语行为和命题的语句，如陈述句、命令句和疑问句等之间的真假关系。自然语言逻辑不是单纯研究自然语言，而且还要研究其中丰富的逻辑形式。一个重要的研究途径是根据语境，解决自然语言的多义性问题。1993 年出版的《汉语逻辑概论》（人民出版社 1993 年版）指出，分析汉语表达式的逻辑结构以及这些表达式之间的推演均要考虑汉语语法的特点及其特殊之处。在汉语逻辑缺乏语形学研究，辩学属于语用学，名学为语义学。

进入新世纪以来，有的学者指出知识经济就是信息处理的时代，当今自然语言逻辑研究必受影响，具体表现为，关注语言信息的效率问题，强调语言信息的积累递增和满足计算机处理语言信息的需要。有的学者讨论了语义蕴涵的问题，认为语义蕴涵是蕴涵理论应用于现代语言学产生的结果。

在逻辑的应用研究中，法律逻辑、经济逻辑、决策逻辑等得到了相对集中的关注。我国对法律逻辑的研究起步于 20 世纪 80 年代，其研究重心是传统逻辑在法律中的应用问题。进入 21 世纪，随着研究的扩展和深入，我国法律研究步入实质法律推理或论证的研究阶段，而西方学者已经在密切关注法律论证与法律论辩的人工智能模型了。如今，随着法律逻辑研究的非形式转向，学界开始从非形式逻辑或论证理论角度探讨法律逻辑的基本框架，并取得了一些进展。

四 辩证逻辑

改革开放之前，我国对辩证逻辑的研究受当时苏联哲学界的影响较大，在 20 世纪 30 年代和 50 年代，曾持续展开了关于形式逻辑与辩证法（辩证逻辑）关系问题的讨论。这在一定程度上，推动了我国辩证逻辑的理论研究。

1980 年，第一届全国辩证逻辑讨论会召开，会上成立了辩证逻辑专业委员会。1981 年出版的由张巨青主编的《辩证逻辑》（吉林人民出版社 1981 年版）是我国第一部系统论述这一学科的著作。至今公开出版的各类辩证逻辑著作达 50 多部，论文逾百篇。在新的历史时期，辩证逻辑也出现了多角度、多层面的研究。由于研究方法不同，对辩证逻辑的一些基本问题产生了许多不同的观点，形成了三大不同的研究方向：范畴理论方向、科学方法论方向和形式化方向。

诸多学者对辩证逻辑的某些专题进行了研究，主要包括对辩证思维的特征、机制和一般模型的研究和论述；对科学思维的辩证模式的基本原理、功能及历史演变的论述；对辩证思维的基本原则及其与现代思维的关系的研究；对辩证矛盾、逻辑矛盾与悖论的关系的讨论以及对非经典逻辑的辩证性质的探讨等。有学者主张，鉴于我国具有丰厚的辩证思维传统，应当结合中国哲学史具体研究辩证逻辑并系统论述中国古代辩证逻辑的产生和发展。

作为一个特殊的逻辑哲学问题，"辩证逻辑与形式逻辑的关系问题"在现代逻辑与逻辑哲学研究长足发展的背景下得到了新的讨论，两者并非互斥而是互补的观点占据了主导地位。有学者明确指出，科学现代化的发展，需要重新建构理论思维，辩证理性与分析性理性在分析性之精确性前提下的科学统一是历史发展的必然。辩证逻辑或辩证思维方法论研究也是开掘逻辑的方法论价值的一个特殊维度。

时至今日，对于"辩证逻辑是否逻辑"仍存争论。有的逻辑学者不认同辩证逻辑是逻辑，有的则肯定辩证逻辑是逻辑。有的指出，以思维形式与内容的区分来看，逻辑学的产生建基在对思维形式与思维内容的严格区分之上。也有人认为，与演绎逻辑、归纳逻辑研究不同，辩证逻辑是以先验内容或者说纯内容为对象的理论，即思想的经验内容与形式之间的中介环节。因此，是否认可其在逻辑研究中的地位，要以如何认识其研究对象为依据。现代形式的辩证逻辑不应纠缠于"辩证逻辑是不是逻辑"之争，而应当研究辩证思维的实际作用机理。

对"辩证逻辑形式化"的探讨是新时期辩证逻辑研究的一个新特点。诸多学者进行了多次论争，主要形成两个方向：首先是建构与经典逻辑相协调的扩充型辩证逻辑系统；另外是建构基于辩证哲学背景的异常逻辑系统。一些学者把弗协调逻辑视为辩证逻辑形式化的一条重要途径，另一些学者否认这种认识。还有些辩证逻辑学者认为目前辩证逻辑形式化的努力都存在很多问题，尚未形成成熟的研究方向。

五 中西逻辑思想史与因明

（一）中国逻辑史

20世纪80年代后期，中国逻辑史研究课题被列为国家项目，得到政府资助和支持。1989年出版的五卷本《中国逻辑史资料选》（甘肃人民出版社1989年版）与五卷本《中国逻辑史》（甘肃人民出版社1989年版）是我国"六五"计划重点项目之一，对20世纪中国逻辑史研究做了全面系统的总结，比较全面地阐述了中国古代逻辑思想的发端和发展的历史，以及西方逻辑传入中国以后的发展史，这在中国逻辑史的研究史上是空前的。80 年代以来，中国逻辑史的对象有所纯化，基本上是挖掘、整理和阐述中国历史上有关传统逻辑的理论和学说；对秦以后逻辑思想的研究明显加强，否定了长达一千多年来所谓秦后名辩学"遂亡绝"的传统观点。两个五卷本之后，又有一批专著与教材争相付梓。如汪奠基的《中国逻辑思想史》(上海人民出版社 1979 年版)、温公颐的《先秦逻辑史》(上海人民出版社 1983 年版)、周山的《中国逻辑史论》(辽宁教育出版社 1988 年版)、崔清田的《墨家逻辑与亚里士多德逻辑比较研究》(人民出版社 2004 年版)，等等。

墨家逻辑的现代研究，对批判继承中国传统文化遗产，建立包容古今中外一切人类优秀成果的新文化，具有重要意义。20 世纪 70 年代末至 80 年代初，修订出版的《墨经的逻辑学》(中国社会科学出版社 1980 年版)从现代逻辑的视角，从深层次揭示了"故"、"理"、"类"的逻辑内涵，这不同于以往对《墨经》的研究，标志着中国《墨经》研究达到了新的高度。书中指出，没有透彻的逻辑眼光不能发现古代人的逻辑思想，但一定不能用逻辑去附会，既要看到中国古代名辩的特点、优点，也要看到局限。

20 世纪 90 年代以来，围绕如何提高中国逻辑史研究水平的问题，开始出现不同意见。表现为许多研究者更为自觉地对以往的中国逻辑史研究、特别是对 80 年代的中国逻辑史研究进行反思。

一方面，他们对 80 年代把中国古代名辩学等同于逻辑、以传统逻辑体系为范本去建构中国古代逻辑体系的观点和作法提出质疑，主张先弄清中国古代名辩学的真实面貌，再回过头来探讨名辩学中的逻辑问题，进而揭示名辩逻辑的特点以及中华民族在世界逻辑史上的贡献。相应地，出现了一批相关著作。

另一方面，伴随国外一些新的思想成果，如符号学、自然语言逻辑、内涵逻辑等的传入，研究者们开阔了视野，从不同角度，用不同的方法去研究中国古代的逻辑思想。90 年代以来，中国逻辑史研究开始走向深入。许多学者更多关注对中国古代固有的名辩学的研究，而不是一般意义上的中国古代逻辑或外来逻辑在中国的传播和发展。

90 年代末开始，中国逻辑史研究的另一个热点是，中国近、现、当代逻辑研究。对梁启超、胡适、金岳霖、冯友兰、沈有鼎、殷海光等人在逻辑学研究上的贡献，都有文章加以论述。

中国古代有没有逻辑学，是近百年激烈争论的一个问题。一种观点认为中国有逻辑，并致力于对中国逻辑学的探讨，另一种观点认为中国没有逻辑。更有学者鲜明地指出，中国有无逻辑的两种观点都是经过与西方逻辑的比较形成的。无论如何，中国逻辑史研究同样应该强调现代逻辑的观念，而这种逻辑观一定是建立在逻辑这门科学基础之上的。

（二）西方逻辑史

我国的数理逻辑史研究工作始于王宪钧编著的《数理逻辑引论》（北京大学出版社1982年版）一书，其中介绍了数理逻辑的主要分支，包括逻辑演算、递归论、模型论、公理集合论和证明论初步建成的发展史，简明地勾画出数理逻辑理论、观念、方法发展的线索，对一些重要观念、理论等做了深入阐述和评论。《模态逻辑引论》（上海人民出版社1986年版）中专章考察了现代模态逻辑自建立至20世纪60年代的历史，指出了模态逻辑在以往研究中呈现的几个发展方向，包括用公理方法或自然推理方法构造出若干新模态系统；为避免严格蕴涵悖论修改严格蕴涵而建立的新模态命题演算；建立模态谓词逻辑；关于模态语义学的研究，建立去代数语义学、关系语义学；非标准模态逻辑的研究等。此外，我国在西方逻辑史方面有很多教材和论著，例如江天骥主编的《西方逻辑史研究》（人民出版社1984年版）、杨百顺著的《西方逻辑史》（四川人民出版社1984年版）等，《数理逻辑发展史：从莱布尼茨到哥德尔》（社会科学文献出版社1993年版）是我国第一部全面系统论述数理逻辑发展的大型著作，对数理逻辑初创、奠基和发展的不同时期的逻辑思想及成就作了详细论述。2004年出版的由张家龙主编的《逻辑学思想史》（湖南教育出版社2004年版）一书采用"以逻辑为主、逻辑与历史相统一"的论述方法，从世界三大逻辑学的历史发展中概括出各自的几个基本理论和基本概念，构成一个体系，然后按历史的发展来论述这些基本理论和基本概念的演进。这标志着我国关于中外古、近代逻辑思想史研究达到了新的水平，有多方面的重要意义和启发价值。

西方逻辑史研究不断在深度和广度上扩展，其深度表现为专题研究的开展，例如研究了亚里士多德的三段论、斯多阿的推理规则、多值逻辑的历史、专名理论、塔尔斯基的语义理论等。并在其中注重应用现代逻辑方法。广度表现在不仅研究西方逻辑史而且进行逻辑比较研究，不仅个人从事研究，而且建立学术联系，增进学术交流。西方逻辑史研究的一个重要方面是对其中重要人物逻辑思想的研究和评析。在这方面出版了多部著作和论文，包括对亚里士多德、弗雷格、哥德尔、莱布尼茨、奎因等逻辑学家逻辑思想的介绍和研究。

（三）因明

中国在因明发展史上具有重要地位。在我国保存着大量印度因明的珍贵典籍，闪烁着世界三大逻辑传统相互激荡的灿烂之光。这在世界文化史上是十分罕见的学术奇观。1981 年出版的《因明述要》（中华书局 1981 年版）是建国后第一本因明专著。1982 年出版的《因明论文集》（甘肃人民出版社 1982 年版）是一部全面反映我国近 30 年来因明研究成果的学术论著，是 1949 年后的第一部因明论文集。也是在 1982 年，逻辑学者指出，因明是世界优秀的文化遗产，也是中国的优秀文化遗产，因此，抢救和弘扬因明是汉藏各族学者的共同责任和光荣使命。

从因明的体系来说，印度因明先后传入中国内地和藏区，逐渐形成汉传因明和藏传因明，二者不应该割裂开，否则就不能成为一个完整的中国因明。最初学者们主要关注汉传因明，就《因明正理门论》、《因明入正理论》中的推理性质、逻辑比较进行研究。近年来藏传因明以及汉藏因明比较研究发展很快，出版了沈剑英的《佛家逻辑》（开明出版社 1992 年版）、杨化群著译《藏传因明学》（西藏人民出版社 1990 年版）、巫寿康的《因明入正理论研究》（三联书店 1994 年版）、以及新近出版的郑伟宏的《汉传佛教因明研究》（中华书局 2007 年版）、张忠义所著《因明蠡测》（人民出版社 2008 年版）等专著。除了汉文文献，另有藏文专著出版。汉藏学者正携起手来，共同推动汉藏因明的学术交流，当前特别要挖掘藏传因明在哲学和逻辑学领域的理论价值，推动我国因明研究的发展，保持我国在国际因明研究领域的领先地位。

有关因明的研究近年来呈现上升趋势。2006 年，中国逻辑学会下属因明专业委员会成立，并召开了多次关于因明的专题讨论会。

第三节　理论研究的突破与创新

随着社会的发展、研究条件的改善，在国际逻辑学发展的大背景下，中国学者也在思考怎样通过与国际接轨来发展中国的逻辑学研究。改革开放 30 年来，我国逻辑学的发展不但跨越了"文革"十年所造成的断层，而且正在向国际逻辑研究水平前进。首先表现在对国际学术前沿的跟进方面，越来越多、越来越及时地引进国外先进成果和介绍热点问题。在许多方面，我国总体上仍处于学习介绍西方成果的阶段，涉及的内容愈来愈广，也愈来愈深。在个别领域已经取得的优秀成果，已达到了国际逻辑研究水平。

一　经典逻辑与非经典逻辑

过去的 30 年中，我国逻辑学界在经典逻辑与非经典逻辑方面均有许多具有创新意义的成果。

随着引入成果的增多和研究的深入，现代逻辑的理论方法逐渐深入人心，在学习消化有关成果的基础上，逻辑学者们开展了一些创造性的探索。专著《无穷逻辑》（上、下册）（社会科学文献出版社 1998 年版）把协调性质概括到 $L\kappa\lambda\rho\pi$ 的情况，并且语言 $L\kappa\lambda\rho\pi$ 表述他构造的几个以 B 为基础的无穷系统，证明了它们的完全性。还有学者建立了无穷逻辑的二阶语言 $L\omega1\omega$（Q）的公理系统和模型理论。证明了 $L\omega1\omega$（Q）中的省略型定理及素模型理论。有学者构造了一个"纯逻辑演算中不依赖量词的部分"的系统。张锦文的《公理集合论导引》（科学出版社 1999 年版）系统介绍了公理集合论，以及作者自己在集合论方面的研究成果。另外，有学者研究了有关"知道"的逻辑问题的形式化。有学者提出了计算模型间的相似性和计算时间与存储空间之间的对称性两个重要概念。还有学者证明了在一个固定计算类型下的所有合理的计算模型都是相似的。20 世纪 90 年代后期，有学者建立了经典命题逻辑的公理系统 Z，该系统很有独特之处。由于它只用一种初始联结词——广义析舍，而且采用括号记法，所以该系统的陈述非常直接简明，其可判定性、完全性和独立性等的证明也极为简便。

在非经典逻辑方面，首先是对基本模态逻辑的研究取得了一些成果。1986 年，国内第一部系统讲述模态逻辑的专著——周礼全的《模态逻辑引论》（上海人民出版社 1986 年版）得以出版，为我国逻辑工作者学习模态逻辑提供了入门教材。冯棉的《广义模态逻辑》（华东师范大学出版社 1990 年版）介绍了哲学逻辑的某些分支，包括一阶逻辑、道义逻辑、模态逻辑和时态逻辑，他的另一本专著《经典逻辑与直觉主义逻辑》（上海人民出版社 1989 年版），是国内第一部研究直觉主义逻辑的作品。对条件句做了深入的分析。

在数理逻辑的各个分支领域中，由于公理集合论中布尔值模型的应用、模糊数学中非布尔值逻辑的出现以及计算机科学中多值线路的探讨等，使得多值逻辑的研究有了更多的具体背景和客观需要。对于多值逻辑的一个方面——多值模型论有学者也做了初步考察，把二值模型中一些基本结构推广到格值模型论中。在模型论方面，一些学者通过合作，为其中某些方法及其结论在其他数学分支中寻找新的应用事例做了一些尝试，并开创了格值模型论并将其发展为比较完整的理论体系；在模态逻辑、时态逻辑等领域，建立了几个比较完善的逻辑系统。"t 可计算与 t 难于计算的实数"、"具有强蕴涵词的弗晰集合结构"、"弗晰集合论与布尔值集合论之间的联系"等成果，分别得以在国际会议上宣读。

有学者建立了极小的 S，v-时态逻辑公理系统和其他一些非线性的 S，v-时态逻辑公理系统，同时还证明了几个有关 S，v-时逻辑的不完全性定理。有学者建立了极小的 G'，H'-时态逻辑，取得了独创性更强的新成果，为深入研究时态算子 G'，H'-奠定了扎实而稳固的基础。之后又有学者将上述成果从协调情形推广到弗协调情形，在"极小的弗协调 G'，H'-时态逻辑"中把极小系统 L_0' 和科斯塔的弗协调逻辑系统 C_n（$1 \leqslant n < \omega$）结合起来，建立了极小弗协调 G'，H'-（-时态逻辑系统 $C_n G'$，H'（$1 \leqslant n < \omega$））。时态逻辑方面建立了极小的 U（直到），S（自从）时态逻辑公理系统和其他一些非线性的 U，S 时态逻辑公理系统，同时还证明了几个有关 U，S 时态逻辑的不完全性定理。建立了极小的 G'（将来某时之前总是），H'（过去某时以来总是）时态逻辑，取得了独创性更强的新成果，为深入研究时态算子 G'，H' 奠定了扎实而稳固的基础。

有学者在直觉主义命题逻辑的正部分的基础上仅加上排中律，从而给出了一个更弱的系统，相比 C_ω 和 C_{LuN}，它的推理能力是最弱的，这也说明还有比已知两种否定更弱的否定。同时给出了这一系统的克里普克语义解释，定义了框架有效的概念并证明了所给的逻辑系统相对于这种有效性既是可靠又是完全的。

基于对"否定词"的不同理解，也有学者尝试创建哲思逻辑系统。在哲思逻辑系统内，有同时遵守矛盾律和排中律的经典否定联结词，有遵守矛盾律而不遵守排中律的构造性否定联结词，有不遵守矛盾律而遵守排中律的弗协调否定联结词，还有既不遵守矛盾律又不遵守排中律的辩证否定联结词。哲思逻辑是可判定的，其判定方法包括分支真值表、分支归谬赋值法和分支树图方法等。

相干逻辑方面，为更自然地刻画日常推理而建立的相干衍推系统，长期以来，只有代数语义学的解释，这与当初建立该系统的目的不相适应。因此，有学者提出了一个推理模型试图解决此问题，还有人尝试构造一种具有更精细结构的谓词逻辑。有学者对蒙塔古、斯科特等人提出的临域语义学思想进行了深入研究，提出了适合一般命题的邻域语义学，并在此基础上，讨论了相干逻辑的刻画框架与完全性问题。

"弱条件句逻辑 W 的自然推理系统"一文对弱条件句逻辑进行了研究，在努特工作基础上，建立了弱条件句逻辑系统 W 以及相应的自然推理系统 NW，并论述了两者的等价性，还将 NW 扩充为其他一些条件句逻辑的自然推理系统。有人为模态逻辑系统 S1 设计了一种由模态框架和相干框架组合而成的新型框架，在此基础上证明了其完全性。有人将亨金的嵌入定理从经典逻辑推广到模态逻辑，并用超积方法证明了这个定理。

在问句逻辑方面，提出了关于"抑或问题"和"哪个（哪些）问题"的形式系统，深化了对问题的逻辑探讨。有学者区分了两类条件句系统：把条件句算子当作归纳推出子关系的系统和经典意义上的系统。通过扩张和限制邻域语义、关系语义和择类语义，使之能更好地理解这些语义之间的关系以及由它们所确定的系统之间的关系。有人对已有的条件句系统从恰当性角度作了考察，构造了一个比较弱的条件句系统，它排除了绝大多数逻辑学家认为恰当的一些公理和规则，认为这是无可选择的，我们只能拥有这种弱但却自然直观的逻辑。有学者在"条件句逻辑的一些嵌入定理"中，为"有穷层积"逻辑、"优先"逻辑以及所谓的"半单调"逻辑等经典条件句逻辑证明了一些嵌入定理，证明所使用的技术工具是邻域语义学中的"部分框架"和"框架态射"。

在自然语言逻辑的研究中，有学者构造了一个汉语部分语句系统，以包含广义量词与能够处理"合举意义"的内涵逻辑为工具，来解释该系统生成的汉语量化语句的种种语义特征，这在国内首开先河，标志着我国语言逻辑研究由一般性的原则讨论过渡到实质性具体操作，由单纯介绍西方有关成果发展到结合汉语实际来进行探讨。这一研究不同于国内以往描述型的语言逻辑研究方式，而代表了建立形式化系统的一种发展方向。

范畴类型逻辑把自然语言的毗连组合归结成运算和推演，而运算和推演所依赖的毗连组合则遵循"邻近原则"逐层逐级进行。话语表现理论（也译"语篇表示理论"，DRT）擅长刻画的自然语言语句中代词和名词的照应关系，在范畴类型逻辑那里很难通过邻近毗连组合的运算推演体现出来。近年来，Jäger 尝试增添范畴类型逻辑的推演工具去描述自然语言的照应关系。为恰当说明句子序列中的照应关系，有学者介绍了这一理论，并从局部角度对 Jäger 方案做了一点增补。另外也有人介绍了处理自然语言语义的"分段式语篇表示理论"，即通常所说的 SDRT，这一理论是在语篇表示理论的基础上产生的一种语义理论，核心思想是语篇可以根据语义关联分割成语段，语篇中存在着由语段和修辞关系形成的语篇结构；以语篇结构为中心，分段式语篇表示理论可以解释和处理自然语言中的多种难以解决的语义现象和问题，如代词指涉、动词短语省略、语篇融贯、预设、语词歧义、隐喻等。

有学者给出了语言逻辑系统 $G_0 - G_4$，目的是为了研究通过演绎方式获得概称句的推理，具体地说，通过对正常个体选择函数 N 进行细化研究，给出了概称句主项涵义和谓项涵义之间的一些关系或限制条件，由此得到通过演绎所得概称句推理的不同语义模型（概称模型、主项单调模型、全涵义模型、包含选择模型、半退化模型），同时给出与语义模型相应的逻辑系统 $G_0 - G_4$。其完全性证明也得到了证明。

认知逻辑发展的一个方向是从单主体向多主体的认知逻辑过渡。20世纪 90 年代以来，多主体的认知逻辑取得了丰富的成果。有学者从语法角度构造了一种多主体的认知逻辑系统，据此讨论了少数服从多数的原则，给出该系统能推出的一系列重要定理及其与直觉主义逻辑的联系。为刻画规范命题所体现的主观认识和客观事实二重性，构造了所谓的二重逻辑演算系统。不同于一般的认知逻辑，这个系统具有描述"认定"、"相信"、"知道"等语词共性的模态算子 B 及其相应的一组公理，颇有新意。

有学者系统地探讨了理性的认知主体在自省能力、观察能力、记忆力、修正策略诸方面存在的多样性，说明如何在认知逻辑中表达主体的这种多样性，以建立能够表达主体的个体变化的动态认知逻辑。通过分析交流、学习的一些具体场景，进一步考察了不同类型的主体在交往中交流、获取信息的特点及其逻辑处理方法。这一工作突破了以往认知逻辑"理想主体"的预设，对于推动认知逻辑的深入研究有重要意义。

为了研究自省主体的信念变化，有学者认为，需要找到某类能够很好地表达自省主体的信念状态的合适理论。由此，在 AGM 传统下提出了一种尝试性方案，运用斯塔纳克提出的"稳定集"概念表达理性的充分自省的主体的信念状态，采用 S5 非蕴涵极大集构造出稳定集上类似 AGM 的"偏交收缩"，提出 Levi – 等式的变种，给出从稳定集到中间理论的修正。如果用于修正的新信息是与 PI 一一致的，则每一个得到的中间理论都可以扩张为一致的稳定集。在给出的选择机制下，从可能多个新的稳定集中选出信息价值最小的一个。

还有学者从主体认知世界的三分出发，致力于创建一种新的怀疑逻辑系统。将主体的认知世界划分为"信念世界（WB）"、"怀疑世界（WD）"和"无知世界（WU）"，这三个世界中的元素是认知命题。这三个世界之间是不重叠的，并且它们构成一个认知世界全集。一个认知命题是真的，当且仅当它属于相应的认知世界之中。有了这样的划分，研究怀疑世界中的认知命题之间的逻辑关系的怀疑逻辑是独立的，它不能通过信念逻辑的变形而得到。怀疑逻辑、无知逻辑与信念逻辑构成三个相互独立的逻辑系统。如果说知道逻辑、信念逻辑都是"正"的逻辑的话，那么怀疑逻辑则是"负"的逻辑。将怀疑算子 D 加于命题之上就构成怀疑命题。这样可以建立一个以"笛卡尔公理"作为一个特征公理的怀疑逻辑系统（PD）。

二 归纳逻辑、应用逻辑

现代归纳逻辑从 20 世纪 80 年代初传入我国，我国学者在改进著名的归纳逻辑体系、归纳与人工智能结合、归纳逻辑哲学问题研究等方面有不少科学成果。

有学者对卡尔纳普的 λ 系统进行修正，建立了一个 θ 系统。这个系统保证在无穷个体域中，在无反例的情况下，全称假说可以得到非零的确证度。凯恩斯、卡尔纳普等人的概率逻辑系统是形式语义系统，没有相应的语法系统。我国学者建立了一个概率演算的语法系统 I。系统 I 是模态逻辑系统 K 的一种推广，也是认知逻辑相应系统的一种概括，用带测度函数的可能世界语义学作为系统 I 的语义学，并且证明了系统 I 对概率演算的可靠性。有的逻辑学者指出科恩的归纳逻辑系统有两个缺点。一是在科恩的理论中相关变量只是一种直观理解的背景，没有用相关变量作为语义。二是科恩系统所讨论的句子只限于有相同相关变量、以相同次序检验的句子，这样无法对非实质相似的假说的归纳可靠性进行比较，为了克服这两个缺点，要建立一个归纳支持的逻辑系统 VIL，用相关变量和检验给出严格的语义，并且着重讨论归纳支持的可比较关系。有的学者把变量的相关看作人的一种信念，吸收了人工智能中信念修改逻辑的思想，在条件句逻辑的框架上建立起归纳支持的系统。这个系统克服了科恩相关变量法严格排序的缺陷，实现了对假说归纳支持推理非单调性的形式刻画，并且克服了科恩否定原理的缺陷。有的学者证明科恩的基于非巴斯卡概率经验解释的归纳逻辑系统是不一致的，不恰当的，因而不能成立，进而建立了假说似规律度语义和句法系统（JIL）。构造了非帕斯卡概率的逻辑解释，提出了度量和计算不相信度的方法，及基于非帕斯卡概率逻辑解释的决策论，在相关变量法的基础上构造了假说似规律度的句法理论，考察了在知识不完全和实验结果不确定的条件下运用排除归纳法进行实验推理的特点，构造了假说归纳可靠度理论。建立了一个贝叶斯认证逻辑系统，用贝叶斯定理为工具重新考察了古典的假说演绎法，指出其确证形式和否证形式的不当之处，提出了贝叶斯假设—演绎认证推理的形式和贝叶斯假设—演绎否证推理的形式，这两种形式在这个系统中得到了辩护。

　　归纳逻辑的学者与计算机学者合作将科恩的相关变量法、伯克斯的归纳概率理论、凯恩斯的统计推理等进行改造，写成算法，在计算机上实现。这些工作大部分有论文发表。

　　"归纳问题"，亦称休谟问题，是英国哲学家休谟在 200 多年前提出的。可以简要表述为：是否能从过去太阳从东方升起推出它以后也必然如此呢？是否能在理性上证明从有限事例归纳出全称判断是合理的吗？休谟由对因果观念的分析入手，从逻辑的角度对归纳推理的合理性提出了严重挑战事实上，除了休谟问题外，现代归纳问题还面临若干"悖论"，包括认证悖论（乌鸦悖论）、绿蓝悖论（新归纳之谜）和抽彩悖论，它们分别由当代逻辑学家和哲学家亨佩尔、古德曼和凯伯格提出，有待进一步研究。

有学者提出了一种关于动态假设的贝叶斯主义的辩护以改进豪森和厄巴赫的辩护，还用贝叶斯认证逻辑理论对古德曼悖论、亨普尔悖论和凯伯格悖论一一给出了解决方案。也讨论和分析动态大弃赌定理与休谟问题之间的逻辑关系，并且基本接受克里斯坦森的看法，即：动态大弃赌由于其历时性的特征而使动态大弃赌定理不能成为归纳合理性的依据，因此主观主义对休谟问题的解决是不成功的。波普尔对归纳问题的取消是不成功的。有人认为休谟问题有两种表述形式，一种是关于归纳推理的，一种是关于因果关系的。在此基础上，再对因果关系进行语义分析，考察了几种因果性定义，并给出了新的定义。

三　逻辑哲学

随着数理逻辑的普及与西方逻辑哲学的传入，我国关于真理问题的逻辑哲学研究逐渐深入。弓肇祥的《真理理论》（社会科学文献出版社 1999 年版）对真理问题作了较为全面的讨论，介绍了相关文献中出现的关于真理理论的几种分类，认为真理论分为哲学真理理论，包括真理符合论、真理融贯论、实效论、收缩论、施为论。逻辑真理理论包括塔尔斯基的语义真理论、真理意义论、似真论、克里普克固定点理论和直觉主义真理论。区分两种真理论的标准在于其理论涉及的逻辑理论和技术含量，但哲学真理论与逻辑真理论并不是绝对区别开来的。《逻辑哲学导论》（中国人民大学出版社 2000 年版）中探讨了"逻辑真理的性质"。所谓逻辑真理，不是指经验真理，而是永真式、普遍有效式这类真命题。对此方面的探讨包括真理论的逻辑构造，真值的承担者、符合论以及塔尔斯基的"真"模式。关于经典逻辑中的逻辑真，介绍了奎因给出的五个不同依据的逻辑真定义，包括根据逻辑结构为真、根据替换为真、模型层面的真、根据证明程序为真以及根据语法为真。对于哲学逻辑中的逻辑真，考察了哲学逻辑中的扩充系统和择代系统的逻辑真问题。另外还谈到分析性、先验性与逻辑真理。指出逻辑真理并非空无经验内容的分析命题，逻辑真理不具必然性而具有相对必然性；逻辑真理不是所谓的先验真理，而是含有经验内容的。《逻辑哲学九章》（江苏人民出版社 2004 年版）指出，逻辑研究的对象可以从两个角度来说明。一方面，我们说逻辑研究推理，另一方面，我们说逻辑研究真。一阶逻辑的形式系统体现了前一个方面，对这种形式系统的语义说明体现了后一个方面。从一阶逻辑的语义解释可以看出，命题联结词的语义解释与真直接相关，量词的语义解释也与真相关，但是利用了"满足"这一概念。在这种情况下可以看出，与真直接相关的是命题，而涉及个体或谓词这样的命题内部结构的成分时，关于真的探讨要复杂一些。在模态逻辑中，语义解释则还要更加复杂一些。

模态逻辑系统有不同的语义解释，如今比较成熟而普遍的解释是可能世界语义学。可能世界语义学为模态命题提供了一种语义解释。这种解释虽然也与真相关，但是与一阶逻辑有关真的说明却有很大区别。模态逻辑的语义解释依赖于可能世界域。由于模态词自身的特殊含义，因此与一阶逻辑有很大的区别，因而也产生了一些重大问题。比如等值替换原则的失效问题、抽象实体的存在性问题等等。

逻辑悖论研究是一个跨学科的边缘性、交叉性研究领域，其多层面意义与价值已经并正在逐步呈现出来。20 世纪 80 年代以来，悖论研究逐渐成为逻辑学界探讨的热点之一，相继出现了一大批论文和专著。

关于悖论的定义，中外学者提出了不同的看法。就国内研究来看，主要包括这样几种观点：（1）悖论是指这样一种理论事实或状况，在某些公认正确的背景知识之下，可以合乎逻辑地建立两个矛盾命题相互推出的矛盾等价式；（2）如果从明显合理的前提出发，通过正确有效的逻辑推导，得出了两个自相矛盾的命题或这样两个命题的等价式，则称得出了悖论。这里的要点在于：推理的前提明显合理，推理过程合乎逻辑，推理的结果则是自相矛盾的命题或这样的命题的等价式；（3）悖论就是指在某理论系统或认知结构中，由某些公认正确或可接受的前提出发，合乎逻辑地推导出以违反逻辑规律的逻辑矛盾或违背常理的逻辑循环作为结论的思维过程；（4）悖论是某些知识领域中的一种论证，从对某概念的定义或一个基本语句（或命题）出发，在有关领域的一些合理假定之下，按照有效的逻辑推理规则，推出一对自相矛盾的语句或两个互相矛盾的语句的等价式。对悖论下一个科学的定义并不是一件轻而易举的事情，需要不断地探索。

"说谎者悖论及其解决"一文对解决语义悖论提出的见解颇有见地。文章指出，要解决语义悖论至少要否定下述三者之一："说谎者"是有真假可言的命题；命题都是或真或假的；命题都不能既真又假。《科学的难题——悖论》（浙江科技出版社 1990 年版）一书叙述了发现悖论的历史，评述了解决悖论的主要方案，并着重探讨了悖论和辩证哲学的关系。《逻辑悖论研究引论》（南京大学出版社 2002 年版）以三类狭义逻辑悖论——集合论—语形悖论、语义悖论和语用悖论的研究为中心，系统论述了各种解悖方案的历史发展，并运用作为语用学概念的"逻辑悖论"的独特界说以及 RZH 解悖标准，进行了全面、深入的比较研究，澄清了悖论研究的不同层面及其相互关联，探讨了其哲学方向和方法论方向的一系列重要问题。

"逻辑的社会文化功能"是近年来学者们关注的新领域，包括文化建设功能、社会实践功能和社会理论疑难的解题功能。逻辑学是兼具基础性、工具性与人文性的重要学科，在当代学科体系中有着举足轻重的地位，同时也具有多方面的社会文化功能。在一些学术会议的探讨中，许多学者就此提出了看法，他们普遍认为，我国文化进程中由于逻辑传统的缺失而导致的诸多弊端在如今的社会发展各个层面均有明显体现。充分挖掘逻辑的社会文化功能，既关系到逻辑本身的生存和发展，从长远看又关系到国家和民族的真正兴盛。

四 逻辑学教学研究与普及工作

逻辑学研究影响着逻辑教学的内容与方法，反过来，逻辑教学是推广逻辑学研究的途径之一，有利于扩展逻辑学研究的影响面。通过互动，还可以得到新的启示、发现新的生长点，刺激新的研究。而逻辑普及则将逻辑知识推向更广阔的范围。因此，回顾过去 30 年以来的逻辑学发展，逻辑教学（包括教材和教学的研究）和普及工作（包括普及读物的出版和普及活动的开展）都是不可忽视的方面。

一部好的专业辞书相当于一套完整的专业教材，逻辑学词典的编撰和出版是逻辑学研究不可或缺的一部分。1994 年，多位逻辑专家参与编纂的《逻辑百科辞典》（四川教育出版社 1994 年版），对我国逻辑和其他相关科学的发展都有重要意义，这本辞典可读性强，科目编排科学性强，纠正了以往一些混乱用法。特别突出了现代逻辑部分并增加了语言逻辑科目，适合我国逻辑工作者当时的情况和需要。2004 年《逻辑学大辞典》（上海辞书出版社 2004）由上海、北京等近十个省市的近百名逻辑学专家学者编纂而成，共收录词条 6000 余条，约 250 万字。是国内目前规模最大、收词最多、内容最丰富的逻辑学大辞典。

2005 年起，《逻辑时空丛书》陆续由北京大学出版社出版，这套丛书已出版 14 种，深入浅出地介绍了逻辑学知识，促进了我国逻辑知识的普及工作，被中宣部评为"知识工程"推荐书目之一。2007 年，中学标准试验教科书《科学思维常识》（人民教育出版社 2007 年版）面世，这标志着逻辑学多年之后重返中学课堂，是逻辑教学的一件大事。

2006 年，由中国逻辑学会、中国逻辑与语言函授大学等八家单位主办的"全国报刊逻辑语言应用病例有奖征集活动"社会反响热烈、成果显著。伴随着我国现代化进程的快速发展，社会公共语言也越来越活跃，越来越丰富；但与此同时，逻辑混乱、语言失范的现象也越来越严重。这种负面情况绝不限于报刊领域，也出现在社会生活的其他方方面面。语言文字是人们交际的工具，语言文字的背后是思维与逻辑。思维能力和语言文字水平是人的最基本的素质。因此，应当向全社会普及逻辑语言基础知识。这也是逻辑工作者们义不容辞的责任。

2008 年 5 月 30 日至 6 月 1 日，"第三届两岸逻辑教学学术会议"在台湾东吴大学隆重举行。这是继 2002 年 6 月在台湾大学召开"首届两岸逻辑教学学术会议"、2006 年 10 月在南京大学召开"第二届两岸逻辑教学学术会议"后第三次两岸三地（大陆、台湾地区以及香港地区）逻辑学盛会，来自祖国大陆、台湾地区和香港地区 28 所高等院校和科研单位的 60 余位老中青逻辑学者出席了会议。学者们对逻辑学教学和研究进行了理论探讨和交流，在一定程度上展示了两岸三地在逻辑教学与研究方面的现代化，以及逻辑普及与应用研究方面所取得的长足进展，为广大逻辑学者的交流与合作搭建了新的平台。林正弘先生在闭幕式上的一席话道出了大家的心声：我们期盼着将来用华文所讲的逻辑能够像北欧的"逻辑、语言与计算"团队那样，特色鲜明，自成体系，屹立在世界逻辑学研究的大舞台上。

第四节　总结与点评

回顾历史、总结成果以及分析问题的最终目的在于放眼未来，促进更好的发展。因此，在概览逻辑学研究历史状况的基础上，对这 30 年逻辑学发展的总结，将是突破当前研究现状，继续推进现代化进程的必要前提之一。

当然，随着逻辑学自身的发展，其分支学科越来越多，越来越细，每一个分支中的成果与问题都很多。从 1978 年至 2008 年，尽管只有短短 30 年，但在有限的时间和篇幅内不可能做出全面而深入的总结，只能择要删繁进行选择性的介绍，有些学者曾有专著或专文对中国逻辑学的发展进行过总结①，更详尽的史料和成果，可参见历年《中国哲学年鉴》。

一 从历史角度看成绩与问题

在过去的 30 年中，随着国家的日益重视、国际交流的日益频繁，通过几代逻辑工作者的不懈努力，我国逻辑学研究与教学取得了历史性进步，初步改变了与国际逻辑学发展前沿长期脱节的状况，初步实现了逻辑教学的现代化，与国际逻辑研究水平初步接轨。中国逻辑界已经拥有一批具有现代逻辑素养的逻辑学博士和硕士；有一批具有丰硕成果的中青年学术带头人和骨干；有一批出国深造留学归国的逻辑学者；有一批已经达到国际逻辑研究水平的成果；有一批能进行国际逻辑学术交流的学者。我国逻辑学者取得研究成果涉及逻辑学的众多分支，以国家社科基金资助项目来看，1993 年至 2008 年，逻辑学共获得近 50 项资助，选题涵盖现代逻辑、归纳逻辑、认知逻辑、自然语言逻辑分析、逻辑哲学、逻辑的应用研究以及逻辑史研究等诸多方面。

同样不可否认的是，我国逻辑学研究的整体水平仍然不高，在很多方面仍存在问题。例如，与国际逻辑学研究前沿相比，我们总体上仍处于学习跟进阶段。现代逻辑的基础地位是逻辑学界的共识，但在实际学习和研

① 张家龙、刘培育、张清宇、宋文坚、吴家国等曾有专著或专文对中国逻辑学的发展进行总结。例如，刘培育：《中国逻辑史研究 50 年概览》，载《信阳师范学院学报（哲学社会科学版）》2003 年第 4 期。刘培育：《知识经济呼吁逻辑学的发展》，载《哲学动态》1999 年第 2 期。刘培育：《因明三十四年》，载《因明新探》，甘肃人民出版社 1989 年版。孙中原：《中国逻辑史研究若干问题》，载《哲学动态》2001 年第 7 期。宋文坚：《逻辑学的传入与研究》，福建人民出版社，2005 年版。宋文坚、熊立文、邹崇理：《我国现代逻辑研究概况》，载《哲学动态》2000 年第 3 期。王路：《逻辑哲学研究述评（上）、（下）》，载《哲学动态》2003 年第 4、5 期。吴家国：《中国逻辑学会大事记》，见 http：//www. logic-china. info/index. php？q = zgjianli。余俊伟、刘新文：《摹略万物之然，论求群言之比：模态逻辑新观念述评》，载《哲学动态》2005 年第 12 期。张家龙：《新中国逻辑学 50 年——在新中国哲学 50 年学术研讨会上的讲演》，载《自然辩证法研究》2000 年第 6 期。张家龙：《迈向 21 世纪的逻辑学》，载《社会科学战线》1996 年第 4 期。张家龙主编：《逻辑学思想史》，湖南教育出版社 2004 年版。张建军：《当代逻辑科学的"应用转向"》，载《江海学刊》2007 年第 6 期。张建军：《广义逻辑悖论研究及其社会文化功能论纲》，载《哲学动态》2005 年第 11 期。张晴：《20 世纪的中国逻辑史研究》，中国社会科学出版社 2007 年版。张清宇：《模态逻辑近况》，载《哲学动态》1990 年第 5 期。

究中，对现代逻辑的掌握、应用以及深入探讨仍需进一步提高。

改革开放以来，中国逻辑学的发展也并非一帆风顺。特别是在 20 世纪 90 年代初，在市场经济大潮的冲击下，形式逻辑被视为难教、难学、易忘、无用，引来许多非议。逻辑学作为一门基础学科曾面临严重挑战，出现了诸如逻辑教师转行，逻辑论文数量减少的现象。中国逻辑学会的工作（主要是学术活动）也遇到了前所未有的困难。

我国过去长期缺乏逻辑学专业学术刊物，同时其他学术刊物对逻辑学，特别是对现代逻辑论文不太了解甚至排斥。这对于本来比重很少的逻辑学论文无疑是雪上加霜。唯一的逻辑文选刊物——中国人民大学的《报刊复印资料·逻辑》，由月刊改为双月刊。社科基金资助项目在一定程度上为逻辑学研究提供了物质保证，不过在所有 22 个社会科学分支中，逻辑学所占份额明显偏低。在中国高校人文社科信息网上所列出的研究项目中，逻辑学的项目数量也远远落后于大多数其他学科……近些年，有些学术刊物增设了逻辑学专栏或特刊，但数量不多。

回顾逻辑学在中国的坎坷历程不难发现，虽然先秦时代的逻辑学一度成为世界逻辑学三大发源之一，但自汉朝"罢黜百家，独尊儒术"之后，中国逻辑学研究多次错过了世界逻辑学发展的高峰期。大量的史实证据说明，中国历史上学术思想的形成具有强调人本主义而忽略科学和逻辑的传统，强调辩证法的哲学思辨而忽视逻辑推理和科学实验。我国思想界尚有一些学者同样是对逻辑学的现代发展知之不多，在思想上仍存在一些误区，特别是有人照搬西方"后现代主义"的观点，错误地认为逻辑是对理论创新的束缚，认为要创新就必须突破逻辑思维，逻辑思维与非逻辑思维相互对立等等，这些错解与误视都对逻辑学的发展极为不利。目前主要问题在于，基础研究人员功底扎实，但数量较少，尚未形成规模效应，且研究热点与国际前沿尚存一定差距。从事应用研究的人员对现代逻辑技术手段的掌握相对较弱，创新成果有限。基础研究与应用研究之间缺乏卓有成效的互动。国门的开放使我国逻辑学界对形式严格精确的数理逻辑有了大量的接触，人们不禁感叹"我们确实落后了"，因此迫切地希望引进先进成果，通过自身努力发展我国的逻辑事业。

二　从逻辑学的"用处"看未来

逻辑学具有基础学科、工具学科和人文学科三重性质，这是逻辑学在当代科学体系中的独有特征。首先，逻辑学发展成为与数学、物理学、化学、天文学以及地球科学、空间科学、生命科学等相并列的基础学科，是20世纪科学系统演化的重大进展。其次，逻辑是一切科学研究的必备工具。作为一种系统性工具，逻辑的价值并不仅仅体现在对一些零星规律与规则的运用上。现代逻辑达到形式化、系统化的极致，是逻辑得以在现代哲学、数学、计算机科学与人工智能、语言学以及经济学、社会学、法学等领域得到广泛而有效应用的重要原因。另外，逻辑学是社会理性化的支柱性学科，逻辑的缺位意味着理性的缺位，这是逻辑学最根本的人文性质。

逻辑学发展史中，关于逻辑功用的争论从未停止过。这不仅表现在学术争论中，教学一线的逻辑工作者也常常被问到"学逻辑到底有什么用？"这样简单却难以回答的问题。这个问题主要是针对演绎逻辑提出来的。诚然，演绎逻辑不可能像经济学那样直接影响国民经济的发展，也不像数理化那样直接促进科学技术的发展。逻辑有何用处，关键是如何看待"有用"这个问题。

逻辑的"有用"之处体现在其真理性、严密性、深刻性、简洁性和创造性。具体而言，逻辑的使命是用一种系统的方法把有效的推理形式从其他推理形式中区别出来，从而把真理（有效式的直观解释）和其他命题区分开来。没有其他任何学科像逻辑这样最直接、最明确地以把握普适性真理为目标。逻辑的严密性不言而喻，因此，它才能成为数学、计算机科学的坚实基础。逻辑的深刻性体现在它对人的思维形态进行了深刻的刻画。例如，模态逻辑对不同领域中"必然"概念的揭示。逻辑不仅能简洁地表述日常思维的正确推理，还能简洁地表述并证明数学、人工智能等领域的问题。逻辑的成果体现了人类智能的创造性，不仅体现在逻辑研究所取得的创新成果，也体现在逻辑作为方法在不同领域的应用方面。

逻辑可以通过普遍保真式将一些零散的知识组织起来，组织成为系统。只有将零散的知识组织起来，才能进行更深入的研究和更广泛的应用。欧几里德几何学就是一个典型的由演绎逻辑组织起来的系统。逻辑本身可以为知识的相对性提供说明。我们知道，遵守逻辑规则，既可以理解为"如果前提真，则结论真"（假言推理的肯定前件式），也可以等价地理解为"如果结论假，则至少有一个前提假"（假言推理的否定后件式）。也就是说，逻辑不仅可以从前提到结论"保真"，逆向地看，还可以从结论到前提"保假"。保真性是广为认可的,而"如果结论假,则至少有一个前提假"的价值却往往被忽视。知识的相对性由此引申出来,也就是说,如果待检验陈述不符合实际情况,那么前提中至少有一个是需要修改或排除的。但到底哪一个是假的、需要修改或排除的,就有赖于其他知识的辅助,逻辑本身并不解决这样的问题。

此外,逻辑实际上具备强大的理论创新功能。所谓理论创新就是变革原有的理论。要创新就要有批判,既然对理论的批判离不开逻辑本身,那么,创新也就离不开逻辑。没有逻辑就不会有理论创新。强调逻辑的创新功能,特别要反对那种认为"要创新就不要、甚至不能要逻辑"的观点。不可否认,创新中也会有直觉、灵感、顿悟等的作用,有时甚至是至关重要的作用,但这些并不能作为论据,如果说某个发明创造是纯粹顿悟的结果,恐怕是难以令人信服的。新理论的解释和预测功能最终还要借助逻辑工具进行说明和论证。

演绎逻辑是社会理性化的支柱。逻辑的缺位意味着理性的缺位。在克服社会转型时期所带来的一系列的"无序"、"失衡"、"失范"现象,实现社会发展的动态平衡和有序化、规范化方面,逻辑的确有着基本的、不可替代的作用。随着演绎逻辑在越来越广的方面显示出巨大的解题功能,形式系统的严格性和精确性也将越来越得到重视。西方传统思维长于分析,演绎逻辑一直居于本位。对我们而言,本来就不长于此,如若再误视与错解演绎逻辑,其后果是严重的。当然,强调正确地理解演绎逻辑并不意味着演绎逻辑是万能的,也不意味着不需要探究演绎逻辑之外的逻辑形式或思维方式。

没有一定的逻辑知识,缺乏良好的逻辑训练,人们就不可能创造出高水平的理论。逻辑学与哲学、数学、计算机科学、语言学的关系尤为密切。19 世纪后半叶,逻辑学从哲学中独立出来以后,一方面许多逻辑分支的兴起都与一定的哲学背景相关;另一方面,逻辑的发展又为哲学研究提供新的课题,为严密表达哲学思想提供工具和手段。逻辑学与数学有深刻的联系,二者的相互渗透推进了双方的发展。现代逻辑学是电子计算机的理论基础之一。数理逻辑把推理过程形式化,把人们日常使用的各种复杂的推理规则化归为一些极简单的、机械化的推理动作,才使利用机器代替人脑思考成为可能。可以说,电子计算机的整体设计、逻辑网络、程序设计和程序自动化等都与数理逻辑密切相关。逻辑学与语言学也有十分密切的联系。一方面，逻辑学只有通过语言（包括自然语言和人工语言）这种载体才能研究思维形式；另一方面，利用逻辑方法对语言进行研究又刺激了语言学的发展。

日常思维中，离开逻辑思维寸步难行。也许并不是每个人都能自觉意识到的，这恰恰说明了逻辑的广泛应用和深入人心。但掌握了力学原理的人与没有掌握的人，在看待骑车问题和处理相关问题时必定存在差别。只有掌握了原理，才能有更深刻的理解；也只有掌握了原理，才能创造符合规律的条件，以便更顺畅地运用。

最后，值得一提的是逻辑与哲学的关系，这里特指演绎逻辑与哲学的关系。从逻辑与哲学的角度讲，逻辑原本与哲学相互融合在一起，19世纪末20世纪初，演绎逻辑产生之后才从哲学中分离出来，成为一门独立学科。但是演绎逻辑仍与哲学保持着千丝万缕的联系，演绎逻辑的许多新分支的兴起，都离不开一定的哲学背景。演绎逻辑原本就是现代哲学研究不可或缺的工具之一，面对丰富繁杂的哲学观点，逻辑虽然并不能告知我们到底哪一种观点更合适，或者更应该采取哪一种观点。但是逻辑可以通过澄清概念、分清层次，帮助我们找到争端所在，并通过逻辑方法可以穷尽可能，将各种可能情形摆在我们面前，以供讨论。演绎逻辑不仅为严密表述哲学思想提供有效手段，其成果本身也具有深远的认识论意义。逻辑是一门抽象的学科，给科学研究提供方法，它并不跟数学家们竞争，哲学家可以在任何地方繁荣发展，逻辑学家们同样可以凭借哲学的敏感度来研究事物。

三 结语

2008年，四年一次的中国逻辑学大会将召开第八次大会，会议将继续进行学术交流和优秀成果评选活动。大会召开前夕，国内第一家逻辑学专业学术期刊《逻辑学研究》的创刊仪式在中山大学举行。这份期刊是经国家新闻出版总署批准，由中山大学和中国逻辑学会联合主办，中山大学逻辑与认知研究所承办的。自中国逻辑学会首任会长金岳霖先生开始，创办一份属于逻辑学领域的杂志、为国内逻辑学者的学术研究和国际交流等提供一个优良的平台，就一直是几代逻辑学工作者梦寐以求的夙愿。

"团结、民主、严谨、创新"是金岳霖先生等老一辈逻辑学家所倡导的学风，也是中国逻辑学会始终坚持的指导方针。逻辑学是一个具有众多分支学科的群体，各个分支学科都是逻辑百花坛中的鲜花，我们希望各个分支学科共同繁荣、共同发展。展望 21 世纪我国逻辑学科发展战略，应为"一体两翼"：以基础理论层面研究为体，以工具层面和人文层面研究为翼，努力形成有利于逻辑学茁壮生长的社会文化生态与氛围，使各种不同风格的学者各展所长、优势互补，共同振兴逻辑事业。深入把握逻辑学与相关学科的互动关联，把握现代逻辑成果的方法论价值，继续展开多层次逻辑应用研究，是摆在中国逻辑学界面前的重要任务。

我们期待 2008 年成为一个新的起点，开启我国逻辑学研究的新篇章。

第九章

伦理学

20世纪初以来，中国文化开始出现了"意义危机"。以"打倒孔家店"为特征的文化激进主义对传统文化、特别是作为传统文化之信念系统的儒家文化更是发起了全面攻击，终于使得传统文化的精神体系在20世纪中期"花果飘零"。自那以来，如何重建社会生活的基本规范，就成了中华民族所面临的一个艰巨的世纪难题。

建国以后，我国的伦理学工作者以马克思主义为指导，开展了重建我国社会生活基本规范的工作。然而，由于当时特定的历史条件，特别是由于"文化大革命"对人们的道德底线的严重冲击，我国重建社会生活基本规范的工作并没有得到很好的完成。重建与现代社会相适应的伦理规范，使人们自觉地认同并坚守那些具有普遍意义的基本价值，仍然是我国的道德建设所面临的主要任务。改革开放以来，我国的伦理学研究就是在这种大的历史背景下开展的。

第一节 基础研究

伦理学是从实践理性的角度来理解和把握人们的社会生活和精神生活的哲学学科。确立具有中国特色的伦理学知识论传统，丰富和完善自身的学科建设，是我国的伦理学为我国社会规范的重建工作作出贡献的重要前提。改革开放以来，我国的伦理学工作者在伦理学原理、中国伦理学史、外国伦理学史和应用伦理学方面都开展了深入的研究，取得了一系列可喜的成果。

一　伦理学原理研究

改革开放以来，我国的伦理学研究大致经历了两个发展阶段：从 1978 年到 1990 年前后是恢复和发展阶段，从 20 世纪 90 年代中期至今是繁荣阶段。①

在恢复和发展阶段，我国伦理学研究的重点是伦理学的研究对象、基本问题、研究方法、道德的本质、伦理学的规范体系等问题，所取得的主要成果是马克思主义伦理学体系的建立。1982 年，罗国杰主编的第一本伦理学概论《马克思主义伦理学》正式出版。此后，周原冰撰写的《共产主义道德通论》和李奇主编的《道德学说》分别于 1986 年和 1989 年出版。这三本著作运用马克思主义的基本原理，系统阐述了有中国特色的马克思主义伦理学的基本原理，提出了一个以集体主义为核心的道德规范体系。这三本著作所创建的马克思主义伦理学体系得到了"全国多数伦理学工作者的认同，以此为框架编成的许多教科书和伦理道德读物在学校里和社会上广泛传播"②。"罗国杰的马克思主义伦理学研究在 80—90 年代的中国占据着重要的地位，影响较为深远。他对推动马克思主义伦理学的科学化、正规化作出了较为突出的贡献。"③他主编的《伦理学》（1989）全面提升了马克思主义伦理学的理论研究，使我国的马克思主义伦理学发展到了一个新的水平。

其他一些学者也从不同角度对马克思主义伦理学进行了有益的探索。唐凯麟主编的《简明马克思主义伦理学》（1983）将马克思主义伦理学的体系结构区分为理论篇、规范篇和实践篇三大部分，认为马克思主义伦理学是理论伦理学、规范伦理学和实践伦理学的统一。魏英敏、金可溪合著的《伦理学简明教程》（1984）注重历史、理论和实践的结合，并首次将人道主义作为社会主义的道德规范加以阐述。魏英敏主编的《新伦理学教程》（1993）全面吸收了我国伦理学研究的成果，建构了一个视野开阔、富于时代精神、涉及伦理学各个重要领域的马克思主义伦理学体系。夏伟东的《道德本质论》（1991）"通过对道德的社会历史本质、道德的规范

---

①　陈瑛：《伦理学的现状与未来》，载《中国伦理学网》：www. cn-e. cn/cn/dispArticle. Asp? ID＝720。

②　陈瑛：《新中国伦理学事业的发展及其方向》，载《高校理论战线》1999 年第 10 期。

③　唐凯麟、王泽应：《20 世纪中国伦理思潮问题》，湖南教育出版社 1998 年版，第 405 页。

本质、道德的主体本质以及道德本质与集体主义的相互关系等核心问题的探讨和阐述，把道德本质的理论研究推向一个新的层面，提出了一些有独创的见解，……为关心道德本质问题的人们，拓出了一条新的思维路径"①。此外，其他学者的一些著作也丰富了伦理学教科书体系的建设。②

与此同时，一些学者也对当时的研究现状进行了反思，认为许多教科书和专著缺乏严格的科学性和理论深度，体系结构未能摆脱苏联的旧有模式，雷同现象较为严重。在"全国伦理学第四次讨论会"（1985 年 11 月，广州）上，许多人指出，伦理学要繁荣，就必须打破已有的体系，在基本理论方面多做扎扎实实的专题性研究，逐步建立起具有中国特色的、科学的伦理学理论体系。一些学者认为，伦理学研究要倾听改革实践的呼声，把现实的"人"引进伦理学，要研究人的本性、人的需要、人的价值、人的尊严、人的幸福、人的全面发展等一系列问题。③ 肖雪慧、韩东屏等撰写的《主题的沉沦与觉醒》（1988）则以"人是道德的主体"这一命题为核心，初步勾勒了被称为"主体论伦理学"的主要内容，在当时产生了一定的影响。

20 世纪 90 年代中期以来，我国的"伦理学得到了真正的发展和繁荣。无论是伦理学原理，还是中西伦理学史研究，都取得了突飞猛进的发展。新人、新作品不断涌现"④。在这一阶段，我国伦理学研究的领域不仅持续扩大，而且在思想性和学术性方面都有了极大的提高。市场经济与道德、正义与权利、普遍伦理、制度伦理、美德伦理、政治伦理、伦理学方法等成为我国伦理学研究者普遍关注的问题。

1994 年，我国伦理学在 20 世纪 90 年代所取得的两个最重要的成果同时出版。何怀宏的《良心论》通过创造性地转化中国传统的良心理论，阐释了一种具有中国特色的"底线伦理学"。该书通过把最基本的义务作为伦理学关注的首要目标，扭转了我国伦理学一贯重视"高线伦理"、忽视"底线伦理"的思维模式。万俊人的《伦理学新论》以西方近现代伦理文

① 唐凯麟、王泽应：《20 世纪中国伦理思潮问题》，湖南教育出版社 1998 年版，第 411 页。

② 参见唐凯麟、王泽应：《20 世纪中国伦理思潮问题》，湖南教育出版社 1998 年版，第 406—413 页；谭忠诚、陈少峰：《伦理学研究》，福建人民出版社 2006 年版，第 381—385 页。

③ 涂秋生：《伦理学出路何在?》，载《社会科学研究》1985 年第 4 期。

④ 陈瑛：《伦理学的现状与未来》，载《中国伦理学网》：www. cn-e. cn/cn/dispArticle. Asp? ID = 720。

明为参照，以中国伦理精神的内在发展逻辑为基础，初步构建了一个"人学价值论伦理学体系"。该书充分吸收了现代伦理学的精神资源，为使我国的伦理学研究回归知识论立场作出了重要贡献。此后，何怀宏在《底线伦理》（1998）、《良心与正义的探求》（2004）等著作中进一步丰富和完善了他的"底线伦理学思想"。万俊人也在《比照与透析：中西伦理学的现代视野》（1998）、《寻求普世伦理》（2001）、《现代性的伦理话语》（2002）等著作中进一步阐释和发展了他的"人学价值论伦理学体系"的基本理念。他们在伦理学领域所进行的颇具原创性的研究和探索，极大地推动、发展和繁荣了我国的伦理学事业。

20 世纪末期、特别是 2000 年以来，我国的伦理学研究得到了突飞猛进的发展。在伦理学基础理论方面，一大批具有开拓、创新意义的著作相继问世。唐凯麟的《伦理大思路》（2000）比较全面系统地回答了当代中国道德和伦理学发展中所面临的几个根本问题，为中国伦理道德体系的建构提供了新的视野和思路。杨国荣的《伦理与存在：道德哲学研究》（2002）从道德哲学的角度探讨了善何以必要和可能的问题，试图为道德提供某种可靠的基础。王海明的《新伦理学》（2001）一书雄心勃勃地建构了一个由元伦理学、规范伦理学和美德伦理学组成的"科学的、新的伦理学。它是科学的伦理学，因为它具有两个特征：科学的体系和科学的证明。……它是新伦理学，因为一方面，本书对几乎所有伦理学概念和全部伦理学难题都作出了新的答案、新的观点或新的确证；另一方面，在本书中，规范伦理体系完全是按照我在元伦理研究中所发现的优良道德制定之逻辑构建的"[①]。在《伦理学方法》（2003）中，王海明进一步详细阐发了他所理解的"科学的伦理学方法"。樊浩的《伦理精神的价值生态》（2001）探讨了如何建构现代伦理精神的价值合理性问题，试图为现代伦理精神的合理建构提供一种"价值生态"方法论。以这种方法论为指导，樊浩在《道德形而上学体系的精神哲学基础》（2006）一书中进一步从形而上学的层面研究了道德体系的精神哲学基础，试图为道德形而上学体系提供一个精神哲学的构架。高兆明的《伦理学理论与方法》（2005）试图通过不同时代、不同类型伦理学思想方法之间的互补性，探究一种全面而辩证的伦理学思想方法的形成路径。徐向东的《道德哲学与实践理性》

---

①　王海明：《新伦理学》，商务印书馆 2001 年版，第 4—5 页。

（2006）和《自我、他人与道德：道德哲学导论》（2007）立足于现代西方丰富的伦理学资源，全面而系统地探讨了道德哲学和规范伦理学的基本问题，是国内近年来极具学术价值的伦理学成果之一。

此外，一些具有一定学术价值的著作也陆续出版。如，肖雪慧等主编的《守望良知：新伦理的文化视野》（1998），张华夏的《现代科学与伦理世界：道德哲学的探索与反思》（1999），江畅的《理论伦理学》（2000），陈根法的《德性论》（2004），龚群的《生命与实践理性：诠释学的伦理学向度》（2004），高兆明的《存在与自由：伦理学引论》（2004），靳凤林的《死，而后生：死亡现象学视阈中的生存伦理》（2005），韦正翔的《国际政治的全球化与国际道德危机：全球伦理的圆桌模式构想》（2006），李佑新的《走出现代性道德困境》（2006），宋希仁主编的《社会伦理学》（2007），等等。这些著作或填补了某个方面的研究空白，或深化了相关问题的研究。

二 中国伦理学史研究

改革开放以来，我国学者在中国伦理思想史研究方面取得了引人注目的成果。

在通史方面，一些颇具特色的著作相继问世。陈瑛、刘启林等编撰的《中国伦理思想史》（1985）是建国以来第一部用马克思主义的世界观和方法论撰写的中国伦理学通史。沈善洪、王凤贤的《中国伦理学说史》（上册，1985，下册1988）和张锡勤等主编的《中国伦理思想通史》（1992）属于资料翔实、内容丰富的通史著作。朱贻庭主编的《中国传统伦理思想史》（1989）"是一部简明扼要且颇有理论深度的中国伦理学史的通史著作"①。樊浩的《中国伦理精神的历史建构》（1992）力图从"伦理精神之建构"的角度来梳理中国伦理学史的发展历程，别具一格。陈少峰的《中国伦理学史》（1996）以"德性伦理学和社会伦理学为基本主线"，详细梳理了中国传统伦理思想的演进脉络。陈瑛主编的《中国伦理思想史》（2004）以伦理道德的哲学基础、伦理精神与道德原则、道德规范与行为准则、人生观、道德修养为主线，阐述了从先秦到新中国成立为止的中国伦理思想史。

① 唐凯麟、王泽应：《20世纪中国伦理思潮问题》，湖南教育出版社1998年版，第417页。

　　在断代史和专题史方面，我国学者也出版了一批具有重要学术价值的著作。例如，朱伯崑的《先秦伦理学概论》（1984），张锡勤等编著的《中国近现代伦理思想史》（1984），张岱年的《中国伦理思想研究》（1989），张岂之、陈国庆的《近代伦理思想的变迁》（1993），唐凯麟的《走向近代的先声：中国早期启蒙伦理思想研究》（1993），焦国成的《中国伦理学通论》（上册，1996），陈来的《古代宗教与伦理：儒家思想的根源》（1996），王泽应的《现代新儒家伦理思想研究》（1997），唐凯麟、王泽应的《20 世纪中国伦理思潮问题》（1998），任剑涛的《道德理想主义与伦理中心主义：儒家伦理及其现代处境》（2003），刘余莉的《规则与美德的统一：批判儒家伦理是美德伦理的观点》（2004），等等。此外，我国学者还出版了不少以人物、学派和传统伦理范畴为主题的著作。

三　外国伦理学史研究

　　改革开放以来，我国对外国伦理学史的研究从无到有，取得了可喜的成果。建国以来的第一部西方伦理学史《西方伦理思想史》（章海山著）于 1984 年出版。罗国杰、宋希仁编著的内容更为丰富、分析更为透彻的《西方伦理思想史》（上卷，1985；下卷，1988）也于此后相继出版。周辅成主编的《西方著名伦理学家评传》（1987）对西方历史上著名伦理学家的生平思想做了比较全面的介绍和评论。黄伟合的《欧洲传统伦理思想史》（1991）则对欧洲传统伦理思想做了简明扼要的梳理。田海平的《西方伦理精神：从古希腊到康德时代》（1998）和唐凯麟的《西方伦理学流派概论》（2006）亦是梳理和研究西方伦理思想史的重要著作。宋希仁主编的两本《西方伦理思想史》（2004，中国人民大学出版社；2006，湖南教育出版社）不仅充分吸收了国内的最新研究成果，还增添了以往的西方伦理思想史著作所没有的许多内容（如美国的伦理思想），使西方伦理思想史的研究提升到了一个新的水平。

　　在断代伦理思想史方面，我国的学者出版了许多具有重要学术价值的研究成果。研究现代西方伦理思想史的第一本专著《二十世纪西方伦理学》（石毓彬、杨远著）于 1986 年出版。万俊人积多年研究而成的《现代西方伦理学史》（上册，1990；下册，1992）至今仍是这一领域最重要的学术成果。由石毓彬、程立显、余涌主编的《当代西方著名哲学家评传（道德哲学卷）》（1996）对当代西方十位著名伦理学家的思想做了系统的评述。卢风的《启蒙之后：近代以来西方人价值追求的得与失》（2003）批判性地反思了西方近现代的主流伦理价值观。陈真的《当代西方规范伦理学》（2006）是研究当代西方规范伦理学的最具学术价值的成果之一。

在马克思主义伦理思想发展史和国别伦理思想史方面的成果也不少。宋惠昌的《马克思恩格斯的伦理学》（1986）和章海山的《马克思主义伦理思想的发展历程》（1991）是研究马克思主义伦理思想的两本重要著作。陈瑛、廖申白主编的《现代伦理学》（1990）介绍和评述了中国、苏联、东方（包括日本、印度和阿拉伯）、现代西方（西欧、美国）等国家和地区第二次世界大战以来的伦理学派别、思潮和重要学者。此外，王中田的《当代日本伦理学》（1991），包利民的《生命与逻各斯：希腊伦理思想史论》（1996），金可溪的《苏俄伦理道德观演变》（1997），李萍的《东方伦理思想简史》（1997），聂文军的《人生价值的道德诉求：美国伦理思潮的流变》（2006），冯俊的《当代法国伦理思想》（2007）等也丰富和深化了相关领域的研究。

在西方伦理专题史方面，我国学者取得的成就较为引人注目，一些具有开创意义的著作相继出版，例如，万俊人的《萨特伦理思想研究》（1988），何怀宏的《契约伦理与社会正义：罗尔斯正义论中的历史与理性》（1993），肖巍的《女性主义关怀伦理学》（1999），龚群的《道德乌托邦的重构：哈贝马斯交往伦理思想研究》（2003），郭夏娟的《为正义而辩：女性主义与罗尔斯》（2004）。此外，高国希的《走出伦理困境：麦金太尔道德哲学与马克思主义伦理学研究》（1996），廖申白的《亚里士多德友爱论研究》（2000），孙伟平的《伦理学之后：现代西方元伦理学思想》（2003），杨方的《第四条思路：西方伦理学若干问题宏观综合研究》（2003），胡真圣的《两种正义观：马克思、罗尔斯正义思想比较论》（2006），韩潮的《海德格尔与伦理学问题》（2007）等也是相关主题具有一定创新意义的成果。

值得一提的是，由中国社会科学出版社陆续出版的"外国伦理学名著译丛"，特别是罗尔斯和麦金太尔相关著作的翻译出版，不仅对外国伦理学的研究作出了重要贡献，还为我国伦理学研究总体水平的快速上升提供了重要的思想资源。

四　应用伦理学研究

"自 20 世纪中后期以来，在我国伦理学研究领域内掀起的一股新趋向就是应用伦理学的崛起。"① 20 世纪 90 年代中期以来，我国的应用伦理学研究更是突飞猛进，成为我国伦理学研究的"主战场"，并"取得了丰硕的成果"。② 陈瑛、丸本征雄主编的《应用伦理学的发轫》（1997）是国内出版的第一本应用伦理学文集。由中国社会科学院应用伦理研究中心连续主办的六届"全国应用伦理学研讨会"（2000，无锡；2001，长沙；2003，香港；2004，宜昌；2005，银川；2007，重庆）和主编的系列出版物《中国应用伦理学》（共五本）极大地推动和繁荣了我国的应用伦理学研究。

在应用伦理学的基础理论方面，甘绍平的《应用伦理学前沿问题研究》（2002）是一本奠基性的著作，并对科技伦理、生命伦理、政治伦理等领域的研究产生着持续的影响。卢风、肖巍主编的《应用伦理学导论》（2002）是国内出版的第一本真正的应用伦理学教材，内容几乎涵盖了应用伦理学的各个分支领域。该书的第二版（2008）经过修改后，内容更为丰富，是国内目前最具学术价值的应用伦理学教材。

生命伦理学是在我国发展较早、也相对成熟的学科。邱仁宗的《生命伦理学》（1987）是这一领域的奠基性著作。自那时以来，我国学者围绕医患关系、安乐死、堕胎、器官移植、辅助生殖、艾滋病、人类基因组研究及基因治疗、克隆人、亲子鉴定、公共健康、医疗制度等有关的伦理问题进行了多层次的深入研究，积极参与了我国有关公共健康政策的制定，并取得了许多重要学术成果，例如，徐宗良等的《生命伦理学》（2002），陈元方、邱仁宗的《生物医学研究伦理》（2003），翟晓梅、邱仁宗主编的《生命伦理学概论》（2003），沈明贤主编的《生命伦理学》（2003），孙慕义等的《新生命伦理学》（2003），王延光的《当代中国遗传伦理研究》（2003），高崇明、张爱琴的《生命伦理学十五讲》（2004）等。

环境伦理学是在我国发展较为迅速、争论比较激烈的学科。余谋昌是我国环境伦理学研究的开创者。余谋昌的《惩罚中的觉醒：走向生态伦理学》（1995）、刘湘溶的《生态伦理学》（1992）和叶平的《生态伦理学》

---

① 谭忠诚、陈少峰：《伦理学研究》，福建人民出版社 2006 年版，第 385 页。

② 唐凯麟、王泽应：《20 世纪中国伦理思潮问题》，湖南教育出版社 1998 年版，第 413 页。

（1994）都把自然的内在价值和权利视为环境伦理学的基础；他们的这一观点基本上"预制"了我国环境伦理学的研究方向。此后，围绕人类中心主义与非人类中心主义，自然的内在价值与权利的争论一直是我国环境伦理学研究的热点。20世纪90年代末期、特别是2000年以来，我国的环境伦理学研究更加关注可持续发展伦理、环境正义（包括国际环境正义）、代际伦理、动物保护伦理、生态文明等话题，对提高人们的环境意识作出了重要贡献，并出版了一些重要的学术著作，如，徐嵩龄主编的《环境伦理学进展：评论与阐释》（1999），余谋昌的《生态伦理学：从理论走向实践》（1999）和《生态哲学》（2000），卢风的《享乐与生存：现代人的生活方式与环境保护》（2000），李培超的《自然的伦理尊严》（2002），余正荣的《中国生态伦理传统的诠释与重建》（2002），傅华的《生态伦理学探究》（2002），王正平的《环境哲学：环境伦理的跨学科研究》（2004），何怀宏主编的《生态伦理：精神资源与哲学基础》（2004），曹孟勤的《人性与自然：生态伦理哲学基础反思》（2004），韩立新的《环境价值论》（2005），曾建平的《环境正义：发展中国家环境伦理问题探究》（2007），杨通进的《环境伦理：全球话语，中国视野》（2007）等。

经济伦理问题在20世纪80年代中期就引起了我国学者的注意，但是，我国的经济伦理学研究只是到了20世纪90年代中期以后才具有明确的学科意识；20世纪90年代后期，我国的经济伦理学研究才真正进入了"起步和发展的黄金时期"。① 自那时以来，我国学者围绕经济与伦理的关系、经济人与"看不见的手"的伦理含义、公平与效率的关系、分配正义、产权伦理、企业的社会责任、政府干预市场的伦理依据及其限度、经济全球化的伦理冲突等问题展开了深入的研究，对企业文化的建设发挥了积极作用，并出版了许多重要的学术成果，如，晏辉的《市场经济的伦理基础》（1999），陆晓禾的《走出"丛林"：当代经济伦理学漫话》（1999），甘绍平的《伦理智慧》（2000），万俊人的《道德之维：现代经济伦理导论》（2000），王小锡、宣云凤主编的《现代经济伦理学》（2000），周中之、高惠珠的《经济伦理学》（2002），陈泽环的《个人自由和社会义务：当代德国经济伦理学研究》（2004），乔法容、朱金瑞主编的《经济伦理学》（2004），孙春晨的《市场经济伦理研究》（2005），章海山的《市场经济

---

① 谭忠诚、陈少峰：《伦理学研究》，福建人民出版社2006年版，第398页。

伦理范畴论》（2007）等。

近年来，我国应用伦理学的其他领域（特别是政治伦理、法律伦理和科技伦理）的研究也逐渐呈现快速发展之势，并取得了一些重要成果，如，刘大椿等的《在真与善之间：科技时代的伦理问题与道德抉择》（2000），韦正翔的《软和平：国际政治中的强权与道德》（2001），曹刚的《法律的道德批判》（2002），李伦的《鼠标下的德性》（2002），王伟、郭爱红的《行政伦理学》（2005），彭定光的《政治伦理的现代建构》（2007）等。

第二节　学术热点

伦理学的发展是通过对那些具有重要现实意义和理论意义的问题的讨论和争论来实现的。改革开放以来，我国的伦理学研究围绕伦理学的基本问题、道德的本质、人道主义、人的价值、集体主义、市场经济的伦理效应、普遍伦理、人类中心主义、克隆人的伦理合法性、应用伦理学的本质特征等问题展开了热烈而深入的讨论。其中，伦理学的基本问题、道德的本质、应用伦理学的本质特征问题属于伦理学的基础理论问题，其他问题则与现代社会的伦理精神、制度设计的价值取向、公共决策的伦理基础有关。这些问题具有持久的理论和现实意义。对它们的讨论和争论至今仍没有结束。

一　伦理学的基本问题

伦理学的基本问题，是改革开放以来，在我国伦理学界引起普遍关注和争论的第一个重要理论问题。因为，对这一问题的不同理解，会影响到作为一门独立学科的伦理学之研究对象的确认和伦理学理论体系的基本结构。20 世纪 80 年代，我国伦理学界围绕伦理学的基本问题，展开了激烈的争论，形成了许多不同的观点。其中，较有影响的是下述三种观点，而"影响最大，并获得较广泛认同的"，则是第一种观点。①

第一种观点认为，伦理学的基本问题是利益与道德的关系问题。它包含两方面的内容：第一，经济利益和道德的关系问题，即经济关系决定道

---

① 唐凯麟、王泽应：《20 世纪中国伦理思潮问题》，湖南教育出版社 1998 年版，第 401 页。

德，还是道德决定经济关系，以及道德对经济关系有无反作用的问题。对这些问题的回答是区分唯物主义伦理学与其他伦理学流派的基础。第二，个人利益与社会整体利益的关系问题，即个人利益服从社会整体利益，还是社会整体利益从属于个人利益的问题。对这些问题的回答，决定着各种道德体系的价值取向和伦理原则。①

把利益和道德的关系问题作为伦理学的基本问题来理解的理由主要有两个：首先，物质利益是道德的基础，任何道德都是一定经济关系的产物，是一定社会物质生活条件的反映，这是道德的本质问题。对于物质利益和道德的关系的不同回答，形成了伦理发展史上的各派思想家和各种不同的伦理学说。其次，它是由道德的内容决定的。如何调整个人利益和整体利益的关系，构成了阶级社会或有阶级斗争存在的社会里的道德的基本内容。历史上的各派思想家，因为他们在生产体系中的地位不同，阶级立场不同，在回答和解决个人利益和整体利益的矛盾时，他们所坚持的道德原则也是不同的。②

第二种观点认为，伦理学的基本问题，是道德与社会历史条件的关系问题。所谓社会历史条件主要是指社会生产方式。道德与社会历史条件的关系有两个方面：一方面，社会历史条件是道德的根源，决定道德；一定的社会历史条件决定一定的道德。另一方面，道德对社会历史条件又具有反作用。这种反作用表现为或者起积极的促进作用，或者起消极的破坏作用。把道德与社会历史条件的关系问题作为伦理学基本问题的主要理由是：其一，这一问题是哲学基本问题在伦理学中的集中表现；其二，对于这一问题的不同回答，是区分伦理学中唯物主义和唯心主义两种不同观点、两条不同路线的主要依据。其三，对这一问题的回答是解决伦理学其他一系列问题的基础和前提。如何解决这一基本问题决定着如何认识道德的形成、实质、社会作用和发展规律等一系列问题。其四，如何解决这一问题制约着道德评价标准的制定。③

---

① 罗国杰主编：《马克思主义伦理学》，人民出版社1982年版，第7页；谭维克、陈平：《试论伦理学的基本问题》，载《哲学研究》1985年第1期。

② 八所高等师范院校编著：《马克思主义伦理学原理》，贵州人民出版社1982年版，第13—15页。

③ 王兴洲：《伦理学基本问题初探》，载《社会科学战线》1982年第2期；王兴洲：《论伦理学的基本问题》，载《哲学研究》1983年第6期。

第三种观点认为，伦理学就是善恶之学，是关于善与恶的性质、起源及其发展规律的科学。因此，善恶问题是伦理学的基本问题。第一，善与恶是道德中的特有矛盾，是道德之为道德的根本原因。善与恶是道德的基本矛盾，而道德又是伦理学的研究对象；伦理学研究对象的这种根本特征决定了善与恶的问题是伦理学的基本问题。第二，善与恶的问题是古今中外一切伦理学家和伦理派别普遍关注和研究的重大课题。第三，善与恶的矛盾是道德发展的动力；人类社会的道德发展史，就是善与恶的斗争史。第四，善与恶的矛盾贯穿于人类道德活动的一切领域，并且贯穿道德活动的始终。第五，善与恶是伦理学的核心范畴。[①]

关于伦理学基本问题的讨论，涉及伦理学的身份认同和学科体系的建立。尽管 20 世纪 80 年代对这一问题的讨论深化了人们对伦理学的认识，但是，由于伦理学是一门随着人类道德生活的发展而不断发展的学科，因此，伦理学的基本问题将永远是一个开放的问题。只要伦理学还在发展，人们对伦理学基本问题的看法就会与时俱进。20 世纪 90 年代、特别是 2000 年以来，关于伦理学的基本问题，我国研究伦理学的一些学者就提出了一些新的看法。例如，有学者认为，伦理学的基本问题是道德主体的意志自由与道德规范的必然性的关系问题，是道德规范与意志自由的关系问题；[②] 还有学者认为，伦理学的基本问题有两个，即"作为人我们应当做什么"和"对于人什么是有价值的"问题。[③] 应当说，对于伦理学基本问题的这种理解和定位，更加接近或符合伦理学自身的特征。

二　道德的本质问题

道德是伦理学的研究对象。随着人们对伦理学基本问题的讨论日益深入，关于道德的本质问题必然会成为我国伦理学界所关注和争论的重要问题。

20 世纪 80 年代前期，我国的绝大多数伦理学教科书都把道德规定为由经济关系决定、按一定社会和阶级的要求来约束人们相互关系和个人行

---

① 魏英敏：《伦理学基本问题之我见》，载《伦理学与精神文明》1984 年第 4 期；魏英敏：《当代中国伦理与道德》，昆仑出版社 2001 年版，第 78—85 页。

② 应杭：《伦理学基本问题新论》，载《浙江大学学报》1992 年第 3 期；窦炎国：《伦理学基本问题再认识》，载《江南社会学院学报》2002 年第 4 期。

③ 童世锋：《论伦理学的两个基本问题》，载《西南师范大学学报》2002 年第 4 期。

为的原则规范的总和。有学者认为，对道德的这种规定是偏颇的。按照这种规定，道德往往被理解为原则规范的集合体，理解为社会驯服人的手段以及经济力量借以自我表现的工具。但是，人不是机械地接受道德准则的被动客体，而是创造和实现道德的积极主体。道德产生于两个方面的需要，即协调社会群体内部关系的需要和人的自我肯定、自我发展的需要。道德从本质上说是积极创造的，而不是消极防范的。道德是人探索、认识、肯定和发展自身的一种重要方式，它从本质上说是人的需要和人的生命活动的一种特殊表现形式。道德的这一本质方面集中体现了作为道德主体的人的主体性。[①]

有学者对此观点提出质疑，认为不应片面谈论道德的创造性和人的生命活动，尽管现有理论在人的主体性问题上确有"空场"，但是，否认道德的真正本质在于约束性却是错误的。从道德的发生史来看，道德的需要来源于集体生存的需要，而这一转换所以发生，乃是因为需要一种约束个人天性、防止个人片面发展的规范。从现实来看，不可能出现个人利益与集体利益毫无矛盾的理想社会，道德的使命始终是在这两者间斡旋，其前提始终是维护集体利益，个人的发展也始终是相对于集体而言的。在人类伦理思想史上，道德思考的症结和出路往往在于如何恰当地认识、克制自己，实际上，道德原本的用意决不在于单纯地发展人的生命活动，而在于公开声明个人对社会或多或少的自我牺牲。[②]有学者进一步指出，从人的需要中引出道德的观点不足以服人，因为具有道德意识的人总是以进行生产劳动为主的实践着的人，社会的人。自我发展不能离开自我约束，后者不但是前者的必需，且有时成为前者的表现。道德的本质不在于人的需要，而在于它是一种社会意识形态。道德归根结底是人们社会关系的产物，而不是人自身的创造物。[③]

关于道德本质的上述两种观点，分别被称为道德本质主体说和道德本质规范说。经过冷静的思考和理性的讨论，人们逐渐认识到，关于道德本质的上述两种观点都把握了道德本质的部分特征，同时，也存在着各自的缺陷。罗国杰指出，道德的主体性同道德的规范性、约束性，非但不是截

---

①　肖雪慧：《人的主体性是一切道德活动的原动力》，载《光明日报》1986年2月3日；肖雪慧：《"道德的本质在于约束性"驳论》，载《哲学研究》1987年第8期。

②　夏伟东：《略论道德的本质》，载《哲学研究》1987年第8期。

③　陈瑛、朱勇辉：《商品生产与道德进步之我见》，载《哲学研究》1987年第9期。

然对立的,而且是相辅相成的。道德的规范性与约束性,是从道德主体之外表明了道德的性质,即表明了道德对人或人格化的主体的德性要求。道德的主体性,则是从道德主体之内表明人和人格化的主体对社会道德的内化和认同,将社会道德的外在德性要求、外在的规范和约束,转化为内在的德性要求,转化为内在的规范和约束,将道德义务转化为道德良心,将道德他律转化为道德自律。①

20 世纪 80 年代后期、特别是 90 年代以来,关于道德的本质是主体性和规范性的统一的观点,逐渐成为我国伦理学界的主流观点,尽管人们对"统一说"的表述还存在着差异。例如,有学者认为,道德的本质是社会意识与实践精神把握世界的方式的统一,是作为社会道德关系集中表现的协调人与人、人与社会关系的行为准则和个人道德意识、行为素质的统一。道德不仅产生于社会关系的客观要求和制约性,也产生于社会关系中的个人自我肯定、自我发展、自我完善的主体需要。② 有的学者把道德的本质表述为:"主体通过个人利益和社会利益(包括他人利益和集团利益)关系的调节,有目的地创造和维护社会关系和谐的一种实践精神。"③

20 世纪 90 年代后期以来,我国学者更加自觉地接受了关于道德本质是规范性和主体性之统一的观点,并对这种观点做了更为明确的表述。例如,"道德是人把握世界、自我实现的特殊方式,道德对世界的把握是通过评价命令实现的。通过评价一方面形成理想体系引导人,另一方面形成规范体系约束人,所以道德既是人自我实现、自我完善的方式,也是调节社会关系的手段"。道德是在个人欲望的满足与社会的和谐之间确立的一种平衡机制。④ 有的学者进一步明确指出:"在道德的本质属性中,我们既肯定道德规范的客观必然性,同时又承认道德主体的意志自律和选择自由。"从道德目的论的角度看,道德的主体性属性更具重要地位。确立人在道德中的主体地位,不仅可以使道德的规范性更加具有合理性,也给道德的规范以目标导向作用。"道德的本质属性是在调节和反映社会利益关系中的规范性与主体性的矛盾与统一。"⑤

① 罗国杰:《关于伦理道德的几个理论问题》,载《人民日报》1990 年 10 月 19 日。
② 肖群忠:《也论道德本质》,载《道德与文明》1987 年第 4 期。
③ 乔法容、王昕杰:《道德本质的新思考》,载《中州学刊》1989 年第 1 期。
④ 黄云明:《论道德的本质》,载《河北大学学报》1998 年第 1 期。
⑤ 倪愫襄:《论道德的本质》,载《西安政治学院学报》2004 年第 1 期。

三　人道主义问题

人道主义是现代社会的一个重要价值理念。但是，我国理论界对人道主义的认识却一波三折，走过不少弯路。在 20 世纪 60 年代上半期的"反修斗争"中，人道主义曾被宣布为马克思主义的对立面，成为资产阶级的理论基础。以姚文元为代表的极"左"论者，更是在理论界和文艺界对人道主义发起了一轮又一轮的批判。十一届三中全会以后，人们鉴于"文革"反人道主义悲剧的教训，开始提出并讨论人道主义。在不同领域学者的共同参与下，关于人道主义的讨论在 80 年代初形成高潮。从大的方面看，我国理论界、特别是伦理学界关于社会主义人道主义的讨论主要集中在两个问题上。

（一）人道主义的范围

作为世界观和历史观的人道主义是否具有合理性？能否被马克思主义所继承？马克思主义人道主义究竟只是一种伦理观还是同时也是一种世界观和历史观？在这些问题上，主要有两种观点，即"有限的人道主义"和"全面的人道主义"。

主张"有限的人道主义"的人认为，人道主义有两个方面的含义，即作为世界观和历史观的人道主义与作为伦理原则和道德规范的人道主义。"社会主义人道主义，是作为伦理原则和道德规范的人道主义，它立足在社会主义经济基础之上，同社会主义政治制度相适应，属于社会主义伦理道德这种意识形态。"[1]作为伦理观的人道主义可以为马克思主义吸收，成为社会主义道德的重要内容。但是，作为世界观和历史观的人道主义与马克思主义是根本对立的，是一种必须彻底加以批判的错误思想。"社会主义人道主义不是世界观，不是独立完整的思想体系，而是人们在马克思主义世界观指导下进行革命实践时，在对待人的问题上所应遵循的一种道德准则。社会主义人道主义起作用的范围是在伦理领域。"[2]

主张"全面的人道主义"的人则认为，作为世界观和历史观的人道主义与作为伦理观的人道主义是不能截然分开的。马克思主义人道主义是整

---

① 胡乔木：《关于人道主义和异化问题》，载《人民日报》1984 年 1 月 27 日。

② 汝信：《批判资产阶级人道主义 宣传社会主义人道主义》，载《中国社会科学》1984 年第 2 期。

个马克思主义理论体系的有机构成部分。马克思主义与人道主义不是绝对
对立、互不相容的，而是可以相容、可以一致的。① 马克思主义人道主义
既是一种世界观和历史观，又是一种社会理想，还是一种伦理道德。作为
世界观和历史理论，马克思主义人道主义就是马克思主义关于人的哲学，
就是唯物主义的人道主义历史理论。作为社会理想，马克思主义人道主义
表现为对资本主义制度反人道性质的批判，表现为要在共产主义社会实现
全人类的解放和个人自由发展的理想目标。作为伦理道德，马克思主义人
道主义要求把尊重人、关怀人、肯定人的价值作为指导人们相互关系的准
则。"只有把马克思主义人道主义理解为理论、理想和道德的统一，这才
有可能全面地说明马克思主义与人道主义的关系。"②

在 20 世纪 80 年代初，主张"全面的人道主义"的人还只能羞羞答答
地宣称：人道主义是一个在知识界徘徊的"怪影"。但是，20 世纪 90 年
代中期以来，人道主义已变成了被人们普遍欢迎和拥抱的现代价值理论。
随着改革开放的深入展开，人道主义正逐步被落实到我们社会生活的各个
方面。

（二）关于人道主义在社会主义道德体系中的地位

关于人道主义在社会主义道德体系中的地位，大致有三种看法。

"层次说"认为，社会主义道德是一个包含不同层次的体系。处于这
个体系高层的是集体主义，人道主义属于这个体系的中层或较低层次。罗
国杰把社会主义伦理生活的总体要求分为共产主义道德、社会主义人道主
义、社会公德以及公共生活规则等几个层次。处于最高层次的是共产主义
道德，它对其他层次的道德有着统率作用；社会主义人道主义则是社会公
共生活的一个重要规范。③李奇认为，集体主义是共产主义道德体系的最
高层次，宪法所规定的社会公德和公民义务（如爱祖国、爱人民等道德原
则或规范）是这一体系的中间层次，而职业道德与社会公共生活规范则属
于共产主义道德体系的最低层次。社会主义人道主义在共产主义道德体系

---

① 唐黄：《〈关于人道主义的若干问题〉质疑》，载《世界历史》1988 年第 5 期；孙月才：
《论人道主义的继承性问题》，载《社会科学》1988 年第 8 期；江畅：《马克思主义本质上是人道
主义吗》，载《社会科学》1987 年第 1 期；克剑：《关于〈关于人的理论的若干问题〉的若干问
题》，载《青年论坛》1985 年第 4 期；毕治国：《对人道主义问题的再思考》，载《学习与探索》
1986 年第 6 期；林剑：《实践唯物主义与人道主义》，载《哲学动态》1989 年第 4 期。

② 柯木火：《马克思主义与人道主义》，载《广东社会科学》1989 年第 1 期。

③ 罗国杰：《共产主义道德与社会主义人道主义》，载《光明日报》1984 年 3 月 12 日。

中的地位与"爱人民"等规范相同，处于中间层次。①

"原则说"认为，共产主义道德有许多不同的原则，人道主义是其中的原则之一。在消灭了剥削和私有制的社会主义和共产主义社会里，"革命人道主义是社会生活中一个普遍性的原则，完全是合乎逻辑的，是不容置疑的"②。社会主义人道主义"是马克思主义伦理学的一个道德原则；在理论上，它从属于唯物史观，在实践上，它作为一个策略原则和一个方面的政策，是为无产阶级革命斗争服务的"③。

"内核关系说"认为，社会主义人道主义构成了共产主义道德中最基本最稳定的内容，是共产主义道德不可或缺的内核。在主张内核关系说的人看来，社会主义人道主义本质地反映了共产主义道德最一般的特征，是共产主义道德基本原则和一系列道德规范的逻辑展开，是共产主义道德得以发生的情感机制。随着私有制的消灭和社会生产力的发展，人道主义在整个社会生活中的地位必将越来越重要。因此，社会主义人道主义不是外在于共产主义道德要求、从外面来补充共产主义道德的东西，而是内在地包含于共产主义道德之中。在共产主义道德体系中，人道主义与集体主义处于同一层次。④人道主义反映了人类的持久追求，体现了现代文明的价值精神，代表了人类文明的发展走向，是我国传统伦理文化与现代伦理文化之间的最佳结合点，是建构当代中国伦理文化的价值核心。⑤

四 人的价值问题

1980 年 5 月，《中国青年》杂志刊登了一封署名为"潘晓"的读者来信："人生的路呵，怎么越走越窄……"。潘晓在来信中诉说了自己在"文革"中所经受的苦难和不幸，并认为，"人都是自私的""任何人不管是生存还是创造，都是主观为自我，客观为别人"。潘晓的这封来信及其所表达的价值观在社会中引起了广泛的议论。《中国青年》杂志开辟了以"人生的意义究竟是什么"为题的专栏，刊登了大量的读者来信和专题文

① 李奇：《社会主义人道主义是一项伦理原则》，载《伦理学与精神文明》1984 年第 2 期。
② 魏英敏：《论两种对立的人道主义》，载《北京大学学报》1984 年第 2 期。
③ 马积华：《列宁是怎样看待人道主义的》，载《光明日报》1984 年 3 月 12 日。
④ 肖雪慧：《对社会主义人道主义几个理论问题的思考》，载《社会科学研究》1985 年第 5 期；江建强：《论社会主义人道主义与共产主义道德》，载《河北学刊》1987 年第 1 期。
⑤ 肖雪慧：《作为伦理文化价值核心的人道主义》，载《西南民族学院学报》2003 年第 5 期。

章，掀起了一场沸沸扬扬的关于"人生的意义和价值"的大讨论。这就是所谓的"潘晓问题大讨论"。①

"潘晓问题"大讨论所涉及的问题是多方面的。从伦理学的角度看，这场与人生价值和人生意义有关的讨论所涉及的伦理问题主要是，如何正确地理解和确认人的价值。伦理学工作者也主要是从人的价值的角度来介入和参与这场争论的。

关于人的价值，伦理学界主要有两种观点：即贡献说和统一说。

贡献说认为，人的价值就是人对社会和他人所做的贡献；贡献越大，价值越大；贡献越小，价值越小；没有贡献，就没有价值。从建国初期到20世纪80年代出版的大多数"共产主义思想品德"教科书都赞成和宣传这种观点。在贡献说看来，人的价值就是个人对社会需要的满足。人就是客体，他的价值要从他满足某种主体的需要的关系中来确定，这种主体就是社会；人的价值可依据他对社会存在和社会发展所起的作用区分为正价值（积极作用）、零价值（不起任何作用）和负价值（阻碍、破坏作用）。②

在伦理学界占主导地位的是所谓人的价值的统一说，即人的价值是个人对社会的贡献与个人的自我实现的统一。统一说的一般表述是："人的价值包括两个方面：一个方面就是凡人皆有的一种潜在的创造力，它对他人和社会是有意义的，我们把它叫做内在价值，也就是人的自我价值。另一个方面，则是把内在价值实现出来，为社会，同时也是为自己创造物质财富和精神财富，它对人和社会的存在与发展有巨大的意义，这就是人的外在价值，也可以叫做社会价值。"③

统一说的哲学表述是：价值表示的是作为主体的人与作为客体的人和事物之间所存在的一种相互肯定的关系和属性。人的价值是指人作为客体对主体的人的需要关系。人生价值的实质内涵是指主体人的主观目的、需要和才能在与客体（包括自然、社会和他人）的相互联系中，所表现出来的肯定性质和积极意义。它包括两个双向交互的过程：其一是人们主体目

---

① 徐贵权：《"潘晓问题"大讨论的社会学思考》，载《中国青年政治学院学报》2002年第5期。

② 参见谭忠诚、陈少峰：《伦理学研究》，福建人民出版社2006年版，第357页。

③ 魏英敏：《当代中国伦理与道德》，昆仑出版社2001年版，第237—238页。亦可参见罗国杰主编：《伦理学》，人民出版社1990年版，第329页。

的和力量的现实化、客观化的程度，以及其对社会和人类所产生的积极意义。其二是社会对主体个人的主观目的和行为的肯定和满足，即人生价值的享受过程。前者是人生价值的创造和输出，后者是人生价值的完成和反馈。两个过程的双向交流，才构成人生价值的全部内涵。人是目的与手段的统一。从人是手段的角度看，人的价值决定于他所创造的价值；从人是目的这一角度看，人的价值表现为他所能充分享用的物质价值与精神文化价值。只创造与只享用都不是一个全面的、健全的人，都是人的价值的贬值。①

上述关于人的价值的观点，都以"价值关系的主客体模式"或"效用价值论"为前提。但是，把这种最初是适用于经济学的价值概念用于说明人的价值，会导致对人的价值的严重扭曲和遗漏。第一，这种理论遗漏了作为主体的人的价值。关于价值的主客体关系模式所理解的"人的价值"，只是"作为客体的人"对"作为主体的人"所具有的工具价值，是作为客体的人所具有的价值，而不是作为主体的人所具有的价值。第二，这种理论遗漏了人的内在价值。效用价值论把"人的价值"定义为"作为客体的人对作为主体的人的需要的满足"。这样一来，人本身的内在价值就被否定了；人的价值被归结为人作为客体的外在效用价值，被归结为一种用以满足主体需要的纯粹的工具性或手段性的价值。第三，这种理论不能说明人的价值的平等性。效用价值论所理解的价值只是人的效用价值。人的效用价值必然有大小之别。这样一来，"人的价值"就再也不是平等的了。那些对社会无用、只能靠社会或他人的照顾才能生存的人就只能被认为是毫无价值的人。这样的结论明显违背了人人平等这一现代观念和人道主义精神。②

鉴于价值的主客体模式或效用价值论存在着上述严重缺陷，一些学者已主张抛弃这种理论，并试图从新的角度重新确定价值的基础和本质。例如，有人认为，"所谓价值，就是在劳动实践基础上形成的人的超越性、

① 万俊人：《论人生价值与人生理想》，载《学术论坛》1988 年第 1 期；李连科：《扩展人的价位的手段与途径》，载《人文杂志》1988 年第 1 期；李伦《关于人生价值含义的几个问题》，载《辽宁师范大学学报》1993 年第 2 期；李德顺、龙旭：《关于价值和"人的价值"》，载《中国社会科学》1994 年第 5 期。

② 赖金良：《人道价值的概念及其意义》，载《天津社会科学》1997 年第 3 期。

理想性和目的性"。人就是价值。① 有人则从本体论的角度把"人的全面发展"确立为最崇高的本体价值。② 有学者提出从构成论的角度来理解人的价值，即把人的价值分成两个最基本的方面，即人的人道价值与人的效用价值，简称人道价值与人用价值。人道价值主要指人的生命存在、人格尊严以及人的自由、自主、平等、权利等方面的价值；人用价值主要指人对社会、他人或自身需要的满足和肯定，包括人对社会或他人的有用性（社会效用价值），以及人对自身的有用性（即自我效用价值）。人道价值是人用价值赖以产生的根源和基础；对人道价值的确认是理解和说明人用价值的必要前提；人道价值是判断人用价值的终极根据；人用价值有大小之分，人道价值则无大小之别。③

上述这些理论探索表明，传统的价值理论已不能用来全面地理解和阐释人的价值。我国关于人的价值理论正在酝酿新的突破。

五　集体主义问题

集体主义是马克思主义伦理学的基本原则之一。改革开放以来，关于集体主义的内容及其地位一直是我国伦理学界热烈讨论的一个重点话题。

（一）集体主义原则的确立

改革开放以来，为重新树立集体主义的权威，我国伦理学界反思了从建国初期至"文革"结束前被扭曲了的集体主义的缺陷。被扭曲了的集体主义的缺陷主要有三个："一是使集体主义在一定程度上成为极权主义、专制主义和'四人帮'施行法西斯主义的理论借口，从而在许多情况下，成为少数人压制民主、压制个人自由的封建整体主义理论；二是不正确地把整体利益同个人利益对立起来，片面强调整体利益，片面地贬斥个人利益，使整体利益在实际上成为一种虚妄的实体，使个人正当利益成为无人敢问津的洪水猛兽；三是严重地压抑或挫伤了个人的主人翁精神、首创精神和积极开拓进取精神，迫使人养成不健全的驯服、恭顺、虔敬的谦谦人格。"④

结合我国改革开放的实际，我国的伦理学者对集体主义的基本内涵进行了诠释和界定。根据这些学者的研究，集体主义的基本内涵是：第一，

---

① 郁建兴：《关于马克思价值概念的商榷》，载《哲学研究》1996 年第 8 期。
② 邓安庆：《我国价值哲学研究的危机与出路》，载《湖南师范大学学报》1996 年第 4 期。
③ 赖金良：《人的价值：理论与方法及其反思》，载《福建论坛》1993 年第 4 期。
④ 罗国杰：《对整体与个人关系的思索》，载《道德与文明》1989 年第 1 期。

强调集体利益与个人利益的统一。集体主义原则的最高理想，就是使这两种利益和谐共生，同步实现。第二，强调集体利益与个人利益的辩证统一。一方面，集体主义强调集体利益自身的独立性，把集体利益看成是个人利益的一种过滤器和道德价值导向目标；另一方面，它又把个人利益看成集体利益的组成部分，认为集体利益要成为真实的，就必须向个人利益负责。第三，强调集体利益的至上性，强调以集体利益为出发点和目标，把集体利益作为评价行为善恶的最高标准。①

（二）集体主义的发展与完善

集体主义的倡导者一直都把社会主义公有制视为集体主义道德原则的客观基础。然而，20世纪90年代以来，随着我国市场经济体制的确立，计划经济时代的所有制格局及其利益关系被打破了。在这种情况下，如何进一步发展和完善集体主义道德原则，就成了摆在我国伦理学工作者面前的一个十分紧迫的时代课题。②

为回应市场经济对集体主义的挑战和冲击，许多学者从以下几个方面发展和完善了集体主义。

第一，对计划经济时代的集体主义进行了反思，认为那时对集体主义的理解主要有以下几个方面的失误：首先，对集体主义存在着片面的、左的理解，只强调个人服从集体、集体利益高于个人利益，没有注意到集体负有增进个人利益、促进个人全面发展的道德义务。③ 其次，把集体主义原则孤立起来，变成唯一至上的道德原则，结果将道德本身简化为某种单一原则的要求，难以揭示现代人类固有的日益丰富和复杂的道德伦理关系或价值关系。再次，将集体主义原则的政治意义与道德意义简单同一化，把政治生活中的集体主义原则与道德生活中的集体主义原则混同起来。④最后，对于现实中具体的集体的理解过于理想化和神圣化，以为建立在公有制基础之上的集体理所当然地就是真实的集体，认识不到我国在现阶段还存在着"虚妄的"集体，如以权谋私的集体，贪污腐败的集体，为少数领导人服务的集体等。⑤

---

① 罗国杰主编：《伦理学》，人民出版社1990年版，第156—159页。
② 邓铭英：《新时期集体主义道德原则的逻辑发展》，载《湖湘论坛》2002年第3期。
③ 夏卫东：《关于集体主义道德理论的若干问题》，载《中州学刊》1995年第3期。
④ 万俊人：《伦理学新论》，中国青年出版社1994年版，第370—373页。
⑤ 焦国成：《集体主义道德与市场经济能否兼容》，载《新视野》1993年第5期。

第二，区分了集体主义的不同层次。20 世纪 80 年代的教科书对集体主义的具体要求未加区别，不分层次，致使集体主义难以落到实处。为弥补这一不足，一些学者把集体主义的具体要求区分为三个层次：一是无私奉献，全心全意为人民服务的层次；这是对少数先进分子、特别是共产党员提出的要求。二是先公后私的层次；这是对广大工人、农民和知识分子提出的要求。三是顾全大局、遵纪守法、诚实劳动、遵守基本道德的层次；这是对所有公民提出的基本要求。① 这种区分较好地解决了集体主义的先进性要求与广泛性要求的统一问题，并得到了大多数学者的认可。②

第三，试图把正义和公正纳入集体主义的要求之中。一些学者认为，"社会公正是集体主义的题中应有之义"。③他们所理解的正义和公正包含三条具体的原则，即平等原则，所得当得的原则和补偿原则。④

第四，试图把集体主义建立在"个体与整体的价值同位与双向还原"的哲学基础之上。个体与集体的价值同位指的是，个人和集体在价值本原和本体论的意义上是共同的、统一的和平等的，在价值存在上不存在某种先后次序或优劣之分。个体与集体的双向还原指的是，个人与社会之间的价值关系，总体上是一种相互统一、共生共长的关系。⑤ 由于个人与集体在价值上是平等的，因此，集体与个人互为价值目标。个人对集体负有责任和义务，集体也对个人负有责任和义务。⑥

第五，部分学者提出了"新集体主义"的概念。新集体主义以市场经济体制下形成的由平等、自由的个人主体组成的真正的新的集体为基础，以维护个人利益为出发点。新集体主义坚持个人利益和集体利益的有机统一，主张通过维护集体成员的共同利益而达到实现个人利益的目的。新集体主义注重制度伦理的建设，它试图建立这样一种集体，在其中，人们追求个人利益的行为能够相应地导致集体利益的增加，而他们增进集体利益

---

① 罗国杰：《坚持集体主义还是"提倡个人主义"?》，载《求是杂志》1996 年第 14 期。

② 魏英敏：《当代中国伦理与道德》，昆仑出版社 2001 年版，第 154 页。

③ 唐凯麟：《集体主义和社会公正论纲》，载《道德与文明》2004 年第 4 期。

④ 杨通进：《功利、正义与集体主义》，载《现代哲学》1997 年第 3 期；葛晨虹：《集体主义与社会公正》，载《中国特色社会主义研究》1998 年第 3 期；唐凯麟：《集体主义和社会公正论纲》，载《道德与文明》2004 年第 4 期。

⑤ 万俊人：《伦理学新论》，中国青年出版社 1994 年版，第 380—384 页。

⑥ 龙静云：《市场经济条件下坚持和弘扬集体主义的思考》，载《广西大学学报》2001 年第 3 期。

的行为也能反过来促进其个人利益的实现。①

此外，一些学者还提出，在市场经济条件下，我们的道德原则除了集体主义之外，至少还应包括社会主义功利主义原则和人道主义原则。②

六　市场经济的伦理效应

20 世纪 80 年代中期，我国全面启动了市场经济的改革步伐。由于市场经济建立在人们的求利动机和相互竞争的基础之上，因而关于市场经济与道德的关系问题就成了我国伦理学研究重点关注的问题。对这一问题的讨论始于 20 世纪 80 年代中期，在 20 世纪 90 年代达到高潮。关于这一问题的讨论涉及的面很广，如历史进步与道德进步的二律背反，市场经济的伦理基础，市场经济与集体主义的关系，市场经济的建立是否需要重构或重建社会的道德体系等。其中，人们讨论较多的是市场经济的伦理效应，即市场经济能否促进社会道德水平的提高。

在这一问题上，大致有三种观点。一种是滑坡说，认为市场经济会使人们的道德水平下降。这种观点的主要理由是：第一，市场经济活动中的人是作为"经济人"而行动的，"经济人"的行动目标在于最大化自己的利益，而不顾他人利益和社会利益。第二，市场经济把人在市场中的交换价值视为衡量人的价值的唯一标准，从而严重扭曲和削弱人的价值和尊严。第三，市场经济会把金钱关系和交易关系引入社会生活的其他领域，使人们之间的关系金钱化和商品化，导致钱权交易等腐败现象，扭曲人们之间的正常交往关系，破坏社会的基本道德秩序。第四，道德与市场经济在本性上是相互排斥的。道德是自律的，超功利的；市场经济行为是他律的，功利性的，行为者只追求自身利益的最大化。第五，经济的发展必然以道德的滑坡为代价。在发展经济的过程中，一时出现投机、欺骗、腐败

①　杨通进：《试论社会主义市场经济条件下的集体主义》，载《中国人民大学学报》1997 年第 2 期；宋惠昌：《现代市场经济发展与集体主义道德原则的深化》，载《理论前沿》1998 年第 1 期；蒋旭东：《社会主义市场经济与集体主义研究概述》，载《哲学动态》1999 年第 5 期；熊光清：《试论我国新集体主义的建构》，载《广西社会科学》2005 年第 3 期。

②　戴桂斌：《功利与公正——社会主义市场经济需要的两项伦理学原则》，载《云南师范大学学报》1998 年第 1 期；孙燕青：《社会主义功利主义：社会主义市场经济的基本伦理精神》，载《现代哲学》1998 年第 2 期；钱广荣：《关于坚持集体主义的几个基本理论认识问题》，载《当代世界与社会主义》2004 年第 5 期；柏元海：《人道主义与社会主义市场经济》，载《暨南学报》1998 年第 3 期。

等都是难以避免的；享乐主义、拜金主义和极端个人主义泛滥也是合理的，甚至具有积极意义；只要经济发展到一定阶段，这些问题最终都能得到解决，道德最终自然而然就会得到提高。

第二种观点是爬坡说，认为市场经济能够促进道德的发展和进步。第一，市场经济能使人摆脱种种人身依附关系。市场行为是自由、平等、独立的主体之间的行为，市场交往中的每个人都是自由、平等的；市场活动中的主体，不论处于多么有利的地位，都必须承认对方的独立自主与自由。第二，市场经济肯定人的独立人格和自强精神，能够培养出自由、自主、自强和民主意识的独立人格。第三，市场经济要求公平和诚实。公平和诚实本身就是现代道德的重要内容，它们将有助于人们的精神和道德向更高尚的境界提升。第四，市场经济以承认和保护交往主体的利益为前提，这有助于提高人们的权利意识。第五，社会主义市场经济本身就是道德经济，它以满足人们基本的物质和精神需要为目的，并将把团结、友爱、互助等新型关系融入市场活动中。第六，衡量市场经济的标准有两个，即道德标准和社会历史标准。道德标准必须服从社会历史标准。市场经济能够促进生产力的发展和社会进步，因而最终有助于道德的发展和进步。

更多的人主张第三种观点，认为市场经济会对道德产生积极和消极双重影响，但积极影响是主要的。市场经济对道德的消极影响是客观存在的，不可忽视，也不可低估；但是，只要采取有力措施，完善市场立法，加强对权力的制约和监督，市场经济对道德带来的消极影响就可降到最低限度。同样，市场经济不会自然而然地促进道德进步，只有用制度安排的形式来保护和鼓励市场经济的积极道德价值，市场经济对道德的促进作用才能最终得以实现；此外，还应在整个社会层面加强道德建设，弘扬主流价值观。这样，整个社会的道德水平就会随着市场经济的发展而不断进步。①

---

① 李德顺：《"滑坡"与"爬坡"：道德转型期的观念与现实》，载《中国社会科学》1994年第 3 期；廖申白：《市场经济与伦理讨论中的几个问题》，载《哲学研究》1995 年第 6 期；苏晓离：《简析道德与市场经济本性互斥论》，载《哲学动态》1996 年第 5 期；王淑芹：《市场经济与道德的"二律背反"质疑》，载《西北师范大学学报》1998 年第 1 期；龚群：《90 年代"市场经济与道德建设"研究述评》，载《教学与研究》1998 年第 4 期；陈瑛：《新中国伦理学事业的发展及其方向》，载《高校理论战线》1999 年第 10 期；倪愫襄：《道德的代价及其合理性》，载《社会科学家》2001 年第 3 期。

七　普遍伦理问题

20 世纪 90 年代以来，随着冷战格局的瓦解和全球化进程的加速，如何在全球层面达成伦理共识的问题逐渐成为国际学术界的热门话题。受这股学术热潮的影响，我国学术界也从 20 世纪 90 年代后期开始，逐渐关注和研讨普遍伦理问题。从已发表的成果看，我国学者关于普遍伦理的讨论主要围绕以下三个问题展开。

（一）普遍伦理的涵义

"普遍伦理"（universal ethic）又称"普世伦理"、"普适伦理"、"全球伦理"或"世界伦理"，也有学者用"全球道德"概念。这些概念虽然有一定的差异，但许多学者都把它们当成可以互换的概念来使用；不过，大多数学者倾向于使用"普遍伦理"一词。关于普遍伦理的含义，比较有代表性的观点有：共同规范说，底线伦理说，整合性伦理理念说。[1]

不过，一些学者对"普遍伦理"谋划持怀疑和批评态度。在他们看来，普遍伦理这个概念没有特别的新意，因为几乎任何一种伦理构想都往往被假定是普适的。关于普遍伦理的理论，是没有表达出问题的套话，它并没有告诉我们什么新东西。普遍伦理的谋划是落后于现代性的前现代方案。[2]

（二）普遍伦理的可能性及其基础

认同和赞成普遍伦理的学者为普遍伦理的可能性及其基础提供了以下主要理据：[3]

全球化理据。全球化以各种方式沟通了地球各地的联系，增进了各民

---

[1]　万俊人：《现代性的伦理话语》，黑龙江人民出版社 2002 年版；何怀宏：《一种普遍主义的底线伦理学》，载《读书》1997 年第 4 期；高扬先：《关于建立普遍伦理的思考》，载《求索》1998 年第 5 期；王玉恒：《关于普遍伦理问题研讨综述》，载《现代哲学》2001 年第 3 期。

[2]　赵汀阳：《我们和你们》，载《哲学研究》2000 年第 2 期；赵敦华：《也谈"全球伦理"，兼论宗教比较的方法论》，载《哲学研究》1997 年第 12 期。

[3]　万俊人：《现代性的伦理话语》，黑龙江人民出版社 2002 年版；何怀宏：《一种普遍主义的底线伦理学》，载《读书》1997 年第 4 期；李德顺：《普遍价值及其客观基础》，载《中国社会科学》1998 年第 6 期；高扬先：《关于建立普遍伦理的思考》，载《求索》1998 年第 5 期；牛京辉、李伦：《全球性问题与普遍伦理》，载《光明日报》1998 年 11 月 27 日；程广云、韩璞庚：《论普世价值如何可能》，载《学术月刊》2002 年第 5 期；赵景来：《关于"普遍伦理"若干问题研究综述》，载《中国社会科学》2000 年第 3 期；王玉恒：《关于普遍伦理问题研讨综述》，载《现代哲学》2001 年第 3 期。

族间的了解，促进了各文化传统的交流，加强了人类的整体意识。全球化使世界市场的形成以及在此基础上形成的全球经济一体化成为现实。在全球化时代，人类将共享某些生活方式。共同的生活要求共同的伦理。

共同问题理据。全球化进程的加快，使人类面临许多共同的全球性问题。人类需要共同努力、采取共同的行动才能缓解或解决这些问题。要采取共同的行动，人类就必须遵守某些共享的、普遍的伦理规范。解决共同问题的迫切需要为普遍伦理的形成提供必要的条件。

共同利益理据。面临着共同的全球问题的人类享有某些共同的利益。这些共同的利益是形成普遍伦理的客观基础。

类主体理据。普遍伦理以全人类的"类主体"或"共主体"的客观形成为前提。关于建立全人类普遍价值体系的呼声渐高这一事实本身表明，人类共主体的现实形态和某些真正具有普遍性的价值正在形成。这种正在形成的类主体是普遍伦理的主体基础。

历史理据。历史和现实表明，通过以往的文化交往，人类已经形成并共享着某些共同的普遍价值。即使是在世界性战争这一特殊情形下，人类也遵守着某些共同的伦理规则（如正义、和平、人道主义等）。

共同人性理据。人类作为一个物种具有某些共同的本性。这些共同的人性具体表现为公共理性、契约理性或交往理性等等。理性使得人们能够认识到他们的共同利益，意识到他们有共同生活的需要，也使他们能够进行交流和对话，从而对共同生活的伦理基础形成一定的共识。

对普遍伦理持怀疑和批评态度的学者则认为，至少在相当长的时间内，尚不具备建立普遍伦理的条件。（1）人类尚不具备建立普遍伦理所需的相同的社会生活基础。全球化不可能消灭民族和民族性，完全均一、同质的社会生活不可能在短时期内建立起来。（2）目前的全球化不是一统天下的全球化，而是多元文明共存、交往、对话的全球化。在多元文明并存的情况下，难以建立为各不相同的文明一致接受的普遍伦理。（3）关于普遍伦理的谋划，明显属于西方思考和解决问题的方式，与第三世界所迫切需要考虑和解决的问题完全不同，难以得到第三世界的认可。①

----

① 赵汀阳：《我们和你们》，载《哲学研究》2000 年第 2 期；赵敦华：《也谈"全球伦理"，兼论宗教比较的方法论》，载《哲学研究》1997 年第 12 期；赵敦华：《关于普遍伦理的可能性条件的元伦理学的考察》，载《北京大学学报》2000 年第 4 期；王玉恒：《关于普遍伦理问题研讨综述》，载《现代哲学》2001 年第 3 期。

（三）建立普遍伦理的方法和途径

认同和赞成普遍伦理的学者提出了以下几种建立普遍伦理的方法和途径。[1]

文化对话法。在现代人类文化多元化和政治经济多极化的格局下，达成普遍伦理规范一致的首要前提是沟通各特殊文化传统或地域差异性文化，在不同民族、国家和区域的特殊的道德文化谱系之间展开对话和讨论，甚至是进行反复的比较和讨论。对话的目的是要建立一种多元文化的交互主体性融合视景，在承认甚至保存差异的前提下，达成一定程度的价值认同和道德共识。

"自下而上"的普遍合理性证明方式。这种证明方式有四个基本要素：（1）它不从任何形式的先定假设出发，而是从人们的日常生活世界或文化道德事实出发，在道德经验推理的基础上，探讨各种可以相容的或具有相互性的道德伦理共识，进而求证人们可能或实际已经共享的普遍性伦理规范。（2）从道德经验和差异性出发，在异中求同。（3）自下而上的普遍合理性论证过程，是一个求同存异、和而不同的过程，既不排斥道德分歧，又寻求道德共识。（4）自下而上的普遍合理性论证过程，永远是一个开放的探究过程。它首先追求的是最起码意义上的普遍伦理规范或规则，但这并不妨碍人们和社会文化共同体对更高道德价值理论的自觉追求。

内生法。以往关于普遍伦理的证明和建构，大都采用"推己及人"的"外推"方法。建立普遍伦理，不能沿用"外推式"，而应采取"内生"的方式。这种方法把普遍伦理建立在人们共同的交往活动、社会关系结构等客观因素内在地提出的秩序或规则要求的基础之上。它主张通过增加人类生活的共同点来促进"人类共主体形态"的形成，使普遍伦理从人们共同的生活中内在地产生并逐渐扩大。

底线伦理法。普遍伦理的建构可以从寻找并确立最基本、最起码的和最低限度的伦理开始。先易后难，先小后大。这种最低限度的底线伦理是

---

① 万俊人：《现代性的伦理话语》，黑龙江人民出版社 2002 年版；何怀宏：《一种普遍主义的底线伦理学》，载《读书》1997 年第 4 期；李德顺：《普遍价值及其客观基础》，载《中国社会科学》1998 年第 6 期；高扬先：《关于建立普遍伦理的思考》，载《求索》1998 年第 5 期；赵景来：《关于"普遍伦理"若干问题研究综述》，载《中国社会科学》2000 年第 3 期；王玉恒：《关于普遍伦理问题研讨综述》，载《现代哲学》2001 年第 3 期。

维持基本的社会秩序所不可缺少的，是人人都必须也能够遵守的。底线伦理法坚持传统社会与现代社会在道德上的一种连续性，坚持道德的核心部分有某些不变的基本成分。因此，它要求普遍伦理的建构要从不同民族文化传统中汲取丰富的伦理资源。

八　人类中心主义问题

1994 年，余谋昌发表了《走出人类中心主义》一文，对人类中心主义的伦理观点进行了批评，随即引发了一场持续至今、范围波及环境伦理学、生命伦理学、科技哲学和环境法学的学术大讨论。讨论的焦点是如何正确界定、理解和评价人类中心主义。在环境伦理学领域，围绕这一问题的争论形成了两种尖锐对立的观点，即主张把道德关怀的范围扩展到自然的非人类中心主义环境伦理观和主张自然不是人类义务之对象的人类中心主义环境伦理观。[①]

（一）非人类中心主义的环境伦理观

在主张非人类中心主义环境伦理观的学者看来，人类中心主义是导致工业文明的环境危机的重要价值根源。只有超越人类中心主义的局限，扩展伦理关怀的范围，确立人对自然的伦理义务，用伦理规范来调节人与自然的关系，人类才能彻底走出工业文明的环境危机。他们认为，人类对自然负有直接的伦理义务的主要理由是，第一，自然具有内在价值。生命和自然不仅具有目的性、主体性和主动性，还具有生存智慧及认知和评价能力。内在价值发源于主体的主体性。自然是主体，具有主体性：主体性就是事物的主动性、主导性、创造性和能动性，即事物的目的性和能动性。凡有目的性和能动性的事物都有主体性。"人并不是唯一的主体，也不是最高的主体；作为'存在之大全'的自然才是最高的主体，而且是绝对的主体；非人存在物也具有主体性，从而亦有自己的内在价值和权利。"[②] 第二，人与其他自然存在物都是同一个生命共同体的成员。人对生命共同体的其他成员负有道德义务。第三，自然还拥有权利。自然的权利是人类对

---

① 余谋昌：《走出人类中心主义》，载《自然辩证法研究》1994 年第 7 期；包庆德、王志宏：《走出与走进之间：人类中心主义研究述评》，载《科学技术与辩证法》2003 年第 2 期。
② 卢风：《论自然的主体性与自然的价值》，载《武汉科技大学学报》2001 年第 4 期。

自然负有道德义务的伦理基础。①

（二）对非人类中心主义环境伦理观的批评与回应

主张人类中心主义环境伦理观的学者认为，环境伦理学的研究对象是以"自然"为中介的人与人之间的伦理关系，他们否认人对自然负有直接的伦理义务，认为人类对非人类存在物的行为不受任何伦理原则的制约，只要这种行为不损害他人的利益。从这一基本立场出发，他们对非人类中心主义环境伦理观提出了如下批评。第一，非人类中心主义把自然的存在属性当做自然拥有内在价值之根据的观点，是把价值论同存在论等同起来了，犯了摩尔所说的从"是"推出"应该"的自然主义谬误。第二，自然不可能拥有内在价值，因为价值就是客体对于主体的效用，是人依据自身需求或某种标准对对象所作的评价。价值都是由人赋予物或对象的。第三，人之外的自然存在物不是道德共同体的成员，因为，道德是富有理性的人类为了维护自身的利益并对利益之间的冲突进行调节而创造的，它来源于人们之间的契约。只有拥有理性和道德自律能力的人才能签订契约，并参与道德共同体。②

主张非人类中心主义环境伦理观的学者对上述批评作出了回应：第一，把事实与价值、是与应该割裂开来，这只是西方近现代伦理学和哲学的传统，是逻辑实证主义的一个教条。把西方近现代主流哲学的理论预设当做评判一个具有后现代意味的理论问题的标准，这显然是不充分的。第二，效用价值论存在着致命的缺陷，它无法对人人都具有的平等的内在价值做出说明。第三，伦理契约论本身存在着许多难以克服的缺陷。例如，它难以解释当代人对后代人的义务，也不能说明人类对那些缺乏理性和道

---

① 刘湘溶、李培超：《论自然权利》，载《求索》1997 年第 4 期；杨通进：《人类中心论与环境伦理学》，载《中国人民大学学报》1998 年第 6 期；叶平：《非人类的生态权利》，载《道德与文明》2000 年第 1 期。杨明：《论自然权利及其生态效应》，载《道德与文明》2001 年第 3 期；余谋昌：《自然内在价值的哲学论证》，载《伦理学研究》2004 年第 4 期；佘正荣：《人类何以对自然负有道德义务》，载《江汉论坛》2007 年第 10 期。

② 刘福森：《自然中心主义生态伦理观的理论困境》，载《中国社会科学》1997 年第 3 期；傅华：《论生态伦理的本质》，载《自然辩证法研究》，1999 年第 8 期；甘绍平：《我们需要何种生态伦理》，载《哲学研究》2002 年第 8 期；韩东屏：《质疑非人类中心主义环境伦理学的内在价值论》，载《道德与文明》2003 年第 3 期；韩立新：《论人对自然义务的伦理根据》，载《上海师范大学学报》2005 年第 3 期。

德自律能力的人的义务。①

环境伦理学中的人类中心主义与非人类中心主义之争，既关系到环境伦理学的理论立场和价值取向，也是范围更大、影响更广的"现代性与后现代性之争"在环境伦理学领域的具体表现。人类只有"找到一种足以突破个人主义自我中心和人类自我中心的更为广博开放的伦理思路"，才能"走出现代性道德的困境"②。

九　克隆人的伦理问题

自从 1997 年 2 月克隆羊"多利"问世以来，有关克隆人的伦理争论就成了我国生命伦理学领域最激烈、影响最大的争论。同时，克隆人的伦理问题也成了科学界和人文思想界共同关注的重要话题。目前，大多数人都认可治疗性克隆的合理性，但对生殖性克隆的伦理合法性却存在着重大分歧。反对克隆人和赞成克隆人的学者都认为对方提供的辩护理据不够充分，因而，随着克隆技术的发展，关于克隆人的伦理问题还将会以新的形式争论下去。

（一）反对克隆人的主要伦理理由：③

第一，克隆人实验违背了不伤害的原则。克隆人技术要从不成熟的阶段发展到成熟的阶段，需要做无数的试验。在这个过程中，会克隆出许多畸形、残疾、早夭的婴儿。这些人将成为人类发展和完善克隆人技术的牺牲品。克隆人实验是对他们的严重伤害。任何人都没有权力在受试者不知情、不自主选择参加试验的情况下，在他们身上从事那种会对他们造成严重的终生伤害的试验。人的独特性基因赋予人不可预测性，令他可以自由发展自己的潜能，完成自己的命运。克隆人技术严重践踏了克隆人所拥有

---

① 卢风：《论环境哲学对现代西方哲学的挑战》，载《自然辩证法研究》2004 年第 4 期；杨通进：《争论中的环境伦理学：问题与焦点》，载《哲学动态》2005 年第 1 期。

② 万俊人：《寻求普世伦理》，商务印书馆 2001 年版，第 140—141 页。

③ 魏英敏：《不要亵渎人性》，载《南方周末》1997 年 3 月 14 日；邱仁宗：《克隆技术及其伦理学涵义》，载《自然辩证法研究》1997 年第 6 期；许启贤：《要克隆技术，不要克隆人》，载《人民日报》1998 年 2 月 10 日；韩东屏：《反思关于克隆人问题的讨论》，载《武汉科技大学学报》2001 年第 4 期；甘绍平：《克隆人：不可逾越的伦理禁区》，载《中国社会科学》2003 年第 4 期；肖巍：《我们以什么理由反对克隆人》，载《开放导报》2004 年第 2 期；沈铭贤：《从克隆人之争看生命伦理学》，载《文汇报》2004 年 1 月 6 日；蔡贤浩：《克隆技术的伦理学思考》，载《学术论坛》2004 年第 7 期；翟振明、刘慧：《论克隆人的尊严问题》，载《哲学研究》2007 年第 11 期。

的"开放的将来"。这也是对克隆人的伤害。不伤害是人类道德的底线；这条底线不能轻易被突破。

第二，克隆人技术的应用侵犯或伤害了人的尊严。"尊严是拥有自由意志的主体不被另外一个自由意志的主体所主宰，一个人的自由意志凌驾于另一个人的自由意志之上，就侵犯了另一个人的尊严。"[①]克隆人的基因组成是被他人预先决定的，被克隆出来的人的自由意志被置于克隆策划者和实施者的自由意志之下。这种关系，成了创造与被创造的关系，造成了人格对等性的破缺，从而使被克隆出来的人的尊严遭受贬损。此外，克隆人技术破坏了人拥有独特基因型的权利。而人无个性就无尊严可言。当人可以像产品一样被复制时，人的生命意义就会淡薄，人就会被降格为物。克隆人是克隆实施者实现自己某个意愿的工具，而不是目的本身。这也是对克隆人的尊严的侵犯。

第三，克隆人技术的应用严重侵犯了克隆人的自主权。人的最重要的本质特性之一就体现在他的不可重复性上。克隆人完全是满足克隆制造者的某种意图的工具。这种方式对于被复制的克隆人来说意味着一种强加的外来干预和外来决定，它剥夺了克隆人本属于偶然性的那部分自由。克隆人作为一个人所天然应有的一种开放的权利被粗暴地剥夺了。这违背了伦理学的自主原则。

第四，克隆人技术的应用违背了伦理学的平等原则。克隆实施者与克隆人的关系是设计者与被设计者的关系。对于克隆人而言，自己的基因配置是由父母、医生或国家决定的，自己仅仅是前者决定与创造的结果。由于设计活动是以设计者为前提的，因而这种活动本身对于平等原则是一种基本的违背。

此外，克隆人技术的应用还会带来其他一系列社会、政治和伦理问题。例如，克隆人将彻底搞乱家庭伦理关系，引起伦理混乱。克隆人使人的生产与性爱分离，会改变人类基本的性伦理关系。克隆人技术将被别有用心的人利用，造成难以想象的社会灾难。克隆人的"闸门"一旦开启，人们很有可能会以多种多样的理由来要求克隆人或"制造"克隆人，出现所谓"滑坡效应"或"多米诺骨牌效应"。这将危及人类基因库的多样性，威胁人类的生存和发展。

---

① 翟振明、刘慧：《论克隆人的尊严问题》，载《哲学研究》2007 年第 11 期。

（二）赞成克隆人的主要伦理理据：①

第一，生育后代的基本权利是不可剥夺的。人应该是生而平等的，每个人都拥有与其他人相同的权利，包括生育后代的权利。如果某些人在繁衍后代方面处于不利地位，那么，这些人有权利求助于克隆技术来实现自己生育后代的愿望。生殖权利既是一种消极权利，即当人们寻求生殖服务时他人有义务不加干预；也是一种积极权利，即政府或社会有义务提供必要的生殖服务。生殖权利是不育者、老年人、同性恋者、不愿通过性交获得后代的单身者都拥有的，我们没有理由剥夺他们的这一基本权利。满足这些人的生育愿望是一种善。

第二，克隆人不会亵渎人的尊严。人的尊严不在于人的生育方式，而在于人的社会性人格，在于平等的自由及其实现。人有别于动植物的尊严，在于人能把握自己的命运，认识和改造自身，而发展克隆人技术正具有这样的意义。人的生命的自然性和神秘性都不是人拥有尊严的理由。借助于神秘性来获得人类自身存在的尊严感，这是人类尚未真正获得自身独立性存在的表现，是一种愚昧状态。

第三，克隆人也拥有独特性。用维护人的个体的独特性反对克隆人没有说服力，因为自然生殖方式中也常常会出现生命个体丧失基因独特性的现象。人的个性不独指生理特征，也包括后天形成的心理特征、性格特征及独特的经历和记忆。通过无性生殖方式出生的人无论在生物、心理或社会层面都具有自身的特殊性与唯一性。复制人不是供体人的再生，复制人也不可能重复供体人的个性。

第四，克隆人技术是科学进步的表现。伦理应当为科学的发展保驾护航。伦理道德只有随科学的发展而发展才会有利于科学。人类的科学追求精神本身是不会止步不前的。科学探求的求真本性和现代市场化的利益驱动机制必然冲破伦理的禁区。如果克隆人的研究最终将造福于人类，一切

---

① 叶侨健：《"克隆人"在伦理道德上真的不可以接受吗》，载《开放时代》1997 年第 5 期；何祚麻：《再谈请宽容地看待克隆技术》，载《自然辩证法研究》1997 年第 6 期；王扬宁、吴廷瑞：《伦理学如何善待"多利羊"》，载《自然辩证法研究》1998 年第 4 期；金可溪：《关于"克隆人"的伦理问题》，载《青海社会科学》2001 年第 5 期；龚群：《克隆人的问题伦理及其前景伦理》，载甘绍平、叶敬德主编《中国应用伦理学 2002》，中央编译出版社 2004 年版；姚大志：《人类有权利克隆自己吗》，载《哲学研究》2003 年第 1 期；雷瑞鹏：《关于克隆技术的伦理思考》，载《华中科技大学学报》2005 年第 3 期；高兆明：《克隆人人格与权利研究》，载《南京师范大学学报》2005 年第 4 期。

道德律令都应当服从这个至善的命令。

此外，克隆人带来的其他社会、政治和伦理问题也是可以解决的。例如，克隆人给人伦关系带来的冲击不会大于试管婴儿，无性繁殖也不会给人类的性道德带来多大影响。若只克隆少数人，就不会使人类基因库丧失多样性。克隆人技术还能帮助我们保存和收藏比自然方式更丰富的人类基因。总之，技术本身是价值中立的，其正负效用都是人使用的结果。克隆人技术的关键在于由谁掌握，如何控制。好人掌握，控制得当，就可以充分发挥它的正面作用，最大限度地减少它的负面作用。

十　应用伦理学的本质特征问题

虽然自20世纪90年代中期以来，应用伦理学各学科在我国得到了长足发展，但是，关于应用伦理学的学科性质、基本特征及一般方法的讨论，只是在2000年5月第一次全国应用伦理学学术研讨会以后，才渐渐成为我国伦理学界的新亮点。在关于应用伦理学的本质特征这一问题上，我国学者大致分成了两派观点，即程序方法论和基本价值论。

（一）程序方法论的基本论点

在主张程序方法论的学者看来，应用伦理学的本质特征是：[1]

1. 应用伦理学首先是一种程序方法论。应用伦理学的任务在于分析现实社会中不同分支领域里出现的重大问题的伦理维度，通过伦理委员会的建构为这些问题所引发的道德悖论的解决创造一种对话的平台，从而为赢得相应的社会共识提供伦理上的理论支持，同时也力求使道德决断在一种严密的集体性的理性决策程序中获得质量保障。传统的伦理学是就某个原理本身进行先验构成，而应用伦理学是对众多问题进行经验性的讨论；传统伦理学要求逻辑上的自洽性，要为最终有效提供终极证明，而应用伦理学不需要任何最终证明，只是一种关于论证程序的商讨。

2. 应用伦理学的目标是达成共识。应用伦理学的任务从根本上说不是寻求某种作为绝对知识的、可以解释一切的终极的道德真理体系，而是对现存的不同立场进行调解，通过交往、对话而达成道德共识。在商

---

[1]　甘绍平：《应用伦理学：冲突、商议、共识》，载《中国人民大学学报》2003年第1期；甘绍平：《关于应用伦理学本质特征的论争》，载《哲学动态》2005年第1期；曹刚、戴木才：《问题与主义之间——应用伦理学该如何应用》，载《哲学研究》2004年第8期；黄凯锋：《应用伦理学："权衡"和"决疑"》，载《社会科学》2007年第3期。

谈程序中赢得的道德共识虽然不可能是百分之百地正确或安全可靠的，但是，应用伦理学可以充分利用当代民主制度自动纠错的功能与机制，使有误的道德共识通过下一次商谈程序得到纠正。应用伦理学的运行模式不是大胆的"工程模式"，而是"判例模式"，即通过比较和权衡先前的判例与现实的道德事件来做出道德抉择。

3. 应用伦理学只主张一种相对"稀薄"的价值。在道德生活复杂化、民主化、多元化的现代社会，应用伦理学承诺的根本价值观是人权：尊重所有行为主体的自主意志，不伤害任何一个人的人权。作为商谈程序的应用伦理学还凸显自主、中立和平等这三种基本原则。人权的价值观念并不排斥义务、责任与团结，相反地，前者恰恰构成了后者得以产生与存在的逻辑前提。

（二）基本价值论的主要观点

在主张基本价值论的学者看来，应用伦理学的重要特征是：①

1. 强调深层关注与终极关怀。应用伦理学不应满足于充当一种狭隘的工具性道德或一种现代化的行为技术伦理，不应仅仅局限于讨论当代人类面临的各种具体问题，还应在更深层次上关注当代人类生存状况的改善，给人类如何生存提供基本的规范和总体的导向，把人类普遍幸福的实现作为终极的指向。应用伦理学除了认可民主、人权、不伤害这些根本性的价值诉求，还参与对具有世界观意义的道德理想的传承和建构。应用伦理学不仅要有深刻的元伦理学和规范伦理学基础，还要有深刻的本体论和认识论基础。

2. 强调基本价值的导向作用。应用伦理学要坚持并传播那些持久影响着人类心灵的不同宗教和伦理学传统已经达成共识的伦理原则。应用伦理学的目的是把哲学伦理学所确立的一般价值原则和基本行为准则延伸到或应用于个人和社会生活的各个领域，确立不同具体领域的具体价值原则和具体行为准则。应用伦理学应善于质疑一个时代所取的基本假定，针对大多数人视为理所应当的想法，进行批判性的思考，争取使自己的见解成为明天多数人的共识，从而在市场经济社会无信仰或信仰危

---

① 廖申白：《应用伦理学的原则应用模式及其优点》，载《中国人民大学学报》2003 年第 1 期；江畅：《从当代哲学及其应用看应用伦理学的性质》，载《中国人民大学学报》2003 年第 1 期；卢风：《评应用伦理学的程序共识论》，载《哲学动态》2005 年第 7 期；卢风：《当代中国应用伦理学研究现状及其展望》，载《湖南文理学院学报》2006 年第 2 期。

机的精神氛围中发挥应有的价值导向作用。

3. 强调应用伦理学的批判功能。达成道德共识不是应用伦理学的唯一目标。批判地审视现行制度和法律，反思积淀在文化和多数人意识中的共识也是应用伦理学的本职。应用伦理学的批判、反思是双向性的：一方面，在批判现实和潮流的同时，批判反思引导潮流、形塑现实的思想观念。另一方面，又要经常反省自己的思想出发点。应用伦理学既不承认凡流行的都是合理的，也不认为有什么不容修正的亘古不变的教条。

（三）简短评论

关于应用伦理学的程序方法论和基本价值观分别从不同的侧面凸显和揭示了应用伦理学的重要特征，深化了人们对应用伦理学的认识。但是，它们也都存在着各自的局限。完整的应用伦理学应当是程序方法论和基本价值观的统一。领域化、问题意识与问题研究、追寻意义、辩护与批判是应用伦理学的根本特征。我们既要看到应用伦理学突出的"程序方法"和"分析工具"性质，反对权威主义独断论；同时又要坚持应用伦理学的基本价值观性质，反对激进的道德多元论，把坚持本民族的道德定向和对其他文明的道德的尊重和宽容结合起来，把各社会成员的道德差异与整个社会的共同道德理想结合起来。[①]

第三节 理论研究的突破与创新

改革开放以来，我国的伦理学研究无论是在研究的方法和视角方面，还是在基本价值的辨析和梳理方面，都不同程度地突破了传统伦理学的局限，取得了许多重要的成就。限于篇幅，我们这里主要展示和说明其中的四个重要突破和成就，即从义务与奉献到权利与正义，从个人美德到制度伦理，从阶级道德到普遍价值，从依附顺从到独立反思。前三个转向涉及伦理思维方式和价值趋向的转变，后一个转向涉及伦理学自身的身份转型。

---

① 吴新文：《反思应用伦理学——兼论应用伦理学与理论伦理学的关系》，载《复旦学报》2003 年第 1 期；杨通进：《道德哲学与应用伦理学之异同》，载《河北学刊》2004 年第 1 期；晏辉：《应用伦理学：伦理致思范式的现代转换》，载《自然辩证法研究》2004 年第 8 期；陈泽环：《基本价值观还是程序方法论》，载《中国人民大学学报》2003 年第 3 期；陈泽环：《应用伦理学和当代社会道德结构》，载《哲学动态》2005 年第 7 期。

一　从义务与奉献到权利与正义

以市场经济和民主政治为基础的现代社会，是一个以个人的独立与自主为基础的公民社会。公民社会最根本的特征，就在于它尊重每一个人的权益、需求、意愿与价值，把每一位公民的自主意志、权利和利益看得同等重要。① 但是，平等的公民之间相互竞争的权利和利益难免会发生冲突。因此，在公民社会，伦理学的一个重要使命就是如何确保每一位公民的正当权利与正当利益不受侵犯，尤其是如何通过正义的制度安排来保证公民的权利与利益。

权利包含三个基本要素：拥有某物或做某事的资格；一种有效的要求权；约束他人行为的道德界限。权利有两个重要的功能：第一，为权利拥有者提供某种保护性的道德屏障；这种屏障使得其他人不能自由地伤害权利拥有者的身体或生命，不能随意干涉权利拥有者的自由选择。第二，权利具有"压倒一切"的"王牌"功能，我们不能为了一般意义上的社会福利或追求最大社会功利而侵犯或牺牲个人的基本权利。权利包括道德权利、法律权利和实有权利。道德权利是法律权利和实有权利的基础。

权利与正义密不可分。正义的一般含义是"应得"，但是，什么是一个人"应得或不应得的"，这却是由更为根本的一组道德原则来确定的。由于在不同的时代，人们的道德观念有差异，因而，正义的内涵也随历史的发展而不断丰富和发展。② 在现代公民社会，正义观念至少包含三个基本的价值诉求：从制度上保证每个公民享有最大限度的自由；从制度上确保每个公民享有平等的机会；从制度上保证每个公民能过上体面的、有尊严的生活。权利与平等是正义的两个基石。

计划经济时代伦理学的一个重要缺陷，就是只注意和倡导义务与奉献，而忽视和认识不到权利与正义的重要性。改革开放以来，我国的伦理学研究准确地把握了公民社会凸显权利与正义的结构性特征，适时地实现了从义务与奉献视角到权利与正义视角的转型。

---

① 参见甘绍平：《迈进公民社会的应用伦理学》，载甘绍平、叶敬德主编《中国应用伦理学 2002》中央编译出版社 2004 年版。

② 廖申白：《西方正义概念：嬗变中的综合》，载《哲学研究》2002 年第 11 期。

早在 20 世纪 80 年代中期，我国学者就呼吁，要关注道德权利的研究。[①] 20 世纪 90 年代中期以来，探讨道德权利的论文逐年增加。余涌的《道德权利研究》（2001）更是全面而系统地探讨了道德权利的内涵、基础、理据及其与功利、法律权利的关系，把我国伦理学界对道德权利的研究提升到了一个新的水平。

对权利的关注必然引出对正义的探讨。20 世纪 90 年代初，我国学者已认识到，正义是道德生活的重要内容，是伦理学的重要主题。[②] 何怀宏的《契约伦理与社会正义：罗尔斯正义论中的历史与理性》（1993）首次系统阐述了正义理论的基本内容。万俊人的《伦理学新论》（1994）则把正义视为他的"人学价值论伦理学体系"的一个重要伦理原则。20 世纪 90 年代后期以来，随着我国学者对西方正义理论、特别是罗尔斯的正义理论的研究日益深入，我国伦理学界对正义的理解和把握更加明确和全面，发表了大量探讨正义的高质量的学术论文，[③] 并出版了许多以正义为主题的学术著作，如，程立显的《伦理学与社会公正》（2002），高兆明的《制度公正论》（2001），葛四友的《正义与运气》（2007）等。

二　从个人美德到制度伦理

计划经济时代伦理学的一个思维定式就是——道德的主体是个人。因此，它所理解的道德主要是个人美德。在这种伦理学看来，社会道德风尚的好坏完全取决于个人道德修养的高低；制度层面的问题出在个人道德品质败坏，只能依靠提高个人道德修养来解决。传统伦理学意识不到，制度（或组织）也是伦理行为的主体。与个人行为相比，制度性行为的力量和影响是更为强大和深远的。与制度之善相比，个人之善恰似沧海之一粟；在制度之恶面前，个人之恶亦不过是小巫见大巫。仅靠个人的德性，很难抵抗制度的罪恶。与个人的理性和美德相比，制度的理性和美德是更为稳

---

① 程立显：《试论道德权利》，载《哲学研究》1984 年第 8 期；李树军、李业杰：《道德权利初探》，载《郑州大学学报》1985 年第 4 期。

② 余涌：《简论道德中的公正》，载《探索》1993 年第 2 期；江万秀：《社会公正：道德建设的系统工程》，载《马克思主义与现实》1993 年第 2 期。

③ 如，廖申白：《西方正义观念：嬗变中的综合》，载《哲学研究》2002 年第 11 期。万俊人的《比照与透析：中西伦理学的现代视野》（1998）、《寻求普世伦理》（2001）、《现代性的伦理话语》（2002），以及何怀宏的《良心与正义的探求》（2004）等著作中也包含有大量关于正义的论述。

定和可靠的。制度本身的价值取向对人们的价值选择和价值取向有着重要的导向作用；合理的制度安排能够给人们的道德行为提供足够的鼓励。因此，要实现伦理之善，不能仅仅依靠个人的美德，更要依靠制度的美德。

制度伦理包括制度的伦理（即对制度的正当、合理与否的伦理评价）和制度中的伦理（即制度本身蕴涵着的伦理价值追求和道德理念）两个方面的含义。从静态的角度看，制度伦理表现为存在于社会基本结构和基本制度中的伦理要求；从动态的角度看，制度伦理表现为实现伦理道德的一系列制度化安排。制度伦理关注的是制度安排的道德性、正当性和合理性，而不是个人行为的合理性。制度的首要美德是正义。因此，对正义的关注必然导致对制度伦理的关注。①

在从计划经济向市场经济转型的过程中，制度的缺失给人们的道德生活所带来的致命冲击使伦理学工作者们清醒地认识到了制度伦理之于道德建设的重要性，及时地把制度伦理的研究提上了议事日程。从20世纪90年代后期开始，我国学者发表了大量探讨制度伦理的论文和论著，使对制度伦理的研究成了我国伦理学研究的一个重要视角。② 当然，在强调伦理学的制度伦理视角的同时，我国的伦理学工作者并未忽视或否认个人美德视角的重要性。因为，个人美德是正义制度得以实现的主观人格条件；正义的制度规范只能约束和规范具有正义品德的人。③ 强调伦理学的制度伦理视角，只是为了矫正和弥补传统伦理学只有个人美德视角的缺陷和不足，而不是为了代替或取消伦理学的个人美德视角。

三　从阶级道德到普遍价值

在20世纪五六十年代，当伦理学工作者思考如何重建社会规范的问题时，他们遇到的一个首要问题就是如何对待中国传统道德遗产的问题。

---

① 方军：《制度伦理与制度创新》，载《中国社会科学》1997年第3期；陈筠泉：《制度伦理与公民道德建设》，载《道德与文明》1998年第6期；梁禹祥：《制度伦理与道德建设》，载《道德与文明》2000年第3期；龚天平：《论制度伦理的内涵及其意义》，载《宁夏大学学报》1999年第3期；覃志红：《制度伦理研究综述》，载《河北师范大学学报》2002年第2期。

② 目前已出版一些关于制度伦理的专著，如，胡承槐的《制度伦理基本问题研究导论》(2002)和施惠玲的《制度伦理研究论纲》(2003)。

③ 万俊人：《制度的美德及其局限》，载《中国人民大学学报》2005年第3期。实际上，美德伦理亦是我国伦理学近期关注的一个重要话题（参见杨通进、汤剑波：《伦理学研究进展》，载《中国哲学年鉴2007》，第86—93页）。

那时，占统治地位的观点是，中国传统道德的主体是封建地主阶级的道德，是为维护地主阶级的利益服务的。"统治阶级道德，无论某些被统治阶级成员怎样自愿地去执行和维护它，它总还是维护统治阶级利益的统治阶级道德，不可能变成被统治阶级的东西。反之也是一样。"①因此，对于传统道德，除了其中一部分可以继承外，从总体上必须加以批判和抛弃。

到了 20 世纪 80 年代初期，我国的主流伦理学仍然把道德理解为维护特定阶级利益的工具，是为特定阶级的利益服务的。"道德具有鲜明的阶级性，这是历史唯物主义关于道德的基本观点之一。不同阶级的经济地位，决定着不同阶级的道德观念。经济关系决定着道德观念，这是从物质关系来理解道德阶级性的唯物主义理论。同时，道德作为一种意识形态，它具有反作用，它能为一定阶级的利益服务。否认道德的阶级性，就是否认道德根源于阶级经济地位的唯物主义观点。"②

然而，揭示和说明一定时期的道德所表现出来的阶级偏袒性，这只是理解和认识道德现象的"社会学视角"，而不是论证和确立某种伦理原则的"伦理学视角"。社会学视角是一种客观性的描述视角，伦理学视角则是一种建构性的规范视角。从其实际后果来看，一个社会的道德体系可能会对某些阶级或阶层更有利。但是，这并不意味着，一个社会的道德体系就应该偏袒某些阶级或阶层。伦理学要揭露那些披着"普遍合理性"外衣、实际却只是维护社会中的某些特定集团、特定阶级或阶层之特殊利益的伦理体系的实质。但是，这种揭露目的不是为了使自己自觉地成为某个统治阶级或集团之特殊利益的辩护者，而是为了超越以往或现有道德体系的局限，寻找并建构一种代表社会全体成员利益的、具有真正普遍合理性的共享价值或普遍价值。

伦理学的观点应当是一种"普遍的观点"。从其主观追求上说，伦理学应当自觉地寻找那些能够被一个社会的所有人都能认可并接受的普遍价值。伦理的视角应当是一种普遍性的视角，它应当平等地关心社会中的每一个成员，而不是只关心社会中的某个特定阶级或阶层。把道德归结为某个特定阶级的伪装了的利益，必然使伦理学陷入道德相对主义。如果特定阶级的特殊利益是道德原则之合理性的最终依据，那么，道德也就不会成

① 李之眰：《〈三说道德〉一文提出了什么问题》，载《光明日报》1963 年 9 月 21 日。

② 藏乐源：《略论道德阶级性和共同性》，载《文史哲》1980 年第 6 期。

为一个社会的人们相互认同的基础，也会丧失其调节人们相互冲突之利益的功能。因此，伦理原则要具有合理性，它就必须具有普遍性。可普遍化原理是判断一项道德原则是否具有合理性的最重要的标准。从阶级道德视角走向普遍价值视角，是伦理学的必然选择。①

20 世纪 80 年代中期，曾经轰轰烈烈的关于"道德阶级性的讨论"逐渐退出了我国伦理学的舞台。"社会的主流道德是统治阶级意志的体现"的观点也风光不再。到了 20 世纪 90 年代中期，随着关于"普遍伦理"的讨论的兴起，我国的伦理学研究最终实现了从阶级道德视角向普遍价值视角的转换。

四　从依附服从到独立反思

从建国初期到 20 世纪 80 年代末的主流伦理学都是计划经济时代的产物。在计划体制下，政治、经济和文化之间失去了必要的间距和张力，经济和文化被强制地统合在政治之下，成为政治的附庸和手段。"计划体制的种种弊端反映到伦理学体系上就表现为：传统伦理学是认识论的而非存在论的和价值论的；是信仰的，而非理性和信仰相同一的；是意识形态化的，而非意识形态化的道德与日常生活伦理的统一；是协调的，而非协调与进取相互促进的。"②计划经济时代的伦理学的一个最重要的缺陷，就是缺乏独立的反思和批判精神。

计划经济伦理学把道德理解为特定政治经济结构的副产品，是为特定政治经济结构服务的。计划经济伦理学的这种"服务意识"使得它只能成为政治意识形态的附和者和辩护者，只关心如何对现行制度安排的合理性进行辩护，而不敢越政治意识形态的雷池半步，也难以对政治生活中出现的各种与人类普遍价值追求相违背的现象提出独立的批评。

缺乏制度伦理视角是计划经济伦理学难以发挥其批判功能的重要理论原因。计划经济伦理学只把道德理解为约束个人行为的规范，认识不到组织也是伦理行为的主体，组织行为也需要遵守普遍合理的伦理原则。对于制度层面不合理的城乡二元结构、户籍制度、农民所遭受的制

---

① 万俊人：《人为什么要有道德》，载《现代哲学》2003 年第 1、2 期；何怀宏：《道德观点》，载何怀宏：《良知与正义的探求》，黑龙江人民出版社 2004 年版，第 147—167 页。

② 晏辉：《伦理学，究竟应该研究什么？》，载《上海社会科学院学术季刊》1999 年第 3 期。

度性歧视等与现代伦理精神相悖的现象，它不是视而不见就是三缄其口。它不去关心如何把保护少数特权阶层利益的"虚假的集体"改造为平等保护所有人的"真实的集体"，却一味地要求个人为集体做出牺牲，忽视了集体对个人的伦理义务。制度伦理视角的缺失使得计划经济伦理学缺乏从价值取向上引导和推动制度变革的责任感和使命意识，丧失了伦理学应有的制度批判和制度建构功能。

随着市场经济的逐步建立，计划经济时代政治、经济和文化高度一体化的格局逐渐瓦解，伦理学的外部生存空间逐渐扩大。另一方面，20 世纪 90 年代后期以来，随着对中西方持久影响着人类生活的伟大伦理传统、特别是西方近现代主流伦理学的研究日益深入，我国伦理学工作者对伦理学的研究对象、研究方法、学科性质及其功能都有了更为全面而理性的认识。伦理学工作者不仅更加从学理上关注中国文化在走向现代的过程中所遇到的特殊问题（如中国传统道德的现代转型问题，我国市场经济和民主政治的伦理基础问题），而且以高度的责任感和使命感认真思考人类目前遇到的普遍伦理问题（如现代性道德的价值及其局限，全球正义与普遍伦理）以及困惑着人类的永恒伦理难题（如人是什么，人应该做什么，善生活如何可能）。对这些问题的思考和探索表明，我国的伦理学研究已逐步摆脱了对政治意识形态的依附，正在回归伦理学的知识论传统。

第四节 总结与点评

改革开放以来，我国的伦理学在基础理论、中外伦理思想史和应用伦理学方面都取得了显著的成就。但是，我国的伦理学研究也还存在着许多不足，例如，在实证研究方面还比较薄弱；道德哲学的研究亟待提高；研究方法尚未实现根本性的范式突破；对于具有重要影响的伦理思想的研究，主要还停留在"照着讲"的阶段，未能实现观念和体系的综合创新；对于当今人类共同面临的许多伦理问题，尚难做出实质性的贡献；等等。当然，对于一门学科的成熟和发展来说，30 年的时间是远远不够的。要想在短短的几十年中，创造或形成具有中国气派和中国特色的伦理学学派是不可能的。在这方面，我们也不能苛求于我国的伦理学工作者。

展望未来，我国的伦理学研究要想完成其为人们的伦理生活提供有效指导的历史使命，还有许多研究工作要做。本章第二部分列举的十个热点问题，有的已经获得一定的共识，但大多数仍然没有得到彻底解决。对这些问题的讨论和研究还须继续深入。此外，以下几个问题也是我们需要认真思考和研究的重要问题。第一，直面市场经济和民主政治的"伦理瓶颈"。我国的市场经济和民主政治都处于发展和完善的过程中。我们的伦理学研究要站在时代前列，批判那些妨碍市场经济的完善和民主政治之形成的过时的伦理观念，为市场经济和民主政治的制度安排提供价值引导，而不是站在市场精英和政治精英的后面跟风附和，为他们的决策的合理性进行"蹩脚的辩护"。第二，抛弃一切先入为主的偏见，理性地面对古今中外的伦理资源，与它们进行平等的对话与沟通，在大胆借鉴和充分吸收它们的合理思想的基础上实现综合创新。第三，立足责任伦理，同时关注信念伦理。责任伦理属于社会公共伦理范畴，包括"底线伦理"和共同信念等内容。责任伦理是现代伦理的核心内容，是具有普遍意义的伦理规范。信念伦理属于终极关怀的范畴，是罗尔斯所说的"完备性学说"的重要内容。社会公共伦理以人们的共识为基础；而共识会随着人们观念的改变而改变。因此，社会公共伦理类似于临时性的"道德帐篷"。终极关怀层面的信念伦理能够安顿人们的灵魂，类似于永恒性的"道德家园"。习惯于"人在旅途"的大多数现代人也许已经习惯于"空心人"的存在状态，只要有能够挡风避雨的临时帐篷就已满足。但是，缺乏心灵家园的状态毕竟不是理想的生存状态。因此，伦理学研究在重点关注责任伦理的同时，不应放弃对信念伦理的追求。① 第四，关注人类共同的伦理问题。目前，随着全球政治、经济、文化一体化趋势的加强，人类面临着许多共同的伦理问题，如生命伦理、环境（生态）伦理、科技伦理、国际关系伦理、和平伦理等问题。这些问题需要全人类的共同参与，在全球层面达成共识。我国的伦理学研究要具有全球视野，为全人类的和平与幸福提供积

---

① 万俊人指出，普遍伦理不能轻易放弃对人类终极价值的关切，更不能放弃对个人美德问题的关注。人类对终极价值或信念伦理的执著是普遍伦理的深厚的精神资源。普遍伦理"把信仰伦理与美德伦理当做构成自身理论不可或缺的条件，当做建构普遍社会规范伦理的伦理精神资源和道德主体性基础。"（万俊人：《现代性的伦理话语》，黑龙江人民出版社 2002 年版，第 83 页）陈泽环认为，社会的道德建设包括底线伦理、共同信念和终极关怀三个层面。底线伦理（法律规章）的核心原则是"秩序"，其功能主要是保障基本的生活秩序；共同信念（社会伦理）的核心原则是"正义"，主要在于建构保障公民权利的社会结构；终极关怀（个人伦理）的核心原则是"义务"，要求公民个体更多地承担起对总体的义务。（陈泽环：《论道德维度、道德结构和道德价值：当代社会道德建设的三个重要问题》，载《理论与现代化》2006 年第 4 期）

极的伦理资源，为提高我国的"文化软实力"作出积极的贡献。总之，只有认真思考上述问题（当然不限于上述问题），并给这些问题提供满意的答案，我国的伦理学研究才能真正形成自己的"学统"和"道统"，为中华民族的伟大腾飞作出辉煌的贡献。① 当代中国的伦理学可谓生不逢时。她所追求的"现代性伦理谋划"尚未完成，而"现代性伟业"所暴露出来的种种弊端却又对现代性谋划本身敲响了警钟。现代性的灵魂是理性主义。人类只能依靠理性来解决他们所面临的伦理困境和伦理难题，但是，单纯的理性本身似乎又不能承受人类的"伦理生活之重"。理性带领人类走过了一片片"伦理沼泽"。然而，当我们跟随理性成功地抵达希望的彼岸时，我们却又沮丧地发现，摆在我们面前的是一片更大的"伦理沼泽"。这就是人类的"宿命"，我们只能在道德理性的指引下继续前行。这就是每一个时代都需要伦理学的原因，也是伦理学的魅力所在。

① 汪志真：《伦理学学科的发展与创新研讨会观点综述》，载《伦理学研究》2007 年第 1 期；万俊人：《现代语境中的伦理学和伦理学家》，载《道德与文明》2007 年第 4 期。

第十章

科技哲学

中国的科技哲学可上溯至 20 世纪初从西方引入的有关逻辑、科学方法和科学文化的讨论，学科建制化的科技哲学则由自然辩证法研究发展而来，经过至少 50 余年的探索，已经形成了自然哲学、科学哲学、技术哲学、科学技术与社会研究、科技史、科技文化、科技伦理、科技传播、生态哲学、信息哲学、工程哲学、产业哲学等子学科群，从而在内涵上拓展为关于科技的哲学与人文社会科学研究。自 20 世纪 70 年代末"科学的春天"以来，中国的改革开放和现代化进程为科技哲学的兴起带来了巨大的契机，科技哲学不仅一度向人们开启了理解科技、探求科学化的新知识与新方法的窗口，更成为不同时期观念调适的切入点。随着问题域的不断拓展，科技哲学日益扮演起联结科技与人文不可或缺的桥梁角色，这不仅昭示了新一轮学科内整合和专业定位的必要，还对其学术品质与思想深度提出了更高的要求。

第一节　基础研究

科技哲学源于以自然科学的哲学问题为主要问题域的自然辩证法研究。在改革开放后，一方面，自然科学的哲学问题研究得以复兴，另一方面又引入了科学哲学，后者包括一般的科学哲学问题和具体科学中的哲学问题两个方面。通过融合互动，前者的研究范式逐步汇入后者的第二个方面，实现了从"科学化的哲学"到"关于科学的哲学"的转变，共同构成了科技哲学的基础研究领域。

一　自然科学的哲学问题研究的复兴

科技哲学在中国的独特性在于其与自然辩证法的渊源。在 1956 年制定的科学发展远景规划中，经于光远等人倡导，将当时苏联的自然科学哲学问题研究命名为自然辩证法，后成立中科院自然辩证法组并试图以此促成自然科学家和哲学社会科学家联盟。相关规划草案指出："在哲学和自然科学之间存在着这样一门学科，正像在哲学和社会科学之间存在着一门历史唯物主义一样。这门学科，我们暂定名为'自然辩证法'，因为它是直接继承着恩格斯在《自然辩证法》一书中曾经进行过的研究。"改革开放以后，从自然辩证法发展而来的科技哲学始终保留了"处于自然科学和哲学社会科学的边缘与交叉地带"这一百科全书式学派的基本特征。

1977 年 3 月，中科院理论组、全国科协理论组和当时的中科院哲学所自然辩证法组联合召开了自然辩证法座谈会，对以哲学范畴批判科学假说和科学理论的"理科大批判"之类的做法提出了质疑，呼吁加强哲学工作者和自然科学工作者的联系，并有计划地组织编写、翻译与出版相关材料和书籍。不久，中国自然辩证法研究会成立，很多著名科学家加入并担任重要职务，新创办的《自然辩证法研究》、《自然辩证法通讯》、《自然科学哲学问题丛刊》和《科学与哲学》等刊物进一步推动了相关领域的译介与研究。

作为学科基础的现代自然科学的哲学问题研究首先得到了复兴。相关的研究主要体现为三方面。其一，为学科建设做准备。数、理、化、天、地、生、医、心理等领域的哲学问题研究全面启动。以数学哲学为例，其开拓者将数学基础划分为数理逻辑和数学哲学，并以数学对象的客观性和数学理论的真理性作为数学哲学讨论的基本课题[①]。其二，对各门具体现代科学中的哲学问题展开争论。对自然科学的哲学争论早期主要集中在非标准分析、现代宇宙学、相对论、量子力学、物质层次结构等领域，起初沿袭了以既有哲学概念、范畴和规律作为分析工具的评价方式，但不久参与者开始倡导，应以实践作为真理标准来折冲、消解概念类推式的论证模式。现在看来，一些百科全书式的哲学争论虽未必对科学问题本身产生廓

---

① 林夏水：《数学基础的若干哲学问题》，载中国社科院哲学所自然辩证法研究室编：《现代自然科学的哲学问题》，吉林人民出版社 1984 年版，第 17—49 页。

清作用，但在全社会渴求科学知识和方法的情况下，无疑起到了高级科普的作用。人们更由此意识到，自然科学理论的是非争论，必须依靠科学实践的检验；特别是在科学自身的基础出现争论时，虽然哲学是有用的工具，但不应该也不可能替代科学或凌驾其上。这些新的认识顺应了现代化的时代需要，对于恢复科学的常态发展起到了一定的作用，但其所昭示的哲学话语与科学话语的不可通约性又为此后的科技与人文两种文化之分野埋下伏笔。

其三，促进哲学的知识化和科学化。除了大爆炸宇宙理论、夸克模型等知识被纳入哲学教材作为自然演化和物质存在形式的新发展和新例证外，系统论、信息论、控制论、耗散结构论、协同学、突变论、超循环理论、自组织理论、混沌理论等系统科学（包括非线性科学）成为自然科学乃至社会科学的哲学问题研究的热点。尽管有关系统科学等科学领域的哲学归纳和概括不乏隐喻式的跳跃，但这一百科全书式的"科学化的哲学"运动的确令双方受益。在当时，哲学上的高度关注对尚不成熟的系统科学等新学科的建制化起到了加持的作用；反过来，系统科学等科学领域的概念和实例丰富了哲学的概念、范畴和规律，使哲学教科书经历了一次以知识化为特征的更新，如其中关于人工自然和人化自然的讨论就促进了实践唯物主义学派的发展。

自然科学的哲学争论深化了学界对科学与哲学关系的理解。相关讨论表明：在宇宙的有限与无限问题中，哲学上抽象的宇宙及其有限与无限和宇宙学中观察的宇宙及其有限无限实为相互平行的观念，人择原理与其说是凸显认知的主体性不如说是主体对其认知有限性的自省；在物质的可分性问题中，夸克禁闭现象对不可分的支持固然值得一辩，但更应认识到，如果可分的概念本身不明确，作为形而上学信念或本体论约定的可分与不可分既不能证实也不能证伪；在量子测量等涉及现代物理学的认识主体性问题中，鉴于科学实验现象中主体与客体的纠缠，作为自在之物的客观性对主体实际上没有意义；在世界的必然性与偶然性问题中，完全的决定论和纯粹的概率论都隐含着某种无限过程，而无限精度的测量并不存在，对世界只能进行有限的观测和描述，更真实地反映世界的观念应该是基于有限性的混沌论。这些结论表明，科学与哲学在严格的逻辑关系上是相互平行的，两者的相互作用应该是隐喻层面的相互启示，不应简单地以一方框定另一方。宇宙的有限无限和物质的可分性都是科学的具体结论而非哲学的基本原理，要尊重科学的自主性；反过来，若以科学话语替代哲学话语，将科学所研究的自然作为哲学的本体，进而把科学描述的暂时性世界图景误置为绝对真的陈述的注脚，又会陷入"自然的本体化之误"。①

与此同时，科学方法论和科学思想史研究空前活跃。鉴于科学的理性精神和实证方法，来自科学的实例为真理标准大讨论提供了有力的证据，科学方法论的研究因此备受关注，大量专著和丛书相继出版，还吸引了不少著名科学家参与其中。追赶的热情促使研究者选择性地聚焦于科学发展所呈现的整体化趋势，作为方法论的系统论、控制论和信息论由此成为研究热点，决策、规划、管理的方法论研究也开始启动，日后发展为软科学和管理科学的先声。爱因斯坦、玻尔、马赫、彭加勒、海森伯、薛定谔、玻姆等著名科学家的科学观和哲学思想研究也全面展开。在对科学革命及其"激动人心的年代"的迟到的辨析中，作为现代科学、哲学与文明基础的新经验论、唯理论和批判理性主义的思想源头得到重新评价。其中，《爱因斯坦文集》的全部出版标志着对哲人科学家的思想研究步入学术化阶段，有关马赫和彭加勒的研究则使科学思想研究从刻板印象转向理性客观的文本分析，这些研究的破茧出壳在当时兼具学术价值与启蒙意涵，并一度受到国际学界关注。

经过一段新陈代谢与专业化积淀之后，科学与哲学和一般哲学范畴的纠结趋于淡化，自然科学哲学问题研究逐渐超越传统争论，转而从学理上推进了"科学化的哲学"的发展。一方面，由自然科学哲学问题衍生出的数学对象、暴涨宇宙论、智能、生态价值等问题得到深入探讨，另一方面，有关熵、混沌、分形、自组织演化等涉及系统性、复杂性和非线性科学的哲学问题成为研究热点，涨落、超循环、非平衡、非决定论和非还原论等科学与哲学观得到了系统阐发，并试图以此勾勒出"新科学革命"、"新自然观"和"第二种科学"的基本形相。随着科学哲学、自然哲学等新范式的出现和高级科普的引进，自然科学哲学问题的哲学性和专业性进一步提升，转向作为其应有之义的"科学中的哲学"，并拓展至科学技术中的哲学问题。近年来，研究者进一步聚焦时间、空间、信息、因果性、模态、附生性、涉身性、逾层凌域、自组织方法论等更具体的概念和方法，对时间与空间的概念、还原论与整体论、生成论与构成论、计算与实

---

①　吴国盛：《自然本体化之误》，湖南科技出版社 1993 年版。

在、复杂性与非决定论、认知与身体等问题展开了深入研究，量子力学哲学、生物学哲学、认知科学哲学、空间哲学、生态哲学、信息哲学、计算哲学等领域因此呈现出复兴或兴起的态势。

二　科学哲学的引进和定位

因受罗素与杜威的影响，20 世纪初最先引入中国的科学哲学思想以实证主义和实用主义为主调。20 世纪中叶前后，金岳霖、洪谦和江天骥等人曾做过较系统的科学哲学研究或评价工作，此后基本中断，仅以内部资料等形式翻译出版过一些逻辑经验主义的代表作和著名科学家关于科学思想和哲学问题的论著。时隔 30 年再次引入科学哲学时，其主导范式已从逻辑经验主义经历史主义学派走向后实证主义。这一差距激发了研究者以前所未有的热情投入到对科学哲学各流派代表人物的著述的译介之中，一度在知识界掀起“科学哲学热”。大约十余年间，卡尔纳普、波普尔、库恩、拉卡托斯、费耶阿本德、蒯因、劳丹、瓦托夫斯基、亨普尔、邦格、查尔默斯等人的经典作品得以翻译出版和广泛传播，相关刊物对英美科学哲学的最新论述也有大量译介，使专业人员得以把握研究动态。

科学哲学的再次引入成为当时进一步观念调适的切入点。邱仁宗在《科学方法和科学动力学——现代科学哲学概述》（1982）的《跋》中引用经典观点指出，对科学哲学的评价要坚持实践标准，用科学实际去检验，而不能以我们所理解的一些原则为标准，因为原则是从自然界和人类中抽象出来的，不是自然界和人类去适应原则，而是原则只有在适合于自然界和历史的情况下才是正确的。舒炜光在集体著作《当代西方科学哲学述评》的绪论中将众多科学哲学家的思想看作是正在编织中而无完工之日的思想流动网，并指出不论是一个哲学家还是一个哲学派别的哲学思想，都不是一个孤立的封闭的圆圈，而都会与别的哲学思想圆圈相交。正是由于科学哲学以与原则无关的科学实践为评价标准，又比传统思想更具思想杂交优势，自然就成了新时期哲学发展和观念调适的突破口。批判理性主义和历史主义在此滞后的传播中再次崭露锋芒。波普尔的知识论和证伪主义使人们认识到，知识是进化的产物，它既是客观的也是猜测性、有限的和可错的；库恩的不可通约性的思想让人们看到了范式间的平行关系和范式转换的整体性与历史性。这些作为新观念的旧思想触发了知识界对科学理性和进步的选择与反思，成为重开现代性启蒙的新基点。

科学哲学可大致分为一般的科学哲学问题（如科学划界、科学说明等）和具体科学的哲学问题（如数学哲学、物理学哲学等，与传统的自然科学哲学问题领域类似）两个相互关联的方面，并与科学史和当代科学思想密不可分。近30年来，中国的科学哲学将一般的科学哲学与既有的自然科学哲学问题相结合，成为科技哲学领域最先发展起来的研究范式，并在相当长的时期担当了科技哲学领域拓展的孵化器。自1979年以来至今已经召开了13届的全国科学哲学会议的主题包括：波普尔的科学哲学、库恩的科学哲学、科学发现、科学理论的评价、科学分界、理论结构问题、说明问题、物理学哲学、科学实在论与反实在论、科学与价值、反伪科学、社会科学哲学、科学前沿的哲学伦理问题、自然哲学、后现代与科学哲学、科学技术中的哲学问题、科学知识社会学、物理学百年革命与科学哲学、科学方法论、认知科学哲学、科技伦理等。这些主题大致勾勒了科学哲学乃至科技哲学的问题域，其沿革与拓展，既体现了学术旨趣之流变也折射出时代性和现实影响。

经过多年的学术积累和交流，科学哲学研究开始从学派述评转入问题导向的研究。继一些以问题而非学派为主线的科学哲学通论性专著出版之后，科学实在论等方面的专论亦流行坊间。对科学实在论与反实在论等问题的讨论促进了概念澄清和理论构建，反过来又激起更多质疑。例如，由量子力学对基于物质实体的经典实在观的冲击而引申出的关系实在论主张，实在是关系的，关系的实在性在于其普遍性和客观性，关系在一定意义上先于关系者。相关的讨论使关系实在论至少在本体论和认识论层面得到辨析，一方面是本体论或存有论层面的关系对实体的消解，另一方面是认识论层面以主体间性重建客观性获得的反实在论或非实在论立场。其理路固然昭示了对独断本体论的突越和引入透视主义认识论之可能，但这两个层面能否融贯与会通、其与基于认识论旨趣的科学实在论的关系等成为难以回避的问题。

在科学哲学问题的讨论中，科学与哲学的相干性和科学哲学的合法性得到进一步反思。首先，科学与哲学可能出现相互启发的相干情形，但本质上各有其自主性。与发现的与境和辩护的与境之分野类似，科学发现（如量子力学）与哲学结论（如某种实在论或方法论）之间不存在必然逻辑联系，同一科学发现可以有不同的哲学结论，新科学发现对某个哲学结论的倾向性并不一定昭示其反论被逻辑地否证。同样地，科学方法论与"反对方法"亦可并行不悖。一些科学方法论的思考者在库恩和玻尔等人思想的启发下意识到，应在两极之间保持必要张力，并提出了互补方法论。

其次，科学哲学的学科合法性在于它是"关于科学的哲学"。科学哲学与其说是科学指南毋宁说是哲学试验，其问题域多处于科学尚不能对其基本概念和理论架构给出满意或自洽解释的边缘地带。有关"科学化的哲学"和"关于科学的哲学"的深入辨析使我们认识到，虽然具有"伟大传统"的科学哲学因无法提供其所承诺的"科学的世界概念"而难以自诩"科学化的哲学"，依然可定位为"关于科学的哲学"而确立其合法性。这种定位既便于界定一般的科学哲学，又能兼容作为"科学中的哲学"的具体科学的哲学问题（或自然科学的哲学问题），令两者成为科学哲学的有机组分。在科学与哲学均高度专业化的情况下，这种定位相当艰难，但又十分必要。从亚里士多德到康德以来的哲学都是在与当时的科学的交融与对话中发展起来的，著名科学家霍金对当代哲学家不能跟上科学进步，而将哲学归结为语言分析甚觉遗憾，并将这种对伟大哲学传统的背离斥为堕落，作为哲学学科的科学哲学更不可避免地要与具体的科学中的哲学问题相结合。

第二节　学术热点

近 30 年来，科技哲学的热点问题随着时代的变迁而聚焦于诸多问题，大致呈现出一个由自然、科学、技术、社会到价值伦理问题的转移过程。其中较具代表性的有：物理学的哲学争论、实在论与反实在论之争、科学文化研究和科技伦理问题及其争论等。

一　物理学的哲学争论

在 20 世纪八九十年代，科技哲学中对有关天文学和物理学的哲学问题产生了一些较有影响的争论，其中主要包括有关宇宙有限与无限的争论、对物质无限可分论的反思、物理学与认识的主体性等。

在今天看来，关于宇宙有限与无限的争论基本上是由哲学与科学范畴相互借用而造成的概念纠结。这一讨论对于科学和哲学本身并没有多大的意义，其历史价值在于使人们看到将哲学作为知识大全这种做哲学的方式的局限性，进而认识到哲学与科学各有其应有之规范。对此，吴国盛指出①，由于哲学宇宙论和宇宙学各自把握宇宙的方法不同，决定了它们从属于两种不同的规范。哲学宇宙论的方法论特征是直观、思辨和猜测的方法，宇宙无限论应该属于哲学宇宙论的规范，是在自然科学背景下的哲学遐想。宇宙学则必须在观测事实的基础上，建立模型，给出可供观测的预言。这两种规范是互不通约的。宇宙的有限无限问题，不应该再作为哲学的"基本原则"，而应作为"具体结论"交由宇宙学来研究。

在对物质无限可分论的反思中，金吾伦认为②，科学的发展总是冲破教条、远离常识的，"物质无限可分论"是机械论和还原论的，或者说是构成论加还原论，而新的科学进展表明，构成论和还原论都将趋于终结，代替它们的是生成论和整体论。首先，现代科学的新成就表明物质无限可分论难以成立，特别是微观领域有不同于宏观领域的规律，不能机械地将宏观领域的规律搬到微观领域。其次，物质无限可分论是构成论的物质结构观，而粒子物理研究则昭示了一种"潜存—显现"的物质结构观，从而揭示了构成论的局限性。这种新的物质结构观表明，人类对物质结构的认识越来越依赖于认识主体，为了使微观粒子从潜在性转变为现实性，就要创造一定的条件，无限分割的条件是无法达到的，而且从潜存性到现实性的道路是有偶然性的，分割或组成的概念在微观粒子层次上已经失去了意义，科学方法论应该超越还原论走向整体论。

对此，诺贝尔奖获得者、著名物理学家李政道指出③，物理学以往研究越来越小的层次结构，但"越来越小，因为有量子力学，距离改变量越小，动量改变量越大，乘积大于 $h/2$，动量越大，能量越高，所以我们的加速器越做越大。加之越来越小的研究，我们发现里面有个大毛病，小的到小的又到更小的，这里有个漏洞，就是这些作用并不能代表我们世界所有的现象"。物理学者薛晓舟认为④，从量子宇宙学来看，宇宙极早期的暴胀阶段，没有粒子，没有辐射，占主导的物质是标量场真空。在暴胀期结束时，真空发生相变，才产生粒子，即产生轻子夸克层次。夸克、轻子经历了从无到有的演化过程。按照物质无限可分的论点，夸克和轻子在结构

①　吴国盛：《把握宇宙的两种规范之争》，载《哲学研究》1986 年第 12 期。
②　金吾伦：《生成哲学》，河北大学出版社 2000 年版。
③　李政道：《科学的发展：从古代的中国到现在》，载《世界科学》1993 年第 1 期。
④　薛晓舟、张会：《粒子物理学和哲学物质观》，载《自然辩证法研究》1992 年第 10 期。

上一定形成有无穷个层次，这完全是没有丝毫根据的。

　　有关物理学与认识的主体性问题的讨论源于何祚庥对国内学术界有关认识主体性研究的"批判"。[①]他认为量子力学和狭义相对论不能为"认识的主体论"提供科学基础，国内现代物理学的哲学研究中的确存有唯心主义思潮，其根源在于国际物理学的唯心主义思潮影响和没有完整正确地把握量子力学和狭义相对论的客观内容所致。何在论述中引用有关文献对量子力学和狭义相对论的科学内容作出了自己的解释，但实际上，被其引为科学根据的有关量子力学的物理规律及其物理解释，正是由玻尔、海森伯、玻恩和其他有"唯心主义"倾向的物理学家创立和阐发的。有学者指出，量子力学的哥本哈根解释，经历了两次大的论战后，已经成为国际物理学界的正统观点，对其进行哲学批评应当与整体物理背景相联系，并作具体的分析和论证，而不能由摘取的只言片语作出"一个有深刻背景的国际物理学唯心主义思潮"的论断。一些论者对于"物理学的唯心论"这种提法提出了批评。龚育之等认为[②]，物理学作为一门本质上为实验性的科学，不会为唯心论提供任何科学依据。因此不存在唯心论的物理学，也不存在物理学的唯心论。许良英认为[③]，"物理学唯心主义"这个概念本身不符合科学，因为物理学家（和其他科学家）要有所创新、有所发明，"思想必须充分自由，需要来自两个方面的启迪"。而且从苏联和中国历史上对所谓自然科学（研究）的唯心主义批判的经验看，动辄对自然科学的研究方法或成果扣上"唯心主义"的帽子，对科学事业是有百害而无一利的。

　　自然科学的哲学争论促使一些学者对科学与哲学的关系进行了反思。在哲学对自然科学起什么作用这一问题上，有论者指出[④]，不能把哲学理论看成是放到任何科学实践中就立竿见影的灵丹妙药，科学与哲学的相互作用也不是直接的；哲学从科学中汲取营养，要经过一个"提升"即抽象概括过程；科学从哲学中汲取营养，要经过一个"还原"过程，把哲学的

　　① 何祚庥：《现代物理学能为"认识的主体论"提供科学基础吗?》，载《中国社会科学》1990 年第 2 期。

　　② 龚育之：《不完全是题外的话》，载《自然辩证法研究》1990 年第 6 期。

　　③ 许良英：《反对组织对所谓物理学研究中的唯心论的批判》，载《自然辩证法通讯》1993 年第 6 期。

　　④ 徐兵：《科学和哲学应当如何结盟》，载《北京大学研究生学刊》，1987 年第 7 期。

一般原理与科学的具体实践有机地结合起来。刘盛际指出①，某些简单化的唯物主义不能正确地理解哲学同自然科学的关系，不善于区分新的科学发现、科学理论和渗透于其中的唯心主义的界限，它们"殷勤过分"地企图指导自然科学，却反而帮了倒忙。这种情况曾经突出地表现在苏联对所谓"物理学唯心主义"和基因遗传学说的批判上，苏联哲学家凯德洛夫在《列宁与科学革命》中虽然正确地批评了简单化的唯物主义在遗传学中的错误表现，但在对爱因斯坦质能关系的哲学解释上，却重复了同样的错误。

二　实在论与反实在论之争

（一）量子力学与实在

1992 年 6 月，在北京召开的主题为"科学哲学中的实在论与反实在论"的国际科学哲学会议上，会议组织者约请何祚麻、洪定国与胡新和、罗嘉昌报告了关于"量子力学与实在"的三种不同观点。② 何祚麻的报告《"EPR 佯谬"和"有关的哲学问题"》的背景是，物理学家德斯帕纳特根据有关贝尔不等式的最新实验结果指出：世界是由独立于人的意识之外而存在的客体构成的这种学说，却原来和量子力学相矛盾，也和为实验所确立的事实相矛盾。物理学家牟民也认为：现在我们知道，月亮在无人看它时，可以表明它并不在那里。何祚麻的论点是，量子力学与德斯帕纳特所说的实在论的假定并不矛盾；在量子力学中，决定论的实在论没有得到实验的支持，实验所支持的是定域的、但又是随机的或统计式的并且"不依存于人的意识而存在"的实在论。

洪定国在《量子力学与实在论—反实在论之论争》中指出，量子力学的问世并不能一劳永逸地将实在论驱逐出物理学领域，量子力学对实在论和反实在论既不构成威胁也不提供决定性的支持。他将实在区分为独立于主体的本体实在与基于主体间性的经验实在。他一方面承认主体间性是一切经验科学的基础，经验实在观念对于实际科学具有贯通一切的直接重要性；另一方面相信本体实在潜在地支配着人类的活动和科学的进程。他指出，量子力学的问世不是对形而上学的否认，而是对其可能形式提出了更

---

①　刘盛际：《切莫殷勤过分》，载《自然辩证法研究》1986 年第 5 期。

②　孙小礼主编：《现代科学的哲学争论》，北京大学出版社 2003 年版，第 139—164 页。

为严苛的要求。总之，在被赋予操作主义意义的量子力学最小结构基础上，我们可以构造出具有不同物理意义承诺的各种扩展结构来，它们构成了量子力学的解释谱，这跟对于量子力学的一系列不同的哲学态度（从极端的反实在论到本体实在论）相对应，这既极大地丰富和深化了实在论—反实在论之争的内涵，亦有力地促进着物理学的发展。

胡新和、罗嘉昌在《关系实在论——一种关于量子力学的实在论观点》以及其后的《从物理实在观的变革到关系实在论》等论述中指出，量子力学的理论论争表明，经典的实体实在观与微观实在的量子整体性、几率性和波粒二象性不容，而玻尔、海森伯等人的现象实在论、潜在实在论和倾向实在论都突出了量子实在的关系特征，为了凸显关系对于实在的认识论意义和本体论（存有论）规定，可提出一种关系实在论：（1）实在是关系的，限定和突现于不可分离的关系结构中；（2）关系是实在的，既表现为内在性和不可还原性，又体现出普遍性和客观性；（3）关系在一定意义上先于关系者，关系并不能还原为非关系性质；（4）关系表述和性质表述具有互补性。这些论述引起了国内学者的关注与讨论。对此，范岱年以电子与观察装置为例说明，"关系先于关系者"、一切消解于关系的关系实在论是有局限的；张华夏则认为，实体无论如何不能彻底消解于关系，应以实体实在论作为关系实在论的补充。关系实在论试图贯穿本体论和认识论两个层面，不再以对象化实体界说实在的客观性，而以主体间性作为客观性的限度，由此以认识论层面的关系消解本体论层面的实体的独断性，但与此同时也陷入了其究竟为哪个层面的实在论？关系本身是对象性的抑或现象背后不可说的实在？关系实在论究竟是对"真实实在"的认定还是关于何谓"真实"的探讨等理论难题之中。

（二）由虚拟实在引发的实在论与反实在论之争

虚拟实在（virtual reality）是一种基于计算机的知觉仿真技术，当体验者沉浸其中时会产生与真实体验类似的感觉经验，故在技术上常常译为虚拟现实。翟振明的"靶子"论文《实在论的最后崩溃——从虚拟实在谈起》① 因其标题的显著性和问题的复杂性引发了实在论与反实在论之争。翟文运用假设性描述，将虚拟实在的技术虚幻效应推向极致，以至于虚拟实在与自然实在在经验层面不可分辨，然后由两者都依赖于感官的运作从

① 翟振明：《实在论的最后崩溃——从虚拟实在谈起》，载《求是学刊》2005 年第 1 期。

现象学还原的角度推定，这种经验的对等性就意味着虚拟实在与自然实在在本体论层面是对等的，在认识论层面是不可分辨的，而由于虚拟实在没有可感对象之外的指称，所以自然实在与虚拟实在一样，都不是真实的实在，它们的背后更没有什么东西能够获得实在资格，没有理由认为自然实在比虚拟实在更具有实在性，以实体概念为核心的实在论是不成立的，实在论由此走向最后崩溃。而实在论的崩溃不会导致认识上的相对主义，因为经验规律的有效性并不依赖于实体的存在。

对此，黄勇认为①，各种实在论都建立在两种哲学上更根本的实在论之上，即本体论的实在论和认识论的实在论。本体论的实在论强调在我们经验到的东西后面存在一个我们不可经验、但又是我们经验到的东西的基础的实在，而这种论点原则上是无法反驳的。翟文关于虚拟世界的想象最多只是表明我们的感觉世界可以没有实在世界作为其支撑，但却没有表明感觉世界不可以有实在世界作为其支撑，因此其针对本体论的实在论的诘难徒劳无功。认识论的实在论主张，认识是对实在世界的表象，真理就是与实在世界相符合的表象。这种论点很容易驳倒，因为如果这种实在独立于感觉经验，就无法将我们的认识与这个独立实在进行比较，这对判断认识的真假毫无帮助。而翟文在攻击可以驳倒的认识论的实在论时，又没有看到这个方向，其唯一贡献是证明了因果实在论，这是一种认识论意义的实在论，它只肯定可接触的实在的存在，由命题、主张和信念能否成功地使我们实现自己所设定的目的来判别其正误。

郭贵春、成素梅认为②，虚拟实在只不过是一种功能意义上的技术实在，其本体性在于由技术所营造的工具性，而不在于存在性；由虚拟实在技术所创造的虚拟世界与物理世界的经验等价性，不可能等同于本体论意义上的等价性，因此从"虚拟世界中的实体性名词没有可感对象之外的指称对象"，得不出物理世界也是如此的结论，即虚拟实在不会导致实在论的崩溃。

苏德超认为③，翟文的基本逻辑是：（1）如果自然实在与虚拟实在在经验层面是不可分辨的，那么，实在论就崩溃了；（2）自然实在与虚拟实

---

① 黄勇：《虚拟实在与实在论》，载《求是学刊》2005年第1期。

② 成素梅，郭贵春：《虚拟实在真的会导致实在论的崩溃吗？———与翟振明商榷》，载《哲学动态》2005年第4期。

③ 苏德超：《"我们没有生活在虚拟实在中"》，载《自然辩证法通讯》2006年第6期。

在在经验层面是不可分辨的；（3）所以，实在论崩溃了。获得命题（1）的关键是：如果我们在经验层面不可能分辨虚拟实在与自然实在，那么"我们知道虚拟实在后面并没有一个实在世界"就等价于"我们知道自然实在后面没有一个实在世界"。但（1）不成立，因为从经验的不可分辨出发，也可能由我们不知道自然实在后面有无实在推出我们不知道虚拟实在后面有无实在，而且，经验的不可分辨无法排除两者本来是两个不同的世界的可能性。而（2）所面临的悖论是，要么，虚拟实在与自然实在可以分辨；要么，它们无法分辨但我们无法知道自然实在后面有没有一个实在世界。不仅如此，他还从因果指称理论推出"我们没有生活在虚拟实在中"为真，进而得出了"反实在论的最后崩溃"但实在论也不可辩护的结论。

三　科学文化研究

（一）对科学的文化反思

科学是一种文化活动，也是人类文明的一个重要方面。由于科学文化在现代社会业已成为一种主导文化，对科学文化及其与其他文化的关系的研究成为当代哲学的重要主题，尤其引人关注的是对科学与人文的哲学反思。早在 20 世纪 20 年代，中国知识界就曾有过"科学与人生观"的论战（"科玄"论战）。时隔七八十年后，科学与人文的关系再次成为学界论争的焦点。其中的历史文化背景是，一方面，时代的变迁使科学不再是作为舶来品的赛先生而成为中国现代化的核心动力；另一方面，在过去的一个世纪中，西方世界完成了从现代性到晚近现代性乃至后现代性的过渡，其科学文化思潮先后走过了逻辑经验主义的基于"科学的世界概念"的统一科学运动、斯诺（C. P. Snow）的"两种文化"（科学文化与人文文化）的分野、以科学哲学的历史主义学派为代表的后实证主义科学哲学、以后哲学文化与科学知识社会学为代表的后现代科学观，并且在 20 世纪 90 年代爆发了以科学主义和反科学主义的对立为基调的"科学大战"。在这种背景下，对科学进行文化反思的意义不应局限于鼓吹科学的力量，或传播科学思想、方法和精神，也不止是讨论科学后果的所谓双刃剑效应。其更为深刻的意义在于，一则探讨如何以科学的文化力量超越以体制约束为主的传统的社会结构和因袭力量（如权力和行政化对科学的不当介入），从而全方位地推动现代性的构建；二则以对科学文化及其与之相关的工具理性的批判性思考作为反思现代性和晚近现代性的切入点，同时又注意克服激进的相对主义与虚无主义倾向。

在习惯性的"二元论"思想的影响下，20世纪90年代以来关于科学的文化反思主要以下列的成对范畴出现：科学文化与人文文化、科学主义与反科学主义、科学主义与人文主义、科学精神与人文精神、工具理性与价值理性（人文关怀）等。大多数讨论的论述模式为"从分割走向交融"、"融通与共建"、"汇流和整合"、"冲突与融合"。典型的主流结论是①：尽管科学文化和人文文化在方法论等方面有着相互借鉴、相互渗透和相互补充的"汇合"趋势，但两种文化的汇合不应是以一方整合另一方，为此首先要克服科学主义的狭隘见解，同时需要超越狭隘的人文主义视野；也就是说，两种文化的汇合，除了它们之间的相互借鉴、相互渗透和相互补充之外，更重要的是它们应该汇合于一种共同的文化精神，那就是以追求真善美等崇高的价值理想为核心，以人自身的全面发展为终极目的的人文精神。

在相关的讨论中，论者对科学主义和反科学主义的理解和态度不尽相同。一方认为②，不论是现代中国还是当代中国，对科学的崇尚和追求不能说成是什么"科学主义"，没有"科学主义"何谈反对"科学主义"？而所谓"反科学主义"或许意在"反—科学主义"，但难免被理解为"反科学—主义"，倘若"反科学主义"旨在呼唤人文精神，实际上没必要设立一个"科学主义的靶子"，将崇尚科学与人文精神对立起来，而应该促使它们相互结合、相得益彰。另一方认为③，科学主义坚信具有普遍有效性的科学方法自身提供了一个通向真理的大道，通过科学方法的应用可以获得对自然及人类社会的正确认识，从而正确地改造自然和人类社会，由此导致科学、技术乐观论和万能论的观点；科学主义在现代化之初起到了抑制神权和世俗专制及其意识形态的积极作用，但在科学完成了建制化和专业化之后，科学主义则有将科学理想化、绝对化甚至使其成为一种新宗教之虞，不仅有可能造成思想专制，还会因滥用科技而导致环境破坏、人

---

①　孟建伟：《探寻科学与人文文化的汇合点——对当代西方的人文主义整合思潮的反思》，载《自然辩证法研究》1997年第2期。

②　龚育之：《科学与人文：从分割走向交融》，载《毛泽东邓小平理论研究》2004年第1期。

③　肖显静：《概论科学主义与反科学主义》，载《科技导报》2002年第8期。

文精神缺失和扭曲人文社会科学等弊端。换言之，科学主义与科学、技术不是一回事，是对它们的盲目崇拜；科学主义与科学精神亦不是一回事，相反却是缺乏科学理性批判精神的表现，理应受到批判。多数科学主义的反对者并不赞成会导致相对主义和虚无主义的激进的反科学主义，他们不反对科学本身，只反对将科学绝对化，主张建设性的反科学主义，并希望以此深化对科学的理解，树立正确的科学观，避免科技的负面效应，消除两种文化的冲突。

一些深入到思想史和哲学史层面的相关探讨表明，科学主义与人文主义、科学精神与人文精神并不能简单地理解为类似"不入于杨，则入于墨"的不相容关系。首先，科学主义与人本主义（人文主义）并非两种对立的思潮。科学主义或唯科学主义实际上是认识论的基础主义和本体论的自然主义的反对者对这些主张的贬称，持这些主张的人一般不自称科学主义；而源于文艺复兴和启蒙运动的人本主义与现代性意味的主体哲学密切相关，海德格尔和福柯等人看到了其中的局限性，并致力于消解人本主义及其抽象不变的主体幻象；西方哲学的分野实际上取决于两种不同类型的合理性模式，一类基于批评、反思和分析的合理性，旨在寻求关于世界的"理性和真理的哲学"，另一类基于思辨、创造和综合的合理性，旨在寻求关于人的"自由和价值的哲学"；由此，人本主义既可与科学主义相容（如实用主义等），也可反对科学主义（如存在主义和法兰克福学派），反人本主义既可是典型的科学主义（如结构主义），也可以反对科学主义（如海德格尔和后结构主义）。①

其次，科学精神在本质上和本原上就是人文精神。源于古希腊的西方人文理想是"自由"，人文形式是"科学"和"理性"，科学一开始就是人文，就是自由的学问；近代产生的"唯人主义"和"技术理性"背离了古典意义上的自由和理性；如果把人文精神理解为一种建基于对人之为人的哲学反思之上的批判态度和批判精神，那么人文精神就是一种自由的精神；由此，弘扬科学精神不应是弘扬与人文相对立意义上、更具优越性的科学方法，而应该是本质上就是人文精神的科学精神或自由的精神。②

与对科学的文化反思密切相关的一个现实问题是对科学、非科学和伪

---

① 江天骥：《科学主义和人本主义的关系问题》，载《哲学研究》1996 年第 11 期。
② 吴国盛：《让科学回归人文》，江苏人民出版社 2003 年版。第 1—30 页。

科学的辨别。从科学哲学的角度来看，对科学与非科学的辨别就是科学划界的问题，而科学划界的标准在经历了后实证主义的科学哲学和建构主义的科学知识社会学的冲击之后，在科学哲学内部已经从单一的和绝对的逻辑标准走向模糊化、相对化和多元化。将非科学当做科学传播和谋利的伪科学是一种世界性的文化现象，西方科技发达国家也不例外，但其在中国的盛行又有其社会文化肇因。相关研究表明，一些伪科学在中国的盛行，问题不仅仅出在科学知识、科学思想和科学方法的欠缺，还在于对科学精神的背离，在于自由的和批判的思考的缺失。由此造成的两类迷信构成了伪科学传播的深层原因：一是对各种权威、名人和跨界专家的附和与迷信，二是在文化潜意识里的科学万能论等科学主义观念的暗示下所形成的对貌似科学的伪科学的迷信。仅仅从科学与伪科学的真与伪、正确与错误的角度反伪科学是值得反思的。一方面，在中国特定的语境中，一旦陷入"真与伪"、"正确与错误"的对峙，"反"就很容易被不必要地引向泛意识形态化，结果难免是过犹不及；另一方面，若不能超越"真与伪"、"正确与错误"背后的科学主义预设，看不到科学本身的局限性，就无以形成恰当的科学观，结果对科学的迷信往往与对伪科学的迷信相伴随。因此，有学者建议，用较为中性的"类科学"来称谓"伪科学"①，以"抑制"取代"反"，以讨论和对话取代攻讦与压制；同时，倡导科学所固有的自由、批判和自我反省的精神，还科学以非科学主义之本来面目。

此外，对科学的文化反思还涉及对科学形象的文化反思，如科学文化的女性主义和后殖民主义反思、公众理解科学、对科学家形象的再思考、对超越传统科学观的多元科学观的探讨等方面②。这些对真实的科学形象的研究对于进一步理解科学和科学精神应是有所裨益的。

（二）李约瑟问题

著名中国科技史家李约瑟曾对中国近代科技因何落后提出疑问："从公元1世纪到公元14世纪的漫长岁月中，中国人，在应用自然知识于人的需要方面，曾经超过欧洲人，那么，为什么近代科学革命没有在中国发生呢？"③简言之，中国文化为何不能孕育出近代科技？人们将此称为"李

① 刘华杰：《中国类科学——从哲学与社会学的观点看》，上海交通大学出版社2004年版。
② 刘兵：《科学文化研究与科学的形象》，载《太原科技》2008年第1期。
③ 参见刘大椿主编：《"自然辩证法"研究述评》，中国人民大学出版社2006年版，第129—144页。

约瑟问题"。回答这一问题的前提是对中国和西方的科技传统进行比较研究。相关研究表明，中国的科技传统主要体现为：有机论的自然观和宇宙观、整体性和综合性的思维方式、比类取象与直观外推的认知方式、基于经验试错的知识累积模式、以算法变易为主的演算推理体系、实用厚生的价值取向、"大一统"的专制统治环境等。这使得中国的科技传统呈现为独创性与封闭性的发展模式。

改革开放后，中国知识界对这个问题曾经予以高度关注，不无热切地希望由此反思使科技得以顺利发展、社会渐入坦途的经济、文化与制度环境。对此问题的解答不仅涉及中国古代文化传统与科技传统，还关乎封建专制统治、自然经济体制和中国传统文化中存在的某些阻碍科技发展的"深层结构"。虽然其中多为大而化之的研究，但还是为知识界提供了一些有益的常识或无益的刻板印象。相关讨论使知识界开始关注西方科学家和学者关于此问题的思考。特别是爱因斯坦和李约瑟的解答实际上成为相关研究不可回避的起点。爱因斯坦指出："西方科学的发展是以两个伟大的成就为基础，那就是，希腊哲学家发明的形式逻辑体系（在欧几里得几何学中），以及通过系统的实验发现有可能找出因果关系（在文艺复兴时期）。在我看来，中国的贤哲没有走上这两步。"[1]李约瑟认为，中国的官僚体制最初适宜于灌溉、计算等科技的发展，但却未能像西方的贵族式封建体系那样促进商人阶层的产生，阻碍了重商主义的形成，使工匠的技艺难以与学者发现的数学方法相结合，加之儒家的正统地位对道家的遏制，中国因此未能从经验型试错导向的达·芬奇时代过渡到近代科学主导的伽利略时代。在这些观点的启发下，很多科技哲学的学者参与了这个问题的讨论。其中最具典型性的是刘青峰等对此运用系统科学方法所做的社会结构分析。其主要观点是，近代科技具有由建构性的自然观、受控实验体系和开放性的技术体系组成的特定结构，这种结构使西方科技得以引入一种循环加速发展机制。而近代科技结构的形成的必要条件有三：具有原始科学结构的种子、大一统的通信技术和社会结构由封闭型转向开放型。但中国不具备后两个条件，其社会文化模式抑制了原始科学结构种子的自我产生和外部传入，其社会结构的超稳定性令其难以转向开放型社会，这些深层结构最终阻止了近

---

[1] 《爱因斯坦文集》第一卷，许良英译，商务印书馆 1977 版，第 574 页。

代科技结构的形成，使科技革命无法在中国出现。

　　然而，这一假设性问题自身似乎有其逻辑上的缺陷。早在1980年，李约瑟曾经的合作者席文在李约瑟八十寿辰时指出，对此问题的多数解答都隐含着两个错误的推理：一方面，若欧洲有A，中国没有，则A被视为"近代科学革命"的一个必要前提；另一方面，若欧洲无B，中国有，则B被视为"近代科学革命"的一种障碍。鉴于传教士在明清之际曾将西方科技引入中国，席文主张将问题改为：为什么科学概念的变革在17世纪的中国未能激起类似欧洲近代科学革命的那样一场多维度的变革？席文的观点使中国学者认识到，中国的文明（包括科学）本来就有其独特的发展道路和自身演进的逻辑，"李约瑟问题"并无标准答案。实际上，如何看待这一问题和从什么角度切入，都直接反映了解答者自己的立场（如普世主义、西方主义、民族主义）和旨趣（如希望由科技入手引入体制改革），也折射出时代的思潮。近来有人主张东方科学将成为第二次科学革命的灵魂，颇能迎合复兴国粹的时代心理，但鉴于科技特别是科学的普遍性似乎已成为常理，盲目断言恐会陷入西学东源之类的旧梦呓语。

四　科技伦理问题及其争论

　　近年来，随着生命科技、计算机与信息网络技术以及高科技的发展，科技活动中的伦理价值问题日益凸显，加之科学不端行为、工程师的责任、生态危机以及转基因等高科技风险中复杂的现实抉择，使研究伦理、工程伦理和高科技伦理的内涵日益丰富，伦理反思因而成为科技实践不可或缺的内在环节，科技伦理成为科技哲学与应用伦理学领域的研究热点。科技伦理问题和实践所涉及的层面已经从科技共同体内部拓展至科技人员的社会良知与责任、当代科技对社会的伦理冲击、科技社会中的文化价值冲突、科技时代人与自然关系的再定位乃至科技与人类融合的后人类时代的来临等诸多方面。有学者指出：（1）在我们的时代，科技以难以预料的态势向前发展，并渗透于我们生活的各个层面。科技活动如同一场社会伦理试验，使人类伦理实践充分地显现了其所应具有的动态性和开放性。与以往的伦理问题相比较，现代科技活动所涉及的伦理问题，以体现科技行为的责任为目标，问题域向许多层面展开了全新的延伸：从个人伦理延伸至集团伦理和集体伦理、从信念伦理延伸至责任伦理、从自律伦理延伸至结构伦理、从近距离伦理延伸至远距离伦理。① （2）为了回应高科技对价值伦理的冲击，应该考虑在科技与社会价值之间建立一种互动协调机制——高新科技的"伦理软着陆"机制。② （3）在科技的社会应用层面，要建构一种与晚近现代性的知识权力结构相制衡的基于权利的群体伦理和面向自我生活时代的自我伦理。

同时，科学研究有无禁区、"科技伦理"是否成立等问题成为科技伦理争论的焦点。在讨论科技是否有禁区这个问题上，主要的分歧在于科学有无禁区：一方认为科学无禁区，技术应慎重或节制，另一方认为科学也应有禁区。这一分歧主要源于对"科学"的理解。前者强调，科学与技术有根本性的差异，科学是关于自然规律的知识体系，独立于以控制环境等为目的的科学应用和技术，由于科学主要具有认识功能与认识价值，无所谓"负面作用"，设立禁区会阻碍科学发展，有损人类的根本利益和长远福祉。③④ 后者认为，科学与技术的界限日益消弭，对自然奥秘的探究往往伴随着对自然的操控，科学实验与试验等经验性的研究必然涉及与包括人在内的自然对象的相互作用，研究者在实践中应该考虑研究手段的合法性，并在研究过程中承担起伦理责任、接受道德的制约。⑤

在"科技伦理"是否成立这一问题上的立场与科技观密不可分。（1）若强调科学是探求真理性知识体系的价值中立的事业，技术是对科学的工具性应用，则会完全否定"科技伦理"的提法。在他们看来，科技成果有被人恶用的可能性，但不应归咎自然技术，更不能怪罪自然科学，其根源是不完善的社会技术与社会工程未能有效地约束恶用者。⑥ （2）若持（1）中观点的人意识到，技术不完全取决于科学，还与人的需要和选择等价值因素相关，他们可能会认识到技术涉及责任，即便否定"科学伦理"，也会承认"技术伦理"的提法。（3）主张"科技伦理"者一般认为，科学与技术已经相互融合为技术化科学，现代科技是由知识与行动整合而成的有效知行体系。以实验为手段、应用为目的的现代科技活动，不再是价值

---

① 刘大椿、段伟文：《科技时代伦理问题的新向度》，载《新视野》2000 年第 1 期。
② 段伟文：《技术的价值负载与伦理反思》，载《自然辩证法研究》2000 年第 8 期。
③ 金吾伦：《百年科学伦理的演进与当前的论争》，载《求是》2003 年第 22 期。
④ 李醒民：《在科学和技术之间》，载《光明日报》2003 年 4 月 29 日。
⑤ 甘绍平：《应用伦理学前沿问题研究》，江西人民出版社 2002 年版，第 106—108 页。
⑥ 李醒民：《科学的精神价值》，河北教育出版社 2001 年版，第 42 页。

中立的行动，而行动渗透于研究之中，科技工作者必须为其行动后果负责，不能漠视科技伦理的存在。① 在运用科技力量的行动中，科技工作者主动的责任意识使伦理成为科技的内在维度，并相互整合为统一的科技—伦理实践。而实际上，判断"科技伦理"能否成立的关键在于：探寻科学家或工程师在科技活动中，"是否及在何种程度上涉及以责任概念为表征的伦理问题"。②

第三节　理论研究的突破与创新

作为一门具有交叉性和跨学科性质的研究，科技哲学逐渐发展为一种与科技问题相关的基于哲学反思的综合性研究。在这种大口袋式的拓展中，展现出许多有意义的突破与创新。

一　面向科技时代的领域拓展

科技革命与市场经济等现代社会机制的结合使科技的力量在20世纪后半叶得到空前拓展，改革开放取得成功的重要原因之一就在于以科技和教育为突破口，跟上了科技时代的步伐。"科学技术是第一生产力"的论断，使科学的形相从反映自然规律的科学延伸至"作为直接生产力"的科学和作为市场经济最活跃的内生变量的科技。以此为契机，主流话语中科学的实际涵义拓展为科技，对自然和科学的哲学思考随之转换为面向科技时代的哲学考量，紧扣时代主题的科技哲学因此在自然哲学、科学哲学、技术哲学、科技与社会研究、科学思想与文化、科技伦理等领域获得全方位的发展。

自然哲学主要涉及三个层面：基于科技进展的新自然图景和自然观、由生态环境问题引发的对人与自然关系的反思与重建以及对科技时代人与自然的存在状况的哲学沉思，这些讨论受到深生态学、怀特海的过程哲学、大卫·格里芬的后现代科学、海德格尔的存在主义等思想的影响。新自然图景和新自然观多立足于量子力学、系统科学、复杂性科学、生命科学、认知科学和计算机科学等领域的新趋势，试图对自然及其演化做出自

---

① 甘绍平：《应用伦理学前沿问题研究》，江西人民出版社2002年版，第103—111页。
② 同上书，第103页。

洽的描述，并为认识自然与社会提供方法论启示，如计算主义、虚拟哲学等。金吾伦、董光璧等人在反思还原论和分析重构论的基础上提出的生成论和整体生成论是其中具有典型性的探索。对人与自然关系的反思与重建促使学界从人工自然与天然自然的分野出发，探讨可持续发展、环境问题比较研究（如中日）、绿色科技创新等现实问题，并对人类中心主义和非人类中心主义等生态哲学与生态伦理问题展开对话。对科技时代人与自然的存在状况的哲学沉思则试图从存在论意义上重建自然的概念，主张沿着海德格尔后期的思想，重视时间性发现和博物学传统，打破由世界作为图像和人作为主体所带来的自然的图像化和人类支配自然的观念，以此寻求人类、生命和宇宙的根本与源头，回归自然作为本性和本原的哲学意味，复兴牛顿以来中断的自然哲学传统。

自 20 世纪 90 年代以来，在国际科学哲学中的正统论题的核心地位受到挑战的情况下，国内科学哲学研究一方面受到后实证主义及与之相关的科学知识社会学、后哲学文化、女性主义等后现代性思潮的影响，另一方面也开始关注到自然化科学哲学、实验哲学、新实用主义与新经验主义的科学哲学、解释学与现象学的科学哲学等思想流派。通过对科学实在论与反实在论、"科学大战"等问题和事件的探讨与反思，学界开始超越逻辑经验主义和后实证主义，提出了"走向实践优位的科学哲学"和"走向语境论的科学哲学"等研究纲领。前者把科学活动看成是人类文化和社会实践的一种特有形式，在对科学理性的理解上，主张放弃理论理性和实践理性的分野，突破传统的科学哲学有关通过对世界的表征而获得普遍性知识的立场，转而强调实验对研究对象的介入和知识的地方性，使科学哲学从"理论优位"走向"实践优位"。后者试图在所谓科学哲学的语言学、解释学和修辞学三大转向的基础上，走向语境论的科学哲学，并结合语用、修辞、隐喻研究为科学实在论与科学理性辩护，进而将其运用于科学实在论、量子力学哲学、数学哲学等领域。

技术哲学领域的研究至少可以追溯到 20 世纪 80 年代初陈昌曙等人的关于工程技术方法论和技术论的研究，此后除了在技术创新等应用研究中不断拓展，更由技术价值论、社会批判理论、技术社会学和技术的形而上学等人文视角的探讨而引向深入，近年来出现了研究旨趣的经验论转向、研究背景的后现代技术转向，研究视角亦日渐多元，在技术与伦理、技术与文化、技术与工程和技术哲学思想史等领域均有所发展。其理路主要有解释学、现象学与存在主义的技术哲学、技术批判、工具实在论、社会建构论、风险与反思现代性理论、后结构主义（如知识权力结构、仿真理论）、后人类主义（如赛博格和人类增强）等，思想资源涉及自北美（如伊德、芬伯格、温纳、哈拉维等）、法国（拉图尔、埃吕尔、鲍德里亚等）、德国（海德格尔、哈贝马斯、胡塞尔、尤纳斯等）和中国传统思想（庄子等）。相关研究聚焦于技术的本质、科学与技术的划界、技术的价值、技术伦理、技术与风险和技术的发展规律等问题。其中，有关技术的价值负荷或负载的讨论强调，技术并非价值中立，为了克服技术风险使其造福人类，应该充分揭示技术的价值因素，并使伦理制约成为技术的内在维度。

20世纪90年代以后，科学技术与社会研究（STS）成为一个热门的研究领域。殷登祥认为，STS研究的核心问题是科技进步与社会发展之间的关系，当前值得研究的问题包括：科技与经济结合的人文社会机制、科学与技术的关系、科技的双刃剑作用、高科技与人文、人与自然等。① 刘大椿认为，科技与社会研究应当进一步将科技作为社会中的一种建制来研究，阐明制约科技发展的社会规范和社会前提条件，其主要课题包括：科技发展的社会后果控制，科技发展的社会机制和科技的社会功能，现代化进程中科技革命和社会革命的契合，科学活动的社会规范与机制，我国科技现代化的途径与对策等。②

概言之，科学技术与社会研究是关于科学、技术的社会运行机制以及科学、技术与社会的相互关系的跨学科与交叉学科研究。该领域的研究可大致分为三类。第一类探讨适应科学发展和技术进步的社会结构，如科技是第一生产力、科技体制改革、高科技产业化、技术创新、国家创新体系、科技与政治、生态政治、创新文化、科学素质等，所采用的方法包括控制论等系统科学方法以及默顿对科学的理想化社会结构功能分析、科学计量学等传统的科学学方法以及社会学、经济学、管理学等社会科学方法。其中，影响最为广泛的是有关科技是第一生产力的讨论。尽管这本身并不是纯哲学问题，但在特定的历史时期却成为观念转变的重要节点。相关讨论使人们认识到，虽然科学在一定条件下可以转化为生产力，但转化

---

① 殷登祥：《STS研究的当代问题》，载《中国社会科学》2002年第1期。
② 刘大椿：《科学技术哲学导论》，中国人民大学出版社2005年版，第15页。

所涉及的是两者关系，并非其属性本身。若像以往的哲学教科书那样，仅将科学界定为一种社会意识形态，就不可能因为它能转化为生产力而说它就是生产力，因此必须突破对科学的传统理解，才能对"科学是生产力"以及"科学技术是第一生产力"有更深刻的理解。刘大椿认为，如果从科学活动论的视角出发，由当代科学具有活动的、结构的和大科学的特点来看待科学，就会因此而肯定科学是直接生产力；但这是有条件的，即从总体上来说，它是在现代工业社会才真正成立的命题——只有具备相对完善的内在机制和连接机制，科学技术才能真正成为第一生产力。①

第二类探讨科技革命和高新科技对社会发展趋势的影响，涉及信息社会、后工业社会、知识经济、可持续发展、生态文明等，主要的研究方法是基于结构功能分析之上的整合性与前瞻性思考。科技哲学对前二类与政策相关问题的研究的价值在于其超前性和适时性，如有关信息高速公路的研究。第三类是案例研究和建构论的微观经验研究，涉及对科技活动的社会、历史、政治、文化（包括社会性别）的分析与研究，多采用利益相关者分析、行动者网络、社会形成等建构论理论和方法。一些研究者已经展开了基于本土的田野研究和访谈分析，如关于北大方正激光照排技术创新中的利益问题研究、转基因生态风险研究等。

在科技思想史、科技文化以及科技伦理方面，引人注目的问题有：(1) 中国科技思想史研究，包括中国古代科技思想史和人物思想、"李约瑟问题"、西学东渐与科学文化传播、科玄论战与科学主义、中国近现代科技体制演变等。(2) 有关科学编史学的译介和研究使科学思想史研究超越辉格解释和"真实的历史"，并将历史文化语境引入相关研究之中，让科学丰富的内涵以非教科书的方式得以呈现，特别是在女性主义科学史、中世纪科学、近代科学的形而上学基础、科学革命、科学与宗教等问题上展现了全新的阐释空间。(3) 有关科学精神与人文精神的讨论、科技与人文的对话以及科学主义与反科学主义的争论，使科学、伪科学、反科学、非科学、民间科学、中医方面的问题等得到深入探讨，并在科学精神与人文精神的统一、科学与人文的必要张力、科学划界标准的多元化等问题上达成了一定的共识，还提出了"类科学"、"科学文化的第三极"等新思

---

① 刘大椿：《论"科学技术是第一生产力"——从活动、结构和体制的观点看》，载《教学与研究》1991 年第 5 期。

路。（4）科学文化和科学传播领域关于科学有限性的讨论使科学知识的多元性、可错性和对文化背景的依赖得到初步的探讨，公众科学、东西方科学范式比较、科学乌托邦和反乌托邦等研究也因此展开。（5）在科技伦理方面，在生命伦理、信息网络伦理、高技术伦理、科技伦理理论、科学不端行为等领域取得了一定成果，并影响到公共卫生和科研诚信建设等政策层面；在对科技伦理何以可能等问题的讨论之后，科技哲学界的交叉学科优势与应用伦理学界的研究形成了互补，目前正在形成以科学研究伦理、技术伦理、工程伦理和高科技伦理为主体的科技伦理体系。

二　自然哲学的重建与复兴

自然哲学是一门历史悠久的学科，其内涵随着时代变迁一再重新定位，但其基本旨趣是对自然的存在方式和本质的一种形而上学的思考，而其思考的切入点、形式和方法则反映出当时的时代需要。在逻辑经验主义者或科学主义者看来，科学的世界图景就是终极的本体，从古希腊的宇宙论直到怀特海的过程哲学，自然哲学与自然科学在人类自然观念中的地位完成了一个漫长的此消彼长的过程——从自然哲学中孕育出的自然科学使包括自然哲学在内的形而上学反思不再有存在的必要。然而，随着晚近现代性的拓展和科技时代的来临，与科技相关的风险、不确定性、生态危机和各种异化现象日益凸显，使人们转而从人文视角反思科技，重新开启对自然的形而上学追思。

在此背景下，国内科技哲学界在 20 世纪 90 年代中期开始探索自然哲学的复兴之路。张华夏指出[1]，历史上的形而上学就是自然哲学，其中包括概念、语言和逻辑含混不清的模糊的形而上学、基于思维的自由创造与想象且具逻辑一贯性的思辨的形而上学、通过语言分析研究本体论预设的分析的形而上学、建立在系统本体论上的综合的形而上学。他认为应该拒斥作为万有知识体系的思辨的而又模糊的形而上学，主张通过后面三种形而上学的发展与整合，促成当代新形而上学或当代新自然哲学的兴起。吴国盛主张[2]，在作为纯哲学的第一哲学而非作为部门哲学的第二哲学的意

①　张华夏：《旧自然哲学的衰落与新自然哲学的兴起》，载吴国盛主编：《自然哲学》第 1辑，中国社会科学出版社 1994 年版。

②　吴国盛：《重建自然哲学》，载《自然辩证法研究》1993 年第 2 期。

义上重建自然哲学，他认为重建自然哲学的主旨不在于构造关于实在的知识体系，应该从现象学等方法入手，超越科学而立足于人及其生活世界去追问科学存在的基础、追思自然与存在的本原；同时，自然哲学研究还应该诉诸历史，研究不同自然观的深厚文化背景与历史根源。李章印强调[1]，自然哲学的复兴需要实现从对象到家园的"范式"转换，即作为第一哲学的新自然哲学不能像作为第二哲学的旧自然哲学那样，以自然物或自然本身为对象，而应该把自然作为家园，从"天人合一"的非对象性的关系之中来领悟自然和存在。

胡新和认为[2]，现代物理学呈现出了从实体论转向关系论、从基元论转向整体论、从构成论转向生成论、从决定论转向随机性、从可逆性转向不可逆性等趋势。自然界的关系特征和整体特征表明，关系者脱离了关系就失去其意义，部分也不可能独立于整体而存在，从而揭示了作为自然界一部分的人类与自然之间的本质上相互规定、相互作用的关系。同时，自然界的生成性、随机性和不可逆性，既显示了人类在其自身及其他生命过程的特征，也揭示了自然界的某种内在统一性。因此，新的自然哲学必须立足于人与自然的关系，立足于二者互相规定、包容、依赖的关系来构筑自然观念和图景，既涵盖人类对自然的理论认识，更关注人类对自然的实践活动，进而为制定人类与自然和谐相处的行为准则提供框架和背景。

在相关研究中，金吾伦的生成哲学主张，在对整体的认识中把"生成"概念提到最本质的地位。[3] 他认为，宇宙学和粒子物理的最新成就表明，宇宙及宇宙间的一切都是一个整合性的生成过程，即从潜存到显现过程中将相关因素都整合在其中，从而生成具有个体性的新事物。鉴于许多整体论依然带有构成论和实体主义的烙印，他认为应倡导一种生成论的整体观——宇宙的万事万物乃至定律都是生成的，并可引入生子和生成妖（"金妖"）揭示生成的动态性、整体性、自主性和自组织性，探讨宇宙的生成突创机制。董光璧指出，系统论被认为是现代整体论，但遇到了整体悖论的困难。来自量子物理学的启示是，把整体论建立在生成论的基础

---

[1]　李章印：《自然哲学的复兴需要转换"范式"》，载吴国盛主编：《自然哲学》第 1 辑，中国社会科学出版社 1994 年版。

[2]　胡新和：《现代物理学视野中的自然观念》，载吴国盛主编：《自然哲学》第 1 辑，中国社会科学出版社 1994 年版。

[3]　金吾伦：《生成哲学》，河北大学出版社 2000 年版。

上，发展一种整体生成论或者生成整体论。生成论和构成论是理解"变化"的两种不同的观念，前者主张变化是"产生"和"消灭"或者"转化"，而后者则主张变化是不变的要素之结合和分离。构成论的确使现代科学获得了巨大成功，但在量子物理学的发展过程中越来越困难。量子力学现象、量子场论与夸克模型均反映了量子世界的整体生成论特征。刘华杰从复杂性科学方法的角度提出以"逾层凌域分析"方法论作为与还原论相对应的方法论。"逾"者，贯通；"凌"者，侵犯。逾层，意思是注重层次双向贯通，以求得层次沟通。凌域，是指鼓励主动进入其他学科门类，打破学科界限和空间界限，即由线性理论发展到非线性理论，由局部扩展到整体，从单纯考虑定域关联扩大到考虑非定域关联。他认为，这种"逾层凌域分析方法"相当于哲学界和科学界经常讨论的整体论、生成论、有机论，但前者是一般科学方法论，后者属于哲学方法论。

朱葆伟认为①，20 世纪科学中发生的一个根本性变化，是用机体的模型取代机械的模型作为理解和解释世界的基础，并广泛采用了"关系—功能"分析方法，其直接后果是使得广义的"价值"进入世界的科学图景乃至一些学科的基本概念、假设和问题中，成为把万事万物联结成一个有机整体的组织因素和自我发展的内在驱动力量，这直接影响了哲学价值论的研究。有机论科学图景的深刻启发意义在于提供了一个可以容纳目的性、自主性、能动性、选择、反馈等关于活动的机制和逻辑的启发性概念框架。借助"可能性空间中"的"选择"和"反馈"这两个范畴，可以更为深入地理解人类的"活动实践的逻辑"及其转化、生发和催化的机制。

罗嘉昌认为②，时间观念是现代文明的显著特征，应将其置于重要位置上。由于传统的时间和宇宙概念受到了相对论等现代科学的猛烈冲击，加之急剧的社会变动和人与自然关系的变化更促使哲学家将存在的历史真实性问题视为哲学的中心问题。他认为，当代哲学对时间的哲学见解可分为以逻辑实证主义为代表的唯科学主义与直觉主义、现象学、存在主义和生命哲学等人本主义流派的非理性主义，两者都有其片面性，必须超越各个具体学科和领域的界限，走向对时间的整体理解。

---

① 朱葆伟：《机体与价值》，载吴国盛主编：《自然哲学》第 1 辑，中国社会科学出版社 1994 年版。

② 罗嘉昌：《时间的哲学考察》，载吴国盛主编：《自然哲学》第 1 辑，中国社会科学出版社 1994 年版。

在有关建设性的后现代生态科技观的研究中，肖显静在探析了科技造成环境问题的原因后指出①，为了解决环境问题，科技发展应在本体论层面从自然的祛魅走向自然的返魅，在认识论层面从天然自然走向大自然系统，在方法论层面从自然的简单化走向复杂化，以伦理引导技术创新，并承认科学认识的有限性和科技解决环境问题的限度。

三　对技术的价值追问与哲学的"技术转向"

（一）对技术的价值追问

20 世纪 90 年代，价值论的研究深入到价值理性与工具理性的探讨，对于技术的价值追问成为日渐兴起的技术哲学研究的切入点。对于技术与价值的关系，朱葆伟强调②，应将技术界定为人类的一种以取效为目标的理性活动，在研究技术与价值的关系时，有必要区分技术价值与技术的价值，或技术的内在价值与外在价值。所谓技术的内在价值，是一种存在于技术活动过程中的客观倾向或组织性因素，是使技术成为其身所是的承诺。有效性构成了这种技术的内在价值的核心，而可分析性和可计算性、可操纵性等也都是这种价值的体现，它们共同构成了技术活动的内在目的和合理性标准，是技术的意义所在和技术进步的指向，也是技术活动和技术区别于人类其他活动，以及不能为其他活动所取代的根据。所谓技术的外在价值是指技术的社会功能。任一具体的技术活动都旨在实现人的特定目的，亦即以扩大人类可能性范围的方式来满足人类生存和发展的需要。因此，技术的外在价值首先表现为一种工具性价值。尽管技术有它外在的社会价值，但技术总是作为人类活动及其产物，技术与社会价值是相互建构的。

高亮华从技术的本体论出发，分析了技术伦理与政治意含，并指出技术是负载价值的。③ 他认为，应当把技术理解为那些人类借以改造与控制自然，以满足生存与发展需要的包括物质装置、技艺与知识在内的可操作性体系。从这个定义中可以看出技术能起到为人类达到自身目的的手段作用，也正因为这一点，一些人认为技术是中性的，与政治、伦理无涉，但

---

① 肖显静：《后现代生态科技观：从建设性的角度看》，科学出版社 2003 年版。
② 朱葆伟：《关于技术与价值关系的两个问题》，载《哲学研究》1995 年第 7 期。
③ 高亮华：《技术的伦理与政治意含》，载《自然辩证法通讯》1994 年第 1 期。

事实上技术却是与伦理和政治问题相关联的。刘文海认为①，由于技术不是价值中立的，并且表现出某种程度上的自主性，因而是负荷政治的。首先是技术本身具有政治性，技术在某种程度上就是一种政治活动，它的构成的政治性决定了它不可避免地卷入统治、权力和权威的分配、社会分化、阶级斗争、权利保障、公正与平等维护、冲突调节、暴力使用等政治生活之中；其次为技术后果的政治性，即技术不仅是一种实现人类目标的工具，同时也是一种反映和影响政治现实的力量。当然，技术并非唯一的政治现象，它不可能取代政治，而是与政治维持一种互动关系。

段伟文认为②，技术是由兼具自然和社会双重属性的异质性要素构成的，技术决定论和技术的社会建构论均表明技术并非价值中立。首先，技术具有相对的价值独立性，这种相对独立性不仅表现为技术对客观自然规律的遵循，还表现在技术活动对可操作性、有效性、效率等特定价值取向的追求，而这些独特的价值取向对于社会文化价值取向具有动态的重构作用。其次，技术是包括科技文化传统在内的整体社会文化发展的产物，技术的发展速度、规模和方向，不仅取决于客观规律，还动态地体现了现实的社会利益格局和价值取向。如果对这两个互补的方面加以综合，我们将看到，所谓技术的价值负载，实质上是内在于技术的独特的价值取向与内化于技术中的社会文化价值取向和权力利益格局互动整合的结果。技术的价值负载促使我们必须对技术本身作出深刻的价值追问与伦理反思。通过对技术实践的透视可以看到，技术依据的认知基础是主体际的建构事实，技术在本质上是与风险相伴的不确定性活动；同时，在作为技术的核心机制的设计和创新活动中，渗透着大量复杂的社会伦理和价值因素，道德伦理制约应该成为现代技术不可或缺的内在维度。为了使技术造福人类及其生存环境，应将技术活动视为统一的技术—伦理实践，并致力于在技术与社会伦理体系之间建立起一种良性互动的机制。

（二）哲学的"技术转向"

进入世纪之交，面对技术时代的来临，有学者提出了哲学的"技术转向"，引发了有关哲学为何要关注技术问题的热烈讨论。③ 高亮华认为，在

---

① 刘文海：《技术负荷政治吗?》，载《自然辩证法通讯》1996 年第 1 期。
② 段伟文：《技术的价值负载与伦理反思》，载《自然辩证法研究》2000 年第 8 期。
③ 朱葆伟：《技术哲学研究综述》，载《哲学动态》2001 年第 6 期。

人类历史上，似乎还没有一种力量比技术更能影响我们的社会生活与社会进程，技术几乎折射着今天人类面临的所有问题，任何一位思想家都无法回避对技术的哲学反思，这种反思实际上就是对人类的前途与未来的沉思与求索，因此技术破天荒地成为当代哲学社会科学研究的主题。吴国盛认为，所谓哲学的"技术转向"并不意味着哲学重心的转移和透视问题的角度的根本性变迁，但可借此唤起人们对"技术正在或即将成为哲学反思的中心话题"这一当代趋势的注意，并使其意识到"技术不是诸多问题之中的一个，而是使所有问题成为问题的那种问题"。鉴于"技术哲学的历史性缺席"，这一转向的使命在于，探讨如何真正地将技术当做人自我建构的基本活动来看待，进而揭示技术作为真理的种种发生方式。

李河认为，"技术转向"与"语言转向"的相似处只在于"注意力转向"，但慎用"技术转向"并不等于哲学不应当关注技术问题。在传统的哲学理路中，"技术"常常是一个与失落感密切相关的贬义词，由此衍生出的技术之外的家园描述、自然描述乃至关于原初技术观的描述无助于我们理解正在剧变中的社会现实和人的现实。鉴于许多学者仍固守着前技术时代人们关于哲学问题的合法性观念，将技术先天地划于"应用领域"、"边缘领域"，"技术转向"必须关注的首要问题是技术哲学本身的合法性，即如何以哲学方式追问技术。为此，应该致力于描述那些使技术成为技术的条件，即技术的本质问题，而不是追问"与技术有关的东西"，同时，应该悬置未经考察的关于技术问题的各种谈论，特别是"技术是双刃剑"或"回归自然"之类老生常谈。

李伯聪提出了人工论哲学和工程实在论。[①] 他认为，鉴于造物活动即物质生产活动是人类生存和发展的最重要、最基本的前提和基础，不仅要说"我思故我在"，更应强调"我造物故我在"，造物主题理所当然地应该成为哲学的第一主题，而哲学家们在两千多年的时间中都迷失了这个主题；认识和造物是两个不同的过程，从认识论为重心转向人工论为重心，将是哲学中的又一次意义重大的根本性转向。探究认识过程的哲学分支早已形成，而研究造物过程的哲学至今还没有形成，大力开展工程哲学研究是迫切的时代要求。

---

① 李伯聪：《我造物，故我在》，载《自然辩证法研究》1993 年第 12 期。

论及作为"思想"的技术哲学进路，吴国盛等认为①，技术比科学有更漫长的历史和更深刻的人性根源，技术哲学的真正问世，在于哲学中的实践取向压倒理论取向，在于意识到技术在形而上学意义上高于科学。马克思是这种实践哲学的创始人，他强调正是技术这种物质力量决定了物质生产方式，还提出了异化劳动的概念。海德格尔则进一步以实践取向取代理论取向，强调人与世界的首要关系是一种操作的关系而非认识观照的关系，并认为技术也是真理的开显方式，现代科学的本质在于现代技术，现代技术是形而上学的完成形态，主张从技术所起的支配和揭示作用透视其本质。由于这种取向强调技术是一种体现现代性本质的现象，现象学的哲学传统给了技术哲学以强大的哲学背景的支持。

四 新的研究纲领与范式的开拓

(一) 科学实践哲学与语境论的科学哲学

自 20 世纪 60 年代以来，一般的科学哲学经历了从逻辑经验主义到历史主义的转向，其研究视野由对科学理论的静态逻辑分析拓展至对科学活动的社会、历史、政治、文化的情境（context，也译为语境、与境）分析，主张对称地分析科学活动中的认知因素与非认知因素，由此产生了以知识社会学为代表的"科学研究"（science studies）和"科学与技术研究"（science and technology studies）。但在理性主义者和科学主义者看来，这些基于社会建构论的经验研究，对于科学知识的本质、科学活动的目标以及科学家的行为的解释充斥着对理性的解构和真理的消解，具有明显的相对主义意味，因此在 20 世纪 90 年代爆发的"科学大战"中对此做出了强烈的反弹。为了克服逻辑经验主义和基于历史主义的科学哲学与科学技术研究的偏颇，一些国内学者在跟踪国外相关研究的基础上，提出了"走向实践优位的科学哲学"和"走向语境论的科学哲学"的主张。

吴彤认为②，从最近新兴的科学实践哲学的观点（特别是劳斯（J. Rouse）等人的立场）看，以往的科学哲学都可以被称为传统科学哲学。科学实践哲学采取一种自然主义的哲学方向，它把科学活动看成是人

---

① 吴国盛：《技术哲学，一个有着伟大未来的学科》，载《中华读书报》1999 年 11 月 17 日。
② 吴彤：《走向实践优位的科学哲学———科学实践哲学发展述评》，载《哲学研究》2005 年第 5 期。

类文化和社会实践的一种特有形式，并试图对科学实践的结构和变化的主要特征做普遍性研究。在这个研究方向下，对科学理性的理解要求我们放弃理论理性和实践理性的人为分界，而对科学理性的主要特征做出各种经验研究。他认为，传统的科学哲学是"理论优位"的，强调通过对世界的表征而获得普遍性知识，而科学实践哲学则凸显"实践优位"，强调实验对研究对象的介入和知识的地方性。这一主张的积极意义在于，一方面，在扬弃社会建构论的基础上，将科学实践过程的全要素纳入到"科学研究"的视野，促使国内科学哲学界关注发端于 20 世纪 80 年代，并在近年来备受国际科学哲学界关注的实验哲学、工具实在论和技术化科学（tech-noscience）研究；另一方面，将理论建构视为特殊的科学实践，超越了哈金（Ian Hacking）等新实验主义者对理论与实验的二分。但其问题在于，其一，如果以"实践优位"作为科学实践哲学的宗旨，是否意味着纯理论被排斥在实践之外？其二，假使实践无所不包，将可能成为一个新的大口袋，又如何克服举凡宏大概念难以克服之空洞性？

郭贵春、成素梅等人则在其所谓科学哲学的语言学、解释学和修辞学三大转向的基础上，主张走向语境论的科学哲学，并结合隐喻等语用、修辞研究为科学实在论与科学理性辩护，进而将其运用于科学实在论、量子力学哲学、数学哲学等领域。他们认为，科学哲学要想既走出相对主义的困境，又能对科学给予实在论的理解，一条可能的出路便是走向语境论的科学哲学。① 语境论的科学哲学主张语境主义的世界观和方法论，即把语境作为阐述问题的基底，认为一切科学活动都是在特定的自然、社会、语言和认识语境中进行的，科学理论是一定语境条件下的产物，也可能通过再语境化而被修正或抛弃。总之，语境论的科学哲学冀图在语境的基底上，架起沟通科学主义与人文主义的桥梁，将规范的科学哲学与描述的科学哲学有机地结合起来，以走出辩护主义（理性主义）的科学哲学与相对主义（非理性主义）的科学哲学的两难选择困境。但其问题在于，其一，语境、语用和修辞等术语的本义不一定局限于语言范畴，如此汉译不能完全涵盖其本义，且似有以语言哲学之偏概科学哲学之全的嫌疑；其二，宏大叙事意味的世界观和方法论的语境论似为"具体问题具体分析"之翻版，并不能替代微观经验层面的语境分析，似乎难以实现调和各种两难困

---

① 成素梅：《走向语境论的科学哲学》，载《科学技术与辩证法》2005 年第 4 期。

境之目的。

（二）信息哲学与计算主义

中国对信息哲学的关注远可追溯至 20 世纪 80 年代有关新旧三论的思潮，近十余年来随着信息化、数字化与网络化的发展，国内外有关信息高速公路、信息伦理、网络空间、虚拟实在等领域的研究方兴未艾。2002年，牛津大学信息伦理组（IEG）的弗罗里迪等人提出了"信息哲学"的研究纲领，并于 2004 年在布莱克维尔出版公司出版了《计算与信息哲学指南》一书。刘钢认为①，这一新的哲学纲领所倡导的"信息转向"具有合理性，因为在新世纪里，曾在 20 世纪处于主导地位的物理科学将为"意向性科学"所取代，而意向性科学的中心议题就是信息，认知科学、神经科学与生命科学等最后都要整合到信息概念上，量子信息的研究也将信息研究拓展到量子层次。更重要的是，信息哲学将成为超越"认知性哲学"的"引导性哲学"。他认为，信息哲学的兴起意味着从康德传统转向具有东方观念内涵莱布尼茨—罗素传统，从现实世界转向可能世界、从语形学转向语义学、从证明论转向模型论等一系列转换，其实质是从"形式的先验性"转向"实质的先验性"。然而，这一转换很难在二元论占主导地位的西方思想中展开。信息哲学是以逻辑的变易性为基础的，虽然刘易斯和克里普克在现代模态逻辑的可能世界语义学的基础上分别提出了模态柏拉图主义和模态实在论，但它们要么将可能世界与现实世界分割，要么把可能世界理解为事物的可能状态。由此，应该另辟一条道路，即从东方的视角来探讨莱布尼茨的可能世界理论，采取模态信息论或模态信息主义的立场，将可能世界看作是信息中的世界，即世界在信息中。据莱布尼茨的思想，可将实无穷的观念应用到所有的可能世界，将单世界假定的"实无穷抽象法"推广到多世界假定，可能世界因此不再是物理的"自然"世界，而是信息性的可能世界。这样一来，信息在可能世界中被赋予独立的本体论地位，而这种"本体论"理解是东方式的。

计算主义的思想可以追溯至十七八世纪霍布斯的心智计算观和莱布尼茨的机械推理观，20 世纪中叶以后随着计算机科学、认知科学、人工生命、生物信息学、量子引力理论、量子计算和元胞自动机理论等的产生和发展，计算主义的思想开始广泛地渗透到生命科学和物理科学等领域。李

---

① 刘钢：《信息哲学：科学技术哲学的新范式》，载《中国哲学年鉴（2004—2005）》。

建会指出①，人类基因组序列的测定及其进一步工作、DNA 计算机的研究以及人工生命和人工智能等学科的新进展向我们表明，计算或算法的观念在当今已经渗透到宇宙学、物理学、生物学乃至经济学和社会科学等诸多领域，计算已不仅成为人们认识自然、生命、思维和社会的一种普适的观念和方法，而且成为一种新的世界观："自然界这本大书是用算法语言写的！"、"宇宙是一个巨大的计算系统！"郦全民指出，广义计算②是具有本体论意义的信息加工的过程，并进而讨论了实在的计算观③，他认为在终极的意义上允诺实在是计算或信息，在逻辑上是自洽的，而且"实在的本质为计算"虽然是一个本体论命题，却得到了现代科学和技术的强有力支持。但他又指出实在计算观与各种本体论学说中关于世界的基本假设一样，存在着对应的根隐喻（如元胞自动机），因此计算主义是从计算或信息层面对实在的本质所做出的允诺，不一定排斥其他本体论学说的允诺。作为一种认识世界的新方式，计算主义正在成为一种遍及科学和哲学领域的"超范式"，这一允诺使世界更具可理解性。

不论是所谓"信息在可能世界中被赋予独立的本体论地位"，还是"计算主义是从计算或信息层面对实在的本质所做出的允诺，不一定排斥其他本体论学说的允诺"（似乎较前者更圆通），都不乏对信息和计算的过度解读，其策略都是从认识论和方法论外推出本体论，再由本体论上的优越性反过来标榜相关的认识论和方法论。这种封闭的论证策略在哲学上未必是高明的，亦说不上真能带来什么根本性的转向或"超范式"，但在科学上对于有关认识论和方法论的推行或许有一定的促进作用。

第四节　总结与点评

纵观新时期科技哲学的发展，大抵可分为专业和思想两条既交叉又并行的主线。从专业层面来看，科技哲学在不断拓展和分化中已经成为一个分支庞杂的学科群，其专业谱系从哲学一直延伸到政策、传播等领域，基本形成了"关于科技的哲学"和"关于科技的研究"两大类研究旨趣。前

---

① 李建会：《走向计算主义》，载《自然辩证法通讯》2003 年第 3 期。
② 郦全民：《关于计算的若干哲学思考》，载《自然辩证法研究》2006 年第 8 期。
③ 郦全民：《计算与实在——当代计算主义思潮剖析》，载《哲学研究》2006 年第 3 期。

者主要包括自然哲学、科学哲学、技术哲学、科学思想史、人文与理论导向的科学研究和科学与技术研究（由科学知识社会学、技术建构论等发展而来）、科技文化、科技伦理等，后者包括科学技术与社会研究或社会科学与应用导向的科学研究和科学与技术研究、科技传播、科技管理与政策等。前者属科技哲学应有之义，而后者之所以在社会科学和管理科学日益专业化的情况下还有巨大的发展空间，是由于对科技与社会的互动中出现的很多新的问题的研究往往需要科技思想和科技观方面的背景，使科技哲学独有的跨学科优势得以显现。

这两方面都是对时代需要的不同层面的回应。最近兴起的工程哲学和产业哲学表明，两者的并存实际上给学科拓展留下了弹性空间。工程哲学是在哲学界与工程界的共同推动下兴起的，它主张关注工程实践，研究工程理念、决策、设计与实施中的哲学、伦理和社会学问题，正在展开工程哲学、工程社会学、工程创新、工程伦理等方面的研究。[①] 产业哲学的倡导者主张，科学技术哲学研究有必要延伸为关于科学、技术、工程、产业的四元论体系，认为应该关注产业活动的哲学问题，研究产业所体现的人的本质力量、产业的价值增值等问题。[②] 鉴于这一态势，一些学者提出以"科学技术学"或"科学技术论"整合两类研究。另一些并不完全反对这种建议的学者则主张，在这种二元结构下首先应该将科技哲学作为哲学学科来建设。这两种建议其实都表达了一个思想，即尚需对科技哲学的既往脉络与未来走向做深度反省，并以此集合新的学科凝聚力。

首先，不论是"关于科技的哲学"还是"关于科技的研究"，其所涉及的领域在专业化和规范化方面都有待提升。以科学哲学为例，一般的科学哲学和具体科学中的哲学问题在世界哲学界都是严格专业化的，并已经形成了专业研究群体及一套专门的概念、论证方式、出版刊物和论述场域，不了解其历史、语言、技术、方法和当下的主题，就不可能做出能与国际学界对话的研究。在这类成熟的领域中，各种理论建构和新研究范式的提出必须建立在系统的引进消化之上，应该对因果性、还原论与整体论等具体的问题展开课题式研究，而不一定要急于构建普适性的研究纲领。近年来《北京大学科技哲学丛书》、《科学哲学基本著作丛书》、《山西大

---

① 殷瑞钰，汪应洛，李伯聪等：《工程哲学》，高等教育出版社2007年版。
② 曾国屏：《唯物史观视野中的产业哲学》，载《哲学研究》2006年第8期。

学科技哲学译丛》以及《哲人石》和《开放人文》等所做的译介是富有建设性的。

其次，在遵循各个专门研究范式的规范的基础上，应该综合已有的视角、方法和思想资源，对当代科技哲学基础进行整合性的研究。这首先涉及研究传统的互动和学科内的整合。对此，学界已经展开解释学与现象学的科技哲学研究，旨在推动分析传统与解释学和现象学传统、科学哲学与技术哲学的互补整合。这种整合性考察有助于对词与物、语义与语用、理论与操作、概念与工具、理性与效用、实验室与生活世界、普适规律与地方性知识之间的互动进行描述和分析，进而揭示当代科技日益呈现出的技术化科学等整体特质，惟其如此，才能重启对科学的形而上学沉思，从存有论、认识论乃至价值论层面追问科学的哲学基础，反思科技时代的人的存在。

上述反省促使我们从专业维度进入思想层面，反思科技哲学应有的思想价值和社会价值，从而确立科技哲学在当代社会应有之角色与位置。回顾 30 年来科技哲学的发展，我们看到：

（1）对具体科学中的哲学问题（或自然科学的哲学问题）的研究的思想价值首先在于其对于科学探索本身可能产生的有限的启发作用，而不是扮演既有哲学范畴的注脚和例证，更不应以归纳出某种新的大而全的哲学体系作为其主要目标。这类研究不仅必须始终注意与高级科普有所区别，以免落入知识大全的窠臼，还应该克服对科学进行过度哲学解读的倾向。我们固然可以通过物理学哲学和生物学哲学等对自然科学的基础进行哲学重构与分析，但这种重构与分析不应也不可能为具体的科学探究提供完备的哲学基础，遑论居高临下地为科学提供某种通往真理道路的普遍的世界观或方法论。它们充其量只能在特定的情况成为科学探索和猜测的思想工具，而且它们发挥作用的方式往往不是正面规范而是反面启示——拒斥与摆脱某些先入为主的哲学偏见。

（2）一般的科学哲学研究首先应放弃对普遍性的世界观和方法论的建构，而应深入到具体科学的哲学问题及其思想脉络之中，致力于描述和建构更为完整与精致的"科学形相"。逻辑经验主义的困境早就表明，从科学中寻求普遍性的世界观和方法论的企图不仅难以实现，还极可能导致对科学的误读。如果有人说科学的进展意味着可能会出现某种"超范式"、"第一哲学"、具有"独立的本体论地位"的范畴以及语言、语用、语境、实践之类的"转向"，那他或许是对的；但如果说这些都是必然的趋势，那他多半又搞错了。鉴于科学总是具体的而非一般的，对科学本身而言，这种企图实际上并无必要。事实上，科学哲学的功能与其说是为科学家提供哲学工具或帮助科学家理解科学，不如说更多的情况是为科技的人文与社会研究提供更具思想深度的科学观。以科学方法为例，科学家很少关心一般的科学方法，因此科学哲学相应的基本策略应放弃重建一般的科学方法的企图，转而深入到具体科学的历史和现实与境之中寻求具有特定经验基础的研究策略和具有特定适用范围的方法论。透过历史和现实的与境，我们将看到真实的科学形相，例如，科学精神与人文精神，科学、哲学与宗教观念的纠结远非既有的刻板印象所能解说，而还原论和物理主义等繁复而丰富的内涵只有透过具体的科学问题方能呈现。

（3）对于自然和技术的哲学追问与价值反省要在超越性的存在论沉思与对现实合理性的批判之间保持必要的张力，进而思考解决现实问题之可能。在自然哲学与技术哲学中，所谓过程与实体、价值理性与工具理性、内在价值与工具价值、存在与存在者、非人类中心主义与人类中心主义之类的分野，不应用以故作某种高深的哲学姿态，而应通过这些观念上的切入点回应亟待解决之问题。相关研究常见的窠臼是，要么重复既有的存在论沉思和合理性批判而陷入反乌托邦，要么抽象地谈论人与自然的和谐或技术双刃剑效应。自然哲学与技术哲学的价值在于，一方面提出新的哲学追问与价值反省的方式，以体现出形而上学意义；另一方面，在其新的自然观和技术观的基础上，寻求变革人与自然关系和重构技术的现实途径。对此，马克思关于自然与技术作为现实利益主体间关系的中介的论述给我们的启示是，自然哲学与技术哲学应通过现实的社会利益分析拓展至自然政治学和技术政治学。

（4）在科学技术与社会研究、科技思想史、科技文化以及科技伦理等科学与技术研究领域，迫切需要构建一种体现哲学的批判性和反思性的科技观。在未来的 50 年里，中国将全面进入科技时代，不论是个人生活还是社会发展势必越来越复杂地与科技相纠缠，如何恰当地看待科学技术在整个社会生活和文化中的地位，是科技哲学必须不断有所回应的问题。如果说科技哲学对科技的理性态度、实证精神和实际效用的阐发曾经促使科技成为思想解放与社会变革的首要力量，那么在迈过这一步之后，科技哲学下一步的重要任务之一应是运用科学精神本身反观科技在现时代的价值和人与科技的关系，"让科学的光芒照亮自己"。迄今为止，科技的优越性和影响力是毋庸置疑的，我们相信它是成功地理解世界和有效地解决问题的最好方式；但也要看到，科学技术远未穷尽对世界的理解，没有也不可能解决所有的问题，其所解决的问题不一定是最重要的，同时其固有的不确定性令其对世界的改变有时伴随巨大的风险。这一方面需要更多建设性的思考，另一方面则应将科技视为诸多文化形式的一种加以反思，建立起科技与其他文化的对话和专家与公众的对话。恰如科学活动论所主张的那样，科技是一种人类活动，反思科技是为了更加接近人的价值和目标。

展望科技哲学的未来路向，最大的隐忧可能源自专业（学科）建设与思想贡献之冲突。在哲学内部，作为哲学分支专业的科技哲学不再享有原有自然辩证法的"大口袋"范式的相对独立地位，转而必然受到哲学的纯粹性和深刻性的规范。这种规范自然有其专业规训的合理性，但就科技哲学当下具体的发展条件而言又会带来一些问题。在强调哲学的纯粹性的评价体系中，对自然科学前沿的哲学问题和一般的科学哲学的评价较高，对技术哲学评价次之，对科学技术与社会研究、科技思想史、科技文化以及科技伦理等的评价可能更次之。且不说这种评价本身是否符合科技哲学自身的发展规律，由此遇到的一个现实问题是，出于专业评价的需要，一些不一定具有充分的自然科学准备的学者选择了第一类研究，甚至一些对后两类研究有浓厚兴趣和研究基础的学者也被迫向第一类靠拢。这种现象使得很多学者更关心其专业评价而非思想贡献，进而导致了第三类更接近现实的研究得不到前两类研究的思想支持，缺乏应有的理论深度和对现实的批判与反思能力。这不仅使得哲学内部作出的相应评价更低，也难以在社会和政策层面凸显其专业特色和思想贡献。令此问题更为复杂的是，随着高校学科建设投入的急剧增加，使专业研究附属于学科建设，学位点和重点学科建设中的专业细分策略难免带来重质不重量、学术山头之类发展中的问题，常态的学术秩序受到了一定的冲击。

当然，从正面来看，哲学专业规训无疑有助于提升科技哲学的学术品位，学科建设也带来了专业大发展的契机。学界若能加强反省与自律，应不会出现所谓"思想被专业取代后正在死亡"的悲观前景。这或许是一个凤凰涅槃式的过程，众多科技哲学界的奥德修斯应能沿着学术化的专业道路，最终回归思想之原乡。

第十一章

文化哲学

1978—2008 年的 30 年，既是中国由于解放思想、改革开放而政治经济蓬勃发展的 30 年，同时也是国内的文化哲学研究从无到有、由弱到强，逐渐成为今天这样一门既具有良好发展前景、同时又面临诸多基础性理论难题的"显学"的 30 年。显而易见的是，无论就今天的社会文化生活已经对研究者提出的各种亟待解决的现实问题而言，还是就研究者为了真正做到不断开拓前进、通过进行严格的文化哲学研究而做出无愧于时代要求的业绩而论，站在今天这个既富有机遇、又充满挑战的历史关头，以当代学术发展的视野回顾文化哲学在这段时间内所走过的历程、总结其已经取得的经验和教训，对于希望了解文化哲学和从事文化哲学研究的人们来说，都具有十分重要的意义。

不过，与诸如逻辑学、伦理学等同处于哲学研究领域之中的其他分支学科有所不同的是，由于迄今为止被绝大多数研究者当作对其研究对象的界定而采用的文化定义和相应的文化观，基本上都是脱胎于西方文化人类学家泰勒和马林诺夫斯基的文化定义的、几乎把人类社会生活的所有各个方面都视为文化的观点，我们迄今为止所看到的、作为文化哲学之研究对象而存在的所谓"文化"，本身是一个涉及范围非常广泛、包含内容五花八门、具体边界特别含糊的被研究对象——在持这种文化观的中外文化哲学研究者看来，无论就共时性宏观角度而言判然有别的东方人和西方人各自的社会生活和风土人情，各个民族国家具有的别具特色的民族特色和民生过程，具体就某一个民族国家内部而言的经济、政治、制度、法律、军事、伦理、宗教、风俗等人类活动形式，乃至从属于人们日常生活之衣食住行的服装式样、饮食习惯、烟酒糖茶的享用方式、建筑风格、居室摆设、交通手段等等，还是从历时性流变角度来看、兼具宏观和微观存在形式的各种历史传统，诸如各民族自古至今曾经存在过的各种各样"时代"的学术思潮，以及诸如中国古代的诸子百家之学统这样的学术流派，实际上无不是"文化"、无一不可以囊括在这样的文化观之内。

正因为如此，从这样的文化观出发进行研究所导致的结果，从根本上说就是研究者往往把人类古往今来的几乎社会生活的所有方面都视为"文化"①，因而一方面既使"文化"本身变成了"表面上什么都能解释、实质上什么都没有解释"的学术遁词，使其研究结论难以具有必要的现实针对性和理论解释力，另一方面也使这些研究者本身在涉及文化的基本内容和本质特征时，往往只能停留于众说纷纭、莫衷一是的境地②，因此必然会导致文化哲学的研究对象本身含糊不清，从而既使文化哲学这个学科几乎没有任何边界、难以勾勒其发展轨迹，也因此而严重阻碍这个学科的进一步健康发展。

有鉴于此、囿于篇幅，并且为了充分重视和强调文化哲学研究的批判反思精神、促使研究者直面其必不可少的学术严格性，这里既不拟涉及诸如儒家文化、道家文化、墨家文化之类隶属于历史传统的学术传统所具有的理智性学术资源和研究者进行的各种相关探讨，不拟涉及以"文化"或者"文明"的名义进行的、以现实利益之争为实质性内容的各种"文化比较"和"文明冲突"方面的理论研究，也不拟涉及作为有待全面清理和系统探讨和研究的、包括诸如"审美泛化"或者"日常生活审美化"（aestheticization）活动在内的符号消费性文化活动及其相应的各种"文化理论研究"——尽管包括学术传统、实质为现实利益之争的"文化比较"和符号消费活动研究，甚至包括全世界各民族国家的人们所进行的各种各样的日常生活，实际上都构成了文化哲学研究的现实基础和存在母体，但是，它们毕竟不是文化哲学研究的过程和结果本身，正如适宜的生态环境和肥沃土壤本身并不是耕作过程、更不是因此而产生的丰硕成果那样。因此，

---

①　如果从当今西方学者强调的"生态研究"视角着眼，那么，甚至人们的社会活动已经触及和尚未触及的各种自然对象，也都可以称之为"生态文化"；实际上，即使我们不把这种文化观包括在内，文化哲学研究者恐怕也不得不把中国古代的诗人骚客推崇的所谓各种各样的山文化、水文化，纳入自己的研究范围。

②　参见邵汉明主编：《中国文化研究二十年》（修订版），人民出版社 2006 年版，第 422—423 页。

我们在这里试图从哲学研究所要求的理论高度和严格的批判反思精神出发，主要着眼于国内研究者对文化本身的界定及其研究方式的发展变化历程，力求由此而通过概览文化哲学研究者们所走过的 30 年学术探讨历程，尽可能确切地勾勒出这门学科的发展轨迹，从而达到总结经验教训并为文化哲学研究的进一步健康发展奠定坚实基础、确定明确方向、描绘前进道路的目的。

第一节　基础研究

就作为哲学研究的一个分支学科而存在的文化哲学研究而言，所谓"基础研究"实际上与其他哲学学科并没有本质的不同，也就是说，其所涉及和强调的都是构成该学科的两个有机结合、不可分割的基本方面——有关被研究对象之诸方面的基本观点，以及有关对被研究对象的研究方式和研究方法的观点。

从这样的基本观点出发综观文化哲学在以往 30 年期间的发展状况，特别是着眼于哲学研究所必需的严格的学术性批判反思，而不是单纯的事实描述，我们所看到的情况便会与那些着眼于表面现象的流行观点有所不同，即文化哲学研究近 30 年来所经历的历程，实际上并不像几乎把社会生活的所有方面都纳入研究视野之中的"文化研究者们"所认为的那样，"在 20 世纪 80 年代初出现'文化热'，之后逐渐蓬勃发展、进入鼎盛时期，而进入 20 世纪 90 年代之后则开始降温"，而是随着国内学术界解放思想过程的逐步深入、在改革开放所带来的物质文化生活日益丰富和不断提出的各种现实问题的推动下，在不断引进、积累和消化西方学术资源的基础上，一方面表现为对"文化"的基本内容和本质特征，进行逐步积累的、渐进式和平面式推进的研究和论述，亦即具体的论述角度和观点日益增多，但难以通过根本性的学术突破而形成真正切合实际的、既具有现实针对性又具有理论解释力的文化定义和相应的文化观；另一方面则表现为，绝大多数文化哲学研究者虽然不断试图从新的角度出发、采用新的研究方式和研究方法，对文化的基本内容和本质特征进行各种各样的探讨和论述，但是，几乎所有这些探讨和论述都没有达到自觉地对文化哲学研究的方法论进行批判反思的水平——也就是说，几乎所有研究者在进行这样的探讨和论述的时候，都没有意识到自己所运用的研究模式和方法，究竟是不是真正适合于探讨和研究文化,而是基本上不加任何批判反思地继续照搬和沿用至少未必适合于探讨和研究文化的研究模式和方法。

因此,本节主要从概略考察国内文化哲学研究者近 30 年来所采用的文化观和研究模式与方法的角度出发,来概括勾勒文化哲学的"基础研究"所走过的历程。

一　什么是"文化"和"文化哲学"

随着我国 20 世纪 70 年代末开始的解放思想运动的不断发展,国内学术界逐步开始关注文化问题,并通过各种各样的探讨和研究而相应地提出各种文化观。一般说来,在将近 30 年的进程中,研究者们在这个方面进行的研究和论述主要经历了在时间上循序渐进、在研究水平上逐步提高的三个阶段,即第一,对已有文化定义的引用和补充修正阶段,其时间大致相当于 20 世纪 90 年代中叶之前;第二,对某种特定的文化观进行系统论述的阶段,即文化观的体系化阶段,其时间大致相当于 20 世纪 90 年代中叶至 2005 年之前;以及第三,酝酿文化哲学研究学术突破的阶段,其时间相当于 2005 年以后至今。下面分别概略述之。

(一) 文化观的引用和补充修正阶段

1. 对既定文化观的引用

总的说来,国内学者进行的许多人文学科研究都存在着双重引用的现象,即首先表现为国内的主要权威辞书对西方权威辞书有关研究对象的基本定义的第一重引用,之后是国内研究者对这些国内主要辞书的第二重引用;不过,对于文化哲学研究来说还有第三重引用,亦即除了我们平常所看到的、国内的主要权威辞书对西方权威辞书有关文化的基本定义的第一重引用,和人们通过各种报纸杂志所看到的、以国内学者提出的各种文化定义的方式表现出来的各种文化观都属于这里所说的第二重引用之外,还有很多研究者并没有注意的最初的一重引用,即西方权威辞书对 19 世纪末、20 世纪初以来的著名文化人类学家泰勒和马林诺夫斯基的文化定义的引用。我们先把这三重引用概略展示出来,而到后面就可以更清楚地看到,正是这最初的一重引用把文化定义所隐含的研究模式和方法展示出来了。

具体说来,通过文化哲学研究者的引用而作为 20 世纪 80 年代初文化哲学研究的文化观之学术基础的,首先是饱受 20 世纪 50 年代以来前苏联权威辞书的文化观影响的国内主要辞书提出的文化定义，这种文化观是通过 1973 年出版的《苏联大百科全书》具体表述出来的："文化是社会和人在历史上一定的发展水平，它表现为人们进行生活与活动的种种类型和形式，以及人们所创造的物质和精神财富。"①通过对 20 世纪 80 年代概念的主要辞书稍加浏览即可看到，无论 1982 年出版的《现代汉语词典》、《简明社会学词典》，1986 年出版的《辞海》，还是 1987 年出版的《中国文化词典》、《简明文化知识词典》，都不约而同地把文化界定为"人类社会历史实践中所创造的物质财富和精神财富的总和"②——有必要强调指出的是，即使到了 1996 年出版、人们今天仍在使用的《现代汉语词典》修订第三版中，这种观点依然没有任何实质性改变："（1）人类在社会历史发展过程中所创造的物质财富和精神财富的总和，特指精神财富，如文学、艺术、教育、科学等；（2）考古学用语，指同一个历史时期的不依分布地点为转移的遗迹、遗物的综合体。同样的工具、用具，同样的制造技术等，是同一种文化的特征，如仰韶文化、龙山文化。（3）指运用文字的能力及一般知识。"③

　　可见，这种文化观所受到的，以苏联权威辞书的文化观为主要代表的国外文化观的影响是非常明显的，我们由此也可以比较清楚地看到上述第一重引用和第二重引用之间的紧密联系。不过，无论这里涉及的、作为例子而存在的苏联权威辞书，还是包括英、美、德、法等西方主要国家的权威辞书④，实际上还都不是国内学者迄今为止几乎一直在引用的西方文化观的终极性源头，而是相对于这种"源头"而言的"第二重引用"，因为假如我们并不完全诉诸从辞源学角度来考虑的、存在于西方思想史上的"文化"的常识性基本含义及其发展演变，而是着眼于对迄今为止的中西方文化研究界产生了广泛影响的、以解释这个语词的含义为中心而形成的文化观，我们就必须涉及上面已经提到的泰勒和马林诺夫斯基的文化定义，因为无论我们今天看到的对文化加以阐释的中西方权威辞书之作者们

　　①　转引自邵汉明主编：《中国文化研究二十年》，人民出版社 2006 年版，第 416 页。

　　②　参见李河：《文化研究的对象、历史和方法》，载《哲学研究》1986 年第 4 期；冯天瑜：《文化：向着广延度和深刻度进军的多种定义》，载《湖北社会科学》1988 年第 11 期；魏志成：《文化概念之界定》，载《云南教育学院学报·社会科学版》1989 年第 1 期。

　　③　参见《现代汉语词典》，商务印书馆 2002 年修订第三版，第 1318 页。

　　④　有关这些权威辞书所提出的文化观，参见中共中央党校科学社会主义教研室编译：《文明和文化：国外百科辞书条目选译》，求实出版社 1982 年版。

究竟是否明确承认,这两种定义实际上都构成了它们最重要的源头和摹本,而这一点几乎是可以一目了然的。泰勒所提出的文化定义是:"文化,或文明,就其广泛的民族学意义来说,是包括全部的知识、信仰、艺术、道德、法律、风俗以及作为社会成员的人所掌握和接受的任何其他的才能和习惯的复合体。人类社会中各种不同的文化现象,只要能够用普遍适用的原理来研究,就都可成为适合于研究人类思想和活动规律的对象。"①

而马林诺夫斯基提出的文化定义则是:"文化……显然是一个集成性整体(integral whole),包括工具和消费品、各种社会群体的制度宪纲、人们的观念和技艺、信仰和习俗。无论考察的是简单原始,抑或是极为复杂发达的文化,我们面对的都是一个部分由人群、部分由精神构成的庞大装置。"②

概略说来,以上三种文化定义及其所体现的、实质内容上并没有本质性差异的文化观,既构成了国内大多数文化哲学研究者进行其学术研究所依据的起点,也构成了他们在探讨和研究文化哲学的过程中所认为的、作为其研究对象而存在的"文化"及其基本内容。当然,也有部分研究者根据马克思《1844 年经济学哲学手稿》提出的关于自然人化的基本思想,从文化是一种人化的意义上进行文化哲学研究③,并形成了一系列比较有影响的观点;不过,虽然这种文化观和基于上述三种大同小异文化定义的文化观在内容方面并不完全相同,由此出发进行的文化哲学研究也产生过比较广泛的影响,但是,它也同样面临着究竟如何才能进一步具体化的困难。实际上,无论研究者基于何种文化观进行其文化哲学研究,都不可能完全停留在直接的引用基础上,而是必定出于自己特定的研究视角和研究方法、通过自己的独创性研究而对其引用的文化观进行各种各样的修正和补充,从而阐述自己的相应观点。

2. 对既定文化观的补充和修正

这里所谓"对既定文化观的补充和修正",指的主要是国内的文化研究者和文化哲学研究者通过报刊论文的形式对文化定义进行的、比较概括的探讨和研究,它们表达了这些研究者特定的文化观,但却未必以之为基

---

① 参见泰勒:《原始文化》,上海文艺出版社 1992 年版,第 1 页。

② 参见马林诺夫斯基:《科学的文化理论》,中央民族大学出版社 1999 年版,第 52—53 页;译文有变动。

③ 参见庞朴:《文化的民族性与时代性》,中国和平出版社 1988 年版。

础而形成比较系统的文化哲学理论。总的说来，虽然基于这些探讨和研究而表达出来的文化定义已经有几十种之多，但它们同时也在不同程度上表现了这些研究者试图走出"照着说"、力求通过"跟着说"而逐步达到"我来说"的境地所做出的种种努力。具体说来，这样的努力主要体现在：

（1）努力纠正已有文化定义的偏差，其具体表现为试图对上述三种既定文化定义只看到作为结果而存在的"物质财富和精神财富的总和"，既忽视了文化本身的动态发展维度而仅仅对其进行静态研究，又忽视了作为导致这种结果的手段和活动方式，因而从根本上说是一种只见结果、不见手段和过程，只见物、不见人的文化观的基本特征进行批判反思，进而指出："文化，是……以人的活动方式以及由人的活动所创造的物质产品和精神产品为其内容的系统。人类活动作用于自然界，产生了物质文化；作用于社会，产生了制度文化；作用于人本身，产生了精神文化"、"文化乃是人类在实践中所建构的各种方式和结果的总和"、"文化是人类在处理人和世界的关系中所采取的精神活动与实践活动的方式及其所创造出来的物质和精神成果的总和，是活动方式与活动结果的辩证统一"，等等①。

（2）对这三种既定文化定义的进一步具体化，其具体表现为针对上述文化定义所涉及的范围过宽、几乎把社会生活的所有各个方面都包括在内、掩盖和忽视了文化本身的本质特征的基本特点，很多研究者倾向于对文化进行更加狭隘的界定，从而一方面使之与人类历史，特别是与一般的人类社会生活有所区别，另一方面也因此而进一步使文化概念具有更加具体的内容。概略说来，这种举措主要体现在以下几个方面：

第一，突出强调研究者需要从狭义上理解和研究文化：

有些研究者指出，文化"专指社会意识形态以及与之相适应的制度和组织机构"、"特指精神财富，如文学、艺术、教育、科学等"②。实际上，这种观点的基本着眼点是力图使文化与历史、与无所不包的社会生活各个方面区别开来，尽可能突出文化本身所具有的本质特征。不过，我们在这里即使不进行系统详细的理论论证也可以看到，只要研究者把社会意识形

　　① 参见周宏宇、程启灏、余怀宁、熊建华：《关于文化学研究的几个问题》，载《华中师范大学学报·哲学社会科学版》1987 年第 6 期；张立文：《传统学引论》，载《上海社会科学院学术季刊》1989 年第 1 期；张岱年、程宜山：《中国文化与文化论争》，中国人民大学出版社 1990 年版，第 2 页。

　　② 参见《辞海》，上海人民出版社 1977 年版；《现代汉语词典》，商务印书馆 1978 年版。

态及其相应的制度和组织机构视为"文化"，便仍然不可能实现这种最初的研究初衷，因为这里提到的各种各样的制度和组织，本身就是任何一个现实社会的有机组成部分。

第二，有些研究者通过参照现代西方学者对文化类型进行研究的相关研究结果①，在把文化区分为"显"文化与"隐"文化的基础上，探讨和论述其特定的文化定义："文化不是文学、艺术、法律等具体意识形态的组合体，而是隐含在其背后的东西"，它"介于哲学与一般意识形态之间，是从后者提炼出来但尚未上升到哲学高度的民族心理结构、思维方式和价值体系"②。可见，这种观点力图把文化归结为某种主观性的、深层次的、富有价值因素的东西，而既不是将其视为某些社会历史因素和物质性因素，也不认为它是具有一定感性特点的对象。

第三，有些研究者通过直接参考、甚至照搬现代西方文化研究界的传播学派的观点，试图把文化的本质内容界定为传播：文化就是"人类在物质生产和精神活动中抽象出来的原则体系以及这一体系的现实化"，"文化，就其最根本的性质而言，是生物共生行为中传达的信息和传达信息的方式"③。在他们看来，没有传播就没有文化，所以传播就是文化的本质和实现；文化的最初形态是生物共生现象，生物的信息交换及其网络都是通过这样的方式产生出来的，构成生物共生的各种信息编码就是文化的核心指令，并且产生最重要的文化基因，所以文化的本质就在于传播。可见，这种文化观在突出强调手段和过程方面可谓不遗余力，但却对其所谓文化的本质内容没有做出任何明确界定；因为显而易见的是，只要传播不是文化的唯一存在方式，只要得到传播的不仅仅是"文化"，这些都是不争的事实，那么，这种观点显然就难以立足了。因此，与其他文化观相

---

① 总的说来，与此相应的观点主要参照了当代美国人类学家 A. L. 克吕伯和 C. 克拉克洪的相应观点，他们曾经在系统归纳和分析了 1871—1951 年间西方学术界出现的 164 种文化定义，把它们归结为描述性、历史性、规范性、心理性、结构性、遗传性这样六大类的基础上，提出了他们自己的、从"外显"（overt）和"内隐"（implicit）两个角度对文化加以界定的文化观；参见 A. L. Kroeber & Clyde Kluckhohn, Culture: a critical review of concepts and definitions, VINTAGE Books, New York, 1952, p. 308.

② 参见张大同、刘京希：《中国传统文化思想学术讨论会纪要》，载《文史哲》，1986 年第 5 期。

③ 参见居延安：《关于文化传播学的几个问题》，载《复旦学报·社科版》1986 年第 3 期；朱小丰：《文化学断想二则》，载《社会科学研究》1991 年第 5 期。

比，这种观点并没有产生广泛的影响。

第四，在泰勒和马林诺夫斯基文化定义的影响下，不少研究者力图用文化来指称和涵盖知识、情感和制度性规划，但这种观点的具体着眼点仍然是努力表述狭义的文化："狭义的文化是指人类通过创造性的活动而获得并积淀在特定民族中的，以价值观为核心的情感、信仰、习俗等行为方式和规范模式，以及观念意识等生存式样的系统"，"文化是人类在社会历史实践中运用象征符号进行的精神活动、创造出的精神成果以及在人们自身所凝聚的素质、行为方式的复合体"①。显然，这种观点虽然力求把文化具体化、狭义化，但无论"价值观"、"情感"、"信仰"、"习俗"，抑或是"素质"和"行为方式"，都很难说是可以具体化的研究对象，更不用说由它们构成的"复合体"了——这显然比较充分地表明，泰勒和马林诺夫斯基的文化定义以及研究模式本身是难以具体化的、有问题的。

（3）由于部分研究者诉诸狭义的文化的做法，往往容易因为集中关注文化的精神性因素而忽视其所涉及的物质性因素，特别是忽视其中物质性因素与精神性因素的相互关系，因此，也有一些研究者通过着眼于物质因素和精神因素的相互关系来界定文化："文化是人类所创造的精神产品和物质产品上所表现的精神因素"，"文化在实质上是通过各种物质形态所表现出来的人类的精神"，是"在生产实践的前提下，不同群体以自己的价值取向为出发点和归宿所创造的精神财富和产生的精神现象。这些精神财富和精神现象以观念形态为核心，也包含与观念构成因果、互为表里、相互作用的物质形态和生活方式"②。可见，这种类型的观点强调物质因素与精神因素之间的相互关系，试图撇开物质对象的实际使用价值，把借助于这样的对象表达出来的认识价值、审美价值、符号价值等因素视为文化的内容；从表面上来看，这种观点似乎是割裂了与文化有关的物质因素和精神因素之间的联系，实质上却在一定程度上揭示了这两者之间存在的生成性关系。

---

① 参见林喆：《论传统文化在现代化中生存的可能性》，载《云南社会科学》1988 年第 4 期；曹大为、曹文柱：《关于中国文化史学科建设的若干构想》，载《北京师范大学学报·社会科学版》1988 年第 6 期。

② 参见王俊义、房德邻：《关于文化研究中的几个问题》，载《中国人民大学学报》，1987 年第 4 期；晁福林：《天地玄黄》，巴蜀书社 1990 年版，第 9 页；邵纯：《文化范畴论纲》，载《实事求是》1991 年第 2 期。

（4）有些研究者鉴于上述广义、狭义文化定义都有不尽如人意之处，认为应当把文化看作是具有三层含义："广义地说，指人类的活动方式及创造的物质、精神成果的总和。中义而言，它可以理解为意识形态的一部分，也就是人类创造的精神产品，如文学、艺术、哲学、科学、法律、道德、伦理、习俗风尚等观念性的东西。狭义是指人类的一般知识及运用文字的能力、水平等"①。实际上，这种观点是把上述广义、狭义文化观进行了某种具有机械色彩的综合，亦即把这三种文化定义简单地组合到了一起，并没有把这三者之间的、可能存在的实际关系真正揭示出来，因而只扩展了原来的定义的涵盖范围，并没有通过努力进行研究模式和方法的创新而取得新的根本性学术突破。

（5）鉴于很多文化定义都存在着"只见对象而不见作为主体的人"的基本特点，一些研究者根据马克思在《1844 年经济学哲学手稿》之中提出的关于自然人化的基本思想来界定文化，认为文化就是"人化"；持这种观点的研究者认为："'文化'的本质就是'人化'"。"所谓'人化'指的是人类通过劳动，即'自由自觉的活动'，使自然打上人的意识、目的的印记，变成人的作品，成为人的自由的表现"，"'自然的人化'就是文化，反过来说，'人化的自然'就是文化的成果"，"文化作为人的创造物，集中体现了人的本质力量；人是文化的主体，也是文化的目的，任何文化活动都应该是为着人的活动；文化既表现为外在的文化现象，也表现为人的内在的文化心理，文化的进展与人自身的完善和发展相统一"，以及"文化是一个标志着人类本质力量发展水平的社会范畴，是人的本质力量对象化，社会实践产物，人类活动方式的总和"②。可见，这种观点通过充分强调"文化"就是"人化"，因而是人的创造物，把人在文化定义之中的地位突出展示了出来；不过与此同时，它实质上只是在最抽象的、与其他人类活动完全相同的意义上确定了文化的本质特征，亦即仅仅肯定了文化活动是总体的人进行的、为了自己的活动，并没有进一步把与其他人类活动并不相同的文化活动所具有的实质内容和本质特征真正揭示出

---

① 参见景庆虹：《"文化"辨析》，载《北京财贸学院学报》1990 年第 5 期。

② 参见郭齐勇：《文化学概论》，湖北人民出版社 1990 年版，第 14 页；汪澍白：《谈谈文化学研究中的两个问题》，载《湖南社会科学》，1990 年第 5 期；丁恒杰：《文化的本质及结构分类》，载《中州学刊》，1991 年第 2 期；李权时：《论文化的本质》，载《学术研究》，1991 年第 6 期。

来，因而是一种与上述三种文化定义相似的、有待进一步具体化的文化观。

总而言之，除了国内权威辞书通过其文化定义表述的文化观和有些研究者提出的、与之类似的文化观之外，我们所看到的上述这七种文化观，就是在 20 世纪 80 年代初以"文化热"为基础和研究氛围而逐步形成的、比较具有代表性并在国内学术界产生了比较广泛影响的文化观；它们不仅因为其研究者具有的特定的研究模式、研究视角和方法，而表现出各不相同的内容和基本特征，而且，从文化哲学研究所要求的理论高度和严格的学术研究精神角度来看，它们还具有两个共同的基本特点：其一是研究和阐述这些文化观的研究者，几乎都不是通过自觉地运用哲学层次上的某种基本立场、研究模式和方法论视角进行探讨和研究而得出其各种如上述结论的，而是主要从常识的层次上阐释自己特定的、对于什么是文化的基本观点；其二则是没有真正从哲学研究所要求的严格彻底的批判反思精神出发，在提出了自己的文化观之余，进一步对其加以更加系统全面的研究和论述，从而出现既具有现实针对性又具有理论解释力的文化哲学理论体系，而是基本上停留在"点到为止"和"不了了之"的境地。

当然，随着时间的推移和研究者不断进行学术积累和研究水平相应的不断提高，进入 20 世纪 90 年代以后，国内文化哲学研究界便逐步开始进一步从哲学研究所要求的严格批判反思态度和理论高度出发，对文化观进行更加系统深入的探讨和研究了。

（二）对某种特定文化观进行系统论述的阶段

进入 20 世纪 90 年代，随着文化研究的逐步走向深入，国内学术界一方面继续着 80 年代中叶即已经开始的大规模翻译引进现代西方文化研究著名学术名著的工作，另一方面则以参照和消化吸收这些研究成果为基础，通过把自己的文化观进一步深化、系统化、体系化，逐步开始推出富有建设性意义的文化哲学理论体系。即使不涉及从哲学角度对文化加以探讨和研究但并未以"文化哲学"为标题的著作，截止到 2005 年为止，国内学术界已经出版的、以文化哲学为标题的理论著作也已经接近 20 种，从而标志着国内研究者已经开始进入比上一个阶段更高的、对其特定的文化观进行系统的哲学研究和论述的阶段。

囿于篇幅，我们不可能按照学术编年史的顺序对这近 20 种文化哲学著作——进行评述和分析；而且更加重要的是，学术著述从某种意义上说和艺术作品有相似之处，即其具体品位和档次的高低并不完全是由时间的先后顺序决定的，亦即并非出版得最晚的著作便是学术水平最高的著作，而是决定于研究者、著作者究竟在多大程度上运用了哲学研究所必需的批判反思精神，其研究和著述究竟在何种程度上具有哲学的学术高度和理论深度。有鉴于此，我们将主要根据文化哲学研究的学科定位情况和有关著作所达到的哲学研究理论层次的高低，在本小节主要选择 5 种已经出版的、具有代表性的文化哲学著作并将其分为两组来加以评述，即具有初步探索色彩的一般性著作，和明确地将文化哲学研究定位于马克思主义哲学研究领域的著作。

1. 具有初步探索色彩的一般性文化哲学著作

由于作为研究对象的文化本身便具有多义性，同时也由于哲学研究本身的基本立场、研究模式和方法论视角并非一成不变，而文化哲学作为对文化进行的哲学探讨和研究本身又是一个产生和存在时间不长、非常不成熟因而既富有勃勃生机又富有探索色彩的学科，所以总的说来，迄今为止的所有文化哲学研究及其著述，实际上都具有比较突出的探索色彩，不过，这显然并不意味着所有这些文化哲学探索及其具体结论并没有水平和层次高低之分。实际上，国内学术界已经出版的大部分冠之以"文化哲学"题目的著作，都是上述文化观的直接延伸，亦即作者并没有充分意识到哲学研究在基本立场和方法论视角方面的严格要求，仍然是在确定并阐述自己的特定的文化观的基础上，便开始从这种文化观所涉的各方面内容入手进行比较系统的研究和论述，因而通过其著作表达出来的"文化哲学"往往具有哲学理论深度不足和体系松散的基本特征。这里选取的下列两种文化哲学著作便具有这样的基本特点。

（1）刘进田著《文化哲学导论》：

作者对文化哲学的探索和研究始于 20 世纪 80 年代初的"文化热"，对文化哲学有关问题进行了十余年的思索和研究，该书是作者在其为硕士研究生开设的"文化哲学概论"近五年的讲稿基础上进一步加工修改而成；它被定名为"导论"既表现了作者的诚实和谦逊，也在一定程度上展示了其文化哲学研究具有初步的探索性色彩。

作者认为，人的本质是自由，人的存在结构是由感性和理性、经验和超验共同构成的二重结构；文化是人的内在本质和存在结构的凸显和对象化，因而文化的灵魂就是灌注于人的二重存在结构之中的自由；自由在人的形而下感性存在结构之中表现为"幸福"，在人的形而上超验结构之中则体现为"崇高"，这两者分别具体表现为追求幸福的"文化现实物境世界"和追求崇高的"文化虚灵心境世界"，它们之间的矛盾即为贯穿于所有各种文化问题之中的文化的基本矛盾——这种矛盾就文化范畴而言表现为有限的现实文化与无限的超越意向之间的矛盾，就作为符号的文化存在形式而言表现为文化感性形式与一般意义的矛盾，就文化结构而言表现为作为物质文化基本要求的追求幸福、作为必要手段和途径并体现为正义的制度文化和追求崇高的精神文化之间的相互关系，就文化发展动力而言则表现为作为人永恒的自我肯定、自我实现、自我完善之要求的文化动因，与作为一定社会历史时期的社会实践的客观力量的文化动能之间的矛盾；当代中国文化的基本价值取向是自由，其基本价值构成则是分别外化为物质文化、制度文化和精神文化，并分别由自由主义、马列主义和新儒家加以代表的幸福、正义和崇高，因而当代中国文化的格局和出路是中方和西方，以及这二者之间的健康互动①。

可见，该书比较鲜明地体现了"作者从确定和阐述其特定的文化观出发，并从这种文化观所涉及的各方面内容入手进行比较系统的研究和论述"的基本特点，它所表达的作者对文化的本质及其诸方面的感悟是比较精当的，而其"初步探索性色彩"则既体现为作者对人的本质和文化的本质的未加系统论证的断言，同时也体现为作者既没有论述文化哲学在基本立场、研究模式和方法论视角方面与一般的哲学理论之间的关系，也没有明确阐述其用于进行文化哲学研究的基本立场和方法是什么。实际上，只用现成的、具有哲学色彩的术语进行研究和论述，未必能够使其结果成为严格意义上的哲学研究和论述。

（2）衣俊卿著《文化哲学——理论理性和实践理性交汇处的文化批判》：

该书是作者系统阐述其文化观和文化哲学观，以深刻的文化批判为逻辑线索和理论框架的文化哲学著作。作者认为，文化是人的活动及其文明成果在历史长河中自觉或不自觉地积淀或凝结的、最深层的、稳定的生存

---

① 参见刘进田：《文化哲学导论》，法律出版社1999年版，特别是"后记"部分，第465—466页。

方式，它一方面构成人的存在的灵魂，因而对于个体生存具有决定性制约作用，另一方面则构成社会运行的内在机理，从深层次上制约着经济、政治和其他领域的发展①；现代哲学是特定文化精神的自觉升华、是人类文化精神或文化模式的自觉外显，而文化哲学则是一种回归生活世界、把关于人和世界的形而上理性思考和文化实证性研究、把理论理性层次上的文化哲学思考和实践理性层次上的文化批判结合起来的哲学反思活动，是新世纪哲学的自觉形态。基于这样的文化观、哲学观和文化哲学观，作者通过研究和论述由物质文化、制度文化和精神文化构成的文化现象，处于原始社会、传统农业社会、现代工业文明和后现代主义之中的文化模式，文化危机及其前现代、现代和后现代文化批判理论，由自在性和自觉性、自在性和超越性构成并由文化创新和文化整合表现出来的文化转型，构成了其所谓"理论理性层面上的文化哲学论题"；通过研究和论述由精英层次上的文化精神冲突与分裂、大众层次上的文化价值游离与裂变导致的中国传统文化转型的迟滞，体现为超稳定结构的中国传统文化的内在结构，由表面文化启蒙和深层文化启蒙、对日常生活的批判和重建构成的中国传统文化的转型机制，以及全球化时代的新文化精神和中国相应的新文化精神等内容，构成了其所谓"实践理性层面上的文化哲学论题"；而"理论理性层面上的文化哲学论题"和"实践理性层面上的文化哲学论题"则共同构成了作者的文化哲学理论体系。

　　总的来看，该书体现了"作者从确定和阐述其特定的文化观出发，并从这种文化观所涉及的各方面内容入手进行比较系统地研究和论述"的基本特点，他立足于哲学与文化的本质性和同质性，通过充分强调哲学必须回归生活世界并实现理论理性与实践理性的有机结合，力图使其文化哲学理论体系既表达、又具体实施文化批判的作用，其强烈的现实关注在国内学术界可谓独树一帜。其"初步探索性色彩"则体现为，作者对其独特的文化观、哲学观和文化哲学观的阐释主要是论断而非论证，而无论把文化归结为历史地凝结下来的生存方式，还是把文化哲学界定为新世界哲学的自觉形态，都在突出展示这种特点的同时，既没有把文化活动之不同于其他人类活动的本质特征揭示出来，也显然难以避免以文化哲学涵盖哲学研

---

　　①　参见衣俊卿：《文化哲学——理论理性和实践理性交汇处的文化批判》，云南人民出版社2001 年版，第7—12 页及以下部分。

究之全部领域、忽视其他研究领域之嫌。

由此可见，这两种文化哲学著作具有两个共同特点：即第一，它们都没有真正从哲学研究所要求的严格批判反思精神出发，对作为其出发点的文化观、哲学观和研究模式与方法，进行必要而明确的阐述，因而并没有真正达到哲学研究所要求的方法论自觉的水平；第二，它们都没有明确阐述其文化哲学研究的学科定位——刘进田的《文化哲学导论》对此语焉不详，衣俊卿的《文化哲学——理论理性和实践理性交汇处的文化批判》则试图以文化哲学涵盖哲学研究的全部领域，都清楚地表明了这一点。

2. 将文化哲学研究定位于马克思主义哲学研究领域的文化哲学著作

作为一个哲学学科，文化哲学的学科定位究竟是什么？或者说，文化哲学研究在哲学研究领域之中究竟处于什么地位？国内文化哲学研究者们很少有人正式探讨过这些问题，更没有得出确切的科学结论。这种状况表明，许多研究者尚未明确意识到文化哲学存在着学科归属问题，不过，尽管如此，还是有一些研究者逐渐开始明确地探讨和研究文化哲学与马克思主义哲学的关系，力图从马克思主义哲学的角度出发，结合实践观进行文化哲学研究，因而为学者们进一步探讨和研究文化哲学与马克思主义哲学的关系、确定文化哲学在哲学研究领域之中的地位奠定了初步基础、准备了必要条件。这里选择的3种文化哲学著作即显示了这样的研究成果及其基本特点。

（1）何萍著《马克思主义哲学与文化哲学》：

作者对文化和文化哲学的关注和研究始于20世纪80年代中期，经过20余年的辛勤探索，在该书出版之前曾经出版过两部相关著作及十余篇研究论文，该书则是对其文化哲学研究的进一步完善和系统总结。

作者认为，文化是人特有的、具有特殊发展规律的生活现实，包括文化现象和文化结构两个基本层次，前者指不同时代和民族的人们所创造的文化形式，后者包括具体文化结构和抽象文化结构；其中，具体文化结构是人类历史的某一时代、某一民族的语言、习俗、社会制度、心理和生理状况的总和，抽象文化结构则是对具体文化结构进行抽象而得到的最一般的智力结构、物质文化结构和行为模式，它们是人的文化存在，体现了人的超机体的存在方式；人的文化存在具有三个特征，即文化是以实现人的存在价值为目的的活动，以符号系统构造人的历史，是人的理想和现实的统一。文化哲学的任务是揭示在抽象文化结构上的人的文化存在，具体由文化的形而上学、文化的认识论和方法论、马克思主义文化哲学和中国文化哲学这四种形态构成。其中，马克思主义文化哲学以实践为核心，具有规范性、批判性、现实与哲学相结合的基本特点；文化哲学的方法论主要体现为文化历史研究方法，它由通过考察人的文化创造活动揭示文化的本质、起源和发展的文化发生方法，通过历史地分析各种文化形态的产生和发展揭示哲学形态的共性和差异的历史比较方法，以及着眼于文化断裂、从否定的方面考察文化规律的否定性方法。基于这样的文化观和文化哲学观，作者以"文化哲学与当代问题"为题，分别考察了全球化问题、中国知识分子问题和女性主义问题，从而构成了既进行理论探讨、又关注现实问题的文化哲学理论体系①。

总的说来，作者已经开始明确意识到必须把文化哲学与马克思主义哲学联系起来加以探讨和研究，并且为达到这一目的做了艰辛的不懈努力，取得了一定的研究进展和相应成果，其对马克思主义实践观与文化哲学关系的探讨、对文化哲学研究方法论的强调和论述，都成为该书的亮点；但它同时也表明，作者主要诉诸历史维度的分析和研究，无论对文化观、文化哲学观的分析和论述，还是对文化哲学存在形态的探讨和研究，都以叙述为主、以严格深入的分析和批判反思为辅，因而显得理论深度和突破性不足。

（2）许苏民著《文化哲学》：

作者早在 20 世纪 70 年代末、80 年代初即开始着手研究文化问题，并通过长期研究文化问题而明确意识到唯有通过文化哲学研究的突破，才能使文化哲学研究走向深入、解决许多悬而未决的问题，因而经过一番艰苦努力，在 1988 年即完成并于 1990 年出版了系统表述其文化哲学观的《文化哲学》。

作者认为，文化是一个标志着人类在真善美诸方面的发展水平的哲学范畴，是人处理其与客观世界多重现实的对象性关系、解决心灵深处各种永恒矛盾的方式及其表现，是人化自然和自然人化及其活动中介的有机统一体，包括由心理结构表层（风尚层）结构、中层结构（观念层）和深层结构（集体无意识）构成的人的主观心态领域，由物质文化、制度文化和

---

① 参见何萍：《马克思主义哲学与文化哲学》，武汉大学出版社 2002 年版，第 91—93、141—146、190—197 页，以及第 199 页及以下部分。

观念文化构成的对象化产物，以及一切具有物质载体的文化事物，它具有时代性和民族性，其发展水平与社会发展的时代性相适应①；研究者的当务之急是以唯物史观基本原则为指导，建立在基本概念、研究方法、理论体系、具体内容等方面全面扬弃西方各派文化哲学的马克思主义文化哲学；这种哲学的根本问题是依存于人类具体的历史实践的精神现象学问题，其根本任务则是通过人类永恒地追求真善美的曲折历程，揭示具有相对独立性的心灵发展一般规律和特殊规律及其辩证联结，探讨真善美的内在统一何以可能，为人类通过实践不断开辟精神自我完善的道路；其研究涉及由浅入深的三个层次，即通过研究文化发生、结构和功能、变异和传承、隔离与交流、冲突与选择、离析与整合，揭示文化起源和发展变化的一般规律，通过文化多样化形态揭示民族文化类型的形成、文化心理是文化类型的核心，文化心理与物质文化、制度文化和社会意识形态的关系，对作为人类深层精神本质的人类文化心理、特别是其深层结构及其发展历史进行哲学研究；由此而形成的文化哲学研究理论体系主要包括四个部分，即文化发生论、文化结构论、文化发展论和文化动力论②。这样，作者便建构了一个具有独创性的、强调以马克思主义唯物史观为指导的文化哲学理论体系。

可见，作者很早就非常鲜明地强调指出，文化哲学研究必须以马克思主义哲学的唯物史观基本原理为指导，构建批判扬弃了现代西方各种文化哲学派别研究成果的、独具特色的文化哲学理论体系，并为此而进行了非常可贵的探索和研究，因而可以说既具有鲜明的问题意识，又有从这样的问题意识出发进行的学术研究和理论构建，对人们进一步探讨和研究文化哲学与马克思主义哲学的关系具有非常大的启发意义。当然，无论其对文化的三个层次的划分，还是文化哲学理论体系由四个部分构成的基本设想，都具有非常明显的探索性质；实际上最重要的似乎是，作者并没有对唯物史观的基本立场、研究模式和方法论视角究竟如何适合于文化哲学研究，进行比较系统全面的探讨和研究，也没有系统详细地论证其文化哲学理论体系究竟使用何种研究方法论、为什么由这四个部分构成，这不能不说是其不足之处。

---

① 参见许苏民：《文化哲学》，上海人民出版社1990年版，第43页。
② 同上书，第22—28页。

（3）陈筼泉、刘奔主编《哲学与文化》：

该书是由著名学者陈筼泉、刘奔主持的中国社会科学院哲学研究所"哲学与文化"课题组，在多名科研骨干积极参与下、历经近 10 年完成和出版的，虽然其标题不是"文化哲学"，但它却是国内学术界迄今为止所能够看到的，真正既从哲学的理论高度、又从马克思主义哲学的实践观出发，对文化之诸方面进行系统严格的探讨和研究的少数精品之一。

通过以实践研究为基础、以价值研究为手段，该书指出，文化是标志作为目的本身的人的发展过程及其成果的范畴，是人的本质力量（社会力量和潜能）在不断解决对象化和非对象化的矛盾过程中形成、存在、积累、传递、发展和发挥的永不停息的活动过程及其成果，是通过人类创造的物质和精神财富体现的、可感觉而又超感觉的东西；它是以价值体系为核心的一整套规范的结构和功能的统一，是人和外部世界的关系、同代人之间的社会联系和不同时代人们之间的历史联系的中介；其实体是人类以世代相承的个体为主体、以否定性为媒介的连续不断的活动，它作为实践的产物以活动的要素的方式发挥其功能，实现作为主体的人的扩大再生产；其最高价值是人的自由而全面的发展。文化是在实践活动中形成并凝结于活动成果中的人作为主体的本质力量即社会力量，是人们在实践活动中创造的价值，其主体存在方式是人作为历史主体的本质力量之形成和发展的感性物质活动过程，即文化的动态形式是文化在时间上的存在，其客体存在方式是人的本质力量的对象化形式，即文化作为活动产品形式的存在，包括物质生产活动产生出的物质产品的物化形态，精神产品的可感知的感性物质符号，科学著作、艺术作品等外在形式，具有相对稳定形式的规范形态（制度、风俗习惯等）；文化哲学研究要透过文化的可感觉形式揭示其超感觉的本质及其根源，其目的是把握文化发展的规律和文化变革的机制，以增强文化建设的自觉性，因而要在科学地理解文化概念的本质规定的基础上，进一步揭示文化的结构，阐明文化的各种构成要素是怎样以价值体系为核心而形成一个整体的①。正是基于这样的文化观和文化哲学观，该书通过研究和论述"人类文化中的理性因素和价值因素"、"文化与自然"、"文化与文明"、"交往与文化"、"文化与市场"、"文化的人类通性与差异性"，以及"传统与现实生活"，构建了一个比较系统完整的马

---

① 参见陈筼泉、刘奔主编：《哲学与文化》，中国社会科学出版社 1996 年版，第 21—74 页。

克思主义文化哲学理论体系，在迄今为止的马克思主义文化哲学研究中达到了一个比较高的水平。

不过，从哲学研究所要求的严格批判反思的角度来看，该书也同样存在一些不足，主要表现在：第一，该书虽然把文化界定为"可感觉而又超感觉的东西"，但实际上仍然沿用了以泰勒和马林诺夫斯基文化定义为代表的文化定义，并没有真正把文化之不同于其他人类活动的根本特征揭示出来；第二，它虽然坚持马克思主义哲学观的基本立场、观点和方法，但并未对这样的基本立场、观点和方法在何种意义上适用于研究文化加以探讨和研究；而且正因为如此，不仅文化与价值的现实联系和本质区别没有得到更加具体和深入的研究和论述，整个理论体系的构造也显得有些松散。

可见，这三种文化哲学著作都试图把文化哲学研究与马克思主义哲学研究联系起来，甚至直接根据唯物史观的基本原理、或者直接从对实践和价值的探讨和研究出发，对文化及其诸方面进行哲学研究，进而构建相应的、各具特色的文化哲学理论体系，达到了很高的研究水平，为人们以后继续进行文化哲学方面的探讨和研究提供了非常宝贵的学术平台，积累了难得的经验和教训。同时，它们几乎都没有充分意识到作为被研究对象的文化活动、文化现象的基本内容和本质特征，没有系统地探讨和研究文化活动与其他人类活动及其结果的现实联系和本质区别，因而实质上仍然主要是在沿用未加彻底批判反思的文化定义和文化观的基础上，通过同样未加严格批判反思地沿用已有的哲学基本立场和研究模式，进行文化哲学研究、建构文化哲学理论体系的。因此，尽管它们已经具有很高的学术水平、甚至可以说代表了国内文化哲学界目前已经达到的最高水平，但距离完成既具有现实针对性、又真正具有充分的理论解释力和指导意义的文化哲学理论体系，显然还有很长一段艰苦探索的历程。

（三）酝酿文化哲学研究的学术突破阶段

如前所述，文化哲学研究不可能仅仅限于、或者说只停留在引用其他研究者的学术观点和理论框架与方法的阶段，而是必然会在达到了一定的层次和水平的基础上，开始酝酿学术研究的根本性突破，而且，学术著述的具体品位和档次的高低并不完全是由时间的先后顺序决定的；就这里考察的、国内研究者对其文化观和文化哲学观的系统研究和论述而言，情况也同样如此。除了上述研究者进行的一般性初步探索和着眼于文化哲学与马克思主义哲学的关系的文化哲学研究成果之外，也有一些研究者要么在多年辛勤钻研形成的丰厚学养的基础上，试图运用已经熟练掌握的现代西方某种哲学观进行文化哲学的探讨和研究，因而从某个特定的方面明确表现了其为酝酿文化哲学研究的学术突破所做出的长期努力及其丰硕成果，要么试图在系统考察和研究国内外文化哲学研究的历程、现状和基本发展趋势的基础上，通过逐步形成明确的、对文化研究和文化哲学研究进行严格的学术定位的问题意识，为酝酿文化哲学研究的根本性突破进行努力。这里选取的李鹏程的《当代文化哲学沉思》和霍桂桓的《文化哲学论要》即表明了这两种情况。

1. 李鹏程著《当代文化哲学沉思》：

作者从 1981 年即开始进行文化哲学方面的思考研究，逐步积累和综合历史哲学、社会学、文化学、心理学、宗教学、中西方历史和哲学史方面的研究成果，逐步形成了探讨和研究具有总体性的"大文化"的观念；同时，作为西方哲学、特别是现象学方面的专家，作者熟练地运用现象学"悬置"和"描述"的研究方法，最终以系统细腻的笔调将其文化哲学研究成果表达了出来。

作者的文化哲学研究所依据的基本信念是，哲学不应当只研究认识和以抽象的本体论为前提的历史，而应当研究人类的全部文化，而文化就是"人的现实的生命存在"及其"世界"、"优化过程"。他认为，人的存在是文化世界存在的意义的栖息地、又必须以文化世界的存在为依托；文化是人的自我生长和创造过程、不断追求更加完善的自我组织过程和以自己的生命存在的意向性为理由不断地改造周围自然世界的创造性过程，其内容和本质就是具有创造性的人类生命活动，而文化世界的本体则是人的自为的生命存在；文化包括语言、科学知识、神话、艺术、宗教等各个领域，其中包含的普遍文化法则是符号化，即形成某种具有普遍意义的符号系统，从而通过其所发挥的"回忆"或"再现"功能，即使人对符号系统的改善成为可能，也使人对其生存条件和状况的改善成为可能；对文化进行研究和解释的文化哲学，在很大程度上依据各门科学和精神学说关于文化的理论，因而既按哲学的整体性原则、无限性原则对各种文化理论进行整合，又对各种文化理论的立论基础（即其终极依据）进行检查，同时，哲学决不应满足于使自己成为一门"科学"，而应该面对整个人类文化，因而本身就应该成为一种"文化形态"，正因为这种哲学思考更自觉地看重哲学的文化基础,这样的哲学可以被称作"文化哲学";文化哲学研究既需要比较深厚的理论素养和广阔的学术基础,同时又需要对时代问题进行较为专注的追问并需要在历史的大跨度的时间和空间范围内对现实事件及其相互关系进行全面把握①。正是从这样的文化观和文化哲学观出发,作者依次通过探讨和研究"文化意识的历史形态"、"文化的现实载体"、"文化世界的意义和价值",以及包括"文化时间"和"文化空间"在内的"文化世界的一般存在特性",从理论建构和现实意义的两个方面着眼,对文化及其诸方面进行了非常系统、全面和细腻的研究和论述,从而构成了以酝酿文化哲学研究学术突破为基本特征、以纯熟地运用现象学方法进行文化研究的文化哲学理论体系。

可见,经过长期学术积累和艰苦探索,作者的文化哲学研究既不同于上述初步的一般性探索,也不同于直接把马克思主义哲学的实践观用于研究文化而构建的文化哲学理论体系,而是独辟蹊径、通过运用现象学方法进行文化哲学研究,体现了对文化哲学研究进行实质性学术突破的可贵尝试;当然,其文化观仍然是具有传统文化观特征、因而并没有把文化的本质特征凸显出来的"大文化"观,同时,现象学的基本立场和研究方法在何种意义上可以用于研究文化、构建恰当的文化哲学理论体系,也是作者需要进一步加以解决的问题。

2. 霍桂桓著《文化哲学论要》:

在长期研究西方近现代哲学、社会哲学、美学的基础上,经过对文化研究和文化哲学研究的比较系统全面的考察,作者逐步形成了关于文化哲学研究的强烈的问题意识,即作为哲学研究对象的文化活动和文化现象,是否具有不同于哲学的其他对象的基本内容和本质特征?如果承认"任何一种理论体系、学说学科的基本内容和表现形式,都是由其所研究的对象的基本内容和本质特征决定的"、承认文化不同于其他被研究对象,那么究竟应当运用何种哲学研究模式才能确切地研究文化?该书就是基于这样的问题意识进行研究的初步结果。

作者从其创立的社会个体生成论出发认为,要想对文化进行恰当的哲学研究,必须通过运用严格的哲学批判反思精神,逐步实现对作为研究对象的文化和作为单独学科的文化哲学的严格学术定位;所谓文化就是作为

---

① 参见李鹏程:《当代文化哲学沉思》,人民出版社1994年版,第1—127页及以下部分。

社会个体而存在的现实主体，在其具体进行的认识活动和社会实践活动的基础上、在其基本物质性生存需要得到相对满足的情况下，为了追求和享受更加高级、更加完满的自由，而以其作为饱含情感的感性符号而存在的"文"来"化""物"的过程和结果①；所谓文化哲学即对文化进行研究的哲学，它不是构成西方惟理智主义传统、以自然科学为摹本、仅通过关注和研究对象的共时性维度便试图得出普遍有效的绝对真理的传统哲学，而是构成马克思实践哲学之有机组成部分的，把社会和个体、主观和客观、对象的共时性现状维度和历时性生成维度有机结合起来对文化进行探讨和研究的哲学；它试图运用生成的研究视角，通过既把文化与人类进行的其他所有各种社会活动区别开来、又按照其生成历程使之与这些活动有机联系起来，揭示文化活动是处于认识活动、广义的实践活动之后、审美活动之前的，人类追求和享受精神性自由的活动，实现对文化进行的学术定位；并根据"任何一种理论体系、学说学科的基本内容和表现形式，都是由其所研究的对象的基本内容和本质特征决定的"的基本原则，通过确定文化哲学在马克思实践哲学中处于认识论、广义的社会哲学之后和美学之前，实现对文化哲学本身的学术定位。只有这样，研究者才有可能以崭新的哲学的基本立场、研究模式和方法论视角，探讨和研究与以往哲学的研究对象皆不同、因而同样是崭新研究对象的文化。基于这样的基本观点，作者试图通过其"上编：文化大，还是生活大？"实现对文化进行的学术定位，通过其"下编：文化哲学大，还是哲学大？"实现对文化哲学的学术定位，从而为文化哲学研究的学术突破做出了新的努力和尝试。

可见，通过充分强调必须对文化和文化哲学进行严格的学术定位，强调必须运用不同于传统哲学的哲学研究模式和方法论视角进行文化哲学研究，以及通过运用社会个体生成论研究文化的尝试，作者也为酝酿文化哲学研究的学术突破做出了自己独特的努力；不过，无论其社会个体生成论的研究模式，还是其对文化和文化哲学进行学术定位的努力，都仍然是尝试性、不完善的、有待进一步具体化和系统化的，尤其是其文化研究尚未系统全面地探讨和研究文化的社会功能，显然也是一个比较大的缺陷。

综上所述可见，就文化哲学研究的具体内容方面而言，经过近 30 年的发展，研究者们从简单地引用和修订既有文化定义而阐述各自的文化观

---

① 参见霍桂桓：《文化哲学论要》，北京出版社 2006 年版，第 110—111 页。

开始，逐步发展到对文化哲学进行探索性一般论述、探讨和研究文化哲学与马克思主义哲学的关系，以及用马克思主义哲学的唯物史观进行文化哲学研究，近期已经开始逐步酝酿文化哲学学术研究的实质性突破。在这种情况下，系统梳理一下研究者用于探讨和研究文化、文化哲学的方法论模式，显然也是非常必要的。

二 如何研究"文化"和"文化哲学"

所谓"研究者如何研究文化和文化哲学"所涉及的，实际上就是研究者们用来探讨和研究文化和文化哲学的方法论模式。通过系统浏览1982—2007年的《中国哲学年鉴》① 所收录的、并不完全的文献材料情况可见，绝大多数研究者没有明确意识到必须明确研究和论述文化研究和文化哲学研究的方法论模式，基本上都是直截了当地阐述其所认为的文化是什么、文化哲学是什么、进行这些研究有什么理论意义和现实意义，至于究竟如何才能使自己的研究既具有现实针对性、又具有理论解释力，则往往语焉不详。因此，总的说来，与上述文化哲学研究在基本内容方面的不断发展呈现出来的异彩纷呈相比，文化哲学研究方法论方面则很少有人涉及，几乎处于停滞状态。

尽管如此，研究者并不是全然没有关注过这个方面、抑或根本没有在这个方面进行过探索和努力。概略说来，我们可以从基本上处于不同发展阶段的以下三个方面着眼，简要考察一下研究者对文化哲学的研究方法的使用和探讨、研究情况，即第一，不加批判反思地直接利用已有的研究模式和方法论视角；第二，开始有意识地探索和利用新的研究模式和方法论视角；以及第三，通过严格的学术性批判反思寻求实质性突破，积极探索和利用适合于探讨和研究文化的研究模式和方法论视角。

（一）对已有研究模式和方法论视角的直接利用

这里之所以说研究者利用的是"已有研究模式和方法论视角"，而不说是"已有的哲学研究模式和方法论视角"，是因为绝大多数文化哲学研究者并没有充分意识到，对于文化哲学研究来说，研究者究竟是不是采用

---

① 参见中国社会科学院哲学研究所编：《中国哲学年鉴》，1982—1988，中国大百科全书出版社；1989—1990，中国大百科全书出版社上海分社；1991—2007，哲学研究杂志社，有关文化和文化哲学研究的部分。

了哲学的研究模式和方法论视角、采用了何种研究模式和方法论视角，所具有的非常重要的意义——这一点首先表现在他们在进行文化研究和文化哲学研究的时候，特别是在引用国内外其他研究者的研究结论的时候，往往并不考察其中所隐含的研究模式和方法论视角，而是直接拿来为自己所用，例如，不仅前述绝大多数研究者在通过引用中外权威辞书而探讨和论述其文化观的过程中是如此，即使在直接引用泰勒和马林诺夫斯基的文化定义进行系统的文化哲学研究和理论建构的过程中也是如此①。

其实，这里不仅存在泰勒和马林诺夫斯基作为人类学家而提出的文化定义，究竟在何种程度上可以直接用于文化哲学研究的、有关跨学科的合法性的问题，而且更重要的是，泰勒和马林诺夫斯基用于得出其文化定义的研究模式和方法论视角，恰恰是并不适合于探讨和研究文化的、以实证主义为特征的西方惟理智主义研究模式和方法论视角②。即使我们在这里不可能进一步详细分析和论证实在主义研究模式和方法论视角为什么不适合于进行文化哲学研究，这样直接搬用而不进行严格的批判反思的基本态度，也显然是不合适的。

（二）　有意识地探索和利用新的研究模式和方法论视角

随着时间的推移、学术研究的不断深入、特别是研究者的哲学研究水平和眼界的不断提高，也有一些研究者不再仅仅单纯地就内容而谈内容，而是逐步开始有意识地探索和利用新的研究模式和方法论视角。比如，有的研究者在自己的研究和著述中不仅提出了有关"文化哲学的方法论问题"，而且还在对哲学研究方法进行比较系统的历史考察和研究的基础上，明确提出了文化哲学的研究方法是"文化历史研究方法"并进行了简明扼要的论证③。有的研究者则在其文化哲学理论体系开篇之初，即对人们习以为常的传统的哲学观进行了批判性反思，强调指出这种哲学由于设定本原和本质、设定认识这种本质的可能性并且强调必须通过逻辑手段进行认识，实际上把包括文化在内的整个世界都二重化了，使之变成了由本质和

---

① 例如，衣俊卿对马林诺夫斯基的文化定义的引用就很有代表性，他基本上只是把这种观点当作论据和自己的论证过程的一部分，而并没有对其中所包含的研究模式和方法论视角进行任何批判；参见其《文化哲学》，云南人民出版社 2001 年版，第 62—64 页。

② 泰勒曾经明确指出："奥古斯特·孔德的正确意见使我们注意到一个极为重要的理论思维过程，这个过程，我们应当努力尽可能明确地想象出来。"参见其《原始文化》，上海文艺出版社 1992 年版，第 683 页。

③ 参见何萍：《马克思主义哲学与文化哲学》，武汉大学出版社 2002 年版，第 181—197 页。

现象、原因和结果、此岸和彼岸构成的二元分立的世界，因而必须寻找并探索一种摆脱科学主要框架、超越科学主义哲学、在人的文化图景之总体性大环境中另辟蹊径的新哲学，使其研究方法呈现出既对各种文化理论进行整合、又对这些理论的立论基础和终极依据进行检查，并且使这两者反复交替的基本特点，从而通过关注和研究不同文化的融通和综合实现哲学的融通和综合；而作者所使用的现象学文化哲学研究方法则是以此为基础、通过对文化之诸方面的系统研究展开的，因而体现了其探索崭新的文化哲学研究模式和研究方法的可贵尝试①。

（三）寻求文化哲学研究模式和理论视角的实质性突破

进入 21 世纪、特别是随着经济全球化的迅速发展并在文化研究领域产生非常广泛的影响，已经有研究者开始明确提出，必须在充分考虑到研究对象的本质性差异的情况下，充分重视、探讨和研究文化哲学研究的方法论问题②。基于对作为被研究对象的文化本身的基本内容和本质特征的充分重视，作者认为，进行文化哲学研究决不能完全照搬人们习以为常的传统哲学研究模式和方法论视角，因为构成西方传统惟理智主义主流的研究模式以研究没有生命和情感的自然物质对象的自然科学为摹本，为了追求绝对客观和普遍有效的、形式化的知识，只主要关注和涉及研究对象的共时性维度和合乎逻辑的内容，因而既忽视了对象的历时性生成维度、使之变成了无源之水，也把诸如作为饱含情感的符号而存在的文化的、无法形式化的本质内容完全舍弃了，因此，必须通过对文化哲学研究的基本前提、研究模式和方法论视角进行严格的批判反思，来确定文化哲学研究的可能性③；在充分强调研究者必须彻底进行这样的批判反思的基础上，作者从力图把西方社会哲学之中处于二元分裂状态的"社会"和"个体"有机结合起来的"社会个体生成论出发"，希望能够以这种研究所具有的，把个体与社会、现象和本体、共时性和历时性有机结合起来的基本立场、研究模式和方法论视角，通过分别对"文化"和"文化哲学"进行严格的学术定位，既揭示文化与作为被研究对象的其他对象的本质区别和有机联系，同时也揭示作为哲学分支学科的文化哲学与其他哲学分支学科的本质

---

① 参见李鹏程：《当代文化哲学沉思》，人民出版社 1994 年版，第 1—11 页。

② 参见霍桂桓《全球化背景下的文化哲学研究初探》，载《哲学动态》2002 年第 4、5 期。

③ 参见霍桂桓：《试论文化哲学研究的基本前提和可能性——从后现代主义的基本倾向和特征说开去》，载《求是学刊》2003 年第 6 期。

联系和明显区别，因而从研究模式和方法论视角这样一个特定的维度，努力尝试为文化哲学研究之具有整体性和彻底性的学术研究突破，奠定一定的基础、准备必要的条件。

综上所述可见，就基本学科研究而言，改革开放 30 年来，国内的文化哲学研究者们在文化哲学的基本内容和研究方法方面都取得了长足的进展——不再局限于仅仅通过简单引用西方学者或者权威辞书的文化定义而进行文化哲学研究，而是开始进入了运用经过修正的中西文化观，特别是通过认真关注现实生活的各种相关问题和不断吸收已有的中西方学者的研究成果，展开各具特色的文化哲学研究、努力建构更加系统全面的文化哲学理论体系的更高境界；而且更加重要的是，在不断吸取他人研究成果、特别是在不断借鉴其成功经验和失败教训的基础上，不少研究者逐步开始走向文化哲学研究的方法论自觉，亦即逐步开始自觉地探讨和研究诸如"真正适合于探讨文化的哲学研究方法论究竟是什么、包含哪些基本内容、具有什么根本特征?"这样一些问题，并且取得了一些初步的进展和结果。而这两个方面的有机结合，显然可以为文化哲学研究的进一步健康发展确定正确的方向、奠定坚实的基础、准备必要的条件。

第二节　学术难点

综观近 30 年来国内学术界的文化哲学研究发展状况，如果说非哲学层次上的文化研究呈现出诸如 20 世纪 80 年代与人道主义讨论相伴随的"文化热"、90 年代之后的中西文化比较研究、传统文化模式研究、文化转型研究，乃至经济全球化及其影响导致的、特别是进入 21 世纪之后出现的文明冲突研究、关于符号消费的文化研究和文化产业研究，都呈现出了一波又一波的研究热潮、涌现出一个又一个研究"热点"的话，那么，严格的文化哲学研究，亦即立足于对各种各样的文化研究理论进行整合、对其理论基础和研究方式进行彻底批判反思的哲学研究，则基本上没有出现研究热点，尽管许多研究者也试图结合上述这些文化研究"热点"而开展哲学层次的探讨和研究，但总的看来这些研究并未产生非常广泛的学术影响，而是主要停留于各抒己见的"百花齐放"状态。

有鉴于此，本节主要试图考察近 30 年来文化哲学研究所面临的各种理论难点，从而为今后文化哲学研究的进一步健康发展，做一番比较系统的、基础性的清理工作。近 30 年来的文化哲学研究难点主要表现在以下几个方面：即文化哲学的研究对象界定不清，文化哲学的研究方法无法确定，文化哲学的学科归属和学术定位不明，以及文化哲学的研究结论缺乏现实针对性和理论解释力。

一　文化哲学研究对象方面的难点

虽然绝大多数研究者都承认文化哲学的研究对象是文化，但对于"究竟什么是文化、文化的基本内容和本质特征是什么"，却始终是众说纷纭、难以取得比较一致的看法；几乎所有文化哲学研究者仍然在采用以泰勒和马林诺夫斯基的文化定义为摹本的文化定义和文化观，并且形成了把文化区分为物质文化、制度文化和精神文化，使之几乎囊括人类社会生活的所有各个方面的正面成果的文化观，认为这样的"文化"就是文化哲学的研究对象。

从根本上说，假如文化哲学的研究对象就是如此，那么，研究者实际上就是把"文化"等同于人类日常生活的几乎所有方面，抑或等同于由所有这些方面组成的制度、组织、机构或者模式；而这样一来，因为文化哲学研究者并没有、也不可能真正揭示所有这些方面相互之间的本质性内在联系和本质区别，这样的"文化"实际上便具有把这些方面都拼凑在一起的"机械"特征和"大全"特色。在这种情况下，文化哲学研究者要么难以使其探讨和研究具体化，只能就文化现象、文化模式、文化危机等进行抽象的和没有什么现实针对性的一般性研究和论述，要么使文化哲学研究等同于经济、政治、社会制度或者社会习俗方面的研究，因而实质上是"越俎"而"代"经济学、政治学、社会学、民俗学等之"庖"，并因为出现各种各样的研究偏差和结论失误而同样不可能产生正确的、具有理论解释力的研究结论，只能停留于"大而无当"的状况和境地。

因此，就今后的文化哲学研究而言，研究者要想通过学术研究的实质性突破而取得具有科学性的研究结论，显然就必须面对这样的学术难点，在明确界定文化哲学的研究对象之基本内容和本质特征方面取得根本性的突破。

二　文化哲学的研究方法方面的难点

综观国内学术界近 30 年的文化哲学研究可以非常清楚地看到，绝大多数研究者并没有明确意识到自己必须正视和回答"文化哲学是不是具有自己独特的研究方法和方法论？如果有，那么这样的研究方法和方法论是什么？"这样的问题，亦即并没有意识到自己必须通过实现方法论自觉，认真面对和研究文化哲学研究的方法论问题。而从哲学研究所要求的、严格的学术态度和研究层次角度来看，无论研究者究竟如何看待文化哲学的研究对象，亦即无论认为这样的研究对象与传统哲学的研究对象有什么不同、还是认为这样的研究对象与传统哲学的研究对象存在本质区别，具备这样的问题意识、进行这样的严格探讨和研究，都是研究者在从事文化哲学研究之初所必需的——从这种意义上说，研究者没有形成这样的问题意识、因而没有进行文化哲学研究方法论方面的探讨和研究，本身便构成了一个阻碍文化哲学研究进一步发展的、至关重要的、因而必须加以重视和克服的难点。

这里之所以说研究者"无论认为这样的研究对象与传统哲学的研究对象没有什么不同、还是认为这样的研究对象与传统哲学的研究对象具有本质区别"，是因为绝大多数研究者并没有充分意识到作为文化哲学研究对象的文化，本身具有不同于传统哲学研究对象、亦即不同于没有生命和情感的自然界客观对象的基本内容和本质特征，它不仅是不少研究者已经意识到的、不同于"物事"的"人事"，而且是以文化活动参加者通过涉及饱含情感的符号而进行追求自由的精神性享受活动为基本特征的——从这种意义上来看，如果说传统的、以没有生命和情感的自然界物质为研究对象的哲学研究方式，在由于涉及"人事"而跨出其研究范围的时候即已经面临着彻底变革其研究模式和方法论的问题，那么，文化哲学研究者在探讨和研究"文化"这样一种具有自身基本内容和本质特征的"人事"的时候，则显然更加有必要通过真正重视其研究模式和研究方法，通过达到对文化哲学研究方法论的自觉，对真正适合于探讨和研究文化的研究模式和方法论视角，进行系统和彻底的批判反思和研究。

因此，就今后的文化哲学研究而言，研究者要想通过学术研究的实质性突破而取得具有科学性的研究结论，显然就必须克服这样的学术难点，在明确界定文化哲学特有的研究模式和方法论视角方面取得根本性的突破。

三　文化哲学的学科归属和学术定位方面的难点

综观国内学术界近 30 年的文化哲学研究可以非常清楚地看到，研究者们虽然明确提到文化哲学的学科归属和学术定位的并不多，但实际上仍然通过下列两种方式涉及了这个方面的问题：

（一）由于我国的教育体制有关规定明确指出，文化哲学作为二级学科从属于马克思主义哲学，同时也由于特定研究者自身的学术积累和研究兴趣所致，有不少研究者试图使文化哲学研究归属于马克思主义哲学研究领域，并且由此而进行了不少具有重要意义的探讨和研究。不过，即使这些使文化哲学从属于马克思主义哲学的尝试和举措，并没有明确展示作为一门哲学研究分支学科的文化哲学，与同处于马克思主义哲学研究领域之中的认识论、实践哲学、伦理学、美学等诸多学科究竟是什么关系，它们相互之间具有哪些本质联系和重要区别，因而实际上尚未真正弄清楚文化哲学在马克思主义哲学研究领域之中的地位和作用问题，亦即尚未从这种角度入手真正彻底解决文化哲学的学科归属和学术定位问题。

（二）由于马克思和恩格斯本人、马克思主义哲学理论、特别是以教科书形式存在的马克思主义理论体系，都没有对文化和文化哲学进行比较充分、系统、全面的研究和论述，加之绝大多数研究者在进行文化哲学研究的时候所引用的都是以泰勒和马林诺夫斯基文化定义为摹本的文化观，所以，不少研究者认为文化哲学就是 21 世纪的哲学研究主流、甚至就是包括马克思主义哲学研究在内的整个哲学研究的新形态。因此，文化哲学本身实际上被当成了 21 世纪的整个哲学、而不再被看作是哲学研究领域的一个部分、是哲学的一个分支学科；而这样一来，文化哲学实质上就是哲学研究的全部领域，所谓"文化哲学的学科归属和学术定位问题"实际上就根本不存在了。尽管这种观点是不加任何批判反思地直接照搬传统文化观、认为"文化"无所不包而产生的独断式观点，其理论依据和合法性亟需加以哲学层次上的系统考察和彻底的批判反思，但是，它至少从一个特定的方面突出表明，文化哲学的学科归属和学术定位问题，迄今为止仍然是一个悬而未决的关键性问题。

尽管从表面上来看，文化哲学的学科归属和学术定位问题所具有的重要意义，并不像其研究对象和研究方法的重要性那样明显，但实际上并非如此，因为如果这个问题得不到重视和解决，作为一个学科的文化哲学就既没有自身明确的学术研究边界、也没有清晰的学术地位，只能流于漫无边际和漂泊无依的存在状态，因而会从一个特定的角度严重影响其健康发展。因此，研究者要想通过学术研究的实质性突破而取得具有科学性的研究结论，显然就必须克服这样的学术难点，在明确界定文化哲学的学科归属和学术定位方面取得根本性的突破。

四　文化哲学的现实针对性和理论解释力方面的难题

综观近 30 年国内学术界的文化哲学研究状况可以非常清楚地看到，尽管文化哲学研究者人数越来越多、付出的辛勤努力越来越大、所涉及的论题和研究领域越来越广泛、所运用和即将运用的方法各种各样并不断翻新，但事关文化哲学研究成败存亡的根本性问题却并未得到根本解决——这个问题就是文化哲学学术研究的现实针对性和理论解释力的问题。毋庸讳言，在这个根本点上，近 30 年的国内文化哲学研究不仅没有真正超出五四运动时期参与科玄论战的前辈学者们所达到的学术水平，其学术研究结论的现实针对性和理论解释力反而有所不及，因为如果说五四时期文化哲学研究结论还有助于新知识、新文化的传播的话，那么，今天的文化哲学研究则似乎连这样的作用也没有起到。因此，对于今天、乃至以后的文化哲学研究来说，究竟如何进行文化哲学研究才能使其结论既具有现实针对性、又具有理论解释力，无疑也是一个既难以回避、又必须加以认真研究和根本解决的难题。

通过概略梳理国内文化哲学研究已经走过的近 30 年历程，可以认为，上面所提到的文化哲学的被研究对象的基本内容、本质特征和社会功能不清，研究者用于进行探讨的研究模式和研究方法不明，作为专门学科的具体归属和学术定位不当，应当是导致迄今为止的文化哲学研究之所以缺乏现实针对性和理论解释力的最主要的关键性原因之所在。此外，究竟如何才能彻底解决这个根本性问题、使文化哲学研究真正具有现实针对性和理论解释力，似乎并不完全是文化哲学研究本身的问题，而是涉及整个哲学研究的基本立场、研究模式和方法论视角的彻底变革问题——也就是说，文化哲学对这个问题的解决不仅关联着今后的全部哲学研究对这样的问题的解决，而且取决于全部哲学研究对这样的问题的解决；尽管如此，我们仍然可以说，"缺乏现实针对性和理论解释力"是文化哲学今后的健康发展所必须充分重视和彻底解决的关键性难题。

第三节　理论研究的突破与创新

从某种意义上说，包括文化哲学研究在内的哲学各分支学科、各研究

领域的研究，其"理论研究的突破与创新"都难以与自然科学和社会科学
诸学科相提并论，甚至可以说没有那么引人注目，这是由其学术研究的理
论深度和彻底性决定的；而且，从哲学研究所要求的学术彻底性和严格性
角度来看，文化哲学研究的突破和创新无疑表现为相互联结的两个方面，
即要么是研究者对研究对象重新进行的、实事求是的恰当界定，导致了研
究模式和研究方法的彻底革新，因而出现由基本立场、研究模式和方法论
视角的彻底革新而导致的、哲学研究理论层次和深度的整体性提升，要么
是研究者对新的、更适合于探讨和研究其对象的研究模式和研究方法的彻
底变革或者引进，导致了研究视角、研究视域和理论层次与深度的整体性
提升。而那些由于扩展研究视域、或者由于局部性地引进某种新研究方法
而出现的新面貌，显然是不足以被称为"突破与创新"的。从这种意义上
说，虽然近30年来的文化哲学研究一直处于不断前进状态、取得了日益
增多的研究成果、造成了今天看来蔚为大观和具有光明前景的研究局面，
但这种严格意义上的"突破与创新"实际上却并未出现——也就是说，几
乎所有研究者实际上仍然处于不断探索的过程之中，尚未出现具有根本性
重要意义的、彻底的学术突破性进展。

　　尽管如此，我们并不能因此而抹杀研究者们近30年来的辛勤努力及
其所取得的丰硕研究成果。实际上，在进行的文化哲学探索性研究过程
中，研究者也不断表现出与以往不同的、因而具有创新色彩的基本特征，
而且，恰恰是这些具有创新意义的研究努力及其结果，为今后的文化哲学
研究之取得突破性进展奠定了必要基础、准备了基本条件。概略说来，这
些研究具有的创新色彩的特征主要表现为以下五个方面：

一　从理论理性和实践理性的交叉点出发进行文化哲学研究

　　虽然这种研究是通过引进以南斯拉夫实践派的研究成果为主要基础而
进行的，但其仍然具有创新之处，即强调绝不能再仅仅把文化哲学研究局
限于"观念的王国"之中，通过引进"实践理性"这样一种观念，强调必
须在"理论理性"和"实践理性"的交叉点上进行文化哲学研究，从而显
示出对社会现实问题的比较强烈的关注和研究的倾向，并由此出发进行一
系列探讨和研究。

　　这种新观点及其所具有的基本倾向，有助于人们克服迄今为止的文化
研究所具有的、只从观念出发探讨和研究文化的弊端，从而为文化哲学研

究的进一步健康发展做出了一定贡献。

二　根据唯物史观对文化哲学理论体系的建构

虽然从这种新观点出发进行文化哲学研究所依据的，仍然是以泰勒和马林诺夫斯基文化定义为摹本的传统文化观，因而实际上难以充分揭示文化本身所具有的、有别于其他研究对象的基本内容和本质特征，但其对文化哲学研究所必须依据的唯物史观基本原则的强调，则涉及文化哲学研究究竟依据何种基本原则的根本性问题；在此基础上，研究者经过系统的探索努力而建构的文化哲学理论体系，是把唯物史观基本原则引入文化哲学研究的首次尝试，因而显然具有创新意义。

这种新观点及其所强调的基本方向，有助于人们在进行文化哲学研究的过程中明确认识其所依据的根本性指导方针的问题，因而为此后的文化哲学研究提供了有益的启发、做出了比较大的贡献。

三　从马克思主义实践观和价值观入手进行文化哲学研究

把马克思主义实践观、价值观引入文化哲学研究，并由此而进行一系列系统深入的探讨和研究，是这种观点所具有的创新之处；虽然就中外学术界迄今为止的探讨和研究而言，无论实践观还是价值观，本身都是富有争议的研究领域，因而这样的探讨和研究本身具有非常大的难度和强烈的探索色彩、难以得出完全符合实际的具体而系统的结论，特别是难以把文化本身的基本内容、本质特征和社会功能恰如其分地展示出来，但恰恰是这样的探索本身，表明这种新观点具有非常突出的创新意义；而且更加重要的是，这种观点充分强调现实社会实践和因此而形成的价值对研究文化活动的重要意义，为此后的文化哲学研究提供了非常宝贵的启发。

这种新观点及其所得出的一系列具体研究结论，有助于人们在文化哲学研究过程中充分重视文化与社会实践和价值的有机联系，为人们不再抽象地探讨和研究文化奠定了坚实的基础、确定了比较明确的方向。

四　运用现象学研究方法的文化哲学研究

由于现代西方现象学理论流派本身即具有努力克服西方传统惟理智主义的基本立场、研究模式和方法论视角之弊端的倾向和特征，亦即本身即具有进行方法论创新的特征，把这样的研究模式和方法运用于文化哲学研究，因而以人们从事的日常生活实践为基础，比较系统全面地探讨和研究文化活动的各个方面、各种维度及其意义和作用，本身便具有比较彻底的方法论创新意义。尽管由于现象学研究方法本身具有的各种弱点，诸如忽视个体本质直观有效性的效度、难以真正解决主体间性问题等，这种具有浓厚探索性色彩的举措同样不可能导致文化哲学研究的根本性突破和实质性进展，但其创新意义显然是毋庸置疑的。

因此，这种新观点及其所得出的一系列具体研究结论，有助于人们在文化哲学研究过程中充分重视方法论问题的重要意义，为研究者早日实现文化哲学研究的方法论自觉提供了非常宝贵的启发。

五 从社会个体生成论出发进行的文化哲学研究

鉴于文化即具有自身本质特征的"人事"和中西方社会哲学界长期存在的社会与个体二元分裂对立的状况，从社会个体生成论出发进行的文化哲学研究，由于充分强调运用将历时性和共时性有机结合起来的生成论的研究方法探讨和研究文化，通过努力实现对文化和文化哲学的严格的学术定位展开研究、通过揭示文化的基本内容和本质特征而使文化活动和人类其他社会活动区别和联系起来，揭示作为研究对象的文化的确切含义和社会功能，显然在文化哲学研究的出发点、基本立场、研究模式和方法论视角方面，都具有比较突出的探索性创新色彩。

因此，尽管这样的观点尚不够成熟、系统、精确，但其所表明的彻底突破和扬弃传统哲学观的基本立场、研究模式和方法论视角的努力，显然可以为今后的研究者进一步探索真正适合于研究文化、构建科学的文化哲学理论体系的工作，提供比较重要的启发。

第四节 总结与点评

综上所述，历经近 30 年的不断发展，国内的文化哲学研究在基本内容和研究方法方面都取得了长足的进步，这不仅表现在各种报刊文章层出不穷，也表现在新的、比较系统的文化哲学研究理论著作仍然时有问世，从而使这个作为哲学研究领域之组成部分的分支学科，既呈现出引人注目的勃勃生机，也暴露出其进一步发展所必须克服的前述四方面的根本性难题。文化哲学研究今后要想取得进一步的健康发展，就必须充分重视和认真解决这四个方面的根本性难题，从而通过实现哲学研究的基本立场、研究模式和方法论视角的彻底革新，实现文化哲学研究的根本性突破，最终使之变成既具有现实针对性、又具有理论解释力的科学理论体系，从而在现实生活之中发挥越来越大的理论指导作用。

　　要而言之，使文化哲学研究有可能取得这样的进展的有利条件在于：第一，党的十七大已经把文化研究和文化建设提到非常重要的地位，因而必然会为国内的文化研究和文化哲学研究提供非常巨大的推动力；第二，进入 20 世纪以来，中西方哲学界都对以西方传统惟理智主义哲学传统为代表的传统哲学观，展开了系统、深入和全面的批判反思，其研究成果显然会对我们探讨和研究文化哲学的研究模式和方法论视角，提供日益增多的启发借鉴意义；第三，随着经济全球化的日益扩展、人们物质精神生活品质的极大提升，文化在现实生活之中的地位和作用问题日益凸显、各种各样的文化研究成果层出不穷，这显然为文化哲学研究既提出了各种亟待回答的重要问题，同时也提供了肥沃土壤和广阔舞台。

　　另一方面，就文化哲学的进一步健康发展所面临的不利因素而言，我们认为，除了上述四个根本性难题之外、或者说比这四个难题更加重要的是，文化哲学研究者究竟是不是充分意识到了哲学研究所必需的批判反思精神、学术严格性和理论深刻性，是不是真正达到了文化研究方法论方面的自觉，是不是通过系统的学术积累、强烈的现实关注和敏锐的问题意识，真正做到了对现代西方各派文化哲学研究成果的、彻底全面的批判扬弃，从而为文化哲学研究的实质性理论突破奠定坚实基础、确定明确方向、准备充分条件。如果研究者确实达到了这样的理论研究水平，那么，实现文化哲学研究的实质性理论突破之日显然就为期不远了。